隋

地理志汇释

地理志汇释

地理志汇释

国家重点图书

本成果受到中国人民大学2016年
“中央高校建设世界一流大学（学科）和特色发展引导专项资金”
经费的支持

隋书地理志汇释

主　编　谭其骧
副主编　邹逸麟　周振鹤
编　著　华林甫　赖青寿　薛亚玲

APTIME 时代出版
时代出版传媒股份有限公司
安徽教育出版社

图书在版编目（CIP）数据

隋书地理志汇释 / 华林甫，赖青寿，薛亚玲编著.
—合肥：安徽教育出版社，2019
ISBN 978-7-5336-8816-5

Ⅰ.①隋… Ⅱ.①华…②赖…③薛… Ⅲ.①地理志－研究－中国－隋代 Ⅳ.①K928.641

中国版本图书馆 CIP 数据核字（2019）第 007411 号

隋书地理志汇释
SUISHU DILIZHI HUISHI

出 版 人：郑 可
质量总监：姚 莉
项目编辑：张 利 钱 江
责任编辑：钱 江 张 利 孙婷婷
装帧设计：袁 泉
责任印制：王 琳

出版发行：时代出版传媒股份有限公司 安徽教育出版社
地 址：合肥市经开区繁华大道西路 398 号 邮编：230601
网 址：http://www.ahep.com.cn
营销电话：(0551)63683012，63683013
排 版：安徽时代华印出版服务有限责任公司
印 刷：安徽新华印刷股份有限公司

开 本：787×1092 1/16
印 张：38.5
字 数：800 千字
版 次：2019 年 4 月第 1 版 2019 年 4 月第 1 次印刷
定 价：168.00 元

可是时至今日，读两《汉志》又不应该满足于《汉书补注》、《后汉书集解》了。因为在这两部书之后八十多年来，学者们又作出了不少对两汉地理能有所补益的新著。至于《晋志》以下，连清人的考订也还没有像王先谦《补注》、《集解》那样的著作为之汇集，当然更难看到所有前人已作出的研究成果。而为了让史学工作者特别是历史地理研究工作者能够接近全盘了解这些成果，从而在此基础上对正史地理志和历代政区沿革及其有关地理情况作出进一步认识研究，那么，广泛搜集有关论著，为每一部正史地理志作出尽可能完备的注释，无疑是比汇集地理志本文更有价值，也是最为艰巨的一项工程。这正是本丛刊准备对学术界——尤其是历史地理学、方志和地名学等方面的研究者——提供的主要贡献。

有关注释和论著的每一条资料不可能是全部可取的，每一个论点也不可能是全部正确的，当然要由编者予以判断、决定是非。取的都交代原著名或原作者；弃的一般不提，遇有影响较大的谬说，则须予以驳正。

十六部正史地理志原来的详难度既大不相同，后人注解考释的价值也迥不相侔。我们这几个编者只能每人认定一二部，按总编例，尽最大努力争取达到最高成就，但决不可能使所有原志中的问题全部得到解决，也不可能使各志的汇释能取得同样的或差不多的详密度和精确度，这是肯定的。所以这部丛刊只能基本上是前人研究成果的结集，加上少量编者所搜集到的有关资料和作出的新考证，只能说是对正史地理志的整理研究工作踏上了一个新阶段，当然不是说整理研究工作可以从此结束。

这一丛刊的准备工作已经进行了一段时间，但一直未能找到合适的出版社，因为在目前的情况下，一般的出版社由于经济上的原因，都难于接受这类学术性的著作。安徽教育出版社慨然以学术为重，不顾经济上可能的损失，准备出齐这套丛刊，这是值得学术界、出版界称赞的一件好事。

丛刊前言

谭其骧

二十四史中的《汉书·地理志》、《续汉书·郡国志》、《晋书·地理志》、《宋书·州郡志》、《南齐书·州郡志》、《魏书·地形志》、《隋书·地理志》、《旧唐书·地理志》、《新唐书·地理志》、《旧五代史·郡县志》、《新五代史·职方考》、《宋书·地理志》、《辽史·地理志》、《金史·地理志》、《元史·地理志》、《明史·地理志》，习惯上总称"正史地理志"。这十六部正史地理志，记载西汉、东汉、晋、刘宋、南齐、北魏、隋、唐、五代、宋、辽、金、元、明各时代县以上行政区划的建制，有的还兼及其沿革与境内山川、城邑、乡聚、关隘、古迹、名胜、物产、户口、去州去京水陆道里等等，是我国古代地理著作中最基本、最重要的一部分。认真阅读正史地理志，是每一个想了解、研究中国历史地理的学者的必由之路，必不可少的基本功。通常这十六部志都分散编次在二十四部正史中，检阅极为不便。清季广雅书局曾刻有《历代地理志汇编》，近半个世纪来久已绝迹于书坊，亦难以在各图书馆中觅得。本丛刊的第一步工作就是选择这十六部地理志的最善本汇为一编。

十六部正史地理志或多或少都存在着错误或遗漏。通行本《汉书》有颜师古注，《续汉书》有刘昭注补，读者藉颜刘之注得对志文的缺谬稍稍得到些补正知识。但《晋书》以下并没有这样的注。清代考据学兴起后，重视历代地理沿革蔚为一时风气，不仅诸家笔记文集多有这方面的篇章条目，一些诸史考异商榷一类著作中，对地理志的考订往往特别丰富，还有不少对两汉、晋、宋、魏、隋等志的校注、补正、疏证、辨疑等专著。而所有这些注释考辨工作，对两《汉志》作出的成绩最大。因此清末王先谦编撰《汉书补注》、《后汉书集解》，汇集颜师古、李贤、刘昭以后诸家注释。《汉志》原来是《汉书》一百二十卷中的两卷，《续志》原来是《后汉书》一百二十卷中的五卷，一经加上《补注》、《集解》，《汉志》和《续志》的篇幅便都占了全书的十分之一。

《隋书·地理志》及其研究述略(代序)

华林甫

唐朝贞观三年至十年(629—636),在官方的精心组织下,房玄龄、魏征、令狐德棻、李百药、姚思廉、颜师古、孔颖达、许敬宗、敬播等人修成了《周书》、《北齐书》、《梁书》、《陈书》和《隋书》,合称“五代史”。“五代史”帝纪、列传一应俱全,但没有志。贞观十五年(641年),朝廷令褚遂良、于志宁、李淳风等修《五代史志》,初由令狐德棻监修,永徽三年(652年)后改由长孙无忌监修,显庆元年(656年)成书。共分十志、三十卷,“其篇第虽编入《隋书》,其实别行,俗呼为《五代史志》”[①]。从体例来看,《五代史志》记梁、陈、北齐、北周制度,俱列朝代名称,而叙隋代制度则直书其帝号或年号,不加“隋”字,可见是以隋为主,所以唐时便有“《隋书》十志”的称法[②],宋代以后人们已习称《隋书》某志了。只有宋末元初胡三省注《资治通鉴》时引作《五代史志》,这仅仅是依照“别行说”的称法而已,并非当时仍有单行的《五代史志》流传。

在《隋书》十志中,《地理志》有上、中、下三卷,大体按照大业初年的行政区域记述梁、陈、北齐、北周、隋五个朝代的政区沿革,并保存了当时经济、交通、文化等方面丰富的资料。

关于《隋书·地理志》(以下简称《隋志》)的实际作者,仅见于《册府元龟》卷五六〇所载的“颜师古,高宗时为礼部侍郎监修国史,永徽元年(650年)撰《隋书·地理志》三卷”中。然而,据《旧唐书》卷七七三、《新唐书》卷一九八《颜师古传》,师古已于贞观十九年(645年)病卒。是故,由颜师古撰成者,当乃《隋志》初稿。

古今学者治《隋书·地理志》者,以杨守敬的成就为最大。杨守敬(1839—1915),字鹏云,号惺吾,晚年自号邻苏老人。湖北宜都(今宜都市陆城镇)人。系晚清著名的历史地理学大师。他的历史地理学,与王念孙、段玉裁的小学和李善兰的算学,并称为清朝三绝学。[③] 他在历史地理学上的贡献主要有两个方面,一是对历代地理著作的考订,二是历史地图的编绘。在前一项贡献中,成就最大的是《水经注疏》和《隋书地理志考证附补遗》。杨守敬在青年时代研读《隋

① 刘知几:《史通·古今正史篇》。
② 李延寿:《北史·序传》。
③ 《邻苏老人年谱》六十七岁下。

志》时，发现该书错甚多，加上后世抄刻讹、误、脱、衍、倒时有发生，于是决心详加考证。他广集史料，多方考订，经过三十多年的辛勤劳动，终于完成了这部四十万多字的著作。正如书跋云，“溯自草创之初，迄今缮写之日，稿凡五易，时阅卅年”。据杨守敬晚年自编《邻苏老人年谱》及吴天任著《杨惺吾先生年谱》记载，“光绪十二年(1886 年)与熊会贞同撰(《隋书地理志考证》)初稿，十六年成第二稿，十八年为第三次稿，二十年付刻，二十一年(1895 年)刻成”。由此可见杨守敬花费的心血。

杨守敬作《隋书地理志考证附补遗》，体例上是按《隋志》逐条书写的。在考证各条内容之前，他先用宋版《隋书》对当时流行的其他版本作了校对，然后广泛引用《元和郡县志》、《太平寰宇记》、《通典》、《太平御览》、《舆地广记》、《舆地纪胜》、《方舆胜览》、《天下名胜志》、《读史方舆纪要》、《大清一统志》、正史地理志和金石文字等各种史料，对《隋志》各条加以考证。其记载无误者，举诸书为证较简；其记载有误者，则举诸书订误较详；有可疑而不可决者，则姑且存疑。综观杨守敬订正《隋志》之误，其大者凡有六端：一是纠正因字形相似而产生的讹误，二是纠正总管为西魏置之误，三是订正《隋志》记各州郡县置废时间的舛误，四是补脱文、删衍文，五是纠正《隋志》中多处倒文，六是补充《隋志》缺漏之州、郡、县。经过杨守敬之一番考证和订误，《隋志》不但在内容方面较以前翔实可信，而且文义乖谬不适之处也大大减少了。[①]

在杨守敬之前，对《隋志》做过研究的有王鸣盛、钱大昕、洪颐煊、李慈铭等人。王鸣盛(1722—1797)，字凤喈，号西庄，江苏嘉定(今上海市嘉定区)人，其《十七史商榷》中有七条内容牵涉到《隋志》，其中六条是关于总序的，只有淮南郡一条涉及具体问题。钱大昕(1728—1804)，字晓徵，号辛楣、竹汀居士，亦系江苏嘉定人，其《廿二史考异》卷三三及卷四〇中有关《隋志》的考证多达百条，七千余字，虽不免有个别错误，但考证精详、逻辑严密，向为学界所重。洪颐煊(1764—1833)，字旌贤，号筠轩，浙江临海人，其《诸史考异》卷一三、一四有三十二条内容是有关《隋志》考证的，近三千字。李慈铭(1830—1895)，字炁伯，号莼客，浙江会稽(今绍兴)人，其《越缦堂读史札记》中的《隋书札记》，涉及《隋志》内容二十六条、两千多字。

在杨守敬之后，对《隋志》做过系统研究的则有岑仲勉、施和金等人。岑仲勉(1885—1961)，广东顺德人，系前中央研究院史语所研究员，1948 年后一直执教于中山大学历史系。他对《隋志》研究的贡献仅次于杨守敬。在其所著《隋书求是》一书中，他对隋代地理沿革的考证分为两部分，一是《隋代州郡牧守编年

---

① 参见施和金：《试论杨守敬历史地理学的成就与地位》，载《华中师院学报(哲学社会科学版)》1984 年第 1 期。

表》,二是对《隋志》的考订,两者相辅相成,内容既有纠正《隋志》等地理志书之误的,也有指出洪颐煊、杨守敬考证不当的,共凡纠误、补正一百七十六条,近四万字,其中内容最丰富的襄城郡鲁县一条长达一千六百多字。岑氏熟练地掌握了隋代所有的文献、碑刻资料,以隋代可考的所有州刺史、郡太守在职年代来考证地理沿革,竭泽而渔,这样既纠前史之误,又补《隋志》之阙,因而取得了丰硕的成果。例如,《隋志》、《元和郡县志》均载雍州系开皇三年置。岑氏通过研究《隋书》纪、传,发现开皇元年、二年有雍州牧杨爽,从而把置雍州的年代提前到开皇元年,诚为不刊之论。又如,《隋志》、《通典》、《元和郡县志》、两《唐书·地理志》均失载隋置会宁郡,岑氏发现隋代周法尚尝为会宁太守、达度阙尝牧畜会宁郡,从而证明隋有会宁郡之设,给《隋志》补了阙。在《隋代州郡牧守编年表》中,岑氏还补充了《隋志》失载的十六州、三十五郡。当然,岑氏也有个别弄错的地方[①]。今人施和金的《〈隋书地理志〉考辨释例》,校出中华书局标点本《隋志》错误一百三十余条,并将它们分为七类:因字形相似而误、因义反音同名似而误、脱文、衍文、倒文、州郡县置废年代或朝代之误、标点之误。由于受篇幅限制,作者在文章中只列举了二十例。施和金的另一文《杨守敬〈隋书地理志考证〉订补》,补正了杨守敬的三十处错误。施和金另有隋唐《地理志》关于陕西、湖北、广西地理误述的考订等三文,指正《隋志》之误二十二处。此外,还零星有些论文,有助于《隋志》的诠释,详见"主要参考文献"。

乾嘉时代对地理作补志的优良传统,一直传承了下来。清人洪齮孙的《补梁疆域志》、民国时臧励龢的《补陈疆域志》,问题很多,但对《隋志》也有许多补正。今人王仲荦所著《北周地理志》,上、下二册,洋洋大观,匡正《隋志》之处着实不少;但与杨守敬的错误如出一辙,均以封爵来证、校、补、纠政区沿革,这是不足信的。[②]

作为谭其骧先生主编的《正史地理志汇释丛刊》中的一种,本书以中华书局1973年出版的标点本为底本,尽量完全地收罗有关校勘、考释《隋志》的成果,将它们汇为一帙,以方便利用。由于我们才疏学浅,本书难免会遗漏个别应该收入的研究成果,也一定会有不妥甚至错误之处,恳请专家读者不吝赐教。

本书在编撰过程中,曾得到邹逸麟、周振鹤两位教授的指导,他们对本书初稿提出了不少具体意见;同时还得到了吴松弟博士热忱、无私的帮助,在此一并致谢。

1997年12月28日于北京三环居

① 参见本书通川郡西流县"开皇初郡并废,大业初州废"句下【编者按】等处。

② 参见拙作:《〈隋书〉郡县封爵研究》,载《北朝研究》(内刊)1991年下半年刊。

例　言

一、本书以中华书局1973年出版的标点本《隋书》为工作底本，进行汇释，所收有关成果，截止到1997年底。

二、汇释内容分为六类，按以下次序排列：

1.【中华校】　标点本所附“校勘记”，一般均予收入，简称“中华校”，置于最前。

2.【集释】　书中凡引录他人校勘、考释《隋志》的成果，称为“集释”，置于“中华校”之后，引文皆注明出处。“集释”内容以杨守敬《隋书地理志考证附补遗》最为丰富，收入本书时删去了一些枝蔓文字。有关考释成果，若已为标点本吸收，则不再收录，但标点本虽已纠正而仍有问题处，仍将有关考释收入“集释”，以便读者判断；考释虽错但流传较广者，予以收录并加纠正，与《隋书·地理志》无关或有错误、价值不大的考释成果，则不予收录。

3.【补释】　凡史料或相关研究成果有助于补充说明《隋书·地理志》者，列入“补释”，置于“集释”之后。

4.【编者按】　编著者纠正前贤研究成果中错误的文字，称为“编者按”，列于“补释”之后。

凡县一级与治所不在县的县级以上政区单位治所可考者，作为“编者按”注出今地，少数无考者亦注明“无考”。今地定位，主要依据是谭其骧先生主编的《中国历史地图集》和江西教育出版社1988年出版的《中国历史地名辞典》。若采用其他说法，则于“今按”中详加说明。今地地名，改以2017年行政区划为准。

5.【补阙】　杨守敬、岑仲勉、王仲荦对《隋书·地理志》漏载梁、陈、北齐、北周、隋代州、郡、县的补充，作为“补阙”列入相关内容之下，若无相关内容则置于每郡的最后。

三、各家引文，所据版本往往不一，收录时适当作过一校勘，可改可不改处一律不改，然有时也择善而从。前者例繁不备举，后者如武都郡覆津县下“西魏又置覆津县”，杨守敬引《寰宇记》作大业五年，然万廷兰本、乐氏祠堂本、四库全书本、金陵书局本《寰宇记》作大统五年。“大业”径改“大统”。

四、关于标点符号，按常规使用。引文皆用引号。各家引书或引篇名，尽管形式多样，均加书名号。凡对杨守敬《隋书地理志考证附补遗》枝蔓文字有删节之处，则用省略号。

五、本书用简体字排印，少数不能改为简体的字则用繁体原字。清人著作中的避讳字径行回改，明显误刊的字也径改正，均不出校。

目　　录

地理志上

地理中

地理下

隋书卷二十九
志第二十四　地理上

京兆郡 冯翊郡 扶风郡 安定郡
北地郡 上　郡 雕阴郡 延安郡
弘化郡 平凉郡 朔方郡 盐川郡
灵武郡 榆林郡 五原郡 天水郡
陇西郡 金城郡 枹罕郡 浇河郡
西平郡 武威郡 张掖郡 敦煌郡
鄯善郡 且末郡 西海郡 河源郡
汉川郡 西城郡 房陵郡 清化郡
通川郡 宕渠郡 汉阳郡 临洮郡
宕昌郡 武都郡 同昌郡 河池郡
顺政郡 义城郡 平武郡 汶山郡
普安郡 金山郡 新城郡 巴西郡
遂宁郡 涪陵郡 巴　郡 巴东郡
蜀　郡 临邛郡 眉山郡 隆山郡
资阳郡 泸川郡 犍为郡 越嶲郡
黔安郡

【编者按】该郡目于越嶲、黔安两郡之间漏书“牂柯郡”。

总　叙

自古圣王之受命也，莫不体国经野，以为人极。上应躔次，下裂山河，分疆画界，建都锡社。是以放勋御历，修职贡者九州，文命会同，执玉帛者万国。洎乎殷迁夏鼎，周黜殷命，虽质文之用不同，损益之途或革，而封建之制，率由旧章。于是分土惟三，列爵惟五，千里以制畿甸，九服以别要荒。十国为连，连有帅，倍连为卒，卒有正。皆所以式固鸿基，蕃屏王室，兴邦致化，康俗庇人者欤！周德既衰，诸侯力政，干戈日用，戎马生郊。强陵弱，众暴寡，鲁灭于楚，郑灭于韩，田氏篡齐，六卿分晋。其余弑君亡国，不得守其社稷者，不可胜数。逮于七雄竞逐。二帝争强，疆场之事，一彼一此。秦始皇据百二之岩险，奋六世之余烈，力争天下，蚕食诸侯，在位二十余年，遂乃削平宇内，惩周氏之微弱，恃狙诈以为强，蔑弃经典，罢侯置守。子弟无立锥之地，功臣无尺土之赏，身没而区宇幅裂，及子而社稷沦胥。汉高祖挺神武之宏图，扫清祸乱，矫秦皇之失策，封建王侯，并跨州连邑，有逾古典，而郡县之制，无改于秦。逮于孝武，务勤远略，南兼百越。东定三韩。通邛、笮之险涂，断匈奴之右臂，虽声教远洎。而人亦劳止。昭、宣之后，罢战务农，户口既其滋多，郡县亦有增置。至于平帝，郡国一百有三，

【集释】《杨考》：“《续汉郡国志》县邑道侯国千五百八十七。”

【补释】《西汉人口地理》(12 页)：“县道邑侯国总数是 1587，实际相加为 1577。”

户一千二百二十三万。

【中华校】“千”下原脱“二百”。

【集释】《杨考》：“按《汉志》作千二百二十三万三千六十二，《晋志》同。《帝王世纪》作千三百二十三万三千六百一十二。今据《汉志》各郡所载户籍积算之，实有一千二百三十七万一千四百六十四，然则各书总数皆有讹误。此《志》千下脱‘二百’两字，则无疑也。”梁方仲《中国历代户口、田地、田赋统计》甲表三，各州分计相加得一千二百三十五万六千四百七十户。

光武中兴，承王莽之余弊，兵戈不戢，饥疫荐臻。率土遗黎，十才一二，

【集释】《杨考》：“应劭《汉官》曰：世祖中兴，海内人民可得而数，裁十二三。《帝王世纪》：光武中兴，百姓虚耗，十有二存。中元二年，民户四百二十七万千六百三十四。然则较永始户数尚有十之三四。”

乃并省郡县，四百余所。

【集释】《杨考》：“《郡国志》：并合省郡国十、县邑道侯国四百余所。”

明、章之后，渐至滋繁，郡县之数，有加曩日。

【集释】《杨考》：“《郡国志》：明帝置郡一，章帝置郡国二，和帝置三，安帝又命属国别领比郡者六，又所省县渐复分置。至于孝顺，凡郡国百五，县邑道侯国千一百八十，民户九百六十九万八千六百三十。又按《帝王世纪》，永寿二年户二千六百七万九百六。据此是更加于平帝时户一倍。《晋志》：永寿三年户千六十七万七千九百六十。然《汉官仪》载光武中元至冲帝永嘉民户无至千万者，则《世纪》说误，《晋志》亦未审。”

逮炎灵数尽，三国争强，兵革屡兴，户口减半。

【集释】《杨考》：“《帝王世纪》：景元四年平蜀，通计民户九十四万三千四百二十三。又正始五年，扬威将军朱照日所上吴之所领兵户九十三万二千，推其民数不能多蜀矣。《晋志》：刘备章武元年户二十万，孙权赤乌五年户五十二万三千。据此则不止减半。”

有晋太康之后，文轨方同，大抵编户二百六十余万。

【中华校】《晋书·地理志》上，太康元年平吴，大凡户二百四十五万九千八百四十。

寻而五胡逆乱，二帝播迁，东晋洎于宋、齐，僻陋江左，苻、姚之与刘、石，窃据中原，事迹纠纷，难可具纪。

梁武帝除暴宁乱，奄有旧

吴，天监十年，有州二十三，

【集释】《考异》卷三三："谓扬、南徐、荆、江、雍、郢、南兖、湘、豫、司、北兖、北徐、青、梁、益、交、广、南梁、宁、衡、桂、越、霍也。"

郡三百五十，县千二十二。

【集释】《杨考》："《通典》作千二十五，今不能考其实数。"

其后务恢境宇，频事经略，开拓闽、越，克复淮浦，平俚洞，破牂柯，又以旧州遐阔，多有析置。大同年中，州一百七，

【集释】《杨考》："《通鉴》：大同五年，分州为五品，上品二十州、次品十州、次品八州、次品二十三州、下品二十一州，五品之外又有二十余州不知处所，凡一百七州。或一人领二、三郡太守，州郡虽多，户口日耗。"

郡县亦称于此。

【集释】《商榷》卷六七"梁州郡县数"条："愚谓南朝梁为极盛，以享国久，且当魏乱，故元嘉、永明、太建皆不如。虽其州郡县数之多，由析置者繁，然土宇亦实恢拓。假令陈庆之杀元颢据洛，势将混一；天厌梁德，颢背恩，庆之溃归，梁事去矣。"《杨考》："言其析置之多，如二十三州增置至一百七，几四五倍，其郡县亦准此也。"

既而侯景构祸，台城沦陷，坟籍散逸，注记无遗，郡县户口，不能详究。

【集释】《杨考》："据此，则《梁书》无州郡志，盖亦因注记无征，非必惮而不作。"

逮于陈氏，土宇弥蹙，西亡蜀、汉，北丧淮、肥，威力所加，不出荆、扬之域。

【集释】《商榷》卷六七"陈州郡县数"条："愚谓南朝梁最盛、末年却最衰，陈之蹙，承梁故也。《通鉴》一六四卷梁元帝纪：承圣元年十一月即位于江陵，改元大赦。侯景之乱，州郡太半入魏，自巴陵以至建康以长江为限，荆州界北尽武宁，西拒硖口，岭南复为萧勃所据，诏令所行，千里而近。胡三省注：北尽武宁，与岳阳王詧分界；西拒硖口，与武陵王纪分界。《通鉴》误以纪东下在承圣元年，故胡注如此。其实此时蜀已为周所取，并非纪有……陈承梁，虽平萧勃，而西不能取蜀，北虽暂有淮，吴明彻兵败被虏，故曰'北丧淮、肥，土宇弥蹙'。"

州有四十二，郡唯一百九，县四百三十八，户六十万。

【集释】《商榷》卷六六"陈州四十"条："开皇九年陈平，合州四十、郡一百。案'四十'，《隋书》本纪作'三十'，误也。彼《地理志》言陈初有州四十二，郡一百九，杜氏《通典》同。及亡，又少二州九郡，故惟四十州、一百郡。"《杨考》："今可考者四十九州，盖太建中尽复淮南之地，尝得安、淮、义、北谯、南兖五州也。"《北史》又云："高祖平陈，合州四十，郡一百，县四百，户五十万，口三百万。皆计成数也。"

【编者按】宋本《历代地理指掌图》

亦作四十二州。

后齐承魏末丧乱，

【集释】《杨考》："《初学记》引《括地志》：后魏孝文都洛阳，开拓土宇。明帝熙平元年，凡州四十六、镇十二、郡国二百八十九。天平年，凡州六十八。至武定年，凡州一百一十一，郡五百二十九。"

【编者按】中华书局版《初学记》卷八州郡部所引，郡数作五百一十九，余同。

与周人抗衡，虽开拓淮南，而郡县僻小。天保之末，总加并省，洎乎国灭，州九十有七，郡一百六十，县三百六十五，户三百三万。

【中华校】《周书·武帝纪》下，建德六年关东平，合州五十五，郡一百六十二，县三百八十五。《北史·周纪》同。

【集释】《杨考》："《北齐·文宣纪》：天保七年十一月，并省三州、一百五十三郡、五百八十九县、二镇二十六戍。"又云："今可考者八十一州。"又云："《周书·武帝纪》：建德六年关东平，合州五十五，郡一百六十二，县三百八十五，户三百三十万二千五百二十八，口二千万六千六百八十六。《北史·周纪》：平齐得州五十五，郡一百一十二，县三百八十五，户三万六千五百八十八，口一百万六千八百八十六。按二书所载互异，以《志》较之，郡县稍有盈缩，州则差违太多，恐《周书》、《北史》均有误。"

【编者按】今中华书局标点本《北史·周纪》：平齐得州五十五，郡一百六十二，县三百八十五，户三百三十万二千五百二十八，口二千万六千八百八十六。标点本《周书·武帝纪下》已将口数校正为二千万六千八百八十六。故二书所载州、郡、县、户、口数均同。

周氏初有关中，百度草创，

【集释】《杨考》："《周书·废帝纪》：三年凡改州四十六，置州一，改郡一百六，改县二百三十。"

遂乃训兵教战，务谷劝农，南清江、汉，西兼巴、蜀，卒能以寡击众，戡定强邻。及于东夏削平，

【编者按】东夏，谓华夏之东部，此处指北齐，高齐所踞乃中原东部半壁江山。《通鉴》卷一八二：大业十二年，张须陀剪灭多路义军后，"威震东夏，以功迁齐郡通守，领河南道十二郡黜陟讨捕大使"。"东夏"一词，犹类"关东"、"山东"。《隋书·高祖纪》："上柱国王谦力益州总管，既见幼主在位，致由高祖，遂起巴蜀之众，以匡复为辞，高祖方以东夏、山南为事，未遑致讨。"此处"东夏"、"山南"事，乃指尉迟迥踞相州、司马消难踞郧州反之事。

多有省废。大象二年，通计州二百一十一，

【集释】《杨考》："今考得二百二十州，盖有旋置旋废者。"

郡五百八，县一千一百二十四。

【集释】《商榷》卷六七"齐周分界"条："愚谓上文历举累代疆域，大

凡西汉极盛，不过郡国一百三，今周虽并齐，尚未得陈，且既云‘多有省废’，而州数比西汉极盛乃倍之有余者，盖承历代分析故。”

高祖受终，

【编者按】隋文帝受禅之前，于后周大象二年十二月甲子（公元581年1月3日），以隋州之崇业，郧州之安陆，城阳，温州之宜人，应州之平靖、上明，顺州之淮南，土州之永川，昌州之广昌、安昌，申州之义阳、淮安，息州之新蔡、建安，豫州之汝南、临颍、广宁、初安，蔡州之蔡阳，郢州之汉东二十郡为隋国，见《北史·隋纪上》、《隋书·高祖纪上》。《诸史考异》卷一三云：“案二十郡所在皆见于《地理志》，唯不载土州之永川、忠州之建安，未知是何郡之改。隋州崇业郡亦不见于此《志》。”

惟新朝政，开皇三年，

【补释】隋开皇废诸郡时间，于公元为五八四年一月十八日。《求是》：“《隋书》一：‘甲午，罢天下诸郡’，系十一月下。《读史举正》六云：‘十一月己酉下庚辰、甲午，当在十二月，误脱十二月字。’据罗校《朔闰考》三，是年十二月大建，乙丑朔，张说是。”吴玉贵《资治通鉴疑年录》（183～184页）亦云本年甲午当在十二月。按《陈纪》九，长城公至德元年十一月“甲午，悉罢诸郡为州”。方诗铭云：隋开皇三年十二月闰，陈朝则十一月闰。

遂废诸郡。

【集释】《杨考》：“《隋书·文帝纪》：开皇三年，罢天下诸郡。《杨尚希传》：尚希上表曰‘今郡县多于古，或地无百里，数县并置；或户不满千，二郡分领。民少官多，十羊九牧。今存要去闲，并小为大’云云，帝览而嘉之，于是遂废天下诸郡。”

《求是》：“废郡五百八，为隋代政区的第一大变革。”

【补释】《通鉴》卷一七五：开皇三年，“苏威亦请废郡，帝从之”。杨希义《隋文帝罢天下诸郡一事质疑》：“隋文帝开皇三年对地方官制的改革，只不过废去了郡一级，把从东汉以来沿袭了六百多年的州、郡、县地方三级制改成了二级制。他并没有也不可能在当时进行‘裁汰冗官’、‘节省官禄’的彻底革新，这种‘存要去闲、并小为大’的机构调整，同后来隋炀帝大业三年的‘改州为郡’、大唐武德元年之‘改郡为州’和唐玄宗天宝元年的‘改州为郡’一样，只是‘更相为名，其实一也’（《通典·职官》）。”（载《中国史研究》1982年第4期）

洎于九载，廓定江表，

【集释】《通鉴》卷一七七：开皇九年平陈，得州三十，郡一百，县四百。胡注：“按《隋志》，陈境当时有扬、东扬、南徐、吴、闽、丰、湘、巴、武、江、郢、广、东衡、衡、高、罗、新、泷、建、成、桂、东宁、静、南定、越、南合、崖、安、交、爱，凡三十州。”

【编者按】开皇九年平陈，得州不止三十。《商榷》已指出《隋书》本纪的三十州之误（参上释文“陈州四十”条），齐召南认为作“三十者”非（参《求是》56页注①），《北史》作四十州。《杨考》称陈土宇之内今可考者四十九州，则此处“三十州”必误无疑。

寻以户口滋多，析置州县。

【集释】《商榷》卷六十七“隋州最繁”条：“西汉极盛，不过郡国一百三，周平齐，州至二百十一，已为极繁。隋高祖开皇九载廓定江表，寻以户口滋多，析置州县，是于二百十一中又分析，为最繁矣。”

炀帝嗣位，又平林邑，更置三州。既而并省诸州，

【集释】《商榷》卷六七“罢州置郡”条：“案唐、虞时九州、十二州。历三代、秦、汉、魏、晋、南北朝，其名尚存，至隋始革去州名，事势古今不同，不可泥古。《宋书·州郡志》有扬州、南徐州、南兖州、兖州、南豫州、豫州、江州、青州、冀州、司州、荆州、郢州、湘州、雍州、梁州、秦州、益州、宁州、广州、交州、越州，《南齐书·州郡志》略同，惟多一巴州，此名为从前未有。《魏（书）地形志》新添之州名甚多，汉、晋每州所管郡甚广，《地形志》则每州所管郡有少至二、三郡者，并有不领郡之州焉；其州名新制者共有五六十。梁、陈、齐、周地理无考，而州郡总数见《隋地志》，盖承魏，其分析亦多，至隋万不能更为沿袭，盖即名称纷浑，已极不便，不但十羊九牧，如杨尚希所云也。”《杨考》：“《炀帝纪》大业二年正月。”《求是》：“大业初并省一百一十九州，为隋代政区的第二大变革。”

【补释】《通鉴》卷一百八十：大业二年正月“丁卯，遣十使并省州县”。

寻即改州为郡，

【集释】《杨考》：“大业三年四月。”

【补释】《通鉴》卷一百八十：大业三年四月“壬辰，改州为郡”。

乃置司隶刺史，分部巡察。

【补释】《隋书·百官志》：“司隶台大夫一人，掌诸巡察；别驾二人，分察畿内，一人案东都，一人案京师；刺史十四人，巡察畿外。”《通鉴》卷一八一：大业五年，“司隶刺史房彦谦劝（薛）道衡杜绝宾客”。

五年，平定吐谷浑，更置四郡。

【补释】《通鉴》卷一八一：大业五年六月“癸丑。置西海、河源、鄯善、且末等郡”。

大凡郡一百九十，

【集释】《杨考》：“按雍州二十八郡，梁州三十四郡，豫州十六郡，兖州六郡，冀州三十一郡，青州四郡，徐州五郡，扬州四十四郡。荆州二十二郡，共计郡一百九十。”

【编者按】《通鉴》卷一八一亦谓郡一百九十。《中国历史地图集》隋代图组，以大业八年为断，共绘一百九十三郡，比《隋志》少安乐、辽西、林邑、海阴、比景五郡，又补入辽东、柳城、燕郡、伊吾、会宁、儋耳、临振、明阳八郡。

县一千二百五十五，

【集释】《杨考》：“按雍州一百四十六县，梁州二百二十二县，豫州一百三十九县，兖州五十七县，冀州二百二十一县，青州三十六县，徐州四十县，扬州二百六十九县，荆州二百二十一县。共计县一千三百五十一。”

【编者按】《通鉴》卷一八一亦谓县一千二百五十五。梁方仲《中国历代户口、田地、田赋统计》甲表二二，隋县一千二百五十三，比此数少二县。《中国历史地图集》隋代图组则共绘大业八年一千三百余县。又，《求是》谓凡一千二百五十三县。按《杨考》所列县数，与《求是》所列《地理志郡县分配数目表》相较，惟梁州杨氏少岑氏一县，荆州杨氏多岑氏九十九县，其余均同。梁州牂柯郡领县，或作二，或作三，相差一县。但荆州辖县，杨氏作二百二十一，岑氏作一百二十二，两者相差九十九县。检《隋书·地理志》，荆州二十二郡确领一百二十二县；《杨考》卷九也领一百二十二县，而非二百二十一县。《杨考》既于荆州县数误倒为“二百二十一县”，故知岑说是，杨说非。

户八百九十万七千五百四十六，

【中华校】按据本志各郡分列的县数和户数统计，县一千二百五十二，户九百零七万五千七百九十一。

【集释】《杨考》：“雍州户一百万零一万八千四百六十六，梁州户六十一万三千三十四，豫州户一百五十九万九千五百，兖州户七十八万五千四百十二，冀州户二百六十七万二千四百五十一，青州户三十九万二千四百四十九，徐州户二十九万七千六百零二，扬州户九十四万四千零七十二，荆州户五十七万九千六百六十一，共计九百万二千六百四十七，尚赢九万五千一百一，其中当有传写之误也。”

【补释】梁方仲《中国历代户口、田地、田赋统计》甲表二二，户数为九百零七万零四百一十四。胡道修《开皇天宝之间人口分布与变迁》：《隋志》各郡户数相加，为九百零七万七千十四户（《中国史研究》1984年第4期）。

【编者按】依《杨考》所列九州户数，相加实为八百九十万二千六百四十七，杨氏误增十万。

口四千六百一万九千九百五十六。垦田五千五百八十五万四千四十一顷。

【集释】《通典·食货》：“至大业中，天下垦田五千五百八十五万四千四十顷（按其时有户八百九十万七千五百三十六，则每户合得垦田五顷余，恐本史非实）。”

【补释】《汪篯隋唐史论稿》：“在‘垦田五千五百八十五万余顷’的记录中，其‘千’字上的‘五’字是衍文，‘五’字与‘田’字字形相近，大致是‘田’字误作‘五’字，复于‘五’字上加一‘田’字，遂成为以后的记录。”（页52～53。中国社会科学出版社1981版）

其邑居道路，山河沟洫，沙碛咸卤，丘陵阡陌，皆不预焉。东西九千三百里，南北万四千八百一十五里，东南皆至于海，西至且末，北至五原，隋氏之盛，极于此也。

京兆郡

京兆郡　开皇三年，置雍州。

【集释】《杨考》：“按本《禹贡》雍州之地，后汉始置雍州，晋以后废置不常，至隋开皇迁都龙首川。仍置雍州，故《志》以为说，据迁徙之地言也。凡《志》言置郡县而非其始者，多类此。据《周书·梁士彦传》，‘齐平，位上柱国，雍州总管’，则周尝置总管府。按《隋书》，开皇二年，以长安故城年代既久，宫宇朽蠹，谋欲迁都，仆射苏威、太师李穆并太史令庾季才等议，合于帝旨，遂以其年六月十八日诏规建制，至三年三月十八日移入新都。《元和志》：开皇三年，自长安故城迁都龙首川，即今都城是也。初，隋氏营都，宇文恺以朱雀街南北有六条高坡，为乾卦之象。故以九二置宫殿，以当帝王之居；九三立百司，以应君子之数；九五贵位，不欲常人居之，故置玄都观及兴善寺以镇之。宋敏求《长安志》：隋文帝开皇二年自故都徙，其地在汉故城之东南，属杜县，周之京兆郡万年县界。南侵终南山、子午谷，北据渭水，东临灞、浐，西枕龙首原，命左仆射高颎总领其事，太子左庶子宇文恺创制规模，将作大匠刘龙、工部尚书钜鹿郡公贺楼子幹、大府少卿尚龙义并充使营建。”《求是》：“《元和志》一云，‘隋开皇三年……废京兆尹，又置雍州’，一若雍州承京兆尹而设者。顾考诸《本纪》一，则开皇元年二月，以杨爽为雍州牧。二年六月下亦称雍州牧卫王爽，四四爽本传云：‘及受禅，立为卫王。寻迁雍州牧。’三年已前，显有雍州之称，盖隋初尚沿旧制，以州统郡，京兆郡不过诸郡之一，并不与改制前之州相等夷，故当日既有京兆尹，复有雍州牧。至三年废郡，州称独存，旧史不察，以州接郡，遂令读者于《本纪》元、二年雍州牧之称，有所疑议，此皆未能究心沿革叙述欠明之过也。”

城东西十八里一百一十五步，

【集释】《杨考》：“《旧唐志》作‘一百五十步’。”

南北十五里一百七十五步。东面通化、春明、延兴三门。南面启夏、明德、安化三门，西面延平、金光、开远三门，北面光化一门。

【集释】《杨考》：“《长安志》：南面三门，正中曰明德门，东曰启夏门，西曰安化门；东面三门，北曰通化门，中曰春明门，南曰延兴门；西面三门，北曰开远门，中曰金光门，南曰延平门；北面一门曰光化门。”

里一百六，

【集释】《杨考》：“《长安志》：周六十七里，其崇一丈八尺，永徽四年更筑。”

市二。

【集释】《杨考》：“《长安志》：兰皇城南面朱雀门有南北大街，曰朱雀门街，东西广百步，万年、长安二县以此街为界，万年领街东五十四坊及东市，长安领街西五十四坊及西市。”

大业三年，改州为郡，故名焉。置尹。

统县二十二，户三十万八千四百九十九。

大兴

开皇三年置。后周于旧郡置县曰万年。

【中华校】原脱“于”字，据杨氏所见宋本增。

【集释】《杨考》：“《周（书）·明帝纪》：二年六月，分长安为万年县，并治京城。《寰宇记》引《周地图记》云：周明帝二年分长安、霸城、山北等三县，始于长安城中置万年县，理八角街以东。属京兆尹。”郭黎安《旧置考》：“《地形志》雍州京兆郡云，西汉武帝改渭南郡为京兆郡，后汉因之，然二汉称京兆尹，魏晋始称郡。……据上可知，旧郡即指魏晋以来京兆郡。”

高祖龙潜，封号大兴，故至是改焉。

【集释】《杨考》：“《寰宇记》：开皇三年，改万年为大兴县，仍移于宣坊东南隅；置大兴县。盖取文帝初封国号以名城及县也。”

有长乐宫。

【集释】《杨考》：“按此四字当在‘后周废’下。《史记正义》：汉长乐宫在长安县西北十五里。《长安志》云：《汉书》曰，高帝五年都长安，九月治长乐宫。《叔孙通传》，汉七年，长乐宫成。《关中记》曰，长乐宫本秦之兴乐宫也，周回二十余里，有殿十四，汉太后常居之。《长安记》曰，兴乐宫，秦始皇造，汉修饰之，王莽改长乐宫曰常乐室。”

有后魏杜城县、

【集释】《杨考》：“《长安志》：在县东南一十五里。按《地形志》京兆郡杜县注，二汉曰杜陵。晋曰杜城，后改，盖仍秦旧。又《魏书·韦阆传》，韦欣宗、韦朏并封杜侯，则魏之杜县不作杜城审矣。”

西霸城县、

【集释】《杨考》：“《长安志》：在县东北二十五里霸水之东。又引《十三州志》：霸陵。秦襄王所葬芷阳也，汉文帝更名霸陵，晋改霸城，后周建德二年省。按《地形志》无‘西’字。《魏书》，始平贞王及王罴并封霸城县公，韦珍封霸城侯，则后魏无西霸城审矣。《北齐书》。綦连猛封霸城县男，亦无‘西’字。”

西魏山北县，

【集释】《杨考》：“《地形志》有此县，《寰宇记》引《周地图记》云姚兴置，则非置于西魏。按《魏书·张安祖》、《周书·韦孝宽传》并封山北侯，《周书》赵善封山北伯、王于直封山北男，皆在魏时。此‘西魏’二字亦衍文。”《北周志》：“《隋志》谓西魏置山北县，误，县实置于姚兴。”

并后周废。

【集释】《杨考》：“《寰宇记》引《周地图记》云：天和三年废山北县，建德二年省杜城、霸城二县。”

【编者按】大兴，治今陕西西安市。

长安 带郡。

【集释】《杨考》："秦地名，汉县。《元和志》：隋开皇三年迁都长安，移至长寿坊西南隅。"

有仙都、福阳、太平等宫。

【集释】《杨考》："《元和志》：隋太平宫在鄠县东南三十一里，对太平谷，因名之。仙都、福阳二宫，《三辅黄图》、《长安志》、《长安图志》、《雍录》皆不载。"

有关官。

【集释】《杨考》："《元和志》：子午关在长安县南百里。王莽通子午道，因置此关。晋桓温伐秦，命司马勋出子午道。今洋州东二十里曰龙亭，此入子午谷之路。梁将军王神念以旧道缘山避水，桥梁多坏，乃别开干路，更名子午道，即此路是也。"

有旧长安城。

【集释】《杨考》："《元和志》：在长安县西北十三里，汉旧都，惠帝修筑，本秦离宫也。城南为南斗形，城北为北斗形，周回六十五里。《长安志》引唐贾耽《郡国县道记》曰：长安县故城，今谓之宛川城。汉京兆。府在故城内上冠里，其县治今失其所在。长安，盖古乡聚名，南隔渭水，北对秦咸阳宫，汉于其地筑未央宫，谓大城曰长安城。"

【编者按】长安，治今陕西西安市。

始平

【集释】《杨考》："汉置平陵县，魏改为始平，晋因之，旧在今咸阳县西北十五里。《寰宇记》：苻秦移于茂陵城，后魏永安元年移于今兴平县东北十五里，西魏恭帝元年又移于县东北二十五里，周大象二年复移于县东南一十五里文学城，隋大业九年自文学城移于今所。"

故置扶风郡，

【集释】《杨考》："汉置右扶风郡。《元和志》：魏文帝去'右'字。《郡国志》引潘岳《关中记》曰：三辅旧治长安城中，光武东都之后，扶风出治槐里，冯翊出治高陵。《长安志》引《十道志》曰：永安元年，移扶风郡于文学城。"郭黎安《旧置考》："《元和志》卷二京兆郡兴平县云：'本汉平陵县，属右扶风。魏文帝改为始平。晋武帝改置始平郡，领槐里县，历晋至西魏数有移易。景龙二年改始平县为金城县，至德二年改名兴平。'《寰宇记》卷二七兴平县有槐里城，'在县东南一十里，魏黄初元年于此置扶风郡，至晋泰始中郡移理郿，改此城为始平国（郡），领槐里县。后魏真君七年，槐里县徙至县西二十五里，此城遂废。'《晋志》始平郡：'泰始三年置，治槐里县。'又《地形志》扶风郡治好畤。《北周地理志》卷一扶风郡引《十道志》：永安元年，移扶风郡于文学城，领槐里、始平、盩厔三县。据《大清一统志》记载，文学城在今兴平县东南。由上可知，隋始平县历史上曾二度置扶风郡。第一次为曹魏黄初元年至晋泰始三年，第二次为北魏永安元年至隋开皇三年。《隋志》所指当为第二次。"

开皇三年郡废。

【编者按】始平，治今陕西兴平市

东南。

武功

【集释】《杨考》："汉置斄县，后汉移置武功县，后魏废入美阳县。《寰宇记》：后魏太和十一年改武功为美阳县，周天和四年美阳还旧理，建德三年别立武功县于中亭川，即今县理也。《舆地广记》：周建德中置武功于故斄城，今县是也。二说置县之地稍异，《长安志》以《寰宇记》说为是。"《求是》："《通典》一七三武功县下云：隋恭帝义宁元年为稷州，寻废之，复故。按《元和志》二武功县云：武德三年……于今县理置稷州。《旧唐书》三八、《新唐书》三七均同，《通典》殆误。"

后周置武功郡，

【集释】《杨考》："《地形志》：太和十一年分扶风置。"

建德中郡废。

【集释】《杨考》："《寰宇记》：建德三年废。"

有永丰渠、普济渠。

【集释】《杨考》："按永丰渠未详，或古有今湮，或传写有误。《长安志》载永通渠，隋开皇四年开，起县西北渭水兴城堰，初名富民渠，仁寿四年改；又载永安渠，隋文帝开皇三年开，在县南。是二渠，未知孰是。又《长安图志》：武功有昇源渠，《长安志》：普济渠在兴平县南十里，自武功县流入县界，凡六十里，溉田七十余顷，东流入咸阳，今湮。"

【编者按】武功，治陕西今县西北武功镇。

盩厔

【集释】《杨考》："汉县，后汉省，晋复置，旧在今盩厔县东。《寰宇记》：后周天和二年移于今鄠县西北三十五里，建德三年从鄠县西北移于今所。"

后周置周南郡及恒州，

【集释】《杨考》："《寰宇记》：周天和二年割州之终南郡于此置恒州，领周南郡。《长安志》：建德三年徙县于今治，置周南郡。按终南郡无考。《纪要》：西魏置终南县。亦未详。《寰宇记》：唐武德二年置。《北周志》："恒州为侨置之州，寄治盩厔县界。周南郡固仍属雍州，为雍州十二郡之一，未尝改隶恒州也。盖缘《隋志》连叙周南郡、恒州而误。"

又有仓城、

【集释】《杨考》："《隋书·长孙览传》：从子炽，周建德二年授仓城令。"

温汤二县，寻并废。有司竹园，

【集释】《杨考》："《元和志》：在盩厔县东十五里。《史记》曰渭川千亩竹。今按园周回百里，置监丞掌之，以供国用。义宁元年义师起，高祖第三女平阳公主举兵于司竹园，号娘子军。《长安志》引《晋地道记》：司竹都尉治鄠县。"

有宜寿、

【集释】《杨考》："《元和志》：隋宜寿宫在县东南三十二里。"

仙游、

【集释】《杨考》："《长安志》：仙游宫在县南三十五里，旧《图经》曰隋文帝避暑处。”

文山、凤皇等官。

【集释】《杨考》：“二宫今无考。”

有关官。

【集释】《杨考》：“按关官未详。《寰宇记》：骆谷关在县西南一百二十里，唐武德七年开骆谷道以通梁州，在今关北九里，贞观四年徙于今所。据此，则骆谷关为唐置，然骆谷道为汉、魏旧道，其后废塞，疑本有关也。”

有太一山。

【集释】《杨考》：“即终南山，又曰太白山。《水经注》云：《地理志》县有太壹山，古文以为终南，杜预以为中南也。南去长安二百里，不知其高几何。俗云‘武功太白，去天三百’。山下军行不得鼓角，鼓角则疾风雨至。按张衡《西京赋》、潘岳《西征赋》皆以太乙、终南并列，《唐六典》又以终南、太白并列，此《志》载太乙于盩厔、载终南于鄠县，盖不从《汉志》、《水经注》之说。”

有温汤。

【集释】《杨考》：“《水经·渭水注》：温水出太壹山，其水沸涌如汤。杜彦达曰，可治百病，世清则疾愈，世乱则无验。其水下合溪流，北十三里入渭。”

【编者按】盩厔，治今陕西周至县。

醴泉　后魏曰宁夷，

【集释】《杨考》：“《长安志》：后魏武帝于谷口置温秀、宁夷二护军，改池阳为宁夷县，隶成阳郡。”

西魏置宁夷郡。后周改为秦郡，

【集释】《杨考》：“《周纪》魏封太祖子直为秦郡公，《杨荐传》‘秦郡宁夷人’，《长安志》作宁秦郡，非。”《北周志》：“按《周书·文帝纪》，魏恭帝三年秋七月，魏帝封太祖子直为秦郡公，则西魏末已改为秦郡矣。”华林甫《〈隋书〉郡县封爵研究》研究了见于《隋书》记载的所有一百一十六个郡爵，认为北周、隋代所封郡公多系虚封，非谓当时必有该郡之存在，最明显的例证有三条：一、有些封爵的郡，历史上从来没有设置过；二、有些封爵的郡始封时并无该郡；三、开皇三年至大业三年天下无郡，隋文、炀二帝仍封赏了十二个郡公和一个郡君。县爵情况与此相似。所以，该文结论是：“北周、隋代封爵之郡、县，与本郡、本县建置沿革并无必然的联系，虽取郡县名称，然而并不代表政区之沿革，也不能以此证明甚至补充当时行政区划的建置状况，更不能证明该政区之存在与否”；“封爵可以另立新名，或取古地名，并不一定与政区有关”；“杨守敬《隋书地理志考证》、王仲荦《北周地理志》中凡以封爵证明、校正、补充、纠谬政区沿革的，皆不足信。”（载《北朝研究》1991年下半年刊）

后废，又以新畤、甘泉二县入焉。

【集释】《杨考》：“新畤在醴泉县东，甘泉近甘泉山，《纪要》皆后魏置、后周废，而《地形志》无之。”《北周志》：“按废郡当在周建德二年并雍州十二郡为四郡时。”

开皇十八年改县名醴泉。

【集释】《杨考》："《元和志》：以县界有周醴泉宫，因以为名。《寰宇记》：其城即古仲桥城也。"

有甘泉水、

【集释】《杨考》："《长安志》：甘河自县西北甘北镇西来，至县东北泾甘渡入泾水。"

波水、

【集释】《杨考》："《长安志》：波水谷在县北七十里。"

浪水、

【集释】《杨考》："《寰宇记》：承阳山在县西北三十里。有石泉，《三辅黄图》所谓浪水是也。'

有九嵕山、

【集释】《杨考》："《长安志》引《四夷郡国县道记》：九嵕山，东连仲山，西当泾水，出处高六百五十丈，周十五里。"

温秀岭。

【集释】《杨考》："《纪要》：温秀城在永寿县东南。《长安志》：温宿岭在县北，汉时温宿国人令居此田牧，因以为名。又《寰宇记》永寿县下云：温修山，一名温秀山。《开山图》云，温修山，实三阳山也，谓之温秀，盖俗讹耳。"

【编者按】醴泉，治今陕西礼泉县北。

上宜　开皇十七年置。

【集释】《杨考》："《元和志》作'十八年'。"

有旧莫西县，

【集释】《杨考》："《地形志》作'汉西'，云太和十一年置。考《魏书·江悦之传》，宣武帝时封士孙天与为莫西男，则当以作莫西为是，盖因'莫'或作'漠'，又误为'漢'耳。"

十八年改名好畤，

【集释】《杨考》："按好畤县，秦置，后汉末省，晋元康中复置。《寰宇记》：周建德三年并入莫西县，开皇十八年又改名好畤。"

大业三年废入焉。

【编者按】上宜，治今陕西永寿县西南。

鄠

【集释】《杨考》："汉县。《寰宇记》：自汉至隋皆以鄠城置县，即今县北二里故鄠城是也。其城周四城，颓垣尚在。大业十年移于今所。"

有甘泉宫。

【集释】《杨考》："《元和志》：隋甘泉宫在鄠县西南二十二里，对甘泉谷，因名之。《纪要》：古以甘泉名宫者三，秦甘泉宫在渭南，汉甘泉宫在云阳磨石岭上，隋甘泉宫在鄠县，对甘泉谷。或曰甘泉为秦之南宫，隋宫疑即秦旧址也。"

有终南山。

【集释】《杨考》："即《禹贡》之'终南惇物'、《诗》之'终南何有'、《左传》之'荆山中南'。《汉书·地理志》：太乙，古文以为终南。"

有涝水。

【集释】《杨考》："《说文》：涝水出扶风，鄠北入渭。《水经·渭水注》：

涝水出南山涝谷，北经汉宜春观，又东北经鄠县故城西，北流入于渭。《寰宇记》：涝谷水源出鄠县东南涝谷，经县理西北，经萯阳宫。”

【编者按】鄠县，治今陕西西安市鄠邑区。

蓝田

【集释】《杨考》：“秦县。《长安志》：周武帝建德三年，自县西三十里故城徙峣柳城，今治是也。”

后周置蓝田郡，寻废郡，及白鹿、玉山二县入焉。

【集释】《杨考》：“《元和志》：周闵帝（《长安志》云元年）割京兆之蓝田、又置玉山、白鹿二县置蓝田郡，至武帝（《长安志》云建德二年）省郡，复为蓝田县，属京兆。”

有关官。

【集释】《杨考》：“《寰宇记》：蓝田关即秦之峣关也，在蓝田县东南九十八里。《史记》，子婴遣将将兵拒峣关，沛公引兵绕峣关，逾蕢山，击秦军，大败之。周明帝武成元年，自峣关移置青泥故城侧，改曰青泥关。武帝建德三年，改为蓝田关。《长安志》：炀帝大业元年徙复旧所。”

有滋水。

【集释】《杨考》：“《汉志》云：霸水出蓝田谷，北入渭，古曰滋水，秦穆公更名以章霸功。《元和志》：霸水，故滋水也，即秦岭水之下流，东南自商州上洛县界流入，又西流合滻水入渭。”

【编者按】蓝田，治陕西今县。

新丰

【集释】《杨考》：“汉县。《寰宇记》：后魏时移理于故城三十里，盖在零水侧，周闵帝元年又徙于天保废新丰县东南七里，隋大业六年又徙于天保中废县所治。”

有温汤。

【集释】《杨考》：“《寰宇记》：温泉在骊山之西北。按《三秦记》云，入汤须以三牲祭之，不尔即烂人肉。张衡《赋》序云：余过骊山，观温泉，浴神井，嘉洪泽之普施，乃为之赋。《长安志》引《十道志》曰：今按泉有三所，其一处即皇堂石井，周武帝天和四年大冢宰宇文护所造。”

【编者按】新丰，治今陕西西安市临潼区东北新丰镇。

华原

【集释】《杨考》：“三国魏侨置泥阳县。《元和志》：开皇六年改为华原。又云：泥阳故城在县东南十七里。”

后魏置北雍州，

【集释】《杨考》：“《长安志》：后魏置北雍州，永熙二年自三原县界永安故城徙北雍州于今华原县。”

西魏改为宜州，

【集释】《杨考》：“《周书》：魏废帝三年正月，改北雍州为宜州。”

又置北地郡，

【集释】《杨考》：“《地形志》云：魏文帝分冯翊之祋栩置。则非始于后魏。”

寻改为通川郡。

【集释】《杨考》：“《元和志》：魏

废帝三年改。盖已移北地郡于富平，故于此立通川。”

开皇初郡废，大业初州废，

【集释】《杨考》：“《元和志》：大业二年。”

及土门县入焉。

【集释】《杨考》：“《长安志》引《周地图记》曰：苻秦时置土门护军，后魏太武太平真君七年罢护军，地入同官县，宣武景明元年省频阳县，分铜官县置土门县，属北地郡，因县界有土阙，状似门，故曰土门。《元和志》：大业二年省，义宁二年再置。《新唐志》：义宁二年以华原、宜君、同官置宜君郡。”

有沮水、

【集释】《杨考》：“《寰宇记》：沮水自邠州入华原县界，合漆水入富平石川河。按沮水有二：一出中部县子午岭，迳宜君县，仍在中部入洛者，是《元一统志》所称之沮也；一自中部县迳宜君、耀州、同官、富平至临潼入渭，亦曰石川河，是《水经注》所指循郑渠东入洛之沮也。”

频山。

【集释】《杨考》：“《寰宇记》：频山在美原县西北十一里。秦厉公于此山之南置频阳县，秦将王翦即此县人也。按美原在华原东南，唐咸亨二年割富平、华原及同州蒲城置美原县，故《隋志》频山在华原。”

【编者按】华原，治今陕西铜川市耀州区。

宜君

【集释】《杨考》：“《元和志》：前秦苻坚于祋栩古城北置宜君护军，后魏真君七年改为宜君县，西魏文帝大统五年移于今华原县北。”

旧置宜君郡，

【集释】《杨考》：“《一统志》：西魏置。按《长安志》引《十六国春秋》有‘庄帝永安元年以铜官属宜君郡’之文，则非始置于西魏。”郭黎安《旧置考》：“《地形志》无宜君郡，而雍州北地郡有宜君、铜官县，皆真君七年置。杨守敬……疑宜君郡置于北魏末，隋初废。《地形志》脱。”

开皇初郡废。有清水。

【集释】《杨考》：“《寰宇记》三原县下云：清谷水在县西北华阳县界流入，一名鬼谷，昔苏、张师事鬼谷先生学，即此谷也。按《纪要》，清谷水即清水。”

【编者按】宜君，治陕西今县西。

同官

【集释】《杨考》：“《长安志》：同官，本汉祋栩县地，晋为频阳县。《十六国春秋》：苻坚于祋栩城东北铜官川置铜官护军，后魏太武太平真君七年罢护军，置铜官县，属北地郡，庄帝永安元年属宜君郡，后周武帝建德四年，自今县东南十里铜官故县徙于今治，至是除‘金’止作‘同’字。隋开皇二年改宜君郡为宜州，以县属焉，大业二年省宜州，以县隶雍州。按《地形志》作‘同官’，《周书·王德传》，魏孝庄帝永安二年封同官子，则据已改名称之也。”

【编者按】同官，治今陕西铜川市

西北。

郑

【集释】《杨考》："秦置县，在今华州北。《元和志》：后魏置东雍州，县移于州西七里，大业二年州废，移入州城，隶雍州；三年，以州城屋宇壮丽，置太华宫，县即权移城东，四年宫废，又移入城。《寰宇记》引《郡国县道记》云：古城连接今州城，齐天保中，官路经其中，东西相连，有三小城。至宇文朝，县移于西南九里故郑城，隋开皇三年又移理于州北故郑城，四年又移于废华州城。"

后魏置东雍州，

【集释】《杨考》："《寰宇记》：孝昌二年置。"

并华山郡。

【集释】《杨考》："《寰宇记》：太平真君元年置，孝明帝分置华山郡，又置武山郡。"

西魏改曰华州。

【集释】《杨考》："《周书》：魏废帝三年正月改东雍州为华州。按后魏《地形志》，太和十一年置华州，领华阴、郑、夏阳、敷西、郃阳五县，即此东雍州之地。《志》以太和之华州隶于冯翊郡下，盖因彼治李闰镇。此东雍州则在今华州西七里，故《周书》废帝三年既改东雍州为华州，又改华州为同州，明非一地，谢氏启昆《西魏书》合为一条，考之未审。"

开皇初郡废，大业初州废。

【集释】《杨考》："《元和志》：大业二年废。《旧唐志》：隋义宁元年，割京兆郡之郑县、华阴置华山郡，因后魏郡名。《求是》：《元和志》二，义宁元年。置华山郡。"

有少华山。

【集释】《杨考》："《元和志》：少华山在郑县东南十里。《山海经》云，太华之西八十里曰少华之山。"

【编者按】郑县，治今陕西渭南市华州区。

渭南

【集释】《诸史考异》卷一三："案《元和郡县志》，后魏孝明帝于今县东南四里置渭南郡及南新丰县，西魏废帝二年改南新丰为渭南县。《志》不载。"《杨考》："《寰宇记》云：开皇十四年，自县东四里明光原移于今理。《长安志》引《两京道里记》云：隋文帝过县，以原上乏水，故徙之。《括地志》：县城，大业九年筑。"施和金《陕西订误》："渭南县下志文，何时置县不明，当有脱误。据《元和郡县志》卷一：'后魏孝明帝于今县东南四里置渭南郡及南新丰县，西魏废帝二年改南新丰为渭南县。'《太平寰宇记》卷二九、《长安志》卷一七所记相同，当补正。"

后魏置渭南郡，

【集释】《杨考》："《元和志》：后魏孝明帝于今县东南四里置渭南郡。按《隋书·达奚长儒传》，后周天和中，除渭南郡守。"

西魏分置灵源、中源二县，

【集释】《杨考》："《长安志》：废帝二年。"

后周郡及二县并废入焉。

【集释】《杨考》："《寰宇记》：周建德二年省郡。"

有步寿宫。

【集释】《杨考》："《三辅黄图》云：步寿宫在新丰县。《水经注》：首水经秦步寿宫西。"

【编者按】渭南，治陕西今市。

万年

【集释】《杨考》："《元和志》：汉分栎阳置万年县，后汉省栎阳入万年，后魏宣武帝又分置广阳县，周明帝省万年入广阳，更于长安城中别置万年县。广阳仍属冯翊郡。《舆地广记》：隋开皇三年，改万年为大兴，而复改广阳为万年。按隋《宋文彪造泮水石桥碑》后言。以开皇十六年立，附列姓名，有冯翊军将军司马田威，冯翊广阳人。然则开皇中尚未改广阳为万年。盖仁寿初改，避炀帝讳也。"《杨考补遗》："又按《龙藏寺碑阴》有广阳令、邑正卢延，碑亦开皇六年立也。"

【编者按】万年，治今陕西西安市临潼区北栎阳镇。

高陵　后魏曰高陆，

【集释】《杨考》："《元和志》：本秦高陵县，属左冯翊，魏文帝改为高陆，属京兆郡。《寰宇记》：县城旧在西南，后魏移于今所。"

大业初改焉。

【集释】《杨考》："《元和志》：大业二年改。《寰宇记》：县城，大业七年筑。"

【编者按】高陵，治陕西西安市高陵区。

三原

【集释】《杨考》："《寰宇记》：前秦苻坚于巀嶭山北置三原护军，以其地南有邦原、西有孟侯原、北有白鹿原，是为三原。后魏太平真君七年置县，属北地郡。《地形志》北地郡无三原县，漏也。"

后周置建忠郡，

【集释】《杨考》："《寰宇记》：永安故城，亦名洪宾栅，在三原县北五十五里，即后魏北雍州城也。《周地图记》，魏明帝孝昌三年萧宝寅逆乱，关右毛洪宾立义栅以捍贼，永安元年于此置北雍州，其年又割北地郡之三原县于此置建忠郡，属北雍州。又按《后魏书》，毛遐，洪宾兄也，亦有功于魏，故肃宗诏改三原县为建忠郡，以旌其兄弟功也。孝武帝永熙元年，移北雍州于今宜州，仍于城中置永安镇。据此，则郡为魏置，非后周置。又考《魏书・宗室传》，孝明帝时封元志建忠伯；《北齐书・神武纪》，西魏时万俟普封建忠王，益见建忠为魏郡。而《地形志》无此郡，盖《志》于永安后多漏阙也。"

建德初郡废。

【集释】《杨考》："《长安志》：周武帝建德二年郡废，以三原隶冯翊郡。《寰宇记》谓郡废于隋开皇三年，误。盖隋文帝父名忠，不应至开皇三年始废。"《北周志》："废于周建德中，至确。"

【编者按】三原，治陕西今县西北。

泾阳

【集释】《杨考》："《元和志》：苻坚于今县东南二十八里置泾阳县，后魏于县置咸阳郡，后周建德中置池阳县。《元和志》又云：秦置泾阳县，隋文帝移泾阳县于咸阳。按苻秦县在今泾阳县东南三十里，隋废石赵所置石安县，移泾阳县于此。"

旧置咸阳县，

【集释】郭黎安《旧置考》："《元和志》卷二泾阳县云：'本秦旧县。汉属安定郡，惠帝改置池阳县。后魏废，于今县置咸阳郡，苻秦又置泾阳县。隋文帝罢郡，移泾阳县于咸阳郡，即今县。'《寰宇记》卷二六咸阳县云：'苻坚时于今县东北长陵城置咸阳郡，后魏太和二十年移咸阳郡于泾水北，今泾阳县也。隋开皇十一年移咸阳于故咸阳城西北三里，即今县城也。'隋、唐、宋三代泾阳县未曾迁治。又《地形志》咸阳郡领石安、池阳、灵威、宁夷、泾阳五县。而泾阳县下注：'真君七年，并石安，景明二年复属。'可见《隋志》所谓'旧置咸阳县'，当是咸阳郡之误。郡置于北魏太和二十年，废于隋开皇十一年。"

开皇初废。

【集释】《杨考》："《长安志》：开皇三年。"

有茂农渠。

【集释】《杨考》："《长安志》：白渠，堰泾水入焉，西自云阳县界来，东入高陵县界。《十道志》曰：太白、中白、南白，谓之三白渠也，渠上斗门四十八。……《纪要》：茂农渠，盖白渠之支渠，今湮废。"

【编者按】泾阳，治陕西今县。

云阳 旧置，

【集释】《杨考》："本汉县，后汉末省，太平真君七年复置。"郭黎安《旧置考》："《元和志》卷一云阳县：'本汉旧县，属左冯翊，魏司马宣王抚慰关中，罢县，置抚夷护军，及赵王伦镇长安，复罢护军。刘、石、苻因之。魏罢护军，更于今理别置云阳县，隋因之。武德元年分置石门县，贞观元年又改石门为云阳县。'又云：汉云阳故县在唐县西北八十里。是为《隋志》谓县旧置系指北魏置。杨守敬谓真君七年置，未知何据。"

后周置云阳郡，开皇初郡废。有泾水、

【集释】《杨考》："《长安志》云：泾水在县西南二十五里。引《水经注》：泾水东流历峡，谓之泾峡。《元和志》泾阳县下云：泾水西北自池阳县界流入，迳县南七里，又东南入高陵县界。"

五龙水、

【集释】《杨考》："《长安志》五龙谷水引《水经注》：五龙水出云阳宫西南。《纪要》：泉流绕长筠阪下。"

甘水、

【集释】《杨考》："《长安志》引《十道志》：甘泉水出石鼓西原。"

走马水。

【编者按】云阳，治今陕西泾阳县西北云阳镇。

富平

【集释】《杨考》："汉县。《长安志》：前汉县治在今灵州回乐县界，后汉徙今宁州彭原县界。《寰宇记》：晋移于今富平县西南怀德城。西魏大统五年，自怀德城移于今理。"

旧置北地郡，后周改曰中华郡，

【集释】《杨考》："《寰宇记》：周闵帝二年，于富平县理置中华郡。《周书·令狐整传》：拜御正中大夫，出为中华郡守。"郭黎安《旧置考》："《寰宇记》卷三一云：富平县'本旧汉县，属北地郡，前汉理在今灵州回乐县界，后汉移于今宁州彭原县界。晋又移于今县西南怀德城，后魏大统五年自怀德城移于今理，周闵帝二年于县理置中华郡。'《元和志》同。《舆地广记》卷一四谓元魏于富平县置北地郡，后周改为中华郡。《大清一统志》则谓'西魏移北地郡治富平'。以上观之，疑北地郡治富平始于西魏大统五年，北周闵帝时改称中华郡。"

寻罢。

【集释】《杨考》："《元和志》：周武帝省郡，以县属冯翊。《长安志》：开皇三年废郡，以县属雍州。《寰宇记》亦谓隋废郡。"《北周志》："考中华郡本领雍州十二郡之数，周武帝建德二年，合并雍州十二郡为京兆、冯翊、扶风、咸阳四郡，中华郡盖废于建德二年也。《寰宇记》谓隋初废郡之说不可据。"

有荆山。

【集释】《杨考》："《元和志》：县西南二十五里。按《汉志》，荆山在怀德，汉之怀德故城在今朝邑，后汉省。《寰宇记》：后汉末及三国时，因后汉旧名于此立县，晋移富平来治，后魏复徙去。然则富平之怀德城，非汉之怀德，荆山不得在此。自《隋志》误系，而《元和志》遂沿之。"

【编者按】富平，治陕西今县东北。

华阴

【集释】《杨考》："秦宁秦县，汉改华阴，按古城在县东南五里。《元和志》：隋大业五年移于今理。"

有兴德宫。

【集释】《杨考》："《元和志》：兴德宫在冯翊县南三十二里。义旌将趣京师，军次于忠武园，因置亭子，名兴德宫，属家令寺。"

有关官，

【集释】《杨考》："《元和志》：潼关在华阴县东北三十九里，古桃林塞也，春秋时晋侯使詹嘉处瑕以守桃林之塞是也。关西一里有潼水，因以名关。"

有京辅都尉。有白渠。

【集释】《杨考》："《水经·渭水注》：太始二年，赵国中大夫白公奏穿渠引泾水，首起谷口，出于郑渠南，名曰白渠。按《元和志》，白渠水起谷口，尾入栎阳。然去华阴甚远。《志》误，当载入泾阳。"

有华山。

【集释】《杨考》："《元和志》：太华山在华阴县南八里。《山海经》曰，其高五千仞，削成而四方，远而望之，有若华状。"

【编者按】华阴，治陕西今市。

【补阙】《杨考》："按西魏尝置南汾州于杨氏壁。《通鉴》梁中大通六年，东魏行台薛修义等度河，据杨氏壁；西魏司空参军薛端纠帅村民，复取杨氏壁，宇文泰遣南汾州刺史苏景恕镇之。注：杨氏壁当在华阴、夏阳之间，盖华阴诸杨遇乱筑壁以自守，因名。魏汾州本治蒲子城，孝昌中陷，移治西河。时西河已属东魏，故西魏侨置南汾州于杨氏壁。"

冯翊郡

冯翊郡　后魏置华州，

【集释】《杨考》："《地形志》：太和十一年，分秦州之由山、澄城、白水置。"

西魏改曰同州。

【集释】《杨考》："《周书》：魏废帝三年正月，改华州为同州。《通典》以'漆沮既从、沣水攸同'，言二水至期同流入渭，以城居其地，故曰同州。《广韵》曰：冯翊有龙泉，泉有九源，同为一流，因以名州。与《通典》说异。按《寰宇记》引《郡国记》云：同州所理城，即后魏永平三年刺史安定王元燮所筑。其东城，正光五年刺史穆弼筑，西与大城通；其外城，大统元年刺史王罴筑，自今奉先县东北五十里李润镇分秦州置华州，理于此，废帝三年又改为同州。其城盖自后魏以后修筑，非汉之临晋县也。又《元和志》谓后魏永平三年为同州，然《地形志》有华州。无同州，恐未然。《通鉴》梁中大同元年，西魏苏绰归葬武功，宇文泰与群公步送出同州郭外。按梁中大同元年当西魏大统十二年，则同州之名，不始于废帝三年，岂史文追录之欤？"

统县八，户九万一千五百七十二。

冯翊　后魏曰华阴。

【集释】《杨考》："《元和志》：本汉临晋县，晋改为大荔，后魏改为华阴。"

西魏改为武乡，

【集释】《杨考》："《元和志》：以名重，改为武乡。《寰宇记》：孝昌二年改。则非改于西魏。然《地形志》有华阴、无武乡。则以西魏改为是。"

置武乡郡。

【集释】《杨考》："《通鉴》：周主克并州，遣韦孝宽招齐行台右仆射傅伏。令其子以上将军、武乡公告身及金马瑙二、酒钟赐伏为信，伏不受。"

开皇初郡废，大业初改名冯翊，

【集释】《杨考》："《元和志》：大业三年改。"

置冯翊郡。有沙苑。

【集释】《杨考》："《元和志》：沙苑一名沙阜，在冯翊县南十二里。东西八十里，南北三十里。后魏文帝大统三年，周太祖为相国，与高欢战于沙苑，大破之。其时太祖兵少，隐伏于沙草之中，以奇胜之。后于兵立之处。人栽一树，以表其功。今树往往犹存，仍于战处立忠武寺。今以其处宜六畜，置沙苑监。”

【编者按】冯翊，治今陕西大荔县。

韩城　开皇十八年置。

【集释】《杨考》：“《元和志》：隋文帝分郃阳置。《寰宇记》：以古韩城为名。《通典》：县为周置。恐非。”

有关官。

【集释】《杨考》：“《元和志》：龙门戍在韩城县东北，极险峻，后周于此置龙门关，今废。”

有梁山，有鬼谷。

【集释】《杨考》：“按鬼谷之地，其说不一。《史记·甘茂传》：自殽塞。及至鬼谷。索隐曰：在关内云阳。裴秀《雍州记》在池阳。……司马彪《郡国志》云：按《史记》鬼谷在颍川阳城。虞喜《志林》（《长安志》引）在陇关。合此韩城之鬼谷。凡五处，未知孰是。”

【编者按】韩城，治陕西今市。

郃阳

【集释】《杨考》：汉县。应劭云：在郃水之阳。后魏属华山郡。《元和志》：周武帝时属澄城郡。《寰宇记》：隋开皇十六年，自故城移县于今理：又引《郡国县道志》云：郃阳城，魏文侯筑，今夏阳县南三里故城是也。”

【编者按】郃阳，治今陕西合阳县。

朝邑　后魏曰南五泉，

【集释】《杨考》：“《地形志》：太和十五年置。”

西魏改焉。

【集释】《杨考》：“《寰宇记》：西魏废帝三年改，以北据朝坂为名。”

有长春宫。

【集释】《杨考》：“《寰宇记》：长春宫在强梁原上。周武帝保定元年宇文护所筑，初名晋城，武帝建德二年置长春宫，隋文帝开皇十二年增构殿宇。《元和志》：大业十三年，高祖起义兵，自太原舍于此宫，休甲养士而定京邑。”

有关官。

【集释】《杨考》：“《元和志》：县西南有蒲津关。《寰宇记》：蒲津关因蒲坂、又以河津之凑为名。《纪要》：临晋关在朝邑县东北黄河岸，亦曰蒲津城，渡河即蒲州也。春秋时谓之蒲关。隋末李渊自河东渡河，朝邑法曹靳孝谟以蒲津、中潬二城降。”

有朝坂。

【集释】《杨考》：“《水经注》云：洛水东南历强梁原，俗谓之朝坂。《纪要》云，在朝邑县治南。《汉志》：怀德县南有荆山，山下有强梁原，原即荆山北麓矣。”

【编者按】朝邑，治今陕西大荔县东朝邑镇。

澄城

【集释】《杨考》：“《元和志》：汉征县也，韦昭云，征音惩，征、澄同声，后人误为澄。”

后魏置澄城郡，

【集释】《杨考》：“《地形志》：太平真君七年置。”

后周并五泉县入焉。开皇初郡废。

【编者按】澄城，治陕西今县。

【补阙】《杨考》：“按三门县，在今澄城县西北三十里。《地形志》，真君七年置，未知废于何时，恐亦与五泉同并入澄城。”

蒲城　旧置南、北二白水。

【集释】《杨考》：“按《地形志》，白水县，太和二年置；南白水县，太和十一年置，属白水郡。此南白水也，《志》当云旧置南白水。”郭黎安《旧置考》：“杨守敬以为当是旧置南白水县，其说是。《元和志》卷一奉先县云：‘（魏）孝文帝分白水县置南白水县，西魏改为蒲城县。’又《寰宇记》卷二八蒲城县：‘今县即后魏太和十一年分白水县于此置南白水县，以在白水之南为名。西魏废帝三年改白水县为蒲城，以县东故蒲城为称，属同州。’”

西魏改为蒲城，

【集释】《杨考》：“《元和志》：西魏改南白水县置蒲城县。《寰宇记》：西魏废帝三年改南白水为蒲城，以县东故蒲城为称。其北白水固未废也。”

置白水郡，

【集释】《杨考》：“按《地形志》，太和三年置白水郡。《寰宇记》，永平三年，移郡于今县西南三十三里奉先县界，则非置于西魏。谢氏启昆云‘置’当作‘属’，然《志》例不言‘属’，实《志》误也。”

开皇初郡废。

【编者按】蒲城，治陕西今县。

下邽

【集释】《杨考》：“《元和志》：后魏避道武讳，改为夏封，大业二年复旧。《寰宇记》：隋开皇三年以夏封属华州，十七年属同州，置在雄霸故城。大业二年复旧名，十一年自此城移入西魏废延寿郡城，即今县理是也。”

旧置延寿郡。

【集释】《杨考》：“《寰宇记》：后魏太和三年改冯翊为延寿郡。谢氏启昆曰：‘太和’为‘大统’之误。案谢氏说不云出何书，当因《地形志》无此郡，故疑‘太和’为‘大统’之讹。今按《周书·于谨传》，子寔，孝闵践阼，进爵延寿郡公，而《魏书》列传未有为延寿郡守者，是至西魏始立延寿郡，至确。谢氏说诚是也。”郭黎安《旧置考》：“《寰宇记》卷二九下邽县引《晋地道记》：‘后魏太和三年改冯翊为延寿郡，隋开皇十年罢郡。’清代学者谢启昆曰：‘下邽，汉县，至魏废，大统三年复，兼置延寿郡’。故《地形志》无此郡。据上，延寿郡置于西魏大统三年，隋开皇十年废。”

开皇初郡废，大业初

【集释】《杨考》：“《寰宇记》：大业二年。”

并莲勺县入焉。有金氏陂。

【集释】《杨考》：“《寰宇记》：金

氏陂在下邽县东南二十里。《舆地志》：汉昭帝时车骑将军金日磾有功，赐其地。”

【编者按】下邽，治今陕西渭南市东北。

白水

【集释】《杨考》：“《地形志》：后魏太和二年置，属白水郡。《元和志》：开皇三年罢郡，属同州。此即《志》上文所云北白水也。《志》当云旧置北白水。”

有五龙山、马兰山。

【编者按】白水，治陕西今县。

扶风郡

扶风郡 旧置岐州。

【集释】《杨考》：“《地形志》：太和十一年置。《元和志》：后魏太武于今州理东五里筑雍城镇，文帝改镇为岐州，隋开皇元年于州城内置岐阳宫，岐州移于今理，大业三年罢州。谢氏启昆曰：《元和志》与《魏志》不合，‘文帝’当作‘孝文’。”

统县九，户九万二千二百二十三。

【补阙】《杨考》：“按有燕州。《通典》扶风下：后周置燕州。注：周天和元年于美阳故城置燕州，隋开皇十六年置岐山县，以属燕州。隋末废。”《求是》：“余按‘注’以下数语，今本《通典》（学海堂本）无之，不审杨氏所据，故附阙疑。”按：《寰宇记》卷三〇亦云：“美阳故城，后周天和元年于此置燕州，隋开皇十六年于今岐阳县置岐山县，以属岐州，隋末废。”是可证《通典》周天和元年于美阳故城置燕州之说至确。

雍 后魏置秦平郡，

【集释】《杨考》：“《地形志》作‘平秦’，云太延二年置。《魏书·萧宝寅传》：吕伯度封平秦郡公。《北齐书》有平秦王归彦、平秦公薛孤延，则当作‘平秦’。”《杨考后叙》：“‘秦’、‘平’互易，归彦之封无着”，“此皆后世传抄之讹，不关当时笔削之陋。”《北周志》：“按西魏都关中，平秦之名，自是所讳，故改秦平，亦犹高平之改称平高矣。《隋书》作秦平，不误。杨君后叙，盖失之于偏也。”施和金《释例》：“秦平郡，《魏书·地形志》作‘平秦郡’，领雍、周城、横水三县，则秦平为平秦之倒误也。……《周书·王盟传》亦有王盟于孝昌初‘拜征西将军、平秦郡守’之记载。此皆为平秦而非秦平，足证《魏书·地形志》所记不误，后魏所立之郡确为秦平（编者注：应为平秦）。故《通典》于雍县下云：‘后魏置平秦郡，兼置岐州。’《资治通鉴》说及周伯度时亦云：'魏以伯度为泾州刺史，封平秦郡公。'胡三省注：'魏太延二年，置平秦郡于雍县，属岐州。'今查各本《隋书·地理志》皆作'秦平郡'，可见此误已久。依上述诸书所证，当改'秦平'为'平秦'，作'后魏置平秦郡'。"

西魏改为岐山郡，

【集释】《杨考》："《通典》作'岐阳'。"

开皇三年郡废。大业初置扶风郡。有岐阳官。

【编者按】 雍县，治今陕西凤翔县。

岐山　后周曰三龙县。

【集释】《杨考》："《元和志》：周天和四年，割泾州鹑觚县之南界置三龙县。《寰宇记》：属岐州。"

开皇十六年改名焉。

【集释】《杨考》："《元和志》：开皇十六年移三龙县于岐山南十里，改为岐山县。《寰宇记》：因山为名，大业九年移于今岐山县东北八里。"

又有后魏周城县，

【集释】《杨考》："《地形志》：太平真君六年置。"

后周废。

【集释】《杨考》："按《周书·尉迟迥传》，周初进爵周城县公，则周初尚未废也。"

有岐山。

【集释】《杨考》："《寰宇记》：亦名天柱山。"

【编者按】 岐山，治陕西今县东北。

陈仓　后魏曰宛川，

【集释】《杨考》："《地形志》无此县。《齐书·魏兰根传》，从行台萧宝夤破菀州，《北史》作'宛川'，与此合。按《西秦录》，建义三年，秦苻坚封乞伏国仁为苑川王，则在今皋兰县，非此地。"

西魏改曰陈仓。

【集释】《杨考》："《寰宇记》引《周地图记》云：陈仓县，晋末废，苻、姚时于县界置宛川县，西魏大统十六年移宛川县入汉陈仓县故城，复为陈仓县。"

后周置显州，寻州县俱废。

【集释】《杨考》："《寰宇记》：周天和三年置显州，建德三年废显州及陈仓。"《杨考补遗》："按北地郡罗川县亦云，西魏置显州，后周废，当是废彼置此。"

开皇十八年置，曰陈仓。

【集释】《杨考》："《元和志》：大业九年移于今理，在渭水北。《寰宇记》宝鸡县下云：大业十年移县理于渭水北留谷城，今县是也。"

有陈仓山。

【集释】《杨考》："《元和志》：陈仓山在宝鸡县南十里，南接梁、凤二州界。"

有关官。

【集释】《杨考》："《元和志》：散关在宝鸡县西南五十二里，《蜀志》，诸葛亮出散关，围陈仓。"

【编者按】 陈仓，治今陕西宝鸡市东陈仓镇。

虢　后魏置武都郡，

【集释】《杨考》：“《地形志》：太和年置。”

西魏改县曰洛邑。

【集释】《杨考》：“《寰宇记》：西魏大统十三年迁同州洛邑县入于武都城西，置洛邑县，还取旧名。《元和志》谓周改为洛邑县，误。”

后周置朔州，州寻废。

【集释】《杨考》：“各本‘州’下衍‘州’字，今删。”又云：“《寰宇记》：周天和中于洛邑置翔州，寻废州，移州原郡理之。《舆地广记》亦作‘翔’，当因凤鸣岐山，故后来有凤翔之号。然则‘朔’字误。”《北周志》：“按北周既废西魏侨置于柳谷城之朔州，而侨立朔州于此也。朔州，《舆地广记》讹作翔州，杨守敬谓‘当因凤鸣岐山，故后来有凤翔之号，然则朔字误’。盖杨氏不知北周曾于关中之渭水上游侨置恒、燕、云、朔、蔚、显六州，此与六州鲜卑军士有关至巨也。朔州为六州之一，《隋志》自不误。”

郡开皇初废，

【集释】《杨考》本作“开皇初郡废”。

大业初改县为虢。

【集释】《杨考》：“《元和志》：大业三年。”

【编者按】虢县，治今陕西宝鸡市陈仓区虢镇。

郿　旧曰平阳县，

【集释】《杨考》：“《地形志》：真君六年置。”

西魏改曰郿城，

【集释】《杨考》：“《寰宇记》：西魏废帝因县内郿城，改为郿城县。”

后周废入周城县。

【集释】《杨考》：“《寰宇记》：周天和三年，以郿城县并入周城县。”

开皇十八年改周城为渭滨，大业二年改为郿。又后周置云州，建德中废。

【集释】《杨考》：“《寰宇记》：斜城在渭水南一里，周天和元年筑，置云州，建德三年废。”

有安仁宫、凤泉宫。有太白山、

【集释】《杨考》：“《元和志》：太白山在郿县东南五十里。”

五丈原。

【集释】《杨考》：“《元和志》：五丈原在郿县西南三十五里。”

【编者按】郿县，治今陕西眉县东。

【补阙】《求是》：“《旧唐书》三八。郿，隋县，义宁二年于县界置郿城郡，领郿、凤泉二县。”

普闰　大业初置。

【集释】《杨考》：“《元和志》：大业元年置马牧，又置普润屯，后废屯置县。《寰宇记》：大业元年于细川谷置普润县，以属岐州，盖以杜、漆、岐三水溉灌田畴，民获利济，以为县名。十三年移今理。”

有仁寿宫。

【集释】《杨考》：”《隋书》：开皇

十三年杨索于岐山北建仁寿宫。《元和志》：隋文帝每岁避暑，春往冬还。”

有漆水、

【集释】《杨考》：“《寰宇记》：源出普润县东南漆溪。按《说文》，漆水出右扶风杜阳岐山，东入渭。《水经·渭水注》：漆水出杜阳县之漆溪，谓之漆渠，南流，大峦水注之，二川并逝，俱为一水，与杜水合。”

岐水、

【集释】《杨考》：“《寰宇记》：即大峦水也，源出普润县东南，流入漆水，即古岐水是也。《水经·渭水注》：大峦水即岐水，出大道川南，南流入漆。”

杜水。

【集释】《杨考》：“《寰宇记》：杜水源出普润县东南溪涧间。《水经·渭水注》：杜水出杜阳山，南流谓之杜阳川，东南流，左会漆水。”

【编者按】普闰，治今陕西麟游县西北。

【补阙】《诸史考异》卷一三：“《元和郡县志》：麟游县，本汉杜阳县地，隋于此置仁寿宫，义宁元年获麟于宫所，因废宫置立郡县。《地理志》不载。”《杨考》：“按隋有麟游县。……《旧唐志》：义宁元年，于仁寿宫置凤栖郡及麟游县，其郡领麟游、上宜、普润三县，二年改曰麟游郡及云台县，仍割安定郡之鹑觚来属。”《求是》：“《通典》一七三云：隋置凤栖郡，寻改为麟游郡。”

汧源　西魏置陇东郡

【集释】《杨考》：“《寰宇记》：魏初于今汧源县地置陇东郡。”

及汧阴县，后改县曰杜阳。后周又曰汧阴。

【集释】《杨考》：“《寰宇记》：汉置汧县，在县南，西魏废帝改为汧阴县，周明帝移于今理。”

开皇三年郡废，五年县改曰汧源。又有西魏东秦州，后改为陇州，

【集释】《杨考》：“《元和志》：后魏置东秦州，西魏文帝改名陇州。《寰宇记》：后魏正光三年置东秦州于故汧城，孝昌三年为万俟丑奴所破，永熙元年于今陇州东南八里复置东秦州。则州非置于西魏。而《地形志》复无东秦州，亦漏也。《寰宇记》又云：西魏大统十七年改东秦州为陇州，因山为名，周明帝二年置于今理，武帝天和五年省入岐州，宣帝大象二年复置。按《周纪》，魏废帝三年正月改东秦为陇州，天和四年十二月罢陇州。”《杨考补遗》：“隋《元公夫人姬氏墓志》：父肇，周骠骑大将军、东秦州刺史。据《志》，东秦已废于魏，不应周时尚有东秦也。”

大业三年州废。

【集释】《杨考》：“《元和志》作‘二年’。”

有关官。

【集释】《杨考》：“《寰宇记》；大震关在汧源县西六十一里，后周天和元年置，今为陇山关。汉武帝于此遇雷震，因名。”

有陇山、

【集释】《杨考》："《说文》：陇山，天水大坂也。"

汧山、

【集释】《杨考》："《元和志》在汧源县西六十里，北与陇山接，《禹贡》'导岍及岐'是也。"

汧水。

【集释】《杨考》："《纪要》：源出岍山，东流经汧阳县界，又东南入宝鸡县境，注于渭水。《水经·渭水注》：汧水出汧县之蒲谷乡弦中谷，东南迳隃麋县故城南。又东流注于渭。"

【编者按】汧源，治今陕西陇县。

【补阙】《杨考》："《元和志》：义宁二年，又于汧源县置陇东郡。"又云："《新唐志》：义宁二年，析扶风郡之汧源、汧阳、南由，安定郡之华亭置陇东郡。"

汧阳

【集释】《杨考》："《元和志》：周武帝置。《寰宇记》：周天和五年，于今汧阳县西四十里马牢故城置汧阳县及汧阳郡，以在汧山之阳为名，寻废郡，以县属陇州，建德四年移于今理。"

旧置汧阳郡，

【集释】《杨考》："《寰宇记》：周天和五年置。《舆地广记》谓郡亦元魏置。按《志》不曰周置汧阳郡、寻罢，而曰旧置汧阳郡、后周罢。《广记》魏置郡县之说，疑即据此《志》。然《元和志》、《寰宇记》言之凿凿，当是也。"《北周志》："按《地形志》无汧阳郡、汧阳县。《元和郡县志》云：'周武帝置汧阳郡及汧阳县，寻省郡，以县属陇州。'《寰宇记》汧阳县下云：……（编者按：即上《杨考》所引）则二书皆以为郡、县并北周所置。然据《寰宇记》陇州总序下又云：'后魏孝明正光三年，分泾州、岐州之地，兼置东秦州于故汧城，领陇东、安夷、汧三县。'三县盖是三郡之讹。陇东、安夷二郡并见本志，'汧'下盖脱'阳'字，疑此汧阳郡亦为正光三年与东秦州同时置立者。"

后周罢。

【编者按】汧阳，治今陕西千阳县西北。

南由

【集释】《杨考》："《通典》、《舆地广记》作'南田'，误。"

后魏置，

【集释】《杨考》："《元和志》：后魏孝明帝于汉汧阳县地西南由谷口置县，因谷为名。"

西魏改为镇，后周复置县。又有旧长蛇县，

【集释】《杨考》："《元和志》：后魏孝昌二年于长蛇川置长蛇县，属东秦州。长蛇川在南由县西一百步。"

开皇末废。

【集释】《杨考》："《元和志》：开皇十八年改为吴山县。《寰宇记》：开皇十三年自长蛇川故地移于今县，十八年置长蛇县。《新唐志》：吴山，本长蛇，义宁二年置，贞观元年更名。

则开皇末废长蛇县，义宁二年复置长蛇县，至唐始改为吴山。《元和志》、《寰宇记》之说均未详确。《元和志》又云：开皇二年省长蛇入南由，亦误。”郭黎安《旧置考》：“《地形志》有南由而无长蛇。……《元和志》之说不但自相矛盾，且与《隋志》相悖。如吴山县系开皇十八年改长蛇置，《隋志》当载，然志缺。……长蛇县应置于北魏孝昌二年，隋开皇十八年省入南由；义宁二年复置，唐贞观元年改为吴山。”

有关官。

【集释】《杨考》：“《元和志》：安夷关在南由县西一百四十六里。”

有盘龙山。

【集释】《杨考》：“《寰宇记》作‘龙盘’，云：在吴山县东南七里。《纪要》亦作‘龙盘’。云：山蜿蜒曲折，为一州之胜。”

【编者按】南由，治今陕西宝鸡市西北县功镇。

安定郡

安定郡　旧置泾州。

【集释】《考异》卷三三：“案后周尝置总管府，《志》失书。”《杨考》：“《通典》：后魏太武帝置州。按后周尝置总管府。《周明帝纪》：武成元年正月初，改都督诸州军事为总管；十月，以柱国、吴国公尉迟纲为泾州总管。又《武帝纪》，建德六年四月废泾州总管。然考《周宣帝纪》，大象元年三月以上柱国、薛国公长孙览为泾州总管。盖废后旋复也。《元和志》：大业三年改为安定郡。”郭黎安《旧置考》：“《地形志》泾州领安定等六郡。《元和志》卷三泾州云：‘后魏太武神䴥三年于此置泾州，因水为名。隋大业三年改为安定郡。’”

统县七，户七万六千二百八十一。

安定

【集释】《杨考》：“《元和志》：西魏大统元年自高平城移于今理，属安定郡，开皇三年罢郡，以县属泾州。”

带郡。

【集释】《杨考》：“《志》于郡治皆书于首县，其无说者则以‘带郡’二字填之，殊无谓也。”

【编者按】安定，治今甘肃泾川县北泾水北岸。

鹑觚

【集释】《杨考》：“《寰宇记》：西魏大统中，自鹑觚故城移今所。又引《周地图记》：鹑觚县属平凉郡。”

旧置赵平郡。

【集释】《杨考》：“《地形志》：赵平郡领鹑觚、东槃二县。”

后周废郡，

【集释】郭黎安《旧置考》："《舆地广记》卷一五灵台县下云：'本鹑觚，汉属北地郡，东汉属安定郡，晋因之，后魏属赵平郡，后周郡废。'《元和志》谓鹑觚后周仍属赵平郡。今据《寰宇记》卷三二灵台县所引《周地图记》：'鹑觚县属平凉郡。'说明周时赵平郡已废。"

并以宜禄县入焉。

【集释】《杨考》："《寰宇记》引《周地图记》云：后魏熙平二年于鹑觚县置东阴盘县，废帝元年以县南临宜禄川，又改为宜禄县，属赵平郡。《舆地广记》：后周省入鹑觚。"

大业初分置灵台县，二年废。

【编者按】鹑觚，治今甘肃灵台县。

【补阙】《杨考》："按阴密县，在今灵台县西五十里，汉置。《纪要》：后周废。"

阴盘　后魏置平凉郡，

【集释】《杨考》："按《地形志》，阴盘县属平原郡。"

开皇初郡废。有卢水。

【编者按】阴盘，治今甘肃平凉市东。

朝那

【集释】《杨考》："《寰宇记》：西魏大统元年，自原州百泉县朝那城徙朝那县于此。"

西魏置安武郡，

【集释】《杨考》："《隋书·李穆传》：西魏时封安武郡公。"《杨考补遗》："《隋书·于义传》：周闵帝受禅，迁安武太守。"

及析置安武县。

【集释】《杨考》："按《地形志》有安武县，属西北地郡。又《北齐书·张保洛传》，东魏时封安武县伯。则县实置于后魏。"

开皇三年郡县并废入焉。

【集释】《北周志》："《寰宇记》渭州平凉县下云：平凉，本朝那县，后魏为长城县地。后周建德元年，割泾州朝那县，于今平凉县复置朝那县。至隋大业二年，改为平凉县。此事《隋志》、《元和志》皆不言，今从《隋志》及《元和志》不取朝那曾移平凉之说，志以待考。"

【编者按】朝那，治今甘肃灵台县西朝那镇。

良原　大业初置。

【集释】《杨考》："《元和志》：大业元年分安定县之地置良原县，县西南三十里有良原，因以为名。《寰宇记》：大业元年分安定、鹑觚二县之地置县。"

【编者按】良原，治今甘肃灵台县西梁原镇。

临泾　大业初置，

【集释】《杨考》："《元和志》：大业元年置湫谷县。取县内湫谷为名。"

初曰湫谷，

【编者按】洪颐煊、杨守敬所见本《隋志》皆作"秋谷"，故《诸史考异》、《杨考》皆有考辩之文。今中华书局标点本《隋志》作“湫谷”，是。寻改焉。

【集释】《杨考》：“《元和志》：（大业）十二年改为临泾。”

【编者按】临泾，治今甘肃镇原县。

华亭　大业初置。

【集释】《杨考》：“《元和志》：大业元年置华亭县，以在华亭川口，故名。《寰宇记》：大业元年置华亭县，在白马、华亭二川口，盖因水为名，三年改为亭水县。”

有陇水、芮水。

【编者按】华亭，治甘肃今县。

北地郡

北地郡　后魏置豳州，

【集释】《杨考》：“《地形志》：皇兴二年置华州。延兴二年为三县镇，太和十一年改为班州，十四年为邠州，二十年改为豳州。”

西魏改为宁州。

【集释】《杨考》：“《元和志》：西魏废帝三年，改豳州为宁州，以抚宁戎狄为名。《周书》：魏废帝三年正月，改南豳为宁州。考西魏南豳州置于白土，《寰宇记》之说最明。《周书》谓改南豳为宁州，恐误。按宁州尝置总管府。《周书·常善传》：周初拜大将军、宁州总管。又《隋书·宇文庆传》、《阎毗传》父庆，周时并为宁州总管。《周武帝纪》：建德六年四月废宁州总管。又《隋纪》，开皇三年六月，以河间王弘为宁州总管，盖隋初复置也。《北史·序传》：文帝受禅，李谐为宁州刺史。《隋书·窦荣定传》：开皇受禅，拜宁州刺史；《元谐传》：开皇间为宁州刺史。”《北周志》：“按《周书·文帝纪》：‘魏废帝三年，改南豳为宁州。’南豳为北豳之讹。《寰宇记》：后魏大统十四年，分泾州之新平郡置南豳州，以北别有豳，此为南。废帝三年，废北豳州，此遂去‘南’字。则改宁州者，北豳也。”

大业初复曰豳州。

【集释】《杨考》：“《元和志》：后周改宁州为北地郡，隋又为宁州。大业中又为郡。”

统县六，户七万六百九十。

定安

【集释】《杨考》：“《地形志》：真君二年置。《元和志》：后魏太武帝置定安县，取定俗安人为义。在今县理西北三里定安故关；隋开皇三年移县入废赵兴郡，属宁州。”

旧置赵兴郡。

【集释】《杨考》：“《地形志》：真君二年置郡。《寰宇记》、《舆地广记》作后周置，误。”郭黎安《旧置考》：“《读史方舆纪要》卷五七宁州总叙说明北魏皇兴二年置华州，太和十一年改班州，十四年改邠州。二十年又改豳州，兼置赵兴等郡。西魏始曰宁州，后周亦置赵兴郡。据此，似西魏曾废赵兴郡。后周重置。”

开皇初郡废，

【集释】郭黎安《旧置考》：“据元和志》，赵兴郡当废于隋开皇三年罢郡时。”

大业初置北地郡。

【编者按】定安，治今甘肃宁县。

罗川　旧曰阳周，

【集释】《杨考》：“《元和志》：后魏置宜阳、惠涉二护军，太和十一年置阳周县。”郭黎安《旧置考》：“《地形志》赵兴郡有阳周县，注云：‘前汉属上郡，后汉、晋罢，后复属。’《元和志》卷三真宁县云：‘本汉阳周县地，属上郡。《汉书》陈余与章邯书曰：蒙恬为秦将，北逐戎人，开榆中地数千里，竟斩阳周。谓此县也。后魏置泥阳、惠涉二护军，孝文帝太和十一年复置阳周县。隋开皇十八年改为罗川，因县南罗水为名。天宝元年改为真宁县。’《水经·河水注》：‘奢延水又东，走马水注之。水出西南长城北阳周县故城南桥山，昔二世赐蒙恬死于此。王莽更名上陵畤。山上有黄帝冢故也。’按奢延水，今无定河；走马水，今陕西绥德县南怀宁河。再据《大清一统志》甘肃庆阳府古迹：西汉阳周县在陕西延安府安定县（今子长）界，而北魏所置则在今甘肃正宁县北。正宁即唐真宁。可知《元和志》误以汉县为北魏县。《隋志》罗川县旧曰阳周，当指北魏太和十一年所置县，隋开皇十八年改为罗川。

开皇中改焉。

【集释】《杨考》：“《元和志》：开皇十八年改，以南临罗水为名，属宁州。”

又西魏置显州，后周废。有桥山。

【集释】《杨考》：“《元和志》：子午山亦曰桥山，在真宁县东八十里，黄帝陵在山上，即群臣葬衣冠之处。”

【编者按】罗川，治今甘肃正宁县西南罗川镇。

彭原　旧曰彭阳。后魏置西北地郡，

【集释】《杨考》：“《元和志》：本汉彭阳县地，在今县理西南六十里临泾县界彭阳故城是也，后汉又为富平县之地。后魏破赫连定后，于此复置富平县，废帝改为彭阳县，属西北地郡。按《地形志》有西北地郡，领彭阳、富平、安武三县，则非改富平为彭阳。”《北周志》：“按彭阳，汉县，在今甘肃镇原县界，后魏徙置于此。《元和郡县志》谓后魏于此置富平县，西魏废帝改为彭阳县。据《地形志》，西北地郡领彭阳、富平、安武三县，盖富平、彭阳同置，非改富平为彭阳也。”郭黎安《旧置考》：“杨守敬、王仲荦皆据《地形志》西北地郡领富平、彭阳二县，以为彭阳非富平所改置。《读史方舆纪要》卷五七安化县下云：彭原城在县西南八十里，‘本汉彭阳县地，属安定郡。后汉灵帝时，以北地郡富平县寄治此。后魏亦为富平县，属西北地郡，后周县废。隋为彭原县地。’《大清一统志》甘肃庆阳府古迹又以汉彭阳县在镇原县界，后魏徙置于安化县（今庆阳）南。汉富平故城在宁夏灵州（今吴忠），后汉徙治于安化县西南。据上，《隋志》所称‘旧曰彭阳’当置于北魏破赫连定后。其时富平寄治彭阳，北周废富平县。彭阳于隋开皇十八年改称彭原。”

有洛蟠城。西魏置蔚州，

【集释】《杨考》：“《元和志》：乐蟠县，本汉略畔道地，今县理北五里略畔故城是也，后魏文帝于此置蔚州。《寰宇记》：西魏大统六年置蔚州。”

有丰城。

【集释】《杨考补遗》：“‘丰’下疑脱‘义’字，唐之丰义县即置于此。”

西魏置云州。

【集释】《杨考》：“《元和志》：后魏于县理置云州。”

后周二州并废。

【集释】《杨考》：“按《一统志》，周废蔚州，改置北地郡。《元和志》：周武置北地郡（《寰宇记》建德二年），隋开皇三年罢郡，义宁元年分合水县置乐蟠县，属弘化郡，取乐蟠城为名。《旧唐志》、《寰宇记》亦作义宁元年置乐蟠县，惟《舆地广记》作二年。《元和志》又云：周保定二年废云州为防，隋文帝废防，名为丰义城。”

开皇初郡废，十八年改县曰彭原。

【集释】《杨考》：“《元和志》：因彭池为名。原南北八十里，东西六十里。”

有珊瑚水。

【集释】《杨考》：“《寰宇记》安定县下云：珊瑚谷水，《水经》云，珊瑚水东南至栒邑入洛。按珊瑚水不得入洛，‘洛’乃‘泥’之误。”

【编者按】彭原，治今甘肃庆阳市西峰区北彭原镇。

襄乐　后魏置襄乐郡，

【集释】《杨考》：“《地形志》：太和十一年置。《元和志》：本汉襄洛县地，属上郡，后魏孝文帝改‘洛’为‘乐’，属襄乐郡。”

后周废。

【集释】《杨考》：“《元和志》：后周县属北地郡，隋开皇三年改属宁州。”

又西魏置燕州，

【集释】《杨考》：“《寰宇记》：襄乐，本后魏燕州城也。引《周地图记》：西魏文帝大统十六年置燕州，因筑此城。”

后周废。又有子午山。

【集释】《杨考》：“《元和志》：秦故道在县东八十里子午山，始皇三十年向九原抵云阳，即此道也。”

【编者按】襄乐，治今甘肃宁县东北湘乐镇。

新平

【集释】《杨考》：“本汉漆县地。《寰宇记》：晋武帝分漆县置邠邑，苻秦时改漆，取郡名为新平。姚苌乱，郡县皆废。而《地形志》云：新平郡，后汉建安中置。《郡国志》注云：兴平元年置。此志不言新平郡废置疏矣。

旧曰白土，

【集释】《杨考》："《元和志》：后魏于今新平县西南十里陈阳原上置白土县，属新平郡。"

西魏置豳州。

【集释】《杨考》："《寰宇记》：西魏大统十四年，分泾州之新平县置南豳州，以北别有豳，此为'南'。废帝三年，废北豳州，此遂去'南'字。按《魏书·杨椿传》，正光五年都督雍、南豳二州诸军事；又《萧宝夤传》，孝昌三年都督雍、泾、岐、南豳四州诸军事。据此，则南豳亦不始自西魏。疑杨、萧两传所云，即魏废帝所改之南豳。《地形志》无南豳，或旋废也。"

开皇四年改县为新平，

【集释】《杨考》："《元和志》：开皇三年移白土县于今州城中，置豳州，四年改白土为新平。"

大业初州废。

【集释】《杨考》："《元和志》：大业二年省邠州入宁州。《舆地广记》：义宁二年复置豳州。《旧唐志》：义宁二年，割北地郡之新平、三水二县置新平郡。"《求是》："《元和志》三，义宁二年，复为新平郡。"

【编者按】新平，治今陕西彬县。

【补阙】《杨考》："按有永寿县，在今永寿县南。《寰宇记》：西魏大统十四年，于今永寿县北广寿原上置广寿县，周大象元年改永寿，隋开皇三年省入新平。"

三水

【集释】《杨考》："《寰宇记》：后魏初于今三水县西二十八里置三水县，属新平郡。西魏大统十四年，移县于今邠州西北十五里白马堡，隋开皇三年移理于今邠州三里新平郡故城，大业元年移于今理。"

西魏置恒州，寻废。

【集释】《杨考》："于西魏置恒州，无所见。"《北周志》："按盖移置于归德。"

【编者按】三水，治今陕西旬邑县北畔村后陇川堡。

上　郡

上郡　后魏置东秦州，

【集释】《杨考》："《地形志》：太和十五年置。"

后改为北华州。

【集释】《杨考》："《寰宇记》：孝明帝二年改。"

西魏改为鄜州。

【集释】《杨考》："《周书·文帝纪》：魏废帝三年正月，改北华为鄜州。《元和志》：废帝改为鄜州，因秦文公梦黄蛇自天降属于地，遂于鄜衍立鄜畤为名。据《地形志》敷城郡敷城县，则《周书》及《元和志》所云皆当从《志》作‘敷’，此因隋大业改‘敷’作‘鄜’，遂蒙西魏之称云。”《求是》：“按北周石刻字确作敷。……周《巩客卿墓志》作敷，《石府君墓志》作敷（《金石萃编补略》一），可见隋初字本作敷。《通典》一七三云：‘后周改为敷州’，是也。……今（《隋书》）三七李敏传、三九贺若谊传、六〇崔仲方传作‘敷’，五三达奚长儒传、六五李景传作‘鄜’。”《北周志》：“按‘鄜’、‘敷’通用，始大业之后，始专用鄜。史文后遂承用而不别矣。”

大业二年改为鄜城郡，

【集释】《杨考》：“《寰宇记》：大业三年罢州置鄜城郡，其年自杏城移理于五交城，即今鄜州理。《志》‘二年’当作‘三年’。案《周书·杨绍传》，大统九年出为鄜城郡守，是西魏立敷州即有鄜城郡。”《求是》：“《潜研堂金石文跋尾》三：‘右睦州刺史张琮碑。……今睹此碑，则周时已有鄜城郡之名矣。’余案：苻秦建元三年《邓太尉祠碑》有云：‘统和、宁戎、鄜城、洛川、定阳五郡，领……支胡、粟特、苦水杂户七千（毛凤枝：《关中金石文字存逸考》卷九）’，则郡名又可上溯苻秦，但未知中间有无废置耳。‘二年’应依杨氏《考证》作‘三年’。”

后改为上郡。

【集释】《杨考》：“按下文洛交县下云，‘大业三年置上郡’，则此不当载。”

统县五，户五万三千四百八十九。

洛交　开皇三年置。

【集释】《杨考》：“《元和志》：隋开皇十六年，分三川、洛川二县置洛交县，属鄜州，取洛水之交，故曰洛交。”

大业三年置上郡。

【编者按】洛交，治今陕西富县。

内部

【集释】《杨考》：“《元和志》：后秦姚兴于今县南置中部县。《寰宇记》：西魏文帝大统九年县移理杏城，隋开皇元年避庙讳，改为内部，大业三年自杏城移于今理。”

旧置敷州及内部郡。

【集释】《考异》卷三三：“内部，本中部，避隋讳改。”《杨考》：“《地形志》有中部郡，治中部县，当是开皇初避讳改曰内部。”

【编者按】西魏大统九年后置中部郡。《寰宇记》卷三五坊州中部县下云：“秦姚兴于今理南十八里置中部郡，后魏太武帝改为中部县，文帝大统九年县移理杏城，后兼立郡。”

开皇三年郡废，大业初州废。

【集释】《杨考》：“见上。按《志》例，郡下详州，县下详郡。唯此郡县沿革，州郡互载，亦为例不纯者也。”

【编者按】内部，治今陕西黄陵县南。

三川　旧名长城，

【集释】《杨考》：“《元和志》：苻

坚于长城原置长城县，属长城郡。按《寰宇记》，秦长城在洛交县东南四十里，因河为塞。洛交与三川毗连，则长城郡、县当因秦塞为名。”

西魏改焉。

【集释】《杨考》：“《寰宇记》：西魏废帝三年改，取古三川郡为名，属中部郡。《旧唐志》：以华池水、黑水、洛水三水会同，因名。”

又有利仁县，寻废入焉。

【集释】《杨考》：“《寰宇记》：翟故城在中部县西北四十里。……宇文周曾于此城置利人县，寻废。”郭黎安《旧置考》：“《读史方舆纪要》卷五七云‘利仁废县在《鄜州》南，后魏置，西魏省入三川县。’疑是北魏末置，西魏末至北周初废。”

【编者按】三川，治今陕西黄陵县北。

鄜城　后魏曰敷城，

【集释】《杨考》：“《地形志》属敷城郡。”

大业初改焉。

【集释】《杨考》：“《寰宇记》：大业元年改‘敷’为‘鄜’，属鄜州。”

【编者按】鄜城，治今陕西洛川县东南。

洛川

【集释】《杨考》：“《地形志》：真君中置，属敷城郡。按《元和志》谓后秦姚苌置县，以县界有洛水川为名。《寰宇记》：隋开皇三年，自高槐移于今所。《通典》：汉鄜县地，隋置，今县盖据移治时地也。”

有鄜水。

【集释】《杨考》：“无考。《寰宇记》引《水经注》云：蒲川水，东南流入坊川，岂即郎水欤?”

【编者按】洛川，治陕西今县东北旧县镇。

雕阴郡

雕阴郡　西魏置绥州。

【集释】《杨考》：“《元和志》：废帝元年置。”

大业初改为上州。

【集释】《杨考》：“《元和志》：大业二年改绥州为上郡，后又改为雕阴郡。《舆地广记》同。按大业三年始改州为郡，安得以为二年改绥州为上郡?《寰宇记》：炀帝初改绥州为上州，寻废州置雕阴郡。最合。”《求是》：“竹简斋本作大业初改州为上郡。……按《寰宇记》谓上洛郡之上州，废于大业二年，则说亦可通。”

统县十一，户三万六千一十八。

上县

【集释】《杨考》：“《寰宇记》：西魏废帝元年置。《元和志》：取上郡为名。”

西魏置安宁郡，

【集释】《杨考》：“《舆地广记》作‘安乐’。按《周书·王盟传》，子懋，西魏废帝二年进爵安宁郡公，则《志》作‘宁’是。《广记》于龙泉县下亦作‘宁’，不误。”

与安宁、绥德、安人三县同置。

【集释】《北周志》：“安民，《隋志》、《元和志》作安人。盖为唐讳改。”

开皇初郡废，改安人为吉万。大业初置雕阴郡，

【集释】《杨考》：“《元和志》：以雕山在西南，故名。”

废安宁、吉万二县入。又后周置义良县，亦废入焉。

【编者按】上县，治今陕西绥德县。

大斌

【集释】《杨考》：“《元和志》：名大斌者，取稽胡怀化、文武杂半之义。”

西魏置，

【集释】《杨考》：“《元和志》：后魏神龟元年于今县东五里置。周、隋不改。据此，则非置于西魏。”

仍立安政郡。

【集释】《杨考》：“按《周书·史宁传》，西魏废帝时进爵安政郡公。”

开皇初废。有平水。

【集释】《杨考》：“《水经·河水注》：平水出平溪，东南入奢延水。”

【编者按】大斌，治今陕西子洲县西。

延福 西魏置，曰延陵。

【集释】《杨考》：“《寰宇记》：西魏废帝元年置延陵县，属抚宁郡。《元和志》：理延陵村。”

开皇中改焉。

【集释】《杨考》：“《寰宇记》：开皇十七年改为延福县。此县城据崖，三面敻绝，颇为边防险固之所。”

【编者按】延福，治今陕西吴堡县北。

【补阙】《杨考》：“按隋有匡州。《寰宇记》：故匡州城，隋置此州，在废延福县西北五十里，故城尚存。”

儒林

【集释】施和金《释例》：“雕阴郡儒林县下脱‘旧曰圁阴’四字。”

后周置银州，

【集释】《杨考》：“《周纪》：保定三年正月于乞银城置银州。《元和志》：苻秦建元元年自骢马城巡抚戎狄，其城即今银州理是也。周保定二年置银州，因谷为名。旧有人牧骢马于此谷，虏语骢马为‘乞银’。按《寰宇记》谓‘周保定二年置银防，三年置银州’，稍异。”

开皇三年改名焉。

【集释】《杨考》：“《元和志》：开皇三年置儒林县，属银州。”《求是》：“其义不可通，必有讹夺。盖即谓大业州始废，则开皇三年所改何名？县又

何时设立？如谓州改名儒林，就隋代之州，通以一字名（除间加方望示别外，绝无两字名州者），儒林当非州名也；如谓三年废州为儒林县，则不应复云大业州废。考《通典》一七三银州云：'后周置真乡、开光二郡，兼置银州。隋初二郡并废，而银州如故。炀帝初州废，以其地并入雕阴郡。'《元和志》四云：'周武帝保定二年，分置银州。……隋大业二年，废银州'，是'大业初州废'一语，并未讹误。复考《元和志》四儒林县云：'本汉圁阴县地。……隋开皇三年，于此置儒林县'，试与《地理志》比读，似'后周置银州'之上，夺去'旧圁阴'三字，故下文谓开皇三年改名。改名者，县改名儒林也。"

大业初州废。

【集释】《杨考》："《元和志》：大业三年废。"

【编者按】儒林，治今陕西榆林市南。

真乡　西魏置。

【集释】《杨考》："《元和志》：周保定二年置。《寰宇记》谓周保定二年置中乡县，隋开皇元年避'中'字，改为真乡。然则《志》文与《元和志》略也。"

后周置真乡郡，

【集释】《杨考》："《通典》作'周置真乡郡'，盖据此《志》。按《寰宇记》谓后周置。中乡县，属中乡郡，则周之郡亦曰中乡，又《隋书·李衍传》，周平齐，以军功封真乡郡公，则据隋时郡名追改也。"

开皇初郡废。

【编者按】真乡，治今陕西榆林市东。

开光

【集释】《杨考》："《元和志》：大象二年置开光县，属抚宁郡。《寰宇记》：隋大业中县废，以其地入真乡县。"

旧置开光郡，

【集释】《杨考》："《元和志》：周保定二年置开光郡，大象二年废郡。按《舆地广记》谓元魏置郡，后周因之，未知何据？"

开皇三年郡废。

【集释】《杨考》："与《元和志》周废郡之说异，亦此误略也。"《北周志》："按《元和志》谓周大象二年郡废，《隋志》言开皇三年郡废，以《通典·州郡典》隋初真乡、开光二郡并废而银州如故之言证之，郡盖废于开皇三年。"郭黎安《旧置考》："王仲荦《北周地理志》证之以《通典·州郡典》：'隋初真乡、开光二郡并废而银州如故'。认为开光郡当废于开皇三年。但同书开光县条却又称北周废郡。……故以开光郡置于北周保定二年，废郡时间姑且存疑。"

有圁水。

【集释】《杨考》："《纪要》：一名奢延水，亦曰银水，圁音同银也。《史记》晋文攘戎狄，居于河西圁、洛之间，圁即无定河，洛即洛川也。按《水经·河水注》，圁水与奢延水为二，奢延水出奢延县西南赤沙阜，圁水出上郡白土县圁谷，《纪要》以为一水，误。”

【编者按】开光，治今陕西佳县西北。

银城　后周置，

【中华校】《元和郡县图志》四，“后周”上应有“旧圁阴”三字。

曰石城，后改名焉。

【集释】《杨考》：“《元和志》：后魏时置石城县，废帝改为银城关，周保定二年移于废石龟镇城，即今县理也。《寰宇记》：后魏时置石城县，废帝三年改属归真郡，隶绥州，周保定二年移县于废石龟镇，隋大业七年改为银城县，以隶胜州。《舆地广记》：后魏置石城县，后周改为银城，隋属绥州，后废焉。三说俱与《志》异。按《地形志》东夏州上郡有石城县，则自置于后魏，《志》文盖据移城于石龟镇为说也。《一统志》从《舆地广记》作魏置石城，周改银城。”

【编者按】银城，治今陕西神木市南。

城平　西魏置。

【集释】《杨考》：“《元和志》：后魏孝明帝于今县西三十里库仁川置城中县，隋改为城平县，自库仁川移于今理。《寰宇记》亦云：后魏神龟元年置城中县。《地形志》无城中县，误；《志》云西魏置，亦误。”《北周志》：“按城中县，后魏置。《隋志》谓西魏置，误。”施和金《陕西订误》：“《通典》卷一七三于城平县下亦云：‘后魏置此。’足证‘西魏置’为‘后魏置’之误。”

【编者按】城平，治今陕西清涧县东北。

开疆　西魏置，有后魏抚宁郡，

【集释】《杨考》：“《地形志》无此郡，盖脱。”

开皇三年郡废。

【集释】《北周志》：“按隋开皇中，尚有封抚宁郡公者，盖开皇三年郡虽废，而爵未除也。《隋书·高祖纪》：开皇十二年二月戊子，抚宁郡公韩延等以贿伏诛。”

【编者按】开疆，治今陕西米脂县西南。

抚宁　西魏置。

【集释】《杨考》：“《元和志》：西魏废帝于县东抚宁故城置抚宁县，属抚宁郡，开皇三年郡废，以县移于今理。据此，则先有抚宁郡，益见《地形志》之漏。”

【编者按】抚宁，治今陕西米脂县西。

绥德　西魏置。

【集释】《杨考》：“《寰宇记》：西魏大统十二年，分上郡南界丘尼谷置绥德县。《舆地广记》：隋属雕阴郡，后废之。按《周书·陆通传》，西魏大统九年进爵绥德郡公，则西魏并置绥德郡。”

【编者按】绥德，治今陕西清涧县西北。

延安郡

延安郡　后魏置东夏州。

【集释】《杨考》："《地形志》：延昌二年置。"

西魏改为延州，

【集释】《杨考》："《周书》：魏废帝三年正月改。《元和志》：以界内延水为名。"

置总管府。

【集释】《杨考》："《元和志》：管丹、延、绥三州。按当云'后周置总管府'。《周纪》，建德四年十月，有延州总管王庆。"施和金《陕西订误》："西魏无置总管府事，后周明帝武成元年始改都督诸州军事为总管。西魏时只有都督之职，无总管，亦无总管府。此'置总管府'前当补'后周'二字。《周书·武帝纪》：'（建德四年）闰月，齐将尉相贵寇大宁，延州总管王庆击走之。'《周书·王庆传》：'又除延州总管，进位柱国。'均可证后周始有延州总管不谬。"

开皇中府废。

【集释】《杨考》："按《隋纪》，开皇四年五月以汴州刺史吕仲泉为延州总管。《元和志》：开皇八年废总管，但为延州，炀帝以为延安郡。则州废于大业三年。"

统县十一，户五万三千九百三十九。

肤施　大业三年置，

【集释】《杨考》："《元和志》：大业二年分丰林、金明二县置。《寰宇记》作三年。"

及置延安郡。

【集释】《杨考》："《寰宇记》：大业三年废异州，于义川县置延安郡，十三年为胡贼刘步禄所据。然则隋之延安郡治当在义川，今以肤施为郡治，恐亦未确。"《杨考补遗》："按《寰宇记》，金明川自蕃来，经安塞县北五十五里西过，南流入肤施县界。《名胜志》云孝武置金明郡于延安是也。然则大业三年废金明郡为肤施县，别于义川置延安郡，于情事为合。"

有丰林山。

【集释】《杨考》："按《水经·河水注》有丰林川。"

【编者按】肤施，治今陕西延安市。

【补阙】《杨考》："按有安民县，在肤施县东北。《元和志》：后魏于临河故城置安民县并安民镇，属东夏州。隋文帝废镇，置安民戍。"

丰林　后魏置，曰广武，

【集释】《杨考》："《元和志》：后魏孝文帝置。《通鉴》：梁承圣三年，柔然乙旃达官寇西魏广武。"

及偏城郡。

【集释】《杨考》："《地形志》：太和元年置。按《寰宇记》临真县下云，黑城在县东二十五里库利东流川交口，赫连勃勃置，周大象二年于此置郡，其城缘山坡崎岖不正，遂名黑城，疑即指徧城郡也。”

开皇初郡废，十八年改为丰林，

【集释】《杨考》：“《元和志》谓后魏广武县在理东四十里，周宣帝改为丰林。又《寰宇记》云：周大象元年移于今所，改为丰林，隋初废。”

大业初又并沃野县入焉。

【集释】《杨考》：“《地形志》作‘泼野’。”

【编者按】丰林，治今陕西延安市东北。

魏平　后魏置，并立朔方郡。

【集释】《杨考》：“《地形志》：朔方郡治魏平县。”

后周废郡，

【集释】《杨考》：“按《隋书·源雄传》，从周武帝伐齐，以功封朔方郡公。则是时尚未废也。”

并朔方、政和二县入焉。

【中华校】原作“和政”，据《魏书·地形志》上改。

【集释】《杨考》：“《地形志》朔方郡有政和、朔方二县，此作‘和政’，未知孰是。”

【编者按】魏平，治今陕西子长县西北。

金明

【集释】《杨考》：“《元和志》：本汉高奴县地，后魏太武帝置广洛县，属金明郡，开皇四年属延州，仁寿元年以太子名广，改为金明县，大业十三年省入肤施县。《寰宇记》作大业十二年省。”

有冶官。有清水。

【集释】《杨考》：“《水经·河水注》云：清水出上郡，东北流至老人谷。又东经高奴县，合丰林水，《地理志》谓之洧水。洧水又南，奚谷水注之，又东注于河。”

【编者按】金明，治今陕西安塞县南。

临真

【集释】《杨考》：“《寰宇记》：后魏太武置临真县，属徧城郡。周武天和元年稽胡叛，攻破城。遂移于流川，隋大业十二年贼张诮攻破。又移就曷鸡城权住，义宁元年稽胡首领归国。”《北周志》：“按临真，《周书》、《隋书》皆作临贞。”

有西魏

【集释】《杨考》：“当云‘西魏置’。”

神水郡、真川县，后周郡废，

【集释】《杨考》：“按《周书·武帝纪》，建德五年封神水公姬愿为原国公。”《杨考补遗》：“隋《元公夫人姬氏墓志》：父肇，神水郡开国公。”

大业初废真川入焉。

【集释】《杨考》：“不言置临真始末，谬。”

【编者按】临真，治今陕西延安市东南固县镇。

延川　西魏置，曰文安，

【集释】《杨考》：“《寰宇记》：分安民县置，取稽胡未淳、取文德以来之义。按《周书·周惠达传》，西魏文帝时封文安县公。”

及置文安郡。开皇初郡废，改县为延川。

【集释】《杨考》：“《寰宇记》：开皇十八年改，取界内吐延川为名。又云：大业十二改为文川。”

【编者按】延川，治陕西今县。

延安　西魏置，

【集释】《杨考》：“《通典》：肤施县，隋置延安县。《元和志》：西魏废帝元年于丘头原置广安县，隋仁寿元年以‘广’字犯皇太子名，改为延安，大业末废。《寰宇记》：废帝元年置广安县于丘头原，隋开皇二年移于谭信原，改为延安。按当以仁寿元年改为是。”

又置义乡县。

【集释】《杨考》：“按《周书·梁士彦传》，子操，周武帝时封义乡县公。”

大业中废义乡入焉。

【集释】《杨考》：“‘义乡’二字当据通例删。”

【编者按】延安，治今陕西延长县。

因城　后魏置。

【集释】《杨考》：“《元和志》：后魏太和初置因城县。《地形志》：因城属上郡。”

后周废，寻又置。

【集释】《杨考》：“《寰宇记》：隋开皇六年于县城中置金城镇。”

【编者按】因城，治今陕西甘泉县西北。

义川　西魏置汾州、义川郡，后改州为丹州。

【集释】《杨考》：“《元和志》：西魏大统三年割鄜、延二州地置汾州，理三堡镇，废帝以河东汾州同名，改为丹州，因丹阳川为名。领义川、乐川二县。《寰宇记》作领义川、乐川二郡。《名胜志》：丹州领义川、云岩、门山诸县。《周纪》：魏废帝三年正月，改汾州为丹州。”

后周改县为丹阳。

【集释】《杨考》作“后周改郡为丹阳”，并云：“《隋书·豆卢勣传》：周闵帝受禅，封丹阳郡公。是周置丹阳郡之证。”《北周志》：“按西魏初有丹阳郡，疑即此义川郡。”

开皇初郡废，改县曰义川，

【集释】《杨考》：“《元和志》：文帝大统三年置义川县，属义川郡。不以为开皇所置。”

又废乐川郡入。

【集释】《杨考》：“据《寰宇记》，则郡为西魏置。《周书·赫连达传》：周保定中进爵乐川郡公。”

大业初州废，

【集释】《杨考》：“《元和志》：大业三年废丹州，义川属延州。《寰宇记》：义宁元年于旧城复置丹州丹阳郡。”《求是》：“《元和志》三，义宁元年置丹阳郡。”

又废云岩县入焉。

【集释】《杨考》：“《寰宇记》云岩县下云：西魏大统二年于今县西薛河

川置永平县，属义川郡，三年改永平为云岩县，因邑界云岩山为名。大统九年，大水漂荡，移于桑枢原，隋开皇三年移就废乐川县，大业二年隶入义川县。”

【编者按】义川，治今陕西宜川县东。

汾川　旧曰安平，后周改曰汾川。

【集释】《杨考》：“《寰宇记》：后魏太和八年置安平县，县在薛河川（《元和志》县属乐川郡），属北汾州，其州在河西三堡镇东。更有南汾州，西魏大统十八年省北汾州，乃取丹阳川号，立汾川县，初理高树山南善多村，周保定二年移就库利川北甚寒原，隋大业十年胡贼赫仁朗攻陷，又移于土壁堡。按《寰宇记》谓西魏改汾川，与《志》不合。《地形志》无安平县。”郭黎安《旧置考》：“王仲荦以周于翼封安平县公为据，从《隋志》。然据华林甫同志研究，北周、杨隋封爵之郡县，有许多乃取其旧地名，并不一定与当时政区有关。笔者认为华说是，故从《元和志》和《寰宇记》，安平县置于北魏太和八年，西魏大统十八年改称汾川。”

大业初废门山县入焉。

【集释】《杨考》：“《元和志》：周大象元年，分汾川、云岩二县于今县南六里置，北有山，形似门，因以为名。”

【编者按】汾川，治今陕西宜川县东北。

咸宁　旧曰永宁，西魏改为太平。

【集释】《杨考》：“《元和志》：后魏太和十八年置永宁县，属义川郡，在今咸宁县东二十里，文帝改为太平县，移于今所。《寰宇记》：西魏大统十三年改为太平。”

开皇中改为咸宁。

【集释】《杨考》：“《元和志》：开皇十八年改，以界内有咸宁镇为名。《旧唐志》：隋咸宁县治白水川。”

【编者按】咸宁，治今陕西宜川县东南。

弘化郡

弘化郡　西魏置朔州，

【集释】《杨考》：“《寰宇记》：《后魏书》云，大统十一年置朔州。按《地形志》无此州，此所称《后魏书》，当是魏澹所撰。又云：废延庆县柳谷城，后魏于此置朔州。《晋志》：石勒平朔方，置朔州。则西魏前已有朔州。”《杨考补遗》：“魏澹所撰《魏书》，有纪、传，无志，见《隋书》本传。《寰宇记》之说，未必出于澹书。”又云：“《隋书·源雄传》：迁朔州总管。是并置总管府。”《求是》：“按：

《源雄传》之朔州，即后改马邑郡之朔州也，若弘化郡之朔州，后周已废，隋不称朔州也。杨氏混而一之，大误。”

【编者按】石勒所置朔州，在今河北蔚县东；此西魏所置朔州，治今甘肃西峰市彭原镇。《杨考》“西魏前已有朔州”之说不确。

后周废。

【集释】《杨考》：“《元和志》：周保定元年废朔州为周武防。”

开皇十六年，置庆州。

【集释】《杨考》：“《寰宇记》：隋文帝改置合州镇，十年废镇。《元和志》：开皇十六年割宁州归德县置庆州，立嘉名也，大业三年以庆州为弘化郡。按《隋书·刘昶传》，高祖时昶历庆州总管，则庆州尝置总管府。”

统县七，户五万二千四百七十二。

合水　开皇十六年置，

【集释】《杨考》：“《元和志》：本汉郁郅县。……开皇十六年于今州城西一里置合水县，在马岭、白马二水口，因名。《寰宇记》安化县下引《周地图》云：郁郅城。今名尉李城，在白马岭两川交口，今县是也。《水经注》：洛水南经尉李城东北，合马岭水，号曰白马水，合于渭谷北门。《通鉴》：隋大业四年，庾质出为合水令。”

大业初置弘化郡。

【编者按】合水，治今甘肃庆阳县。

马岭

【集释】《杨考》：“《汉志》、《元和志》作‘领’，两《唐志》、《寰宇记》并作‘岭’。”

大业初置。

【集释】《杨考》：“《元和志》：隋大业元年分合水县置马岭县，复汉县之旧名也，十三年陷贼，县废。义宁二年，于今县理北四十里百家堡置马岭县，属弘化郡，以县西一里有马岭坂，因名。”

【编者按】马岭，治今甘肃庆城县西北马岭镇。

华池　仁寿初置。

【集释】《杨考》：“《元和志》：隋仁寿二年，于今县东北二里库多汗故城置华池县，因县西华池水为名。《寰宇记》谓西魏为华池县，以隶蔚州，后废。隋仁寿二年，于今县东北二里库多汗故城又置华池县，大业元年移于今所。按《舆地广记》作仁寿初置县，俱与《志》合。《旧唐志》：隋华池县，大业十三年为胡贼所破，因废。”

又西魏置蔚州，后周废。

【集释】《杨考》：“按华池与彭原地相接，此与前彭原下蔚州废置皆同时，其为一州无疑。《志》乃两县复载，殊误。”施和金《释例》：“弘化郡华池县下衍‘又西魏置蔚州。后周废’九字。”

【编者按】华池，治今甘肃华池县东南华池镇。

归德　西魏置恒州，后周废。有雕水。

【集释】施和金《陕西订误》："《元和志》卷三云：'洛源县，本汉归德县地。……后汉迄晋，无复郡县。魏文帝大统元年复置归德县。隋大业元年改为洛源县。'《寰宇记》卷三三亦云：'后魏大统元年复置归德县，隋大业元年改为洛源，因洛水所出处为名。'据此，则归德、洛源实为一县，《隋志》不当并列，宜删归德，存洛源。又查《旧唐志》及《新唐志》，均无归德县。此可证归德改洛源之说不谬。"

【编者按】归德，即洛源，详下。

洛源

【集释】《杨考》："《元和志》：西魏大统元年复置归德县，隋大业元年改为洛源，因洛水所出为名。"又云："《旧唐志》：隋洛源县，大业十二年为胡贼所破，因废。"

【编者按】今中华书局标点本《旧唐志》作"大业十三年"。

大业初置。

【集释】《杨考》："按《元和志》、《寰宇记》俱谓大业元年改归德为洛源县，今《志》两县并列，恐亦误也。"

有博水、洱水。

【集释】《杨考》："《山海经·西山经》曰：罢父之山，洱水出焉，而西流注于洛。"

【编者按】洛源，治今陕西吴起县西北。

弘化　开皇十八年置弘州，

【集释】《杨考》："《寰宇记》：弘州城，周天和四年筑，置长城镇，后改为长川镇。开皇十六年废镇，立弘州。《舆地广记》亦作十六年。"

大业初州废。

【编者按】弘化，治今甘肃庆阳市西峰区北。

弘德　大业初置。

【编者按】弘德，治今甘肃环县北洪德镇。

【补阙】《杨考》："按有三泉县，在安化县西八十里。《新唐志》：义宁二年析彭原郡之彭原置。"

平凉郡

平凉郡　旧置原州，

【集释】《杨考》："《地形志》：太延二年置镇，正光五年改置，并置郡县，治高平城。"郭黎安《旧置考》："《寰宇记》卷三三原州总叙云：'后魏太延二年于今理置高平镇，至孝明帝正光五年改为原州，盖取高平曰原为名。隋大业三年罢州为平凉郡。'可知原州置于北魏正光五年，隋大业三年废。"

后周置总管府，

【集释】《杨考》："《隋书·贺若谊传》：周初历原、信二州总管。则总管府盖置于武成元年。"

大业初府废。

【集释】《杨考》："《隋纪》：大业元年正月，废诸州总管府。《元和志》：大业三年废州。"

统县五，户二万七千九百九十五。

平高

【集释】《杨考》："本汉高平县地，至后魏不改，当是后周改平高也。"

后魏置太平郡，

【集释】《杨考》本作"后魏置高平郡"。且云："各本并误作'太平'，今订。按《地形志》……有高平郡，属原州，领高平、里亭二县，注云：正光五年置郡，治高平城。"

后改为平高。

【集释】《杨考》："《地形志》：正光五年置高平郡。《元和志》、《寰宇记》并谓太延二年置平高，误也。《一统志》：后周改平高。按《周书·艺术传》谓明帝时有平高公侯伏、侯龙恩，则改于周初。"《求是》："所云'后改'，不详其时。后此如《括地志》：'笄头山……在原州平高县西百里'（《史记·五帝本纪》正义），又：'朝那湫祠，在原州平高县东南二十里'（《史记·封禅书》正义）。《元和志》三：'平高县……本汉高平县，后魏太武帝太延二年于今理置平高县，属平高郡'，与《旧唐书》三八、《新唐书》三七均作平高。余按《魏书》一〇六下原州云：'太延二年置镇，正光五年改置。并置郡县，治高平城。……高平郡领县二，高平……'置镇者高平镇也。又《通典》一七三原州云：'后魏太武帝置高平镇，后为太平郡，兼置原州。……高平，汉高平县'，均作高平，是高平之称，自汉相承如此，苟非有意改易，未必至隋忽倒称为平高。且如《元和志》三泾州保定县下云：'丑奴，高平人，后魏建义元年僭号于此。'可见魏末尚未改为平高，《元和志》之说，殆自相矛盾。是故平高一名，果实际上确已倒易，抑仅唐人书本上传讹倒错，须于当地隋唐碑刻中徵之，岂周、齐之际，高氏称雄，故宇文易高平为平高欤？《元和志》四灵州回乐县下又云：'孝文太和七年，（刁）雍又上表论漕运，奉诏平高、安定、统万及臣所守四镇……'按孝文时只称高平镇，不称平高镇。观之《魏书》，绝无可疑，今《元和志》竟作高平，其清儒错校，抑李氏本误，殆难确考矣。《地理志考证》一云：'平高，本汉高平县地，至后魏不改，当是后周改平高也。'又云：'《一统志》：后周改平高，按《周书·艺术传》谓明帝时有平高公侯伏、侯龙恩，则改于周初。'说尚近信。"《北周志》："按《周书·于翼传》李穆附传：以穆兄贤子为平高郡守。穆兄远子为平高县令。时在西魏恭帝之世。是改高平为平高，当在其时。"

【补释】1987年，宁夏固原南郊出土《隋史射勿墓志铭》："平凉平高县人也"。是隋为"平高"之确证。

开皇初郡废。

【集释】《杨考》："《元和志》：开皇三年罢郡。"

大业初置平凉郡。

【集释】《杨考》："《元和志》：大业三年以原州为平凉郡。"

有关官。

【集释】《杨考》："《元和志》：萧关故城在平高县东南三十里，《汉书》文帝十四年匈奴入萧关，杀北地都尉是也。《元和志》又有木硖关，在县西南四十里；又有瓦亭关，在县南七十里，即陇山北垂。隗嚣使牛邯守瓦亭关，即此。"

有笄头山。

【集释】《杨考》："《元和志》：一名崆峒山。在平高县西一百里，即黄帝谒广成子学道之处。"

【编者按】平高，治今宁夏固原市。

【补阙】《杨考》："按隋有他楼县，在今固原州北。《元和志》萧关县下云：本隋他楼县，大业元年置，神龙三年废。"

百泉　后魏置长城郡及黄石县，

【集释】《杨考》："《元和志》：魏明帝五年，于百泉县西阳晋川置黄石县。《寰宇记》云正光五年。"

西魏改黄石为长城。

【集释】《杨考》："《寰宇记》：废帝二年改。"

开皇初郡废，大业初县改为百泉。

【集释】《杨考》："《寰宇记》：大业二年改。"

【编者按】百泉，治今宁夏固原市东南。

平凉

【集释】《杨考》："按《旧唐志》云：隋平凉县，治阳音川。据上文《元和志》，则'音'为'晋'误。张氏宗泰云：《唐志》所云，当在百泉县下，而误置于平凉。其说是也。"

后周置。

【集释】《杨考》："《元和志》：周建德元年，割泾州平凉郡置平凉县，属长城郡。隋开皇三年属原州。《寰宇记》平凉县下云：周建德元年，割泾州朝那县于今县复置朝那县，大业二年改为平凉。与《志》不同。《寰宇记》卷后附校勘云：按后魏及隋安定郡皆有朝那县，至唐不见废入何县，而《通典》临泾县有后魏朝那故城，疑朝那消入临泾也。隋之平凉，乃后周所置，与朝那各异郡，今记与史志殊不合。"《北周志》："盖平凉县本汉朝那县旧地，故《寰宇记》有此附会也。"

有可蓝山。

【集释】《杨考》："《元和志》：可蓝山，一名都卢山，在百泉县西南七十里。《十六国春秋》曰：赫连定据平凉，登可蓝山，望统万城，泣曰先帝若以朕承大业，岂有今日事！"

【编者按】平凉，治今甘肃平凉市北。

会宁 西魏置会州，

【集释】《杨考》："《元和志》：周太祖为西魏相，来巡，会师于此。土人张信罄资饷六军，太祖悦，因命置州，以会为名。按《周书·韩褒传》，西魏废帝元年转会州刺史，即此。"

后周废，

【集释】《杨考》："《元和志》：周保定二年废州，改为会宁防，隋开皇元年改防为镇。"

开皇十六年置县。

【集释】《杨考》："《元和志》：周太祖置会宁县，属会州，隋大业二年改为凉川县。《寰宇记》：西魏废帝元年置会宁县，因立会州。寻废。周保定二年移于鸣沙，省县，改置会宁防，隋改会宁防为镇，寻又废镇，却复县。大业二年改为凉川县。按今本《寰宇记》有脱误，此据宋本。"

【编者按】会宁，治今甘肃靖远县。

【补阙】《杨考》："按《旧唐志》，后周置乌兰县，在会宁关东南四里。《元和志》，周武帝西巡，置乌兰关；又置县，在会宁关东南四里。"《求是》："《通典》、《元和志》、新旧《唐书·地理志》均未言隋设会宁郡。但考（《隋书》）八四《西突厥传》云：'令其弟达度关牧畜会宁郡（"关"应为"阙"之讹，见《西突厥史料》19页）'，参诸后引周法尚传（《隋书》卷六五《周法尚传》：'出为敦煌太守，寻领会宁太守，辽东之役，以舟师指朝鲜道。'），是大业八年前已有会宁郡之设，《志》殆失书也。"

默亭

【集释】《杨考》："今未详所在。"《北周志》："《魏书·地形志》高平郡领里亭县。按里为默之残字，今从《隋志》作默亭，治今宁夏固原县南瓦亭。"

【编者按】默亭。治今宁夏固原市南。

朔方郡

朔方郡 后魏置夏州，

【集释】《杨考》："《地形志》：太和十一年置。《元和志》：赫连勃勃于朔水之北、黑水之南营起都城，即今州理是也，名曰统万城，至子昌，为魏太武所灭，置统万镇，太和十一年改置夏州。"

后周置总管府，

【集释】《杨考》："按《周书·长孙俭传》，周初为夏州总管，则总管府盖置于武成元年。"

大业初府废。

【集释】《杨考》："《元和志》：大业元年以夏州为朔方郡。按废州置郡，在大业三年，则作'元年'误。"

统县三，户一万一千六百七十三。

岩绿

【集释】《杨考》："《地形志》作复绿，属化城郡，注云：一本作岩绿。当以一本为是。《求是》：'《元和志》四同，《旧唐书》三八作岩银，《新唐书》三七作嵓绿。'按《魏书》一〇六下：'岩绿（一本作严缘）'，本或作复绿，《诸史考异》一〇据《隋书·地理志》，以复绿为讹，岩绿为正。王先谦《魏书校勘记》云：'复绿作岩绿，注岩作严。'《范安贵碑》作岩渌（《松翁未焚稿》），然则《旧唐书》之银，当由缘转讹。缘、银发音正相近。"

西魏置弘化郡。

【集释】《杨考》："《地形志》：太和十二年置化城郡。《寰宇记》：西魏改弘化郡。又云：《地形志》'化城'为'化政'之误。《北周志》：《周书·宇文贯传》：魏孝武西迁，赐爵化政郡公。武成初，进封许国公，旧爵回封一子，子忻，赐爵化政郡公。按强独乐为周文王造象亦称宇文贵化政郡开国公。《北史·宇文贵传》：子忻，韦孝宽以忻骁勇，请与镇玉壁，以战功加开府，进爵化政郡公，隋文帝为丞相，进封英国公。按据是，则化政郡之名，迄大象初未改也。然《隋志》：岩绿，西魏置弘化郡，开皇初郡废。《寰宇记》亦云：西魏置宏化郡。苏颋《扬州大都督长史王公神道碑》：'高祖明远，雍州大中正宏化郡守司金上士银青光禄大夫。'其仕历似亦在西魏、北周之际。然弘为后魏献文帝讳。宏为后魏孝文帝讳，则《隋志》云西魏改化政郡为弘化郡似不可能，或缘周末、隋初始改，而《志》有讹记也。"

开皇初废，大业初置朔方郡。

【编者按】岩绿，治今陕西靖边县北白城子。

宁朔　后周置。

【集释】《杨考》："《寰宇记》：周武帝于此置宁朔县。属化政郡。《元和志》亦属化政郡。《舆地广记》：周隶弘化郡。按西魏既改弘化郡，则周之宁朔当从《广记》属弘化郡。"

【编者按】宁朔，治今陕西榆林市横山区西南芦河之畔。

长泽　西魏置阐熙郡。

【集释】《杨考》："按《地形志》有此郡，云太和十二年置，则非置于西魏。《北周志》："按据《地形志》，郡实置于后魏，《隋志》误。"

又有后魏大安郡，及置长州。

【集释】《考异》卷三二。"《周书·梁台传》：大统十五年，拜南夏州刺史。案《隋志》不载南夏州。《周本纪》：魏废帝三年，改南夏为长州。同书卷三三又云：'案《周本纪》，魏废帝三年，改南夏为长州。是后魏置南夏州于此，西魏改为长州也。《志》有脱误。'"《杨考》："《志》不言先为南夏州，略也。"

开皇三年郡废，又废山鹿、新囶

【集释】《诸史考异》卷一四："（《隋书》）《王世积传》：阐熙新囶人也。颐煊案：《地理志》朔方郡长泽县，西魏置阐熙郡。《地形志》：阐熙郡，太和十二年置。领山鹿、新囶二县。《玉篇》：'囯'，古文'國'字。"《杨考》："又《周书·王雅传》：阐熙新固人。'固'当是误字。"

二县入焉。大业三年州废。

【编者按】长泽，治今内蒙古乌审旗西南。

【补阙】《杨考》："按有德静县。《元和志》：汉朔方县地，周武帝于此置弥浑戍，南有弥浑水，因名；隋改为德静镇，寻废镇为县。《舆地广记》：隋末置。《寰宇记》：周建德二年置弥浑县，以县南有弥浑水为邑名；又立六胡州，在邑之北，隋开皇三年改弥浑县为德静镇，大业九年废镇立县，隶朔方。按《元和志》作弥浑戍，《寰宇记》作弥浑县，未知孰是。"

盐川郡

盐川郡　西魏置西安州，

【集释】《杨考》"《元和志》：五原，至晋地没赫连勃勃。后魏平之，改为西安州。似以立州为在后魏时。"

【补释】《寰宇记》卷三七："（西魏）改为西安州，东有安州，故此加'西'字。"

后改为盐州。

【集释】《杨考》本作"复改为盐州"，并云："《周书》魏废帝三年正月，改西安为盐州。《寰宇记》：废帝三年，以其地北有盐池，改为盐州，隋开皇初废之。按《舆地广记》，大业初废州。"施和金《订补》："《杨考》引文有误。该州原不名盐州，何得云'复改为盐州'？当作'后'也。"

统县一，户三千七百六十三。

五原

【集释】《杨考》："《元和志》：五原，谓龙游原、乞地千原、青领原、可岚贞原、横槽原也。按即汉之五原郡地。"

后魏置郡，曰大兴。

【集释】《杨考》："《地形志》无大兴郡。魏收凡于关中州郡多略，不第西魏所置一概不录也。"

西魏改为五原，

【集释】《杨考》："《周书·儒林传》：辛彦之，武帝时进爵五原郡公。"

后又为大兴。

【集释】《杨考》："疑隋文帝封大兴公在此。《周书·董纯传》：从周武帝平齐，进爵大兴县侯。是周立大兴郡，并置大兴县。"《北周志》："按据是，则周立大兴郡，并置大兴县也。"

开皇初郡废，大业初置盐川郡。

【编者按】五原，治今陕西定边县。

灵武郡

灵武郡　后魏置灵州，

【集释】《杨考》："《寰宇记》：后魏太武帝平赫连昌后，置薄骨律镇，孝昌二年置灵州，西魏大统六年于果园复筑城以为州，即今之州城是也。《括地志》云：薄骨律镇城，以在河渚之中，随水上下，未尝陷没，故曰灵州。《地形志》无灵州，亦略也。"

后周置总管府，

【集释】《杨考》："按《周书·刘亮传》，子昶，大象中位至柱国，秦、灵二州总管。"

大业元年府废。

【集释】《杨考》："《元和志》：大业元年罢府为灵州，三年又改为灵武郡。"

统县六，户一万二千三百三十。

回乐　后周置，

【集释】《杨考》："《隋书·李穆传》：子崇，周闵帝元年以父贤勋，封回乐县侯。《舆地广记》作元魏置。"

带普乐郡。

【集释】《杨考》："《通典》：周置郡。《北齐书·刘丰传》：普乐人，以守城功，除普乐太守。北齐地不至此，疑误。"《北周志》："按《北齐书·刘丰传》，则后魏末（当破六汗拔陵之乱），已有普乐郡，盖非置于北周之世也。"

又西魏置临河郡。开皇元年改临河郡曰新昌，三年郡并废。大业初置灵武郡。

【集释】《杨考》："《寰宇记》引陆恭之《风土记》云：朔方故城，太和十年改为沃野镇，至后周又置普乐郡，隋开皇郡废，炀帝又置灵武郡。"

【编者按】回乐，治今宁夏灵武市西南。

弘静　开皇十一年置。

【集释】《杨考》："《寰宇记》引《隋图经集》云：弘静县，本汉城，居河外三里，乃旧薄骨律镇仓城也。后魏立弘静镇，徙关东汉人以充屯田，隋立为县。"

有贺兰山。

【集释】《杨考》："《元和志》：在保静县西九十三里。山有树木，青白望如駮马，北人呼駮马为贺兰。"

【编者按】弘静，治今宁夏永宁县北。

怀远　后周置，仍立怀远郡。

【集释】《杨考》："《寰宇记》：周建德三年，迁三万户于此置郡及县，并名怀远。按《元和志》云，怀远县在灵州东北，隔河一百二十里，今名饮汗城，赫连勃勃以此为果子园，后魏给百姓，立为怀远县。"

开皇三年郡废。

【编者按】怀远，治今宁夏银川市旧城东。

灵武　后周置，曰建安，

【集释】《杨考》：“《元和志》：后魏破赫连昌，收胡户徙之，因号胡地城，周天和中于城东北置建安县。”

后又置历城郡。

【集释】《杨考》：“《水经注》：河水又东迳浑怀障，西魏太和初平三齐后，徙历下人居此，遂有历城之名矣。”

开皇三年郡废，

【集释】《杨考》：“《寰宇记》：周天和三年废郡为胡城镇。与《志》异。”

十八年改建安为广闰，

【集释】《诸史考异》卷一三：“案《元和郡县志》，开皇十八年改为大润县，当因避隋讳改。”《杨考》：“按此《志》凡‘广’字改作‘大’者，避炀帝讳。是年炀帝已立为太子，当以作‘大’为是。”

【编者按】清张驹贤《元和郡县志考证》于“开皇十八年改为大润县”句下云：“按《隋志》宜作‘广润’，仁寿元年改大润。此宜有脱误。”则此处《元和志》不可据。另据《隋书·高祖纪下》：“开皇二十年十一月以晋王广为太子”，则十八年时不当避其讳，《隋志》不误。《杨考》误以为十八年炀帝已立为太子，遂下结论“当以作‘大’为是”，误甚。

仁寿元年改名焉。

【集释】《杨考》：“《陈书·南郡王叔澄传》：隋大业中为灵武令。”

【编者按】灵武，治今宁夏平罗县南。

鸣沙　后周置会州，寻废。

【集释】《杨考》：“《元和志》：本汉富平县地，属安定郡。周保定二年置会州，建德六年废州立鸣沙镇。按《志》于前会宁县下云：西魏置会州。据《元和志》，彼会州废于保定二年，此会州即置于是年，盖移置于此耳。”《北周志》：“按西魏废帝初，宇文泰于隋会宁县置会州，保定二年废。彼会州既废为会宁也，而复于此置会州。”

开皇十九年置环州及鸣沙县。

【集释】《杨考》：“《元和志》：开皇十九年置环州，以大河环曲为名，仍立鸣沙县属焉，西枕黄河。人马行经此沙，随路有声，异于余沙，故号鸣沙。

大业三年州废。

【集释】《杨考》：“《寰宇记》：以县属灵武。”

有关官。

【集释】《杨考》：“按关名今无考。《名胜志》云：贺兰山虽称天险，然通城隘口甚多，自镇关墩至胜金关九十余里，俱虏骑出没之处。”

【编者按】鸣沙，治今宁夏中宁县东鸣沙洲。

丰安　开皇十年置。

【集释】《杨考》：“《旧唐志》：灵州黄河外有丰安、定远、新昌等军；又云：神龙中，鸣沙为默啜所寇，移治故丰安城。”

【编者按】“灵州‘黄河外有丰安、定远、新昌等军’”一语，出自《新唐志》，非出自《旧唐志》。《旧唐志》云：鸣沙县于唐“神龙二年，移治废丰安城。”丰安，治今宁夏吴忠市西南。

榆林郡

榆林郡　开皇二十年，置胜州。

【集释】《杨考》：“《元和志》：开皇二十年割云州之榆林、景昌、金河三县置胜州，立嘉名也。大业五年以胜州为榆林郡，十五年郡人郭子和以城入突厥。按‘五年’当作‘三年’。”

【编者按】景昌，《寰宇记》卷三八作“富昌”；郭子和以城入突厥，《寰宇记》系于大业十年，余同。

统县三，户二千三百三十。

榆林　开皇七年置。

【集释】《杨考》：“《元和志》：开皇七年置榆林县，地北近榆林，即汉之榆溪塞，因名，属云州，二十年改属胜州。按《舆地广记》亦作七年。”

大业初置郡。

【编者按】榆林，治今内蒙古准格尔旗东北十二连城（参见李作智：《隋唐胜州榆林城的发现》，载《文物》1976年第2期）。

富昌　开皇十年置。

【编者按】富昌，治今陕西府谷县北古城镇。

金河

【集释】《杨考》：“《元和志》：金河在榆林县东北二十里，周回十里。按县当因此立名。”

开皇三年置，曰阳寿，及置油云县，又置榆关总管。

【集释】《杨考》：“《元和志》：榆林关在榆林县东三十里，东北临河，秦却匈奴处，隋开皇三年于此置榆林关。《隋纪》，开皇四年四月，以上大将军贺娄子幹为榆关总管是也。”《求是》：“《李彻传》：高祖受禅，加上开府，转云州刺史。按《地理志》：开皇三年置榆关总管于阳寿县，五年，改曰云州总管。依本传，则未有榆关总管前已有云州。而《地理志》未之言，待考。”

五年改置云州总管。

【集释】《杨考》：“按《隋纪》，开皇四年十一月，以贺娄子幹为云州总管，则置云州总管当在四年。然考《贺娄子幹传》，高祖授榆关总管，岁余，拜云州刺史，后数年拜云州总管，与《纪》所云为榆关总管、云州总管俱在开皇四年者不合，当以《传》为是。”《求是》：“《本纪》一，开皇四年十一月已见云州总管，此（《隋志》）比纪后差一年。”

十八年改阳寿曰金河，二十年云州移，

【集释】《杨考》：“盖移于河东定襄郡。”

二县俱废。仁寿二年又置金河县，带关。

【编者按】金河，治今内蒙古托克托县东北。

五原郡

五原郡

【集释】《杨考》："按'五原'为'九原'之误，各本皆然。《元和志》丰州下不言隋置五原郡。《新唐志》(灵州)怀远县下云：武德元年改为丰州，领九原县，六年废丰州，省九原、永丰二县入焉，隋九原郡也。乃知《隋志》本作九原郡，故天宝元年于丰州改为九原郡，于盐州改为五原郡。盖汉之五原本盐州，隋时尚有五原县隶盐州，何得于丰州九原县置五原郡?《水经注》：河水又东迳九原县故城南，西北接对一城，五原之故城也。然则汉之九原、五原，本两城对接，故后人易混。"《求是》："《地理志考证》一谓是九原郡之讹，但考唐代史志，未有称九原者。"施和金《订补》："九原郡，《隋志》不载。《杨考》云《元和志》丰州下不言隋置五原郡，然亦不言隋置九原郡。《新唐志》虽于怀远县下云'隋九原郡也'，然《旧唐志》怀远县下乃云：'隋县，界有隋五原郡。武德元年，改为丰州，领九原县。六年，州、县俱省入怀远县。'则隋世此地是置五原郡，还是九原郡，仅据上述，似不能定。《通典》五原郡盐州下云：'春秋戎狄之地，秦汉属北地郡，后魏置大兴郡，西魏改为五原郡，兼置西安州，后改为盐州。隋初废，炀帝初置盐川郡。大唐为盐州，或为五原郡。'九原郡丰州下又云：'春秋戎狄之地，战国时属赵，秦为九原郡，汉属五原郡，后汉因之。后汉末及魏晋为匈奴所没，遂为荒弃。隋文帝置丰州，炀帝初州废，置五原郡。大唐为丰州或为九原郡。'《寰宇记》所载与《通典》略同。比合诸书所记，隋世未置九原郡也。唐代盐州或为五原郡，乃西魏此地曾置五原郡之故；唐代丰州或为九原郡，乃秦时此地曾称九原郡之故。且两郡治显非一地，不得混而为一。然秦之九原郡，两汉即改为五原郡；隋世五原郡，实由此而来。此九原郡之改称五原。除见于《汉志》、《通典》、《寰宇记》外，《水经·河水注》亦云：'(河水)又东迳九原故城南，秦始皇置九原郡治此，汉武帝元朔二年更名五原。'《括地志》亦云：'胜州连谷县，本秦九原郡，汉武帝更名五原(王谟《汉唐地理书钞》261页)。'故隋世称五原郡，唐代又称九原郡。各有所本。唐代既改盐州为五原郡，则改丰州为九原郡，情理俱合，不足怪也。《杨考》置诸书于不顾，乃云：'何得于丰州九原县置五原郡?'此问有失于偏颇。据上所述，《隋志》作五原郡不误。《新唐志》云'隋九原郡也'，盖据九原县之名而臆改，不足为凭。"

【补释】《通鉴》卷一七九：“开皇二十年，左卫大将军五原公元旻谏曰”云云，胡注：“元旻封五原郡公。五原郡，丰州。”《隋书·高祖纪》：“开皇二十年十月己巳，杀左卫大将军、五原郡公元旻。”知五原郡之称是。此隋有五原郡之证一。《通鉴》卷一八一亦云：“大业四年三月乙丑，车驾幸五原，因出塞巡长城。”盐川郡之五原县，于今为陕西定边县，离出塞尚远；故此“五原”必为塞上之五原，乃郡名。此隋有五原郡之证二。《隋志》总序，言四至云：“东、南皆至于海，西至且末，北至五原，隋氏之盛，极于此也。”且末为郡无疑，则五原亦是郡；且盐川郡五原县并非隋代北边的极至，只有河套平原上的五原郡才是边疆的北至。此隋有五原郡之证三。合此三证，益见《杨考》之说非。又，《杨考》引《新唐志》“武德元年改为丰州，领九原县”一语，实出《旧唐志》，《新唐志》无此语。

开皇五年置丰州，

【集释】《杨考》：“《元和志》：周武帝于今永丰县置永丰镇，隋开皇三年于镇置丰州。《寰宇记》作五年。”《求是》：“《元和志》四丰州云：‘隋文帝开皇三年，于镇置丰州。’三、五易涉形似而讹。按《地理志》五原郡下九原、永丰二县，均云开皇五年置，《元和志》亦云，开皇五年置永丰县，似从《地理志》作五年为是。”

仁寿元年置总管府，

【集释】《杨考》：“《隋书·鱼俱罗传》：文帝时拜丰州总管。”

大业元年府废。

【集释】《杨考》：“《寰宇记》：大业七年罢州，以为五原郡。‘七’盖‘三’之误，‘五’为‘九’之误。”《杨考补遗》：“《通鉴》大业四年三月乙丑，车驾幸五原，因出塞巡长城。胡注：帝改丰州为五原郡。按此乃隋盐川郡之五原县，在今灵州东南，在塞内，即汉之五原郡地；若丰州，则在鄂尔多斯右翼后旗，汉之九原县也，已出塞外。胡氏以注炀帝所幸之五原，亦因所见《隋志》误本而未细核。”

【编者按】炀帝所幸之五原，乃是塞上五原郡，而非盐川郡五原县，见上。

统县三，户二千三百三十。

九原　开皇五年置。

【集释】《杨考》：“《寰宇记》：汉旧县，隋复置，寻废。”

大业初置郡。

【编者按】九原，治今内蒙古五原县南。

永丰　开皇五年置。

【集释】《杨考》：“《元和志》：周保定三年置永丰镇，隋开皇五年废镇置永丰县。”

【编者按】永丰，治今内蒙古临河县东北。

安化　开皇十一年置。

【编者按】安化，无考，当在今内蒙古河套一带。

天水郡

天水郡

【集释】《杨考》："《寰宇记》引《秦州记》：郡前湖水，冬夏无增减，天水取此名。"

旧秦州。

【集释】《杨考》："按通例，'秦'上当脱'置'字。"《北周志》："按后魏永熙中，以万俟普为秦州刺史，普据覆秫城，是秦州曾移治覆秫城也。及普奔齐，而秦州还治上封。……此覆秫城不知今地所在，疑在河阳之北也。"郭黎安《旧置考》："吴廷燮《元魏方镇年表》永熙元年至三年，秦州刺史皆为侯莫陈悦。……《魏书》校勘记以为万俟普所刺当为东秦州，其说是。"

后周置总管府，

【集释】《杨考》："《周明帝纪》：武成元年十月，以柱国、蜀国公尉迟迥为秦州总管。"《求是》："《杨处纲传》：后迁秦州总管。《地理志考证》九云：'又按《隋书·杨处纲传》，迁寻州总管，则隋初改寻州，并置总管府。'按《新（唐）书》七一下亦作秦州，非寻州也，杨见本误。"

大业初府废。

统县六，户五万二千一百三十。

【补阙】又有休官县、西县。《考异》卷三四："（《隋书》）《李景传》：天水休官人也。《地理志》天水郡无休官县。"《杨考》："天水郡无休官县，当是大业省。又《隋书·赵煚赵芬传》并云天水西人也。按两汉西县故城在今秦州西南百二十里，晋置天水郡于此而西县废，当是魏、周间复立，隋复废之。"《求是》："殊不知郡望系追溯秦汉郡县，非必魏、隋间曾立此县，大抵自宋以后。郡望统一，如宋祁、欧阳修等，都已不甚了了，非徒杨氏为然矣。"《北周志》："此天水西人者，言赵氏郡望。汉赵充国天水西县人，自此赵氏遂多以天水为郡望也，非魏、周世尚有西县。"

上邽　故曰上邽，

【集释】《考异》卷三三："当云'故曰上封'。《魏志》天水郡有上封县，犯太祖讳。盖上邽本汉旧县，后魏避道武帝嫌名，改为上封，至大业初复称上邽也。"《杨考》："按'邽'当作'封'，各本皆误。……又按《元和志》：后魏避道武帝讳，改曰上封，废县为镇。然各书无立镇之说，恐《元和志》之说未足为据。"

带天水郡。开皇初郡废，

【集释】《杨考》："《寰宇记》秦州长道县下云：开皇十八年，改天水郡为汉阳。按开皇三年废天下郡立州，至大业初复置郡，不应开皇十八年有改郡事。恐《寰宇记》误。"

大业初复置郡，县改名焉。

【集释】《杨考》："《元和志》：大业元年复为上邽县。《寰宇记》谓开皇初复为上邽县。”

有濛水。

【集释】《杨考》：“《水经·渭水注》：濛水出上邽县西北邽山，翼带众流，积以成溪，东南注藉水。”

【编者按】上邽，治今甘肃天水市。

冀城　后周曰冀城县，废入黄瓜县。

【中华校】按前后文例，“废”上当有“寻”字。

【集释】《杨考》：“《元和志》：后魏以冀为当亭，周为黄瓜。按《地形志》，当亭属天水郡，黄瓜属汉阳郡，并真君八年置。当是魏以故冀城置当亭，周改当亭为冀城。”《北周志》：“据《隋书·贺若弼传》，弼封当亭县公，至周末始改封襄邑县公，则当亭周世不容有改冀城事。”

大业初改曰冀城。

【集释】《杨考》：“《元和志》：大业二年改黄瓜为冀城县。《寰宇记》：大业二年改当亭为冀城。按当亭已废入黄瓜，当从《元和志》。”

有石鼓崖。

【集释】《杨考》：“《元和志》：朱圉山在伏羌县西南六十里，上有石鼓，不击自鸣，鸣则有兵起。”

【编者按】冀城，治今甘肃甘谷县。

清水　后魏置，

【集释】《杨考》：“《地形志》：清水，前汉属天水，后汉罢，晋复，属略阳郡。非后魏始置。”

及置清水郡。

【集释】《杨考》：“《寰宇记》引《周地图》云：成帝和平五年分略阳置清水郡，寻废，至永安三年移于清水城。《魏志》清水属略阳，不言清水置郡。”

开皇初郡废。有关官。

【集释】《杨考》：“《纪要》：大震关在清水县东五十里，即陇关也。凭高据险，襟带华戎，自古为关中之襟要。”

有分水岭。

【集释】《杨考》：“《御览》引《三秦记》曰：小陇山，一名陇坻，又名分水岭。”

【编者按】清水，治甘肃今县西。

秦岭　后魏置，曰伯阳县。

【集释】《杨考》：“《地形志》阙此县，恐亦西魏所置。”

开皇中改焉。

【编者按】秦岭，治今甘肃天水市秦州区东伯阳镇。

陇城　旧曰略阳，

【集释】郭黎安《旧置考》：“略阳系旧县，西汉称略阳道，后汉改为县。晋乱，县废。北魏置陇城县为略阳郡治，有旧略阳县地。故《地形志》略阳郡无略阳县，而陇城县下注有陇城、略阳城。《北周地理志》引《周书·文帝纪》，永熙三年，宇文泰为略阳县公，认为北魏末改陇城为略阳。又引唐汾阴县丞李谓墓志铭：‘曾祖衰，周陇县开国公。’却认为‘碑文或有不可据者。’《读史方舆纪要》卷五九谓北周改县名，今先从之，故定略阳县置于东汉，西晋永嘉之乱后废；华林甫认为以封爵证政区地理不可靠。北周时改陇城复置，隋开皇二年改名河阳。《隋志》所指当是第二次置县。”

置略阳郡。

【集释】《杨考》：“《地形志》：晋武帝分天水置。”郭黎安《旧置考》：“《晋志》云：‘略阳郡本名广魏，泰始中更名。’而《地形志》则云：‘晋武帝分天水郡置略阳郡。’谢钟英《补三国疆域志补注》据何承天志，曹魏分汉阳郡立广魏郡。西汉天水郡东汉改称汉阳。《地形志》误。略阳郡置于西晋泰始年间，废于隋开皇二年。”

开皇二年郡废，

【集释】《杨考》：“《元和志》作三年，是。”

县改曰河阳。

【集释】《杨考》：“《地形志》：阿阳。……按《汉书·高帝纪》师古曰：阿阳，天水之县也，今流俗书本或作河阳者非。《水经·漾水注》宋本亦作河阳。《志》盖从流俗本。《元和志》：河阳县，徙理于此，是也。”

六年改曰陇城。

【编者按】陇城，治今甘肃秦安县东北陇城镇。

成纪　旧废，

【集释】《杨考》：“汉县，后魏废。”郭黎安《旧置考》：“成纪系汉旧县，《汉志》、《后汉书·郡国志》和《晋志》皆有著录。《地形志》无此县。《读史方舆纪要》、《大清一统志》等皆云后魏废。今据《水经·渭水注》：‘瓦亭水又南迳成纪县东。历长离川，谓之长离水。’按《水经注》惯例，对废县或治所已迁之县一般称作故县或故城，既称成纪县，当说明北魏孝昌以前该县尚未罢废，故疑成纪县废于北魏末或西魏初。北周复置。”

后周置。

【集释】《杨考》：“《元和志》：周成纪县属略阳郡，开皇三年属秦州。按当作西魏置。《隋书·帝纪》：高祖年十五，封成纪县公。考文帝生于西魏大统七年，年十五为西魏恭帝三年，十二月始禅位于周，则县非置于周明矣。”

有龙马城、

【集释】《杨考》：“《寰宇记》：马池水，源出清水县西南嶓冢山，《开山图》云，陇西神马山，有渊池。龙马所生。”

仙人硖。

【集释】《杨考》：“《水经·渭水注》：成纪水东南入瓦亭水，历僵人硖，路侧岩上有死人僵尸峦穴。疑此‘仙’为‘僵’之误。”

【编者按】成纪，治今甘肃静宁县西南。

陇西郡

陇西郡　旧渭州。

【集释】《杨考》:"按通例,'旧'下亦当有'置'字。《地形志》渭州领陇西、南安阳、广宁三郡。《元和志》:后魏永安三年置,因渭水为名,隋大业三年罢州为陇西郡,隋乱陷贼。"

统县五,户一万九千二百四十七。

襄武　带郡。

【集释】《杨考》:"《地形志》:陇西郡领襄武、首阳二县;又广宁郡新兴县下:真君八年罢中陶、禄部、襄武属焉。是襄武当后魏时有省并、移徙。"

【编者按】襄武,治今甘肃陇西县。

陇西　旧城内陶,

【集释】《考异》卷三三:"'城'当作'曰'。内陶,本中陶,避讳改。"《隋书札记》:"内陶,《魏志》作中陶,此避隋讳改。"《杨考》:"'城'当作'曰',各本皆误。《舆地广记》:隋开皇初改中陶为内陶。又据《元和志》,隋开皇初尚有豲道县。则并豲道于内陶在开皇之后。"《求是》:"'陶'乃'周'字之讹。"郭黎安《旧置考》:"《晋志》和《地形志》南安郡皆领中陶县。《宋书·州郡志》云:'中陶令,何志、魏志、晋太康地志有。'《元和志》卷三九又谓'陇西县,本汉豲道县也,后汉末于此置南安郡,'……据上,中陶县当是曹魏析豲道县所置。"

【编者按】《求是》所云非也,致误之由,乃是误读本句作"陶置南安郡",故有此说。

置南安郡。

【集释】《隋书札记》:"《魏志》郡上有'阳'字,当据增。"《杨考》:"《元和志》:后汉末置。《寰宇记》:后魏改南安为南安阳郡,《地形志》南安阳郡领貆道、中陶二县,《通典》:后周置,误。"郭黎安《旧置考》:"《水经·渭水注》:'渭水又东南,迳豲道县故城西。汉灵帝中平五年,别为南安郡。'但《寰宇记》卷一五一下云:'后汉末于此置南安郡,后魏改南安为南安阳郡。'检《晋志》、《宋书·州郡志》、《元和志》和《通典》皆为南安郡,唯《地形志》作南安阳郡。《廿二史考异》(卷三〇)疑阳字系衍,其说是。《寰宇记》恐误。至于废郡时间,《元和志》只言开皇元年。而《通典》卷一七四渭州云:'秦置陇西郡,二汉因之,灵帝分立南安郡。……隋初郡废。'《寰宇记》卷一五一渭州:'(汉)灵帝立南安郡。后魏永安三年并为陇西郡,周武帝又立南安郡,隋初郡废,'可见南安郡在北朝曾有废立,《隋志》所指当为北周武帝至隋开皇元年所置之郡。"

开皇初郡废,改为武阳,

【集释】《杨考》:"《元和志》:开皇元年,豲道移武阳县名于郡理。"

十年改名焉。

【集释】《杨考》:"《元和志》:开皇八年改武阳为陇西。《寰宇记》谓开皇十八年改为武阳,寻为陇西。疑《寰宇记》衍'十'字。"

【编者按】陇西,治今甘肃武山县西北鸳鸯镇。

渭源

【集释】《杨考》:"本汉首阳县。《寰宇记》:西魏大统十七年分陇西置渭源郡,因渭水以为名;又改首阳为渭源县。《元和志》:开皇三年罢郡,县属渭州。按《周书,静帝纪》,大象二年十二月,以渭源公和干子为柱国。"

有鸟鼠山。

【集释】《杨考》:"《元和志》:鸟鼠山,今名青雀山,在渭源县西七十六里,渭水所出。"

有渭水。

【集释】《杨考》:"《水经·渭水注》:渭水出首阳县首阳山。渭、首亭、南谷三源合注,东北流,迳首阳县西,与别源合,水南出鸟鼠山,《禹贡》所谓渭出鸟鼠者也。"

【编者按】渭源,治甘肃今县北。

障

【集释】《隋书札记》:"案《魏志》作'彰'。"《杨考》:"《地形志》、《元和志》作'彰',《寰宇记》作'鄣'。"

后魏置。

【集释】《杨考》:"本后汉彰县。《寰宇记》:晋永嘉南徙,县遂废;后魏景明三年,分武阳复置鄣县,因水名焉。案《寰宇记》既云因水名县,则字当作'彰'。"

西魏置广安郡,

【集释】《杨考》:"按东晋时西秦置广宁郡。《地形志》:广宁郡领彰、新兴二县。'广安'当是西魏更名。"《北周志》:"广安。当是广宁之误。郡系西秦置,非始自西魏也。"

后周郡废。

【编者按】障县,治今甘肃漳县。

长川　后魏置安阳郡,领安阳、乌水二县。西魏改曰北秦州,后又改曰交州。

【集释】《杨考》:"《周书》:魏废帝三年正月,改北秦为交州。"

开皇三年郡废。十八年改州曰纪州,安阳曰长川。大业初州废,又废乌水入焉。

【编者按】长川,治今甘肃秦安县北。

金城郡

金城郡　开皇初,置兰州总管府,

【集释】《杨考》:"《隋纪》:开皇二年六月,以上柱国叱列长乂为兰州总管。”《求是》：“按《元和志》三九云：‘隋开皇元年立为兰州，置总管府，取皋兰山以为名。’盖同年置州兼立府也。”

大业初府废。

【集释】《杨考》：“《元和志》：大业三年罢州为金城郡。”

统县二，户六千八百一十八。

金城 旧县

【集释】《杨考》：“此（县）字衍。”

曰子城，

【集释】《隋书札记》：“子城，《魏志》作‘直城’，当据改。”《杨考》：“按《地形志》金城郡无子城县。《舆地广记》：苑川城，乞伏国仁据此，后曰子城县。《水经注》：菀川水出勇士县之子城南山，东北流，历此成川，世谓之子城川。按《周书·刘权传》，临洮子城人也，除子城令，是周之子城属临洮郡。”《北周志》：“按《魏书·地形志》金城郡领榆中、大夏二县，而无子城县。《读史方舆纪要》谓西魏置子城县，金城郡治焉。……按《周书·刘雄传》称临洮子城人，岂西魏时，子城曾属临洮郡邪?”刘国元、吕叔桐《隋金城郡治地位考》：“《周书·刘雄传》称‘临洮子城也’，同书《王杰传》云杰为‘金城直城人也’，直城即子城，刘雄与王杰为同一地人。北魏在乞伏之苑川故城设子城县，为金城郡治，周、隋相因为郡治，并无迁徙。”（载《兰州学刊》1984年第5期）郭黎安《旧置考》：“《水经·河水注》：河水‘又东过天水北界，菀川水出勇士之子城南山东北流，历此成川，世谓之子城川……河水又东北过天水勇士县北。’《水经注》所言乃西汉时的区划，勇士县废于东汉末，说明二汉尚无子城县。《读史方舆纪要》卷六〇谓西魏置县，《大清一统志》则谓北魏置。今据《地形志》金城郡无子城县，而《周书·刘雄传》云：雄大统中除子城令。定子城县置于西魏大统年间。”

带金城郡。开皇初郡废。

【集释】郭黎安《旧置考》：“隋金城县历史上曾二度置金城郡，第一次为西汉昭帝六年至东汉建武十三年；第二次为东汉永平元年至隋开皇初。而郡治子城则在西魏、北周至隋初。但杨守敬和王仲荦以北周刘雄为临洮子城令，疑其时子城曾属临洮郡。”

大业初改县为金城，

【集释】《杨考》：“《舆地广记》：后改曰五泉。《旧唐志》：隋置五泉县，唐复为金城。则隋改金城为五泉致确。”

置金城郡。有关官。

【集释】《杨考》：“《元和志》：金城关在兰州城西，周武帝置金城津，隋开皇十八年改津为关。”

【编者按】金城，治今甘肃兰州市（参见娄昉《也说隋代金城郡的地理位置》，载《兰州学刊》1996年第1期）。一说在榆中县中部夏官营、王家崖一带（参见刘国元、吕叔桐《隋金城郡治地位考》，载《兰州学刊》1984年第5期）。

狄道　后魏置临洮郡、龙城县，

【集释】《杨考》：“《地形志》：真君六年置临洮郡，太和十年置龙城县。《元和志》：西魏文帝置岷州……领同和郡，又改为临洮郡。”

后周皆废。

【集释】《杨考》：“《元和志》：开皇三年罢郡，大业三年复为临洮郡。”《求是》：“《元和志》三九云，义宁二年，复置岷州。”

又后魏置武始郡，

【集释】《杨考》：“按《晋志》，张骏以狄道县立武始郡。《地形志》：武始郡，晋分陇西置。《十三州志》云：降狄道，今曰武始。按前凉之武始郡，治狄道，今县治是也；后魏之武始郡，治勇田，在今兰州城北七十里。《隋志》盖即后魏移治言之。”

开皇初废。

【集释】《杨考》：“《寰宇记》：开皇元年废武始郡。立为兰州。”

有白石山。

【集释】《杨考》：“《水经·河水注》：陇水西北历白石山下。”

【编者按】狄道。治今甘肃临洮县。

枹罕郡

枹罕郡　旧置河州。

【集释】《考异》卷三三：“案后周保定四年置总管府于河州，五年废河州总管，改置总管于洮州，俄废，仍迁总管府于河州，见《周书·李贤传》。”《杨考》：“《元和志》：后魏平定陇西，置枹罕镇，太和十六年改镇复为河州。大业三年罢州为枹罕郡。”郭黎安《旧置考》：“《晋志》凉州后序云：‘张骏分兴晋、金城、武始、南安、永晋、大夏、武成、汉中为河州。’又《元和志》卷三九：‘张骏二十一年分（凉州）置河州。后魏平定秦陇西，改置枹罕镇，孝文帝太和十六年，改镇复为河州。隋大业三年罢州，改为枹罕郡。’然《通典》卷一七四作前秦苻坚置河州。《读史方舆纪要》卷六〇引《十六国春秋》：苻坚建元三年克枹罕，以彭奚念为凉州刺史镇之，七年以李俨为河州刺史，领兴晋太守，镇枹罕；徙凉州治金城。今据《晋书·张骏传》：‘时骏尽有陇西之地，以分州界三郡置沙州；东界六郡置河州。’《通鉴》卷一〇〇晋永和十一年：‘凉王（张）祚淫虐无道，上下怨愤，祚恶河州刺史张瓘之强，遣张掖太守索孚代瓘守枹罕。’胡注：张骏置河州，治枹罕。卷一〇三咸安元年：‘秦以光勋李俨为河州刺史，镇武始。’胡注同《晋志》凉州后序。《晋书·苻坚载记》，太元四年平（苻）洛，以毛兴为河州刺史，镇枹罕。《通鉴》卷一五四梁大通二年胡注：‘魏太平真君六年置枹罕镇，后改河州。’可知河州置于前凉张骏二十一年，前秦苻坚曾徙治武始，寻还枹罕。北魏太平真君六年废；太和十六年复置，隋大业三年废。”

统县四，户一万三千一百五十七。

枹罕 旧置枹罕郡，

【集释】《杨考》：“《寰宇记》：后周置枹罕郡。……按《周书·辛威传》，闵帝践阼，进爵枹罕郡公，则郡置于周初。”

开皇初郡废。大业初置郡。

【集释】《杨考》：“《通鉴》隋义宁元年四月，薛举以子仁越为晋王兼河州刺史，则隋末又置河州。”

有关官。

【集释】《杨考》：“按积石关在唐述山西五十里，唐置积石军于此。又《隋书·炀帝纪》，大业五年帝自将伐吐谷浑。出临津，关名也。”

有凤林山。

【集释】《杨考》：“《水经·河水注》：凤林山。五峦俱峙，耆彦云：昔有凤鸟，飞游五峰，故山有斯目。”

【编者按】枹罕，治今甘肃临夏市西南枹罕镇。

【补阙】《杨考》：“按有凤林县，在今河州西南。《元和志》：本汉白石县地，西魏大统十二年，刺史杨宽于河南凤林川置凤林县，因以为名。”

龙支 后魏曰北金城，

【集释】《杨考》：“《寰宇记》：后魏武帝改（龙耆县）为金城县。按《地形志》有金城郡，领榆中、大夏二县，无北金城县。《元和志》亦无‘北’字。”施和金《释例》：“枹罕郡龙支县下‘后魏曰北金城’，‘北’字衍。”

西魏改焉。

【集释】《杨考》：“《元和志》：西魏废帝二年改名龙支，西南有龙支谷，因取为名。《新唐书·宰相世系表》：唐世进，隋时封龙支公。”

有唐述山。

【集释】《杨考》：“《寰宇记》：在县西龙支谷。《水经·河水注》：彼羌目鬼曰唐述，因名为唐述山。”

【编者按】龙支，治今青海化隆县东。

大夏

【集释】《杨考》：“《寰宇记》引《十六国春秋》：张骏十八年分武始、晋兴、广武置大夏郡及县，取县西大夏水为名。《水经·河水注》：大夏川水又东北经大夏故城南。知魏县有移徙也。”

有金纽山。

【集释】《杨考》：“《寰宇记》：金纽山在县西二十里，有金纽故城，一号金柳城，前凉曾为金纽县于其中。”

【编者按】大夏，治今甘肃广河县北。

水池 后魏曰蕈川，

【集释】《杨考》：“《地形志》：延兴四年置，属洪和郡。”

后周改焉。

【集释】《杨考》：“按《地形志》

洪和郡已有水池县，注云：真君四年置郡，后改。”《北周志》：“按《隋志》谓水池后周以蕈川改。考《魏书·地形志》，洪和郡领水池、蓝川、蕈川三县，则水池、蕈川二县并立，非以蕈川改也。”

【编者按】水池，治今甘肃康乐县南。

浇河郡

浇河郡

【集释】《杨考》：“后凉置。详见下（西平郡化隆县）。”

后周武帝逐吐谷浑，以置廓州总管府。

【集释】《杨考》：“《寰宇记》引《周地图记》：周建德五年，西逐吐谷浑，又得河南地，置廓州，取廓清之义为名。《元和志》：周建德五年，于今州理西南达化县界浇河故城置廓州，盖以开廓边境为义。”

开皇初府废。

【集释】《杨考》：“《元和志》：大业二年罢州。《隋纪》：开皇元年十二月，以柱国元衮为廓州总管。则元年尚未废也。《寰宇记》：开皇初郡废为州，炀帝废州，以其地属浇河郡。”

统县二，户二千二百四十。

河津　后周置洮河郡，

【集释】《杨考》：“《寰宇记》引《周地图记》云：后魏太平真君十六年置洮河郡，属鄯州。”

领洮河、广威、安戎三县。开皇初郡废，并三县入焉。大业初置浇河郡。有滥水。

【集释】《杨考》：“《水经·河水注》：河水又东北，济川水注之，水西南出滥渎。……按济川水出滥渎，则亦可称滥水，故此《志》直以滥水目之。”

【编者按】河津，治今青海贵德县。

达化

【集释】《杨考》：“《元和志》：后周置达化郡并达化县，隋开皇三年罢郡，移县入郡廨，即今县是也。”

后周置达化郡。

【集释】《杨考》：“《寰宇记》：周建德五年置。”

开皇初郡废，并绥远县入焉。

【集释】《杨考》：“《纪要》：后周置。”

有连云山。

【集释】《杨考》：“《通典》：在廓州西南二百余里。”

【编者按】达化，治今青海尖札县西北。

西平郡

西平郡　旧置鄯州。

【集释】《诸史考异》卷一三："《元和郡县志》：后魏孝昌二年立鄯州。"《杨考》："《元和志》：隋大业三年罢州为西平郡。《周书·柳桧传》：大统四年，授都督，镇鄯州。"

统县二，户三千一百一十八。

湟水　旧曰西都，

【集释】《杨考》："《元和志》：本汉破羌县，后魏分置西都，属西平郡。……《隋书·源雄传》：西平乐都人也。西平无乐都县，或西都之误欤?"

后周置乐都郡。

【集释】《杨考》："《南凉录》：太初二年，后凉乐都太守田瑶以郡降。《北凉录》有乐都太守沮渠安、周南。《水经·河水注》：湟水又东过乐都城南。则乐都郡不始于后周。"

开皇初郡废，十八年改县曰湟水。又有旧浩亹县，

【集释】郭黎安《旧置考》："浩亹系西汉旧县，东汉、晋因之。《水经·河水注》：'閤门河又东迳浩亹县故城南，王莽改曰兴武。"

又西魏置龙居、路仓二县，并后周废。

【集释】《杨考》："按《新唐书·宰相世系表》，李明，周武帝时封龙居公，盖是时尚未废也。"

大业初置西平郡。有土楼山。

【集释】《杨考》："《元和志》：土楼山，在湟水县西百三十里。"

【编者按】湟水，治今青海海东市乐都区。

化隆　旧魏曰广威，

【集释】《杨考》："'旧'当作'后'。《元和志》：前凉张天锡于此置邯川戍，后魏孝昌二年于戍城置广威县。"《杨考补遗》："《水经注》：河水又东迳广违城北（威、违音近），又东迳邯川城南。是广威、邯川地虽近，而非一城。"

西魏置浇河郡，

【集释】《杨考》："《元和志》云：南凉秃发乌孤以河南地置浇河郡。《南凉录》有后凉浇河太守王稡……然则浇河郡始置于后凉，秃发乌孤移于河南，至隋复移于河津。"

后周废郡，仁寿初改为化隆。

【集释】《杨考》："《寰宇记》广威县下引《周地图记》云：后魏景明三年置石城县，西魏废帝二年因县内化隆谷改为化隆县，属湟河郡。今考《周书·贺兰祥传》，子敬，少历显职，封化隆县侯，则化隆之名不始于隋，当从《周地图记》。"《北周志》："《周书·贺兰祥传》：子敬，封化隆县侯。是北周之世，已有化隆县。《元和志》：废帝二年，因境内有化隆谷，改为化隆。"

有拔延山、

【集释】《杨考》："《寰宇记》：隋

大业五年，炀帝西伐吐谷浑，经此山校猎，改为摶兽山。”

湟水、

【集释】《杨考》：“《元和志》：湟水名湟河，亦谓之乐都水，出青海东北乱山中，东南流至兰州西南入黄河。”

卢水。

【集释】《杨考》：“《水经·河水注》：卢溪水出卢川，东北流注于湟水。”

【编者按】 化隆，治青海今县西。

【补阙】《杨考补遗》：“按有湟河郡。《通典》：廓州，前凉以其地为湟河郡。《水经注》：河水又东北迳黄河城南。《张猛龙碑》有黄河太守，即湟河也。《寰宇记》引《周地图》称，西魏化隆县属湟河郡。则当废于周、隋间。”

武威郡

武威郡　旧置凉州，

【集释】《杨考》：“本汉旧名，前凉张轨、后凉吕光、北凉沮渠蒙逊皆都于此。魏太武灭北凉，改州镇置四军戍，孝文太和十四年复为凉州。”

后周置总管府，

【集释】《杨考》：“《周纪》：天保六年四月，以柱国燕国公于寔为凉州总管。”

大业初府废。

【集释】《杨考》：“《元和志》：大业三年，改州为武威郡。”

统县四，户一万一千七百五。

姑臧

【集释】《北周志》：“按《魏书·地形志》武威郡领林中、襄城二县，而无姑臧县。《读史方舆纪要》：‘后魏武威郡治林中县，或曰即故姑臧也。西魏仍曰姑臧。’《清一统志》：‘姑臧，后魏改林中，周复故名。’《周书·文帝纪》：‘魏废帝二年夏四月，太祖勒锐骑三万，西逾陇，度金城河，至姑臧。秋七月，自姑臧至于长安。’按据《周书·文帝纪》，则《读史方舆纪要》西魏改林中为姑臧为是。”

旧置武威郡，

【集释】《杨考》：“汉置。”郭黎安《旧置考》：“武威郡置于西汉元狩二年，当废于隋开皇三年罢郡时。”

开皇初郡废。大业初复置武威郡。又后魏置武安郡、襄武县，并西魏废。又旧有显美县，后周废。

【集释】《北周志》：“《读史方舆纪要》：‘显美，汉县，属张掖郡。后汉改属武威。晋仍属武威郡。后周废入姑臧县。’按《魏书·地形志》凉州无显美县，然据《魏书·灵徵志》：‘正光四年八月，凉州上言显美县木连理。’则后魏有显美县至确。盖《地形志》于关西郡县多阙漏也。”

有第五山。

【中华校】“第”原作“茅”。《杨考》：“按《前凉录》，‘茅’疑‘第’讹。”按：《太平寰宇记》五二正作“第”，今据改。

【编者按】姑臧，治今甘肃武威市。

昌松 后魏置昌松郡，

【集释】《杨考》：“《元和志》：后凉置昌松郡。凉置昌松郡。《寰宇记》引《十六国春秋》：后凉吕光麐嘉四年，以郭麐言谶，改为昌松，兼于此立东张掖郡。后周废郡，县仍旧隶凉州。按《地形志》昌松郡领温泉县，无昌松县，或改昌松为温泉也。”《北周志》：“按改温泉为昌松，盖在宇文周废郡之际。”

后周废郡，以揟次县入。

【中华校】原作“榆次”。《考异》：“‘榆次’当作‘揟次’，因并州有榆次县，相涉而误。”按：《汉书·地理志》下正作“揟次”，今据改。

开皇初改县为永世，

【集释】《杨考》：“《元和志》：开皇三年，改昌松为永平县。”《北周志》：“《周书·叱列伏龟传》：子椿，世宗时，封永世县公。《周书·姚僧垣传》亦云永世公叱伏列椿。永世之名已见于宇文周之世，岂周世别有永世县邪？”

后改曰昌松。

【集释】《杨考》：“《元和志》：以重名改。按《志》宣城郡有永世县，永平郡有永平县，是皆有重名，未知孰是。”

又有后魏魏安郡，

【集释】《杨考》：“置郡不始后魏。”

后周改置白山县，寻废。有白山。

【集释】《杨考》：“《寰宇记》：白岭山，在昌松县西南，山顶冬夏积雪，望之皓然，乃谓之白岭山。”

【编者按】昌松，治今甘肃武威市南古城镇。

番和 后魏置番和郡。

【集释】《杨考》：“置郡不始于后魏。”

后周郡废，置镇。

【集释】《杨考》：“《元和志》谓后魏太武帝平凉罢郡。”

开皇中为县，

【集释】《杨考》：“《元和志》：开皇三年。”

又并力乾、安宁、广城、障、燕支五县之地入焉。有燕支山。

【集释】《杨考》：“《御览》引《凉州记》曰：焉支山，在西郡界，东西百余里，南北二十里。”

【编者按】番和，治今甘肃永昌县。

允吾

【集释】《杨考》汉县，晋废。在今皋兰县西北。隋复置于此，取汉旧名。应劭曰：音铅牙。

后魏置，曰广武，

【集释】《杨考》：“《寰宇记》：前

凉张骏于枝阳置广武县。《水经·河水注》：湟水又东迳允吾城西……又东南迳广武城西。皆不言故城，当是晋后允吾、广武并置。《志》似以允吾久废，后魏始置广武，非也。”

及置广武郡。

【集释】《杨考》：“《通典》：前凉张寔分陇西置。《元和志》：前凉张骏三年分晋兴置。”

开皇初郡废，改县曰邑次，寻改为广武，后又改为邑次。大业初改为允吾。

【集释】《杨考》：“《元和志》：大业二年改。又云：六年改为会宁县。”

有青岩山。

【编者按】允吾，治今甘肃永登县。

张掖郡

张掖郡　西魏置西凉州，

【集释】《杨考》：“《寰宇记》：西魏大统十二年，分凉州以西张掖之地为西凉州。按《周书·韩褒传》，西魏大统十二年除都督、西凉州刺史。”

寻改曰甘州。

【集释】《杨考》：“《周书》：魏废帝三年正月，改西凉为甘州。《元和志》：因州东甘峻山为名，或言地多甘草故名。隋大业三年，罢州为张掖郡。”

统县三，户六千一百二十六。

张掖　旧曰永平县，

【集释】《杨考》：“《元和志》：本汉觻乐得县，晋改为永平，《地形志》无永平县。”

后周置张掖郡。

【集释】《杨考》：“《寰宇记》：后魏太武平凉，以为张掖军，至太和十一年改军为郡。《元和志》：魏太武平凉，以为张掖军，废帝二年改军置甘州。与《志》合。按《周书·王杰传》，孝闵帝践阼，进爵张掖郡公。”《北周志》：“按《周书·李贤传》：大统十二年，随独孤信征凉州，平之，又抚慰张掖等五郡而还。则西魏时已有张掖郡，疑当从《寰宇记》后魏太和十一年改置张掖郡之说为是。”

开皇初郡废，十七年县改为酒泉。

【集释】《杨考》：“《元和志》：开皇三年，改永平为酒泉县。《舆地广记》：大业初，改永平为张掖县。《寰宇记》：仁寿二年置酒泉县。三说不同。”

大业初改为张掖，

【集释】《杨考》：“《元和志》：大业二年改，取旧郡为名。”

置张掖郡。又有临松县，后周废。

【集释】《北周志》：“有旧临松郡，及安平、和平二县。西魏改郡为临松县，以二县并入。北周废入。”又云：

“《晋书·地理志》：‘张天锡又别置临松郡。’《魏书·地形志》凉州临杜郡。按《通鉴地理通释》、《读史方舆纪要》皆以临杜为临松之讹。《御览》卷五六引《十六国春秋》：‘后魏太和中，置临松郡，故城在临松山下。’按临松郡，据《晋书·地理志》，前凉张天锡置。盖中有废并，太和中复置也。《通典·边防典》：‘《吐蕃传》，秃发利鹿孤有子樊尼，率余众依沮蒙逊。其后子孙西魏时为临松郡丞与主簿，皆得众心。（原注：临松郡，今张掖郡张掖县界）’按据《通典》此文，则西魏时尚有临松郡。郡之废，盖在西魏之季矣。”又云：“《魏书·地形志》：临松郡领安平、和平二县。《读史方舆纪要》：‘后魏亦为临松郡，领安平、和平二县，寻改郡为临松县，以二县并入，后周复省入张掖县。’”‘郭黎安《旧置考》：“《北周地理志》认为临松郡改为县当在西魏，其说是。”

有甘峻山、

【集释】《杨考》：“《元和志》：在张掖县东北四十五里。《寰宇记》：一名绀竣山。”

临松山、

【集释】《杨考》：“《寰宇记》：在张掖县南一百八十二里。”

合黎山，

【集释】《杨考》：“《元和志》：俗名要涂山，在张掖县西北二百里。《禹贡》：导弱水，至于合黎。”

有玉石涧、大柳谷。

【编者按】张掖，治甘肃今市。

删丹　后魏曰山丹，又有西郡、永宁县。西魏郡废，县改为弱水。后周省入山丹。大业改为删丹。

【集释】《杨考》：“《舆地广记》：大业初改。《志》脱‘初’字。《寰宇记》：晋分删丹置兰池、万岁、仙提三县，隋炀帝并三县之地复改立删丹县。”施和金《释例》：“‘大业’下脱‘初’字。”

又后周置金山县，寻废入焉。有祀山。

【集释】《杨考补遗》：“《说文》：女屼山，或曰弱水之所出。《禹贡锥指》曰：祀山，疑即屼山之误。”

有盐池。

【集释】《杨考》：“《元和志》：盐池在张掖县北九百三十里。”

有弱水。

【集释】《杨考》：“《元和志》：在删丹县南山下。”

【编者按】删丹，治今甘肃山丹县。

福禄

【集释】《杨考》：“汉曰禄福。后汉曰福禄，《晋志》同。案《元和志》、《寰宇记》并云酒泉为汉福禄县地，《魏志》、《陈留王纪传》亦作福禄，知今本《汉志》误也。《舆地广记》：隋义宁元年，改福禄为酒泉。”《北周志》：“汉曰禄福，魏晋以后曰福禄。”

旧置酒泉郡，

【集释】《杨考》：“西凉李暠、北凉沮渠蒙逊皆都于此。《元和志》：后魏太武帝平沮渠氏，以酒泉为军，孝昌中复置酒泉郡。”郭黎安《旧置考》：“《元和志》卷四〇肃州：‘（汉）武帝元狩二年，（匈奴）昆邪王杀休屠王，并将其众来降，以其地为武威、酒泉二郡。后魏太武帝平沮渠氏，以酒泉为军，属敦煌镇；明帝孝昌中，改镇立瓜州，复置酒泉郡。隋开皇三年罢郡，立酒泉镇，所领县并属甘州。’《汉志》酒泉郡置于太初二年，与《元和志》不同。今据《史记·孝武帝纪》和《通鉴》，皆以昆邪王杀休屠王、汉武帝开拓河西在元狩二年。《旧唐志》卷四十亦谓‘汉武时昆邪来降，乃置酒泉郡。’《汉志》误。又《读史方舆纪要》卷六三引刘昫曰：‘后魏初，置酒泉军，太和中改为郡。’《寰宇记》、《大清一统志》却同《元和志》，今从之。以故酒泉郡初置于西汉元狩二年，北魏平沮渠氏后改为军，孝昌中复置，隋开皇三年废。”

开皇初郡废。仁寿中以置肃州，

【集释】《杨考》：“《元和志》：仁寿二年，以境宇辽远，分甘州置肃州。《隋书·柳謇之传》：仁寿中出为肃州刺史。”

大业初州寻废。又后周置乐涫县。

【集释】《杨考》：“《元和志》：后魏太武平沮渠茂虔，改县为戍，隶敦煌镇，孝文改为乐涫县。然则非后周置。’

寻废。

【集释】《杨考》：“《元和志》：隋改乐涫县为镇。”

有祁连山、

【集释】《杨考》：“《元和志》：祁连山在张掖县西南二百里。《寰宇记》：祁连山，东西二百里，南北一百余里。”

崆峒山、

【集释】《杨考》：“《元和志》：山在县东南六十里。”

昆仑山，

【集释】《杨考》：“《元和志》：山在酒泉县西南八十里。”

有石渠。

【编者按】福禄，治今甘肃酒泉市。

【补阙】《杨考》：“按《志》武威、张掖郡县多称后魏所置。考之《地形志》多不载，而凉州所领临杜、泉城、武兴、东泾、梁宁诸郡，今又皆不得其地，当是太武初平北凉所置。《隋志》所录，则太和以后改置也。

又按有表氏县，在高台县西，后汉置。《周书·史宁传》：建康表氏人也。建康郡，张峻置。”

敦煌郡

敦煌郡　旧置瓜州。

【集释】《杨考》：“《元和志》：后

魏太武帝置敦煌镇，明帝罢镇立瓜州，寻又改为义州，庄帝又改为瓜州。隋大业三年改为敦煌郡。”郭黎安《旧置考》：“其他志书亦皆云北魏立瓜州，唯《寰宇记》谓隋初废郡立瓜州，但读其行文，似有误，故从《元和志》。”

统县三，户七千七百七十九。

敦煌　旧置敦煌郡，

【集释】《杨考》：“汉置。”

后周并效谷、寿皇二郡入焉。

【集释】《杨考》：“《舆地广记》：俱元魏置。”《北周志》：“按‘寿皇’即‘寿昌’之讹。”

又并敦煌、鸣沙、平康、效谷、东乡、龙勒六县为鸣沙县。

【中华校】“勒”原作“勤”，据《汉书·地理志》下、《续汉书·郡国志》五改。

【集释】《杨考》：“《寰宇记》：后周保定三年改敦煌为鸣沙县，以县内鸣沙山为名。是以鸣沙立县，始于后周。而《隋志》云周并敦煌、鸣沙等六县为鸣沙，是先有鸣沙县。按《元和志》：昔张骏立鸣沙郡，因鸣沙山为名。乃知张骏郡、县并立。后周废郡，又并县也。”

开皇初郡废。大业置敦煌郡，

【集释】《杨考》：“‘业’下当有‘初’字。”

改鸣沙为敦煌。有神沙山、

【集释】《杨考》：“《寰宇记》：鸣沙山，一名沙角山，亦名神沙山，在敦煌县南七里。”

三危山，

【集释】《杨考》：“《御览》引《西河旧事》曰：三危山有三峰，故曰三危，俗亦为升雨山，在敦煌县东南二十里。”

有流沙。

【集释】《杨考》：“《汉书》颜师古注：流沙在敦煌西八十里。……《寰宇记》引《西河旧事》云：流沙碛，在玉门关外，有三断石，极大，俗谓三陇。”

【编者按】敦煌，治甘肃今市西。

【补阙】《杨考》：“按有伊吾郡。《元和志》：古戎地，至魏立伊吾县。晋立伊吾都尉，并寄理敦煌北界。后魏及周又有鄯善人来居之，大业六年得其地，以为伊吾郡。隋乱，又为群胡居焉。《旧唐志》：隋于汉伊吾屯城之东筑城，为伊吾郡。”《求是》：“《元和志》四〇伊州云：‘隋大业六年，得其地，以为伊吾郡。’《新唐书》二二一下《骨咄传》，只称伊吾城隋末内属，不详其年。按六五《薛世雄传》：‘从帝征吐谷浑……岁余，以世雄为玉门道行军大将，与突厥启民可汗连兵击伊吾，师次玉门。启民可汗背约。兵不至，世雄孤军度碛。伊吾初谓隋军不能至，皆不设备，及闻世雄兵已度碛，大惧，请降，诣军门上牛酒。世雄遂于汉旧伊吾城东筑城，号新伊吾，留银青光禄大夫王威以甲卒千余戍之而还’（按大将下《北史》七六有‘军’字）。置伊吾郡。当即是时，《通鉴考异》八则系世雄击伊吾于四年十月，且云：‘世雄击伊吾，帝纪无之，本传前有从帝征吐谷浑，后云岁余，以世雄为玉门大将，与突厥启民可汗击伊吾，然则似在大业六七年也。按是时启民已卒，伐吐谷浑之岁，伊吾吐屯设献地数千里，恩宠甚厚，隋何故伐之，今移置献地之前。’（据《考异》引文，又知北宋本大将下原无‘军’字）考六七《裴矩传》叙此事于三年冬及从帝巡塞北幸启民帐之间，然巡塞北在三年秋，是矩传记事，非尽循年序；又亲征吐谷浑为大业五年，则两传年份，亦不相合。复考八四《突厥传》，启民以四年死，其事似更不应后于四年，司马氏注重启民之卒年及吐屯设之入觐，拟置献地之前。自具相当之理由，余初亦颇主其说。惟是启民究以何年卒，传之启民何指，均有疑问。今检《元和志》此条，正与据传推计之六七年相合，是世雄击伊吾之岁，尚不能依《考异》为定论也。若启民卒月，史阙明文，更无必置于四年十月之理，此犹是枝节问题矣。……敦煌残本图经云：‘隋大业十二年，置伊吾郡。’年分亦不确。”

常乐　后魏置常乐郡。

【集释】《杨考》：“《元和志》：魏明帝改置常乐郡。”

后周并凉兴、大至、

【集释】《考异》卷三三：“‘大至’即‘广至’，避隋炀帝讳，以‘广’为‘大’也。”

冥安、

【集释】《考异》卷三三：“‘冥安’当作‘宜安’。”《诸史考异》卷一三：“案《汉书·地理志》、《续汉志》皆作冥安。应劭曰：冥水出。北入其泽。《元和郡县志》：晋昌县，本汉冥安县，因县界冥水为名也。《晋书·地理志》作‘宜安’，当是传写之讹。”《杨考》：“《晋志》、《通典》作‘宜安’，误。”

闰泉，

【集释】《考异》卷三三：“‘闰泉’盖即‘渊泉’，史家避唐讳改之。”

合为凉兴县。

【集释】《杨考》：“《元和志》：周武帝省入凉兴县。”

开皇初郡废，改县为常乐。

【集释】《杨考》：“《元和志》：开皇四年改凉兴为常乐县，属瓜州。《寰宇记》谓隋初改冥安为常乐。”

有关官。

【集释】《杨考》：“《史记》正义引《括地志》云：阳关在寿昌县西六里，玉门关在县西北百一十八里。是二关皆在今敦煌县治之西南。玉门关，唐时移于晋昌县。《元和志》云：玉门关在晋昌县东二十步。”

【编者按】常乐，治今甘肃瓜州县西南锁阳城遗址。

玉门　后魏置会稽郡。

【集释】《杨考》：“《晋书》：苻坚建元之末，置会稽郡。《寰宇记》晋昌县下云：宜禾故城在县西北界。后魏正光元年侨立会稽郡于此。或后魏有迁徙，故《志》作后魏置欤?”

后周废郡，

【集释】《杨考》：“据《寰宇记》，会稽郡废于周初。”

并会稽、新乡、延兴为会稽县。

【集释】《杨考》："按《元和志》，周武帝省玉门入会稽，此脱。"

开皇中改为玉门，

【集释】《杨考》："《元和志》：开皇十年，会稽县复为玉门县。"

并得后魏玉门郡地。

【集释】《杨考》："《一统志》：后魏分会稽郡置玉门郡。"

【编者按】玉门，治甘肃今市西北赤金镇。

鄯善郡

鄯善郡

【集释】《杨考》："《隋书·宇文弢传》：开皇初，西羌内附，诏弢安集之。置盐泽、蒲昌二郡而还。是开皇曾置二郡。"

大业五年平吐谷浑置，

【集释】《杨考》："《隋书·吐谷浑传》：炀帝令观王雄、宇文述击伏允，大破其众，其故地皆空，自西平至临羌地以西、且末以东、祁连以南、雪山以北，东西四千里，南北二千里，皆为隋有，置郡县镇戍。又《刘权传》：大业五年从征吐谷浑，权率众出伊吾道，逐北青海，乘胜至伏俟城，帝复令权过曼头、赤水，置河源郡积石镇。"

置在鄯善城，即古楼兰城也。

【集释】《杨考》："《汉书·西域传》：鄯善国，本名楼兰王治扜泥城，去阳关千六百里。……《唐书·地理志》：自蒲昌海南岸，西经七屯城，汉伊修城也；又西八十里至石城镇，汉楼兰国也，亦名鄯善，在蒲昌海南三百里。唐释道宣《释迦方志》：沙州，又西南入碛七百余里，至纳缚波故国，即楼兰地，亦名鄯善。据此，则楼兰城当在今罗布淖尔之西南大戈壁中。"

并置且末、西海、河源，总四郡。

【补释】《通鉴》卷一八一："大业五年三月癸丑，置西海、河源、鄯善、且末等郡。"

有蒲昌海、

【集释】《杨考》："按蒲昌海，今名罗布淖尔，在土鲁番西南六七百里。"

鄯善水。

【集释】《杨考》："《水经·河水注》：注滨河，又东迳鄯善国北。此鄯善水当即注滨河。"

统县二。

【编者按】鄯善郡，治今新疆若羌县。

显武

【集释】《杨考》："今罗布淖尔南。"

【编者按】显武，今地无考。

济远

【集释】《杨考》："今罗布淖尔南。"

【编者按】济远，今地无考。

且末郡

且末郡　置在古且末城。

【集释】《杨考》："《汉（书）·西域传》：且末国，去长安六千八百廿里。……《北史》：且末在鄯善西，隋大业五年初平吐谷浑，于古且末城置且末郡。《释迦方志》：鄯善又西南千余里，至折摩陀那故国，即沮沫地。按此言鄯善去且末千余里，与《汉志》微不合。"

有且末水、萨毗泽。

【集释】《杨考》："《唐志》：度且末河，五百里至播仙镇，古且末城也。徐松《汉西域志补注》云：且末河，盖今之克勒底雅河。"

统县二。

【编者按】且末郡，治今新疆且末县稍南。

肃宁

【集释】《杨考》："今罗布淖尔西南。"

【编者按】肃宁，今地无考。

伏戎

【集释】《杨考》："今罗布淖尔西南。"

【编者按】伏戎，今地无考。

西海郡

西海郡　置在古伏俟城，即吐谷浑国都。

【集释】《杨考》："《周书·异域传》：自吐谷浑至伏连筹十四世，伏连子夸吕始自号为可汗，治伏俟城，在青海西十五里，东西三十里，南北千余里。"

【补释】《通鉴》卷一八一："大业五年三月，怀尉卿刘权出伊吾道，击吐谷浑，至青海。虏获千余口，乘胜追奔，至伏俟城。"胡三省注："吐谷浑都伏俟城，在青海西十五里。"

有西王母石窟、

【集释】《杨考》："《十六国春秋》：前凉张骏酒泉守马岌上言，酒泉南山，即昆仑丘也，周穆王见西王母在此，有石室、王母堂、珠玑楼，严饰若神宫。"

青海、

【集释】《杨考》："阚骃曰：临羌县西有卑禾羌海者也，世谓之青海，东去西平二百五十里。《魏书》、《隋书·

吐谷浑传》并云：青海周回千余里。又《隋书·元谐传》：吐谷浑寇凉州，谐率兵出鄯州，趣青海，邀其归路。”

盐池。

【集释】《杨考》：“盐池，古名西海，一曰鲜水海，一曰仙海。《汉志》金城郡临羌县有仙海、盐池。《赵充国传》：鲜海北去阏泉八百里。《王莽传》：羌豪良愿等献鲜水海、允谷、盐池，莽受所献地为西海郡。《水经注》：湟水又东南迳卑禾羌海，北有盐池。”

统县二。

宣德

【编者按】 宣德，治今青海共和县西北。

威定

【编者按】 威定，治今青海共和县西北。

河源郡

河源郡　置在古赤水城。

【集释】《杨考》：“《隋书·宇文述传》：大业三年，帝令述以兵屯西平之临羌城，吐谷浑西遁，追之至曼头城，拔之，乘胜至赤水城，复拔之。……古赤水城当从《唐书》在青海之南。”

有曼头城、

【集释】《杨考》：“《纪要》：‘曼’读‘万’，以曼山而名。”

积石山，河所出。

【集释】《杨考》：“此本《续汉郡国志》文。《水经注》：河水重源，发于西塞外，出于积石山，《禹贡》所谓导河自积石也。唐人于浇河故城置积石军，李吉甫、张守节因谓唐述山为小积石，而以此为大积石。至宋蔡沈《书集传》，又混大、小积石为一，尤误。”

有七乌海。

【集释】《杨考》：“《纪要》：在西宁卫西塞外。杜佑曰，吐蕃国，出鄯城五百里，过乌海。”

统县二。

远化

【集释】《杨考》：“谢氏《戎幕随笔》云：改曼头城为远化。”

【编者按】 远化，治今青海共和县西。

赤水

【集释】《杨考》：“《唐书·吐谷浑传》有河源故郡，在青海南，本吐谷浑赤水城。”

【编者按】 赤水，治今青海兴海县东。

《周礼·职方氏》：“正西曰雍州。”上当天文，自东井十度至柳八度，为鹑首。

【集释】《杨考》："《汉书·地理志》作'柳三度'，此盖以《律历志》参之。《帝王世纪》云：自井十六度至柳八度曰鹑首之次。此恐脱'六'字。"

于辰在未，得秦之分野。考其旧俗，前史言之详矣。化于姬德，则闲田而兴让，习于嬴敝，则相稽而反唇。斯岂土壤之殊乎？亦政教之移人也。京兆王都所在，俗具五方，人物混淆，华戎杂错。去农从商，争朝夕之利，游手为事，竞锥刀之末。贵者崇侈靡，贱者薄仁义，豪强者纵横，贫窭者窘蹙。桴鼓屡惊，盗贼不禁，此乃古今之所同焉。

【集释】《杨考》："《汉志》：是故五方杂厝，风俗不纯。其世家则好礼文，富人则商贾为利，豪杰则游侠通奸。南山近夏阳，多阻险，轻薄易为盗贼。常为天下剧。"

自京城至于外郡，得冯翊、扶风，是汉之三辅。其风大抵与京师不异。安定、北地、上郡、陇西、天水、金城，于古为六郡之地，其人性犹质直。然尚俭约，习仁义，勤于稼穑，多畜牧，无复寇盗矣。

【集释】《杨考》："《汉志》：六郡良家子选给羽林、期门，以材力为官。此数郡，民俗质木，不耻寇盗。与此志说异。"

雕阴、延安、弘化，连接山胡，性多木强，皆女淫而妇贞，盖俗然也。平凉、朔方、盐川、灵武、榆林、五原，地接边荒，多尚武节，亦习俗然焉。河西诸郡，其风颇同，并有金方之气矣。

【集释】《杨考》："《春秋说题辞》曰：秦金精坚，故秦俗亦坚。"

汉川郡

汉川郡 旧置梁州。

【集释】《考异》卷三三："此晋、宋以来之梁州也。梁天监三年，夏侯道迁叛入于魏，大同元年仍为梁有，梁末又入西魏。"《杨考》："《通鉴》：魏景元四年分益州置梁州，梁大同初改北梁州。《舆地纪胜》云：梁天监三年，刺史夏侯道迁以州叛入魏，正始四年立为梁州；梁大同元年，魏梁州刺史元罗以地入梁，复治南郑。承圣元年，达奚武下南郑，地入西魏，后周建总管府。《寰宇记》：梁大同元年，使大将兰钦克梁州，复移在南郑县。《通鉴》梁大同元年，北梁州刺史兰钦引兵攻南郑，注：梁以南郑为北梁州，盖以钦为刺史，使之攻南郑也。然则梁初得汉中，亦称梁州，及夏侯道迁以州叛入魏，遂以西城为梁州，至大同元年复得汉中，乃改为北梁州，承圣元年萧循降西魏，复为梁州。《梁书·杜崱传》：世祖以为持节、平北将军、北梁州刺史。亦其证也。按《通典》云：宋以后更置梁州，亦理于此。《地形志》云：萧衍梁、秦二州，正始初改置梁州。则秦州至魏已废，故《志》不及。又按《周书·明帝纪》，武成元年九月。以大将军天水公广为梁州总管。又按《静帝纪》，大象二年八月，废梁州总管。《志》失书。"

统县八，户一万一千九百一十。

南郑

【集释】《杨考》："《寰宇记》：西魏废帝三年，改为光义县，移理州东光义府，隋开皇初复为南郑县，大业八年移理郡南城，南临汉水，即今所理。《元和志》：开皇七年，改光义为南郑。"

旧置汉川郡。

【集释】《杨考》："秦置汉中郡。《舆地广记》：后周末改曰汉川。案此未核，当是隋避讳追改。"《北周志》："按汉川郡当作汉中郡，隋初避讳改。"

开皇初郡废，大业初置郡。

【集释】《杨考》："《元和志》：大业三年罢州，置汉川郡。"

又西魏置白云县，

【集释】《杨考》："《寰宇记》：后周天和中立，废城在今南郑县东。"

至是并入焉。有黄牛山、

【集释】《杨考》："《寰宇记》：在南郑县西南五十里，山有石，黄色，远望如牛，故名。"

龙冈山。

【集释】《杨考》："《纪胜》：在南郑县西十里。"

【编者按】南郑，治今陕西汉中市。

西 旧曰嶓冢，

【集释】《杨考》："《寰宇记》云：本白马城，又曰浕口城，宋于此侨立华阳郡，《周地图记》云，后魏正始中分沔阳县地置嶓冢县。《地形志》梁州华阳郡有嶓冢县。"

大业初改焉。

【集释】《杨考》："《元和志》：大业二年。《寰宇记》：开皇三年罢郡，置白马镇于古诸葛城，县理不改。大业二年改嶓冢为西县，以县西南有诸葛亮所立西乐城以名之。三年废白马镇，置嶓州，八年省州，自今县东南五里移西县理于此。"

有关官。

【集释】《杨考》："《元和志》：百牢关在西县西南三十里，隋置白马关。后以黎阳有白马关，改名百牢关。自京师趣剑南，达淮左，皆由此。"

有定军山、

【集释】《杨考》："《元和志》：在西县东六十里。"

百牢山、

【集释】《杨考》："即百牢关之山。按此《志》所载山水，义取简要。今既载百牢关，则此不应复载。"

街亭山、

【集释】《杨考》："《三国志》：魏张郃与蜀将马谡战于街亭，谡违诸葛亮节制，军大败，亮乃戮谡，上表自贬。"

嶓冢山。

【集释】《杨考补遗》："此非《禹贡》之嶓冢，《禹贡》之嶓冢在西县，于隋为天水、上郡，因汉水辍流，后魏遂如此置嶓冢县，隋时更于此置西县，以敷合《汉志》，遂成聚讼。"

有汉水。

【集释】《杨考》："《华阳国志》云：汉水有二源，东源出武都氐道漾山，因名为漾，《禹贡》导漾为汉是也；西源出陇西嶓冢山，会白水，经葭萌入汉，始源曰沔，故曰汉沔。"

【编者按】西县，治今陕西勉县西。

【补阙】《杨考》："按汉沔阳县在今汉中府沔县东南，《寰宇记》：隋开皇三年废。"

褒城　开皇初曰褒内。

【集释】《杨考》："汉置褒中县。……《元和志》：开皇元年以避讳，改为褒内。《寰宇记》：三年罢郡。以县属梁州。"

仁寿九年因失印更给，改名焉。

【集释】施和金《释例》："'仁寿'是隋文帝第二个年号，共四年，不可能有九年。九年当是元年之讹。九、元形似，故误。《元和郡县志》于褒城县下云：'本汉褒中。……隋开皇元年以避庙讳，改为褒内县，仁寿元年，改为褒城。'《太平寰宇记》亦云：'仁寿元年改为褒城。'《舆地广记》更云：'仁寿元年因失印更给，改曰褒城。'是诸书皆不误，独此《隋书·地理志》误作九年。杨守敬《隋书地理志考证》早已指出：'各本作九年，误，今订。'但新标点本仍作九年，殊误。当改九年为元年。"

【补释】《旧唐书·地理志》："义宁二年。改为褒中。"

有关官。

【集释】《杨考》："《元和志》：甘亭关在褒城县北九十里。《寰宇记》：隋开皇元年立。《通典》作'甘泉'。又《通典》：阳平关在褒城县西北，蜀先主破夏侯渊于此。"

有女郎山。

【集释】《杨考》："《水经·沔水注》：汉南有女郎山。"

【编者按】褒城，治今陕西汉中市西北褒河镇。

城固

【集释】《杨考》："《水经注》：汉水又东迳小城固南，州治大城固，移县北，故曰小城固。案小城固在今洋县东。《寰宇记》引《四夷县道记》：城固，今县东六里故北城。是以有南城，故谓此为北城。又引《周地图记》云：后魏正始中，城固县移居壻乡川。"

【编者按】城固，治陕西今县。

兴势

【集释】《杨考》："《寰宇记》：后魏于今理西北二十里兴势山上置兴势县。《地形志》晋昌郡有兴势县，延昌三年置。而《舆地广记》云：魏正始中置兴县，隋初废傥城郡置兴势县。与《魏志》不合。"

旧置傥城郡，

【中华校】“城”原作“成”，据《周书·杨攓传》、《寰宇记》一三八改。

【集释】《杨考》：“案‘成’当作‘城’。《寰宇记》：晋置晋昌郡，（魏）废帝三年改晋昌郡为傥城郡。”

开皇初郡废。

【集释】《杨考》：“《寰宇记》：开皇三年罢郡，大业二年县自山上移居废郡廨理。”

【编者按】兴势，治今陕西洋县。

【补阙】《杨考》：“按有龙亭县，在今洋县东十八里。《地形志》：晋昌郡治龙亭。……《寰宇记》：龙亭县，开皇三年省入洋州。”

西乡

【集释】《杨考》：“宋、齐《志》汉中郡并有西乡县。按《南史·梁吴平侯景传》，子劝，封西乡侯，则梁尚有西乡县，而《地形志》无之。《水经注》：洋水东北流。迳平阳城，《汉中记》曰，本西乡县治也。观郦氏此语，则已无西乡县矣。”

旧曰丰宁，

【集释】《杨考》：“《寰宇记》：后魏正始中废西乡县，仍于今西乡西五十里丰宁戍置丰宁郡及丰宁县。然《地形志》亦无丰宁郡、县，当属南梁州。”

置洋州，

【集释】《杨考》：“《寰宇记》：魏废帝二年，于今西乡县置洋州，以洋水为名，领洋川、怀昌、洋中、丰宁四郡。《周书·李迁哲传》：西魏恭帝初，洋州人田越为乱。”

及洋川郡。

【集释】《杨考》：“《寰宇记》真符县下云：西魏废帝二年置。”

开皇初郡废，大业初废州，

【集释】《杨考》：“《元和志》：大业二年废洋州，置洋川镇。”

【补释】《寰宇记》卷一三八：“大业二年，废洋州。”

改县曰西乡。又旧有怀昌郡，后周废为怀昌县，

【集释】《杨考》：“《寰宇记》：后周天和五年省怀昌郡，改怀宁县为怀昌县。……按《隋书·李圆通传》，周时封怀昌县男。”

至是入焉。

【集释】《杨考》：“《寰宇记》：隋开皇三年罢三郡，并省龙亭县入洋州，领丰宁、黄金、怀昌三县，大业二年改丰宁为西乡，移于废州廨理。”

有洋水。

【集释】《杨考》：“《寰宇记》：出废洋川县东巴岭。又《水经注》云：源出巴山，经西乡县东八里，入黄金县界。郡因此水称名。”

【编者按】西乡，治陕西今县。

黄金

【集释】《杨考》：“《寰宇记》：本汉安阳县地，西魏文帝大统十二年分置黄金县，因县界有黄金水为名。……（大业）十一年，移于县治北六十里巴岭镇。”

【编者按】黄金，治今陕西洋县东

金水镇。

难江

【集释】《杨考》："按难江本梁置，在今巴州，《志》系于盘道县下是也。此或西魏改盘道徙置欤?"

后周置集州及平桑郡。开皇初郡废，大业初州废。

【集释】《杨考》："《周书·文帝纪》：魏废帝三年正月，改东巴州为集州。《旧唐志》亦云魏恭帝改东巴州为集州。《志》不言先为东巴州，略也。《寰宇记》：梁大同中。于巴岭侧立安宁、敬水、平南三郡，仍立东巴州以领三郡。……后魏恭帝二年，改东巴州为集州，以东北集川水为名。人户寡少，寄理梁川。后周天和五年移集州于巴岭南，即今州理，领平桑、其章、安宁、敬水、平南五郡。隋开皇三年罢所领郡，立集州，大业三年废集州。"

【编者按】难江，治今四川南江县。

西城郡

西城郡

【集释】《杨考》："宋分魏兴之安康县置安康郡，齐、魏并因之。《志》不言安康，脱也。"

梁置梁州，寻改曰南梁州。

【集释】《考异》卷三三："案天监初失汉中，因移梁州于西城，大同初，梁州复治汉中，而西城遂有'南梁'之称。"

西魏改置东梁州，

【集释】《杨考》："《寰宇记》：按后魏正始元年，北梁州（'北'字是据后来追称，《梁书》天监三年魏陷梁州，不云'北梁'也）长史夏侯道迁举汉中归魏，魏以汉中遗民在东垂者居此，由是改为魏兴郡。又按《梁州记》，后魏合华阳、金城二郡为忠城郡，领亭乡、锡城、金川三县，即此地。孝昌三年于安康郡置东梁州，西魏大统元年，梁将兰钦东伐取南郑，其魏兴等诸郡还梁。梁罢梁州（按梁改北梁州，非罢也）。废帝元年，大将军达奚武吞并山南，东梁州刺史李迁哲降魏，魏于魏兴置东梁州。按此说与诸史传合，而又足补史传之缺。今合而考之，梁天监三年，夏侯道迁以汉中入魏，而梁失梁州，并魏兴郡失之，魏仍于汉中置梁州，《地形志》所载梁州云'萧衍梁、秦二州，正始初改置'是也；至孝昌三年，于安康置东梁州，《地形志》所载东梁州领金城等三郡是也；至梁大同元年，汉中、魏兴等郡复为梁有，遂改汉中之梁州为北梁州，而改魏兴为东梁州；又至承圣元年，东梁州刺史李迁哲降魏，魏仍以为东梁州，《周书》魏废帝元年春王雄平上津、魏兴，以其地置东梁州是也。遍检魏、梁二书，无以魏兴为南梁州者，梁之南梁州在巴西郡，以地望准之，巴西在汉中之南，故可云‘南’；魏兴在汉中之东，不得云‘南’也。”

寻改为金州，

【补释】《寰宇记》卷一四一：“（魏废帝）三年，因其地出金，改为金州。”

置总管府。

【集释】《杨考》：“当作后周置总管府。《周书·贺若敦传》：保定三年出为金州总管。”施和金《释例》：“此云西魏置总管府，不确。总管一职，后周明帝武成元年始设。《周书·明帝纪》：‘武成元年春正月己酉……初改都督诸州军事为总管。’《通典》在叙述都督一职时说：‘后周改都督诸军事为总管，则总管为都督之任矣。’《文献通考》亦云：‘魏黄初始置都督诸州军事，后周改都督诸军事为总管。’由此可见。西魏时只有都督而无总管。当然也不会有总管府。虽然。‘周改都督为总管。义则一也’（《十七史商榷》卷六八），但见诸史书，则应分明，不可含混。西魏时为都督，即书都督；后周时为总管，即书总管。此金州置总管为后周时事。故‘置总管府’前当加‘后周’二字。《周书·贺若敦传》云：‘魏废帝二年，拜右卫将军……寻出为金州都督、七州诸军事、金州刺史。……保定二年，拜工部中大夫，寻出为金州总管、七州诸军事、金州刺史。此《周书》笔法严谨，于西魏时书‘金州都督’，于后周时书‘金州总管’，则后周置金州总管府明矣!”

开皇初府废。

【集释】《杨考》：“《周纪》大象三年八月，废金州总管，与《志》不同。《纪胜》引《续通典》：大业三年，罢州为西城郡。”《求是》：“（开皇元年）十二戊寅，以申州刺史朱敞为金州总管（《隋书》卷一本纪、卷五五本传）。《周书》八，大象二年八月废金州总管府，本书《地理志》作开皇初废，似以《志》近是。”又云：“《旧唐书》三九，义宁二年，复置金州。”

统县六，户一万四千三百四十一。

金川　梁初曰上廉，

【集释】《杨考》：“晋置上廉县，宋省，齐复置。”

后曰吉阳。

【集释】《杨考》：“《寰宇记》引《周地图记》云：上廉县。后移还上庸，于平利川置吉阳县。按《宋志》、《齐志》已有吉阳县。”

西魏改曰吉安，后周以西城入焉。

【集释】《杨考》：“《寰宇记》：后周天和四年省西城县，仍移吉安县理西城废县廨。”

旧有金城、吉安二郡，开皇初并废。十八年改县为吉安。

【集释】《杨考》：“西魏已曰吉安，此当有误字。”施和金《释例》：“脱‘开皇初复改吉安为西城’一句。”施和金《陕西订误》：“既云‘西魏改曰吉安’，焉得开皇十八年又改县为吉安？此必有脱误。《寰宇记》卷一四一云：‘晋于今县平利川置上廉县，取上廉水为名。寻又改为吉阳县。……后魏改为吉安县’，‘后周天和四年省西城县，仍移吉安县理西城废县廨。’《舆地广记》卷八又云：‘梁初置上廉县，后改曰吉阳，西魏改曰吉安，后废。’这里‘后废’二字，虽无确切年代，但对照《寰宇记》所云，当在移县理于西城废县廨之后，亦即后周天和四年之后。《读史方舆纪要》卷五六云：‘宇文周省西城县，隋初复置，开皇十八年改为吉安县。’又云：‘上廉县……西魏改为吉安县，兼置吉安郡。隋郡县俱废入西城。’据此，知西城县隋初复置，而吉安县于隋初废吉安郡时亦废入西城，故开皇十八年复有改县为吉安事。”

大业三年改曰金川，

【集释】《杨考》：“《寰宇记》作二年改。《纪要》：大业十二年废。《旧唐志》：义宁二年。复置西城县。”

置西城郡。又后周置洵州，

【集释】《考异》卷四〇：“《北史·泉仲遵传》：改巴州为洵州，隶于仲遵。此巴州非清化之巴州，亦非阆中之巴州，《隋志》西城郡金川县下云‘后周置洵州寻废’者，即此；而不云尝为巴州，则《志》之阙也。”《杨考》：“《志》系洵州于金川县下，误。……案此当系于下清化郡巴州下。”《求是》：“《地理志考证》二西城郡金川县下云：‘按《周书·泉企子仲遵传》……改巴州为洵州，隶于仲遵，此第云置洵州，不言先为巴州，略也。’又清化郡下云：‘按《周书·泉企传》，周改巴州为洵州，即此地也。’按：法尚为巴州刺史，在开皇初（《隋书》六五《周法尚传》），若谓周已改巴为洵，则与《隋书》志、传不符。兹仍分附洵州于阙疑之列，以待证实。”又曰：“五〇《郭荣传》：‘父徽……后官至洵州刺史、安城县公。及高祖受禅，拜太仆卿。’按《地理志》西城郡金川县下云：‘又后周置洵州，寻废。’则文帝受禅时，似洵州已废，徽亦去任，故不采入。”又曰：“《梁暾志》云：‘曾祖庆衍，随使持节蔚、泽二州诸军事，蔚、泽二州刺史，宜阳郡开国公。祖敏，唐饶州别驾’（《芒洛遗文》）。《千唐》别有《梁玄敏志》，即前志之‘敏’。《求是》洵州条下为《宋玄敏志》，蔚州条下为《梁玄敏志》；应为梁云：‘父衍，随使持节洵、蔚、泽三州刺史。宜阳郡开国公。’或因讳而略‘庆’字。前志与后志相去只四年，而前志不提洵州，殆已知洵州为周时任也。”《北周志》：“按《周书·李迁哲传》，梁太清四年都督东梁、洵、兴等七州诸军事。是萧梁之季，已有洵州之证。土豪杜清和据其地，自称巴州刺史，平之，西魏复改曰洵州。此巴州与巴岭南之巴州异地，彼巴州迄隋初未废，杨守敬误合为一，误。”

寻废。有焦陵山。

【编者按】金川，治今陕西安康市。

石泉　旧曰永乐，

【集释】《杨考》：“本东晋长乐县，

宋因之。《一统志》：西魏更名永乐。《纪要》云：齐置安乐县，梁改永乐。……按西魏改永乐，稍为近之。”

置晋昌郡。

【集释】《杨考》：“《寰宇记》：梁武帝立晋昌郡，治王水口，夏侯道迁以梁州入魏，移晋昌郡于所领长乐县东阳村，即今石泉县理是也。”

西魏改郡曰魏昌，

【集释】《杨考》：“《寰宇记》：后值黄众保反，移晋昌郡于梁州理，因改曰魏昌。”

寻改永乐曰石泉，

【集释】《杨考》：“《寰宇记》：周武成三年，魏昌郡又移于东阳川，仍并郡所领诸县为永乐一县，理于今石泉县南一里旧长乐县所理处。续改名石泉县。以县北石泉为名。……按此言周改。与《志》异。又按《周书·王褒传》，孝闵帝践阼，封石泉县子。则周初即有石泉县，疑当从《志》作西魏改。”

析置魏宁县。

【集释】《杨考》：“按《周书·独孤信传》，其孙伏陁，西魏文帝时封魏宁县公。”

后周省魏昌郡

【集释】《杨考》：“《寰宇记》：保定三年省。”

入中城郡，

【集释】《杨考》：“与《寰宇记》不合，未能详也。”《北周志》：“按据《寰宇记》，北周世尚有忠诚郡也。《寰宇记》、《周书·秦王贽传》作忠诚，《周书·宇文盛传》作忠城。《隋志》作中城，盖皆一地。又有忠诚县，《北史·王思政传》：子恭，忠诚县伯。当是后废入石泉。”

又省魏宁县入石泉县。

【编者按】石泉，治陕西今县。

【补阙】《杨考》：“按西魏并置魏昌县。《周书·若干惠传》：魏孝武西迁，进爵魏昌县伯，大统初进爵为公。《王盟传》：魏孝武至长安，封魏昌县公。《赫连达传》：魏孝武入关，进爵魏昌县伯，寻进爵为公。但一县而数人同时封之，亦不可解。又按《旧唐书·丘和传》，隋时封魏昌公，则隋亦有魏昌县。”

洵阳　旧置洵阳郡，

【集释】《杨考》：“《一统志》：西魏置。按《隋书·元孝矩传》，周时赐爵洵阳郡公。”

开皇初郡废。有洵水。

【集释】《杨考》：“《水经注》：旬水又东南，迳旬阳县东，南注汉，谓之旬口。《纪胜》引《元和志》云：出洵阳县北洵山，去县一百五十步。”

【编者按】洵阳，治今陕西旬阳县北。

安康　旧曰宁都，

【集释】《杨考》：“按《周书·文帝纪》，西魏大统十四年，改宁都县为郡，封太祖长子毓为宁都郡公。据此，则西魏废县改郡审矣。又《隋书·杨异传》，周闵帝时为宁都太守。则周尚有此郡。”

齐置安康郡，

【集释】《杨考》："《宋志》有安康郡，云：宋末置。宋、齐宁都县并属之。"

后魏置东梁州，

【集释】《杨考》："《魏书·淳于诞传》：朝议梁州安康郡，阻带江山，要害之所，分置东梁州。"

后萧詧改直州。

【集释】《杨考》："《通鉴》'梁元帝承圣三年五月，西魏直州人乐炽作乱'，注引《五代志》作'西魏改东梁州为直州'。……《志》言萧詧改直州，当在中大同元年詧镇襄阳时。"

开皇初郡废。大业初州废，县改曰安康。

【集释】　《杨考》："宋、齐、魏《志》安康郡并领安康、宁都二县，盖本晋县，未闻废于何时。《周书》王雄、王岌、李迁哲、李敬猷传，并封安康公，是至周尚未废也。然则隋并宁都于安康耳，《志》称改宁都曰安康，误。"《北周志》："自宋以来，安康、宁都二县并立，至隋始并宁都入安康耳。《隋志》误。"

【编者按】安康，治今陕西石泉县南。

黄土　西魏置淯阳郡。

【集释】《杨考》："《寰宇记》：晋置淯口戍，西魏大统十七年改置淯阳郡；又于郡西三十三里置黄土县，居汉水南黄土山之西为名。据此，则西魏已有黄土县，与《志》异。"

后周改郡，

【中华校】当作"后周改黄土郡。"

【集释】《杨考》："当云'后周改黄土'方晰。《通典》：西魏置淯阳郡，后曰黄土。《寰宇记》：保定二年，改淯阳为长冈郡。则与《志》异。"

置县曰长冈。后郡省入甲郡，

【中华校】《杨考》："'甲'上疑脱'上'字。下'并赤石、甲、临江三县入焉'及监利县注'入甲郡'，并同。"

【集释】《北周志》："甲郡本作上甲郡，县名亦作上甲。"

置县曰黄土，

【集释】《杨考》："《寰宇记》：保定三年，移黄土县于废淯阳郡廨为理。"

并赤石、甲、临江三县入焉。开皇初郡废。

【集释】《杨考》："《旧唐志》：义宁二年，黄土县属上州。"

【编者按】黄土，治今陕西旬阳县东北蜀河镇。

丰利　梁置南上洛郡，

【集释】《考异》卷四〇："《北史·泉仲遵传》：遂于上津置南洛州。按《隋志》不言置南洛州，史之漏也。"《杨考》："《宋志》：南上洛。晋置，侨寄魏兴。按《齐志》有南上洛郡，即此地。则此为齐徙置。非梁置。"

西魏改郡曰丰利。

【集释】《杨考》："《元和志》：文帝改。《初学记》引《南雍州记》云：丰利郡领丰利、熊川、阳川三县。案《周书·席固传》，西魏并立丰州于此。周令狐整始移于武当。"

后周省郡入上津郡，以熊川、阳

川二县入丰利，后又废上津郡

【集释】《杨考》：“《寰宇记》：开皇三年罢。”

入甲郡。

【集释】《杨考》：“疑亦当作‘上甲’。”

有天心水。

【编者按】丰利，治今陕西白河县南。

房陵郡

房陵郡　西魏置光迁国。后周国废，

【集释】《考异》卷三三：“光迁国，未详何人所封。”《杨考》：“《寰宇记》：废帝二年，改新城郡为光迁国。按魏、周之际，南雍州、东梁州之间，群蛮世为寇乱，此光迁国必以授蛮酋为王者，如宕昌国之比，而《周书》略之，故无可考。”

置迁州。

【集释】《杨考》：“《周纪》：保定三年正月，改光迁国为迁州。”

大业初改名房州。

统县四，户七千一百六。

光迁　旧曰房陵，置新城郡。梁末置岐州，

【集释】《杨考》：“《寰宇记》：梁天监末置，与郡同理。”

后周郡县并改为光迁。

【集释】《杨考》：“《寰宇记》：周武帝三年，改房陵为光迁县。”

又有旧绥州，

【集释】《杨考》：“《纪要》：梁置。《一统志》：魏、周时置。按《周书·扶猛传》，保定三年，转绥州刺史。”

开皇初，与郡并废。大业初置房陵郡。有房山、

【集释】《杨考》：“《元和志》：在县西南四十三里，其山西南有石室似房，因以为名。”

霍水。

【集释】《杨考》：“‘霍’上当有‘有’字。《纪胜》：霍水导源自房陵，至竹山入于堵。”

【编者按】光迁，治今湖北房县。

永清　旧曰大洪，

【集释】《杨考》：“《寰宇记》引《周地图记》云：西魏废帝三年，分房陵东境置大洪县，属光迁国。”

后周改焉。

【集释】《杨考》：“《元和志》：周武帝改为永清，属迁州。《寰宇记》：周保定二年，自今县东六十里移于今理，改为永清县。”

有照珠山、百武山、沮水、

【集释】《杨考》：“‘沮’上当有‘有’字。《水经》云：沮水出汉中房陵县淮山，东南过临沮县界，又东南

过枝江县，入于江。《元和志》：沮水出县西南景山，东南入于江。”
汎水。

【集释】《杨考》：“《水经·沔水注》：汎水自梁州阆阳县东流，注于沔，谓之汎口。”

【编者按】永清，治今湖北保康县西北。

竹山　梁曰安城，西魏改焉，

【集释】《杨考》：“《元和志》：后魏改置竹山县，因黄竹岭为名。按《地形志》无竹山县，当以《隋志》为是。《元和志》每以西魏混称后魏，不止此一事也。”
置罗州。

【集释】《杨考》：“按《周书·扶猛传》，魏废帝元年，割上庸、新城二郡为罗州，以猛为刺史。”
开皇十八年改曰房州，大业初州废。

【集释】《求是》：“按此房州，大业初废入迁州，复将迁州改名房州。”
有花林山、悬鼓山。

【集释】《杨考》：“《纪胜》引作‘垂鼓’。《寰宇记》：庸城山在竹山县西五里，旧名悬鼓山，庸人居此，置鼓。”

【编者按】竹山，治湖北今县。

上庸　梁曰新丰，

【集释】《杨考》：“《元和志》：齐武帝分上庸县地立新丰县，属上庸郡。案《齐志》上庸郡有新丰县，则非梁始置。”
西魏改焉。

【集释】《杨考》：“传、记无西魏改新丰为上庸事。”
后周改曰孔阳。

【集释】《杨考》：“《元和志》：后魏改新丰为孔阳，因界内孔阳水为名。《寰宇记》：梁立新丰县，又改为武陵县，后魏改为京州县。废帝二年改为孔阳县。然则非后周始改孔阳也。案《周书·陆腾传》，进封上庸公，则周时有上庸县。”
开皇十八年复曰上庸。

【集释】《杨考》：“《元和志》：开皇三年罢孔阳县，移上庸县理于废孔阳县理，属罗州。合观《陆腾传》、《元和志》之文。是上庸未尝废改。至隋始徙治于新丰城，《志》误。”

【编者按】上庸，治今湖北竹溪县东南。

清化郡

清化郡　旧置巴州。

【集释】《杨考》：“《寰宇记》：后魏延昌三年，于大谷郡北置巴州。取古巴国以为名。……《通鉴》梁元帝承圣元年，注引《五代志》作梁置巴州，误。按《周书·泉企传》，周改巴州为洵州，即此地也。《志》系洵州于金川县下，误。”《北周志》：“《隋志》不误。杨守敬合之为一，非是。按夏侯道迁叛降魏，梁、秦沦陷，魏曾于北巴西郡置巴州，及梁克复北巴西郡，魏乃更于大谷郡立巴州，即此巴州也。此巴州迄隋初未废。州在巴岭之南，与西魏世后改洵州之巴州在巴岭之北者异地。”

统县十四，户一万六千五百三十九。

化成 梁曰梁广，

【集释】《杨考》：“《寰宇记》：梁普通六年，于梁大溪西三里置梁大县，属大谷郡。《一统志》云：《隋志》梁大作梁广，盖避隋讳也。《补梁志》驳之，谓避隋讳，《隋志》当作梁大，今《隋志》正作梁广，是不避讳也。按《志》凡‘广’字避隋讳者，皆当时州郡；此梁县无追改之理，未能明也。”

仍置归化郡。

【集释】《杨考》：“《寰宇记》：宋于巴岭南置归化、北水二郡，齐因之，梁置归化、木门二郡。”

后周改县曰化成。

【集释】《杨考》：“《寰宇记》引《周地图记》云：大象二年，改梁大县为化成县，以县南三里化成山为名。”

开皇初郡废。

【集释】《杨考》：“《寰宇记》：开皇三年废。”

大业初置清化郡。

【编者按】化成，治今四川巴中市。

曾口 梁置。

【集释】《杨考》：“《纪胜》引《元和志》云：梁普通六年，于归化郡置曾口县。《寰宇记》：以曾口谷为名，后魏因而不改。开皇三年郡废，以曾口属巴州。《旧唐志》：县治戴公山。”《北周志》：“按近年出土《大齐天统元年岁次乙酉十一月己卯朔六日甲申张府君墓志铭》：天平三年，加宁朔将军，除巴州曾口太守。曾口置郡，地志不载，《地形志》又阙巴州郡县，故无可考矣。”

【编者按】曾口，治今四川巴中市东南曾口镇。

清化 梁置，曰伏强，有木门郡。

【集释】《杨考》：“《寰宇记》：梁普通六年，于今县北二十里置木门郡，又于郡置伏强县，并因山为名。”

开皇三年郡废，七年县改曰清化。

【集释】《杨考》：“《寰宇记》同。《纪胜》引《元和志》谓周改伏强为清化。”

有伏强山、清水。

【集释】《杨考》：“‘清’上脱‘有’字。……《寰宇记》：北自清化县界来，东流入城县界。”

【编者按】清化，治今四川旺苍县东南。

【补阙】《杨考》：“按有池川县。《寰宇记》：梁大通六年置，属木门郡，隋开皇三年省入伏强。”

盘道　梁置，曰难江。

【集释】《杨考》："《寰宇记》清化县下云：宋末于今清化县西南十里置北水郡，梁置难江县，因难江水为名，梁末其地内属。……又《寰宇记》难江县下云：本汉宕渠县地，周天和五年于此置难江县，因江水难涉，故以难江为名。《舆地广记》云：后周置平桑郡，置难江县。按《水经注》凡梁所置州郡在大通前者皆载之，而难江水但云流经宕渠县，谓之宕渠水，则当以周置为正。"施和金《订补》："《杨考》但据《水经注》不载难江县，即以《隋志》所云'梁置'为误，而以周置为正。其实，诸书所记，既有梁置难江县，亦有周置难江县。《隋志》除清化郡下载梁置难江、西魏改为盘道外，又于汉川郡下载另一难江县，并云：'后周置集州及平桑郡，开皇初郡废。'《通典》巴州盘道下云：'梁置难江县，后魏改之。'又于集州难江下云：'后周置县。'是梁置难江与周置难江均有。又据《嘉庆重修一统志》所云：'梁为难江县地，西魏为盘道县地，周天和五年复分置难江县，于县置集州平桑郡。'则可知梁置难江县范围较大，西魏改为盘道后，后周又从盘道县中析置新难江县。此难江之范围当比梁置难江小，但与梁置难江有一定承继关系。隋世虽分属二郡，而实为邻接之县。杨氏未细考二难江之异同，而遽断'以周置为正'，不足取也。"

西魏改焉。

【集释】《杨考》："《寰宇记》：恭帝三年改，因龙腹山道路盘曲为名。"

有龙腹山。

【集释】《杨考》："《寰宇记》：在清化县西九里。"

【编者按】盘道，治今四川南江县南。

永穆　梁置，曰永康。又有万荣郡。

【集释】《杨考》："《寰宇记》：梁大同中，分宣汉县置万荣郡于此，兼立永康县以属焉。后周保定初于此置万州，隋开皇三年废。"

开皇初郡废，十八年县改名焉。

【集释】《杨考》："《九域志》、《舆地广记》作'永睦'。"

【编者按】永穆，治今四川达州市达川区西北桥湾镇。

归仁　梁置，曰平州县。

【集释】《杨考》："此与后江州县系以'县'字，恐误认为州也。《寰宇记》：梁普通六年，于今曾口县东八十里置平州县，属遂宁郡，因县界平州水为名。"

后周改曰同昌，

【集释】《杨考》："案《志》同昌郡有同昌县，云西魏置。《纪胜》引《元和志》云：宋置平州县，隋改归仁。《寰宇记》：平州，后魏不改，隋开皇三年罢郡，以县属巴州。中间并无改平州为同昌事。"《北周志》："平州语近平周，自是宇文所忌，以此改县名，恐《隋志》北周改同昌之说为有据也。"

开皇中改名焉。

【集释】《杨考》："《寰宇记》：开皇九年。"

【编者按】 归仁。治今四川平昌县。

始宁　梁置，并置遂宁郡。

【集释】《杨考》："《寰宇记》：梁普通六年，于今其章县东南十五里置遂宁郡，又于郡理置始宁县，因山为名。"

开皇初郡废。有始宁山。

【集释】《杨考》："《寰宇记》：在其章县东北七里。"

【编者按】 始宁，治今四川巴中市东清江镇。

【补阙】《杨考》："按有诺水县。《寰宇记》：西魏大统中分始宁县置，属遂宁郡，隋开皇三年省入始宁县。"

其章　梁置。

【集释】《杨考》："《寰宇记》：梁普通六年，置其章县，以县东其章山为名，隋开皇三年罢郡，以县属巴州。《困学纪闻》：隋牛弘封奇章公，奇章，巴州之县，梁普通六年置，取县东八里奇章山为名。今按隋、唐《志》、《通典》、《九域志》、《舆地广记》皆云'其章'。《北史·李贤传》：周时封奇章公。《旧唐书·牛僧孺传》：封奇章公，僧孺子蔚袭爵，降封奇章侯，蔚子彻袭，降封奇章男。则又皆作'奇章'。'奇'、'其'音通故也。"《北周志》："《寰宇记》：梁武帝普通六年，于其章置哀戎郡，以界内哀戎水为名，隋开皇三年罢郡。按《隋志》不言梁置哀戎郡，盖其略也。"

【编者按】 其章，治今四川巴中市东奇章镇。

恩阳　梁置，曰义阳。

【集释】《杨考》："《纪胜》引《元和志》：梁普通六年，分阆中置义阳郡及义阳县，属巴州，县城置在义阳山上，四面悬绝。《寰宇记》：后魏以郡属江州，恭帝改江州为方州，后周天和二年废方州，以郡属巴州。案郡为西魏置，《寰宇记》亦多混西魏为后魏也。"

开皇末改。

【集释】《杨考》："《寰宇记》：开皇三年罢义阳郡，十八年改义阳县为恩阳县。"

【编者按】 恩阳，治今四川巴中市西南恩阳镇。

长池　后周置，曰曲细。

【集释】《杨考》："属集州。"

开皇末改焉。

【补释】《寰宇记》卷一四〇："隋开皇三年犹称曲细，大业三年时则称长池，属集州。"

【编者按】 长池，治今四川南江县西南长赤镇。

符阳　旧置其章郡，开皇初废。

【集释】《杨考》："《寰宇记》：后魏正始中，于晋、宋宣汉县地置其章郡，领符阳县，无人户，寄理渠州。……隋开皇三年罢郡，以县属集州。"

【编者按】符阳，治今四川通江县西北涪阳镇。

白石

【集释】《杨考》："《寰宇记》：后魏废帝于今白石县西南十五里立白石县，因界内白石川为名，属其章郡。隋开皇三年废郡，以县属集州；大业三年废集州，以县属巴州。按《周书艺术传》，赵文深，西魏大统十年封白石县男。"

有文山。

【编者按】白石，治今四川通江县东北。

安固　梁置。

【集释】《杨考》："《纪胜》引《元和志》：梁大同元年，分宕渠县置。《寰宇记》：取安静永固为名，属伏虞郡。《旧唐志》谓后周改安固为良山，未知何据。"

后周置蓬州，

【集释】《杨考》："《寰宇记》引《周地图记》云：天和四年，割巴州之伏虞郡、隆州之隆城郡置蓬州，因蓬山为名。……《通鉴》：陈光大二年，周以赵文表为蓬州刺史。"

大业初州废。有大蓬山。

【编者按】安固，治今四川营山县东北安固镇。

伏虞　梁置，曰宣汉，

【集释】《杨考》："《寰宇记》：梁大同中，于今伏虞县东三十里置宣汉县，属义安郡。"

及置伏虞郡。

【集释】《杨考》："《纪胜》引《元和志》在大同元年，《寰宇记》属巴州。"《北周志》："按《隋志》谓伏虞郡置于宣汉，《寰宇记》谓伏虞郡置于安固，义安郡置于宣汉。"

开皇初郡废，

【集释】《杨考》："《寰宇记》：以县属蓬州。"

十八年改焉。

【集释】《杨考》："《寰宇记》：以界内伏虞山为名。"

【编者按】伏虞，治今四川营山县东北。

通川郡

通川郡　梁置万州，

【集释】《杨考》："《寰宇记》：梁大同二年，于宣汉县置万州，以州界内有地万余顷，因以数名之。……《南史·武陵王纪传》。元帝遣万州刺史宋簉，即此。"

西魏曰通州。

【中华校】"州"原作"川"，据《寰宇记》一三七改。

【集释】《杨考》："《寰宇记》：后魏废帝二年，开拓山南，以万州居四达之路，改为通州。……按《隋书·张衡传》，父光，周万州刺史。又西魏已改万州为通州，则衡传当史文追称。”

【编者按】《杨考》将北周之万州与梁之万州混而为一，并推测为“史文追称”，误甚。梁万州即隋通州，治今达川市。北周另有一万州，《寰宇记》卷一三七达州永穆县：“后周保定初于此置万州，隋开皇二年废。”此万州治今达县西北，衡父所刺即此，与梁之万州无涉。

统县七，户一万二千六百二十四。

通川　梁曰石城，

【集释】《杨考》：“《旧唐志》：后魏改宣汉为石城。《寰宇记》：后魏废帝二年，开拓山南，改宣汉为石城县。与《志》不合。”《北周志》：“按《舆地广记》，梁立石城县，同《隋志》。”

置东关郡。

【集释】《杨考》：“《舆地广记》：宋立巴渠郡，梁改为东关郡。”

开皇初郡废。

【集释】《杨考》：“此下当有‘十八年改县为通川’八字。按《寰宇记》：开皇十八年改，以地带四达、故曰通川。”施和金《释例》：“观通川县下志文，何时改通川不明，此必有脱误。据《太平寰宇记》云：‘隋开皇十八年又改为通川县，以地带四达，故曰通川。’此当于‘开皇初郡废’下补‘十八年改曰通川’七字。”

大业初置通川郡。

【编者按】通川，治今四川达州市。

【补阙】《杨考》：“按有蛇龙、新宁二县。《寰宇记》：西魏废帝置开州，领东关郡，郡领蛇龙、新宁二县。”

三冈　梁置，属新安郡。

【集释】《杨考》：“《寰宇记》：梁大同二年置新安郡，兼立三冈县，因邑界山有三陇为名。”

西魏改郡曰新宁。

【集释】《杨考》：“《寰宇记》：西魏废帝二年改。”

开皇初郡废。

【集释】《杨考》：“《寰宇记》云：故新宁城在新宁县西北十里，西魏恭帝二年立县，隋开皇三年废。然则志文此下当有‘并新宁县入焉’六字。”

【编者按】三冈，治今四川达州市通川区西南。

石鼓　西魏置迁州。

【集释】《杨考》：“《寰宇记》：后魏恭帝三年于此立迁州，领临清一郡，寻于郡置石鼓县，因石鼓山为名。”

后周废州，置临清郡。开皇初废郡。

【集释】《杨考》：“《寰宇记》：隋开皇二年废州，三年罢郡，并临清县亦归石鼓县，以隶通川郡。与《志》不合。”《北周志》：“按《隋志》谓北周废州，《寰宇记》谓隋始废州，今从《隋志》，以武帝保定三年，改光迁国置迁州，两地相近，不容同时有两迁州也。”

【编者按】金陵书局本《太平寰宇

记》作“隋开皇三年废州、罢郡”，“通川”作“通州”，与《杨考》所引者异。石鼓，治今四川宣汉县西南。

东乡

【集释】《杨考》：“《一统志》：西魏置。然考《南史》，梁吴平侯子勔封东乡侯，则当为梁置。”

西魏置石州。

【集释】《杨考》：“《寰宇记》引《四夷述》云：梁于今东乡西界置新安县，不详理所。西魏恭帝二年，分新安县于益迁、下蒲两水间置石州，即今东乡县是也；又于州理置巴渠郡。”

后周废州，置三巴郡。

【集释】《杨考》：“《寰宇记》：周天和四年，废石州及巴渠郡，仍于故州城置三巴郡。”

开皇初郡废。

【编者按】东乡，治今四川宣汉县北。

【补阙】《杨考》：“按有下蒲县。《寰宇记》：隋开皇三年，废下蒲县入东乡县。

又有巴渠县。《寰宇记》：梁大同中析宣汉县地置，以境在巴州、宕渠内，故为巴渠县焉，隋初废。按宋、齐《志》，巴渠郡皆领巴渠县，《寰宇记》谓梁置，误。”

宣汉　西魏置并州

【集释】《杨考》：“《寰宇记》：后魏废帝二年，于梁所置南晋郡西百步置并州，领南晋郡。按《周书·李迁哲传》，西魏恭帝三年正月，军次并州，梁并州刺史杜满望风送款，则梁时已有此州，当为梁末所置。”《北周志》：“按据《周书·李迁哲传》，则梁之季年，已有并州。”

及永昌郡。开皇三年郡废，

【集释】《杨考》：“《寰宇记》：周改南晋郡为永昌郡。按《周书·宇文广传》，初封永昌郡公在魏时，周时移郡于大昌，似不得至开皇始废。”

五年州废。

【补释】《寰宇记》卷一三七：“开皇五年废并州，以县属通州。”

【编者按】宣汉，治四川今县东北。

西流　后魏曰汉兴。西魏改焉，

【集释】《北周志》：“后魏地不至此，疑《隋志》有讹。《寰宇记》：‘开州，秦汉之代为巴郡朐䏰县。后汉建安二十一年，分朐䏰西北界于今开州南二里置汉丰县，属固陵郡。后周天和元年于汉丰县理置周安郡，领西流一县。’按既云于汉丰县理置周安郡领西流一县，则改汉丰为西流至明。然《隋志》巴东郡‘盛山，梁改曰汉丰，西魏改为永宁，开皇末曰盛山’。则又何以为说乎？曰：《寰宇记》亦谓后周武帝改汉丰为永宁县。隋开皇中改永宁为盛山县。唐武德元年移于今理。此盖谓北周又分汉丰置永宁县，隋改为盛山县，唐武德初又废西流县，而移盛山县于西流县旧治。遂使两县治所稽考为艰也。”（编者按：参巴东郡盛山县下释文。）

又置开州，

【**集释**】《杨考》："《寰宇记》：西魏废帝二年，于今达州新宁县理立开州，领东关、三冈、开江、马镫四郡。……《周书·陆腾传》有开州。"

及周安、万安、江会三郡。

【**集释**】《杨考》："《舆地广记》：后周置周安郡。与《志》异。又《志》巴东郡新浦下云，后周置周安郡，开皇初废。据彼文亦云后周置，知此云西魏置误矣。《寰宇记》：周天和元年，于汉丰县理置万安郡。与《志》异。又天和五年改开江郡为江会郡，亦与《志》异。"

后周省江会入周安。

【**集释**】《杨考》："《寰宇记》：建德五年。"

开皇初郡并废，大业初州废。

【**集释**】《杨考》："《寰宇记》：开皇三年，乃以万安、永宁二县、废周安郡之西流、新浦二县，共四县属开州，大业二年废州。"《求是》："《旧唐书》三九：'开州，隋巴东郡之盛山县，义宁二年分置万州，仍割巴东郡之新浦，通川郡之万县、西流三县来属，武德元年改为开州。'按《地理志》有万世，无万县（《旧唐书》下文亦云：'后周之万县，隋加世字'），则万县应正作万世（此或唐人讳世，故省去）。又考《旧唐书》同卷巴州下，武德二年，割归仁、永穆置万州，是义宁间并无万州之设，且万州亦非以盛山等四县置立。复考《地理志》，万世县在后周属万世郡，今《旧唐书》谓义宁二年以盛山、万世四县分置万州，殆后人所讹补也。《舆地广记》云，后周置万世县，唐贞观二十三年更名万岁。是改称万岁，又在高宗诏为太宗讳之后。《寰宇记》以为改万岁在周天和元年，同时分巴东郡置万安郡，均沿唐人避讳而误。"

【**编者按**】《求是》引《旧唐志》"通川郡之万县"，今中华书局点校本《旧唐志》作"通川郡之万世"。又，《求是》以唐初之有万州而否定隋末亦有万州之存在，殊误。考隋末唐初，共有三个万州：一、《寰宇记》卷一三七：义宁二年，于盛山县置万州（《新唐志》作万世郡），仍割巴东郡之新浦，通川郡之万世、西流三县来属。新、旧《唐志》同。此万州治今重庆直辖市开县，范围相当于今开县全部及四川宣汉县东都。二、据《旧唐志》通、巴、壁三州所叙，参以《新唐志》卷四〇、《寰宇记》卷一三七，武德二年所置之万州，领永穆、归仁、诺水，广纳、太平、恒丰六县，治永穆，七年省诺水，贞观元年废万州，省太平、恒车二县入永穆，以永穆属通州，归仁属巴州，广纳属壁州。此万州治今四川达县西北，范围当今平昌全县、通江县南部及达县西北部。三、《旧唐志》万州：武德二年立南浦州，八年废，同年复为浦州，贞观八年改为万州，治南浦。此万州治今重庆直辖市万县市，范围包括今天的万县市、万县及梁平县。此三万州，既不同时，亦非同地，虽为毗邻之政区，然不可混淆。《求是》以武德二年置于今达县西北之万州，来否定义宁二年置于今开县之万州，误甚。

【**编者按**】西流，治今四川宣汉县

东北南坝。

万世　后周置，

【集释】《杨考》："《寰宇记》作'万岁'，云：宋武帝置巴渠县，后周天和元年改为万岁县，取县北万岁谷为名。《旧唐志》：后周万县，隋加'世'字。《舆地广记》云：后周置万世县，唐贞观二十三年更名万岁。"

【补释】金陵书局本《〈太平寰宇记〉校勘记》云："后周改巴渠为万岁，误也；万岁之名，更于唐耳。"

及置万世郡。

【集释】《杨考》："《寰宇记》：后周天和元年，分巴东郡置万安郡。《舆地广记》亦作万安，恐误。"《北周志》："本为万世郡，为唐讳，又追改称万安郡也。"

开皇初郡废。

【编者按】万世，治今重庆直辖市开县东北旧县镇。

宕渠郡

宕渠郡

【集释】《杨考》："《周书·扶猛传》：梁大同中封宕渠男，降周，复封。然则梁、周并有宕渠郡，隋因之。"

梁置渠州。

【集释】《杨考》："《太平御览》引《舆地志》云：梁大通三年置渠州。《寰宇记》：梁大同三年，于北宕渠郡理置渠州，后魏文帝十三年其地内属，仍旧为渠州，领北宕渠郡，隋大业三年废。"

统县六，户一万四千三十五。

流江　后魏置县，及置流江郡。

【集释】《杨考》："《旧唐志》：流江，梁置渠州，周因改为北宕渠郡，又改为流江郡，仍于郡内置流江县。《通典》亦云：流江县，后周置（《通典》谓郡后魏置）。则流江郡及流江县皆置于周。非置于魏也。《寰宇记》亦云，周武成元年改北宕渠郡为流江郡，仍于郡理置流江县，惟谓梁普通三年置北宕渠郡于汉宕渠县西南七十里，则与《旧唐志》说异。案宋、齐《志》并有北宕渠郡，是梁亦因宋、齐之旧。《新唐书·宰相世系表》：李充颖，周时封流江公。"

开皇初郡废，大业初置宕渠郡。

【集释】《杨考》："《寰宇记》：大业三年罢州。"

【编者按】流江，治今四川渠县。

賨城　旧曰始安，

【集释】《杨考》："《寰宇记》：梁普通三年置始安县，取古始安城为名。《纪胜》引《元和志》：梁普通三年，于此置安汉县，开皇十八年改賨城。又《舆地广记》：宋置始安县，隋开皇十八年改賨城。今考宋、齐《志》，梁州巴渠郡俱有始安县；梁取古始安城为名之说是。”

开皇十八年改焉。

【集释】《杨考》：“《旧唐志》：梁置始安县，隋不改。误。《寰宇记》：大业元年，自故城移于今渠江县理，南临渠水，东枕大溪。”

【编者按】賨城，治今四川广安市东北肖溪镇。

邻水　梁置县，

【集释】《杨考》：“《寰宇记》：梁大同三年，于汉宕渠县地置邻水县，属邻山郡，因彼州水以名之，寄理邻州城。”

并置邻州。后魏改邻山郡，

【集释】《杨考》：“《通典》同。《地形志》无此郡，盖西魏置。”

开皇初郡废。

【集释】《杨考》：“《寰宇记》：梁大同三年，置邻州及邻山县，后魏废帝改为邻山郡。而《志》无邻山县之名。考《通典》，邻山，梁置。《纪胜》引《元和志》：梁大同三年置邻山县。《旧唐志》：梁置潾山县，隋末县废。则梁确置此县。《纪胜》云：《隋志》于邻州邻山郡之废置，尽系之于邻水一邑，于邻山初无干预，则邻山乃邻州之别邑明甚。特西魏改邻州为邻山郡，郡治虽在于邻水，而郡名则系于邻山，是魏之邻山郡，实理于邻水，非理于邻山也。至范子长《皇朝郡县志》，于邻水、邻山两县下各注云：梁大同三年于县置邻州，同在一时，不应一州分治于两县也。今以《寰宇记》、《续通典》证之，而知《纪胜》之说误。盖邻州置于邻山县，而邻水县寄理州城。两县实同治一城。此《志》不言邻山县以此，然亦为脱略。又按《周书·李迁哲传》，明帝初，蛮酋蒲微为邻州刺史，举兵反，则周尚有此州，当是大业初废州，《志》脱此五字。《旧唐志》：义宁元年，县属潾州。盖复置也。”《北周志》：“按据《周书·李迁哲传》，邻州北周世未废省，盖废于隋开皇之初。”

【编者按】邻水，治四川今县北。

宕渠　梁置，

【集释】《杨考》：“《寰宇记》：梁太清元年置。”

并置境阳郡。

【集释】《杨考》：“《通典》：梁置景阳郡。《寰宇记》：梁太清元年置景阳郡。”

开皇初郡废。

【编者按】宕渠，治今四川营山县东北。

咸安　梁置，曰绥安。

【集释】《杨考》：“《寰宇记》：梁大同中，于汉宕渠县地置绥安县，属景阳郡。”

开皇末改名焉。

【集释】《杨考》：“《寰宇记》：开皇十八年改。”

【编者按】咸安，治今四川营山县东。

垫江　西魏置县

【集释】《杨考》："《寰宇记》：西魏恭帝三年，分汉临江县地置。"

及容川、容山郡。

【集释】《杨考》："'郡'上当有'二'字。《舆地广记》作容川、容山二县，误。"《北周志》："按'容川'系容州之讹。据《周书·陆腾传》，周尝置容州，盖即置于容山郡也。"

后周改为魏安县。

【集释】《杨考》："《寰宇记》：周天和二年改。"

开皇初郡废，十八年县改名焉。

【编者按】 垫江，治重庆直辖市今县。

汉阳郡

汉阳郡　后魏曰南秦州，

【集释】《杨考》："《地形志》：南秦州，真君七年置仇池镇，太和十二年为渠州，正始初置，治洛谷城。《旧唐志》作梁置。"

西魏曰成州。

【集释】《杨考》："《周书》：魏废帝三年正月，改南秦为成州。《元和志》：魏废帝改秦州为成州，隋大业三年改为汉阳郡。按《周书·豆卢宁传》，魏废帝元年，出为成州刺史。纪、传各异，传当是追书之失。"

统县三，户一万九百八十五。

上禄　旧置仇池郡，

【集释】《杨考》："《元和志》：后魏置仇池镇，后改为郡。《地形志》南秦州有仇池郡。"

后魏置仓泉县，

【集释】《杨考》："《地形志》：太和四年置。"

后周废阶陵、丰川、建平、城阶四县入焉。

【集释】《杨考》："《地形志》：阶陵，真君四年置。《元和志》：周武帝改阶陵为仓泉县。《一统志》：周省阶陵，移仓泉于阶陵治。丰川、建平、城阶三县，《纪要》谓后魏析仓泉置。按《地形志》无此三县，当是西魏析置。"

开皇初郡废，大业初置汉阳郡，改县曰上禄。

【集释】《杨考》："《元和志》：大业三年改。《寰宇记》：复汉旧名也。"

有百顷堆。

【编者按】 《杨考》本作"百顷池"。上禄，治今甘肃礼县南。

潭水　西魏置潭水郡。

【集释】《杨考》："《周书·赵昶传》：魏恭帝初，潭水羌叛，杀武陵、潭水二郡守。则西魏又有武陵郡。"《杨考补遗》："《名胜志》西和县下：大潭县故城在西和县东一百里，西魏之潭水郡也。《元和志》以浊水从长道县穿大潭入阶州，是矣。”

后周郡废，并废甘若、相山、武定三县入焉。

【编者按】潭水，治今甘肃礼县西南。

长道　后魏置汉阳郡。后周郡废，

【集释】《杨考》：“此下有脱文，不然郡既废于周，何以又云开皇初郡废?”施和金《释例》：“长道县下脱长道郡建置沿革。”

又省水南县入焉。开皇初郡废，十八年改曰长道。

【集释】《杨考》：“上文既无置县之文，何以云改曰长道？按《地形志》汉阳郡，真君五年置，领谷泉、兰仓二县，郡治兰仓；天水郡，真君七年置，领水南、平泉、平原三县。《元和志》：长道县，后魏之天水郡也，废帝改为长道郡，又立汉阳县属焉，隋开皇三年罢郡。又《周书·赵昶传》，世祖初，进爵长道郡公，则西魏有长道郡至确。又《旧唐志》，西魏分上禄置长道县，《寰宇记》同，是西魏并置长道县亦至确。今按兰仓故城在今礼县与西和接壤，是隋之长道兼有魏汉阳、天水二郡地，然则此志当云‘后魏置兰仓县，并置汉阳郡，西魏改县曰汉阳，后周郡废。又有后魏天水郡，西魏改为长道郡，置长道县，后周又省水南县入焉。开皇初郡废，十八年并汉阳入长道’。方合。”

【编者按】长道，治今甘肃西和县北长道镇。

临洮郡

临洮郡　后周武帝逐吐谷浑，以置洮阳郡，寻立洮州。

【集释】《杨考》：“《寰宇记》云：秦汉及魏晋皆诸羌所居，后吐谷浑侵据其地，后周明帝元年逐吐谷浑，始得其地，因置洮阳防，武帝保定初立为洮州。其郡城本名洮阳城，在洮水之北，及吐谷浑所筑，南临洮水，极险，今谓之洪和城是也。隋炀帝废州。《元和志》云：周明帝武成中，西逐诸戎，其地内属，置洮阳防，武帝保定元年立洮州，大业三年罢州。按《周书·帝纪》，保定元年二月，于洮阳置洮州。又《贺兰祥传》，武成初，吐谷浑侵凉州，诏祥与宇文贵总兵讨之，拔其洮阳、洪和二城，以其地为洮州。是武成时得地，先置洮阳防，置州则在保定初，诸书所说皆合。又按周尝置洮州总管。《周书·李贤传》：保定五年，置洮州总管府，遂废河州总管，改授贤洮州总管，俄废洮州总管，迁于河州。”

开皇初郡废。

【集释】《杨考》：“此《志》于郡之废置，例叙于带郡之县下，且美相县下云周置洮阳郡，开皇初郡废，是此处不当有。《隋纪》：开皇三年四月，吐谷浑寇临洮，洮州刺史皮子信死之。按《元和志》，大业三年罢洮州为临洮郡，则当作‘大业初州废’。”《求是》：“按书废郡于州下，固不合法，但隋地志之例，凡大业初由州改郡者均不书州废，杨氏之论，犹齐未为得耳。”

统县十一，户二万八千九百七十一。

美相　后周置县，

【集释】《杨考》：“《元和志》临潭县下云：周保定元年，置美相县。”

及置洮阳郡。开皇初郡废，并洮阳县入焉。大业初置临洮郡。

【集释】《杨考》：“盖移《地形志》之临洮郡于此。”

【编者按】美相，治今甘肃临潭县。

叠川　后周置叠州、叠川县。

【集释】《杨考》：“《寰宇记》：叠州。历代为羌胡之境，后周建德六年。西逐诸戎，始有其地，因置恒香郡。寻改为叠州。《元和志》：盖取山川重叠为义。”

开皇四年置总管府，

【集释】《杨考》：“《北齐书·慕容绍宗传》：子建中，隋开皇中大将军、叠州总管。”

大业元年府废。

【集释】《杨考》：“《元和志》：大业元年废州。《舆地广记》：大业初，州废入临洮、同昌郡。《寰宇记》：大业末陷入番。”《求是》：“据《元和志》三九，叠州亦于同年废，当正云‘州废’或‘州府并废’。”

有洮水、

【集释】《杨考》：“《寰宇记》：源出西倾山，在临潭县西南二百三十六里，即吐谷浑界。”

流水。

【集释】《杨考》：“今未详。《纪要》引《纪胜》有白水江，或‘流’为‘白’字误？”

【编者按】叠川，治今甘肃卓尼县南。

合川　后周置，

【集释】《杨考》：“《元和志》：周武成二年置县，有三谷水，至县东合流，因以为名。《寰宇记》：后周武成中置，以大江所合为名，治吐谷浑马牧城。”

仍立西疆郡。

【集释】《杨考》：“按《周书·颜之仪传》，周末为西疆郡守。”《北周志》：“按西疆，山名也，即西倾山，北周以山名郡。”

开皇初郡废。

【集释】《杨考》：“《元和志》：县属叠州。”

有白岭山。

【集释】《杨考》：“按《元和志》、《寰宇记》合川县下并载有石镜山，或即此也。”

【编者按】合川，治今四川若尔盖县北。

乐川

【集释】《杨考》："未详其地。"

后周置。

【编者按】乐川，今地无考。

归政 开皇二年置，

【集释】《杨考》："《隋书·李穆传》：子直，封归政县侯。"

仍立疆泽郡，三年废。又后周立弘州

【集释】《杨考》："《周纪》：建德六年六月，于广川防置弘州。"

及开远、河滨二郡。开皇初州郡并废。

【集释】《杨考》："《隋书·吐谷浑传》：开皇初，以兵侵弘州，高祖以弘州地旷人梗，因而废之。"《求是》："所废者乃此周置之弘州，非（开皇）十八年置之弘州也。"

【编者按】归政，治今甘肃碌曲县东。

洮源 后周置，曰金城，并立旭州，

【集释】《杨考》："《周书·武帝纪》：建德六年六月，于河州鸡鸣防置旭州。《隋书·吐谷浑传》有旭州刺史子信。"《求是》："《本纪》一、《北齐书》四一及《北史》五三均作洮州刺史，（《隋书》）八三《吐谷浑传》作旭州刺史，孰正孰误，颇难决定。考《北史·吐谷浑传》云：'未几，复来寇边，州刺史皮子信拒战，死之'，夺去州名，谅因旭州名字较僻之故。由是思之，本纪之洮州，或涉上文临洮而误，又洮、旭之草写，其字形略相近也。旭州名不经见，而传顾作此，其地又属临洮。《（元和）姓纂》二亦作旭州，纵有传讹，未必如是之巧合，故从传为长。"

【补释】《隋书·高祖纪上》：开皇三年四月"庚午，吐谷浑寇临洮，洮州刺史皮子信死之"。中华书局标点本校勘记云："洮州，《求是》认为当从《吐谷浑传》作'旭州'。按《元和郡县志》三九洮州条：贞观四年州移治故洪和城，于此置临洮镇。五年废镇，置'御讳州'。此处的'御讳州'，《唐书》三八地理志作'旭州'。宋人刊《元和志》时避赵顼（宋神宗）嫌名改（顼、旭音近）。因此，这里的'洮州'也可能是宋人改的。"

又置通义郡。开皇初郡废，十八年县改为美俗。大业初州废，县改名焉。

【编者按】洮源，治今甘肃碌曲县东。

洮阳 后周置，曰广恩，并置广恩郡。开皇初郡废，仁寿元年，改县为洮河，大业初改曰洮阳。

【编者按】洮阳，治今甘肃碌曲县东。

临潭 后周曰汎潭，开皇十一年改名焉。

【编者按】临潭，治甘肃今县。

临洮 西魏置，曰溢乐，

【集释】《杨考》："《寰宇记》：本秦之临洮县，西魏大统中改为溢乐县。今考《晋志》有临洮县，《地形志》无之，盖后魏时已废，而西魏置溢乐县于故城也。"

并置岷州

【集释】《杨考》："《寰宇记》：西魏大统十年置，以南有岷山，因以为名。按《周书·宕昌传》，大统四年，以梁仚定为南洮州刺史，后改洮州为岷州，仍以仚定为刺史；七年，仚定举兵入寇。据此，则岷州之先为南洮州，其改岷州亦在大统七年前，故《周书·独孤信传》云，大统七年，岷州刺史、赤水蕃王梁仚定反，诏信讨之。又按《宇文贵传》，有羌酋傍乞铁忽，因仚定反，后据有渠株川；大统十六年，贯与豆卢宁擒斩之，并于渠株川置岷州。据此，则岷州又有迁徙。"

及同和郡。

【集释】《杨考》："据《寰宇记》，与州同时置。"

开皇初郡废，

【集释】《杨考》："按《隋书·刘方传》，杨武通历岷、兰二州总管，则隋尝置岷州总管府。"

大业初州废，

【集释】《杨考》："《元和志》：大业改州为临洮郡。《旧唐志》：义宁二年，复置州。"《求是》："《元和志》三九云，义宁二年，复置岷州。"

更名县曰临洮。

【集释】《杨考》："《旧唐志》：义宁二年，改名溢乐。"

又后周置祐川郡、基城县，

【集释】《杨考》："《元和志》：周明帝武成元年置基城县。《寰宇记》属洮城郡。按周既于县置祐川郡，何以县又属洮城郡？恐误。"

寻郡县俱废。

【集释】《杨考》："《一统志》：开皇初废郡。《元和志》：开皇九年省县，义宁二年重置县。"

有岷山、

【集释】《杨考》："《寰宇记》：山在溢乐县南一里，山黑，无树木。洮水经其下。"

崆峒山。

【集释】《杨考》："《元和志》：山在溢乐县西二十里。"

【编者按】临洮，治今甘肃岷县。

当夷　后周置。

【集释】《杨考》："《寰宇记》：贞观二年置当夷县。不以为周置县。"《北周志》："按《魏志》河州有洪和郡，则郡非后周置立，盖北周世，始自水池县移洪和郡治当夷耳。"

【编者按】《新唐书·地理志》岷州溢乐县：贞观二年析置当夷县，神龙元年省。与《寰宇记》合。

又立洪和郡，

【集释】《杨考》："《寰宇记》：周明帝武成元年置洪和郡，属岷州。……然则洪和之名，始于曹魏，而立郡亦始于后魏，非后周置也。"

郡寻废。

【集释】《杨考》："《寰宇记》：周武帝时郡省，以县属同和郡。"

又置博陵郡

【集释】《杨考》："《元和志》临潭县下谓：周武成元年，行军总管、博陵公贺兰祥讨吐谷浑，筑此城以保据博平，后因置博陵郡。"

及博陵、宁人二县。

【集释】《杨考》："《元和志》：周置博陵郡，隋又为县，属洮州。以县为隋置。"《北周志》："按《隋志》以北周所置博陵郡系当夷下。周之当夷，时隶岷州，而博陵郡在周美相县东，以地望准之，当隶洮州，故《元和志》称隋时博陵县属洮州也。"

开皇初并入。

【集释】《杨考》："《元和志》：博陵县，至唐贞观十二年省。不云隋废。"

【编者按】当夷，治今甘肃临潭县东。

和政

【集释】《杨考》："《旧唐志》：后周保定元年置。《元和志》：周保定元年省洮城郡，置同和县，属同和郡，宣政元年改为和政县。"

后周置洮城郡，寻废。

【集释】《杨考》："《元和志》：保定元年废。《寰宇记》：隋初废。"

【编者按】和政，治今甘肃岷县东北。

宕昌郡

宕昌郡　后周置宕昌国，

【集释】《杨考》："《周书·宕昌传》：大统时，西魏独孤信平梁仚定余党，以其弟弥定为宕昌王。又按《梁书》，大同七年二月，以行宕昌王梁整泰为平西将军、河梁二州刺史、宕昌王。是梁弥泰称藩于西魏，而又通款于梁也。"

天和元年置宕州总管府。

【集释】《杨考》："《周纪》：天和元年正月，于宕昌置宕州。又《宕昌羌传》：保定四年，弥定引吐谷浑入寇，诏大将军田弘讨灭之，以其地为宕州。"《杨考补遗》："《寰宇记》引《隋图经集记》云：周天和元年改蕃为国，置宕州，隋为宕昌郡。按《元和志》，天和五年置宕昌郡，与《志》合。"

开皇四年府废。

【集释】《杨考》："《元和志》：大业三年，罢州为宕昌郡。"

统县三，户六千九百九十六。

良恭　后周置，初曰阳宕，置宕昌郡。

【集释】《杨考》："《元和志》：周天和五年置郡。"

开皇初郡废，

【集释】《杨考》："《寰宇记》：开皇三年。"

十八年改名焉。大业初置宕

昌郡。

【编者按】良恭，治今甘肃宕昌县东。

和戎 后周置。有良恭山。

【集释】《杨考》：“《元和志》：良恭山，在怀道县北四十里，出雌黄。”

【编者按】和戎，治今甘肃宕昌县西。

怀道

【集释】《杨考》：“《元和志》：周天和元年置。《隋书·苏威传》：周时封怀道县公。”

【补释】《寰宇记》卷一百五十五：“怀道县，后周天和元年置。”

后周置甘松郡，开皇初郡废。

【集释】《杨考》：“《元和志》：怀道县，属甘松郡，开皇三年罢郡，属宕州。”《北周志》：“《元和志》丹岭县，隋开皇十九年置，属芳州；义宁二年，属甘松郡，是隋末亦置甘松郡。”

【编者按】怀道，治今甘肃宕昌县南。

武都郡

武都郡 西魏置武州。

【集释】《杨考》：“《元和志》：西魏废帝置，隋大业三年改州为武都郡。按《周书·氐传》，废帝二年，赵昶时督成、武、沙三州诸军事，杨法琛等从命，乃分其部落，更置州郡以处之。”

统县七，户一万七百八十。

将利 旧曰石门，

【集释】《杨考》：“《地形志》：真君九年置，盖因平仇池羌改。”

西魏改曰安育。后周改曰将利，

【集释】《杨考》：“《元和志》：周闵帝改石门为将利，属武都郡。《寰宇记》：闵帝元年，改石门为将利。俱无西魏改安育事。”

置武都郡，

【集释】《杨考》：“《寰宇记》：西魏置武州，后周又为武都郡。又《周书·贺若敦传》、进封武都公；又《贺若弼传》，敦子贺若隆袭封武都公。然《地形志》已有武都郡，当因叛羌荒废，故周复置。《赵昶传》可见。”

后改曰永都郡。开皇初郡废，大业初置武都郡。

【集释】《杨考》：“当云‘大业初复改为武都郡’。”

又有东平县，

【集释】《杨考》：“《地形志》：真君九年置。”

后周并入焉。有河池水。

【集释】《杨考》：“《水经注》：水出河池北谷，南迳河池戍，东南入浊水。”

【编者按】将利，治今甘肃武都县。

建威　后魏置白水郡，后废，改为白水县。

【集释】《杨考》：“《地形志》：真君九年置郡，后改县，属武都郡。”

西魏复立郡，改为绥戎。后周郡废，改为建威县，

【集释】《杨考》：“《周书·梁士彦传》：武帝时封建威县公。《隋书·贺若谊传》：周武帝时封建威县侯。”

并废洪化县入焉。又西魏有孔堤郡及县，

【集释】《杨考》：“《地形志》武都郡有孔堤县，则县非西魏置。”

后周并废。

【编者按】建威，治今甘肃武都县北。

覆津　后魏初曰甄当，置武阶郡。

【集释】《杨考》：“《地形志》武阶郡无甄当县。”

西魏又置覆津县，

【集释】《杨考》：“《寰宇记》：大统五年，于今福津县东北三十里故万郡城置覆津县，属武阶郡。”

及置万郡，

【集释】《杨考补遗》：“按‘万郡’疑当作‘赤万郡’。《通鉴》齐明帝建武四年，李崇袭、杨灵珍进据赤土，胡注引《魏志》：南秦州武阶郡有赤土县。今《魏志》及《隋志》并作‘赤万’，恐胡氏误也。”

统赤万，

【中华校】“万”原作“方”，“方”当即“萬”（万）字之讹，据《魏书·地形志下》改。

【集释】《杨考》：“《地形志》：太阳四年置赤万郡，后改县。”

接难、五部三县。后周一郡三县并甄当，并废入焉。开皇初武阶郡又废。

【集释】《杨考》：“《元和志》：开皇三年，移福津县于郡置焉。《寰宇记》：唐天福元年，改‘覆’为‘福’字。然《元和志》已作福津，或传抄者改。”

【编者按】覆津，治今甘肃武都县东南。

盘堤　西魏置，曰南五部县，后改名焉；

【集释】《杨考》：“《地形志》：南五部，太和四年置郡，后改县。则县为后魏置，西魏改为盘堤。《寰宇记》：后魏废帝前二年置武阳郡，领盘堤县，后恭帝元年于今将利县东南一百四十二里移盘堤县于故城以置县，因山名也。按《寰宇记》此说不明晰，当是盘堤有移徙，恭帝复故也。”

并立武阳郡

【集释】《杨考》：“《元和志》：后魏废帝置，领盘堤县。《周书·豆卢宁传》：西魏恭帝二年，封武阳郡公。”

及茄芦县。

【集释】《杨考》：“《元和志》：邓艾与姜维相持，筑茄芦城。茄芦，又作葭芦。”

后周郡废，

【集释】《杨考》：“《元和志》谓开

皇三年始罢郡。”

县并入焉。

【编者按】盘堤，治今甘肃武都县东南。

长松

【集释】《杨考》：“按《水经·漾水注》：白马水出长松县西南白马溪。赵氏（一清）以长松始见于《隋志》，疑《水经注》有隋、唐间人附益。然《地形志》遗漏既多，《隋志》亦往往疏舛，未足以核郦注也。”

西魏置，初曰建昌，

【集释】《杨考》：“《寰宇记》：在曲水县西一百里，后周武成二年与同和郡同徙于此。”

置文州

【集释】《杨考》：“《元和志》：后魏平蜀置，理阴平郡。按此及下曲水，《元和志》并称后魏平蜀置，足见《元和志》于西魏皆混称后魏。”

及卢北郡。

【集释】《杨考》：“《旧唐志》作‘芦北’，是。《寰宇记》：芦北故城在曲水县东北五十二里，因葭芦镇为名。按《周书·明帝纪》：二年三月，以葭芦郡置文州。疑芦北即葭芦，非二郡也。”

开皇初郡废，十八年县改曰长松，

【集释】《杨考》：“《寰宇记》：以地多乔松。为名，属文州。”

大业初州废。

【集释】《杨考》：“《元和志》：大业二年废州。”《求是》：“《旧唐书》四一，义宁二年，置阴平郡。”

【编者按】长松，治今甘肃文县西。

曲水　西魏置。

【集释】《杨考》：“《元和志》：后魏平蜀置县，属阴平郡。《寰宇记》：县在南、北二江之曲以为名。……《旧唐志》：隋武都之曲水县，义宁二年置阴平郡，领曲水、长松、正西三县。”

【编者按】曲水，治今甘肃文县南。

正西　西魏置。

【编者按】正西，治今甘肃文县西南。

同昌郡

同昌郡　西魏逐吐谷浑，置邓州。

【集释】《杨考》：“《元和志》：后魏讨定阴平邓至羌立宁州，后改为邓州，因邓至羌为名也。《寰宇记》：后魏废帝前元年，西逐吐谷浑，讨定阴平，置邓州，后改为宁州，取安宁为称。又考《元和志》帖夷县下云：安昌故城在县东北三十二里，后魏废帝遣仪同宇文昶平阴平、邓至二蕃，立宁州，修筑故城。则宁州置于帖夷县，非置于尚安县，与邓州异地。疑当日阴平既定，于尚安置邓州，于帖夷置宁州，本二州双立，《志》失书宁州，《元和志》遂误以为改宁州为邓州，《寰宇记》又误以为改邓州为宁州也。按自西魏于此地置宁州，并置总管府，最为重镇，此不过羁縻羌戎，故周、隋名臣不见有为邓州、宁州刺史者良由魏虽置州，而夸吕数为边寇其地或荒废，观《周书·吐谷浑传》及《史宁传》可见。”

开皇七年改曰扶州。

【集释】《杨考》：“按扶州，本周置，在嘉诚县，隋移徙耳。《寰宇记》：义取扶持，以立州名。《元和志》：大业三年，改州为同昌郡。”《杨考补遗》：“隋《太仆卿元公墓志》：开皇，授扶州刺史。”《求是》：“盖七年废嘉诚县之扶州，同时又将邓州改称扶州也。《地理志考证》二所云是也。”

统县八，户一万二千二百四十八。

尚安　西魏置县

【集释】《杨考》：“《元和志》：西魏恭帝三年置，属武进郡。……按此因史宁袭击夸吕，大破之，因以其地置县也，事在恭帝二年，见《周书·吐谷浑传》及《史宁传》，则县当为二年置无疑。《旧唐志》：后魏置武进郡，又改为上安郡，隋废郡为尚安县，旧治刺利村。”

及邓宁郡。

【集释】《杨考》：“据上诸书，则西魏所置为武进郡，后改上安郡。邓宁郡在同昌，详下。”

开皇初郡废，大业初置同昌郡。有黑水。

【集释】《杨考》：“《元和志》：黑水源出素岭山，经尚安县北三十步。”

【编者按】尚安，治今四川九寨沟县西北。

【补阙】《杨考》：“案又有安昌郡。《水经·漾水注》：安昌水，东南迳邓至、安昌郡南。”

钳川　西魏置。

【集释】《杨考》：“《元和志》：废帝二年置，因山为名，属尚安郡。案‘废帝’当‘恭帝’之误。《旧唐志》：钳川县，后魏置钳川郡，隋罢郡，复为县。《志》失书钳川郡。”《北周志》：“《隋志》、《元和志》并不言置钳川郡事，疑《旧唐志》不可据，今仍从《隋志》。”

有钳川山。有白水。

【集释】《杨考》：“《元和志》：白水经钳川县南，去县二十八里。”

【编者按】钳川，治今甘肃迭部县东南。

帖夷　西魏置，

【集释】《杨考》：“《元和志》：废帝元年置。”

又置昌宁郡。

【集释】《杨考》：“当云‘又置宁州昌宁郡’，详见上。按《元和志》，魏帖夷县属帖夷郡；同昌县下云：西魏属昌宁郡。似谓置贴夷郡于帖夷县，置昌宁郡于同昌县，与《志》异。

《志》失书帖夷郡。”《北周志》：“岂昌宁郡后又改曰帖夷郡邪?”

开皇三年郡废。

【编者按】帖夷，治今甘肃文县西北。

【补阙】《杨考》：“按有邓至县。《寰宇记》：邓至故城在曲县南三里废帖夷县东，《周地图记》云，后魏废帝元年置，属帖夷郡。《水经·漾水注》：白水又东迳邓至城南。”

同昌　西魏置。

【集释】《杨考》：“《元和志》：西魏废帝前元年置，属昌宁郡。《寰宇记》：魏废帝前元年置，属封统郡。与《元和志》异。按《旧唐志》于武进郡治尚安，于邓州邓宁郡治同昌，今以诸书核之，其说是也。封统郡，别无所见。”《北周志》：“《御览》卷一六七引《周地图记》曰：后魏废帝置同昌县，属封统郡。《寰宇记》：废同昌县，废帝前元年置，属封统郡。按据是，西魏、北周有封统郡，治同昌，至确。”

有邓至山，云邓艾所至，故名焉。

【集释】《杨考》：“《元和志》：山在同昌县东二十五里。《志》例不释山水，此当后人附益。余意当因邓至羌名。”

【编者按】同昌，治今四川九寨沟县东。

嘉诚　后周置县并龙涸郡

【集释】《杨考》：“《元和志》：周天和元年置，属龙涸郡。《旧唐志》嘉诚县：至后魏，白水羌舒彭遣使朝贡，乃拜龙骧将军、甘松县子，始置甘松县。魏末大乱，又绝。后周复招慰之，于此置龙涸防。天和元年，改置扶州，领龙涸郡。隋改甘松为嘉诚县。《周书·齐炀王宪传》：子乾洽，封龙涸公。”《北周志》：“今以《北史·四夷传》证之，邓至王像舒彭未尝赐爵甘松县子，而后魏太武曾遣使拜宕昌王梁弥忽子弥黄为甘松侯，是宕昌国有甘松县。西魏又以吐谷浑龙涸王莫昌内附，于龙涸城置嘉诚县。甘松、嘉诚，本为二县，《旧唐志》‘隋改甘松为嘉诚’，乃属附会。”

及扶州总管府。

【集释】《杨考》：“《周纪》：天和元年五月，吐谷浑龙涸王莫昌率部落内附，以其地为扶州。《吐谷浑传》同。《元和志》：后周保定五年置龙涸防，天和元年改置扶州，领龙涸郡。”

开皇初府废，三年郡废，七年州废。有雪山。

【集释】《杨考》：“《元和志》：雪山，在嘉诚县东八十里。春、夏常有积雪。”

【编者按】嘉诚，治今四川松潘县。

封德　后魏置，又立芳州，

【集释】《杨考》：“‘魏’字是‘周’字之误。后魏时此地尚为戎。《周纪》：建德六年六月，于甘松防置芳州。《元和志》：周明帝武成中，西逐诸戎，始有其地，乃于三交口筑城，置甘松防，武帝建德中改为芳州，领恒香、深泉二郡。”《北周志》：“按‘后魏置’为‘后周置’之讹。”施和金《订补》：“杨氏引《周书》、《元和志》以证封德为后周置县，非后魏所置，是。然今查各本《隋书》，汲本、仿汲本均作‘后周置’。可见《隋书》原不误。周误作魏，乃后人所改。”施和金《释例》：“各本《隋书》皆作‘后魏置’，惟汲本、仿汲本作‘后周置’。然考诸《周书》、《元和郡县志》及《太平寰宇记》，当以‘后周置’为是。后魏并无此地，焉能置郡立县？故‘后周置’是，‘后魏置’误也。”

有深泉郡。开皇初郡废，又省理定县入焉。大业初州废。

【集释】《杨考》：“《元和志》：大业二年罢州，以县属扶州。”

【编者按】封德，治今甘肃临潭县西南。

常芬　后周置，

【集释】《杨考》：“《寰宇记》：后周武成元年置三川县，以隶恒香郡，至建德元年改三川为常芬，取其地多甘松芳草为名。”

及立恒香郡。

【集释】《杨考》：“按有恒香县。《元和志》：周武成中置，属芳州郭下。”《北周志》：“按据《元和志》，则周有恒香县至确。盖周恒香郡本治恒香，隋废恒香入常芬，而《隋志》略之。”

开皇初郡废。有弱水。

【集释】《杨考》：“此非张掖郡之弱水，疑《山海经·海内西经》之弱水古有指此者。”

【编者按】常芬，治今甘肃迭部县东南。

【补阙】《杨考》：“按有丹岭县。《元和志》：隋开皇十九年置丹岭县。属芳州，义宁二年属甘松郡。又云：所管百姓，皆是党项诸羌，界内虽立县名，无城郭居处。”

金崖　后周置。

【集释】《杨考》：“未详，当在松潘厅西。”《北周志》：“《杨考》所言，未知何据。疑金崖县在嘉诚县之北或西北也。”

【编者按】金崖，今地无考。

河池郡

河池郡　后魏置南岐州，

【集释】《杨考》：“《地形志》：南岐州领固道郡，延兴四年置。《元和志》：太和元年置固道郡。孝昌中置南岐州。《寰宇记》：延昌中置。”

后周改曰凤州。

【集释】《考异》卷三三：“案《周书》，魏废帝三年。改南岐州为凤州。

是时周未受禅也，‘后周’当作‘西魏’。”《杨考》：“《周书》：魏废帝三年正月，改南岐州为凤州。《元和志》、《寰宇记》并同。《旧唐志》亦云：魏废帝置凤州。然则‘后周’当作‘西魏’。《元和志》又云：因州境有鸑鷟山为名。按成州同谷县本是凤州西界，县南有凤凰山，因为州名，隋大业三年改为河池郡。”《北周志》：“按凤州为西魏改，《隋志》谓周改，误。”施和金《陕西订误》：“《广韵》卷四亦云：‘后魏置固道郡，又为南岐州，又改为凤州。’《方舆胜览》卷六九亦作‘西魏……又改南岐州曰凤州。’凡此，皆可证南岐改为凤州在西魏而不在后周。”

统县四，户一万一千二百二。

梁泉　旧曰故道，后魏置郡，曰固道，

【集释】《杨考》：“《地形志》：延兴四年置，属南岐州。《元和志》：太和元年置。领两当、广乡二县。”

县曰凉泉，寻改曰梁泉。

【集释】《杨考》：“《元和志》：后魏太和元年置梁泉县，取县西梁泉为名，属固道郡。是则初置即名梁泉，或《元和志》省文。《隋书·酷吏传》：田武从周武帝平齐，封梁泉县公。”

西魏改郡曰归真。

【集释】《杨考》：“《北史·魏宗室传》：元罗，周受禅，降封固道郡公。则周尚为固道郡，《志》谓西魏改郡，误。”《北周志》：“按《元和志》、《寰宇记》并不言有西魏改郡为归真及北周废郡事。《隋志》修撰时，去周年世较近，当有所据，今从《隋志》。”

后周废郡，

【集释】《杨考》：“《元和志》：开皇三年废固道郡。与《志》异。”

又废龙安、商乐二县入。大业初置郡。

【编者按】梁泉，治今陕西凤县东凤州镇。

两当　后魏置，

【集释】《杨考》：“《元和志》：因县界内两当水为名，或云县西界有两山相当，因取为名。”

及立两当郡。

【集释】《杨考》：“《地形志》、《水经注》皆无两当郡，然则县为后魏置，郡为西魏置。”

开皇初郡废。

【编者按】两当，治甘肃今县东北。

河池　后魏曰广化，并置广化郡。

【集释】《杨考》：“按《水经注》，河池水南迳河池戍，则是时尚称河池戍，不云有广化县。《地形志》广化郡属南岐州，无属县，而广化县则属东益州广业郡，疑置在后也。《通鉴》陈太建八年，周伐齐，有广化郡公丘崇。”

开皇初郡废，仁寿初县改名焉。

【集释】《杨考》：“《元和志》：仁寿元年改，复汉旧名。”

又后魏置思安县，

【集释】《杨考》："按《地形志》无思安县，当亦广化郡属。《隋书·贺娄子幹传》：周武帝时封思安县子。"

大业初省入。有河池水。

【集释】《杨考》："案河池水，《志》已载于武都郡将利县下，此复。"

【编者按】 河池，治今甘肃徽县西北。

同谷　旧曰白石，

【集释】《杨考》："《元和志》：后魏宣武帝置广业郡并白石县。《水经·漾水注》：浊水又东迳白石县南。"

置广业郡。

【集释】《杨考》："《地形志》有两广业郡，一属南岐州，一属东益州。按《魏志》郡县多有重复而实只一地者，广业郡当是先属岐州，后属东益州，本一郡也。"

西魏改曰同谷，

【集释】《杨考》："《寰宇记》：恭帝后元年改。"

后周置康州。

【集释】《杨考》："《周书》：明帝二年，以广业、修城二郡置康州。"

开皇初郡废，大业初州废。又有泥阳县，西魏废。

【集释】《杨考》："赵一清曰：此县当是旋置旋废，故《地形志》不载。"

【编者按】 同谷，治今甘肃成县。

顺政郡

顺政郡　后魏置东益州，

【集释】《杨考》："《地形志》东益州领郡七，治武兴。按《元和志》，杨难当弟伯宜、孙鼠分王武兴，称藩于魏，后谋叛魏，魏遂废武兴为藩镇，其年改镇为东益州。"

梁为武兴蕃王国，

【集释】《考异》卷三三："武兴即仇池氐杨氏所据。"《杨考》："《梁书·诸夷传》：大同元年克复汉中，杨智慧遣使上表，求率四千户归国，诏许焉，即以为东益州。"

西魏改为兴州。

【集释】《杨考》："《元和志》：西魏废帝二年，改东益州为兴州，因武兴郡为名。大业三年罢州为顺政郡。按《周书·氐传》，西魏大统十一年，于武兴置东益州，以氐帅杨辟邪为刺史；废帝二年，以宇文贵为兴州刺史。"

统县四，户四千二百六十一。

顺政　旧曰略阳。

【集释】《杨考》："按此魏之武兴也。"

西魏置郡，曰顺政，县曰汉曲；

【集释】《杨考》："《元和志》：后魏废帝置汉曲县，属顺政郡。《寰宇记》在废帝二年。”

又置仇池县，

【集释】《杨考》：“按《地形志》有仇池郡，无仇池县，当是西魏改仇池郡为仇池县。”

后改曰灵道。开皇初郡废。十八年，县改名焉。

【集释】《杨考》：“《隋书·董纯传》：高祖受禅，进爵汉曲县公，开皇末改封顺政县公。与《志》改县之说合。”

大业初置郡，又省灵道县并入。

【编者按】顺政，治今陕西略阳县。

鸣水　西魏置，曰落丛，

【集释】《杨考》：“按《地形志》洛丛郡有明水县。《元和志》：后魏直武帝置鸣水县。则‘明水，即‘鸣水’。《纪要》谓西魏改鸣水置落丛县。”

并置落丛郡。

【集释】《杨考》：“《地形志》‘丛’作‘聚’，误也，然足知非西魏置。《元和志》亦谓后魏宣武帝置落丛郡。”《北周志》：“按《隋志》谓西魏置落丛郡，误。今据《魏志》及《元和志》作后魏置。”

开皇初郡废。

【集释】《杨考》：“《隋书·酷吏传》：燕荣，高祖受禅，封落丛郡公。”

六年，县改为厨北。八年，改曰鸣水。

【集释】《杨考》：“《旧唐志》：治落蕃水南。”

【编者按】鸣水，治今陕西略阳县西。

长举　西魏置，又立盘头郡。

【集释】《杨考》：“案《地形志》，盘头郡领武世、苌举二县。《水经·漾水注》：浊水南迳盘头郡。则非西魏置。《元和志》：盘头故城在长举县南三里，因水盘屈为名。”《北周志》：“县置于后魏，非西魏也。”施和金《陕西订误》：“《元和志》卷二二云：‘本汉沮县地，后魏于此分置长举县，属盘头郡。周武帝废盘头郡，县改属落丛郡。’《寰宇记》卷一三五亦云：‘后魏太武于此立长举县，以长举城为名。’可见长举县为后魏置。”施和金《释例》：“‘后魏置’误作‘西魏置’。”

后周废郡。

【集释】《杨考》：“《元和志》：周武帝废盘头郡，长举属落丛郡。”

有凤溪水。

【集释】《杨考》：“《水经·漾水注》：凤溪水，上承浊水，出凤凰台下，东南流，左注浊水。”

【编者按】长举，治今陕西略阳县北。

修城　旧置修城郡，县曰广长。

【集释】《杨考》：“按当作‘旧曰广长，置修城郡’。《地形志》南秦州修武郡治广长县，太和四年置。《水经注》：汉水东南迳修城道南。又《周书·赵昶传》：世宗初，凤州人仇周贡、魏兴等反，分兵围广业、修城二郡；

又《杜杲传》：世宗初，转修城郡守。据此，则《地形志》作‘修武’误也。”

后周郡废，

【集释】《杨考》：“《周纪》：明帝二年，以广业、修城二郡置康州。”

又废下阪县入。

【集释】《杨考》：“按下阪无考，当是下辨。《地形志》修城郡有下辨县。”

仁寿初，县改名焉。

【集释】《杨考》：“《纪要》：隋末废。”

又西魏置柏树县，

【集释】《杨考》：“按《地形志》修城郡有和树县，云太和八年置，则非置于西魏。‘和’当为‘柏’之误。”

后周废。

【集释】《杨考》“按《周书·氐传》，明帝时，兴州人及下辨、柏树二县民反，则周初尚未废也。”

【编者按】修城，治今陕西略阳县西北。

义城郡

义城郡　后魏立益州，

【集释】《杨考》：“《地形志》：正始中置。”

世号小益州。

【集释】《杨考》：“《元和志》：梁天监中以竺允为晋寿太守，随夏侯道迁入后魏，魏改立西益州。”

梁曰黎州。

【集释】《杨考》：“《元和志》：梁大通六年克晋寿，始通剑路，改西益州为黎州。《寰宇记》：大同二年改西益州为黎州。按大通六年晋寿尚属后魏，至大同元年始克晋寿。《周书·杨乾运传》：梁大同元年，除西益州刺史，寻转黎州刺史。据此，则梁初得其地尚曰西益州。《寰宇记》云大同二年改黎州是也。”

西魏复曰益州，

【集释】《杨考》：“《元和志》：梁武陵王萧纪僭号于蜀，以席嶷为黎州刺史，嶷反，州属魏，复改黎州为西益州。”

又改曰利州，

【集释】《考异》卷三三：“案《周书》，魏废帝三年，改西益为利州，是西魏以此益州为西益州也。”《杨考》：“《周书》：废帝三年正月，改西益州为利州。《元和志》：魏宣武正始三年改，误。”

置总管府。

【集释】《杨考》：“《周书·赵刚传》：周初为利州总管。《元和志》：周大象二年，以豆卢勣为利州总管。”

大业初府废。

【集释】《杨考》：“《寰宇记》：大业初，废州为义城郡。”

统县七，户一万五千九百五十。

绵谷　旧曰兴安，置晋寿郡。开皇初郡废。十八年，县改名焉。

【集释】《杨考》："《元和志》：因县东南绵谷为名。"

大业初置郡。又有华阳郡，梁置华州。西魏并废。有龙门山。

【集释】《杨考》："《元和志》：在绵谷县东北八十二里，出好钟乳。"

【编者按】绵谷，治今四川广元市。

益昌

【集释】《杨考》："《宋志》益昌属白水郡，《齐志》同。《元和志》：周改晋寿县为益昌。《旧唐志》：后魏分晋寿县置京兆县，后周改益昌。按废晋寿县，本蜀汉汉寿，晋改晋寿，属东晋寿郡。其南白水郡有京兆县而无益昌，则知改益昌为京兆也。周复改为益昌，又仍宋、齐之旧耳。"《北周志》："按《元和志》谓周改晋寿为益昌，不可据，当从杨氏说，益昌由京兆改。"

【编者按】益昌，治今四川广元市西南昭化镇。

义城　西魏置。

【集释】《杨考》："《元和志》：后魏于今胤山县西南十五里置义城县，隋义宁二年改名义清。《寰宇记》：西魏恭帝二年分晋寿置义城县。《周书·庾信传》：进爵义城县侯。"

【编者按】义城，治今四川旺苍县西南冯家坝。

葭萌　后魏曰晋安，

【集释】《杨考》："《宋志》：晋安帝立，属新巴郡。《齐志》同。《志》云后魏置，误。"

置新巴郡。开皇初郡废。十八年，县改名焉。

【集释】《杨考》："《元和志》：取汉旧县名也。"

大业初又并恩金县入焉。

【集释】《北周志》："按恩金县疑与郡同置，恩金郡置于北周。"

【编者按】葭萌，治今四川广元市西南。

【补阙】《杨考》："按新巴县，在今剑州西北，东晋立。《梁书·邓元起传》：遣将破刘季连、李春伯于新巴。"《北周志》："按此县疑迄周未废，盖省并于隋文初年。"

岐坪

【集释】《杨考》："《纪胜》引《元和志》云：宋立宋安县，后魏改岐坪，隋开皇末割属阆州。《寰宇记》：宋分晋寿置宋安县，属宋熙郡，西魏废帝三年改岐坪，隋开皇三年属利州。"

【编者按】岐坪，治今四川苍溪县西北岐坪镇。

景谷　旧曰白水，置平兴郡。

【集释】《杨考》："《一统志》：梁初置北益州平兴郡，大宝初叛废，西魏复置平兴郡。按《通鉴》，梁大宝元年，黎州民引氐酋北益州刺史杨法琛据黎州，注：杨法琛治平兴。则梁置北益州于平兴也。又元帝承圣二年初，杨法琛求为黎州刺史，武陵王纪以为沙州刺史，注：盖即以平兴为沙州也。又《梁书·鄱阳王恢传》：都督益、宁、梁、南、北秦、沙七州诸军事、益州刺史。又《始兴忠武王萧憺碑》亦都督此七州军事。又《周书·任果传》：父褒，梁沙州刺史，果于西魏废帝元年降魏，魏授以沙州刺史。《周书·氐传》：魏废帝时赵昶都督武、成、沙三州诸军事。又《周书·豆卢宁传》：武成元年迁都督利、沙、文三州诸军事、利州刺史。又《周书·静帝纪》：大象二年八月，沙州氐帅开府杨永安聚众应王谦，遣大将军达奚儒讨之，十一月达奚儒破杨永安于沙州，沙州平。则梁、周时沙州甚著，盖废于隋，《志》无之，最疏也。"《求是》："《元和志》：大业二年废沙州。"《北周志》："按据前引纪传，则梁世尚有沙州至确。盖自宋世以北秦州刺史武都王沙州刺史阴平王等官爵羁縻仇池杨氏渠酋。沙州之名，固其著于世。梁之季世，沙州治平兴，已可考知，而《隋志》阙载其事，此亦其疏也。"

【编者按】《杨考》又云："《周书·赵刚传》：孝闵帝践祚，出为利州总管、利沙方渠四州诸军事。则相近又有方州。"案此方州，在隋清化郡恩阳县境，《寰宇记》：后魏恭帝改江州为方州，后周天和二年废方州。

后周省东洛郡入。

【集释】《杨考补遗》："《通鉴》：梁天监十年，任太洪袭破魏东洛、除口二戍。是后魏但有东洛戍，其置郡当是西魏。"

开皇初郡废，县改名平兴。十八年，改曰景谷。

【集释】《杨考》："《通典》：宋曰平兴县，隋改之。《元和志》：宋元嘉十七年，氐人杨难当克葭萌，分白水置平兴县，属沙州，隋开皇十八年改为景谷县，因县北景谷为名，大业二年属利州。《旧唐志》：宋置平兴县，隋改为景谷。《寰宇记》：宋分白水地置平兴县，隋开皇十年改为景谷。……按《宋志》，白水郡有平周，无平兴，《齐志》亦无之。但诸书皆言，然必有所本，平周或平兴之误。"

大业初又省鱼盘县入焉。

【集释】《杨考》："《纪要》：西魏置鱼盘县。"

有关官。

【集释】《杨考》："《元和志》：石门关在县西南十八里，因山为阻，昔诸葛亮凿石为门，因名之。又《通鉴》注引《水经注》云：白水东南流至葭萌县，谓之葭萌水，水有津关，所谓白水关。今本《水经注》但云'水有津关'四字。"

有木马山、

【集释】《杨考》："《元和志》：山在景谷县西南二十五里，诸葛亮之出祁山也，于此作木牛流马，以供运，因名。"

良珠山。有冻水。

【集释】《杨考》："无考。或清水之误。《水经注》：清水又东南注白水。"

【编者按】景谷，治今四川青川县东北白水街镇。

嘉川

【集释】《杨考》："《寰宇记》：宋武帝置兴乐县，西魏恭帝元年改为嘉川，取嘉陵江所经为名。"

旧置宋熙郡，

【集释】《杨考》："《寰宇记》：宋武帝置。"

开皇初废。

【编者按】嘉川，治今四川旺苍县西南嘉川镇。

平武郡

平武郡　西魏置龙州。

【集释】《杨考》："《元和志》：西魏禅帝二年平蜀，于此立龙州，隋大业初废。按《周书·陆腾传》，魏废帝时拜龙州刺史，太祖谓腾曰：今欲通江油路，直出南秦。盖初置州于此，而以腾为刺史也。"《北周志》："按龙州以龙血山、龙血戍名州，山、戍均在阴平，则西魏初置龙州在阴平至确，其后始移江油耳。"

统县四，户五千四百二十。

江油

【集释】《杨考》："《寰宇记》：西魏废帝二年置江油，取江水为名。"

后魏置江油郡，

【集释】《杨考》："《地形志》无江油郡。《水经注》：涪水又东南迳江油戍北。是郦道元时尚未置郡。《寰宇记》：后魏孝武帝置江油郡。当是也。"《北周志》："按后魏武帝或指宣武帝，或指孝武帝。然时江油尚未立郡，疑有误。立郡当是西魏时事。"

开皇三年郡废，大业初置郡。有关官。

【集释】《杨考》："《通鉴》天监十四年，上遣宁州刺史任大洪自阴平围关城，傅竖眼击破之，大洪弃关城遁还，即此。"《北周志》："《读史方舆纪要》：江油县东百里有石门戍。《唐志》利州景谷县西有石门关，即此石门也。"

【编者按】江油，治今四川平武县东南。

马盘　后魏置马盘郡，

【集释】《杨考》："《元和志》：后魏马盘郡领马盘一县。《寰宇记》：以界内山名郡邑。按《地形志》无马盘郡，当是孝武、永熙间始置。魏收自云永熙绾籍无者不录。凡此《志》云后魏置而《地形志》无者，视此。"又云："据《寰宇记》，（县）与郡同时置。"

开皇三年郡废。

【编者按】马盘，治今四川青川县西南青溪镇。

平武　梁末，李文智自立为藩王，

【集释】《杨考》："《元和志》龙州下云：至梁，有杨、李二姓最豪，分据其地，各称藩于梁。”

西魏废为县。

【集释】《杨考》：“《宋志》、《齐志》皆有平武，然则西魏得其地，仍旧县名也。”《北周志》：“平武县，旧置，中废，西魏得其地，复置县焉。”

有涪水、

【集释】《杨考》：“《元和志》：涪江南流经龙州城东，又经江油城东，其水出金。”

潺水。

【集释】《杨考》：“《水经·涪水注》：潺水出潺山……历潺亭而下，注涪水。”

【编者按】平武，治四川今县北。

方维　旧曰秦兴，置建阳郡。

【集释】《杨考》：“《纪要》：西魏置。”

开皇初郡废，县改名焉。

【集释】《杨考》：“《隋书·杨义臣传》：开皇初，封秦兴县公。盖是时尚未改也。”

【编者按】方维，治今四川青川县东北乔庄镇。

汶山郡

汶山郡　后周置汶州。

【集释】《杨考》：“《元和志》：周保定四年立汶州。《寰宇记》：取汶水为名。”

开皇初改曰蜀州，寻为会州，

【集释】《杨考》：“《寰宇记》：开皇五年，改汶州为蜀州，六年改会州，取西夷交会为名。《元和志》谓开皇五年改汶州为会州，不言改蜀州。”

置总管府。

【集释】《杨考》：“《隋高祖纪》，开皇八年三月，以成州刺史姜须达为会州总管是也。按帝纪，开皇三年五月，以济北郡公梁远为汶州总管。据此，则汶州未改之先已置总管。”

【补释】隋开皇九年九月廿三日《会州通道记跋》，提及“大将军、开府仪同三司、总管二州五镇诸军事、会州刺史、永安郡开国公姜须达”（辑入岑仲勉所著《金石论丛》）。

大业初府废。

【集释】《杨考》：“《元和志》：大业三年，罢州为汶山郡。”

统县十一，户二万四千一百五十九。

汶山　旧曰广阳。

【集释】《杨考》：“《晋志》汶山郡有广阳县，又有汶山县。《元和志》：本汉汶江县地，晋改为广阳县。《寰宇记》：晋置广阳县，属汶山郡，晋末废。考宋、齐《志》汶山郡俱无广阳、汶山二县，则知晋末并废。《一统志》谓梁复置广阳。”

梁改为北部都尉，置绳州、北

部郡。

【集释】《杨考》："《寰宇记》：梁普通三年置绳州，取桃关之路以绳为桥，因作州称。"

后周改曰汶州。

【集释】《杨考》："按《志》于郡下既载周置汶州，则此不当复，此汶州当作汶川，盖云改郡也。自此《志》误'川'为'州'，校者或记'川'字于旁，《寰宇记》遂有'汶川州'之说，详见下汶川县。"《北周志》："按杨守敬谓《寰宇记》有汶川州，遂欲证北周改北部郡为汶川郡，然孤证不足依据也。"

开皇初郡废，仁寿元年改名焉。

【集释】《杨考》："《元和志》：开皇十八年，县（编者注：此字衍）改广阳为汶山。《旧唐志》、《寰宇记》，后周置汶山县，并与《志》异。"

【编者按】汶山，治今四川茂县。

北川　后周置。

【集释】《北周志》："《隋故韩城县令白府君墓志铭》：君讳仵贵、迁北川县丞，改授北川县令。"

有龙泉水、

【集释】《杨考》："按此《志》水皆叙于山后，此列山前，于例不合。《寰宇记》：龙泉山在汶山县南四十八里，山下有湫水，号曰清池，一曰龙池。"

鹰门山、

【中华校】"鹰"原作"雁"。《寰宇记》七八："鹰门山在汶山县北二十里。山多鹰栖，故名。"今据改。

襄阳山。

【集释】《杨考》："《寰宇记》引《州郡志》云：汶山郡有襄阳山。"

【编者按】北川，治四川今县（永昌镇）北。

汶川

【集释】《杨考》："《志》不言县置于何时，当是与郡同时置。《舆地广记》：周置汶川县。《寰宇记》：晋置汶川州于此，周保定四年移汶川州于广阳县，州废，置汶川县，以汶川水为名。校勘记云：晋无汶川州事，疑作汶山郡而误也；记又云后周移汶川州于广阳，疑是自广阳移郡治汶川，文舛误耳。按此校《寰宇记》是也，而其自为说则非，盖不知《寰宇记》沿《隋志》误文耳。"《北周志》："按《隋志》不言汶川置于何时，《元和志》云梁置，独《舆地广记》云周置汶川县。"

后周置汝山郡，

【集释】《杨考》作"汶山郡"。施和金《释例》："各本《隋书》皆作'后周置汝山郡'，惟汲本、仿汲本作'后周置汶山郡'。然汶山郡是，汝山郡误也。《元和郡县志》汶川县下有云：于县置汶山郡（卷三二）。《太平寰宇记》亦云：后周'武帝……置汶山郡（卷七八)。《通典》、《舆地广记》皆云后周置汶山郡，不误。此《隋志》部分版本误作汝山郡，盖汝、汶形似而误也。《元和志》云：汶山即岷山，《元丰九域志》于汶川县下云：有玉垒山、汶山。由此可见，汶山郡之得名当与汶山亦即岷山有关，又何汝山之有？此当改汝山郡为汶山郡无疑。”

开皇初郡废。

【集释】《杨考》：“盖徙旧郡于此。”

【编者按】汶川，治四川今县。

交川 开皇初置。

【集释】《杨考》：“《元和志》：天和中置县，属龙涸郡，开皇三年罢郡，属扶州。《寰宇记》亦云：周天和中置县，以领羌夷，属龙涸郡，以其地通胡越道路、东西相交以名县。与《志》异。”施和金《释例》：“‘后周置’误作‘开皇初置’。”

有关官。

【集释】《杨考》：“按《纪要》松潘卫所载关名有九，而皆非古关，未知于今谁属。”

【编者按】交川，治今四川松潘县东南。

通化 开皇初置，曰金川，

【集释】《杨考》：“《元和志》：周武帝时于汉广柔县地置石门镇，隋开皇六年以近白狗生羌，于金川镇置金川县。《寰宇记》：周保定四年置石门县。

仁寿初改名焉。

【集释】《杨考》：“《元和志》、《寰宇记》并谓开皇十八年改。”

【编者按】通化，治今四川理县东北。

左封 后周置，曰广年，

【集释】《杨考》：“按《元和志》、《旧唐志》作‘广平’，《舆地广记》、《纪要》作‘广年’，未知孰是。”

及置广年郡、左封郡。开皇初郡并废。仁寿初县改名焉。

【集释】《杨考》：“《元和志》：开皇十八年，改广平为左封。与《志》异。”

又周置翼州，

【集释】《杨考补遗》：“按翼州置于七顷山下，翼针县治七顷城，则翼州当系于翼针县下，此误系于左封。”

大业初废。

【集释】《杨考》：“《元和志》：大业三年省州，改置和山镇。”

有汶山。

【集释】《杨考》：“《元和志》：汶山即岷山。《水经注》云：又谓之汶皁山。”

【编者按】左封，治今四川黑水县东。

平康 后周置。

【集释】《杨考》：“县盖蜀（汉）置，《晋志》汶山郡亦有平康县，宋、齐《志》无之，盖周复置也。”

有羊肠山。

【编者按】平康，治今四川松潘县西南。

翼水 后周置，曰龙求，

【集释】《杨考》：“《元和志》作‘龙水’，《纪要》同。《舆地广记》作‘龙求’。”

及置清江郡。开皇初郡废，县改

曰清江。

【集释】《扬考》："《元和志》：开皇三年改为清江县，罢郡，以县属翼州。"

十八年，又改名焉。

【集释】《杨考》："《寰宇记》：取县西南翼河为名。"

【编者按】翼水，治今四川茂县西北。

翼针 后周置，

【集释】《杨考》："《元和志》：周武帝置翼针县，以翼针水为名。"

及翼针郡。开皇初郡废。有石镜山。

【集释】《杨考》："《元和志》：石镜山在翼水县东南九里，山侧有石，圆径二尺，明澈如镜，因名。"

【编者按】翼针，治今四川茂县西北。

江源 后周置。

【集释】《北周志》：按《元和郡县志》交川县下有江源镇，在交川县西北三十里，盖即周江源县旧治也。"

【编者按】江源，治今四川松潘县西南。

通轨 后周置县及覃州，并覃川、荣乡二郡。

【集释】《杨考》："《寰宇记》：后周天和元年，雁门郡公纥干略于此讨浑胡，因置同昌郡，寻又改为覃川郡，即唐之当州也。"

开皇初郡废，四年州废。有甘松山。

【集释】《杨考》："《元和志》：甘松岭在嘉诚县西南十五里。《通典》谓甘松岭乃江水发源处。"

【编者按】通轨，治今四川黑水县西北。

【补阙】《杨考》："按《周书·魏废帝纪》，三年正月，改东梁为金州，南梁为隆州，北梁为静州。北梁无考。《元和志》剑南道静州：本汉蚕陵县地，天授元年于此置静州。当即因于西魏故址。"

普安郡

普安郡 梁置南梁州，后改为安州。

【集释】《考异》卷三二："即南安。大约宋、齐以来，梁州常治南郑，天监初，夏侯道迁以南郑降魏，而梁州移治西城，其后析置州郡，以南安为南梁州；及大同元年，魏梁州刺史元罗以南郑降，梁州复治南郑，遂移南梁之名于西城，而改南安之南梁为安州。史虽未见改置年月，可以意度之也。"《杨考》："《寰宇记》：梁天监中立南梁州，以在梁州南也，梁末改为安州。《元和志》：梁武陵王萧纪改南梁立安州。《周书·杨乾运传》，遣其婿乐广镇安州，即此。《舆地纪胜》云：《周书》魏废帝二年平蜀，改置州郡，改南梁州曰隆州，改安州曰始州，则南梁州与安州自是两处。盖南梁州置于梁武之天监，而武陵王纪在蜀又分南梁州为安州，故南梁州自为隆州，而安州自为始州，庶不相抵牾耳。”

西魏改为始州。

【集释】《杨考》：“《周书》：魏废帝三年正月，改安州为始州。又《元和志》：后魏废帝二年，先下安州，始通巴蜀，放改安州为始州。《寰宇记》：取郡邑更始为名。《元和志》：大业三年，罢始州为普安郡。”

统县七，户三万一千三百五十一。

普安　旧曰南安。

【集释】《杨考》：“按《宋志》无南安县，齐益州南安郡始有南安县，此为齐置。《梁书·张齐传》：天监四年，齐进戍南安。《通鉴》：梁天监四年，鲁方达戍南安。”

西魏改曰普安，

【集释】《杨考》：“《元和志》云：周改南安县为普安。”

置普安郡。

【集释】《杨考》：“《元和志》：宋于剑州置南安郡。……《一统志》：西魏改置普安郡。”

开皇初郡废，大业初置郡焉。

【编者按】普安，治今四川剑阁县。

永归　旧曰白水，

【集释】《杨考》：“《一统志》：齐侨置。”《北周志》：“按当是南齐置。”

西魏改焉。

【集释】《杨考》：“《寰宇记》：西魏得蜀，于此立永归县。而《元和志》谓周闵帝改白水为永归县；《旧唐志》又谓隋分梓潼县置永归县。三说互异，当以此《志》为是。”

【编者按】永归，治今四川剑阁县东南永归坝。

黄安　旧曰华阳，西魏改焉，

【集释】《杨考》：“《元和志》：宋置华阳县，属南安郡，后魏禅帝改为南安县，周武帝改为黄安县。”

又置黄原郡。

【集释】《杨考》：“按《寰宇记》：废茂陵县在普安县西三十里，《益州记》云，宋大明年置，隶扶风郡；《图经》云：后魏□□元年改属黄原郡，隋开皇三年废。据此，则西魏黄原郡兼领茂陵县。”

开皇初郡废。

【编者按】黄安，治今四川剑阁县南。

阴平　宋置北阴平郡，

【集释】《杨考》：“《晋志》：永嘉中，晋人流寓于梁、益者，仍于二州立南、北二阴平郡。《寰宇记》引《舆地志》云：晋人流寓于蜀者，乃于益州立北阴平郡。是郡当立于东晋，而《元和志》云宋明帝太始中置。”《北周志》：“《舆地广记》：阴平县，晋以阴平旧民流寓立北阴平郡及置阴平县，宋因之。按北阴平郡立于晋世，《隋志》谓宋置北阴平郡者误。”

魏置龙州。

【集释】《北周志》：“《御览》卷一六六引《周地图记》：江油帅杨、李二姓，各自称藩于梁，至西魏得其地，于此立龙州。《元和志》：西魏禅帝二年平蜀，于此立龙州。按后魏于北阴平郡阴平县置龙州，及西魏取蜀，乃徙龙州治江油也。”

西魏改郡为阴平，又名县焉。

【集释】《杨考》：“此误。按宋、齐《志》北阴平郡所领俱有阴平县，非至西魏始以阴平名县，观下文又有‘改县曰阴平’之文，则知阴平先尝改名。考《寰宇记》引《舆地志》：西魏废帝二年定蜀，改阴平为龙安。《舆地广记》同。又考《周书·辛庆之传》：族子昂，与尉迟迥伐蜀，蜀平，迥表昂为龙州刺史，领龙安郡事。据此，则《志》当云‘西魏改郡为龙安，又名县焉’。”《北周志》：“今《隋志》云西魏改郡为阴平，误。”

后周从江油郡，

【中华校】《杨考》：“案‘周’为‘州’之误，‘從’为‘徙’之误。”

【集释】《杨考》：“《志》于平武郡下云西魏置龙州，可见魏末即徙龙州于江油。”《北周志》：“《舆地广记》：后周徙州于江油郡。按后魏置龙州，西魏取蜀，乃徙龙州治江油也。”

改曰静龙，

【集释】《杨考》所引志文，为“后周从江油，郡改曰静龙”。《北周志》：“《舆地广记》：后周徙州于江油郡，而改阴平郡曰静龙，隋开皇初郡废。”

县曰阴平。

【集释】《杨考》：“《寰宇记》：隋省龙安县，并为阴平县，属始州。”

开皇初郡废。

【编者按】阴平，治今四川江油市东北。

梓潼　旧曰安寿，西魏置潼川郡。

【集释】《杨考》：“《寰宇记》：西魏于梓潼县置潼川郡，移县于郡南三十里，改为安寿县。”《北周志》：“《元和志》：后魏废帝二年，徙梓潼郡理梓潼旧城，即此之潼川郡也。时梁于相如置梓潼郡，故西魏又改此梓潼郡为潼川郡，而治于涪县之巴西梓潼双头郡则又单称为巴西郡。”

开皇初郡废。大业初县改名焉。

【集释】《杨考》：“《寰宇记》：开皇三年废郡，移县复旧治，犹以安寿为名，大业三年还名梓潼。”

有五妇山。

【编者按】梓潼，治四川今县。

武连　旧曰武功，

【集释】《杨考》：“《元和志》：宋元嘉中，于县南五里侨立武都郡下辨县，又改下辨为武功，侨置武功县。《寰宇记》同。”《北周志》：“旧侨置下辨县，又改下辨侨置武功。”

置辅剑郡。西魏改郡曰安都，

【集释】《杨考》：“辅剑郡，并无所考也。”《北周志》：“旧侨置武都郡，后改为扶风郡，梁改为辅剑郡。西魏又改曰安都郡。”

县曰武连。

【集释】《杨考》：“《寰宇记》云：后魏废帝二年，改武功为武连。《元和志》谓周明帝改。”

开皇初郡废。

【编者按】武连，治今四川剑阁县西南武连镇。

临津　旧曰胡原，

【集释】《杨考》：“《元和志》：南齐置胡原县。《纪胜》同。按《齐志》无胡原县。又《寰宇记》引《旧图经》云：梁天监十八年。分阆州置相源县，属巴西郡。疑‘相’为‘胡’之误。《周书·裴侠传》：子肃，天和中赐爵胡原县子。”

开皇七年改焉。

【集释】《杨考》：“《寰宇记》作‘临清’，云：以其俯临清水为名。考《纪要》，剑州西百二十里，其地有津曰小潼津。又《隋书·豆卢勣传》：开皇七年，诏食始州临津县邑千户。则《寰宇记》误。”

【编者按】金陵书局本《寰宇记》作“临津”，云：“隋开皇七年改为临津县，以其俯临津水为名。”《杨考》所引宋版《寰宇记》恐误。临津，治今四川剑阁县东南。

金山郡

金山郡　西魏置潼州。

【集释】《考异》卷三三：“案《梁书·武陵王纪传》，太清五年，西魏将尉迟迥帅众逼涪水，潼州刺史李乾运以城降之，则梁时已有潼州，不始于西魏也。”《杨考》：“《元和志》：后魏废帝二年，徙梓潼郡理梓潼旧城，于此别置潼州。《周书·杨乾运传》：梁大同元年，除西益潼刺史，盖谓西益州、潼州也。……然则潼州为梁置。《寰宇记》：梁武陵王萧纪于二郡置西、潼二州。校勘记：‘二郡’上疑有，‘巴西、梓潼’字；‘二州’。岂增置西州、潼州为二州乎？余谓校勘记所云增置西州，不见传、志，亦臆说。《隋书·源雄传》有东潼州刺史曹孝达，则此或为西潼州，‘州’上衍‘二’字耳。又按《隋书·于义传》，破尉迟迥，后拜潼州总管，则周尝置潼州总管府，《志》失书。”

开皇五年，改曰绵州。

【集释】《杨考》：“《元和志》：因绵水为名，大业三年，改州为金山郡。”

统县七，户三万六千九百六十三。

巴西　旧曰涪，

【集释】《杨考》：“《梁书·邓元起传》有涪令李膺。”

置巴西郡。

【集释】《杨考》：“案《齐志》益州巴西、梓潼二郡并置，亦并治涪县。《梁书·张齐传》：天监十四年，迁巴西、梓潼二郡太守；又《庾域传》：天监初，出为巴西、梓潼二郡太守；又《周书·萧撝传》：梁武帝时，转巴西、梓潼二郡守。则梁代亦始终二郡并置，所谓双头郡也。”《北周志》：“宋、齐、梁并置巴西、梓潼双头郡，西魏徙梓潼郡理梓潼旧城，此为巴西郡。”

西魏改县曰巴西。

【集释】《杨考》：“《元和志》：后魏改涪县为巴中县，开皇元年避庙讳，改为巴西。《旧唐志》：隋改涪为巴西。《寰宇记》：西魏分涪县别置巴中县，隋改涪县曰巴西，而以巴中县省入。三说各异，当以《寰宇记》为是。”《北周志》亦以《隋志》为是。

开皇初郡废。大业初置金山郡。

【集释】《杨考》：“《寰宇记》引《益州记》云：金山在涪县东五十步，东临润水，光照映川。”

有盐井。

【集释】《杨考》：“《元和志》魏城县下云：盐泉井，在县东南四十五里盐泉县理是也；盐泉县下云：盐井在县西一里。”

【编者按】巴西，治今四川绵阳市涪江东岸。

昌隆

【集释】《杨考》：“《元和志》昌明县下云：晋孝武帝自白沙戍移汉昌县侨理于此，仍属巴西郡，后魏废帝改汉昌为昌隆县。《寰宇记》：初在清廉乡，梁大同四年移于让水，魏移于孟津里。”

有云台山。

【集释】《杨考》：“《寰宇记》：山在彰明县北，一名天柱山。”

【编者按】昌隆，治今四川江油市南。

涪城　旧置始平郡，

【集释】《杨考》：“《水经·漾水注》：清水又东南迳始平侨郡南。《地形志》南白水郡有始平县，无始平郡，当是梁置也。案此不言置县事，而下文有改县曰安城之语，则知此本以涪城县置始平郡。《志》中如此者甚多，发凡于此。”

西魏改郡为涪城，

【集释】《杨考》：“《周书·齐炀王宪传》：西魏时封涪城县公。观此足知先有涪城县。”

后周又改曰安城。

【集释】《杨考》：“《周书·齐炀王宪传》：魏恭帝元年，封安城郡公。则改涪城为安城乃西魏事。”

开皇初郡废，改县曰安城。十六年，改为涪城。

【集释】《杨考》：“《旧唐志》：后魏改始平郡为涪城及潼县，隋改潼县为涪城。与《志》异。”

【编者按】涪城，治今四川三台县西北涪城坝。

魏城　西魏置。

【集释】《杨考》：“《元和志》盐泉县下云：后魏禅帝元年，割涪县置魏城县；魏城县下云：隋大业十年，自盐泉井移魏城县理此。《寰宇记》：西魏于涪县立潼州，故析涪之北部立魏城县，《李膺记》，西溪东五十里有东西井，井西为涪县界，井东为梓潼界，隋大业中自盐泉井移魏城县于此。《旧唐志》又作隋置。按《陈茂传》，文帝受禅，封魏城县男。”

【编者按】魏城，治今四川梓潼县南。

万安　旧曰孱亭，

【集释】《杨考》：“《寰宇记》：晋于涪县梓潼水尾万安故城置万安县。《纪要》：梁末移治潺亭，改曰潺亭县。”

西魏改名焉，置万安郡。开皇初郡废。

【编者按】万安，治今四川罗江县。

神泉　旧曰西充国，

【集释】《杨考》：“《元和志》：本汉涪县地，晋孝武帝侨置西充国县。”

开皇六年改名焉。

【集释】《杨考》：“《舆地广记》作‘十六年’。《旧唐志》：以县西泉·能愈疾故也。”《杨考补遗》：“《名胜志》引《郡国志》云：县西三十里有泉，十四穴，甘香异常，痼疾饮之即差，名曰神泉，隋置神泉县于此。”

【编者按】神泉，治今四川安县南。

【补阙】《北周志》：“有旧平州县，今四川安县南，盖废并于北周之世。按《宋书·州郡志》，‘巴西太守平州令，晋武帝太康元年，以野民归化立’。《南齐书·州郡志》，巴西郡领平州县。《寰宇记》神泉县下云：‘本汉涪县地。晋孝武帝侨置西充国县。梁武陵王改为平州。后魏恭帝移于今所。隋开皇六年，改为神泉县。’平州既置立于西晋武帝太康之初，晋宋齐《志》巴西郡并有平州县，断无梁武陵王纪改西充国置西充国为平州之理。又北周改高平为平高，平州语近平周，当亦所讳。故疑平州之废入西充国，当在北周之世也。”

金山　旧置益昌、晋兴二县，西魏省晋兴入益昌，后周别置金山。

【集释】《杨考》：“《元和志》：周天和六年置。”

开皇四年，省益昌入金山。

【集释】《杨考》：“《元和志》：开皇三年省益昌县，大业三年废金山县。《寰宇记》亦作开皇三年废益昌入金山。”

【编者按】金山，治今四川安县北。

新城郡

新城郡　梁末置新州。

【集释】《杨考》：“《元和志》：梁

武陵王萧纪置于新城郡。”

开皇末改曰梓州。

【集释】《杨考》：“《寰宇记》：开皇十八年改，取梓潼江为名。”

统县五，户三万七百二十七。

郪　旧曰伍城。西魏改曰昌城，

【集释】《杨考》：“案伍城故城在今中江县，离三台颇远。《元和志》：后魏置新城县，后改名昌城。《寰宇记》亦云后魏置新城县，恭帝三年改为昌城，则‘伍城’为‘新城’之误无疑。”施和金《订补》：“《纪要》于废郪县下云：刘宋分置北伍城县，为新城郡治。《嘉庆重修一统志》三台县下所载相同。今检《宋志》，新城郡正领北伍城、怀归二县，则《隋志》于郪县下云‘旧曰伍城’，不误也。若要叙述精细，则应云：‘旧曰北伍城’。《南齐志》不载北伍城县，该县当废于南齐。又据《元和志》等，西魏曾于此地立新城县，寻改为昌城。则《隋志》‘西魏改曰昌城’一句，当作‘西魏置新城县，后改曰昌城’。杨氏不见刘宋于此置北伍城县，遂以为伍城乃‘新城之讹’，其实误也。”

仍置昌城郡。开皇初郡废。大业初置新城郡，改县名焉。

【集释】《杨考》：“《元和志》：大业三年，复为郪县，盖取旧名。”

【编者按】郪县，治今四川三台县。

射洪　西魏置，曰射江，后周改名焉。

【集释】《杨考》：“《元和志》：西魏分郪县置射洪县，县有梓潼水与涪江合流，急如箭，奔射涪江口，蜀人谓水口曰洪，因名射洪。《寰宇记》：后魏恭帝置射洪县；又引《益州记》：郪滩东六里有射江，土人语讹，以江为洪。”

【编者按】射洪，治四川今县西北。

盐亭

【集释】《杨考》：“《元和志》：本汉广汉县地，梁置北宕渠县，西魏恭帝改为盐亭县，以近盐井，因名。《寰宇记》引《周地图记》：梁大同元年，于盐井亭置县，因井为名。《舆地广记》亦云梁置盐亭县。”《北周志》：“按《寰宇记》引《周地图记》，但云梁大同元年置盐亭。不云置县。”

【编者按】《北周志》之说误。《寰宇记》卷八二原文是：“《周地纪》：梁大同元年，于此亭置县，因井为名。”

西魏置盐亭郡。

【集释】《杨考》：“《元和志》：梁置北宕渠郡。《一统志》：西魏改北宕渠郡为盐亭郡。”

开皇初郡废，有高渠县。大业初并入焉。

【集释】《杨考》：“《寰宇记》：废高渠郡城在盐亭县西十六里，北临潼水，周保定初置，隋开皇三年废为县，大业三年县亦废。”

【编者按】盐亭，治四川今县。

通泉　旧曰通泉，置西宕渠郡。

【集释】《杨考》：“通泉县，或梁置也。”

西魏改郡、县俱曰涌泉。

【集释】《杨考》："《元和志》：后魏恭帝移西宕渠郡于涌泉山，改名涌泉郡。"

开皇初郡废，县改名，

【集释】《杨考》："《寰宇记》：故涌泉县地名黄浒川，开皇三年于此置通泉县。按《元和志》，周明帝置通井县，开皇三年改为通泉县，与《志》异。"

又并光汉县入焉。

【集释】《北周志》："按'光汉'即'广汉'，《隋志》避炀帝讳改。"

【编者按】通泉，治今四川射洪县南。

飞乌　开皇中置。

【集释】《杨考》："《元和志》：开皇十年置飞乌镇，十三年改镇为县，并因山为名。"

【编者按】飞乌，治今四川中江县东南。

巴西郡

巴西郡

【集释】《杨考》："《寰宇记》：宋元嘉八年，于此立北巴西郡，宋末除'北'字，齐不改。按此不见于宋、齐《志》。宋、齐《志》益州之巴西郡则治涪城，已见金山郡，此盖刘璋改巴郡为巴西郡，自安汉移此者。《水经·漾水注》：阆中县。巴西郡治也，刘璋之分三巴，此其一焉。《晋志》梁州巴西郡即此。"

梁置南梁、北巴州，

【集释】《考异》卷三三："此条似有脱文，当云'梁置南梁州。后改为北巴州'也。考天监八年，以北巴西郡置南梁州，见《梁书》本纪。其改名北巴，则史未详其年，当是大同初复收汉中之后，以西城为南梁，因改此州为北巴耳。《志》于普安郡下又云梁置南梁州，后改为安州，此则莫能详其建置之本末矣。"《杨考》："此双头州郡也。《梁武纪》：天监八年夏四月，以北巴西郡置南梁州。又《张鲁传》：初，南郑没于魏，乃于益州西置南梁州。《通典》作'北巴州'。皆举其半。钱氏《考异》疑有脱文，谓当云'梁置南梁州，后改为北巴州'，说误。"《杨考补遗》："又按《通鉴》，孝昌初。行台魏子建奏以隆城镇为南梁州。以严恺为刺史，是南梁州魏孝昌中始置。故胡身之引此《志》云'巴西郡旧置南梁州'，改'梁'为'旧'，以合于《通鉴》。然《梁书》天监八年已有改巴西置南梁之文，则《志》云'梁置'不为无据。疑巴西本为獠地，南北得失相仍，各立州郡，如武都郡、东益州之比也。"《北周志》："洪齮孙《补梁疆域志》云：'《隋志》梁置南梁北巴州，此盖双头州郡也。《一统志》作南梁，《通典》作北巴，皆举其半。'按梁之季年，南梁北巴州同治阆中，共一州刺史，所谓双头州者，洪杨二氏之说极是。然其始北巴州治阆中，南梁寄治北巴，后始并合，则言之未晰也。据《魏书·邢峦传》：'拜峦使持节安西将军梁秦二州刺史。萧衍巴西太守庞景民恃远不降，峦遣巴州刺史严玄始往攻之，斩景民，巴西悉平。'《通鉴》系此事于梁天监四年。《峦传》又载峦表曰：'巴西南郑，相离一千四百，去州迢递，恒多生动。昔在南之日，以其统绾势难，故增立巴州，镇静夷僚。梁州藉利，因而表罢。彼土民望严蒲何杨，非唯五三部落，虽在山居。而多有豪右。但以去州既远，不能仕进。至于州纲，无由厕迹。巴境民豪便是无梁州之分，是以郁怏，多生动静。比建议之始。严玄始自号巴州刺史，克城以来，仍使行事。巴西广袤一千，户余四万，若彼立州，镇摄华僚，则大帖民情，从垫江已远，不复劳征，自为国有。'世宗不从。据是，巴西豪右严蒲何杨诸大族，以仕进路狭，遂怀反侧，严玄始自称巴州刺史，魏亦以其自号之官授之者，遂欲藉其力以取巴蜀也。不一年，梁又复巴西，欲以宠抚豪右计，势不得不仍魏之旧立此北巴州。《通鉴》梁天监十六年十一月甲子：'巴州刺史牟汉宠叛降魏。'胡三省注：'《五代史》，巴西郡，梁置南梁州北巴州'。是此巴州入梁未废也。又自夏侯道迁举汉中以降魏，梁南秦军府自此不立，故不得不于北巴西郡筹立梁州军府，既以慰抚梁秦流民，亦畀以恢复汉中失地之任。《梁书·武帝纪》：'天监八年夏四月，以北巴西郡置南梁州。'《梁书·张齐传》：'天监七年，迁巴西太守。初，南郑没于魏，乃于益州西置南梁州。十七年，迁持节都督南梁州诸军事智武将军南梁州刺史。'盖自此南梁北巴同治阆中。所谓双头州者是矣。然梁州要为大府，故史多举其著者。如《陈书·何之元传》：'梁武陵承制，授南梁州长史、北巴西太守。'不言授南梁州北巴州长史者，亦犹宋齐以来梁南秦二州一刺史，有时举其全名，有时单言梁州，盖简文也。"

西魏置隆州。

【集释】《杨考》："《周书·帝纪》云：废帝二年，尉迟迥伐蜀，克成都，三年改置州郡，改南梁州为隆州。《寰宇记》引《魏典略》云：此州故有城坚隆，因置隆州。《纪胜》引《元和志》：治古阆中城。按《周书·陆腾传》，保定元年迁隆州总管，则周尝置隆州总管府，《志》失书。"

统县十，户四万一千六十四。

阆内

【集释】《考异》卷三三："本阆中，隋避讳改。"《杨考》："今阆中县西本汉阆中县。《纪胜》：隋开皇中改为阆内，避文帝父讳也。"

梁置北巴郡，

【集释】《考异》卷三三："当依《梁书》作'北巴西'。"《杨考》："《寰宇记》：梁天监中立北巴西郡。按诸书俱作'北巴'，《梁纪》天监八年独作'北巴西'、盖衍'西'字。钱氏谓'当从之'，亦误。"《北周志》："按阆中之巴西郡，本无北字，以晋宋之世，于梓潼侨置巴西郡，属益州，而自分益州置梁州后，此巴西郡改隶梁州，以梁州在益州之北，故称在梓潼者为巴西郡，称治阆中者为北巴西郡。齐梁仍有北字，《梁书·武帝纪》：'天监八年夏四月，以北巴西置南梁州。'《陈书·何之元传》：'梁武陵承制。授南梁长史北巴西太守'可证也。《隋书·地理志》：阆内，梁置北巴郡，盖夺西字。《寰宇记》又讹作巴北郡，更为可笑矣。"

后魏平蜀，置盘龙郡，

【集释】《杨考》："《寰宇记》：以郡中有盘龙冈为名。"

开皇初郡废。大业初置巴西郡。有盘龙山、

【集释】《杨考》："《纪胜》：其势如龙，故名。《寰宇记》引《益州记》曰：盘龙山南有一石，长四十丈，高五尺，当中有户及扇，若人之卷户，故老以为玉女房。"

天柱山、

【集释】《杨考》："《寰宇记》：云台山，一名天柱山。"

灵山。

【集释】《杨考》："《寰宇记》引《周地图》：灵山峰多杂树，昔蜀王鳖灵帝登此，因名灵山。"

【编者按】阆内，治今四川阆中市。

南部　旧曰南充国，梁曰南部，

【集释】《杨考》："《纪胜》引《元和志》：梁置南部郡，周闵帝天和初改为南部县，属盘龙郡。《寰宇记》、《舆地广记》并同。《志》有脱误。"

西魏置新安郡，后周郡废。

【集释】《杨考》："《纪胜》引《隋志》：旧曰南充国，梁曰南充郡，西魏置巴西郡，后周郡废。与今本大异。据《旧唐志》，后汉分阆中置南充国县，属巴郡，又分置南充国郡，梁改为南充郡，隋改为南部也。是则，《纪胜》所引不为无因。"

【编者按】南部，治四川今县。

苍溪　旧曰汉昌，开皇末改名焉。

【集释】《杨考》："《纪胜》引《图经》云：隋开皇四年，刺史郑译以治所狭隘，徙于四肘川。又引《元和志》：十八年改为苍溪县，以苍溪谷为名。《寰宇记》作'曲肘川'。"

【编者按】苍溪，治四川今县。

南充　旧曰安汉，置宕渠郡。

【集释】《杨考》："按脱'南'字。《寰宇记》：南充，本汉安汉县地，属巴郡，宋于安汉城置南宕渠郡，隋开皇十八年改安汉为南充。按汉、晋之安汉在此是也，而宋、齐《志》之安汉则不在此。一北巴西之安汉，在今保宁府境；一巴西郡之安汉，在今绵州境，皆非此地。唯宋、齐《志》南宕渠郡之汉安，其故城则在今南充，盖已改安汉为汉安也。《志》例载其近者，当云'旧曰汉安，置南宕渠郡'，方合。而王象之不能分别，自生轇葛，反以宋、齐南宕渠郡之汉安属之江安，可谓至误。"《北周志》："《舆地纪胜》

引《元和郡县志》云：自李雄之乱，巴境荒残，至宋，于安汉故城置南宕渠郡。《寰宇记》：宋于安汉城置南宕渠郡。又云：后魏平蜀。于果州北三十七里石狗坝置南宕渠郡。其安汉县亦移就郡理。隋开皇初郡废，以县属隆州，仍移县理安汉城。按据此，则南宕渠郡虽宋置，而郡治在西魏世有移置也。”施和金《释例》：“此脱‘南’字，当作‘置南宕渠郡’。”

开皇初郡废。十八年，县改名焉。

【集释】《杨考》：“《纪胜》引《隋志》作‘八年改’，与今本不同；又引《元和志》作‘十年’，亦异。《寰宇记》：以古充国县为名。”

【编者按】南充，治四川今市北。

相如

【集释】《杨考》：“《寰宇记》：梁天监六年置县，即汉司马相如所居之地，因以名县。《舆地广记》：西魏废梓潼郡置相如县。《旧唐志》：周省梓潼郡立相如县。各不同。《纪胜》引《元和志》以为周闵帝省县。又《纪胜》蓬州管山县下引《元和志》：周武帝置相如县，属果州。疑县置于梁，周闵帝省，武帝复置。”《北周志》：“疑梁天监六年置相如县，周闵帝初省，武帝复置。”又云：“《御览》一六七引《周地图记》云：相如县有相如坪、相如故宅，因以名县。”

梁置梓潼郡，

【集释】《杨考》：“《寰宇记》：梁天监六年置。”

后魏郡废。

【集释】《杨考》：“《舆地广记》：西魏废。《旧唐志》、《寰宇记》并后周废。”

【编者按】相如，治今四川蓬安县西陵江镇。

【补阙】《杨考》：“按有朗池县。《寰宇记》：本汉宕渠县地，梁大同中于此置县。”

西水

【集释】《杨考》：“《通典》：梁置。《寰宇记》：梁大同中，于今西水县西北三十五里置掌天戍。后魏废戍，后周闵帝元年改为西水县。以界内西水为名，大业元年移于今理。一作梁置，一作周置。又《纪胜》引《图经》：大业中水泛涨，徙治彭定故宅。”

梁置掌天郡，西魏改曰金迁，

【集释】《杨考》：“《寰宇记》：梁置掌天戍，周闵帝改金迁郡，理晋安县。”

开皇初郡废。

【编者按】西水，治今四川南部县西北。

晋城　旧曰西充国，

【集释】《杨考》：“此即汉之充国县，晋改为西充国，属巴西郡。《寰宇记》云：李雄之乱，巴西荒芜，故孝武别立西充国于今绵州安县。案即宋、齐《志》巴西郡之西充国。此《志》神泉县下所载西充国是也。”

梁置木兰郡。西魏废郡，改县

名焉。

【集释】《杨考》："《寰宇记》引《四夷县道记》：梁置金迁戍，周闵帝改为金迁郡，置晋安、晋城、西水三县属焉，郡理晋安。隋开皇三年罢郡，省晋安县，自今晋安县东十四里移晋城县于晋安旧理。《纪胜》引《元和志》：梁置金迁戍，后周置晋安县，隋并入晋城县。"

有阆水。

【集释】《杨考》："《寰宇记》：嘉陵水，又名西汉水，又名阆中水。引《周地图》云：水源出秦州嘉陵，因名之。经阆中即为阆中水。"

【编者按】晋城，治今四川南部县西北。

奉国

【集释】《杨考》："《通典》：梁置白马、义阳二郡，后魏为西县。《寰宇记》：西魏恭帝二年废义阳郡，改为奉国县，属白马郡，始以此地附于魏，故以奉国为名。"

梁置白马、义阳二郡。

【集释】《杨考》："《寰宇记》：梁武帝立。"

开皇初郡废，

【集释】《杨考》："《寰宇记》：后魏恭帝二年废义阳郡，开皇三年废白马郡。以奉国县属阆州。"

并废义阳县入焉。

【编者按】奉国，治今四川阆中市东北。

仪陇

【集释】《求是》："《元寿传》改封仪陇县侯。见《续高僧传》一六《昙询传》，同书三《慧赜传》讹作'仪龙'。《金石录》二二跋寿碑云：'而碑作仪龙侯。今按《隋书·地理志》有仪陇县，属巴西郡，无仪龙，未知孰是。'按：作'龙'者，碑之省写，在六朝不足怪也。"《北周志》："《寰宇记》：梁天监元年，置隆城郡及仪隆县，大历初，以庙讳，改为仪陇县。按据是，仪陇当作仪隆，以避唐玄宗讳追改。《通典·州郡典》：仪陇县城，在崇城山上，凭险为理，即梁崇城郡城是也。按隆城改为崇城，亦以唐玄宗讳追改。"

梁置，

【集释】《杨考》："《纪胜》引《元和志》：梁天监元年置，以仪陇山名。《寰宇记》作'仪隆'。《隋书·元寿传》：周保定四年，封仪陇县侯。"

并置隆城郡。

【集释】《杨考》："《寰宇记》：梁天监元年置，因隆城山为名。《通典》云：今仪陇县城在崇城山上，凭险为理，即梁崇城郡城也。《元寿传》，周武成初，封隆城县侯。则周尝置隆城县。"《北周志》亦据《元寿传》称："按据是，则西魏后周初曾曰隆城县，保定四年，始复旧名。"

开皇初郡废。

【集释】《杨考》："《寰宇记》：以县属蓬州。"

【编者按】仪陇，治四川今县。

大寅　梁置。

【集释】《杨考》："《纪胜》引《元和志》：梁天监元年置。因地以为名。《旧唐志》：梁置，治斗子山。《寰宇记》：取邑西大寅山为名。《舆地广记》：梁属隆城郡，隋开皇三年属蓬州。"

【编者按】大寅，治今四川仪陇县南。

遂宁郡

遂宁郡　后周置遂州。

【集释】《杨考》："按《周书·闵帝纪》，元年正月于遂宁郡置遂州。《元和志》'周保定二年置'，误。"《北周志》："按《元和郡县志》云周保定二年立遂州，《寰宇记》云后周武帝始置遂州，皆误。"

仁寿二年，置总管府。

【集释】《杨考》："按《隋纪》，仁寿元年十一月，以资州刺史卫玄为遂州总管。疑《志》'二年'为'元年'之误。"《求是》："按《本纪》二，仁寿元年十一月已著遂州总管，《志》比《纪》后差一年。与前云州总管同，疑《志》系据当年簿册书之，元年之簿册尚未列入故也。"

大业初府废。

统县三，户一万二千六百二十二。

方义　梁曰小溪，

【集释】《杨考》："《元和志》：晋穆帝永和十一年置，属遂宁郡。《纪胜》云：晋、宋《志》并无小溪县，则非置于晋也。按《宋志》遂宁郡领巴兴、广汉、晋兴、德阳四县，《齐志》东遂宁郡亦领县四，三县之名同，惟广汉更曰小汉，意者即小溪之误。"《北周志》："杨守敬疑小溪为小汉之误，是也。检《南齐志》，东遂宁郡有小汉县，即《宋志》之广汉县。汉世县名与郡名同者，往往加小字以别之。故广汉县亦称小广汉，又简称为小汉。《隋志》之小溪，当是小汉之讹无疑。"

置东遂宁郡。

【集释】《杨考》："《寰宇记》：宋泰始五年，刺史刘亮表分遂宁为东、西二郡，梁因之。案《宋志》无'东'字，《齐志》始加'东'字。"

西魏改县名焉。

【集释】《杨考》："《寰宇记》：恭帝二年改。"

后周改郡曰石山。

【集释】《杨考》："《寰宇记》云：周武帝废郡，始置遂州，寻又置兴西郡。与《志》异。"

开皇初郡废。大业初置遂宁郡。

【编者按】方义，治今四川遂宁市。

【补阙】《杨考》："按梁有德阳县，在今遂宁县东南。《旧唐志》：后周废。《元和志》：闵帝元年废。

按隋有隆龛县，在今遂宁县南。《旧唐

志》：后周隆龛城，隋为隆龛县，治整瀨川。《元和志》云：开皇三年置隆龛镇，大业十二年于镇置县。”

青石　旧曰晋兴，

【集释】《杨考》：“《元和志》：本晋之晋兴县。《宋志》属遂宁郡，《齐志》属东遂宁。”

西魏改名焉，

【集释】《杨考》：“《通典》：晋、宋曰晋兴，后魏曰始兴，隋改青石。《旧唐志》、《舆地广记》同。《元和志》谓改始兴为青石，在开皇十八年。《寰宇记》亦云：后魏武帝改为始兴县，隋改为青石，以界内有青石为名。据诸书所说，《志》当云‘西魏改始兴，开皇十八年改名焉’。”

又置怀化郡。开皇初郡废。

【集释】施和金《订补》：“《杨考》订《隋志》脱西魏改始兴一节甚当。然此青石县下‘又置怀化郡，开皇初郡废’已见于遂宁郡长江县下，此乃重出之文，应当删去。而杨氏不言，是考之未细也。《隋志》长江县下云：‘旧曰巴兴，西魏改名焉。又置怀化郡，开皇初郡废。’长江与青石为相邻之县，何得同时置废两怀化郡？据《南齐志》，东遂宁郡领巴兴、小汉、晋兴、德阳四县。郡治巴兴。至西魏，怀化郡领长江、始兴二县，郡治长江（据龚煦春《四川郡县志》卷四）。故西魏置怀化郡一节。记于长江县下即可。青石县下不当复出。”施和金《释例》：“据《元和郡县志》、《太平寰宇记》、《通典》等云：‘西魏改晋兴为始兴。开皇十八年又改为青石，则始兴即青石。按《隋书·地理志》通例，此怀化郡但书于郡治长江县下即可，青石县下不当复载。故青石县下志文当作：‘旧曰晋兴，西魏改名始兴，开皇十八年改为青石。’而‘又置怀化郡，开皇初郡废’十字则衍，当删。”

【编者按】青石，治今重庆直辖市潼南区北。

长江

【集释】《杨考》：“《旧唐志》：旧治灵鹫山。”

旧曰巴兴，西魏改名焉，

【集释】《杨考》：“《元和志》：恭帝改。《寰宇记》：以界内大江为名，即涪江也。”

又置怀化郡。

【集释】施和金《释例》：“龚煦春《四川郡县志》云，西魏怀化郡领县有二：一为长江，一为始兴，郡治长江（卷四）。”

开皇初郡废。

【编者按】长江，治今四川蓬溪县附近。

涪陵郡

涪陵郡　西魏置合州。

【集释】《杨考》："《元和志》：魏恭帝置，以涪江自梓、遂州来，至州南与嘉陵江合流，因名合州。《寰宇记》：西魏恭帝三年置合州。"

开皇末改曰涪州。

【集释】《杨考》："《纪胜》引此《志》作'开皇初'，是。"《求是》："《旧（唐）书》五九《李袭志传》云：'周信州总管安康郡公迁哲孙也，父敬猷，隋台州刺史。'（《新书》九一不叙其先代名字）按：隋无台州，疑是合州之讹。复考《周书》四四《迁哲传》：'第六子敬猷嗣，还统父兵，起家大都督。建德六年，从谯王讨稽胡有功，进爵仪同大将军。'其出任刺史，想在开皇初年。"

统县三，户九千九百二十一。

石镜　旧曰垫江，

【集释】《杨考》："汉县，晋、宋不改。字当依《说文》作'埶'，然沿误已久。《舆地纪胜》：南齐属宁蜀郡（此误，详见下），梁时不知所隶。按《通鉴》天监五年。魏邢峦入汉中，表称巴西广袤千里，户逾四万，若于彼立州镇。则从垫江以还，不劳征伐。此梁有垫江县之证。"

置宕渠郡。

【集释】《杨考》："《元和志》：宋元嘉中，于垫江县置东宕渠郡。《寰宇记》同。案《宋志》有南宕渠郡，无宕渠郡，而垫江县属巴郡。南齐有东宕渠郡，无领县，而垫江属宁蜀郡。据《元和志》言，周改垫江为巴县。《志》于巴县下亦云周废垫江入，则地不在此。然则，齐宁蜀之垫江非晋、宋巴郡之垫江也，其巴郡之垫江当在齐东宕渠郡，《志》缺不载耳。"

西魏改郡为垫江，

【集释】《杨考》："《寰宇记》：西魏恭帝三年，改东宕渠为垫江郡。"

县为石镜。

【集释】《杨考》："《寰宇记》：西魏恭帝三年，更县名石镜，以涪水北有圆石似镜因名。"

开皇初郡废。大业初置涪陵郡。

【编者按】石镜，治今重庆直辖市合川区。

汉初　梁置新兴郡。

【集释】《杨考》："《寰宇记》：梁大同中置。"

西魏改郡曰清居，

【集释】《杨考》："《寰宇记》：西魏恭帝三年，于今汉初县西北六十里置清居县。"

名县曰汉初。

【集释】《杨考》："按南齐东宕渠獠郡已有汉初县。《寰宇记》：魏恭帝三年立清居县，以地势爽垲，故曰清居。隋初改为汉初县，属合州。十六年自故清居郡城移于今理。"《北周志》："按《隋志》、《元和志》谓西魏置县曰汉初，《寰宇记》谓西魏置县曰清居，隋改汉初，而《南齐书·州郡志》东宕渠郡已有汉初县，盖西魏改南齐所置之汉初曰清居，至隋复改曰汉初也。”

开皇初郡废。

【编者按】汉初，治今四川武胜县西北。

赤水　开皇八年置。

【集释】《杨考》：“《元和志》云：开皇八年，分石镜县于今赤水县西三里置县，因水为名。《寰宇记》：以界内有赤水源为名。”

【编者按】赤水，治今重庆直辖市铜梁区西北。

巴　郡

巴郡　梁置楚州。

【集释】《考异》卷三三：“梁置楚州于淮南之楚城，而巴郡又立楚州，是同时有二楚州。”《杨考》：“《通典》同。《寰宇记》：梁太清四年，武陵王萧纪于巴郡置楚州。西魏大统十七年，改楚州为巴州。周闵帝元年，改巴州为楚州。钱氏《考异》云：按梁置楚州于淮南之楚城。而巴郡又立楚州，是同时有两楚州矣。或因此说，据《旧唐志》作梁置葜州，遂欲改‘楚’为‘葜’，不知此孤证何足为据。今按《周书·辛庆之传》亦有楚州；《陆腾传》，天和中，涪陵郡守蔺休祖据楚、向、临、容、开、信等州；又《王谦传》，所管十八州中亦有楚州。且梁之青、江、湘、安、新、华、定、义、兴等九州皆并立两州，岂独楚州乎？”

开皇初改曰渝州。

【集释】《杨考》：“《元和志》：开皇元年改，因渝水为名。《寰宇记》：大业三年罢州为巴郡。”《求是》：“《元和志》三三云：‘隋开皇九年，改楚州为渝州’，其下江津县又云：‘隋开皇三年，改为江津县，属渝州。’如是九年始改，则三年时不得曰属渝州；但《元和志》对于州郡称谓，往往缺乏时代观念（此当别论之），仅此孤证，不能断九年必讹也。细析《地理志考证》二引《元和志》，实作元年，或余见本（局本）讹耶？”《北周志》：“《元和郡县志》：‘梁武陵王萧纪于巴郡置楚州，后魏改为巴州，周闵帝又改为楚州，隋开皇九年改为渝州。’按《周书·王谦传》，谦为益州总管，大象末举兵。时所管十八州中有楚州，传又云嘉渝临渠蓬隆通兴武庸十州之人多从之。或以此疑楚渝两州并立，非也。盖史臣据当时记录有嘉渝诸州，不知渝州即楚州。嘉州即青州。盖周既灭齐，既有青齐之青州，又有剑南之青州，既有淮南之楚州，又有剑南之楚州，州名相乱，不得不改，故周末隋初即改楚州为渝州也。《元和志》谓隋开皇九年改者，九年疑是元年之误。《元和志》江津县下云，隋开皇三年改为江津县，属渝州，既云三年属渝州，可证九年为元年之误也。”

统县三，户一万四千四百二十三。

巴

【集释】《杨考》：“《元和志》：本汉江州县，南齐改为垫江县，周武成三年改为巴县。”

旧置巴郡，后周废枳、垫江二县入焉。

【集释】《杨考》：“按宋巴郡有枳县，《齐志》无之，当是梁复置也。《陈书·徐世谱传》：从弟世休，梁时官枳县令。《寰宇记》：周改垫江为巴县，武成三年省枳县入巴县。按《齐志》宁蜀郡有垫江县，即此汉、晋以来之垫江，在石镜，已见上。”

开皇初郡废。大业初置巴郡。

【编者按】巴县，治今重庆直辖市市区。

江津　旧曰江州县。

【集释】《杨考》：“《寰宇记》：南齐永明五年，自巴郡城移理僰溪口。”

西魏改为江阳。

【集释】《杨考》：“《元和志》：周改江州为江阳。《寰宇记》亦云：周闵帝元年改。与《志》不合。”

置七门郡。

【集释】《杨考》：“《寰宇记》：周闵帝元年置，领江州一县，寻改江州为江阳县。与《志》不合。”

开皇初郡废。十八年，县改名焉。

【集释】《杨考》：“《元和志》：开皇三年改。《寰宇记》：以斯地在江之津为名。”

【编者按】江津，治重庆直辖市今市东綦江入长江处。

涪陵　旧曰汉平，

【集释】《杨考》：“《晋志》属涪陵郡，宋废，齐复立。”

置涪陵郡。

【集释】《杨考》：“《华阳国志》：涪陵，蜀先主改为涪陵郡，后主又立汉平县。《晋志》有涪陵郡。《元和志》：晋永嘉后地没蛮夷。故宋、齐《志》均无涪陵郡、县。《水经注》：江水又东迳涪陵故郡北，后乃并巴郡，遂罢省。是知梁亦未立郡。《元和志》：周保定四年，涪陵蛮帅田思鹤以地内附，因置奉州，建德三年改为黔州。是旧涪陵郡。即隋之黔安郡也。《寰宇记》：周保定四年。涪陵首领田思鹤归化，于故枳城又立涪陵镇。《周书·陆腾传》：天和中，有涪陵郡守蔺休祖。”

开皇初郡废。十三年，县改名焉。

【集释】《杨考》：“《寰宇记》：开皇三年，移汉平县于镇城，仍改汉平为涪陵，大业三年又为镇。《舆地广记》：开皇十八年改，后废为镇。”

【编者按】涪陵，治重庆直辖市涪陵区。

【补阙】《杨考》：“按梁有东巴州及安宁、敬水、平南三郡。《寰宇记》：梁武帝大同中，于木马立东巴州，以领安宁等三郡。按三郡，大同中立于巴岭侧。”

巴东郡

巴东郡　梁置信州，

【集释】《杨考》：“《梁书·武纪》：普通四年六月乙丑，分益州置信州。《寰宇记》：梁大同三年，于郡理立信州。”

后周置总管府，

【集释】《杨考》：“《隋书·贺若谊传》：周初历原、信二州总管。《周书·蛮传》：信州旧治白帝，陆腾更于刘备故宫城南八阵之北临江岸筑城，移置信州。《寰宇记》：周天和元年，自白帝城移理于永安宫南五十步，宣政元年，州复还白帝城，仍置总管府。又《周纪》：大象元年九月，分潼州管内新、遂、普、合及泸戎管内泸、戎六州并隶信州总管府。”

大业元年府废。

【集释】《杨考》：“三年州废。”

统县十四，户二万一千三百七十。

人复　旧置巴东郡，

【集释】《杨考》：“《宋志》：初平六年，分巴西郡为永宁郡，建安六年，刘璋改为巴东郡。《寰宇记》：后汉置固陵郡，蜀先主改固陵为巴东，后魏废帝三年，移巴东郡于梁置阳口县理，其县盖今夔州西阳水口，今无余址。周明帝二年。又于州理置永安郡，以鱼复、巫山县属焉。巴东郡惟领云安一县。《旧唐志》亦云：梁置信州，周为永安郡。《志》失书永安郡。”

县曰鱼复。西魏改曰人复。

【集释】《北周志》：“按近年出土《大隋开府仪同三司龙山公墓志》：‘公讳质，青州乐安人也。司徒公仓之苗裔，随宦巴庸，即此民复人也。祖齐巴州刺史。父授巴东、建平二郡太守。’据是，人复西魏周隋作民复。盖唐臣修《隋志》时，避讳追改。”

开皇初郡废。大业初，置巴东郡。有盐井、

【集释】《杨考》：“《纪胜》：云安监四围九井，岁产二十九万二千二百一十斤。云安县二井，岁产五万三千七百零九十斤。”

白盐山。

【集释】《杨考》：“《水经·江水注》：白盐崖高千余丈，俯临神渊，土人见其高白，故名。”

【编者按】人复，治今重庆直辖市奉节县东白帝城。

云安　旧曰朐䏰，

【集释】段玉裁《朐忍考》：“《郡国志》作朐忍，而《吴汉传》、《刘焉传》作朐䏰者，因朐字从肉而误增也。”（《经韵楼集》卷五）《杨考》本作朐䏰，云：“《汉志》作‘朐忍’，师古曰：朐音劬。《后汉书·吴汉传》

注亦云：音蚼。故城在云安县西万户故城是也。又引《十三州志》曰：其地下湿，多朐䏰虫，因以名县。朐音春，䏰音闰（《晋书》音义引如淳，亦音蠢）。今按汉《西岳华山碑》、《郃阳令曹全碑》并作‘朐忍’，则阚骃音误也，盖‘朐’误作‘眗’，音春；‘忍’又因‘朐’字从肉误作‘䏰’，音闰。”陈汉章《朐忍朐䏰辨》列出十大证据，辨明作“朐忍”者是，作“朐䏰”者非（《缀学堂初稿》卷一）

后周改焉。

【集释】《杨考》：“《纪胜》引《元和志》：周武帝改朐䏰为云安县，属巴东郡。”

【编者按】云安，治今重庆直辖市云阳县东云阳镇。

南浦

【集释】《杨考》：“《水经注》谓之南浦侨县，未知其由。《梁书·武纪》：太清二年十一月辛酉，贼攻陷东府城，害南浦侯萧推。则梁仍为南浦。”

后周置安乡郡，

【集释】《杨考》：“《元和志》、《寰宇记》俱谓后魏置安乡郡。《纪胜》谓梁元帝末年，武陵王纪败，地入西魏。次年即禅于周，当从《隋志》作后周。案此《志》西魏、后周亦错出不齐。”

后改县曰安乡，改郡曰万川。

【集释】《杨考》：“《通典》：兼置南州，炀帝初州废。”

开皇初郡废。十八年，县改名焉。

【集释】《杨考》：“《寰宇记》：西魏废帝元年，分朐䏰县地置安乡郡及鱼泉县，后又改安乡郡为万川郡，鱼泉县为万川县。十八年改万川为南浦。与《志》异。《旧唐志》亦云：后魏分朐䏰置鱼泉县，周改为万川。”

【编者按】南浦，治今重庆直辖市万州区。

梁山　西魏置。

【集释】《杨考》：“《通典》：后周置。《元和志》：周武帝置。《寰宇记》：今县即鱼泉县地，周天和二年置，因界内高梁山为名。与《志》异。《旧唐志》：梁山，后魏分朐䏰县置，治后魏万安郡故城。然则西魏有万安郡，旋废，故周于此城置梁山县。”《北周志》：“《舆地纪胜》引《元和郡县志》云：本汉朐䏰县地。周武帝于此分置梁山县。属万川郡。……按梁山县，《隋志》曰西魏置，《通典》则曰北周置，今从《通典》。”施和金《订补》：“按‘后魏分朐䏰县置’，《旧唐志》后魏作后周，《杨考》引文有误。据下文‘故周于此城置梁山县’，亦当作后周。”施和金《释例》：“‘后周置’误作‘西魏置’。”

有高梁山。

【集释】《杨考》：“《纪胜》：距梁山军城四十里。《寻江源记》云：蜀中望之若长云垂天，《剑阁铭》所谓‘岩岩梁山，积石峨峨’是也。”

有纻溪。

【集释】《杨考》：“按《明一统志》，夔州府有纻溪，云在万县治西，春夏涨潦则并舟为筏，以百丈双棲济人。”

【编者按】梁山，治今重庆直辖市梁平区西。

大昌

【集释】《杨考》：“《宋志》建平郡泰昌县，《晋太康地志》有。《舆地广记》：后周避文帝名改曰建昌，旋改曰大昌。《纪胜》引《曾公类要》同。《寰宇记》引《舆地志》：晋太康元年，分秭归巫县置建昌县。后改为大昌。恐误。《水经·江水注》：巫溪水南迳建平郡泰昌县。知郦亭时尚为泰昌也。”

后周置永昌郡，寻废，

【集释】《杨考》：“前宣汉县下有魏永昌郡，周盖移郡于此。”

又废北井县入焉。

【集释】《杨考》：“《宋志》：北井县，晋置。《纪胜》引《图经》：周于北井县置始宁郡。《九域志》：天和二年，废郡入永昌郡。”

【编者按】大昌，治今重庆直辖市巫山县北大昌镇。

巫山

【集释】《杨考》：“秦置。《水经·江水注》引郭仲产云：按《地理志》。巫山在县西南，而今县东有巫山将，郡治无恒故也。《后汉书·李通传》注云：汉巫县故城在巫山县北。《旧唐志》：隋加‘山’字，以巫山硖为名。”

旧置建平郡，

【集释】《杨考》：“《宋志》：吴置，后徙，晋复置。梁为王国，《梁书》建平王大球是也。

开皇初郡废。

【集释】《杨考》：“《寰宇记》云：梁武帝废郡。”《北周志》：“按《寰宇记》：‘晋立建平郡，梁武帝废。’又云：‘周明帝于信州理置永安郡，以鱼复、巫山县属焉。’则此建平郡之废于梁世，似甚确凿。然梁之季世有建平王大球。又近出土《大隋开府仪同三司龙山公墓志》：‘公讳质，父梁授巴东、建平二郡太守。’北周世封建平郡者如后所引于义、姜景。则建平郡似未废，《寰宇记》之说为无据也。”

有巫山。

【集释】《杨考》：“《水经·江水注》：新崩滩下十余里有大巫山，非惟三峡所无，乃当抗峰岷、峨，偕岭衡、疑，其翼附群山，并概青云。更就霄汉，辨其优劣耳。”

【编者按】巫山，治重庆直辖市今县。

秭归　后周曰长宁，

【集释】《杨考》：“《纪胜》引《元和志》：汉置秭归县，周武帝改为长宁县。”

置秭归郡。开皇初郡废，改县曰秭归。

【集释】《杨考》：“《元和志》谓大业中改。”

【编者按】秭归，治湖北今县西北归州镇。

【补阙】《杨考补遗》：“按有兴山县。《寰宇记》：吴景帝永安三年，分秭归之北界立，属建平郡，隋废之。”

巴东 旧曰归乡，

【集释】《杨考》：“《宋志》归乡属建平郡，云：《太康地志》无归乡县。《水经注》引袁山松说，但称归乡，不云立县，然则东晋后立也。”

梁置信陵郡。后周郡废，县改曰乐乡。

【集释】《杨考》：“《寰宇记》：后周天和三年，于巴陵故城置乐乡县。”

开皇末，又改名焉。

【集释】《杨考》：“《寰宇记》：开皇十八年，改乐乡为巴东县，在巴之东，因以为名。”

有巫峡。

【集释】《杨考》：“《寰宇记》引盛弘之《荆州记》云：沿峡二十里有新崩滩至巫峡，因山名也。首尾一百六十里。”

【编者按】巴东，治湖北今县长江北岸官渡口镇。

新浦

【集释】《杨考》：“《寰宇记》：宋武帝永初中，分汉丰县西北七里置。隋开皇七年移于今理。《梁书·萧子云传》：齐建武四年，封新浦县侯。’

后周置周安郡，

【集释】《杨考》：“《寰宇记》：周安郡初领西流一县；又云：魏恭帝三年置开江郡，领新浦一县。周太和五年，改开江郡为江会郡，建德五年郡废，以县属周安郡。互详通川郡西流县下。”

开皇初郡废。

【集释】《杨考》：“《寰宇记》：开皇三年罢郡，以县属开州。大业二年废开州，改属信州。”

【编者按】新浦，治今重庆直辖市开州区西南。

盛山 梁曰汉丰，

【集释】《杨考》：“《寰宇记》：蜀先主建安二十一年，于开江县南二里置汉丰县。《宋志》巴东郡有汉丰县，然则非梁置也。《水经·江水注》：彭水东南流迳汉丰县东。”

西魏改为永宁，

【集释】《杨考》：“《寰宇记》云：周武帝改。《旧唐志》：周改。”《北周志》：“按《寰宇记》开州下云：‘后汉建安二十一年分朐䏰西北界。于今开州南二里置汉丰县，后周天和元年，又于汉丰县置周安郡，其周安郡领西流一县。’是周安郡治西流县，即汉丰县所改至明。此永宁县者，则又分汉丰立。及唐武德元年，移隋改永宁为盛山之盛山县于今开江县理，亦即移盛山县于汉丰县旧理，故唐初修《隋志》，遂以为盛山由永宁改置，永宁由汉丰改置。其实当云永宁西魏分汉丰立，始合事实。”（编者按：参通川郡西流县下释文）施和金《释例》：“‘后周改为永宁’误作‘西魏改为永宁’。”

开皇末，曰盛山。

【集释】《杨考》：“《寰宇记》：开皇十八年，改永宁为盛山。《旧唐志》：义宁二年，于盛山县置万州，仍割巴东郡之新浦、通川郡之万世、西流三县来属。”

【编者按】盛山，治今重庆直辖市开州区。

临江　梁置临江郡，

【集释】《杨考》：“《寰宇记》：梁大同六年立临江郡，以郡城临江也。按旧临江废于齐，《志》不言置县始末。《水经·江水注》：又东迳临江县南。故知梁复置县。”

后周置临州。

【集释】《杨考》：“《寰宇记》：西魏废帝二年为临州，领临江、万川二郡。《周书·李迁哲传》：明帝初授都督信、临等七州诸军事。又《陆腾传》：涪陵郡守蔺休祖据楚、向、临、容、开、信等州。”

开皇初郡废，大业初州废。

【集释】《杨考》：“《旧唐志》：义宁二年又于临江县立临州，又分置丰都县。”《求是》：“《元和补志》五作大业五年州废，‘五’应是‘三’之讹。”

有平都山。

【集释】《杨考》：“《寰宇记》：平都山在丰都县北二里。”

有彭溪。

【集释】《杨考》：“《水经·江水注》：彭水出巴渠群獠中，西南流注于江，谓之彭溪口。”

【编者按】临江，治今重庆直辖市忠县。

武宁　后周置南州、

【集释】《杨考》：“《寰宇记》：周于万川郡万川县置南州。《通典》同。然则当系于南浦县下。按《周书·郭贤传》，西魏大统十二年。除南州刺史。其时魏地尚未至此，盖遥领也。”

南都郡、源阳县，

【集释】《杨考》：“《寰宇记》：周武帝初，分临江县地置源阳县。属南都郡。”

后改郡曰怀德，

【集释】《杨考》：“《寰宇记》：周建德四年改。《通鉴》陈太建十年，周主封吴明彻为怀德公。”

县曰武宁。

【集释】《杨考》：“《旧唐志》：治巴子故城。《寰宇记》：周建德四年改，取威武以宁斯地为名。”

开皇初州郡并废入焉。

【集释】《杨考》：“《寰宇记》：开皇三年罢郡，大业三年废州。”

【编者按】武宁，治今重庆直辖市忠县东北武陵镇。

石城

【集释】《杨考》：“《元和志》：开皇五年置，大业二年废。《寰宇记》：大业二年废，以地入彭水县。”

开皇初置庸州，

【集释】《杨考》：“按有扶阳县，在今贵州思南府安化县西八十五里。《旧唐志》：隋仁寿四年庸州刺史奏置，以扶阳水为名。然则此县当隶庸州。《舆地广记》云：扶阳县，仁寿四年属巴东郡。”《北周志》：“《寰宇记》：‘思州……至后周方得其地，未为郡县。隋初其地属清江郡。开皇十九年，于此置务川县，属庸州。庸州即今黔江县是也。大业三年，废庸州’。按后周之季，实已有庸州。《周书·王谦传》：‘谦举兵，所管益潼十八州及嘉渝临渠蓬隆通兴武庸十州之人多从之。’十州中之庸州，即此庸州也。”

大业初州废。

【集释】《杨考》：“《元和志》：大业二年废。”

【编者按】石城，治今重庆直辖市黔江区南。

务川　开皇末置。

【集释】《杨考》：“《元和志》：本汉西阳县地，属武陵郡，自晋至陈并为黔阳县地。开皇十九年置，因川为名。《寰宇记》：隋朝招慰置务川县。”

【编者按】务川，治今贵州沿河县东北。

【补阙】《杨考》：“按梁又有叠州。《周书·李迁哲传》：魏恭帝与田弘周讨信州，三年正月，军次并州。梁并州刺史杏杜满望风送款，进围叠州，克之。是时由并州趋信州，则叠州应在并州之东南、信州之西北。又按《周书·陆腾传》：天和中，涪陵郡守蔺休祖据楚、向、临、容、开、信等州，地方二千里，阻兵为乱。是周时有向、临、容三州。按向无考。《寰宇记》：维州，后唐贞观五年生羌归化，置向州，直长安西南三千八百六十里。则在今松潘之西，恐非周之向州也。”

蜀　郡

蜀郡　旧置益州，

【集释】《杨考》：“《宋志》：汉武分梁州立益州，治广汉雒县。《元和志》：刘焉为益州牧，初理绵竹，后移治于成都。《寰宇记》引《周地图记》云：梁大宝三年，武陵王萧纪僭号于蜀，西魏废帝二年，二十一州并入于魏。”

开皇初废。后周置总管府。

【集释】《杨考》：“《元和志》谓置于西魏，误。按《周纪》武成元年八月，以大将军安成公宪为益州总管。”《求是》：“此文有错简。‘开皇初废’四字，似应乙在总管府之下。”施和金《释例》：“‘后周置总管府’误倒于‘开皇初废’四字之后。”又曰：“此将‘旧置益州，开皇初废’点作一句，误。因开皇初无废益州之事。《隋书·文帝纪》云：‘（开皇）元年九月……以越王秀为益州总管。’《隋书·庶人秀传》亦云：‘开皇元年，立为越王。未几，徙封于蜀，拜柱国、益州刺史、总管二十四州诸军事。’是开皇元年益州及总管府皆未废。《隋书·文帝纪》又云：‘二年……置西南道行台尚书省于益州，以蜀王秀为尚书令。’则开皇二年益州仍有，而行台省却代替了总管府。所云‘开皇初废’者，非废益州，乃开皇二年废总管府而代之以行台省也。总管一职，后周明帝武成元年始设，主管军事。‘行台省，则有尚书令、仆射。兵部、度支。’（《隋书·百官志》）既有兵部，军事当然是其份内之事。放行台省立而总管府可废，情理中事也。这类事例，并非益州一地独有，此《隋书·地理志》于河南郡下即云：‘（开皇）二年废总管，置河南道行台省。’太原郡下亦云：‘开皇二年置河北道行台省，九年改为总管府。’此皆总管府、行台省互代之证。而蜀郡下所云‘三年，复置总管府’者，亦即总管府又代行台省之谓也。《隋书·庶人秀传》云：‘（开皇）二年，进位上柱国、西南道行台尚书令，本官如故。岁余而罢。’此‘岁余而罢’，即罢西南道行台省而代之以总管府也。与蜀郡下所云‘三年，复置总管府’正合。又，‘复置总管府’五字，正可证开皇初废（即开皇二年废）者为总管府，有废方有复，理之然也。且《隋书·杨异传》、《隋书·令狐熙传》皆有开皇初出任益州总管府长史之记载，《隋书·元岩传》更云：‘高祖初即位……拜岩为益州总管府长史……十三年，卒官。上悼惜久之。益州父老莫不殒涕。’此皆可证开皇初乃至十三年都无废益州之事。明乎此，则蜀郡下志文当将‘旧置益州’四字点作一句，‘开皇初废后周置总管府’又作一句。或将‘开皇初废’四字乙于‘后周置总管府’之下，全文点作：‘旧置益州。后周置总管府，开皇初废。开皇二年。置西南道行台省，三年，复置总管府，大业元年府废。’如此按时间顺序叙述，更合《隋书·地理志》体例。”

开皇二年，置西南道行台省，

【集释】《杨考》：“《隋纪》：开皇二年正月，置西南道行台尚书省于益州，以蜀王秀为尚书令。”

三年，复置总管府，

【集释】《隋书札记》：“至三年罢西南道行台，仍为益州总管。《本纪》失书，《蜀王秀传》云‘年余而罢’，亦可证。”

大业元年府废。

【集释】《杨考》：“《元和志》：大业三年罢州为蜀郡。”

统县十三，户十万五千五百八十六。

成都 旧置蜀郡，又有新都县。

【集释】《杨考》：“《通鉴》：陈太建十二年，周梁睿讨王谦，谦走新都，新都令王宝执之。”

梁置始康郡，

【集释】《杨考》：“《宋志》：晋安帝置，寄治成都。非梁置。”

西魏废始康郡。开皇初废蜀郡，并废新繁入焉。

【集释】《杨考》：“汉置繁县。《元和志》：周改为新繁，开皇三年省。”

十八年，改新都曰兴乐。大业初置蜀郡，省兴乐入焉。旧置怀宁、晋熙、宋兴、宋宁四郡，

【集释】《杨考》：“按《宋志》怀宁郡、晋熙郡并晋安帝立，宋兴郡、宋宁郡并宋文帝元嘉十年立。《齐志》‘宋兴’作‘安兴’，‘宋宁’作‘永宁’。此当云‘安兴、永宁’，方合。”

至后周并废。

【集释】《杨考》:“按《通鉴》陈永定三年，周少保怀宁庄公蔡佑卒。则怀宁郡周初尚未废也。”

有武檐山。

【集释】《杨考》:“《元和志》作‘担’，在成都县北二十步。”

【编者按】成都，治四川今市。

【补阙】《杨考》:“按晋西平县在今成都县南。《通鉴》武帝天监元年十二月，邓元起进屯西平，注：盖亦寄治成都城外，遂为实土。”

双流 旧曰广都，置宁蜀郡，

【集释】《杨考》:“《宋志》:《永初郡国》有。”

后周郡废。

【集释】《杨考》:“按《北史·尉迟迥传》，周孝闵帝受禅，以迥有平蜀功，同霍去病冠军之义，封宁蜀郡公。则周初尚未废也。”

仁寿元年改县曰双流。

【集释】《杨考》:“《元和志》:仁寿元年，避炀帝讳改广都为双流县。以县在二江之间，取《蜀都赋》‘云带二江之双流’为名也。”

有女伎山。

【集释】《杨考补遗》:“《山海经》岷山之首曰女几之山。《淮南子·天文训》曰：回于女纪，是谓大迁。毕氏沅云：即《隋书》双流县之女伎山，‘纪’、‘伎’、‘几’三音同也。”

【编者按】双流，治四川成都市双流区。

新津 后周置，

【集释】《杨考》:“《寰宇记》引《周地图记》云：闵帝元年，于此立新津县。”

并置犍为郡。

【集释】《杨考》:“《寰宇记》江源县下云：西魏置郡。《元和志》唐兴县下云：后魏于此立犍为郡。开皇三年罢郡。又徙僰道县于此。《周书·高琳传》：孝闵帝践阼，进爵犍为郡公。”

开皇初郡废。大业初又废僰道县入焉。

【集释】《杨考》:“《寰宇记》:西魏置，隋大业二年省。案僰道，本汉县，为犍为郡治，在今宜宾县西南，周移犍为郡于此，故僰道亦并置。隋仍移犍为于旧地，故僰道亦还治焉。”

【编者按】新津，治四川今县。

晋原 旧曰江原，

【集释】《杨考》:“汉置。”

及置江原郡。

【集释】《杨考》:“《宋志》:李雄分蜀郡为汉原，晋穆帝更名晋原。《齐志》改名晋康。《一统志》:梁改名江原。当是也。《寰宇记》云：李雄立江原郡。按《水经注》云江水又迳江原县，不云‘江原郡’，知郦亭所未及矣。”《北周志》:“其改称江原郡，盖又在南齐之后也。”

后周废郡，县改名焉。

【集释】《杨考》:“《元和志》、《寰宇记》并谓周立多融县，后改为晋原，与《志》异。”

【编者按】晋原，治今四川崇州市。

清城

【中华校】《舆地广记》三〇："开元十八年去水，作青城。"

【集释】《杨考》："《元和志》、《寰宇记》并作'青城'。《舆地广记》云：开元十八年，去水作青城。"《北周志》："案青城均应作清城。"

旧置齐基郡，

【集释】《杨考》："《齐志》汶山郡有齐基县。《寰宇记》引李膺记云：齐武帝永明初置齐基县。皆无齐基郡。《通典》：萧齐置。误。《一统志》：梁置。或然也。"

后周废为清城县。

【集释】《杨考》："《寰宇记》引《周地图记》：武帝天和四年改齐基为青城县，因山为名。"

有鸣鹄山、

【集释】《杨考》："《元和志》：在晋原县西七十九里。"

清城山。

【集释】《杨考》："案当作'青城'。唐明皇开元十三年书'青城山，张敬忠敕石刻今存，于县作'清城'，山作'青城'。《元和志》：在青城县西北三十二里。"

【编者按】清城，治今四川都江堰市东南。

九陇

旧曰晋寿，

【集释】《杨考》："按宋曰晋寿，齐曰南晋寿。《旧唐志》：古城在县西北三里。"

梁置东益州。

【集释】《杨考》："《寰宇记》：梁天监中置。"

后周州废，

【集释】《杨考》："《寰宇记》：周武帝废。"

置九陇郡，

【集释】《杨考》："《元和志》：后魏改东益州为九陇郡，取九陇山为名。《旧唐志》、《寰宇记》谓西魏为天水郡，仍改为九陇。与《志》异。"

并改县曰九陇。仁寿初置濛州。

【集释】《杨考》："《旧唐志》：隋初于九陇县东三里置濛州。《寰宇记》引《隋图经》云：仁寿三年，分九陇、郫、孝水三县为漾州，取濛水为名。"施和金《订补》："仁寿为隋文帝第二个年号，在开皇之后。此《隋志》例，叙州郡沿革皆按时间顺序，则'仁寿初置潆州'六字，不当在开皇之前，当乙于'开皇初郡废，并陇泉、兴固、青阳三县入焉'之下。杨氏不觉，是失考也。"施和金《释例》："'仁寿初置濛州六字误置于'开皇初……'之前。"

开皇初郡废，并陇泉、兴固、

【集释】《杨考》："按宋、齐《志》，益州安固郡有兴固县。《隋书·宇文忻传》：从周齐王宪讨突厥有功，赐爵兴固县公。则周有此县。"

青阳三县入焉。大业初州废。有太山、道场山。

【编者按】九陇，治今四川彭州市西北。

绵竹

【集释】《杨考》："汉县在德阳县北三十五里，晋、宋、齐不改。《水经注》：绵水西出绵竹县。则梁初尚未废，当是开皇十八年移置于雒县。"

旧置晋熙郡

【集释】《杨考》："《宋志》：秦州流民。晋安帝立。《齐志》无。《一统志》：齐永元初废，梁复置。"

及长杨、南武都二县。

【集释】《杨考》："《宋志》晋熙郡领晋熙、苌阳二县。《宋志》武都县属武都郡。《一统志》：齐废，后改置南武都县。"

后周并二县为晋熙，后又废晋熙入阳泉。

【集释】《杨考》："《纪要》：蜀汉分绵竹立，晋废，后复置。"

开皇初郡废，十八年改为孝水，

【集释】《杨考》："《寰宇记》：开皇三年，徙绵竹县于晋熙郡城，改为晋熙县。十八年改为孝水县。以境有姜诗泉也。"

大业二年改曰绵竹。

【集释】《杨考》："《元和志》、《旧唐志》、《舆地广记》作三年。"

有冶官。有绵水。

【集释】《杨考补遗》："《汉志》绵竹县紫岩山。绵水所出，东至新都北入雒。"《水经·江水注》：绵水出至江阳岩山县之方山下。

有鹿堂山。

【集释】《杨考》："《元和志》：在绵竹县西二十二里。《寰宇记》作'鹿头山'，云：昔有张鹿头于此造宅，山因以为名。"

【编者按】绵竹，治四川今市。

郫　西魏分置温江县，

【集释】《杨考》："《寰宇记》引《周地图记》：后魏于此置温江县，属蜀郡。"

开皇初省入。

【集释】《杨考》："《元和志》：开皇三年。"

仁寿初复置万春县，

【集释】《杨考》："《元和志》：仁寿三年于郫东境置。"

大业初又废入焉。有金山、

【集释】《杨考》："《寰宇记》导江县下载有走金山，引李膺《益州记》云：尧时洪水，民奔于是山而获金，改曰走金。"

平乐山、

【集释】《杨考》："《元和志》：平乐山在郫县西二十五里。"

天彭门。

【集释】《杨考》："按《水经注》，江水至白马岭而历天彭阙，亦谓之为天彭谷。按此天彭阙，在松潘西，去郫县五六百里，而《益州记》云天彭阙即灌口山，故《志》系于郫县，《通典》因之，与《水经注》不合。"《杨考补遗》："据《水经注》，天彭门在氐道之西、汶山郡之北，则其地当在今松潘之西，系于郫县误也。《寰宇记》引李膺《益州记》云：天彭阙即灌口山。《志》盖本此，然于故书皆不合。"

【编者按】郫县，治四川成都市郫

都区。

【补阙】《杨考》："按有都安县，在今成都府灌县东二十里。《寰宇记》：晋属汶山郡，周天和三年废汶山郡，以县并入益州之郫县，别于灌口置汶山县，即今灌县治。《一统志》：隋废入郫县。"

玄武 旧曰伍城，

【集释】《杨考》："按晋、宋、齐广汉郡并有伍城，在今中江县东，《志》载于此是也。而新城郡郪县下亦载之，足见彼为误字。"

后周置玄武郡。

【集释】《杨考》："《元和志》：西魏平蜀置郡。"

开皇初郡废，改县名焉。

【集释】《杨考》："《元和志》：开皇三年改，因玄武山为名。"

仁寿初置凯州，

【集释】《杨考》："《寰宇记》引《隋图经》云：仁寿三年，分玄武、绵竹、金水、飞乌为凯州。"

大业初废。有三堆山、

【集释】《杨考》："《寰宇记》引《华阳国志》云：玄武山一名三嵎山，其山六屈三起，出龙骨。当即此山。"

郪江。

【集释】《杨考》："《纪要》：源出铜官山下赤岸溪，东北流，会中江水。"

【编者按】玄武，治今四川中江县。

【补阙】《杨考》："按有怀归废县，在今中江县西北二十里。《宋志》益州新城郡有怀归县，《齐志》无，而《寰宇记》引《蜀记》云后周明帝初始并入玄武县，当是梁复置也。"

雒

【集释】《杨考》："汉县，晋、宋、齐不改。《水经注》：洛水南迳洛县故城南。是梁废也。"

旧曰广汉，

【集释】《杨考》："按汉之广汉县在今潼川府遂宁县东北，晋、宋不改，去今汉州治甚远。宋、齐宁蜀郡之广汉则在今成都县地，而隋之雒县即汉、晋、宋、齐以来之雒县，《志》误。"

又置广汉郡。开皇初郡废。十八年，改曰绵竹。

【集释】《杨考》："盖取汉旧名。"

大业初改名雒焉。

【集释】《杨考》："移绵竹于晋熙，此复汉旧名。"

又有西遂宁郡、

【集释】《杨考》："《一统志》：齐、梁间置。案《齐志》有东遂宁而无西遂宁。"

南阴平郡。

【集释】《杨考》："《宋志》：永嘉流寓来寄治苌阳。"

后周废西遂宁，改为怀中，南阴平郡曰南阴平县，

【集释】《杨考》："《纪要》：梁天监十四年，魏人伐蜀，诏任太洪自阴平入魏晋寿。十五年。将军王光昭与魏战于阴平，败还，即此阴平也。又大宝末，萧纪将杨乾运攻畔氐杨法琛，

拔剑阁，进据南阴平。”

寻并废。

【集释】《杨考》：“按汉什邡县即今什邡县治。《元和志》：后周闵帝改为方亭，武帝省。《舆地广记》：周改什邡为方宁，隋省之。《一统志》谓后周省入雒县。”

【编者按】雒县。治今四川广汉市北。

阳安 旧曰牛鞞，

【集释】《杨考》：“汉县，宋曰鞞县，齐复。”

西魏改名焉，

【集释】《杨考》：“《元和志》：魏恭帝二年置阳安县。《寰宇记》：以界内山名。”

并置武康郡。

【集释】《杨考》：“按周孝闵帝元年正月，于武康郡置资州，后移治资中，见后资阳郡下。《周书·崔谦传》：保定四年进爵武康郡公。又强独乐为周文王造象，有武康郡丞刘延。”

开皇初郡废。

【集释】《杨考补遗》：“《隋太仆卿元公墓志》：开皇元年，出为益州武康郡太守。是开皇元年尚未废。”

仁寿初置简州，

【集释】《杨考》：“《元和志》：仁寿三年置，因境有赖简池为名。《寰宇记》：仁寿三年，以此一方地土旷远，时多寇盗，须以郡府理之，乃分益州之阳安、平泉二县，资州之资阳一县，于此置简州。《九州要记》云：简州在赤水之地。”

大业初州废。

【集释】《杨考》：“《元和志》：大业二年废。”

有盐井。

【集释】《杨考》：“《元和志》：阳明盐井在阳安县北十四里。又有牛鞞等四井，公私仰给。”

【编者按】阳安，治今四川简阳市西。

平泉 西魏置，曰婆闰。

【集释】《杨考》：“《元和志》：魏恭帝二年置婆闰县，属益州，故县在平泉县南四十六里。”

开皇十八年，改名焉。

【集释】《杨考》：“《元和志》：以县内有泉源出于平地故名，仁寿三年属简州。《寰宇记》：隋移县治于赖黎。《舆地广记》作十一年改名。”

【编者按】平泉，治今四川简阳市西南。

金泉 西魏置县

【集释】《杨考》：“《元和志》：晋义熙末，刺史朱龄石帅建平生獠征蜀于东山，立金泉戍，后魏平蜀。置金泉县，隶金泉郡。《续通典》郡、县俱作‘金渊’。《纪胜》谓避唐讳追书作‘泉’。按《元和志》郡、县虽并作泉，而云武德二年以避神尧讳改为金水，则本作金渊。《隋书·外戚传》：文帝受禅，封宇文穆金泉县公。”施和金《订补》：“今查《续通典》，非作金渊，而为金水（卷一二八）。《杨考》于此当有字误。”

及金泉郡。

【集释】《杨考》："《寰宇记》：西魏置金水郡。与《元和志》合。又云隋废郡为县，则非。"《北周志》："本作金渊，诸书或作金泉，或作金水，皆唐臣所追改。"

后周废郡，

【集释】《杨考》："《元和志》：隋开皇初废。"《北周志》："《隋书·周摇传》：'周闵帝受禅，封金水郡公。'按金渊郡《隋志》、《舆地广记》谓废于周世，而《元和志》谓隋开皇三年罢郡。周摇周初封金渊郡公，至周武帝灭齐。以战功进封夔国公，则《元和志》隋初罢郡之说当可据也。"

并废白牟县入焉。

【集释】《杨考》："《旧唐志》：西魏置。"

有昌利山、铜官山、

【集释】《杨考》："《元和志》：铜官山，在金水县北四十九里。又于邛都县下云：铜官山，在县南二里。邓通所封，后卓王孙买为陶铸之所。是以蜀之铜官有二山也，而诸地志皆只载临邛之铜官山，以有《史记》可据也。此《志》载于金泉而不载于临邛，未知其义所在。"

石城山。

【集释】《杨考》："《寰宇记》：石城山，其状如城，在金水县西一十五里。"

【编者按】金泉，治今四川金堂县南淮口镇沱江西岸。

临邛郡

临邛郡　旧置雅州。

【集释】《杨考》："按《志》例，凡梁以前旧州郡以'旧置'二字括之，义最善也。其置于梁、周者，即不当以'旧置'书之。雅州置于隋，直当书'仁寿四年置雅州'，乃合。《元和志》：仁寿四年置，因州境雅安山为名。《旧唐志》亦云：仁寿四年置。《纪胜》云：考大中祥符时，张旦《迁州治记》云，自隋仁寿间卜雅安山以为公宇，则置雅州在仁寿审矣。又《志》严道下云，开皇十三年改始阳为蒙山，寻置雅州。《寰宇记》遂谓开皇十三年置，误甚。"施和金《释例》："'仁寿四年置雅州'误为'旧置雅州'。"

统县九，户二万三千三百四十八。

严道　西魏置，曰始阳县，置蒙山郡。

【集释】《杨考》："《寰宇记》：后魏废帝二年，始招遗民渐垦植，因侨立蒙山郡于此，领始阳、蒙山二县。"

开皇初郡废。十三年，改曰蒙山，

【集释】《杨考》："《元和志》：置

县并镇，仁寿四年罢镇。”《求是》：“是雅州显为十三年已后置。《元和志》三二云：‘隋开皇十三年，置蒙山县并镇。仁寿四年罢镇，改置雅州。’考临邛郡下卢山、沈黎两县，《地理志》均称仁寿末置，则《元和志》之说当不诬也。”

寻置雅州。

【集释】《杨考》：“《志》例郡下载州名，则县下不复载，此四字衍文。且雅州实置于仁寿四年，此亦未晰。”

大业置临邛郡，县改名焉。

【集释】《杨考》：“《元和志》谓大业三年改始阳为严道。”

有邛来山。

【编者按】严道，治今四川雅安市。

名山　旧曰蒙山。

【集释】《杨考》：“《元和志》、《舆地广记》：西魏置。”

开皇十三年，改始阳曰蒙山，改蒙山曰名山。

【集释】《杨考》：“《元和志》：因县西北名山为名，属邛州，仁寿四年属雅州。”

【编者按】名山，治四川今县。

卢山　仁寿末置。

【集释】《杨考》：“《元和志》：仁寿元年置卢山镇，三年置卢山县。因山为名，属邛州。《寰宇记》：姜维于此置城，隋仁寿元年重开此地，遂于姜维古城置卢山县，属雅州，以界内卢奴山为名。”

【编者按】卢山，治今四川芦山县。

依政　西魏置，

【集释】《杨考》：“《元和志》：本秦临邛县地，后魏于此置依政县，属蒲阳郡。开皇三年罢郡。以县属邛州。《寰宇记》：梁置蒲口镇，后魏置蒲阳郡依政县，隋改为临邛郡，治依政。然则西魏有蒲阳郡，《志》失书。”

及置邛州。

【集释】《杨考》：“《寰宇记》引《周地图记》云：梁武陵王萧纪于蒲水口置邛州。《元和志》：秦蜀郡地。宋及齐、梁不置郡县，惟豪家能服獠者名为保主。总属益州。梁益州刺史萧范于蒲水口立栅为城，以备生獠，名为蒲口顿。武陵王萧纪于蒲为顿，改置邛州，南接邛来山，因以为名。《旧唐志》：依政，秦蒲阳县，梁置邛州于蒲阳。又《寰宇记》：前邛州在今西南二里，无复其迹。周闵帝元年移于今所。”

大业初废。

【集释】《杨考》：“《元和志》：大业二年。”

【编者按】依政，治今四川邛崃市东。

临邛

【集释】《杨考》：“秦置。《旧唐志》：后魏平蜀，自唐隆移临邛县治于汉临邛县西，立临邛郡，隋罢郡。移临邛县于今所。《寰宇记》：仁寿元年移。”

旧置临邛郡，

【集释】《杨考》：“《元和志》：西魏废帝二年定蜀，复于旧城置临邛县，仍置临邛郡。”

开皇初废。有火井。

【集释】《杨考》：“《元和志》：火井广五尺，深三丈，在临邛县南一百里。以家火投之，有声如雷，以竹筒盛之持行，终日不灭。《蜀都赋》云‘火井沈荧于幽泉’。《旧唐志》：周置火井镇，隋改镇为县。”

【编者按】临邛，治今四川邛崃市。

【补阙】《杨考》：“按有火井县。《寰宇记》：周于临邛县地置火井镇，隋大业十二年置火井县，仍带镇，属临邛郡。《元和志》：后魏置火井县。”

蒲江

【集释】《杨考》：“诸地志皆作‘蒲’。”

西魏置，曰广定，

【集释】《杨考》：“《元和志》：本秦临邛县地。西魏恭帝置广定县。”

及置蒱原郡。

【集释】《北周志》：“按‘蒱原’《元和志》、《寰宇记》皆作‘蒲原’，云南枕蒲江水，因以为名。”

开皇初郡废。仁寿初县改名焉。

【集释】《杨考》：“《元和志》：仁寿元年改，南枕蒲江水，因以为名。”

【编者按】蒱江，治今四川蒲江县。

蒱溪

【集释】《杨考》作“临溪”，并云：“各本作‘蒱溪’，误，今订。”施和金《释例》：“‘临溪县’误作‘蒱溪’。”

西魏置。

【集释】《杨考》：“《元和志》：西魏恭帝置临溪县，属蒲原郡，开皇三年属邛州。县城三面据险，北面平坦。《寰宇记》：西魏恭帝二年，分临邛置临溪县。又《舆地广记》云：临溪镇，本临邛县地，西魏分置临溪县，隋省之。《旧唐志》亦作‘临溪’。据诸书，则‘蒱’为‘临’误无疑。”

【编者按】蒱溪，治今四川蒲江县西北。

沈黎　后周置黎州，

【集释】《杨考》：“《元和志》：汉武帝破夷，于邛置沈黎郡。周天和三年开越嶲于此置黎州。按汉元鼎中置沈黎郡，治筰都县，天汉中省。晋永嘉末，李雄置沈黎郡，永和中废。宋复置，治城阳县。齐曰沈黎獠郡，周改置黎州。”

寻并县废。

【集释】《杨考》：“《元和志》云：隋废州，置沈黎镇。按《志》例，似谓周置黎州，并置沈黎县，故云‘寻并县废’。然此皆过求简略之失，当云‘后周置县，并置黎州，寻并废’。”

开皇中置县。

【集释】《杨考》：“《寰宇记》：开皇三年置沈黎镇，十三年改为县。”

仁寿末置登州，

【集释】《杨考》：“《寰宇记》台登县下云：仁寿四年罢大渡镇，置登州。”

大业初州废。

【集释】《杨考》："《寰宇记》：大业二年，废州立阳山镇。"

【编者按】沈黎，治今四川汉源县北。

汉源　大业初置。

【集释】《杨考》："《元和志》：本汉旄牛县地，隋仁寿二年平夷獠，置汉源镇，因汉川水为名，四年罢镇立县，属雅州。《寰宇记》：仁寿四年置。并与《志》异。"

【编者按】汉源，治今四川汉源县东。

眉山郡

眉山郡　西魏曰眉州。

【集释】《杨考》："此梁武陵王之青州也，详见后。《元和志》：后魏二年平蜀，改青州为眉州，因峨眉山为名也。《寰宇记》：后魏道武帝于此立眉州。误。道武时无此地。"

后周曰青州，

【集释】《杨考》："《纪胜》引《嘉定志》安都王庙碑书曰：后周保定二年初置青州。"

后又曰嘉州。

【集释】《杨考》："《元和志》：在周宣帝二年，州境近汉之汉嘉旧县。因名焉。《纪胜》引《嘉定志》云：后周改曰青州。后以九州之名相乱，又改曰嘉州。象之谨按：周宣帝二年青齐之地尚属高齐，不应州名相乱。《都安（编者注：当作'安都'）王庙碑》云：周保定二年置青州。宣政二年始为嘉州。盖周天元于建德六年并齐。次年改为宣政，是时既有青齐之青州，又有蜀中之青州，故不得不改。《元和志》'宣帝二年'当为宣政二年。"《北周志》："北周保定二年分眉州置，宣政初，改为嘉州。"又曰："《御览》卷一六六引《十道志》曰：周保定元年，于此置青州，遥取汉青衣县为名。宣政二年，改为嘉州。"又曰："按宣政为周武帝年号。是年六月，武帝殂。宣帝即位，明年改元大象，是宣政二年，即大象元年也。《元和志》之宣帝二年，或是宣政二年之讹，盖即宣帝大象元年。据《周书·武帝纪》，建德六年秋七月戊戌，以上柱国庸公王谦为益州总管。谦本传，谦所管十八州中有青州。是谦任益州总管时，青州犹未改名也。谦传又称谦举兵，所管十八州及嘉渝等十州之人多从之。渝州实即谦所管十八州中楚州之改称，嘉州亦为青州之改称。盖史臣失检，重复叙之于十八州之外，抑似青州之外更有嘉州者然。然亦以此可以窥知青州之改嘉州，楚州之改渝州，当在建德六年七月王谦任益州总管之后，大象二年八月庚申王谦举兵之前。盖周既并齐，既有青齐之青州，又有剑南之青州，既有淮南之楚州，又有剑南之楚州，州名相乱，不得不改，改于宣政元年，要为相近。故至大象二年王谦举兵而嘉渝等之名，始见记录耳。”

大业二年又改曰眉州。

【集释】《杨考》：“按《元和志》：大业二年并嘉州入眉州，八年（当是三年）改为眉山郡。武德二年改为嘉州，割通义、洪雅四县别置眉州。据此并嘉州入眉州之说，可知西魏之眉州、后周之青州，皆治通义之地，周改嘉州，移治平羌（即龙游）。隋大业并嘉州入眉州，因移眉州于嘉州城，旋废州为眉山郡，仍治龙游。至唐武德乃各还嘉、眉故治。《志》因嘉、眉已合，故总叙于此，而于通义又复载西魏改眉州事。然不言其迁徙之由，若非《元和志》，几疑周于龙游置眉州，又于通义置眉州。而武陵之青州与后周之青州两处分裂。窃谓当于龙游但云‘后周置嘉州，大业二年并入眉州，寻废州，置眉山郡’。而于通义则详叙青州、眉州沿革。斯为分明。《志》如此者亦多，发其凡于此，读者其审诸。”《求是》：“《地理志》云：‘巴山郡，西魏曰眉州，后周曰青州，后又曰嘉州，大业二年又改曰眉州。’乍观之，似先有眉而后有青。顾通义县下又云：‘旧置齐通郡及青州，西魏改曰眉州。……大业初州废。’则先为青而后为眉，于隋代嘉、眉两州之沿革，殊为牵混。《元和志》三二眉州云：‘梁太清二年，武陵王萧纪开通外徼，于此立青州，取汉青衣县为名也。后魏废帝二年，平蜀，改青州为眉州。’又三一嘉州云：‘梁武陵王萧纪开通外徼，立青州，遥取汉青衣县以为名也。周宣帝二年，改为嘉州。’依其所释，则眉、嘉两州之前身，均是梁置之青州。然西魏、北周，一脉相承，西魏废帝既改青为眉，则青州已不存在，周宣何从而再改之，此青州忽从何来？殆难索解。余按：《周书》五，魏废帝三年正月，改青州为眉州。则《地理志》通义县下与《元和志》三二之说殆不误；至嘉州之前身，当是北周复由眉州析置青州，寻改曰嘉州，故隋初眉、嘉二州并存。迨大业二年，将眉州并入嘉州，统名眉州。如此说法，似当于《地理志》无背。前人叙沿革，有时失之过略。若如《元和志》所云，更令人堕入迷障耳。余既立前说，始读《地理志考证》二云：‘《都安（安都）王庙碑》云：周保定二年，置青州。宣政二年，始改为嘉州。盖周天元于建德六年并齐，次年改为宣政，是时既有青齐之青州，又有蜀中之青州，故不得不改。《元和志》宣帝二年。当为宣政二年。’是杨氏固认嘉州为青州改名，拙说不谋而合。顾《考证》又云：‘可知西魏之眉州、后周之青州，皆治通义之地，周改嘉州，移治平羌（即龙游）。隋大业并嘉州入眉州，因移眉州于嘉州城，旋废州为眉山郡，仍治龙游。’夫使西魏眉州后周青州既改曰嘉州，则眉州已不存在。大业并嘉入眉之眉州，适从何来？杨说之未明者一也。《考证》又云：‘窃谓当于龙游但云后周置嘉州，大业二年并入眉州，寻废州。置眉山郡。’夫嘉州为青州改名，杨氏既认之于前，此处何故略去？杨说之未明者二也。质言之，杨说之蔽，在不知眉州之未废，若《安都王庙碑》之书后周保定二年初置青州，正足证余所云北周复由眉州析置青州之不谬也。”

统县八，户二万三千七百九十九。

龙游　后周置，曰峨眉，

【集释】《杨考》：“《元和志》：本汉南安县地，周保定元年立平羌县，隋开皇四年改为峨眉县。《寰宇记》同。据此，则周之平羌，隋改峨眉。《志》作后周置峨眉，误。”

及置平羌郡。

【集释】《杨考》：“《寰宇记》：周保定元年置。”

开皇初郡废。九年改县为青衣。

【集释】《杨考》：“《元和志》：取青衣水为名。”

平陈日，龙见水，随军而进，十年改名焉。

【集释】《杨考》：“《元和志》、《寰宇记》俱作十三年改，与《志》异。”

大业初置眉山郡。

【编者按】龙游，治今四川乐山市。

平羌　后周置，

【集释】《杨考》：“《元和志》：本汉南安县地，周武帝置平羌县，因境内平羌水为名。隋开皇四年，改州理平羌县为峨眉县，仍于今县东六十里别立平羌县，大业十一年夷獠侵没，移于今理。据此则县为隋置，《志》作后周置，误。《寰宇记》：仁寿元年獠叛，大业七年移就大江。”

仍置平羌郡。开皇初郡废。

【集释】《杨考》：“按此二句与上龙游县下复。据《元和志》，周之平羌县即隋之龙游县，则郡当载于龙游县下，与隋别立之平羌县无涉，当删。凡如此类谬误显然，恐非当日执笔原本。”

【编者按】平羌，治今四川井研县西。

夹江　开皇三年置。

【集释】《杨考》：“《元和志》：本汉南安县地，开皇十三年，割平羌、龙游二县于夹江废戍置夹江县，属嘉州。大业二年割属蜀州。《寰宇记》：开皇十三年分龙游、平羌二县置于江上临江水，故号夹江。据此，则《志》作‘三年’误，盖开皇十年始改青衣为龙游，若三年尚为峨眉县，安得云割龙游、平羌二县地?《志》‘三’上当补‘十’字。”施和金《释例》：“当作‘开皇十三年置’，脱‘十’字。”

【编者按】夹江，治四川今县西北。

【补阙】《杨考》：“按汉南安县在县西北二十里，至宋、齐不改。《水经注》：江水又东，迳南安县西。是梁时尚存，当亦隋立夹江县并入也。”

峨眉　开皇十三年置。

【集释】《杨考》：“《元和志》：本汉南安县地。开皇九年改州理峨眉县为青衣县，又于峨眉山下别置峨眉县，县枕峨眉山东麓。《寰宇记》亦云：开皇九年立峨眉县，以山为名。按开皇九年改州理峨眉为青衣，即别置峨眉于此，情事甚合，《志》作‘十三年’亦误。按隋之龙游，峨眉、平羌三县最易淆混，非细心分明，不能了贯。《志》皆略误。”

有峨眉山、

【集释】《杨考》：“《元和志》：峨眉大山，在峨眉县西七里，《蜀都赋》云‘抗峨眉之重阻’，两山相对，望之如蛾眉故名。”

绥山。

【集释】《杨考》：“《元和志》：绥山，在绥山县西南一百一十九里，在峨眉山东北，其高无极。”

【编者按】峨眉，治今四川峨眉山市。

【补阙】《杨考》：“按有绥山县。在今峨眉县东南四十里。《元和志》：大业十一年，招慰生獠，立以为县，因山为名。《舆地广记》：隋于荣乐城置绥山县。”

通义　旧置齐通郡

【集释】《杨考》：“《齐志》有齐通左郡。《通典》：梁置齐通郡。《寰宇记》：梁普通中置。《校勘记》：按今《眉州图经》云齐建武三年置齐通郡，今记以为梁置，盖据《通典》而言，然郡县如安汉、魏兴之类，皆系当时国号，则齐通恐亦类此。据此，则郡为齐置而梁因之也。”

及青州。

【集释】《杨考》：“《元和志》：梁太清二年，武陵王萧纪开通外徼，立青州，取汉青衣县为名也。《寰宇记》云：梁普通中置州，义取青城山为称。《校勘记》：按《眉州图经》云，梁太清二年，武陵王萧纪立青州，其年与《元和志》合。今记曰‘普通中’，未知何据。”《北周志》：“《御览》卷一六六引《周地图记》曰：梁武帝太清二年，武陵王萧纪开通外水，立青州于齐通郡南安县北。后魏二年平蜀，三年，改青州为眉州，因峨眉山为名。”

西魏改州曰眉州。

【集释】《杨考》：“《周纪》：魏废帝二年平蜀，三年正月改青州为眉州。此即前眉山郡总叙之眉州也。”《北周志》：“按《周书·王谦传》，谦大象末举兵时，所管十八州中有青眉二州。是青眉并立之证。盖眉州治齐通，青州治平羌也。”

开皇初郡废，改齐通曰广通。

【集释】《杨考》：“《一统志》：梁置齐通县，为齐通郡治。按《元和志》：后魏置通义县，属齐通郡。《寰宇记》亦云：魏恭帝二年置通义县，在眉州北二十里，属齐通郡，周明帝二年废齐通郡为安乐县，仍旧属。其后又改为齐通县。隋开皇四年，改齐通县为广通。《校勘记》云：周废齐通郡为安乐县，当云‘周改通义县为安乐县’，以齐通郡至隋开皇初方废改也。案《齐志》齐通郡无置县，置县当在梁、周时，而或为通义，或为安乐，或为齐通，诸说错出。《志》但曰‘改齐通为广通’，太鹘突。”

仁寿元年改为通义。大业初

州废。

【编者按】通义，治今四川眉山市。

青神　后周置，

【集释】《杨考》："《元和志》：本汉南安县地。李雄之后，夷獠内侵，西魏恭帝遥于此置青衣县，属眉州之青城郡。开皇三年徙县居郡理。属眉州。《旧唐志》：西魏置青衣县。治思蒙水口。据此，则本是西魏置青衣，或后周改青衣为青神。"《北周志》引《读史方舆纪要》："青神县，汉南安县地。西魏置青衣县。盖取蚕丛氏青衣以劝农桑为名。后周为青神县，并置青神郡。"又曰："按《隋书·地理志》、《寰宇记》皆谓西魏无改青衣事，今从《元和志》、《旧唐志》及《读史方舆纪要》。"

并置青神郡。

【集释】《杨考》："《元和志》作'青城'。《寰宇记》：青神城在今青城县南二十里，青城即所居也。周武保定二年，更于其南五十步别筑城移之。据此则当作'青神'。"

开皇初郡废。

【编者按】青神，治四川今县南。

丹稜　后周置，曰齐乐。开皇中改名焉。

【集释】《杨考》："《寰宇记》：废齐乐故城，在丹棱县东北二十里。《地图》云，昔齐乐郡城，周明帝罢以为齐乐（疑脱'县'字）。《元和志》：丹棱，本南齐之齐乐郡，周明帝置齐乐县，武帝改为洪雅县，开皇十二年，因县南有洪雅镇，就立洪雅县，仍改今理为丹棱县。《旧唐志》亦云：后周改为洪雅县。按《新唐书·宰相世系表》，韩护，周时封洪雅公，则周有此县。《舆地广记》又云：南齐置齐通县，后周因之，隋开皇初改曰丹棱。"

【编者按】丹棱，治四川今县。

洪雅　开皇十三年置。

【集释】《杨考》："《元和志》：本齐乐郡之南境。自晋迄宋，夷獠有其地，周武帝攘却夷獠，立洪雅镇。开皇十三年。改洪雅为丹棱县，更于此置洪雅县，兼带洪雅镇。属眉州。县西有洪雅川，以名县。"

【编者按】洪雅，治四川今县西。

隆山郡

隆山郡　西魏置陵州。

【集释】《考异》卷三三："'西魏'当作'后周'。"《杨考》："《周书·闵帝纪》：元年正月，于剑南陵井置陵州。《元和志》：周闵帝元年置陵州，因陵井以为名。陵井者，本沛国张道陵所开，故以陵为号。晋太元中，刺史毛璩于东西两山筑城。置主将防卫之。后废陵井，更开狼毒井，今之煮井是也，居人承旧名。犹曰陵井，其实非也。《寰宇记》引《周地图》：晋孝武太元中，益州刺史毛璩置西城戍，以为捍防。周闵帝元年又于此置陵州，因陵井为名，隋大业三年废。《志》作西魏置，误。然考《周书·陆腾传》：魏恭帝三年，陵州木笼獠反，诏腾讨之。又《裴果传》：西魏末，转陵州刺史。是魏末已有陵州，不知《周书》纪、传何以违异若此。"《北周志》："按《隋书·地理志》谓西魏置陵州，与《周书·闵帝纪》及《元和志》、《寰宇记》作周闵帝元年置者歧异。考《周书·僚传》：'魏恭帝三年，陵州木笼僚反，诏开府陆腾讨破之。'《周书·陆腾传》：'魏恭帝三年，陵州木笼僚恃险粗犷，诏腾讨之。'又《周书·裴果传》：转陵州刺史，在西魏恭帝世。据是，西魏末所追称者。盖至周闵帝元年正月，始与遂资二州同日立，见于朝廷令文也。"

统县五，户一万一千四十二。

仁寿　梁置怀仁郡，

【集释】《杨考》："《纪胜》引《图经》云：梁普通中置怀仁郡。按梁并置怀仁县。据《李衍传》，则先本有怀仁县，可知此亦因县与郡同名，故《志》不重书也。"

西魏改县曰普宁。

【集释】《杨考》："《寰宇记》引《周地图》云：后魏定蜀置普宁县，属怀仁郡。《寰宇记》又云：后魏废帝元年置。《舆地广记》：晋置西城戍，以为盐井之防，西魏改西城戍置普宁县。《隋书·李衍传》：初封怀仁县公，寻改封普宁县公。则因县改故也。"《北周志》："按《隋书·李衍传》：'周太祖时，封怀仁县公。寻改封普宁县公。'是梁初置怀仁县，西魏改为普宁也。"

开皇初郡废，十八年县改名焉。又西魏置蒲亭。

【中华校】蒲亭原作"蒱县"，据《旧唐书·地理志》四、《寰宇记》八五改。

【集释】《杨考》："'蒱县'案当作'蒲亭'。《旧唐志》、《寰宇记》井研县下并作'蒲亭'。《纪胜》云：蒲亭城在仁寿县南十五里，隋开皇七年置，仁寿中獠乱，百姓走投高城，此遂废。"

大业初置隆山郡，蒲亭并入焉。有盐井。

【集释】《杨考》："《元和志》：陵井纵横三十丈，深八十余丈。益部盐井甚多，此井最大，以大牛囊盛水引出之，役作甚苦，以刑徒充役。中有祠，盖井神。"

【编者按】仁寿，治四川今县东。

【补阙】《杨考补遗》："按有陵井郡。《御览》（一六六）引《郡国志》曰：昔张道陵于此得盐井祠玉女于井内，因谓之陵井，郡因陵井得名。又引《益州记》曰：郡有东峒。三山相对，去陵井百里。按此所引当是李膺《益州记》，是梁有陵井郡也。"

贵平　西魏置，又立和仁郡。

【集释】《杨考》："《元和志》：本

汉广都县之东南地，后魏于此置和仁郡，仍立县。《寰宇记》：恭帝二年置，治和仁城。按《旧唐书》亦作‘和仁’。据此则西魏置县非贵平。又《通典》作后周置县，当是。《新唐书·世系表》：唐文奖，隋时封贵平男。”

后周又废可昙、平井二县入焉。

【集释】《杨考》：“据《寰宇记》，二县与贯平同时置。”

开皇初郡废。大业初，又废籍县入焉。

【中华校】“籍”原作“藉”。《元和志》三三：“本汉武阳县地。周闵帝于此置籍县，因蜀先主籍田地为名。”大业二年省。今据改。

【集释】《杨考》：“按‘藉’当作‘籍’。唐、宋《志》并作‘籍’。《元和志》：本汉武阳县地，周闵帝于此置籍县，因蜀先主籍田地为名。大业二年省。又《寰宇记》云：梁天监中立席郡，隋废郡为县，始曰席，后语讹曰籍。又《旧唐志》：籍本梁席郡，一名汉阳戍，汉绵竹县地。”

【编者按】贵平，治今四川仁寿县东。

井研

【集释】《杨考》：“《元和志》：本汉武阳县地，‘大业五年因井研镇立县，取镇为名。属陵州。《寰宇记》云：魏置蒲亭县。大业元年因井研镇立井研县。《旧唐志》：东晋置西阳郡，魏置蒲亭县。隋改为井研。《舆地广记》同。又《纪胜》引《隆山志》云：后周宣政元年置井研县，属陵州。按此恐误，当是后周置镇也。”《北周志》：“按《舆地记胜》，井研故城有二，一在井研县南，周回一百步，周宣政元年置，隋大业十八年废，盖即井研镇城也。其一城在今井研县东南一百五十里，即《舆地纪胜》所谓唐武德四年废者。《寰宇记》云，隋大业元年因井研镇立井研县，唐武德四年，自拥思茫水移治今所。又云拥思茫水在州南一百五十里，从县南界濑下六池东流，即名拥思茫水。湍流迅急，不通舟船，西南入平羌县界，隋井研县。当移置于此水之侧也。”

【编者按】井研，治四川今县。

始建　开皇十一年置。

【集释】《杨考》：“《元和志》：本汉武阳县地。开皇十年立始建镇，大业五年改镇为县。《旧唐志》：旧治拥思水。”

有铁山。

【集释】《杨考》：“《寰宇记》：山在始建县东七十里，《周地图》云，蒲亭县有铁山，诸葛武侯取为刀器，因封宇文度为铁山侯。”

【编者按】始建，治今四川仁寿县东南。

隆山　旧曰犍为，

【集释】《杨考》：“本汉武阳县。《一统志》：梁更名犍为。《元和志》：汉犍为郡，故城在彭山县西北五里。《名胜志》云：武陵王纪尝改武阳为灵石县，属灵石郡。”

置江州。

【集释】《杨考》："《一统志》：梁置。按《南史·武陵王纪传》，有所署江州刺史王开业。又《周书·贺若敦传》：魏废帝二年，巴西人谯淹据南梁州，与梁西江州刺史王开业共为表里。则梁亦曰西江州。《周书·陆腾传》：魏恭帝三年，转江州刺史。"《北周志》："按以江左既有治寻阳之江州，故此亦称西江州。"

西魏改县曰隆山。后周省州，置隆山郡。

【集释】《杨考》："《元和志》：周武帝置隆山郡，以境内有鼎鼻山地形隆起故为名。《周书·晋荡公护传》：冯迁，周时进爵隆山郡公。"

开皇初郡废，又并江阳县入焉。

【集释】《杨考》："《宋志》：江阳郡，刘璋分犍为立，中失本土，寄治武阳，领江阳、绵水、汉安、常安四县。齐因之。"

有冶官。有鼎鼻山。

【集释】《杨考》："《元和志》：鼎鼻山，亦曰打鼻山，在彭山县南十五里。"

【编者按】隆山，治今四川彭山县。

资阳郡

资阳郡　西魏置资州。

【集释】《考异》卷三三："'西魏'当作'后周'。考《周书·闵帝纪》，元年正月，于剑南陵井置陵州，武康郡置资州，遂宁郡置遂州。《志》于遂州书'后周置'，陵、资二州书'西魏置'，盖考之未审也。武康郡名，《志》亦失书。"《杨考》："《通典》：西魏恭帝置资州，后周明帝移资州于资阳县。《元和志》：西魏废帝二年，析武康郡之阳安县置资州，取资水为名。《寰宇记》：西魏恭帝二年置资州，周明帝武成二年，自阳安徙州于汉资中故城（按此误，当云徙州于资阳。辨见下）。又云：隋开皇七年，自资阳县移于盘石。今考《周书·闵帝纪》，元年正月，于武康郡置资州。则州以置于周初，《志》作西魏置，《通典》、《寰宇记》作西魏恭帝置，《元和志》作西魏废帝置，皆与此《志》合，《周书》盖据移置言也。况资州，闵帝先置于武康，明帝移于资阳，隋始移盘石，则置州之文当在资阳。《寰宇记》未悟此《志》之失，遂两岐其说。"《北周志》谓：北周置资州。

【编者按】《考异》称《志》失书武康郡名，非也。参见蜀郡阳安县下释文。

统县九，户二万五千七百二十二。

盘石　后周置县

【集释】《杨考》："《元和志》：本汉资中县地，后为夷獠所居。周武帝于汉资中故城置盘石县。《旧唐志》：后周改资中县为盘石县。《寰宇记》：

周保定五年，于汉资中县故城置盘石县，属资中郡，兼移郡就此理。”

及资中郡，

【集释】《杨考》：“《北史·尉迟迥传》：子谊，开府资中郡公。”

开皇初郡废。

【集释】《杨考》：“《寰宇记》：隋初郡废，其地并于简州。”

大业初置资阳郡。

【集释】《杨考》：“按周先有资阳郡。见《元和志》资阳县下。”

【编者按】盘石，治今四川资中县。

【补阙】《杨考》：“按有月山县，在今资州西五十里。《元和志》：本汉资中县地，隋义宁二年分置月山县。

又有牛鞞县，在今内江县东北八十里。《元和志》：本汉资中县地。自晋迄梁，夷獠所居，大业十二年于此置牛鞞县，因牛鞞水为名也。

又有龙水县，在今资州西南八十里。《元和志》：本汉资中县地。隋义宁二年招慰夷獠，于此分置龙水县，以县西北有溪水屈曲绕城如龙，因以为名。《寰宇记》：在龙龟溪之左，即资阳之西界，依龟山陇为城。”

内江　后周置。

【集释】《杨考》：“《元和志》：周天和二年，于中江水滨置汉安戍，其年改为中江县，属资中郡。隋文避庙讳改为内江县。《寰宇记》：开皇二年徙内江于汉安故城，即今县也。又按《元和志》：义宁二年分内江县置银山县，因县界银山为名。”《北周志》：“按《寰宇记》……则县治曾有移置。”

【编者按】内江，治四川今市西。

威远　开皇初置。

【集释】《杨考》：“《旧唐志》：本汉安县地。《元和志》：本汉资中县地，开皇三年于此置威远戍，以招抚生獠，十一年改戍为县，属资州。《寰宇记》：开皇二年，于威远旧戍置威远县。”

【编者按】威远，治四川今县。

【补阙】《杨考》：“按有和义县，在今威远县东北。《元和志》：隋大业十二年分置和义县，以招和夷獠，故以和义为名。《寰宇记》作大业三年置。”

大牢　开皇十三年置。

【集释】《杨考》：“《元和志》：本汉南安县地，开皇十年于此置大牢镇，十三年改镇为县。县界有大牢山，因取为名。”

【编者按】大牢，治今四川荣县。

安岳　后周置，

【集释】《杨考》：“《元和志》：周建德四年与州同置。”

并置普州。

【集释】《杨考》：“《元和志》：周武帝置。《寰宇记》：周建德四年，于普慈郡立普州。”

大业初州废。

【集释】《杨考》：“《元和志》：大业二年罢普州，以所领县属资州。”

【编者按】安岳，治四川今县。

普慈　后周置郡曰普慈，

【集释】《杨考》："按《通典》，梁置普慈郡。《旧唐志》：晋李雄乱后，为獠所据，梁招抚之，置普慈郡。《寰宇记》：梁置普慈郡于此，普通中，益州刺史临汝侯赐群獠金券镂书，其文云今为汝置普慈郡，可率属子弟奉官租，以时输送。然则《志》当云'梁置普慈郡'。"《北周志》："按据是（《寰宇记》）则郡为梁置，后周因之。《隋书·地理志》云'后周置郡曰普慈'，盖误也。"施和金《释例》："'梁置普慈郡'误为'后周置郡'。"

县曰多业。

【集释】《杨考》："《元和志》：周建德四年置多业县，属普慈郡。《寰宇记》同。"

开皇初郡废。十三年，县改名焉。

【编者按】普慈，治今四川遂宁市西。

安居　后周置，曰柔刚，

【集释】《杨考》："《元和志》：因山为名《寰宇记》：周建德四年置，理柔刚山。"

及置安居郡。开皇初郡废。十三年，县改名焉。

【集释】《杨考》："《元和志》：十二年改。因水为名。《舆地广记》作十八年改。"

【编者按】安居，治今四川遂宁市西南安居镇。

隆康　后周置，曰永康。

【集释】《杨考》："《元和志》：周建德四年置。《周书·诸王传》：赵僭王子有永康公贯。"

开皇十八年改焉。

【集释】《杨考》："《寰宇记》：周建德四年置安康县，属普安郡，隋开皇三年罢郡，十九年移居伏疆镇，改为永康，又以县重名，改为隆康。"

【编者按】隆康，治今四川安岳县东南兴隆场。

资阳　后周置。

【集释】《杨考》："《元和志》：周明帝于资中县置资阳县。属资阳郡。开皇三年罢郡，属资州。《旧唐志》：后周分资中县地置资阳县。《寰宇记》：周武成二年，于资中故城置资阳县，开皇七年，自此移州于盘石。按《寰宇记》前云周于资中故城置盘石县，此又云置资阳于资中故城，又云开皇中移州盘石，则非两县同置一城。据《元和志》、《旧唐志》所云，周之资阳盖置于资中县地。非置于资中故城也。又按《元和志》于盘石下云属资中郡，开皇三年罢郡；于资阳下云属资阳郡，开皇三年罢郡。两言罢郡，知非误字，则周有资阳郡，周之资州本治资阳，隋始移盘石，《志》当云'后周置，并置资州、资阳郡。'"

【编者按】资阳，治四川今市。

【补阙】《杨考》："按有隆龛县。《元和志》：在普州东一百十里，隋开皇三年于此置隆龛镇，大业十二年于镇置县。又《旧唐志》：崇龛。后周隆龛城，隋隆龛县，旧治整瀬川。”

泸川郡

泸川郡　梁置泸州。

【集释】《杨考》：“《寰宇记》：梁大同置泸州，远取泸川为名。《纪胜》引李皐《西山堂记》云：梁大同中徙治马湖，隋大业中复还于今地。按《元和志》谓魏置泸州，盖指西魏也。然当以《志》为正。”

仁寿中置总管府，

【集释】《杨考》：“《隋书·张威传》：周末平王谦，拜泸州总管。则置总管府不始于仁寿中。”《求是》：“（《隋书》五五张威）本传云：‘及（王）谦平，进位上柱国，拜泸州总管，高祖受禅，历豳、洛二州总管。’是威之受官，在受禅前。《地理志》未言周立总管府，考《周书》八，大象二年九月，‘辛丑，分渣州管内新、遂、普、合及泸管内泸、戎六州，并隶信州总管府。’泸州总管盖废于是时也。”

大业初府废。

【集释】《杨考》：“《元和志》：大业二年，改州为泸川郡（‘二’当作‘三’）。”

统县五，户一千八百二。

泸川

【集释】《杨考》：“《旧唐志》：梁置泸州，故以江阳为泸川县，州所治也。然宋、齐《志》东江阳郡已无江阳县（详见下），则《旧唐志》之说亦未审。又按《元和志》：梁大通初，割江阳郡（当云东江阳郡）置泸川县。与《旧唐志》合，则泸川自梁已有之审矣。”

旧曰江阳，

【集释】《北周志》：“按据宋、齐《志》，东江阳郡皆无江阳县，疑梁世所置。”

并置江阳郡。

【集释】《杨考》：“《元和志》：晋穆帝置东江阳郡，领江阳县。大业元年，改江阳为泸川。案《宋志》江阳郡，刘璋分犍为立，中失本土，寄治武阳，领江阳、绵水、汉安、常安四县；又东江阳郡，晋安帝初流寓入蜀，今新复，领汉安、绵水二县。《齐志》江阳郡、东江阳郡领县并同。然则宋、齐时之江阳郡在武阳，而此地之东江阳郡乃无江阳县，盖并江阳于汉安也。《志》误以宋、齐侨置于武阳者属之汉代旧土，谬也。《元和志》以下皆未分晰。”《北周志》：“按此《宋书·州郡志》、《南齐书·州郡志》之东江阳郡也。刘璋分犍为立江阳郡，晋世曾失本土，寄治武阳，即宋、齐《志》之西江阳郡也。晋穆帝时，桓温灭蜀，又于旧土置东江阳郡。即此郡也。宋东江阳郡领汉安、绵水二县，南齐东江阳郡领汉安、安乐、绵水三县。”

开皇初郡废。大业初置泸川郡，县改名焉。

【编者按】泸川，治今四川泸州市。

富世　后周置，

【集释】《杨考》："《元和志》：周武帝置。《旧唐志》：界有富世盐井。井深二百五十尺，以达盐泉。俗呼玉女泉，以其井出盐最多。人获厚利，故云富世。"

及置洛源郡。开皇初郡废。

【编者按】富世，治今四川富顺县。

江安　旧曰汉安，

【集释】《杨考》："《元和志》：本汉江阳县地。李雄乱后，没于夷獠。晋穆帝于此置汉安县。按宋、齐《志》，东江阳郡领汉安县。"

开皇十八年改名焉。

【编者按】江安，治今四川泸州市纳溪区西南。

合江　后周置。

【集释】《杨考》："《元和志》：本汉符县地，晋穆帝置安乐县，梁改置安乐戍，周改为合江县。《寰宇记》：周保定四年，改安乐戍为合江县。按《纪胜》引《元和志》：晋穆帝置安乐县，梁改曰安乐戍，周保定四年废戍置安乐县，隋开皇十八年改县曰合江。与今本不同。"《北周志》："《齐志》东江阳郡有安乐县，《宋志》无之，疑置于齐世。梁当改县为戍。《周书·裴宽传》：'子义宣，合江令。'则当从《隋志》周置合江为长也。"

【编者按】合江，治四川今县。

绵水　梁置。

【集释】《杨考》："按宋、齐《志》，益州东江阳郡俱有绵水县。《元和志》云：晋置。按当是穆帝置。"《北周志》："按《隋书·地理志》谓梁置，误。《元和郡县志》谓晋置，本不误。杨守敬谓晋穆帝置亦误。《宋志》明言晋孝武立也。"

有绵溪。

【集释】《杨考》："《水经·江水注》：洛水出洛县漳山，亦言出梓潼县柏山，迳犍为牛鞞县为牛鞞水，又东迳资中县，又迳汉安县，谓之绵水，至江阳县方山下入江，谓之绵水口。"

【编者按】绵水，治今四川江安县东南二龙口。

犍为郡

犍为郡　梁置戎州。

【集释】《杨考》："《元和志》：本汉僰道县地，李雄窃据，此地空废。梁大同十年，使先铁讨定夷獠，乃立戎州，即以铁为刺史。《寰宇记》：梁置戎州，以镇抚夷戎也。”

统县四，户四千八百五十九。

【补阙】《杨考》：“案《新唐志》羁縻剑南道戎州都督府有昆州、协州，并云隋置，隋乱废。《隋书·史万岁传》：先是南宁夷爨翫来降。拜昆州刺史。是隋置昆州之证，然不过羁縻而已。其地在今云南昆明县西。”《求是》：“《御览》七九一西爨蛮云：隋开皇初，遣使朝贡。文帝遣韦世冲将兵镇之，析置恭州、协州、昆州。《旧唐书》四一昆州云：‘汉益州郡地，武德初招慰置。’按《新书》四三下云：‘昆州，本隋置，隋乱废。’唐盖仍隋之旧称耳。依前协州下引《元和志》（《元和志》三二：隋开皇四年，[南]中隶附，于此置协州），昆州当置于开皇四年。”

又《杨考》：“案汉汉阳县在今叙州庆符县南。《一统志》：齐时蛮废。然考《南史·胡颖传》，梁承圣初封汉阳县侯，则梁有此县。”

僰道　后周置，曰外江。

【集释】《杨考》：“《元和志》：本汉僰道县，周保定三年改为外江县。”

大业初改曰僰道，

【集释】《杨考》：“《元和志》：大业三年改。《纪胜》引《元和志》作‘二年’。”

置犍为郡。

【集释】《杨考》：“案本汉犍为郡，后汉徙彭山，齐复置，领僰道、南安、资中、冶官、武阳五县。当是梁、周时废，大业复置。”

【编者按】僰道，治今四川宜宾市。

【补阙】《杨考》：“按有郁鄢县，本汉县，宋废，在今叙州府宜宾县西北一百六十里。《舆地广记》：隋末置，属戎州。”

犍为　后周置，曰武阳。

【集释】《杨考》：“按《南齐志》犍为郡已有武阳县。《通鉴》陈永定三年，周以武阳公豆卢宁为大司寇。《元和志》：本汉南安县地，周置沈犀郡，并立武阳县，隋开皇三年废郡，以县属戎州。《寰宇记》又谓后周保定三年于沈犀山下置沈犀州。《地理志》：昔有犀牛渡江到此山而沈，因名。隋开皇三年废沈犀州。”《杨考补遗》：“汉犍为郡治僰道，徙彭山。南齐又移僰道，所领之武阳当亦隋徙。后周之武阳必南齐之旧。《一统志》谓南齐武阳仍在彭山，恐非。”

开皇初改焉。

【集释】《杨考》：“《寰宇记》：开皇三年，于大鹿山置犍为县。”

【编者按】犍为，治四川今县东南。

【补阙】《杨考》：“按有玉津县，在今犍为县北九十里。《元和志》：大业十一年置，以江有璧玉津，故以为名。《纪胜》引《元和志》作‘十三年’。”

南溪　梁置，曰南广，

【集释】《杨考》：“《元和志》：梁

立南广县，属戎州。按汉南广县在叙州珙县西南，宋并置南广郡，梁移于此。”《北周志》：“按《旧唐书·地理志》云，后周于废犍为郡置南武戍，隋改龙源戍，又置为南溪县。《寰宇记》亦云，南溪县，汉犍为郡之南广县，后废为南武戍。隋仁寿二年，改为龙源戍，避讳改为龙溪县，在僰溪之南，因为县名。据是，又似梁周之际，有戍无县。”

及置六同郡。

【集释】《杨考》：“《寰宇记》：梁大同十六年，于僰道县置六同郡。以六合所同为郡之名。”

开皇初郡废。仁寿初县改名焉。

【集释】《杨考》：“《元和志》：仁寿元年改，避炀帝讳也。《寰宇记》：汉犍为县之南广县，后废为南广戍，隋仁寿元年改为龙原戍，后改为南溪县，在僰溪之南，因为县名。按《寰宇记》不云梁徙置，亦微误。”

【编者按】南溪，治今四川宜宾市东北。

开边　开皇六年置，

【集释】《杨考》：“《元和志》：本汉僰道地，周为外江县地，开皇六年于今开边县北一百三十里野容川置开边县。《寰宇记》：以开拓边疆为名，在马湖、朱提两江口置。”

七年废训州入焉。

【集释】《杨考》：“其地未详。案《新唐志》羁縻江南道、宋羁縻夔州路绍庆府均有训州，当因隋旧。”

大业初废恭州、

【集释】《考异》卷三二：“案（《周书·武帝纪》）保定二年，又书分南宁州置恭州，而《隋志》无南宁州之名，惟犍为郡开边县云。大业初废恭州、协州入焉。疑即此纪之恭州矣。”《杨考》：“《元和志》：本汉夜郎国地，梁、陈以来不复宾属。开皇四年开置南中，立为恭州。《周武帝纪》：保定二年，分南宁置恭州。钱氏《考异》谓此开边之恭州即《周纪》之恭州。《元和志》、《新唐志》但谓恭州隋置，非也。”《求是》：“《元和志》三二曲州云：‘隋开皇四年，开置南中，立为恭州。’《新唐书》二二二下云：‘隋开皇初，遣使朝贡，命韦世冲以兵戍之，置恭州、协州、昆州。’又同书四三下云：‘曲州本恭州，隋置，隋乱废。’余按《周书》五，保定二年十月‘分南宁州置恭州。’钱氏疑即此之恭州（《考异》三二），是恭州之置，实先于《元和志》所记二十三年，隋特复其故称，非开皇始设。《郡县志》与《新书》均考之有未尽也。”《北周志》：“按据是（《考异》），《元和志》云隋置亦误，当云置于后周也。又按此亦羁縻州也。”

协州入焉。

【集释】《杨考》：“《新唐志》：恭州。隋置，隋乱废。又云：协州，隋置，隋乱废。《元和志》：今协州即汉犍为郡之南广县也，其后蛮夷内侵，郡因荒废，开皇四年中隶附于此置协州，大业三年废入犍为郡。”

【编者按】开边，治今云南盐津县西北滩头镇。又一说在今宜宾县孔滩（蓝勇：《隋唐开边县治辨误》，载《中国史研究》1985 年第 4 期)。

【补阙】《杨考》:"按有东安、西安、胡津三县。《元和志》:开皇四年同协州置,本汉南广县之地,大业三年废。

又案有冶官县。《元和志》:在荣州东南九十里,大业十一年置,属犍为郡。隋后误以'冶'为'咨'也。按《旧唐志》、《寰宇记》并云晋置资官县,宋、齐《志》作'冶官'。《一统志》云后齐废。

按有宁州,亦称南宁州。在今云南曲靖,此即晋、宋以来之宁州建宁郡也。《水经·江水注》仆水又迳宁州建宁郡是也。《通鉴》:武陵王纪在蜀十七年,南开宁州、越嶲。《南史·徐文盛传》:梁大中末为宁州刺史,州在僻远,群蛮劫窃相寻,前后刺史莫能制,文盛推心抚慰,夷人感之,风俗遂改。《隋书·梁睿传》:剑南平,威震西川,夷獠归附,唯南宁酋帅爨震恃远不宾,睿上书,略曰:伪梁南宁州刺史徐文盛被湘东王征赴荆州,土民爨瓒,遂窃据一方,国家遥授刺史,其子震相承至今,而震臣礼多亏,请略定南宁,其宁州、朱提、云南、西爨并置总管州镇。《史万岁传》:先是,南夷爨翫来降,拜昆州刺史,既而复叛,遂以万岁为行军总管,率众击之。又《韦世康传》:弟冲,开皇中为南宁州总管。当是史万岁平定之后所授。"《求是》:"南宁州,《地理志》不载,《旧唐书》四一云:'武德元年开南中,置南宁州。'实则周隋时已有此称。《周书》五,保定元年,南宁州遣使献滇马及蜀铠,二年分南宁州置恭州。《隋书》四七《韦冲传》云:'俄而起为南宁州总管持节抚慰,复遣柱国王长述以兵继进。'五四《王长述传》云:'开皇初……后数岁以行军总管击南宁,未至道病卒。'盖同时事,依前引协州下引《元和志》,乃开皇三、四年并也。《新唐书》二二二下云:'七世祖晋南宁太守,梁元帝时南宁州刺史徐文盛召诣荆州。'丁谦考证云:'晋南宁太守当作晋建宁太守,近世出土有晋建宁太守爨宝子碑,可证。'(依《宋书》三八,建宁属宁州)。余按宋爨龙颜碑,祖为建宁太守宁州刺史,父建宁太守,龙颜以义熙十年举秀才,又除试守建宁太守,后迁宁州刺史(《金石萃编》补略一)。龙颜之祖若父,当皆晋官,丁氏之证,诚甚确凿。又《梁书》四六《徐文盛传》,只称'大同末以为持节督宁州刺史',不作南宁,意周隋时北方有宁州,始加'南'为别,作史者因而引用后称也。……《地理志考证》二云:'又《韦世康传》,弟冲,开皇中为南宁州总管,当是史万岁平定之后所授。'按万岁南征,在十七年二月(《本纪》二),冲任总管,乃三、四年事,杨说非也。"

越嶲郡

越嶲郡

【集释】《杨考》："汉元鼎六年置，治邛都。齐为越嶲獠郡。"

后周置严州。

【集释】《杨考》："按梁于此置嶲州。《南史》，大同三年，武陵王纪为益州刺史，纪在蜀开建宁、越嶲，尝置嶲州，寻复陷没。《通鉴》梁元帝承圣三年有嶲州刺史裴畿，注：越嶲郡，梁置嶲州。《元和志》：周天和三年，开越嶲地，于嶲城置严州。《寰宇记》：取其严敬为称。"《北周志》："旧置嶲州，中废，北周置严州。"又云："《寰宇记》：'汉为邛都国，至武帝乃以邛都之地为越嶲郡。属益州。'按郡有越水、嶲水，故名曰越嶲郡。至齐为越嶲僚郡。"

开皇六年改曰西宁州，

【集释】《考异》卷三三："案《周书·本纪》，天和五年，大将军郑恪率师平越嶲，置西宁州。则西宁州乃后周所置。非始于隋也。"《杨考》："《寰宇记》作'四年'。……今考《周书·扬雄传》，迁西宁州总管，则周并置总管府。又《周书·司马裔传》，保定五年除西宁州刺史，在周未开越嶲之先已有西宁州之名。又《隋书·梁毗传》，开皇初出为西宁州刺史，亦在六年之前。唯《陈书·淳于量传》所称西宁州则始安之桂林，非此地。"《求是》："按雄、裔两传。可证周有西宁之称，惟谓梁毗出任刺史在六年之前，则固绝无左证，因'初'之一字，非有确定界限也。"

十八年又改曰嶲州。

【集释】《杨考》："《寰宇记》：开皇十一年改为嶲州，隋末又改为越嶲州，此地有越水、嶲水，因名。"

统县六，户七千四百四十八。

越嶲

【集释】《杨考》："《元和志》：本汉邛都县之地也。隋开皇六年，分邛都置越嶲县。"

带郡。

【编者按】越嶲，治今四川西昌市。

邛都

【集释】《杨考》："汉县，齐没于獠。《旧唐志》云：后周于汉阐县地置邛都县。"

【编者按】邛都，治今四川西昌市西南。

苏祗

【集释】《杨考》："汉置苏示县，晋省，宋复置，曰苏祁，齐废。《元和志》：周武帝重开越嶲，复立苏祁县，属严州，开皇改属嶲州。《寰宇记》：周天和三年开越嶲后，于嶲旧城立苏祁县，以苏祁之夷为邑。《志》作苏祗，与《元和志》、《寰宇记》异。"

旧置亮善郡，

【集释】《杨考》："《舆地广记》：后周置。"

开皇初郡废。有孙水。

【集释】《杨考》："《元和志》：长江水本名孙水，出台登县西北。《寰宇记》：长江水本名孙水，又曰沙水。《史记》曰：司马相如定西夷，桥孙水，以通邛筰。"

【编者按】苏祗，治今四川西昌市西北礼州。

可泉

【集释】《杨考》："《旧唐志》：隋治姜磨戍。《元和志》：本汉邛都县地，周天和三年于此置本可县。本可，盖可泉之误。《旧唐志》、《舆地广记》作梁置可泉县。案梁时置巂州，旋没，并未闻置郡县也。"

旧宣化郡，

【集释】《杨考》："《舆地广记》：梁置。误。《一统志》：周置。"

开皇初废。

【编者按】可泉，治今四川西昌市西南。

台登

【集释】《杨考》："本汉县，齐陷于獠夷。《元和志》：周武帝重开越巂，于旧理立台登县。"

旧置白沙郡。

【中华校】"白"原作"曰"，据《舆地广记》三〇改。

【集释】《杨考》："白，各本皆误'曰'，今据宋本订。《舆地广记》：后周置白沙郡。"

开皇初郡废。

【集释】《杨考》："《寰宇记》引《十道志》云：隋仁寿四年罢大渡镇置登州。大业二年废登州，又立阳山镇。《志》载登州于沈黎县，按当在此。"

【编者按】台登，治今四川冕宁县南泸沽。

邛部

【集释】《杨考》："《元和志》：本汉阐县地，周武帝于邛都城置县，仍以旧城为名，属邛部郡。"

旧置邛部郡，

【集释】《杨考》："《寰宇记》：周天和三年，于邛部县置邛部郡。"

又有平乐郡。开皇初并废。

【集释】《杨考》："《华阳国志》：东晋建兴元年立平乐郡，领新定、兴迁、平乐、三沮四县。何得至开皇始废，岂梁、周复置欤?"

有巂山。

【集释】《杨考》："《元和志》：在邛部县西南九里。巂水出巂山下。"

【编者按】邛部，治今四川越西县东北。

牂柯郡

牂柯郡

【集释】《杨考》："汉郡，治故且兰。晋分置平蛮郡，又分为夜郎郡。齐改为南牂柯。梁又分置南阳郡（见本《志》武陵郡辰阳县下）。今按《安顺府志》引《夷书》曰：齐梁之际。爨氏世有宇州，台城陷没，爨氏遂自为刺史，东方、平夷、牂柯诸郡各保境不与通。又有昆明蛮，亦谓之乌蛮，有阿纳者，徙居南广之鹿里，今镇雄是，帅其部族沿江东侵，至鳖之夹水保焉，已而入晋乐，即今贵阳也，又西南驰至都云洞。阿纳之仲兄轮居谈乐之郎山。是为郎岱陇氏之祖；叔兄台居漏江之濮隈，是为普安龙氏之祖。纳又使其少子必松居播隈，汉曲也。于是部族转盛，西南至于竹子岭，世谓之卢鹿部。按此则梁之夜郎郡皆为卢鹿部所据。其云牂柯、平夷诸郡保境不与爨氏通者，谓谢氏也。谢恕自李雄时为牂柯太守，不为所用（见《华阳国志》及《晋书·载记》），此后谢氏遂世有牂柯，至唐中叶后始灭，有东谢、西谢、牂柯谢之称（见《唐书·南蛮传》及《通鉴》注）。然则隋之郡县皆大业间招慰所置，今见于《元和志》、《旧唐书》者实不止此一郡二县，而《齐志》南牂柯郡之且兰、万寿、毋敛、晋乐、丹南、长江、绥宁七县，平蛮郡之平蛮、鳖二县，夜郎郡之夜郎、广谈、谈乐、谈指四县废于何代，亦绝无证验。窃意唐初必有记载可考，作此《志》者一概置之，可惜也。"

开皇初，置牂州。

【集释】《杨考》："据《寰宇记》庄州总序，隋平陈尝分牂柯郡立南寿州。"《求是》："此州后来存废如何，不可考。"

统县二。

牂柯　带郡。

【编者按】牂（牂）柯，治今贵州瓮安县东北。

宾化

【集释】《杨考》："《元和志》：本汉枳县地，周武成三年省入巴县，贞观十一年分巴县置隆化县，先天元年以犯庙讳，改为宾化。不言隋先有宾化县。"

【编者按】宾化，治今贵州龙里县东南。

【补阙】《杨考》："按隋有明阳郡。《元和志》：大业七年置绥县。属明阳郡。《一统志》谓郡即大业中置。"《求是》："《元和志》……并未明言郡之置年。其绥阳县下又云：'大业十二年。巴郡丞梁粲招慰所置。'一作七年，一作十二，未详孰是。惟《旧唐书》四〇、《新唐书》四一均著录隋明阳郡，似隋有此郡而《地理志》失记矣。"

《杨考》又云："又有绥阳县，在今贵州石阡府西北。《元和志》：本汉牂柯郡地，隋大业十二年巴郡丞梁粲招慰所置。《寰宇记》：大业四年置。

又有都上县，在今贵州石阡府西南。《元和志》：本汉牂柯郡地，隋大业十二年招慰所置，其处是酋豪首领都集之所，因以为名。

又有宁夷县，今石阡县治。《元和志》：隋大业八年置，属明阳郡。《旧唐志》：隋置。

又有高富县。《寰宇记》：在今贵州东北一百一十里，大业七年置，属明阳郡。

又有义州义泉县，在今贵州遵义府绥阳县北。《元和志》：隋大业十一年招慰所定，以带山泉为名，属义州，武德中于此置牢州，贞观十七年废牢州。《新唐志》：本隶明阳郡。《旧唐志》谓隋尝于县置牢州，恐误。”

黔安郡

黔安郡

【集释】《杨考》：“《通鉴》：陈天嘉二年，周人许归安成王顼，陈遣使报之，并赂以黔中地。此谓秦、汉黔中郡。所辖甚广，非仅此地。详见下。”

后周置黔州，

【集释】《杨考》：“《元和志》：本汉涪陵县理，后汉置属国都尉，蜀先主改为涪陵郡，永嘉后地没蛮夷，经二百五十六年，至周保定四年，涪陵蛮帅田思鹤以地内附，因置奉州。建德三年改为黔州。大业三年改为黔安郡，因隋州郡之名，遂与秦、汉黔中郡犬牙难辨。其秦黔中所理在今辰州西二十里黔中故郡城是。汉改黔中为武陵郡，移理义宁，即今辰州叙浦县是。后魏移理临沅，即今朗州是。秦、汉黔中所理今辰、锦、叙、奖、溪、澧、朗、施等州，实秦、汉黔中郡之地，而今黔中及夷、费、思、播隔越峻岭，东有沅江水及诸溪并合东注洞庭湖，西有巴江水，一名涪陵江，自牂柯北历播、费、思、黔等州，北注岷江，以山川言之，巴郡之涪陵与黔中故地炳然分矣。案《元和志》所云最为精审，唯《齐书·州郡志》荆州虽有缺叶，而末尚存汉平、涪陵、汉玫三县，当是齐时复立，然不可考矣。”

【补释】《太平御览》卷一百七一引《十道志》曰：“黔州黔中郡，汉武陵郡之酉阳县。周武帝保定四年，蛮帅田思鹤以地内附，置奉州。建德三年，改为黔州。”

不带郡。

【集释】《杨考》：“《纪胜》引作‘不带县’。《舆地广记》：州治洪杜寨。”

统县二，户一千四百六十。

彭水　开皇十三年置。

【集释】《杨考》：“《元和志》：本汉酉阳县地，属武陵郡。自吴至梁、陈并为黔阳县地。隋开皇十三年蛮帅内附，因置彭水县。按此误也。《元和志》于黔州总序谓本汉涪陵县理，又于此县注云‘郭下’，则当为涪陵县，属涪陵郡。此杂采地志之失。按《寰宇记》：献帝建安中，涪陵谢本以涪陵广大，自州牧刘璋，分理丹兴、汉葭二县以为郡，璋乃分涪陵立永宁州，兼丹兴、汉葭，合四县置属国都尉，理涪陵。蜀先主改为涪陵郡，改永宁曰万宁，又增立汉复县。后主又立汉平县。《晋太康地记》省丹兴县，郡移理汉复，领汉葭、涪陵、汉平、万宁等五县。又言万宁在郡南，水道九百里。其万宁盖今费州是。蜀后主延熙中，涪陵大姓徐巨叛，使将军邓芝讨平之，汉涪陵盖在今涪州东南三百三十里，黔州是其故理。又言汉葭在郡东百里，澧源出县界，盖今州东九十里故黔州城是。其省丹兴县。盖在今黔州东二百里黔江县是。张孟阳云：丹兴、汉葭二县，并出丹砂。今按汉平县，盖在今涪州东百二十里罗浮山之北、岷江之南，白水入江处侧近。据谢本所论、《晋志》所志，今夷、费、思、播及黔南等五州悉是涪陵故地。又《隋图经集记》及《贞观地志》云，黔中是武陵郡酉阳地。按汉酉阳在今溪州大乡界。与黔州约相去千余里，今之三亭县西北九百余里，别有酉阳城，乃刘蜀所置，非汉之酉阳，事已见武陵郡。《隋图经》及《贞观地志》并言刘蜀所置酉阳为汉酉阳。盖误认汉涪陵之地也。”

有伏牛山。出盐井。

【集释】《杨考》：“《元和志》：在县北一百里左右，盐泉，今本道官收其课。《寰宇记》：伏牛山左右有盐泉，州人现置灶煮以充军用。”

【编者按】彭水，治今重庆直辖市彭水县东。

【补阙】《杨考》：“按有信安县，在今彭水县西北一百四十里。《元和志》：隋大业十年置。《寰宇记》：大业十二年置。”

涪川　开皇五年置。

【集释】《杨考》：“《元和志》：取涪水为名。《寰宇记》：置于涪陵江岸。《舆地广记》：后废。《旧唐志》云：涪川，治牂柯郡地，久不臣附，周宣政元年，信州总管龙门公裕招慰生獠王元殊、多质等归国，乃置费州，以水为名。《通典》、《寰宇记》：周置费州，以费水为名。《舆地广记》：后废。隋属黔安郡。据此，则周尝置费州于此，《志》失书。”

【编者按】涪川，治今贵州思南县西北。

梁州于天官上应参之宿。周时梁州，以并雍部。及汉，又析置益州。在《禹贡》，自汉川以下诸郡，皆其封域。汉中之人，质朴无文，不甚趋利。

【集释】《杨考》：“《华阳国志》：其民质直好义，士风朴厚，有先民之流。”

性嗜口腹，多事田渔，虽蓬室柴门，食必兼肉。好祀鬼神，尤多忌讳，家人有死，辄离其故宅。

崇重道教，犹有张鲁之风焉。每至五月十五日，必以酒食相馈，宾旅聚会，有甚于三元。傍南山杂有獠户，富室者颇参夏人为婚，衣服居处言语，殆与华不别。西城、房陵、清化、通川、宕渠，地皆连接，风俗颇同。汉阳、临洮、宕昌、武都、同昌、河池、顺政、义城、平武、汶山，皆连杂氐羌。人尤劲悍，性多质直。皆务于农事，工习猎射，于书计非其长矣。蜀郡、临邛、眉山、隆山、资阳、泸川、巴东、遂宁、巴西、新城、金山、普安、犍为、越嶲、牂柯。黔安，得蜀之旧域。其地四塞，山川重阻，水陆所凑，货殖所萃，盖一都之会也。昔刘备资之，以成三分之业。自金行丧乱，四海沸腾，李氏据之于前，谯氏依之于后。当梁氏将亡，武陵凭险而取败，后周之末，王谦负固而速祸。故孟门不祀，古人所以诫焉。其风俗大抵与汉中不别。其人敏慧轻急，貌多蕞陋，颇慕文学，时有斐然，多溺于逸乐，少从宦之士，或至耆年白首，不离乡邑。人多工巧，绫锦雕镂之妙。殆侔于上国。贫家不务储蓄，富室专于趋利。其处家室，则女勤作业，而士多自闲，聚会宴饮，尤足意钱之戏。小人薄于情礼，父子率多异居。其边野富人，多规固山泽，以财物雄役夷、獠，故轻为奸藏，权倾州县。此亦其旧俗乎？又有獽狿蛮賨，其居处风俗，衣服饮食，颇同于獠，而亦与蜀人相类。

隋书卷三十
志第二十五　地理中

河南郡

河南郡　旧置洛州。大业元年移都，

【集释】《杨考》："《元和志》：仁寿四年，炀帝诏杨素营东京，大业元年新都成，遂徙居。今洛阳宫是也。其宫东去故城一十八里。《寰宇记》：仍以洛州移入新都，废州在宫城南。按《隋纪》，大业二年正月，东京成。《寰宇记》云：大业二年徙居新都。"《杨考补遗》："《炀帝纪》：大业五年，改东京为东都。"

改曰豫州。

【集释】《杨考》："《隋纪》：大业元年正月，改洛州为豫州。《元和志》：大业三年废州。《寰宇记》：大业十四年，炀帝崩，立越王侗于洛。复置洛州，侗寻为王世充所害，充改洛州为司州。"

东面三门，北曰上春，中曰建阳，南曰永通。南面二门，东曰长夏，正南曰建国。

【集释】《杨考补遗》："按《玉海》载隋东都城门有建国、上春、上东、建阳、永通、长夏、定鼎、厚载、徽安九门，《隋志》只载东、南二面，以《六典》所载唐东都城门推之，当是西面二门。东曰上东，中曰定鼎；北面二门，中曰徽安，西曰厚载。"

里一百三，市三。

【集释】《杨考补遗》："《通鉴》大业六年，诸蕃请入丰都市交易。胡注：东都东市曰丰都，南市曰大同，北市曰通远。"

三年改为郡，置尹。

统县十八，户二十万二千二百三十。

河南　带郡。有关官。

【集释】《杨考》："《纪要》：大谷关在洛阳县东南大谷口，又皋门关在故洛城谷门上，亦曰皋门桥。《唐志》作高门关、龙门关，即府城南龙门谷口。"

有郏山。

【集释】《杨考》："《纪要》：郏鄏陌在故河南城西，或谓之郏山。《图经》：郏山在郡西南，迤逦至城北二里，曰邙山。周成王定鼎于郏鄏，即此。《寰宇记》：芒山，一作邙山，在河南县北十里，一名平逢山，亦郏山之别名也。"

有瀍水。

【集释】《杨考》："《水经》：瀍水出河南谷城县北山，东与千金渠合，又东过洛阳县南，又东过偃师县南，又东入于洛。"

【编者按】河南，治今河南洛阳市。

洛阳

【集释】《杨考》："秦县，后魏为郡治。《寰宇记》：隋炀帝迁都，自今县东三十里故城移于今德懋防西南隅。"

有汉已来旧都。

【集释】《杨考》："按自东汉都洛阳，魏、晋相继都之。后魏太和十七年亦自代徙都之。"

后魏置司州，

【集释】《杨考》："《地形志》：太宗置洛州，太和十七年改为司州。"

东魏改曰洛州。

【集释】《杨考》："《地形志》：天平初复。《魏书·孝静帝纪》：天平元年，改司州为洛州，以元弼为洛州刺史。《寰宇记》：西魏大统三年收复洛州。又改洛阳为司州，仍置司州牧，寻陷入高齐，司州不改，又移河南郡于渑池县大坞城置，寻又改司州为洛州，河南郡唯领宜迁一县。《隋书·韦世康传》：从周武帝平齐，授司州总管长史。是周初改洛州为司州之证。"

后周置东京六府、

【集释】《杨考》："《周书·宣帝纪》：大成元年二月。移相州六府于洛阳，称东京六府。"

洛州总管。

【集释】《杨考》："《周书·静帝纪》：大定元年正月，以杨勇为洛州总管。"

开皇元年改六府，置东京尚书省。其年废东京尚书省。二年废总管，置河南道行台省。

【集释】《杨考》："《隋纪》：开皇二年正月，置河南道行台尚书省于洛州，以秦王俊为尚书令。"

三年废行台，

【集释】《杨考》："《隋纪》：开皇三年十月废。"

以洛州刺史领总监。

【集释】《杨考》："《隋书·虞庆则传》：开皇元年，营新都总监。"

十四年于金墉城别置总监。炀帝即位，废省。

【集释】《杨考》："以上据《志》例当系于河南郡下。"

旧河南县，东魏迁邺，改为宜迁县。

【集释】《杨考》："《地形志》：天平二年置，为河南郡治。"

后周复曰河南。

【集释】《杨考》："《元和志》：周宣帝复曰河南。《寰宇记》：旧理于今苑城东北隅，后周大象二年移于故洛城西。"

大业元年徙入新都。

【集释】《杨考》："《元和志》：隋仁寿四年迁都，移县于东都城内宽政坊，即今县是也。按《寰宇记》作大业二年移县，是。"

又东魏置洛阳郡、

【集释】《杨考》："《地形志》：天平初置，领洛阳、缑氏二县。"

河阴县。

【集释】《杨考》："《地形志》：晋置，太宗省，元始二年置，元象二年于此置河阴郡。"

开皇初郡并废，又析置伊川县。大业初河阴、伊川二县并入焉。

【集释】《杨考》："《寰宇记》：隋开皇三年，自故洛城西皇女台侧移河阴县于寿安县东北二十五里严明城，大业元年废，并入洛阳。"

【编者按】洛阳，治河南今市。

阌乡　旧曰湖城，

【集释】《杨考》："《元和志》：湖城本汉湖县，属京兆尹，后汉改属弘农，至宋加'城'字。案弘农，晋后陷于苻秦，后属姚苌，宋虽灭姚秦，旋弃师而归，弘农地入于魏，恐无改湖城事。《一统志》称后魏更名。然《地形志》西恒农郡无湖城县，亦无湖县。按《水经注》：河水又东迳湖县故城北，湖水又北迳湖县东。知魏时有湖县。然则加'城'字或魏、齐之间。"

开皇十六年改焉。

【集释】　《诸史考异》卷一三："《元和郡县志》：周明帝二年置阌乡郡。阌乡，本湖县乡名。阌，古文'闻'字也。《说文》：从门，旻声。开皇三年废阌乡郡，移湖城县于今所，改名阌乡县。"《杨考》："《元和志》：周明帝二年置阌乡郡，开皇三年废，十六年移湖城于今所，改名阌乡，属陕州。《寰宇记》：义宁元年，于右上阳宫再立湖城县。按《新唐志》虢州下云：隋义宁元年置玉城县。《新唐书·宰相世系表》：路兖，隋时封阌乡公。"

有王涧、

【集释】《杨考》："《水经·河水注》：玉涧水南出玉溪，北流迳皇天原西，又北迳阌乡城西，谓之阌乡水，北流注于河。"

全鸠涧、

【中华校】　"全"原作"金"，据《水经》四《河水注》改。

【集释】《杨考》："各本'全'误'金'，今订。《水经·河水注》：东与全鸠涧水合，水出南山，北迳皇天原东。《述征记》曰：全节，地名也，即《汉书》全鸠里，戾太子死处。"

秦山。

【集释】《杨考》：“‘秦’上脱‘有’字。《元和志》：秦山，一名秦岭，在阌乡县南五十里，南入华州，西南入华州。”

【编者按】阌乡，治今河南灵宝市西北阌乡镇。

桃林

【集释】《杨考》：“《寰宇记》引《郡国志》曰：稠桑泽，古之桃林也，隋析置桃林县。”

开皇十六年置。

【集释】《杨考》：“《寰宇记》：属陕州，取古桃林塞为名。《新唐志》：义宁元年隶虢郡。”

有上阳宫。

【集释】《杨考》：“《纪要》：隋初置于桃林县。”

有淄水。

【集释】《杨考》：“《水经·河水注》作‘菑水’，云：出常烝之山。西北迳曲沃城南，又曲迳其城西，西北入河。”

【编者按】桃林，治今河南三门峡市西南。

陕 后魏置，

【集释】《杨考》：“本汉县，后魏于东南一百十里置陕中（《元和志》：西魏去‘中’字）县，而改陕曰北陕。按未知何时复曰陕。《水经注》只作陕县。”

及置陕州、

【集释】《考异》卷三三：“案后周尝于陕州置总管府，《志》失书。”《杨考》：“《地形志》：太和十三年置，治陕城，八年罢。天平初复，后陷。《元和志》：西魏大统三年又罢，周明帝复置。《周纪》：明帝二年正月，于弘农置陕州。按周尝置陕州总管府。《周武帝纪》：保定二年五月，以吴国公尉迟纲为陕州总管，是也。又云：建德六年四月，废陕州总管。”

恒农郡。

【集释】《杨考》：“汉弘农郡治弘农县，苻秦移治陕，后魏改曰恒农。周明帝复改弘农。”

后周又置崤郡。

【集释】《杨考》：“《元和志》：周明帝于陕城内置崤郡，以陕、崤二县属焉。《寰宇记》谓周武帝改弘农为崤郡，稍误。”

开皇初郡并废。

【集释】《杨考》：“《旧唐志》：义宁元年置弘农郡，领陕、崤、桃林、长水四县。”

大业初州废，

【集释】《杨考》：“《元和志》：大业三年废。《寰宇记》作二年。”

置弘农宫。有常平仓、

【集释】《杨考》：“《元和志》：太原仓在陕县西南四里，隋开皇二年置，以其北临焦水，西俯大河，地势高平，故谓之太原仓，即常平仓。”

温汤。

【集释】《杨考》：“《寰宇记》：在陕县南十六里，后周太守元楷掘井得泉极热，遂修为浴水。”

有砥柱。

【集释】《杨考》：“即《禹贡》之

砥柱也。《水经·河水注》：砥柱，山名也。昔禹治洪水，山陵当水者凿之，故破山以通河，河水分流，包山而过，山见水中，若柱然，故曰砥柱也。”

【编者按】陕县，治今河南三门峡市。

熊耳

【集释】《杨考》：“《通鉴》梁太清元年注引《五代志》称熊耳分宜阳置。”

后周置，

【集释】《杨考》：“《元和志》永宁县下云：后魏文帝于县东四十五里置北宜阳县，属宜阳郡。废帝二年改为熊耳。隋义宁二年置永宁县，属宜阳郡。《旧唐志》：永宁县治永固城。”

及同轨郡。

【集释】《杨考》：“《通鉴》注：周、齐以宜阳为界，以同轨名郡者，言将自此出兵，以混壹东西，使天下车同轨也。《隋书·卫玄传》：高祖受禅封同轨郡公。”

开皇初郡废。又有后魏崤县，

【集释】《杨考》：“《地形志》：太和十一年置，属恒农郡。”

大业初废入。

【集释】《杨考》：“《寰宇记》：隋初改崤县为硖石县，大业二年废入陕县，义宁元年重置崤县，理硖石坞，二年省。《元和志》：大业二年废入陕县，义宁元年重置。理硖石。《旧唐志》：义宁元年，弘农郡所领有崤县，二年省。”

有二崤。有天柱山、大头山、硖石山、

【集释】《杨考》：“《寰宇记》：硖石水在硖石县东二十里，水出上岭西，经硖石山，因名。”

谷水。

【集释】《杨考》：“《汉志》：谷水出谷阳山。《水经》：谷水出弘农黾池县南墦冢林谷阳谷，东北过谷城县北，又东过河南县北，东南入于洛。”

【编者按】熊耳，治今河南洛宁县。

渑池

【集释】《杨考》：“汉县，宋后废。《地形志》：太和十一年置北渑池县，属渑池郡。《寰宇记》：西魏大统十一年，自蠡城移于县西十三里故渑池县为理，属河南郡。周改属同轨郡。隋大业元年，又移于今县东二十五里新安驿置，属熊州。十二年复移理大坞城。按《元和志》云：隋文帝时属熊州，十六年改属谷州。又云：大坞城，在县北十五里。”

后周置河南郡，

【集释】《杨考》：“《一统志》：后周改后魏渑池郡为河南郡。《北史·韦孝宽传》：子总，周武帝时追封河南郡公。”

大象中废。

【编者按】渑池，治今河南渑池县东。

新安

【集释】《杨考》：“《地形志》：二汉属弘农，晋属河南，太和十三年改为郡，十九年复。”

后周置中州

【集释】《杨考》："《元和志》：周保定三年置。《隋书·梁睿传》：周初出为中州刺史，镇新安。《周书·贺若敦传》：保定五年，除中州刺史，镇函谷。又《韩雄传》：明帝二年。除使持节都督中徐虞洛四州诸军事、中州刺史。又《梁昕传》：保定元年迁中州刺史。则中州之置当在明帝初，不始于保定三年也。"

及东垣县，

【集释】《杨考》："《宋志》：武帝平关洛，置司州河南郡，有东垣县，旋没于魏。《地形志》新安郡有东垣县。而《志》以为后周置，亦误。"

州寻废。

【集释】《杨考》："《元和志》：周建德六年省中州。"

开皇十六年置谷州，

【集释】《杨考》："《元和志》作'六年'。"《求是》："余按《元和志》五云：'隋开皇十六年，改置谷州'（局本）。杨氏见本误耳。"

仁寿四年州废，又废新安入东垣。

【集释】《杨考》："新安，汉县，后魏为新安郡治。《元和志》：周保定三年省郡，建德六年复置。当是开皇初废郡。此《志》遗书新安郡。"

大业初改名新安。

【集释】《杨考》："《旧唐志》：义宁二年置新安郡，领新安一县。"《求是》："《千唐》张仁师志：'父彻，随任镇西将军，函谷郡太守。'此许是隋初之郡。"

有冶官。

【集释】《杨考》："按河南、北俱有冶官。《水经·河水注》云：谷水历冶官西，世人谓之鼓钟城，城之左右犹有遗铜及铜钱也。此在北者。又云：强川水东迳铁官东。此在南者。"

有騩山、

【中华校】"騩"原作"魏"，据《水经》四《河水注》改。

【集释】《杨考》：'魏'当作'騩'。《水经·河水注》：正回水出騩山，强山东阜也。"

强山、

【集释】《杨考》："《水经·河水注》：青要山，今谓之强山。"

缺门山、

【集释】《杨考》："《纪要》：一名扼山。《水经·谷水注》：山阜之不接者里余，故得是名。二壁争高，斗耸相乱，西瞻双阜，右望如砥。"

孝水、

【集释】《杨考》："《纪要》：出谷口山，本名谷水，晋王祥卧冰于此。因改为孝水。北流入于谷水。《水经·谷水注》：谷水又东，俞随之水注之。《山海经》曰：平蓬山西十里。曰廆山，俞随之水出于其阴，北流注于谷，世谓之孝水。"

涧水、

【集释】《杨考》："《汉志》：涧水在新安县东南，入洛水，经涧水出新安县南白石山，东南入于洛。"

金谷水。

【集释】《杨考》："《水经·谷水

注》：金谷水出太白原，东南流，历金谷，谓之金谷水。”

【编者按】新安，治河南今县。

偃师 旧废，

【集释】《杨考》：“汉县，晋废。”

开皇十六年置。有关官。

【集释】《杨考》：“按《纪要》，延寿关在县南三十五里。”

有河阳仓。

【集释】《杨考》：“《纪要》：隋开皇三年，于洛州置河阳仓，即此。”

有都尉府。有首阳山、

【集释】《杨考》：“《通典》云：夷齐葬于此。”

郦山、

【集释】《杨考》：“胡三省曰：偃师西山有汉广野君郦食其庙。”

乾脯山。

【集释】《杨考》：“《寰宇记》引《九州要记》云：周敬王于此曝乾脯，因名。”

【编者按】偃师，治河南今市东南偃师镇。

巩 后齐废，开皇十六年复。有兴洛仓。

【集释】《杨考》：“在县东，即洛口仓。《纪要》：大业二年于巩东南原上筑城，周回二十余里，穿三千窖，窖容八千石。《元和志》：大业十二年，李密袭破洛口仓，因据巩县，仍筑城断洛川，包南北山，周回三十余里。”

有九山，

【集释】《杨考》：“《寰宇记》：在巩县西南五十五里。《水经·洛水注》：桐涧水北流迳九山东。仲长统曰：昔密有卜成者，身游九山之上。放心不拘之乡。谓是山也。”

有天陵山、

【集释】《杨考》：“《元和志》：在巩县东南六十里。”

缑山、

【集释】《杨考》：“按当作‘侯’。《寰宇记》云：侯山在巩县南二十五里。又云：卢元明《嵩山记》云。汉有王彦者隐于此山，景帝累征不出，遂就而封侯，山因为名。后学道得成，至今指所在为王彦崖。”

东首阳山。

【编者按】巩县，治今河南巩义市东。

宜阳 后魏置宜阳郡，

【集释】《杨考》：“《地形志》：孝昌初置。按《周书·于翼传》：建德五年，转陕熊等十六防诸军事、宜阳总管，翼以宜阳地非襟带，请移镇于陕，诏从之，仍除陕州刺史、总管如故。考周于陕州置总管府。至建德六年四月始废，见前陕县下，盖建德中移总管府于宜阳，旋因翼请，仍移于陕。此《志》略之。”

东魏置阳州，

【集释】《杨考》：“《地形志》：天平初置。”

后周改曰熊州。

【集释】《杨考》：“《周纪》：明帝二年正月，于宜阳置熊州。”

又复

【集释】《杨考》："此字衍。"施和金《释例》："'复'字衍。"

后魏置南渑池县，

【集释】《杨考》："《地形志》：南渑池属金门郡。"

后周改曰昌洛。开皇初郡废。十八年改昌洛曰洛水。大业初废熊州，省洛水入宜阳。

【集释】《杨考》："《元和志》：义宁二年置宜阳郡。《旧唐志》：领宜阳、渑池、永宁三县。"

又东魏置金门郡，

【集释】《杨考》："《地形志》：天平初置，属阳州。按郡治金门县。"

后周废。

【集释】《杨考》："盖与金门县并废。"

有福昌宫、

【集释】《杨考》："《元和志》：唐武德元年，改宜阳县为福昌县，取县西隋宫为名。则宫为隋置。"

金门山、

【集释】《杨考》："《纪要》谓后魏金门亭置于此。《水经·洛水注》：金门溪水南出金门山。又引《开山图》曰：山多重固。后汉建武二年，强弩大将军陈俊转击金门白马贼，皆破之。即此。"

女几山、

【集释】《杨考》"《纪要》谓晋张轨少隐于宜阳女隐山，即此。《水经·洛水注》：渠谷水出宜阳县南女几山。《寰宇记》：陕县女几山，《九州要记》云，富禄县有女儿，年八十，居陈留沽酒，得道后飞升于此山。"

太阴山、

【集释】《杨考》："《水经·洛水注》：太阴谷水南出太阴溪，北流注于洛。"

嶕峣山。

【集释】《杨考》："《明一统志》：嶕峣山在永宁县西北三十五里，相传广成子憩息之所，上有河渎灵源庙。"

【编者按】宜阳，治今河南洛宁县。

寿安　后魏置县曰甘棠，

【集释】《杨考》："《元和志》：后魏分新安置甘棠县。按《地形志》宜阳郡无甘棠县。《一统志》谓为东魏置，因此《志》云然耶?"

仁寿四年改焉。

【集释】《杨考》："《元和志》：开皇三年，以县属熊州，十六年改属谷州。《旧唐志》：义宁元年移治九回城，属熊州。按九回城在今宜阳东三十里。"

有显仁宫。

【集释】《杨考》："《纪要》：在故寿安城内，隋置。自西京幸东都，以此为中顿，亦曰甘棠宫。"《杨考补遗》："《通鉴》：大业九年，敕宇文恺与内史舍人封德彝等营显仁宫，南接阜涧，北跨洛滨。"

有慈涧。

【集释】《杨考》："《元和志》：少水，今名慈涧水，出寿安县北。《水经·谷水注》：《山海经》曰廆山西三十里曰瞻诸之山，少水出于其阴，控引众溪。积以成川，东流注于谷。世谓之慈涧。”

【编者按】寿安，治今河南宜阳县东南。

陆浑

【集释】《杨考》：“《春秋传》迁陆浑之戎于伊川，即此。”

东魏置伊川郡，

【集释】《考异》卷三三：“案《魏志》北荆州领伊阳、新城、汝北三郡，伊阳郡领南陆浑一县，与此《志》正合，惟伊阳、伊川郡名小异尔。”《杨考》：“《地形志》作‘伊阳’，云武定二年置。”

领南陆浑县。

【集释】《杨考》：“按陆浑，本汉县，宋后废，东魏于故城置北陆浑县，而于此置南陆浑县。《地形志》南陆浑属伊阳郡。北陆浑属新城郡。《一统志》：隋省北陆浑入南陆浑。”

开皇初废郡，改县曰伏流。

【集释】《杨考》：“《元和志》：后魏改陆浑为伏流。按《地形志》伊阳郡治伏流城，魏之州、郡治不必有县也，《元和志》误。又云：伏流城即今县理城东，东魏孝静帝武定二年所筑，以城北焦涧水伏流地下，西有伏流坂，因以为名。”

大业初改曰陆浑。

【集释】《杨考》：“《元和志》云：大业元年省伏流县，移陆浑于今理。”

又有东魏北荆州，

【集释】《杨考》：“《地形志》：武定二年置。按《地形志》不言州治，即伏流城也，此当载于伊川郡之上。不当云‘又有’，若别一城者。”

后周改曰和州。

【集释】《考异》卷三三：“《周本纪》保定二年于伏流城置和州，可证后周之和州在陆浑，不在襄城也。而《志》于襄城郡又云：东魏置北荆州，后周改曰和州，开皇初改为伊州，未免复而舛矣。”《杨考》：“按《周书·魏玄传》，天和四年转和州刺史、伏流防主，亦周置和州于陆浑之证。”

开皇初又改曰伊州。大业初州废。

【集释】《杨考》：“《寰宇记》：开皇四年，自陆浑县界移伊州于襄城郡。不当系于此。”

又有东魏东亭县，

【集释】《杨考》：“《地形志》：东亭属宜阳郡。”

寻废。有方山、

【集释】《杨考》：“《史记正义》引《括地志》：方山在汜水县东南三十二里，汜水所出。《水经·汜水注》：汜水南出浮戏山，世谓之方山。”

三涂山、

【集释】《杨考》：“《水经·伊水注》：三涂山在陆浑故城东南八十许里。《春秋传》昭公四年司马侯曰：四岩三涂，阳城太室，荆山中南，九州之险也。”

孤山、

【集释】《杨考》：“《纪要》：即介立山。《水经·伊水注》：孤山介立丰上，单秀孤特，故世谓之方山，即刘澄之所谓县有孤山者也。”

阳山、

【集释】《杨考》："《水经·伊水注》：阳水出阳山阳溪。"

王母涧。

【集释】《杨考》："《水经·伊水注》：瀌瀌之水出陆浑县之西南王母涧，涧北山有王母祠，故世因以名溪。"

【编者按】陆浑，治今河南嵩县东北陆浑镇。

伊阙 旧曰新城，东魏置新城郡。

【集释】《杨考》："《地形志》：天平中置，治孔城，后陷，治州城。"

开皇初郡废。十八年县改名焉。

【集释】《杨考》："《隋纪》：大业二年四月，上自伊阙陈法驾，备千乘万骑入于东京。"

有伊阙山。

【集释】《杨考》："《水经·伊水注》：昔大禹疏以通水，两山相对。望之若阙。伊水历其间北流，故谓之伊阙。陆机曰洛有四阙，斯其一焉。"

【编者按】伊阙，治今河南伊川县西南。

兴泰 大业初置。

【集释】《杨考》："《纪要》：大业四年置，隋末废。"

有鹿蹄山、

【集释】《杨考》："《水经·洛水注》：虢水北流注于洛，其南则鹿蹄之山也，世谓之非山。"

石墨山、

【集释】《杨考》："《元和志》：石墨山在寿安县西南三里。《水经·洛水注》：洛水之侧有石墨山，山石尽黑，可以书疏。"

钟山。

【编者按】兴泰，治今河南宜阳县西南。

缑氏 旧废，东魏置。

【集释】《杨考》："《地形志》：缑氏，二汉、晋属河南。太和十七年并洛阳，天平初复，属洛阳郡。"

开皇十六年废，大业初又置。

【集释】《杨考》："《寰宇记》云：东魏天平元年于洛阳城中置缑氏县，后周建德六年又自洛阳城移于今县北七里钩锁故垒，隋开皇四年又移于今县北十里洛阳故城，大业元年复移于今县东南十里，十年又移县据公路涧西凭峰为城。"

有缑氏山、

【集释】《杨考》："《元和志》：在缑氏县东南二十九里，王子晋得仙处。"

轘辕山、

【中华校】"轘"原作"轩"，据《左传》襄公二十一年及《元和志》五改。

【集释】《杨考》："各本'轘'误作'轩'，今订正。《元和志》：轘辕山，在缑氏县东南四十六里。《左传》栾盈过周王使候出诸轘辕注：缑氏县东南有轘辕关，道路险隘，凡十二曲，将去复还，故曰轘辕。"

景山。

【集释】《杨考》："《纪要》：《商颂》'景员维河'，谓此山也。"

【编者按】缑氏，治今河南偃师市东南缑氏镇。

嵩阳　后魏置，

【集释】《杨考》："《志》例此字衍。"

曰颍阳。

【集释】《杨考》："《地形志》：天安二年置。"

东魏分置堙阳，

【集释】《杨考》："《地形志》：太和十三年分颍阳置。非东魏分置。"

后周废颍阳入。开皇六年改曰武林。

【集释】《杨考》："《寰宇记》作'武陵'。"

十八年改曰轮氏，

【集释】《杨考》："《汉志》作'纶'，《续志》作'轮'。"

大业元年改曰嵩阳。又有东魏中川郡，

【集释】《杨考》："《地形志》：天平初置中川郡，领堙阳、颍阳二县。此即当系于颍阳之下，不得别为起讫。"

后周废。有嵩高山、少室山、颍水。

【集释】《杨考》："《水经·颍水注》：颍水有三源。右水出阳乾山之颍谷，中水导源少室，左水出少室南溪，东合颍水。"

【编者按】嵩阳，治今河南登封市。

阳城　后魏置阳城郡，

【集释】《杨考》："《地形志》：孝昌二年置。"

开皇初废。十六年置嵩州，

【集释】《杨考补遗》："《隋书·樊子盖传》：转嵩州刺史，母忧去职，未几，授齐州刺史，其年转循州总管。据《本纪》，子盖为循州刺史在开皇十四年，则嵩州之置当更在前。"

仁寿四年废。又后魏置康城县，

【集释】《杨考》："《地形志》：孝昌中分阳城置。《周书·柳庆传》：武帝天和四年，封康城县男。"

仁寿四年废入焉。有箕山、

【集释】《杨考》："《地形志》：康城有箕山，许由隐窟。《明一统志》：一名崿岭。"

偃月山、荆山、

【集释】《杨考》："《洛阳记》：齐武帝于此采玉。《地形志》：康城有荆山。"

禹山、

【集释】《杨考》："《明一统志》：其下有禹庙，与山相向。"

崤山。

【集释】《杨考》："此崤山无考，非晋人败秦师于崤之山也。"

【编者按】阳城，治今河南登封市东南告城镇。

荥阳郡

荥阳郡

【集释】《诸史考异》卷一四："（隋书）《王劭传》：大象元年夏，荧阳汴水北有龙斗。'荧'字三火，明火德之盛也。颐煊案：《玉篇》'荧'字注亦作'荧阳县'，汉《韩敕后碑》、《刘宽碑阴》、《郑烈碑》皆作'荧阳'，唐卢藏用《纪信碑》亦作'荧阳'。《地理志》作'荥阳'。"《杨考》："汉《韩敕后碑》、《刘宽碑阴》、《郑列碑》、北魏《郑羲碑》、《贾思伯碑》等石刻，唐卢藏用书《纪信碑》并作'荧'。《北史·王劭传》：大象元年夏，荧阳汴水北有龙斗，'荧'字三火，明火德之盛也。足征荧阳字当从'火'。"《杨考补遗》："隋龙藏寺碑阴有荧阳县令郑世隆，尤《隋志》当作'荧'之证。"

旧

【集释】《杨考》："当有'置'字。"

郑州。

【集释】《杨考》："按此郑州，诸地志不载。《隋书·王谊传》：高祖为丞相，转为郑州总管。是此郑州为周置。且置总管府，盖因大定元年改南郑州为许州。故于此置郑州也。"

开皇十六年置管州。

【集释】《杨考》："《寰宇记》：开皇十六年，分郑州于管城置管州。按汜水下开皇元年置郑州，是此郑州已移于虎牢，此开皇下当有'初废'二字。互详下文。"

大业初复曰郑州。

【集释】《杨考》："《寰宇记》：炀帝二年废郑州，改管州为郑州。盖又移汜水之郑州于此也。"《求是》："《元和志》八云：'大业二年。废郑州，改管州为郑州。'盖是年以郑州并入管州，同时复改管州曰郑州也。"

统县十一，户十六万九百六十四。

管城

【集释】《杨考》："《水经·渠水注》：不家沟水自溪东北流迳管城西，故管国也，县盖以之名。"

旧曰中牟，东魏置广武郡。

【集释】《杨考》："《地形志》：天平初置。《寰宇记》中牟下云：后周保定五年郡县并移于今县西三十里圃田城。"

开皇初郡废，改中牟曰内牟。

【集释】《杨考》："《元和志》：避讳改，属管州，今中牟县理是也。"

十六年析置管城。

【集释】《杨考》："《元和志》：属管州。"

十八年改内牟曰圃田

【集释】《隋书札记》："案圃田下当有'大业初废圃田'六字。盖开皇十六年于内牟一县地析置管城、郏城二县。而改内牟为圃田，共为三县。

大业初改郑城为圃田，而以原分圃田地省入管城，共为二县，故管城终唐代犹为郑州郭下县。而圃田唐初即改复中牟之名。《元和郡县志》、《旧唐书·地理志》皆可互证。此由两圃田字相涉致脱落耳。”《杨考》：“《寰宇记》：开皇十八年。又于圃田城中为圃田县。以界内泽为名。”

入焉。

【集释】《杨考》：“按当作‘大业初废入焉’。下圃田注可见。”

后魏置曲梁县，

【集释】《杨考》：“《地形志》：孝昌中置。”

后齐废。有郑水。

【编者按】管城，治今河南郑州市。

【补阙】《杨考》：“按隋有密县。即今开封府密县治，本汉旧县。后魏属荥阳郡。《元和志》：隋大业二年废，十二年又置。《寰宇记》：高齐文宣帝自今县东南三十里移于今县东四十里，后周属荥州，隋属郑州，大业十二年又移于今理，即古法桥堡城。《志》例以大业三年为断，故此县不载。”《杨考补遗》：“《周书·文帝纪》：魏大统三年。东魏颍川长史贺若统与密县张检执刺史田迅举城降。此西魏时有密县之证。”

汜水　旧曰成皋，即武

【集释】《杨考》：“唐讳‘虎’，改作‘武’。”

牢也。

【集释】《杨考》：“《舆地广记》：司穆王猎于郑圃，获虎，命畜之，因名曰虎牢。”

后魏置东中府，

【集释】《杨考》：“《地形志》：太阳十九年置东中府。”

东魏置北豫州，

【集释】《杨考》：“《地形志》：天平初置。《寰宇记》：高齐天保七年省北豫州。”

后周置荥州。

【集释】《杨考》：“《寰宇记》：周宣政元年置荥州，后周初改北豫州为荥州，取荥泽为州之名。《周本纪》：大象二年二月，荥州有黑龙见。”

开皇初曰郑州，

【集释】《杨考》：“《寰宇记》：开皇元年，改荥州为郑州。按《志》郡下云旧置郑州，开皇十六年置管州，是开皇初尚仍郑州于管城，于此又曰郑州，是同州有两郑州矣。余疑开皇初于此置郑州，即废管城之郑州也。”《求是》：“《元和志》八作三年，《寰宇记》作元年。”

十八年改成皋曰汜水。大业初置武牢都尉府。

【集释】《杨考》：“《通鉴》大业九年，杨玄感作乱，以顾觉为郑州刺史。镇虎牢，则玄感又置郑州于此。”

有周山、

【集释】《杨考》：“《纪要》谓即《水经注》之黄堆山。”

天陵山。

【集释】《杨考》：“《志》前巩县有

此山，盖山跨二县，故《志》又载于此，然非《志》例。”

【编者按】汜水，治今河南荥阳市西北汜水镇。

荥泽　开皇四年置，曰广武。

【集释】《杨考》：“《元和志》：开皇四年分荥阳置。因山为名。《寰宇记》：属郑州。”

仁寿元年改名焉。

【集释】《杨考》：“避讳改。”

【编者按】荥泽，今河南郑州市西北古荥镇。

原武

【集释】《杨考》：“《元和志》：本汉旧县。属河南郡。后魏属荥阳郡。东魏改置广武。高齐天保七年郡、县并废。”

开皇十六年置。

【集释】《杨考》：“《元和志》：隋重置原武，属郑州。《寰宇记》：开皇十七年，于池阳故城置原陵县。唐初改‘陵’为‘武’。若然，是《志》以唐县名蒙隋称也。”

【编者按】原武，治今河南原阳县西南。

阳武

【集释】《杨考》：“汉县。《地形志》属广武郡。《寰宇记》：高齐省，隋开皇六年移理于池阳城，即今原武县是也。按开皇十六年于池阳城置原武县，不容先有移阳武于池阳城之事。《寰宇记》又云：高齐天保七年，自阳武故城移理汴水南一里。今无遗址。隋开皇五年复理阳武故城。为得其实。又按《水经注》：济水又东南流入阳武县，历长城东南流，又东北流迳阳武县故城南。是后魏已有移徙。”

【编者按】阳武，治今河南原阳县东南。

圃田　开皇十六年置，曰郏城。大业初改焉。

【集释】《杨考》：“《寰宇记》：开皇十七年，于中牟旧城置郏城县。大业二年废郏城县，又移圃田县于中牟城置。”

【编者按】圃田，治今河南中牟县东。

浚仪

【集释】《杨考》：“汉县。《旧唐志》：隋置，在今浚仪县北三十里，为李密所陷，县人王要汉率众豪族置县于汴州之内，要汉自为县令。义宁元年复于县置汴州，以要汉为刺史。”

东魏置梁州、

【集释】《杨考》：“《地形志》：天平初置。”

陈留郡，

【集释】《杨考》：“本汉郡，后魏孝昌中移置浚仪。”

后齐废开封郡入，后周改曰汴州。

【集释】《杨考》：“《元和志》：周宣帝改，盖以城临汴水故也。据《隋书·樊叔略传》，周建德末拜汴州刺史，则州为武帝改。又《隋书·杨素传》：周末为汴州刺史。"

开皇初郡废，大业初州废。

【集释】《杨考》："《元和志》：大业二年废州。《旧唐志》：义宁元年，于浚仪县复置汴州。"《求是》："《芒洛冢墓遗文续编》上段济志：'大业元年……乃授使持节汴州诸军事汴州刺史。二年正月，汴州省废，又授使持节蔡州诸军事蔡州刺史'。"

有关官。有通济渠、

【集释】《杨考》："《通典》：隋炀帝开引黄河水，以通江淮漕运，兼引汴水，即浪宕渠也。'浪宕，与'莨菪'同。《寰宇记》：隋大业元年，以汴水迂曲，回复稍难。自大梁城西南凿渠引汴水入，号通济渠。"

蔡水。

【集释】《杨考》："《纪要》：自汴河分流为蔡水，亦曰沙水。沙，孔氏读为'蔡'。"

【编者按】浚仪，治今河南开封市。

【补阙】《杨考补遗》："按隋有恤宜县。《隋美人董氏墓志》有'汴州恤宜县'。"

酸枣　后齐废，

【集释】《杨考》："秦县，后魏属东郡。《寰宇记》：北齐并入南燕县。即今胙城也。"

开皇六年复。

【集释】《杨考》："《寰宇记》：开皇三年从南燕析置酸枣县，属汴州，又属滑州。"

有关官。

【集释】《杨考》："《纪要》：香台关，在延津县北，地名沙门镇。"

【编者按】酸枣，治今河南延津县西。

新郑　后魏废，

【集释】《杨考》："汉县。按《晋志》无新郑，故《元和志》谓晋省。《水经注》：洧水又东迳新郑县故城中。则知非魏省也。又《寰宇记》谓宋复立，隶荥阳郡，北齐省。按《宋志》无新郑县，亦无荥阳郡。其地晋已为魏有，不意乐氏有此呓语。"

开皇十六年复，

【集释】《杨考》："《元和志》：属郑州。"

大业初并宛陵县入焉。

【集释】《杨考》："《地形志》：二汉属河南，晋属荥阳，天平初属广武郡。按《寰宇记》云：大业末省。"

有关官。有大騩山。

【集释】《杨考》："《水经注》作具茨山。《山海经》：大騩之山，其阴多铁。《说文》：溳水出密县大騩山，入颍。"

【编者按】新郑，治河南新郑市西南。

荥阳

【集释】《杨考》："汉县在今荥泽县西南十七里。《寰宇记》：后魏太和十七年移于今所。"

旧置荥阳郡。

【集释】《杨考》："三国魏置，寻罢。晋复置。"

后齐省卷、京二县入，

【集释】《杨考》:“卷县,汉置。《地形志》:真君八年省,太和十一年复。《寰宇记》:高齐天保七年省,故城在今原武县西北七里,周回约十里。京县《地形志》:京县属荥阳郡。《寰宇记》谓后魏省:误。”

改曰成皋郡。

【集释】《杨考》:“《地形志》:天平元年,分荥阳置成皋郡,领西成皋、巩二县,在今汜水县西北。或后齐移此也。按隋龙藏寺碑阴题衔有城睾郡丞崔充礼,与《续汉志》同,古书‘皋’、‘睾’互用。又武定八年太公郚望表碑阴有故板授城高太守尚道,是又以‘高’为‘皋’也。”

开皇初郡废。有京索水、

【集释】《杨考》:“《元和志》:京水出荥阳县南平地,索水出县南三十五里小陉山。按《水经·济水注》,索水出京县西南嵩渚山,别无京水之目,盖以其出京县,故谓之京索。”

梧桐涧。

【集释】《杨考》:“《水经·济水注》:梧桐涧水出西南梧桐谷。东北流注于索水。”

【编者按】荥阳,治河南今市。

开封

【集释】《杨考》:“汉县。《寰宇记》:高齐天保七年废,隋开皇六年复置,属郑州。”

东魏置郡,

【集释】《杨考》:“《地形志》:天平元年置开封郡。”

后齐废。

【集释】《杨考》:“《元和志》:高齐天保七年废。按《北齐书·杨愔传》,天保十年封开封王,则七年废郡之说恐误。”

【编者按】开封,治河南开封市祥符区南朱仙镇。

梁　郡

梁郡　开皇十六年置宋州。

【集释】《杨考》:“《舆地广记》:元魏为梁郡,后周置梁州。《元和志》:隋开皇初郡废,十六年置宋州,大业三年改宋州为梁郡。”

统县十三,户十五万五千四百七十七。

宋城　旧曰睢阳,置梁郡。

【集释】《杨考》:“秦砀郡,汉改梁国,三国魏改国为郡,晋改为国,宋复为郡。《通鉴》:陈太建十二年,周尉迟迥举兵,迥所署大将军檀让屯兵梁郡。”

开皇初郡废,十八年县改名焉。大业初又置郡。又梁置北新安郡,

【集释】《杨考》:“疑《地形志》郢州香山郡之北新安县即梁之北新安郡也。”

寻废。

【编者按】宋城，治今河南商丘市睢阳区。

雍丘　后魏置阳夏郡。

【集释】《杨考》："《地形志》：孝昌四年置。"

开皇初郡废，十六年置杞州。

【集释】《杨考》："《寰宇记》作'十七年'。按《寰宇记》襄邑县下云：隋置杞州于杞县，襄邑复焉。详其文义，似谓襄邑复于置杞州之年。考此《志》及《元和志》俱谓开皇十六年复襄邑县，则《寰宇记》'七'字为'六'字之误。"

大业初州废。

【集释】《杨考》："《寰宇记》：大业三年废州。"

【编者按】雍丘，治今河南杞县。

襄邑　后齐废，

【集释】《杨考》："秦置。《元和志》：高齐文宣帝省入雍丘。"

开皇十六年复。

【编者按】襄邑，治今河南睢县。

宁陵　后齐废，开皇六年复。

【集释】《杨考》："《元和志》属亳州，十六年割属宋州。《舆地广记》作十六年复。"

【编者按】宁陵，治河南今县。

虞城　后魏曰萧，

【集释】《杨考》："《地形志》：延昌中置。"

后齐废。开皇十六年置，改名焉。

【集释】《杨考》："《元和志》：开皇十六年分下邑置虞城县，属宋州。"

又后魏置沛郡。

【集释】《杨考》："《地形志》：延昌中置。按有汴州。《地形志》：萧衍置，魏因之，治汴城。《考异》云：此州未省所在。一州领沛（汲古阁本作'汴'）、临淮二郡，沛郡领萧、颍川、相三县。考《隋志》梁郡虞城县，后魏曰萧，后齐废；又后魏置沛郡，后齐废。疑即梁时所置汴州也。"

后齐废。

【集释】虞城，治河南今县北旧县城西南。

谷熟　后魏废，开皇十六年复。

【编者按】谷熟，治今河南虞城县西南谷熟镇。

陈留　后魏废，

【集释】《杨考》："秦置。按《晋志》已无陈留县，故《寰宇记》谓晋废，当是也。《志》云后魏废，岂《晋志》有遗脱欤？《寰宇记》又谓后魏复置，则非。考《地形志》有三陈留县，一属颍州汝阴弋阳二郡，一属颍州北陈颍州二郡，一属南建州陈留郡，俱非此地。唯梁州有陈留郡，在今祥符县西北，与此地相近，然是郡非县。"《杨考补遗》："《水经·渠沙水注》：鲁沟水又迳陈留县故城南。知废之已久。"

开皇六年复。

【集释】《杨考》："《元和志》云：开皇三年，分浚仪县置陈留县，属汴州。《舆地广记》又作'十六年'。"

十六年析置新里县，

【集释】《杨考》："《寰宇记》：在开封县东三十里，开皇十六年分浚仪县置，因新里为名。"

大业初废入焉。

【集释】《杨考》："《寰宇记》：大业二年废。《纪要》：隋末复置。"

又有小黄县，

【集释】《杨考》："汉县。《地形志》：真君八年省，太和中复。"

后齐废入。有睢水、

【集释】《杨考》："《汉志》浚仪下：睢水首受莨荡渠，东至取虑入泗。《水经注》：睢水出陈留县西狼汤渠。"

涣水。

【集释】《杨考》："《水经·淮水注》：涣水首受蒗荡渠，于开封县东南流，迳陈留北。"

【编者按】陈留，治今河南开封市祥符区东南陈留镇。

下邑

【集释】《杨考》："按汉、晋、宋之下邑在今砀山县东。《寰宇记》：后魏孝昌二年置砀郡于下邑城，移下邑县于此，即古之栗城也。而《志》载魏之下邑于酂县，云后齐废。然考之《通鉴》，陈太建十二年，周尉迟迥举兵，席毗罗攻陷昌虑、下邑，则此非隋始置。然则后齐废砀山之下邑，而徙置于此也。"

后齐废巳吾县入焉。

【集释】《杨考》："后汉县，晋废，后魏复置。"

【编者按】下邑，治今河南夏邑县。

考城　后魏曰考阳，

【集释】《杨考》："《地形志》作'孝阳'，误也。按本汉甾县，后汉改考城，后魏孝昌中复改。"

置北梁郡。

【集释】《杨考》："《地形志》：北梁郡属南兖州，当亦孝昌中置。"

后齐郡县并废，为城安县。

【集释】《杨考》："《元和志》：高齐天保七年省考城县，仍移成安县理此。按《地形志》，北梁郡治城安县，孝昌中置。"

开皇十八年以重名，改曰考城。

【集释】《杨考》："按冀州魏郡有成安。"

【编者按】考城，治今河南兰考县东北旧考城。

楚丘

【集释】《杨考》："盖取卫地为名。"

后魏曰巳氏，

【集释】《杨考》："本汉县，宋废，魏复置，属沛郡。"

置北谯郡。

【集释】《杨考》："按后魏扬州、楚州均有北谯郡，皆在今安徽凤阳府境，非此地。唯南兖州之谯郡在今商丘西北，与此颇近，然所领蒙、蕲、宁陵三县，无已氏县。《寰宇记》：魏改已氏为谯郡。与此《志》亦不同。”《杨考补遗》：“《水经注》：获水又东迳长乐固北，已氏县南。亦不言北谯郡。”

后齐郡县并废。开皇四年又置巳氏。

【集释】《杨考》：“《元和志》作‘五年’，云属曹州。”

六年改曰楚丘。

【编者按】楚丘，治今山东曹县东南。

砀山　后魏置，曰安阳。

【集释】《杨考》：“《地形志》：孝昌二年置，属砀郡。《元和志》：高齐属彭城郡。”

开皇十八年改名焉。

【集释】《杨考》：“《元和志》：大业二年属宋州。”

有砀山、

【集释】《杨考》：“应劭《汉志注》曰：砀县有砀山，山在东。出文石。《明一统志》：汉高帝微时。尝隐于山上，有云气，吕后与人俱求得之，即此。”

鱼山。

【编者按】砀山，治安徽今县。

圉城

【集释】《杨考》：“《水经·渠水注》：鲁沟水又东南迳圉县故城北。无‘城’字。”

旧曰圉，

【集释】《杨考》：“汉县。《地形志》作‘圉城’，属阳夏郡。”

后齐废。开皇六年复置，曰圉城。有谷水。

【集释】《杨考》：“《水经·阴沟水注》：谷水首受涣水于襄邑县，又东迳赖乡城南入涡水。”

【编者按】圉城：治今河南杞县西南圉镇。

柘城　旧曰柘，

【集释】《杨考》：“汉县。《元和志》：秦为柘城县。”

久废。

【集释】《杨考》：“晋废。”

开皇十六年置，曰柘城。

【集释】柘城，治河南今县北。

谯　郡

谯郡　后魏置南兖州。

【集释】《杨考》：“《地形志》：正光中置，治谯城。《纪要》云：在正始四年，作正光误也。《梁书·武纪》中大通四年正月癸未，魏南兖州刺史刘世明以城降。改魏南兖州为谯州。《元树传》：中大通四年，攻魏谯城，拔之，会魏将独孤如愿来援，城陷。《一统志》：魏复改为南兖州。”

后周置总管府，

【集释】《杨考》：“《周纪》：建德六年二月，平齐，于南充州置总管府。”

后改曰亳州。

【集释】《杨考》：“《元和志》：周武帝改。考《周书·宣帝纪》，州之改实在宣帝时。”

开皇元年府废。

【集释】《杨考》：“《元和志》：大业三年以亳州为谯郡。”

统县六，户七万四千八百一十七。

【补阙】《杨考》：“按有永城县。即今永城县治。《元和志》：隋大业六年。于马甫城东北三里割彭城、睢阳置永城县，属谯郡。《寰宇记》云：大业十二年为贼房宪伯所破，因废。”

【编者按】隋永城县，治河南今市北。

谯

【集释】《杨考》：“汉县。按《水经注》：涡水又东，迳谯县故城北，魏立谯郡，沇州治。则山桑下之谯郡当系于此。”

旧曰小黄，

【集释】《杨考》：“《地形志》：刘裕置。”

置陈留郡。

【集释】《杨考》：“《宋志》：晋咸康四年置。按皆侨置，非汉之郡县也。《舆地广记》：后周置小黄县及陈留郡。盖自是为实土。”

开皇初郡废，十六年分置梅城县。

【集释】《杨考》：“《寰宇记》：故梅城，在谯县南四十里，古梅伯国也。”

大业三年，改小黄为谯县。

【集释】《杨考》：“《元和志》、《寰宇记》、《舆地广记》作‘二年’。”

并梅城入焉。

【编者按】谯县，治今安徽亳州市。

鄼 旧废，

【集释】《杨考》：“秦县，宋废。《梁书·冯道根传》：广平鄼人。此江左侨立于襄阳者，非此地也。”

开皇十六年复。

【集释】《杨考》：“《元和志》：属沛郡。”

旧有马头郡，

【集释】《杨考》：“《地形志》：司马德宗置，魏因之。正光中陷，天平中复置，治建平城。”

后魏又置下邑县，

【集释】《杨考》：“《地形志》：孝昌元年置临涣郡，县属。兴和中罢郡，属马头郡。按各地志并谓梁郡之下邑即魏所置，《志》又载于此，未详孰是。”

后齐并废。

【集释】《杨考》：“《舆地广记》：

后齐废马头郡为镇。”

【集释】酂县，治今河南永城市西北酂城镇。

城父 宋置，曰浚仪。

【集释】《杨考》：“宋盖以浚仪侨置于此，属陈留郡。”

开皇十八年改焉。

【集释】《杨考》：“《元和志》：以重名改。按《志》荥阳郡下有浚仪。《新唐志》：城父，王世充置成州。”

【集释】城父，治今安徽亳州市东南城父集。

【补阙】《杨考》：“按有药城县。《寰宇记》：药城在城父县南七十里，梁、陈之际以为县。”

谷阳

【集释】《杨考》：“《水经注》：涡缸水又东北，至赖乡西，谷水注之。县盖以水得名。”

后齐省，

【集释】《杨考》：“本楚苦县。晋改谷阳。《元和志》：高齐省入武平县。”

开皇六年复。

【集释】谷阳，治今河南鹿邑县。

山桑

【集释】《杨考》：“汉县，在蒙城北，宋、齐徙全椒县西北。”

后魏置涡州、

【集释】《杨考》：“按《地形志》无涡州。据《水经注》，为太和中置，后罢州改郡。《地形志》：景明中置涡阳郡。《元和志》：后魏孝文帝置涡州，理山桑城。”《杨考补遗》：“肥水出山桑县西北泽薮，则山桑在涡阳东北，亦非涡州治。此《志》及《元和志》并误。”

涡阳县，

【集释】《杨考》：“《地形志》：涡阳，武定六年置。《元和志》亦谓地复入魏，改谯县为涡阳，则涡阳置于东魏。考《梁书·武纪》，大通元年十月庚戌，魏东豫州刺史元庆和以涡阳内附，则未入梁之先已为涡阳，《地形志》但据复置时为说也。”

又置谯郡。

【集释】《杨考》：“谯郡不在此，当云‘后又改州为涡阳郡’。”

梁改涡州曰西徐州。

【集释】《杨考》：“《梁纪》：大通元年，以涡阳置西徐州。又《陈庆之传》：涡阳城主王纬先降，诏以涡阳之地置西徐州。”

东魏改曰谯州。

【集释】《杨考》：“《地形志》：武定七年置谯州。《陈纪》：太建五年十二月乙未，齐谯城降。”《求是》：“《元和志》七称开皇三年改置谯州。据《魏书》一〇六，系武定七年置。”又曰：“《地理志》东魏始置。良自不谬，《元和志》非也。”

开皇初郡废，十六年改涡阳为肥水。

【集释】《杨考》：“《元和志》作‘淝’。”《杨考补遗》：“《水经注》：涡水又东，左合北肥水。县盖以此名。”

大业初州废，改县曰山桑。

【集释】《杨考》：“《元和志》、《寰宇记》俱谓唐武德四年始立山桑县，与《志》异。”

又梁置北新安郡，东魏改置蒙郡。

【集释】《杨考》：“按《地形志》：蒙郡，萧衍置，魏因之。《方舆纪要》则云：梁置北新安郡，又改为蒙郡。”

后齐废郡，置蒙县，

【集释】《杨考》：“汉县。《一统志》：东晋侨置于此。按《地形志》，蒙县为蒙郡治，则县非后齐置。《舆地广记》：后废为镇。”《杨考补遗》：“《水经注》：汳水又东迳蒙县故城北。则县有移徙。”

后又置郡。开皇初郡废。又梁置阳夏郡，

【集释】《杨考》：“盖取汉阳夏县旧名立郡。”

东魏废。

【集释】山桑，治今安徽蒙城县。

临涣

【集释】《杨考》：“《寰宇记》：梁普通六年置临涣郡，仍置下邑县以隶焉。后魏改置涣北县。北齐改涣北为临涣，属谯郡。又云：古临涣县城在临涣县西北三十五里，大业十年移县于此。”

后魏置临涣郡，

【集释】《杨考》：“《地形志》：属谯州，萧衍置，魏因之，领白榫、丹城、涣北三县。《元和志》：梁普通中克铚城，置临涣郡，以临涣水为名。《志》云‘后魏置’，误。”

又别置丹城县。

【集释】《杨考》：“《地形志》：县治费城。”

东魏析置白榫县，

【集释】《杨考》：“《地形志》作‘捭’，是。”施和金《释例》：“‘白捭’误作‘白榫’。”

后齐郡废。开皇元年丹城省，大业初白榫又省，并入焉。有嵇山、

【中华校】“嵇”原作“稽”，据《水经》三〇《淮水注》改。

【集释】《杨考》：“按当作‘嵇’。《元和志》：嵇山，在临涣县西三十里。晋嵇康家于铚嵇山之下，因改姓嵇氏。”

龙冈。

【集释】《杨考》：“按《寰宇记》云：废龙山城在临涣县西四十五里，北齐武平四年置。隋开皇九年废入临涣县。《名胜志》：龙山城，即龙冈。”

【集释】临涣，治今安徽濉溪县西南临涣集。

济阴郡

济阴郡　后魏置西兖州，

【集释】《考异》卷三三："案魏初置兖州于滑台。其后青、兖内附。因称滑台为西兖，太和中始罢。此济阴之西充州，乃孝昌中所置也。"《杨考》："《地形志》：孝昌三年置，治定陶城，后徙左城……《通鉴》陈太建元年，齐以元文遥为西兖州刺史。"

后周改曰曹州。

【集释】《杨考》："《元和志》：周武帝改西兖州为曹州，取曹国为名也，大业三年改为济阴郡。按《周书·窦炽传》，子恭，从高祖平齐，除西兖州总管，则西兖州未改之先，周尝置总管府。"

统县九，户十四万九百四十八。

济阴

【集释】《杨考》："《元和志》：开皇六年置县，属曹州。《寰宇记》作'十六年'，恐误。《舆地广记》谓后魏分定陶置济阴县。按后魏无济阴县，此为济阴郡治耳。《水经注》：济水东北迳定陶恭皇陵南逘南，魏郡治也，世谓之左城。然则魏州、郡同治左城。"

后魏置沛郡，

【集释】《杨考》："《地形志》：兴和二年置，治孝昌城。"

后齐废。又开皇六年分置黄县，十八年改为蒙泽。

【集释】《杨考补遗》："《水经注》引《十三州志》曰：蒙泽在己氏县东。《春秋》庄公十二年，宋万与公争薄，杀闵公于斯泽，县盖以此名。"

大业初废入焉。

【集释】《杨考》："按后魏济阴郡治左城。即隋之济阴县，此当云'后魏置济阴郡，开皇初废，六年置济阴县，大业三年复置郡。又有后魏沛郡'云云，方合。《志》不言置济阴郡、县，但云开皇六年分置黄县。若济阴与沛郡同置者，此《广记》所由致误，况济阴本非沛郡治也。"

【集释】济阴，治今山东定陶县西南。

外黄

【集释】《杨考》："秦县，后魏废。《一统志》：后齐复置。"

后齐废成安县入。

【集释】《杨考》："按西汉成安县在今杞县东，后汉即废。《地形志》无成安县。"

又开皇十八年置首城县，大业初废入焉。

【集释】外黄，治今河南兰考县北。

济阳

【集释】《杨考》："汉县，后魏属阳夏郡。"

【集释】济阳，治今山东东明县西南。

成武

【集释】《杨考》："汉县，即今治。后魏移治郜城，隋还旧治。《通鉴》陈太建十二年，檀让以余众屯成武，周于仲文击破之，遂拔成武。"

后齐置永昌郡。

【集释】《杨考》："《隋书·于仲文传》：尉迟迥所署曹州刺史李仲康屯城武，别将高士儒屯永昌。盖是时成武犹治郜城，而永昌郡治故成武城也。"

开皇初郡废，十六年置戴州。

【集释】《杨考》："《北史·隋文帝纪》：开皇十八年，宋、陈、亳、曹、戴、颍等州水。"

大业初州废。

【集释】《杨考》："《元和志》：成武县，隋于此置戴州，大业二年废州。"

【集释】 成武，治山东今县。

冤句

【集释】《杨考》："《寰宇记》：汉初属梁国，景帝时属济阳，后汉及晋同。宋无冤句县，后魏复置，属郡不改。开皇三年罢郡，以县属曹州。"

【集释】 冤句，治山东东明县东南。

乘氏

【集释】《杨考》："《寰宇记》菏泽县下：后魏太和十二年，于今理置乘氏县，取汉县为名。《地形志》属济阴郡。《北齐书·皮景和传》：郑子饶破乘氏县。《元和志》：大业末年废。"

【集释】 乘氏，治今山东菏泽市。

定陶

【集释】《杨考》："汉县，自汉至后魏并属济阴郡。《寰宇记》：大业十三年大乱，为贼帅孟海公所陷，遂废。按开皇三年所置济阴县即析定陶地也。"

【集释】 定陶，治山东今县西北。

单父 后魏曰离狐，

【集释】《杨考》："《寰宇记》：汉离狐县在单县西北三十里，后魏移于南华县理（按南华在东明东南，是以隋县当后魏误）。《地形志》：离狐，晋乱置，郡治。然则东晋移。"

置北济阴郡。

【集释】《杨考》："《宋志》：孝建元年升立。《地形志》：北济阴郡治单父城。"

后齐郡县并废。开皇六年更置，名单父。

【集释】《杨考》："《寰宇记》：开皇十六年属戴州，大业二年属曹州。《旧唐志》：单父，隋于县置戴州，大业废。按戴州置于成武，非单父也。"

【编者按】 单父，治今山东单县。

金乡

【集释】《杨考》："《元和志》：本汉东缗县，后汉于今兖州任城县西南七十五里置金乡县，盖因穿山得金，故曰金乡，属山阳郡。按宋及后魏属高平郡。《通鉴》陈太建十二年，周于仲文击尉迟迥将席毗罗，取金乡。"

开皇十六年分置昌邑县，

【集释】《杨考》："本汉县，宋废。《寰宇记》：高齐天保七年废。按《宋志》、《魏志》均无昌邑，非齐省也。"

大业初并入。

【编者按】金乡，治山东今县。

襄城郡

襄城郡　东魏置北荆州，

【集释】《杨考》："《地形志》：武定二年置。按东魏北荆州在陆浑，不得在此，《志》已载入。"

后周改曰和州。

【集释】《杨考》："此亦误，见陆浑县下。"施和金《释例》："'东魏置北荆州，后周改曰和州'十二字衍。"

开皇初改为伊州，

【集释】《考异》卷三三："《周本纪》：保定二年，于伏流城置和州。可证后周之和州在陆浑，不在襄城也。而《志》于襄城郡又云'东魏置北荆州，后周改曰和州，开皇初改为伊州'，未免复而舛矣。"《杨考》："《寰宇记》：开皇四年，自陆浑县界移伊州置于此，以伊水所经为名，寻又移于今陆浑县东北置。"《求是》："按《地理志》既云：'襄城郡，东魏置北荆州，后周改曰和州，开皇初改为伊州，大业初改曰汝州。'而河南郡陆浑县下又云：'又有东魏北荆州，后周改曰和州，开皇初又改曰伊州，大业初州废。'两注殊类复出。据《元和志》六，则伊州旧设陆浑县界，开皇四年乃徙治，《地理志》不明著徙治，故觉蒙昧（《地理志考证》三亦尝引《寰宇记》说明之)。《廿二史考异》三三徒以为复舛，则犹未明开皇四年后之伊州确设在襄城郡也。"施和金《释例》："当改为'开皇初自陆浑移伊州于此'。"

大业初改曰汝州。

【集释】《杨考》："《元和志》：大业二年改。《寰宇记》：炀帝初改为汝州，以汝水为名，三年废，以其地入襄城、颍川二郡。"

统县八，户十万五千九百一十七。

承休　旧曰汝原，

【集释】《杨考》："《地形志》作'南汝原'。"

置汝北郡，

【集释】《杨考》："《地形志》：孝昌三年立，治阳仁城。天平二年罢，武定元年复，移治梁雀坞。"

后改曰汝阴郡。

【集释】《杨考》："《一统志》：后齐改汝北郡曰汝阴。按《元和志》梁县下云：高齐于此置汝北郡，以备周寇，故城在今县南，亦名王坞城。据此，则齐仍曰汝北，改汝阴或在齐末。"

后周郡废。大业初改县曰承休，

【集释】《杨考》："汉县曰周承休，后汉废。《寰宇记》：取汉旧承休为名。”

置襄城郡。有黄水。

【集释】《杨考》：“《元和志》：黄陂在梁县东二十五里，南北七里，东西十里。隋朝修筑，有灌溉之利，隋末废坏。《水经·汝水注》：黄水出梁山东南，迳周承休县故城，东为承休水，又东南迳白茅台东。又南迳梁雀乡西，水积为陂，谓之黄陂，东转迳其城南，东流右合汝水。”

【编者按】承休，治今河南汝州市。

梁

【集释】《杨考》：“汉县。《寰宇记》：汉旧县理在汝水之南，俗谓之治城。后魏于此置治城县，高齐省入梁县。隋大业二年改为承休，属汝州。按此《志》承休、梁二县并立，当是治城并入梁，而承休自为汝原所改，非以梁改也。《水经·汝水注》：霍阳山水又迳梁城西，俗谓之治城，非也，以北有注城故也，今置治城县，治霍阳山。”

旧置汝北郡，后齐废。

【集释】《杨考》：“已见上承休县下。据《元和志》，则当移上文于此。”

有滥泉。

【集释】《杨考》：“《寰宇记》梁县下载有温汤，云：在县西四十里。《纪要》：梁县西南六十里有温汤，可以熟米，一名黄女汤，隋炀帝于此置温泉顿。又《水经·汝水注》：广城泽水东南流迳温泉南，与温泉水合。以地望准之，亦在梁县境也。此‘滥’字或‘温’字之误。”

【编者按】梁县，治今河南汝州市西南。

【补阙】《杨考》：“按后魏治城县，在今汝州西十五里。《寰宇记》：高齐省入梁县。”

郏城　旧曰龙山。

【集释】《杨考》：“《地形志》：太和十七年置，属睢阳郡。《水经·汝水注》：白沟水又南迳龙城西，魏青龙元年，有龙见于郏之摩陂。”

东魏置顺阳郡

【集释】《杨考》：“《地形志》：顺阳郡，太和中立。则非东魏置。”

及南阳郡、

【集释】《考异》卷三三：“此广州侨置之顺阳、南阳，非荆州之顺阳、南阳也。”

南阳县。开皇初改龙山曰汝南，三年二郡并废。十八年改汝南曰辅城，

【集释】《杨考》：“按汉颍川郡有父城县，晋属襄城郡，此辅城即因父城名，音相近。”

南阳曰期城。

【集释】《杨考》：“《水经·汝水注》：承休水又南迳梁雀乡西，世谓之期城，非也。此期城当因旧名。”

大业初改辅城曰郏城，

【集释】《杨考》：“按汉郏县，即今郏县治，后魏曰郏城。《寰宇记》：北齐省，隋移辅城县西北五里，隶汝

州。大业四年改辅城为郏城县，移就今理。《元和志》云：大业二年移城父县于今郏城县西北五里，四年改城父县为郏城县。据此则辅城即父城，而《元和志》作'城父'者。《后汉书·冯异传》章怀注：郏城县有父城。亦或谓之城父，《左传》楚大城城父以居太子建是也。"

废期城入焉。有关官。有大留山。

【集释】《杨考》："《水经·汝水注》：扈涧水北出大刘山。盖传刻之异。"

【编者按】 郏城，治今河南郏县。

【补阙】《杨考补遗》："按有辅城郡。《周书·文帝纪》：魏恭帝元年，诏封太祖子邕为辅城公。《武帝纪》：魏大统九年生于同州，年十二封辅城郡公。"

阳翟　东魏置阳翟郡，

【集释】《杨考》："《地形志》：阳翟郡，兴和元年立，领黄台、阳翟二县。"

开皇初郡废。有钧台。

【集释】《杨考》："《左传》：夏启有钧台之享。《寰宇记》引《晋地道记》：钧台下有陂，俗谓之钧台陂。《水经·颍水注》：阳翟县南有钧台，其水又东南流积为陂，陂方十里，俗谓之钧台陂。"

有九山祠。

【集释】《杨考》："《地形志》：阳翟有九山祠。《水经·颍水注》：阳翟城西水侧有九山祠碑。"

【编者按】 阳翟，治今河南禹州市。

【补阙】《杨考》："按有康城县，在今禹州西北三十里。《地形志》：孝昌中置，为阳城郡治。《一统志》：仁寿中废入阳翟。"

汝源

【集释】《杨考》："无考，当在今汝宁府境。"

【编者按】 汝源，今地无考。

汝南

【集释】《杨考》："《地形志》：太和十八年置。《元和志》：北齐天保七年废，隋开皇十八年复置，大业末废。按《董穆墓志》，大业六年襄城郡有汝南县。"

有后魏汝南郡

【集释】《考异》卷三三："此侨置之汝南。《魏志》：广州有汝南郡，永安元年置，治符垒城。即此。"

及符垒县，

【集释】《杨考》："《地形志》：太和中置。"

并后齐废。

【编者按】 汝南，治今河南宝丰县西北。

鲁

【集释】《杨考》："本汉鲁阳县。《元和志》：后魏太和二十二年改为北山县，周改为鲁山县。按《地形志》

作‘山北’，云：太和十一年置。与《元和志》异。《水经·汝水注》：桓水出鲁阳北山。则作‘北山’是。”《求是》：“《元和志》六云：‘后魏太和……二十二年，改鲁阳县为北山县，周改为鲁山县（《魏书》一〇六中误北山作山北）。’又《旧唐书》三八云：‘鲁山，隋旧。武德四年，于县置鲁州。’由此两说，是隋县名‘鲁山’，不名‘鲁’。岂今本《地理志》‘鲁’下夺去‘山’字欤?”《北周志》：“北魏曰北山，北周改曰鲁山。”又云：“按《周书·阳雄传》：改封鲁阳县公，则似后魏北山县北周曾改名鲁阳县，后又改鲁山县。”

后魏置荆州，寻废，立鲁阳郡，

【集释】《杨考》：“《地形志》：太和十一年置鲁阳镇，十八年改为荆州，二十二年罢荆州，置鲁阳郡。按此于《魏书》无可考，《孝文纪》太和十八年、二十二年所云荆州皆指穰城言也。《地形志》荆州初治上洛，太和中移穰城，不云中间有治鲁阳事，亦可疑。”

后置鲁州。

【中华校】《考异》：“魏永安中置广州于鲁阳，而齐、周因之，‘鲁州’当为：‘广州’之误。”《求是》：“此‘广州’之作‘鲁州’，盖隋仁寿中避‘广’字改。”

【集释】《考异》卷三三：“案鲁阳之置荆州，在太和十八年，至二十二年移荆州于穰城，而以鲁阳为郡。永安中，置广州于鲁阳，而齐、周因之。史未见鲁州之名，当为‘广州’之误也。”《杨考》：“此误也。鲁阳为魏齐重镇，史亦不见鲁州之名。按周尝于东平郡置鲁州，洪颐煊云：两地相近，不应同时同名。钱氏《考异》以此为广州之误，是也。《地形志》：广州，永安中置，治鲁阳，武定中陷，徙治襄城。按《魏书》太和二十年，广州刺史薛法护南叛，时州治鲁阳，是广州已置于太和以前，至永安中复置也。今按广州，魏、齐间为最著之州，《志》不应失之，然亦当分载于襄城县下，盖东魏州已徙也。余疑后周所置之汝州在此，《志》当云‘后置广州，周改汝州’方合。互详襄城下。”《求是》：“按：《地理志》所云‘后置鲁州’未详何时。东平郡后周所置之鲁州，既属‘寻废’，则襄城郡之鲁州，未必是同时并设。唯解者必以‘后置’之‘后’，属诸后魏，故若周代同时有两鲁州矣，此义解之应行商榷者一也。《魏书》一〇六中：‘广州……治鲁阳，武定中陷，徙治襄城。’谓鲁阳郡之地，原置广州，自是不易之论。复考五六《薛胄传》：‘高祖受禅，擢拜鲁州刺史，未之官，检校庐州总管事，寻除兖州刺史。’后周所置鲁州，既是寻废，则受禅后不久之鲁州，必非东平郡之鲁州，更非原名兖州大业二年始改之鲁州。故苟就钱说以推寻，《胄传》之鲁州，亦得为广州之异文。又《诸史考异》一四云：‘《皇甫诞传》：……高祖受禅，为兵部侍郎，出为鲁州长史。颐煊案：《皇甫诞碑》……授广州长史。’何以胄、诞两传与《地理志》均不约而同，讹广为鲁，且所讹之字，恰为曾设广州之县之名。既非相似而转讹，宁谓无因而致是，此疑窦之大堪玩味者二也。尝读《元和志》三云：‘后魏废帝元年，于丘头原置广安县，隋仁寿元年，以广字犯皇太子名，改为延安。’又云：‘后魏太武帝于此置广洛县。……后仁寿元年，以太子名广，改为金明县。’凡此避广改名之例，志中不下十数，可无悉举。《养新录》一一云：‘炀帝名广，改广州曰番州，广润县曰灵武，广威县曰化隆，广恩县曰洮河，广化县曰河池，广长县曰修城，广阳县曰汶山，广年县曰左封，广都县曰双流，广汉县曰雒，广定县曰蒲江，广通县曰通义，广南县曰南溪，广武县曰荥泽，广宁县曰汝北，广福县曰安福，广川县曰长河，广宗县曰宗城，广平县曰永年，广阿县曰象城，广城县曰乐寿，广昌县曰飞狐（易州），长广县曰交（胶）水，广饶县曰东海，广牧县曰安兴，广昌县曰枣阳（昌州），广泽县曰连山。’按：《元和志》之广安、广洛等，钱氏尚未举出。又，《隋志》豫章郡广丰县，仁寿初改名丰城，亦漏。《隋志》又云：‘雒旧曰广汉……开皇十八年，改曰绵竹，大业初，改名雒焉。’是广汉于炀帝未为太子时，早已易称，非因避讳而改，钱氏误也。夫县名广者尚改之，而谓州名广者独邀免乎？同志三四云：‘仁寿元年，改广州为番州’，南之广州尚改之，而谓北之广州独不及乎？由是思之，襄城郡之广州当仁寿元年时，必尝易称，绝无疑义。然则所易者果何名乎？《元和志》六鲁山县云：‘武德四年，又于县置鲁州。’唐初建设，率沿隋制，今适于此鲁县置鲁州，宁为巧合，是可推襄城郡之广州，当仁寿元年时曾改曰鲁州也。此说既立，则鲁州沿革，应云：‘后魏永安中，置广州，隋仁寿元年，改曰鲁州，大业初州废。’今《地理志》只称后置鲁州，不言为广州所改，钱氏又只断鲁为广讹，不知其中间确曾改称鲁州，皆得失参半者也。大业初既废此鲁州，乃将兖州改为鲁州，亦两无相妨焉矣。若薛胄、皇甫诞两传之鲁州，盖史臣避讳而追改者。”《北周志》：“西魏、北周之广州治鲁山，东魏、北齐之广州治襄城。”又云：“《魏书·高祖纪》：太和二十年夏四月甲辰，广州薛法护南叛。按据是，则广州已置于孝文帝太和之世，其后中省，永安中复置也。……按钱大昕《廿二史考异》以此鲁州为广州之误，极是。《隋书·皇甫诞传》：‘高祖受禅，为兵部侍郎，出为鲁州刺史。’《隋柱国左光禄大夫宏明公皇甫府君碑》：‘起家除周毕王府长史，既而苍精委驭，炎运启图，伯贰边服，实资令德，授广州刺史。’碑刻于仁寿初元，盖尚未为炀帝讳改也。是《隋志》广州之作鲁州，盖唐初臣僚尚为隋帝讳改也。”

开皇初郡废，大业初州废。

【集释】《杨考》：“《寰宇记》：隋末王世充据有巩、洛，于鲁山县立鲁州。”

有关官。

【集释】《杨考》：“《纪要》：鲁阳关在鲁山县西南九十里，一名鸦路镇，自昔戍守要地也。”

有和山、

【集释】《杨考》："《纪要》：太和山在伊阳县西南，汝水经其下，山有太和谷。"

大义山。

【集释】《杨考》："疑即大盂山之误。"

【编者按】鲁县，治今河南鲁山县。

【补阙】《杨考》："按有滍阳县。《北史·乐运传》：遂左迁运为广州滍阳令。《考异》云：广州治鲁阳，而《隋志》无滍阳之名。"

犨城　旧曰雉阳。

【集释】《杨考》："《纪要》：犨县，后魏改为翼阳县，西魏为雉阳县。《一统志》：后魏末置。"

开皇十八年改曰湛水，

【集释】《杨考》："《水经注》：湛水出犨县北，又东于汝水九曲北东入汝。此县盖因水名也。"

大业初改名焉。又有后周置武山郡，

【集释】《杨考》："《隋书·郭衍传》：周时封武山郡公。"

开皇初废。后魏置南阳县、

【集释】《杨考》："《地形志》南阳县属广州南阳郡。"

河山县，

【集释】《杨考》："《地形志》：太和二十一年置，属广州鲁阳郡。"

大业初并废入焉。有应山。

【集释】《杨考》："《水经·滍水注》：桥水出鲁阳县北恃山东南，迳应山北。"

【编者按】犨同犨，见《玉篇》。犨城，治今河南平顶山市西。

颍川郡

颍川郡

【集释】《杨考》："汉郡在今禹州治，晋郡、南齐郡在许州东北，宋豫州郡、北魏豫州郡在郾城县东，此北魏郑州郡也。"

旧置颍州，东魏改曰郑州，

【集释】《杨考》："《地形志》：天平初置颍州，治长葛城，武定七年改郑州，治颍阴城。《元和志》：东魏高澄就古颍阴城改置南郑州。"

后周改曰许州。

【集释】《杨考》："《寰宇记》：周大定元年，改南郑州为许州，治长社。隋初不改，大业初州废。《元和志》：隋仁寿元年，改南郑州为许州。与《志》异。按《周书·卢光传》，隋开皇三年卒，赠许州刺史，则《元和志》误。"《求是》："按柳裘开皇元年已为许州刺史（《隋书》卷三八）《地理志》亦言后周改名，（《元和志》）'仁寿'殆'开皇'之误。"

统县十四，户十九万五千六百

四十。

颍川 旧曰长社，

【集释】《杨考》：“汉县，在今长葛县西一里，武定七年徙治颍阴城。”

置颍川郡。

【集释】《杨考》：“汉郡。《地形志》：武定七年移治颍阴县。”

后齐废颍阴县入，

【集释】《杨考》：“汉县。《一统志》：后齐改颍阴为长社。”

开皇初废郡改县焉。

【集释】《杨考》：“《元和志》：隋文帝废郡，以县属汴州，大业三年改为颍川县。与《志》异。《寰宇记》亦云：大业三年改长社为颍川。”

又东魏置黄台县，

【集释】《杨考》：“《寰宇记》阳翟下云：黄台在县东北四里，东魏天平二年置县，属阳翟郡。按《地形志》云：兴和元年置。”

大业初废入焉，

【集释】《杨考》：“《一统志》：大业初，以黄台入阳翟。与《志》异。”

置郡。

【编者按】颍川，治今河南许昌市。

襄城 旧置襄城郡，

【集释】《杨考》：“《地形志》：豫州襄城郡，晋武帝置，治襄城。广州襄城郡亦云晋置。知亦寄治襄城也。”

后周置汝州。开皇初郡废，大业初州废。

【集释】《杨考》：“按魏之广州，武定中自鲁阳徙此。《魏志》有明文，《周书·郭贤传》：东魏以韦默儿为义州刺史。镇父城，郭贤攻默儿，据之，转广州刺史，是西魏有广州也，又《周书·阎庆传》，隋开皇二年薨，赠司空、荆谯等七州诸军事、荆州刺史，中有广州。是隋初未废也，不应周有置汝州于此事，因知此汝州当系于鲁县下。互详前鲁县、后西平县下。”《求是》：“齐失鲁阳于周，故以广州侨治襄城。若周则早得鲁阳之广州，故平齐后对于齐所侨设之广州，必行撤废。杨氏之说，盖未悟广州入周之版图，以为周沿齐制，置广州于襄城，所谓见其偏、不见其全者也。”

有澱水。

【集释】《杨考》：“《纪要》：小澱水在临颍县西南，以郾城南有大澱水也。《水经·颍水注》：颍水自临颍县西注小㶏水出焉。”

【编者按】襄城，治河南今县。

汝坟

【集释】《杨考》：“本汉昆阳县。《一统志》：后齐改置汝坟县。”

后齐置汉广郡，

【集释】《杨考》：“按《地形志》广州汉广郡，永安中置，非后齐始置也，《周书·郭贤传》：东魏遣蛮酋鲁和为汉广郡守。”《北周志》：“按《魏书·裴延儁传》：从子景颜，‘孝庄初。为广州防蛮别将，行汉广郡事。’据是，可证永安中置为是。……按北周世在襄州上洪县有德广郡，而新出碑志多有言广州德广郡者，疑广州德广郡，即由汉广郡改称也。《诗·周南》序：汉广，德广所及也，宇文出自鲜卑，盖以汉广之名为讳，故改德广耳。”

寻废。

【集释】《杨考》：“《纪要》云：隋废。”

有首山。

【编者按】汝坟，治今河南平顶山市东。

叶

【集释】《杨考》：“汉县，即今叶县治，宋省，后魏徙置，属南安郡。”《北周志》：“按此侨置之叶县也。《魏书·地形志》不载此县。杨守敬谓县治即今叶县，非是。以今之叶县城关当时为汶坟县辖境也。据《隋书·地理志》，叶县，开皇末改为澧水，大业初并入方城。《汉志》雉县衡山，澧水所出，东至郾入汝。《水经注》，澧水出南阳雉县。是此侨置之叶县当在叶县西南澧河之上游。”

后齐置襄州。

【集释】《杨考》：“《地形志》襄州，孝昌中置，则非置于后齐，然不云治何所，所领襄城郡治赭阳城，在今裕州东六里。《一统志》：齐移州置叶县。”

后周废襄州，置南襄城郡。开皇初郡废。又东魏置定南郡，

【集释】《考异》卷三三：“案《魏志》襄州有南安郡，领安南、南舞、叶、南定四县。太和中，尝置郢州于此，疑即此。《志》所谓定南郡，而二史郡名互异，未知其审。”《杨考》：“按《地形志》无此郡。”

后周废为定南县，

【集释】《杨考》：“按《地形志》南安郡所领有南定县，当即此，但未知谁为倒文耳。”

大业初省入。

【编者按】叶县，治河南今县。

北舞

【集释】《杨考》：“后魏曰北舞阳，皇兴元年置。《一统志》：隋更名。”

旧置定陵郡，

【集释】《隋书札记》：“‘后置定陵郡’，案‘后’字下脱‘魏’字，《魏书·地形志》永安中置广州定陵郡北舞阳三县是也。监本不知‘后’下脱‘魏’字，而妄改‘后’字为‘旧’字。”《杨考》：“《地形志》：永安中置。”

开皇初废。有百尺沟。

【集释】《杨考》：“《水经·汝水注》：汝水迳定陵城北，右则溘水入，左则百尺沟出焉。沟水夹岸层崇，亦谓之为百尺隄也。”

【编者按】北舞，治今河南舞阳县东北北舞渡。

郾城　开皇初置，

【集释】《杨考》：“《元和志》：开皇五年，于临颍废郡城中置县，属许州。按汉郾县废于东晋，《水经注》汝水东南流迳郾县故城北是也。《寰宇记》谓开皇三年与临颍郡同废，五年又于郡城中置县。”

十六年置道州，大业初州废。又

后魏置颍川郡，

【集释】《杨考》："此后魏豫州之颍川郡，太和六年置。"

后齐改为临颍郡，

【集释】《杨考》："《寰宇记》郾城下云：北齐天保七年于今县置临颍郡。《志》不当别出。《隋纪》，周大象二年以二十郡为隋国，中有豫州之临颍。"

开皇初郡废。又有邵陵县，

【集释】《杨考》："按两《汉志》作'召'，属汝南郡；晋、宋、齐《志》及《地形志》作'邵'，属颍川郡。"

大业初废。有溵水。

【集释】《杨考》："《水经·汝水注》：汝水东南迳奇頟城西北，濆水出焉，世亦谓之大㶏水。《纪要》：大溵水在郾城南，以临颍有小溵水也，自裕州叶县境流入，至陈州商水县而入于颍。"

【编者按】郾城，治河南今县。

繁昌

【集释】《杨考》："《元和志》：魏文帝行至繁阳亭，筑坛受禅，因置繁昌县。晋属襄城郡，后魏因之。"

【编者按】繁昌，治今河南临颍县西北。

临颍

【集释】《杨考》："《元和志》：隋开皇三年属许州，大业四年自故城移于今理。《隋书·刘旷传》：开皇中迁为临颍令。"

【编者按】临颍，治河南今县。

尉氏 后齐废，

【集释】《杨考》："《地形志》：尉氏，二汉属陈留，兴安初并宛陵，太安二年复，天平元年属开封郡。《元和志》：高齐省，以地入开封。"

开皇六年复。

【集释】《杨考》："《元和志》：属汴州。《寰宇记》：开皇三年，县属汴州。不书高齐废县事。又云：开皇十六年属洧州。"

【编者按】尉氏，治河南今县。

长葛 开皇六年置。

【集释】《杨考》："《元和志》：长箱城，东魏武定五年，清河王高岳率众围西魏将王思政于颍川，因筑此城。初以车箱为楼，因名长箱城。开皇六年于此立长葛县，属许州。按盖取郑长葛邑为名。"

【编者按】长葛，治河南今市东北老城。

许昌

【集释】《杨考》："本汉许县，魏文帝改，即许都。东魏为许昌郡治。《元和志》：隋文帝时属洧州，大业二年属许州。案《志》下鄢陵县东魏置许昌郡，开皇初郡废，当系于此。"

【编者按】许昌，治河南今市东北许田村。

㶏强

【集释】《杨考》："本二汉县，属汝南，《晋志》、《地形志》无此县。《水经·颍水注》皆载灈强县，不云故城，未知晋、魏果废否?”

开皇十六年置，曰陶城，

【集释】《杨考》:“《水经注》:滍水又西南流迳陶城西。隋盖因旧名也。”

大业初改焉。

【集释】《杨考》:“上文不云‘久废’，若自隋大业始改置者，误也。”

【编者按】灈强，治今河南西华县西。

扶沟

【集释】《杨考》:“《地形志》:前汉属淮阳，后汉属陈留。真君七年并长平，后属许昌郡。《元和志》:高齐文宣帝自今扶沟县北移于今理。又《寰宇记》云：古扶沟城，在扶沟县东北二十里。”

【编者按】扶沟，治河南今县。

隅陵

【集释】《杨考》:“按《汉志》作‘傿’，《续汉志》、《晋志》与《志》同，《地形志》作‘鄢’。”

东魏置许昌郡，

【集释】《杨考》:“《地形志》:天平元年分颍川置。按此当系于许昌县下。”

后齐废县。

【集释】《杨考》:“汉置傿陵县。《元和志》:高齐文宣帝废鄢陵，以其地入许昌县。”

开皇初郡废，七年复隅陵县。

【集释】《杨考》:“《元和志》:开皇三年复置，属许州。”

十六年置洧州，

【集释】《杨考》:“盖开皇初废西平之洧州，故复置于此。《水经注》:洧水又东迳鄢陵县故城南。州亦因水名。”

大业初州废。

【集释】《杨考》:“《元和志》:大业二年州废，县属许州。”

又开皇十六年置蔡陂县，

【集释】《杨考》:“《寰宇记》:废蔡陂县城在尉氏县西南三十里，隋开皇十六年，分长葛、许昌、鄢陵三县置。”

至是省入焉。

【集释】《杨考》:“《志》例云‘至是’者，指大业初言。《寰宇记》:大业二年复蔡陂。恐误。”

【编者按】隅陵，治今河南鄢陵县。

汝南郡

汝南郡　后魏置豫州，

【集释】《杨考》:“《地形志》:刘义隆置司州，治悬瓠城，皇兴中改豫州。《通鉴》梁太清元年七月庚申，羊鸦仁入悬瓠城，甲子诏以悬瓠为豫州。”

东魏置行台。

【集释】《杨考》：“《梁书·侯景传》：魏以为司徒、南道行台，专制河南。《通鉴》中大同元年六月庚子，东魏以司徒侯景为河南大将军、大行台。”

后周置总管府，

【集释】《杨考》：“《周纪》：建德六年二月，平齐，于豫州置总管府。”

后改曰舒州，

【集释】《杨考》：“《元和志》：周大象二年改。《寰宇记》：以地势平舒为名。”

寻复曰豫州，

【集释】《杨考》：“《元和志》：隋文帝改舒州为豫州，移入悬瓠城，今蔡州理是也。”

及改洛州为豫州，此为溱州，

【集释】《杨考》：“按《隋纪》，大业元年正月，改豫州为溱州。《元和志》：隋仁寿四年，改舒州为溱州。《寰宇记》：取城南溱水为名。”

又改曰蔡州。

【集释】《杨考》：“《元和志》：隋大业二年改蔡州，三年罢州为汝南郡。《寰宇记》：以古国名之也。”

统县十一，户十五万二千七百八十五。

汝阳　旧曰上蔡，

【集释】《杨考》：“汉县，在今上蔡县西十里。《一统志》：后魏徙置于此。”

置汝南郡。

【集释】《杨考》：“《地形志》：豫州汝南郡上蔡，州、郡治。《隋书·文帝纪》，周大象二年，以二十郡为隋国，中有豫州之汝南。”

开皇初郡废。大业初置郡，改县曰汝阳，

【集释】《杨考》：“《寰宇记》：开皇十七年，于上蔡县东北置汝阳县。与《志》先后不同。”

并废保城县入焉。

【集释】《杨考》：“《地形志》：保城县，刘骏置。而《宋志》无保城县。”

有鸿郄陂。

【集释】《杨考》：“《元和志》：汉成帝时陂溢为害，翟方进为丞相，以为决去陂水，其地肥美，省堤防之费，遂奏罢之。王莽时，尝枯旱，郡人追怨方进。建武中，太守邓晨使许阳椽令复鸿郄陂，因高下形势起塘四百余里，数年乃立。今废。”

【编者按】汝阳，治今河南汝南县。

【补阙】《杨考》：‘按梁有平春县。《地形志》属城阳郡，云：萧衍置。又有皎城县。《地形志》：萧衍置。又有淮阴县。《地形志》：萧衍置。并在今汝宁府境。”

城阳　旧废，梁置，

【集释】《杨考》：“《地形志》属仵城郡。”

又有义兴县。

【集释】《杨考》："《地形志》：城阳郡义兴县，萧衍置，魏因之。"

后魏置城阳郡，

【集释】《杨考》："《地形志》：萧衍置，魏因之。非后魏置也。"

梁置楚州，

【集释】《杨考》："《地形志》：西楚州，萧衍置，治楚城。《梁书·羊鸦仁传》：都督南北司豫楚四州诸军事。《南北史补志》谓梁武立西楚州，增'西'字，非是。"

东魏置

【集释】《杨考》："当作'曰'。"

西楚州，

【集释】《杨考》："《北齐书·文宣纪》：武定八年正月，梁楚州刺史宋安顾以州内属。盖梁时本无'西'字，至东魏始加'西'字，以其时于钟离置楚州也。"

后齐曰永州。

【集释】《杨考》："《周书·权景宣传》：保定四年别讨河南，齐永州刺史萧世怡以城降。即此永州也。《隋书·韩擒虎传》：周武帝时拜永州刺史。亦即此。"

开皇九年，废入纯州。十八年改义兴为纯义。大业初州县并废入焉。又梁置伍城郡，

【集释】《杨考》："《地形志》作'仵城'，云：萧衍置，魏因之。钱氏《考异》云：'五'与'午'，古字通。"

后齐废。有十丈山、大木山。

【集释】《杨考》："《水经·淮水注》：山即晋车骑将军祖逖自陈留将家避乱所居也。《纪要》：后人以逖字名曰士雅山。"

【编者按】城阳，治今河南信阳市西北。

真阳　旧置郢州。

【集释】《考异》卷三三："案魏以梁之司州为郢州，治义阳，孝昌末，郢州复入于梁，乃侨立郢州于此。天平中罢州，仍立义阳郡，以抚其遗民，故真阳亦有义阳郡。"《杨考》："《地形志》：郢州，永安三年置。"

东魏废州，置义阳郡。

【集释】《杨考》："《地形志》：天平四年罢州，置义阳郡。"

后齐废郡入保城县。

【集释】《杨考》："《元和志》：后魏改汉慎阳县为真阳，高齐改为保城县。按后魏城阳郡有真阳县，汝南郡有保城县，非以真阳改也。"

开皇十一年废县。

【集释】《杨考》："盖废魏之真阳县也。"

十六年置县，曰真丘。大业初改曰真阳。

【集释】《杨考》："《元和志》：大业二年。"

又有白狗县，

【集释】《诸史考异》，卷一三："案《地形志》西淮州，萧衍置，魏因之，治豫州界白狗堆，即此城。"《杨考》："《纪要》云：北齐县。《寰宇记》：白狗城在真阳县西南七十里。"

梁置淮州。

【集释】《杨考》“《地形志》：西淮州，萧衍置，魏因之，治豫州界白苟堆。钱氏《考异》云：淮阴有淮州，故此加‘西’字。”

后齐废州，以置齐兴郡，郡寻废。开皇初，改县曰淮川，

【集释】《杨考补遗》：“《地形志》西淮州领淮川郡，县因旧郡名。”

至是亦省入焉。又有后魏安阳县，

【集释】《杨考》：“汉县，东魏属义阳郡。”

后废。

【集释】《杨考》：“《一统志》：隋废。”

有汶水。

【编者按】真阳，治今河南正阳县北。

新息

【集释】《杨考》：“汉县。《一统志》：宋改曰南新息，后齐复故。”

后魏置东豫州。

【集释】《杨考》：“《地形志》：太和十九年置。《魏书·田益宗传》：太和十九年，于新蔡立东豫州，以益宗为刺史。又《张普惠传》亦除东豫州刺史。”《杨考补遗》：“按《北史·田益宗传》亦云于新蔡立东豫州。《水经注》：淮水又东迳新息县故城南，魏太和中，蛮田益宗效诚，立东豫州，以益宗为刺史。则‘新蔡’并‘新息’之误，当以《志》为是。”

梁改曰西豫州，又改曰淮州。

【集释】《杨考》：“《南北史补志》：大通元年立西豫州，太清元年改曰淮州，治白狗堆。此因梁之西豫州在新息而改淮州，则移治白苟堆，故《志》两书之欤?”

东魏复曰东豫州，后周改曰息州，大业初州废。

【集释】《杨考》：“《寰宇记》：周宣政元年置息州，隋大业二年废。按周息州所领有建安郡。《隋书·文帝纪》：周大象二年，以二十郡为隋国，中有息州之建安。《志》不载。又二十郡中有息州之新蔡，今考《志》后新蔡县下后魏之新蔡郡已废于后齐，而《志》扬州弋阳郡定城县下、殷城县下、固始县下俱有新蔡郡，未知所指何属。”

又后魏置汝南郡，开皇初郡废。又梁置滇州，

【集释】《杨考》：“《汉志》慎阳下，师古注曰：慎字，本作滇，音真，后误为慎耳。阚骃曰：永平五年失印，更刻，遂误以水为心。然则梁盖从阚骃说。”

寻废。又梁置北光城郡，东魏废。又有北新息县，

【集释】《杨考》：“宋置。”

后齐废。

【编者按】新息，治今河南息县。

褒信

【集释】《杨考》：“《郡国志》：褒信属汝南。《元和志》：本汉之鄎县。以西汉言也。”

宋改曰包信。

【集释】《隋书札记》：“案‘包’，

《宋书·州郡志》作‘苞’。”《杨考》：“《宋志》作‘苞信’，《地形志》亦作‘苞信’。《周书·王勇传》：进封苞信公。”

大业初改复旧焉。

【集释】《杨考》：“《元和志》：大业二年。”

又梁置梁安郡，

【集释】《杨考》：“《南北史补志》载此郡领藜县，未知何据。”

开皇初废。又有长陵郡，

【集释】《杨考》：“《地形志》：萧衍置。”

后齐废为县。

【集释】《杨考》：“按《地形志》长陵郡所领有长陵县，在今息县东八十里，云：萧衍置。又有安陵县，在今固始县西北，《地形志》：萧衍置，属长陵郡。”

大业初又省县焉。

【编者按】褒信，治今河南息县东北包信镇。

上蔡　后魏置，曰临汝。

【集释】《杨考》：“今上蔡县西十里。属汝南郡。按魏汝南郡亦有上蔡县，今汝阳县治。”

后齐废。开皇中置，曰武津。大业初改名焉。

【集释】《杨考》：“按《元和志》云：后齐废临汝县，隋开皇十二年移于今理，为上蔡县。似隋初置即名上蔡，与《志》异。”

【编者按】上蔡，治河南今县。

平舆　旧废，

【集释】《杨考》：“汉县。《元和志》：高齐废。”

大业初改新蔡

【集释】《杨考》：“此盖改魏新蔡郡之新蔡也。《一统志》谓汉、魏之新蔡皆在新蔡县治。据《水经注》新蔡有故城，则当以《志》为正。见下。”

置焉。

【集释】《杨考》：“《元和志》：大业二年重置，十三年陷王世充，置舆州，管平舆一县。《寰宇记》：今新蔡县西九十里有故城，即隋之县也。”

有葛陂。

【集释】《杨考》：“《元和志》：葛陂周回三十里，在平舆县东北四十里。《水经·汝水注》：陂方数十里，水物含灵，多所苞育，昔费长房投杖于陂，而龙变所在也。”

【编者按】平舆，治河南今县西南。

新蔡

【集释】《杨考》：“汉县。《水经·汝水注》：澺水自葛陂东南迳新蔡县故城东。则县有移徙。”

齐置北新蔡郡，

【集释】《杨考》：“《南齐志》有北新蔡郡。《陈书·鲁广达传》：梁末除北新蔡太守。是梁亦称北新蔡也。”

魏曰新蔡郡，

【集释】《杨考》：“《地形志》：豫州新蔡郡，晋立，孝昌中陷，后复，治石母台，领新蔡、鲖阳、固始三县。"

东魏置蔡州。

【中华校】"蔡"上原衍"终"字，今删。

【集释】《考异》卷三三："'终'字衍。"《隋书札记》："案'终'字衍。"《杨考》："《南北史补志》：'终'改'东'。按《地形志》，蔡州治鲖阳新蔡城。即此地，盖东魏于新蔡郡增置蔡州，不复属豫州，非别有蔡州，而以此称'东'也。"

后齐废州置广宁郡。

【集释】《杨考》："《隋文帝纪》：周大象二年，以二十郡为隋国，中有豫州之广宁，是周属豫州也。"

开皇初郡废。十六年置舒州

【集释】《杨考》："《元和志》：领广陵县。"

及舒县、广宁县。

【集释】《杨考》："《一统志》：开皇十六年，改新蔡县置广宁县。"

仁寿元年改广宁曰汝北。

【集释】《杨考》："《元和志》、《寰宇记》俱作二年。"

大业初州废，改汝北曰新蔡。

【集释】《杨考》："《元和志》：大业二年改。"

又后齐置永康县，后改名曰澺水，

【集释】《杨考》："《一统志》：后周改。《说文》：澺水出汝南上蔡黑闾涧入汝。《水经》'汝水又东南，左会澺水'云云，县盖因水名。"

至是及舒县并废入焉。

【编者按】新蔡，治河南今县。

朗山　旧曰安昌，

【集释】《隋书札记》："案朗山下当作'旧曰朗陵，后魏改曰安昌，置初安郡。开皇初郡废'。此缘两'曰'字、两'郡'字相涉致脱耳。"《杨考》："《元和志》：后魏真君二年，于朗陵故城置。"

置初安郡。

【集释】《杨考》："《地形志》：延兴二年置，孝昌中陷。《隋书·文帝纪》：周大象二年以二十郡为隋国，中有豫州之初安。"

废，

【中华校】按前后文例，"废"前似脱"开皇初郡"四字。

【集释】《杨考》本有"开皇初郡"四字，并云："各本俱脱此四字，今补。"

十八年县改名焉。

【集释】《杨考》："《元和志》朗山下云：隋开皇三年移安昌县于今理，十六年改为朗山。《寰宇记》亦作'十六年'。"

又梁置陈州，

【集释】《杨考》："《补梁疆域志》、《南北史补志》并失此州。按梁于颍阳置陈州，此复有陈州，梁时两州并立者甚多也。"

后魏废，又齐置荆州，寻废。后周又置威州，后又废。

【集释】《杨考》："盖省入豫州也。"

【编者按】朗山，治今河南确山县。

吴房　故曰遂宁，

【集释】《杨考》："《地形志》属襄城郡。"

后齐省绥义县入焉。

【集释】《杨考》："《地形志》作'义绥'，属襄城郡。"

大业初改曰吴房。

【集释】《杨考》："《元和志》：隋改遂宁为濯阳县，大业二年改为吴房县。"

【编者按】吴房，治今河南遂平县。

西平

【集释】《杨考》："汉县。《寰宇记》：大业末废。"

后魏置襄城郡，

【集释】《杨考》："按此误也。《地形志》豫州襄城郡：晋置，治襄城。广州之襄城亦云：晋置。知寄治襄城，无移徙西平之说。西平，后魏属豫州之汝南，《地形志》有明文，而后齐之西平又属临颍，此条之为误，系审矣。又按北魏襄城郡有七，豫州一，广州一，南广州二，荆州一，襄州一，南襄州一，豫、广、南广皆治襄城县，唯荆州之襄城治方城，在今裕州；襄州之襄城治赭城，今裕州东；南襄州之襄城治陈阳，今唐县治，皆不在西平。《元和志》、《寰宇记》均无西平置襄城郡之说。《一统志》谓魏豫州之襄城在西平西五十里，因此《志》为说也。"

后齐改郡曰文城，

【集释】《杨考》："当云'置郡'。《寰宇记》：西平，高齐属临颍郡。则知齐初尚未置文城郡也。《北齐书·皮景和传》：封文城郡王。"

开皇初郡废。

【集释】《杨考》："《寰宇记》：西平，隋初属道州。"

又有故武阳县，

【集释】《杨考》："后魏县，属襄城郡。"

十八年改曰吴房，大业初省。

【集释】《杨考》："盖移吴房于遂平西，遂省此。"

又有故洧州、

【集释】《杨考》："亦以洧水得名。《南北史补志》：洧州，齐置，领文城郡。"

灈州，

【集释】《杨考》："《南北史补志》谓灈州为周置，治武阳，未知何据。"

并后齐置，开皇初皆废。

【编者按】西平，治河南今县西。

淮阳郡

淮阳郡　开皇十六年置陈州。

【集释】《杨考》："《寰宇记》：开皇十六年于宛丘县立陈州，州城枕蔡水，周回三十里。"《求是》："按项城县下云：'后周改曰陈州，开皇……十六年分置沈州。'是陈州隋初本沿周设。又五五《侯莫陈颖传》云：'数年，转陈州刺史，平陈之役……'只称陈州，不称沈州，更可为证。盖《志》云'十六年置陈州'者，乃其时改旧陈州为沈州，同时又于宛丘别置陈州也。"

统县十，户十二万七千一百四。

宛丘　后魏曰项，

【集释】《杨考》："按汉项县在今项城县东北。《元和志》：高齐文宣帝移理于此。"

置陈郡。

【集释】《杨考》："《地形志》：陈郡，汉为淮阳国，后汉更名陈国，晋初并梁国，后复改。"

开皇初县改名宛丘，

【集释】《杨考》："盖取陈宛丘以为名。"

寻废郡，

【集释】《杨考》："《元和志》：高齐文宣帝省陈郡。与《志》异。"

后析置临蔡县。

【集释】《杨考》："《寰宇记》：隋开皇十六年，分亳州武平县于此置临蔡县。《一统志》谓后魏置，而《地形志》无之。"

大业初置淮阳郡，并临蔡县入焉。

【集释】《杨考》："《寰宇记》：大业二年。"

又后魏置南阳郡，

【集释】《杨考》："按《地形志》，丹杨郡所领有南阳县，在今淮宁县东。《志》'郡'为'县'之误。"施和金《释例》："'南阳县'误作'南阳郡'。"

东魏废。

【集释】《杨考》："《一统志》：南阳县，高齐废。"

【编者按】宛丘，治今河南淮阳县。

西华　旧曰长平，

【集释】《杨考》："本汉西华县。《元和志》：高齐省。据《志》下云'旧长平县，后齐废'，则此长平即高齐省西华时所置。"

开皇十八年改曰鸿沟。

【集释】《杨考》："《水经·渠水注》谓楚、汉分王之鸿沟在尉氏，此盖以相近为名。"

大业初改焉。

【集释】《杨考》："复汉旧名。"

有旧长平县，

【集释】《杨考》："汉县。"

后齐废。

【编者按】西华，治河南今县。

【补阙】《杨考》："按隋有柳城县。《寰宇记》：柳城，在西华县西二十里，古老传云女娲氏之都，本名娲城，魏邓艾营稻陂时，柳舒为陂长，后人因为柳城。隋开皇元年于此置柳城县，隋末废。"

溵水　开皇十六年置，又有后魏汝阳郡

【集释】《杨考》："《宋志》：江左分汝南立，非后魏始置也。"

及县，

【集释】《杨考》："汉县。"

后齐郡废，大业初县废。

【集释】《杨考》："《元和志》：开皇十六年，改汝阳为溵水县。与《志》异。"

【编者按】溵水，治今河南商水县。

【补阙】《杨考》："按《寰宇记》：扶苏城在商水县西南三十五里。《史记》云：陈涉起兵，自称公子扶苏，从人望也。盖涉筑此城。隋越王侗皇泰元年于此城置扶苏县。《纪要》：在商水县东南十二里。"

扶乐　开皇十六年置。

【集释】《杨考》："《寰宇记》云：扶乐古城在太康县西北四十里，《地理志》，扶乐属陈国，隋开皇六年分太康置大扶县，即扶乐故城也。与《志》置县之年既殊，县名亦异。"

有涡水。

【集释】《杨考》："《水经注》：涡水首受蔡，东流经阳夏县北，下流入于淮。"

【编者按】扶乐，治今河南扶沟县东。

太康　旧曰阳夏，并置淮阳郡。

【集释】《杨考》："《一统志》：高齐置。"

开皇初郡废，七年更名太康。

【集释】《杨考》："《寰宇记》：开皇七年改阳夏为太康，县取古太康之名，十八年改为岸城县，大业十三年李密举兵于此，遂废。"

有洼水。

【集释】《杨考》："《水经·渠水注》：鲁沟水又南至阳夏县故城西，又南入涡。洼，或即涡水也。"

【编者按】太康，治河南今县。

鹿邑

【集释】《杨考》："《左传》成十六年诸侯侵陈鸣鹿，杜预曰：陈国武平西南有鹿邑亭。"

旧曰武平，

【集释】《杨考》："后汉县，晋省，后魏复置，属陈留郡。"

开皇十八年改名焉。

【集释】《杨考》："《元和志》：开皇三年县属亳州。《寰宇记》：十八年改为鹿邑，取故鹿邑城为名。《新唐志》：大业十三年，县民田黑社盗据，号涡州。"

【编者按】鹿邑，治河南今县西。

项城

【集释】《杨考》："本汉项县，宋分立项城，北魏移于淮宁，隋复旧。"

东魏置扬州

【集释】《杨考》："《地形志》：北扬州，天平二年置，治项城。此脱'北'字。按《梁书·侯景传》有北扬州刺史元神和。"

及丹阳郡、

【集释】《杨考》："《地形志》丹阳郡属北扬州。《元和志》作北丹阳郡。"

秣陵县，

【集释】《杨考》："《地形志》属丹阳郡。"

梁改曰殷州，

【集释】《杨考》："《梁纪》：太清元年二月，侯景以十三州内属，北扬州与焉；七月诏以项城为殷州。又《侯景传》：诏以西阳太守羊思建（《通鉴》作'达'）为殷州刺史，镇项城。又《羊鸦仁传》：都督殷州等七州诸军事。"

东魏又改曰北扬州，

【集释】《考异》卷三三："案此条'东魏'字两见，疑上'东'字当为'后'字之误。《魏志》北扬州，天平二年置，治项城，不言尝置扬州。"《杨考》："按钱说非也。太清元年侯景以北扬州内附，散梁改为殷州，及二年春，侯景为东魏所破，羊鸦仁弃悬瓠，羊思达弃项城走，东魏皆据之，故又改殷州为北扬州。"

后齐改曰信州，

【集释】《杨考》："《元和志》：高齐文宣帝以百姓守信不附侯景，改北扬州为信州。《寰宇记》：天保二年改。《北齐书·袁聿修传》：出除信州刺史，即其本乡也。"

后周改曰陈州。

【集释】《杨考》："《元和志》：周武帝改。"

开皇初改秣陵为项县。

【集释】《杨考》："当作'项城'。《元和志》：隋文帝改项县加'城'字，属陈州。"施和金《释例》："此条说明项城县沿革，文末却云'开皇初改秣陵为项县'。项下脱'城'字明矣。《元和郡县志》云：'项城县，古项县、项子国。……隋文帝项县加城字，属陈州。'《太平寰宇记》同。《舆地广记》云：'开皇初改秣陵为项城县，'诸书所记，足证《隋书·地理志》确脱'城'字，当补。"

十六年分置沈州，

【集释】《杨考》："《舆地广记》：隋开皇十六年置沈州，领沈丘、宛丘二县。《新唐志》沈丘下云：本沈州，领沈丘、宛丘，唐初州废，以沈丘隶陈州，宛丘属颍州。则隋确有沈丘县，其地在今沈丘县东南三十里。"《求是》："《新唐书》三八颍州沈丘县下著录郯州，又于陈州项城县下著录沈州，实一州之异名复出。"

大业初州废。又有项城郡，

【集释】《杨考》："《隋书·王韶传》：高祖受禅，进爵项城郡公。当是周置。"

开皇初分立陈郡，三年并废。

【编者按】项城，治今河南沈

丘县。

南顿　旧置南顿郡。

【集释】《杨考》："《地形志》：晋惠帝置。而《晋志》无之。南顿县属汝南郡。"

后齐废郡及平乡县入，

【集释】《杨考》："后魏县。"

改曰和城。

【集释】《杨考》："《元和志》：东魏置和城县，后齐废南顿入和城。《舆地广记》谓隋开皇六年改和城。"

大业初又改为南顿。

【编者按】南顿，治今河南项城市西南顿集。

郸

【集释】《杨考》："汉县。《汉书·周緤传》，苏林音'多寒反'。《汉志》注，孟康曰多'音'，盖脱'寒反'二字。"

开皇六年置。

【集释】《杨考》："按两汉县，在今永城县界。《水经·淮水注》：涣水又东迳郸县故城南。盖晋废。"

【编者按】郸县，治今河南郸城县。

鲖阳

【集释】《杨考》："汉县。应劭曰：县在鲖水之阳。孟康曰：音纣。《水经注》称鲖水迳鲖阳县故城南，则县有移徙。按《地形志》颍州新蔡、南陈留二郡领鲖阳一县，注：萧衍置，魏因之。则知为梁徙也。"

后齐废，开皇十一年复。又东魏置财州，

【集释】《杨考》："《地形志》：武定八年置，治豫州鲖阳县固始城。《名胜志》：即颍州南百十里才城也，有二土城，东西相去二三里。"

后齐废，以置包信县。

【集释】《杨考》："《元和志》：高齐文宣废州，改置包信县。"

开皇初废。

【编者按】鲖阳，治今安徽临泉县西鲖城镇。

汝阴郡

汝阴郡　旧置颍州。

【集释】《杨考》："《地形志》：孝昌四年置。《元和志》：高齐罢。又云：开皇三年以汝阴县属颍州。殆开皇三年复置州，至大业三年废也。"

统县五，户六万五千九百二十六。

汝阴　旧置汝阴郡，

【集释】《杨考》："《宋志》：晋武帝分汝南立。按《地形志》汝阴弋阳二郡下云：萧衍置双头郡，魏因之。未识何时复单作汝阴。"

开皇初郡废。大业初复置。

【编者按】汝阴，治今安徽阜阳市。

颍阳　梁曰陈留，

【集释】《杨考》：“《地形志》：萧衍置。”

并置陈留郡

【集释】《杨考》：“《纪要》：太清末置。”

及陈州。

【集释】《杨考》：“《地形志》：北陈留颍川二郡，萧衍为陈州，武定七年改置。”

东魏废州。

【集释】《杨考》：“见上《地形志》。”

开皇初废郡，十八年县改名焉。有郑县，后齐废。

【集释】《杨考》：“宋、齐顺阳郡、北魏襄城郡有郑县，不在此，唯南齐南汝阴郡有郑县，颇与相近。又按有郑城，在今颍上县南。《水经注》：颍水过慎县故城南，而东南流迳蜩燎郭，俗谓之郑城。而不言郑县，或东魏以郑城立县欤？”

【编者按】颍阳，治今安徽太和县西北。

【补阙】《杨考》：“按梁有宋县。《地形志》：萧衍置，属汝阴弋阳二郡。在今太和北七十里。”

清丘　梁曰许昌，

【集释】《杨考》：“《地形志》：萧衍置。《纪要》：梁大通中侨置。”

及置颍川郡。开皇初废郡，十八年县改名焉。

【集释】《杨考》：“《寰宇记》：清丘城在汝阴县东五十六里，隋大业九年筑，置清丘县。”

【编者按】清丘，治今安徽阜阳县东南。

颍上　梁置下蔡郡，

【集释】《杨考》：“按《地形志》谯州下蔡郡下云：萧衍颍川郡，武定六年改置。则在梁为颍川郡，在东魏为下蔡郡。《志》上清丘下云‘梁置颍川郡’，此又云‘梁置下蔡郡’，各异。”

后齐废郡。大业初县改名焉。

【集释】《杨考》：“《寰宇记》：隋大业二年于今颍上县南故郑城置颍上县，以地枕颍水上游为名，隶颍州。按前不云置何县，此但云‘大业初改名’，疏矣。”

【编者按】颍上，治安徽今县。

【补阙】《杨考》：“按梁有宁陵县，在今颍州府境。《地形志》：肥阳，萧衍宁陵县。”

下蔡

【集释】《杨考》：“汉下蔡县，宋废，后魏复置。《通典》：梁大同中，于硖石山筑城拒东魏，即今下蔡县城也。”

梁置汴郡，

【集释】《杨考》：“按并置州。《地形志》：汴州，萧衍置；汴郡，萧衍置。《一统志》：梁大通中，魏乱，梁得下蔡，改置汴州及汴郡。”

后齐郡废。

【集释】《杨考》：“州当同废。”

大业初县改名焉。又梁置淮阳郡，后齐改曰颍川郡。开皇初郡废。

【编者按】下蔡，治今安徽淮南市西。

上洛郡

上洛郡　旧置洛州，

【集释】《杨考》：“《寰宇记》：后魏太和十一年置。”

后周改为商州。

【集释】《杨考》：“宋本《寰宇记》：后周宣政元年改，取古商於之地为名。大业三年改为上洛郡。”

统县五，户一万五百一十六。

上洛　旧置上洛郡，

【集释】《杨考》：“晋置。”

开皇初郡废，大业初复置。有秦岭山、

【集释】《杨考》：“《史记》：秦岭，天下之大阻也。　《纪要》谓即终南山。”

熊耳山、

【集释】《杨考》：“《寰宇记》引盛弘之《荆州记》云：熊耳，东西各一峰，南北望之，状似熊耳。《水经注》：洛水又东迳熊耳山北。《禹贡》所谓导洛自熊耳。《博物志》曰‘洛出熊耳’，盖开其源者是也。”

洛水、

【集释】《杨考》：“《汉地理志》：洛出冢岭山。《水经》：洛水出上洛县讙举山，即冢岭山，东北过卢氏县南。”

丹水。

【集释】《杨考》：“《吕氏春秋》：尧有丹水之战，以服南蛮。《史记》：汉高入秦，王陵起兵丹水以应之。《水经》：丹水出上洛西北冢岭山，东过其县南，又东南过商县南。”

【编者按】上洛，治今陕西商州市。

商洛

【集释】《杨考》：“本汉商县，后魏属上庸郡。《寰宇记》：隋开皇四年改为商洛县。《旧唐志》亦云：隋文加‘洛’字。《纪要》谓后周改，未知何据。”

有关官。

【集释】《杨考》：“《寰宇记》：武关在商洛县东南九十里，春秋时少习地。”

【编者按】商洛。治今陕西丹凤县。

洛南　旧曰拒阳，

【集释】《杨考》：“《寰宇记》：晋

太始三年置，寻省。后魏真君二年再置，属上洛郡。”

置拒阳郡。

【集释】《杨考》：“《一统志》：周置。《舆地广记》谓元魏置。”

开皇初郡废，

【集释】《杨考》：“《寰宇记》：开皇三年，以拒阳属商州。”

县改名焉。

【集释】《杨考》：“《寰宇记》：开皇五年改，取洛水之南为名。大业十一年，自今县东四十里武谷川移于今理，俗谓之清池川。《旧唐志》：治拒阳川。”

有玄扈山、

【集释】《杨考》：“相传黄帝受图处。《水经·洛水注》：玄扈之水出于玄扈之山。”

阳虚山。

【中华校】“虚”原作“灵”，据《水经》一五《洛水注》改。

【集释】《隋书札记》：“‘灵’当作‘虚’。”《杨考》：“《山海经》曰：阳虚之山，临于玄扈之水。《水经·洛水注》：洛水又东至阳虚山，合玄扈之水。此‘灵’为‘虚’误。”

【编者按】洛南，治陕西今县东南古城镇。

丰阳　后周置，

【集释】《杨考》：“《寰宇记》：晋泰始三年置，寻废，后魏太安二年置。按《南齐志》梁州北上洛郡、《地形志》洛州上庸郡均有丰阳县，则《志》云‘后周置’，误。《寰宇记》‘后魏置’，亦误也。《一统志》：西魏废，后周复。按《周书·泉企传》：企，上洛丰阳人也，子仲遵年十四为本县令，及长，以功封丰阳县伯，后袭父爵上洛郡公旧封，听回授一子。以其武成初卒官，年四十五计之，则封丰阳县伯正西魏时事。又仲遵之子暅亦起家本县令，足见丰阳县西魏时未废。又《周书·梁椿传》：子明，西魏恭帝二年，以椿功袭爵丰阳县公。亦西魏有此县之证。”

开皇初并南阳县入。有洵水、

【集释】《杨考》：“《水经·沔水注》：旬水北出旬山。东南流迳平阳戍，又东南迳旬阳县南，东南注汉，谓之旬口。”

甲水。

【中华校】“甲”原作“申”，据《水经》二七《沔水注》改。

【集释】《杨考》：“《水经·沔水注》：甲水出秦岭东南流，与关柎水合，又东南迳魏兴郡之兴晋县南，又东，右入汉水。《志》‘申’当为‘甲’之误。”

【编者按】丰阳，治今陕西山阳县。

上津

【集释】《杨考》：“《寰宇记》：后魏废帝三年置上津郡，并置上津县。《纪要》：梁置上津县。《一统志》谓为隋县。”

旧置北上洛郡，

【集释】《杨考》：“《宋志》：北上洛太守，新立。”《北周志》：“《寰宇记》：后魏废帝三年为上州，仍于上州置上津郡及上津县。隋开皇三年废郡。按《隋志》丰利县下谓‘后周省南上洛郡入上津郡，后又废上津郡入甲郡’，而于上洛郡上津县下不叙改北上洛郡置上津郡事，今从《寰宇记》说。盖上津郡之废在隋开皇三年。”

梁改为南洛州，

【集释】《杨考》：“按《周书·扶猛传》：仕梁，位至南洛、北司二州刺史。又《周书·泉企传》：子仲遵，从大将军王雄平上津、魏兴，遂于上津置南洛州，以仲遵为刺史。则又似西魏始置南洛州，未能详也。”

西魏又改为上州，

【集释】《杨考》：“《周书》：魏废帝三年，改南洛为上州。《寰宇记》：以晋时于此置上津戍为名。”

后周并漫川、开化二县入，

【集释】《杨考》：“《寰宇记》：废漫川县，在上津县北四十五里；废开化县，在上津县东七十里。俱魏前废帝二年置，后周保定三年废。《新唐志》：义宁二年，以上津、丰利、广土置上津郡，并置长利县。”

大业初废州。

【集释】《杨考》：“《寰宇记》：大业二年废州。”

有天柱山、

【集释】《杨考》：“《寰宇记》：在上津县北一百五十里。引殷武《名山记》云：上津天柱山，绝岩壁立，秀出众岭。”

诏及山、女思山。

【集释】《杨考》：“《寰宇记》武当县下云：汉武当长来邵女嫁为河内张德子妇，随夫远至此山南，望其父，思慕而死，即葬此山。女即来歙曾孙也。”

【编者按】上津，治今湖北郧西县西北上津镇。

弘农郡

弘农郡　大业三年置。

【集释】《杨考》：“此处例不当叙郡废置，且弘农县下明云‘大业初置弘农郡’，尤不应复。按西魏立东义州于卢氏，此何不云‘西魏置东义州’？如下析州本在内乡，亦叙于淅阳郡下，是其例也。”《求是》：“《地理志考证》三云‘此处例不当叙郡废置。’按：弘农郡立于已废州之后，亦即未废州已前之‘州’，与未废州已前之‘郡’，名同而实异。郡（即州改称）之下可不叙‘旧郡’之置废，不应不叙‘州’之废置。杨说于郡、州之异同，似尚分辨未晰。”

统县四，户二万七千四百六十六。

弘农

【集释】《杨考》：“汉县。《元和志》：大业二年省，三年复于今湖城县西南一里置，寻移就郡理。其年移郡于鸿胪川，县亦随徙，即今县是也。按后魏避讳作‘恒农’，后周明帝复旧。”

旧置西恒农郡，

【集释】《杨考》：“本汉弘农郡，苻秦移治陕县。《寰宇记》：后魏永熙三年，分恒农西界为西恒农郡。”

后周废。

【集释】《杨考》：“《寰宇记》：周明帝废西恒农郡，并入恒农郡。”

大业初置弘农郡。

【集释】《杨考》：“《元和志》：义宁元年改为凤林郡。《新唐志》领弘农、阌乡、湖城三县。”

又有石城郡、

【集释】《杨考》：“《地形志》：正始二年置石城县，后改郡。与《元和志》、《寰宇记》说不合，详下。”

玉城县，

【中华校】“玉”原作“王”，据《周书·阳雄传》、《元和志》六、《寰宇记》六改。

【集释】《杨考》：“按《元和志》：后魏正始二年立石城县，废帝改为玉城县。周武帝天和元年废。义宁元年重置。《寰宇记》玉城县下云：后魏正始二年，于今县东南十五里置石城县，属安乐郡。废帝元年改石城为玉城县，以隶虢州。因荆山之石有玉而美，故以名之。据此，则当作‘玉’，《志》作‘王’，盖误。且西魏始改石城为玉城，《志》作‘西魏废’，亦误。按《地形志》无安乐郡，其石城郡领北堤一县，当是《魏志》有遗略。《寰宇记》又云：后周天和六年废石城县，隋义宁元年，于今玉城县西北一百五十步再置，因西魏旧名。《元和志》作‘周天和元年废’，稍异。《周书·杨雄传》：进爵玉城县公。”

西魏并废。有石堤山。

【集释】《杨考》：“《寰宇记》：山在恒农县西南十七里。《水经·河水注》：柏谷水出弘农县南石堤山下。”

【编者按】弘农，治今河南灵宝市。

卢氏　后魏置汉安郡，

【集释】《杨考》：“《地形志》卢氏属阳州金门郡，无汉安郡。按金门郡，东魏天平初置，或后魏本为汉安郡也。”

西魏置义川郡。

【集释】《考异》卷三三：“《志》云州改，而不言何时置州，盖有脱文。考《权景宣传》，郭贤从王思政镇恒农，授使持节、行义州事、当州大都督，此义州当即治义川郡。”《杨考》：“按当云‘置义州义川郡’。《寰宇记》：西魏大统中，于卢氏县立东义州。钱氏《考异》：《周书·权景宣传》、《郭贤传》，西魏大统中从王思政镇弘农，授使持节行义州事、当州大都督，即此州也。又《周书·史宁传》：西魏大统中转通直散骑常侍、东义州刺史。东魏亦以胡梨苟为东义州刺史，宁仅得入州，梨苟亦至，宁迎击破之，斩其洛安郡守冯善道。钱氏云：此东义州未知所在。今考《周书·魏玄传》，西魏大统十六年，洛安民雍方隽据郡外叛，玄时为河南郡守，率弘农、九曲、孔城、伏流四城士马讨平之，则洛安去洛阳不远，此东义州亦即卢氏之义州也。《志》之‘汉安’或即‘洛安’之误。”

开皇初郡废，州改为虢州。

【集释】《杨考》：“此云州改，而上文未云何州，故知有脱文，非原书之漏也。《寰宇记》：开皇三年改东义州为虢州。《隋书·崔仲方传》：开皇中为虢州刺史。”

大业初州废。

【集释】《杨考》：“《元和志》：大业三年废州。《寰宇记》：义宁元年置虢郡。《新唐志》：义宁元年析隋弘农郡三县置虢郡，治卢氏。”

有关官。

【集释】《杨考》：“按白华关在今卢氏县西，社管镇关在县北六十里，栾川镇关在县东，朱阳关在县西南五十里。《纪要》：县有朱阳山，后魏置朱阳关于此，唐初废。疑《志》指此。”

有石扇山。

【集释】《杨考》：“《名胜志》嵩县下云：伏牛山在县南三百里。又其地有石扇山，山上有石如扇，故名。宋之问《游陆浑山诗》‘石扇横闪倏’。然则当在嵩阳县南，《志》误系也。”

【编者按】卢氏，治河南今县。

长泉　后魏曰南陕，

【集释】《杨考》：“属金门郡。”

西魏改焉。

【集释】《诸史考异》卷一三：“案《元和志》：长水县，后魏宣武帝分卢氏东境置南陕县，西魏废帝改为长渊，义宁元年以犯高祖庙讳，改为长水。此作‘长泉’，亦避唐讳改。”

有松杨山、

【集释】《杨考》：“《水经·洛水注》：松阳溪水出松阳山。”

檀山。

【集释】《杨考》：“《水经·洛水注》：檀山四绝孤峙，山上有坞聚，俗谓之檀山坞。”

【编者按】长泉，治今河南洛宁县西长水镇。

朱阳

【集释】《杨考》：“《元和志》：后魏太和十四年，蛮人樊磨背梁归魏，魏立朱阳郡并朱阳县，令樊磨为太守。周大象元年，割卢氏西界以益朱阳县。隋开皇四年属陕州，大业三年属虢州。《寰宇记》：周大象二年，自今卢氏县南一百五十里移于今卢氏县西南隔渠谷中，隋开皇四年移理洛水北，大业二年移于芹池川，即今县也。”

旧置朱阳郡，

【集释】《杨考》：“太和十四年置，见上。《地形志》：析州朱阳郡领黄水、朱阳二县。《寰宇记》：孝昌二年省，西魏大统二年又立，属东义州。”

后周郡废。

【集释】《杨考》：“《元和志》：周保定二年省。”

有邑阳县，

【集释】《杨考》：“在函谷关南七

里。《纪要》：后周置。”

开皇末改为邑川，大业初并入。有肺山，

【集释】《杨考》：“《纪要》谓即枯枞山。”

有湖水。

【集释】《杨考》：“《水经·河水注》：湖水出桃林塞之夸父山，北迳湖县东而北流入于河。”

【编者按】朱阳，治今河南灵宝市西南朱阳镇。

淅阳郡

淅阳郡

【集释】《杨考》：“本汉析县地，南齐有析阳郡，属宁蛮府，后魏有析阳郡，在内乡县西。”

西魏置淅州。

【集释】《考异》卷三三：“案《魏志》有析州，即此淅州也。《魏书》以关西为伪，西魏所置州郡，皆弃而不书。析州之名既见于魏收书，则不始于西魏矣。”《杨考》：“《地形志》有析州，即此淅州也，不始于西魏。案《周书·泉企传》，以破萧宝寅功迁左将军、淅州刺史，则淅州之置当在永安初矣。《通鉴》陈永定元年有淅州刺史李基。《北齐书·尉景传》：子粲，隋开皇中卒于淅州刺史。《隋书·苏孝慈传》：开皇十八年出为淅州刺史。”

统县七，户三万七千二百五十。

南乡　旧置南乡郡，

【集释】《杨考》：“钱氏《考异》谓，宋、齐二《志》俱无南乡郡，而有南乡县，为顺阳郡治所，梁时避武帝父讳，改顺阳郡为南乡。按《晋志》，魏武尽得荆州之地，分南阳西界立南乡郡，及武帝平吴，改南乡为顺阳郡。《水经·丹水注》：晋封宣帝孙畅为顺阳王，因立为顺阳郡，而南乡为县。与宋、齐二《志》合。《梁书·武帝纪》：普通六年，长史柳津破魏南乡郡。则魏末复改顺阳为南乡，非因避梁讳，或史臣追改之欤?”《北周志》：“按《魏书·地形志》无南乡郡，盖西魏分顺阳郡南乡县别立南乡郡也。”

后周并龙泉、湖里、白亭三县入。

【集释】《杨考》：“并无考。”

又有左南乡县，

【集释】《杨考》：“后魏县。”

并置左乡郡。

【集释】《杨考》：“《一统志》：后魏置。按《地形志》左南乡县属东恒农郡，无左乡郡。”

西魏改郡为秀山，改县为安山。后周秀山郡废。开皇初南乡郡废。大业初置淅阳郡，并安山县入焉。有石墨山。

【集释】《杨考》：“《寰宇记》引

《荆州记》云：内乡县有墨山，一谓玄山。《水经·丹水注》：山石悉黑，缋彩奋发，黝焉若墨，故谓之墨山。”

【编者按】南乡，治今河南淅川县丹江水库中。

内乡　旧曰西淅阳郡，

【集释】《杨考》：“《地形志》淅阳郡领西析阳、东析阳二县。《志》当云‘旧曰西淅阳，并置淅阳郡’。”施和金《释例》：“按《魏书·地形志》无西淅阳郡，惟析州有析阳郡，领西析阳、东析阳二县。《元和郡县志》于内乡县下云：‘后魏于此置析阳郡，废帝改为中乡县。隋开皇三年以避庙讳改为内乡。’《太平寰宇记》又云：‘后魏孝文于此置析阳郡，理西析阳。废帝改为中乡县，隋开皇中避庙讳改为内乡。’《旧唐书·地理志》同。由此可知，‘旧曰西析阳郡’一句，郡前脱‘并置析阳’四字，当作‘旧曰西析阳并置析阳郡’。此四字不补，不但西淅阳郡无可稽查，而且上下连读，会使人误为西魏是改西淅阳为内乡县。补四字后，不但志文与史实相符，而且上下文怡然理顺。此四字必补。”

西魏改为内乡。

【集释】《杨考》：“《元和志》：后魏置析阳郡，废帝改为中乡县。隋开皇三年。以避庙讳改为内乡，属邓州。《寰宇记》同。按此知李吉甫所见《隋志》已脱误，故亦云改郡为县。”

后周废，

【中华校】“废”下脱“郡”字。

【集释】《杨考》：“‘废’下脱‘郡’字。若非废郡，则下文并二县入何县耶?”《杨考补遗》：“《周书·宣帝陈皇后传》：周平齐，后父山提封淅阳郡公。则武帝时郡尚未废。”

并淅川、石人二县入焉。

【集释】《杨考》：“《纪要》：西魏改东淅阳曰淅川。石人无考。”

有淅水。

【集释】《杨考》：“源出商州南山，流经县南，与丹水会。《水经·丹水注》：淅水出卢氏县大蒿山，南流注于丹水。”

【编者按】内乡，治今河南西峡县。

【补阙】《杨考补遗》：“按后魏有修阳郡，领修阳、盖阳二县，在内乡县西北。《隋书·李礼成传》：周时封修阳县侯。《一统志》：周废。”

丹水

【集释】《杨考》：“《寰宇记》内乡县下云：大业十三年省。”

旧置丹川郡。

【集释】《杨考》：“未详，当是西魏置。”

后周郡废，并茅城、仓陵、许昌

【集释】《杨考》：“并未详。”

三县入。有胡保山。

【集释】《杨考》：“《寰宇记》内乡县下云：石勒时立黄攀神祠于此山，号胡保山。”

【编者按】丹水，治今河南淅川县西南老城。

武当 旧置武当郡。

【集释】《杨考》："《元和志》：西魏改始平郡为武当郡。"

又侨置始平郡。

【集释】《杨考》："《宋志》：晋分京兆、扶风侨立，治襄阳。今治武当。"

后改为齐兴郡。

【集释】《杨考》："按《南齐志》有齐兴郡。《寰宇记》引《舆地志》：梁武以齐兴郡为南始平郡。《舆地纪胜》引《图经》：始平郡，梁为南始平郡。《志》当云'梁改南始平，并置兴州'。"《杨考补遗》："《通鉴》齐和帝中兴元年，齐兴太守颜僧都不受命，胡注引《五代志》：武当，旧侨置始平郡，又置齐兴郡。与今本异。又引宋白曰：齐永明七年，置齐兴郡于均州郧阳县。"

梁置兴州，

【集释】《杨考》："《周书·席固传》：梁大同中为齐兴郡守，梁元帝嗣位江陵，迁兴州刺史。《寰宇记》：梁太清元年，于梁州齐兴郡置兴州。《通鉴》陈永定元年，梁兴州刺史席固以州降魏。"

后周改为丰州。

【集释】《杨考》："《寰宇记》：西魏废帝元年，改兴州为丰州，因丰城为名。后周武成元年，自今郧乡城移于延岑城，即今均州理是也。按《周书·席固传》，西魏大统十六年，以地来附，乃遣使就拜丰州刺史，则州之改在西魏时。又《周书·令狐整传》：丰州旧治不居人民，赋役参集，劳逸不均，整请移治武当，诏可其奏。按丰州旧治当是置于丰利，领丰利郡，在今白河县南，后周始移于此。"《杨考补遗》："《隋书·元孝矩传》：西魏时拜南丰州刺史。南丰州无考，当亦指此。"《求是》："《寰宇记》丰州，开皇五年改均州，与《隋书》七八不符，疑未可信。"

开皇初二郡并废，改为均州。

【集释】《杨考》："《寰宇记》：开皇五年改，因界内均水为名。按此即后周并入唐州之均州也，隋盖复立。"

大业初州废。

【集释】《杨考》："《新唐志》：隋义宁二年，割淅阳之武当、均阳二县置武当郡，又置平陵县。"《求是》："《旧唐书》三九云：'义宁二年割淅阳之武当、淅阳二县，置武当郡。'按：淅阳县应正作均阳县。下文固云省均阳入武当。且《地理志》淅阳郡有均阳，无淅阳也。"

有石阶山、

【集释】《杨考》："《纪要》谓为武当山旁之小山。《寰宇记》引《隋图经》云：石阶山，一名华岳地胇，一名胇山。"

武当山。

【集释】《杨考》："《水经·沔水注》：武当山亦曰太和山，亦曰参上山，又曰仙室。《荆州图副》云：山形特秀，异于众岳，峰首状博炉亭，亭远出药食，延年者萃焉。晋咸和中，历阳谢允舍罗邑宰，隐遁西山，故亦曰谢罗山。《寰宇记》引《武当山记》云：中央有一峰。名曰参岭，望之秀绝，出于云表，清朗之日。然后见峰，一月之中不过四五，轻霄盖其上，白云带其前，旦必西行，夕而东返，则惟其常，谓之朝山，盖以众山朝揖之主。”

【编者按】武当，治今湖北丹江口市西北。

均阳

【集释】《杨考》：“以在均水之阳故名。”

梁置。

【编者按】均阳，治今湖北丹江口市北丹江水库中。

安福　梁置，曰广福，并为郡。

【集释】《杨考》：“《周纪》：大象元年五月，以丰州武当、安富二郡为越国，令越王盛之国。《通鉴》注谓‘安富’当作‘安福’；引《五代志》：安福县置安福郡。今以《志》校之，当为广福郡。又按《北史·唐邕传》：降周封安福郡公。则又与胡氏说合。”

开皇初郡废，仁寿初改焉。

【编者按】安福，治今湖北丹江口市西北。

郧乡

【集释】《杨考》：“《元和志》：汉锡县，晋改为郧县。隋初属均州，后隶房州。”

有防山。

【集释】《杨考》：“《寰宇记》：其山四面有石室似房，因为名。据此则当作‘房’。”

【编者按】郧乡，治今湖北郧县。

南阳郡

南阳郡　旧置荆州。

【集释】《考异》卷三三：“案南郡亦云‘旧置荆州’。南阳之荆州，后魏之荆州也；南郡之荆州，晋、宋、齐、梁之荆州也。”《杨考》：“《地形志》：太延中治上洛，太和中移置穰城。《通鉴》梁天监五年，江州刺史王茂将兵数万侵魏荆州，诱魏边民诸蛮更立宛州，遣所署宛州雷豹狼等袭取魏河南城。按王茂旋为杨大眼所败，宛州仍废。《通鉴》梁中大通六年闰十二月，东魏既取荆州，魏以独孤信为都督三荆州诸军事、尚书右仆射、东南道大行台、大都督、荆州刺史。是东魏尝置行台于此。又蛮酋樊五能攻破析阳郡以应魏，东魏西荆州刺史辛纂欲讨之，注：西荆州即荆州，以穰城在东荆州之西，故云。又《梁书·杜龛传》：龛叔幼安，世祖以为西荆州刺史。盖遥领。按周尝置总管府。《周书·武帝纪》：保定二年，置荆州总管府。《静帝纪》：大象二年八月，废荆州总管。”

开皇初，改为邓州。

【集释】《杨考》：“《元和志》：开皇七年，梁王岿入隋，自穰县移荆州还江陵，于穰县置邓州。大业三年改为南阳郡。”《求是》：“按七年岿已卒，应作萧琮。”

统县八，户七万七千五百二十。

穰　带郡。

【集释】《杨考》：“当云‘旧县’。”

有白水。

【集释】《杨考》：“《水经》：白水出朝阳县西，东流过其县南，又东至新野县南，东入于淯。”

【编者按】 穰县，治今河南邓州市。

新野　旧曰棘阳，

【集释】《杨考》：“《一统志》：后周更新野名棘阳。”

置新野郡。

【集释】《杨考》：“晋太康中徙义阳君治新野县，惠帝时改为新野郡。周为王国。《周纪》：大象元年五月，以荆州新野郡为滕国，令滕王逌之国。”

又有汉广郡，

【集释】《杨考》：“《地形志》荆州有汉广郡。”

西魏改为黄冈郡。又有南棘阳县，

【集释】《杨考》：“本汉棘阳县，魏改。《地形志》南棘阳属汉广郡。”

改为百宁县。

【集释】《杨考》：“《一统志》：西魏改。”

后周二郡并废，并南棘县入焉。

【集释】《杨考》：“‘南棘’当作‘百宁’。”

开皇初更名新野。

【编者按】 新野，治河南今县。

南阳　旧曰上陌，

【集释】《杨考》：“后魏县。《陈书·杜稜传》：梁元帝初封上陌侯。”

置南阳郡。后周并宛县入，更名上宛。

【中华校】“宛”原作“苑”，据《舆地广记》八改。

【集释】《杨考》本作“上苑”，并云：“《舆地广记》作‘上宛’，是。”

开皇初郡废，又改为南阳。

【编者按】 南阳，治河南今市。

课阳

【中华校】《求是》：“《芒洛冢墓遗文》四编《韩智门志》作‘淉阳’。《说文》：‘淉，水也。”’

【集释】《求是》又曰：“‘氵’与‘讠’易混，故讹为‘课’。”

旧曰涅阳，开皇初改焉。有课水、涅水。

【集释】《杨考》：“《水经·湍水注》：涅水出涅阳县西北岐棘山，东南迳涅阳县故城西，又东南流，注于湍水。”

【编者按】 课阳，治今河南邓州市东北。

顺阳　旧置顺阳郡。

【集释】《杨考》：“《地形志》：魏分南阳置，曰南乡，司马衍更名，魏因之。详见上南乡县下。宋、齐、魏

《志》有南乡县，属顺阳，无南乡郡。”《求是》：“开皇四年顺阳郡守安树，见《响堂寺石刻目录备考》。”

西魏析置郑县，

【集释】《杨考》：“《纪要》云：刘宋侨立。案《宋志》雍州顺阳有郑县，齐因之，《地形志》无此县，当梁、魏废也。”

寻改为清乡。后周又并顺阳

【集释】《杨考》：“《地形志》：顺阳县属顺阳郡。”

入清乡。

【集释】《杨考》：“《隋书·樊叔略传》：周建德五年，从周武帝伐齐，以功封清乡县公。”

开皇初又改为顺阳。

【编者按】顺阳，治今河南邓州市西。

冠军

【集释】《杨考》：“汉县。《周书·晋荡公传》：叱罗协，西魏文帝大统中封冠军县男。《裴果传》：西魏废帝二年封冠军县侯。《隋书·李礼成传》：周武帝时封冠军县公。”

【编者按】冠军，治今河南邓州市西北冠军村。

菊潭 旧曰郦，开皇初改焉。

【集释】《杨考》：“《元和志》：后魏废帝因武陶戍置郡，隋开皇二年罢郡以为菊潭县，因界内菊水为名，属邓州。”《北周志》：“按武关郡以武关陶戍名郡，与商於之武关无关。按《周书·独孤信传》：‘孝武西迁，以信为荆州刺史，信至武陶。’即此武陶戍也。”

有东弘农郡，

【集释】《杨考》：“《地形志》：东恒农郡，太和中置。”

西魏改为武关，至是废入。有梅溪、

【集释】《杨考》：“《寰宇记》南阳县下引《南雍州记》云：南阳县西七里有梅溪，源发紫山南，经百里奚故宅。”

湍水。

【集释】《杨考》：“《水经·湍水注》：水出弘农界翼望山东南，至新野县东入于淯。”

【编者按】菊潭，治今河南内乡县北。

新城

【集释】《杨考》：“《地形志》：新城属南阳郡，太和二十二年置。”

西魏改为临湍，

【集释】《杨考》：“《元和志》：西魏废帝以近湍水，改新城为临湍。《周书·杨摽传》：韩盛，明帝二年封临湍县公。”

开皇初复名焉。有朝水。

【集释】《杨考》：“《水经·淯水注》：源出赤石山。晋杜预修六门陂，诸陂散流，咸入朝水，东迳朝阳县故城北，而东南注于淯水。”

【编者按】新城，治今河南内乡县南。

淯阳郡

淯阳郡

【集释】《杨考》："西魏立淯阳郡于黄土，在今洵阳县东，后周废。隋复旧名，以均在淯水之阳也。"

西魏置蒙州。

【集释】《杨考》："《周书·杨敷传》：孝闵帝践阼，授使持节蒙州诸军事、蒙州刺史。又《隋书·李孝贞传》：开皇中迁蒙州刺史。"

仁寿中，改曰淯州。

【集释】《杨考》："《周书》：废帝三年，改南广为淯州。是西魏已有淯州之名，当去蒙州不远也。"《求是》："仁寿元年犹称蒙州，《集古》、《金石》二录有蒙州普光寺碑："

统县三，户一万七千九百。

武川

【集释】《杨考》："《地形志》：武川属北清郡。《隋书·贺娄子幹传》：周时封武川县公。"

带郡。

【集释】《杨考》："当云'后魏置'。"

有雉衡山。

【集释】《杨考》："《纪要》云：本名衡山，马融《广成颂》所谓'面据衡阴'者也，以在故雉县境，因名雉衡。《寰宇记》谓以光武射雉于此而名，误。《水经·汝水注》：醴水导源雉衡山。又云：关水历雉衡山西南。"

有淯水、

【集释】《杨考》："《南都赋》曰'淯水荡其胸'是也。《水经注》：淯水导源弘农，东流迳郦县故城北，东南流历雉县之雉衡山。"

滍水、

【集释】《杨考》："《寰宇记》穰县下引《郡国志》云：滍水出南阳穰县。"

澧水。

【集释】《杨考》："《汉志》雉县注：衡山，澧水所出，东至郾，入汝。《水经注》：瀙水又东北，澧水注之。而《汝水注》：醴水出南阳雉县。明是一水，又作'醴'，《志》作'澧'，误。"

【编者按】武川，治今河南南召县东云阳镇。

向城

【集释】《杨考》："《左传》襄十年诸侯师于向，注：在长社县东北。《续汉志》长社有向乡。县盖因乡立名。"

西魏置，

【集释】《杨考》："《元和志》：后魏孝文帝于古向城置向城县，属淯阳郡。按'孝'字衍。"

又立雉阳郡。

【集释】《杨考》："《汉志》南阳郡有雉县。"

开皇初郡废。

【编者按】向城，治今河南南召县

东南。

方城

【集释】《杨考》："《郡国志》：叶县有方城，即屈完答齐桓云'楚国方城以为城'也。"

西魏置，

【集释】《杨考》："《地形志》有方城县，属襄城郡。而《水经·潕水注》引方城不云'置县'，则知为东魏置也。《旧唐志》谓改顺阳为方城，盖误。《元和志》又云：梁置堵阳郡，隋置方城县，取方城山为名。《周书·厍狄昌传》：西魏废帝元年封方城郡公。则西魏有方城郡。"

及置襄邑郡。

【集释】《杨考》："当是改襄城为襄邑。"

开皇初废。东魏又置建城郡

【集释】《杨考》："《地形志》：建城郡，太和十八年置，景明末罢郡置戍。永熙二年复，属襄州。"

及建城县，

【集释】《杨考》："《地形志》建城郡所领无此县。《水经·潕水注》：澧水出雉衡山东南，迳建城东。'建'当为'卷'字，读误耳。《郡国志》：叶县有卷城。"

后齐郡县并废。又有业县，

【集释】《杨考》本作"叶"，并云："即汉之叶县故城，亦即今叶县治。此《志》颍川之叶县则后魏徙置。"施和金《释例》："'叶县'误作'业县'。"

开皇末改为澧水，大业并入。

【中华校】依上下文例，"大业"下似脱一"初"字。

【集释】《杨考》："各本脱'初'字，今补。"

有西唐山。

【集释】《杨考》："《水经注》：澧水东流，历唐山下，即高凤所隐之山也。"

【编者按】方城，治河南今县。

淮安郡

淮安郡　后魏置东荆州，

【集释】《杨考》："《地形志》无东荆州。《寰宇记》引《周地图记》云：后魏太和中置东荆州于比阳故城。《魏书·杨大眼传》：世宗初为东荆州刺史。《水经·比水注》：余以延昌四年蒙除东荆州刺史，治比阳县故城。《韦阆传》：弟珍，又破崔慧景，拥降民七千余户内徙，表置城阳、刚陵、义阳三郡以处之，高祖诏珍移镇比阳。据此，则东荆州所属有此三郡。"

西魏改为淮州。

【集释】《杨考》："《周书》：魏废帝三年，改东荆州为淮州。《寰宇记》：恭帝元年改为淮州，因水为名。按废帝三年即恭帝元年。《隋纪》：开皇元年十二月，以兴势郡公卫玄为淮州总管。则淮州尝置总管府。"《求是》：“《（隋书）本纪》一与六三（卫）玄本传，俱称淮州总管，殆隋初尝设而《地理志》漏书也。”

开皇五年又改为显州。

【集释】《杨考》：“《隋书·豆卢毓传》汉王谅反，毓兄显州刺史贤言于帝云云，知废州在大业三年。”《求是》：“按：凡州改称郡者，俱在大业三年，显州改淮安郡，自同一例。杨氏此证，殊嫌蛇足。”

统县七，户四万六千八百四十。

比阳　带郡。

【集释】《杨考》：“大业三年置郡，此《志》凡郡治无说者，则以‘带郡’二字填之，此有沿革，乃加此二字，尤不解也。”

后魏曰阳平，

【集释】《杨考》：“《地形志》无此县。”

开皇七年改为饶良，

【集释】《杨考》：“《隋书·长孙览传》：从子炽，周时初封阳平县子，高祖时改封饶良县子。与《志》悉合。”

大业初又改焉。又有后魏城阳县，

【集释】《杨考》：“《地形志》无城阳县。”

置殷州、

【集释】《考异》卷三三：“案《魏志》未见殷州之名，惟郢州领安阳、城阳、汝南三郡，或疑即此殷州。然《志》于此县下又云：又有比阳故县，置西郢州，西魏改为鸿州，则西郢与殷州又似各别。魏收《志》有南郢而无西郢，是一是二，不可考矣。”

城阳郡。

【集释】《杨考》：“《地形志》：太和三年置，后罢，武定初复。”

开皇初郡并废，

【中华校】“郡”当作“州郡”。

【集释】《求是》：“‘郡’下著‘并废’字，语不可通。盖‘郡’上脱‘州’字，即云开皇初殷州与城阳郡并废。”

其县寻省。又有昭越县，

【集释】《杨考》：“《地形志》：县属豫州初安郡。”

大业初改为同光，寻废。又有东南阳郡，

【集释】《杨考》：“按《地形志》襄州、南襄州俱有北南阳郡，而无东南阳郡，疑南襄州之北南阳即东南阳也。”

西魏改为南郭郡，后周废。又有比阳故县，

【集释】《杨考》：“《元和志》：后魏属江夏郡。按《地形志》江夏郡领屈阳、郢阳二县，无比阳县也。”

置西郢州，

【集释】《杨考》：“《地形志》无西郢州，江夏郡属南郢州。‘南’当‘西’字之讹，缘《地形志》别有南郢州治赤石。”

西魏改为鸿州，

【集释】《杨考》：“《周书》：魏废帝三年正月改西郢为鸿州。”

后周废为真昌郡。

【集释】《杨考》："《周纪》：天和二年四月，省鸿州入淮州。"

开皇初郡废，大业初县废。

【编者按】 比阳，治今河南泌阳县。

平氏

【集释】《杨考》："汉县，宋省，齐复置。《地形志》无此县。《元和志》：晋后为北人侵掠，县皆丘墟，后魏于平氏故城重置，属淮州。《水经·比水注》：澧水西北流迳平氏县故城东北。又云：澧水西流，北屈迳平氏城西。然则魏时有平氏县，但徙而东北耳。"

旧置汉广郡，

【集释】《杨考》："《地形志》：汉广郡，永安中置，领昆阳、高阳二县。"

开皇初郡废。有淮水。

【集释】《杨考》："《水经注》：淮水出南阳平氏县胎簪山，东北过桐柏山。"

【编者按】 平氏，治今河南桐柏县西北平氏镇。

真昌　旧曰北平，

【集释】《杨考》："《地形志》荆州襄城郡、襄州北南阳郡均有北平县，皆即此也。"

开皇九年改焉。

【编者按】 真昌，治今河南社旗县东北。

显冈

【集释】《杨考》："本汉舞阴县。《一统志》：隋开皇初更名。《水经·比水注》：又西南历长冈旧月城北。当即此。"

旧置舞阴郡，

【集释】《杨考》："《地形志》舞阴郡：孝昌中置舞阴、安阳二县。《水经·比水注》作'潕阴'。《梁书·范云传》：南乡舞阴人。则梁时以舞阴度南乡。"

开皇初郡废。

【编者按】 显冈，治今河南泌阳县北。

临舞　东魏置，

【集释】《杨考》："《地形志》无临舞县，有南舞县，属南安郡，当即此。"

及置期城郡。

【集释】《杨考》："《地形志》云：孝昌中置。"

开皇初郡废。又有东舞阳县，

【集释】《杨考》："《地形志》属期城郡。"

开皇十八年改为昆水，大业初废。

【编者按】 临舞，治今河南舞阳县南。

慈丘　后魏曰江夏，并置江夏郡。

【集释】《考异》卷三三："案《魏志》南郢州有江夏郡，领屈阳、郢阳二县，而无江夏县。未知即此否?"

《杨考》："《元和志》：郡、县并后魏孝文帝置。"

开皇初郡废，

【集释】《杨考》："《元和志》：开皇三年废郡，县属淮州。"

更置慈丘于其北境。

【集释】《杨考》："《元和志》：开皇十八年，改江夏县为慈丘，取慈丘山为名。"

后魏有郑州、

【集释】《杨考》："《地形志》无。"

潘州、

【集释】《杨考》："《地形志》无。《隋书·薛道衡传》：炀帝嗣位，转潘州刺史。当是南海番州之误。"

溱州

【集释】《杨考》："《地形志》无，当以溱水得名。"

及襄城、

【集释】《杨考》："《地形志》南襄州有襄城郡，即今唐县治，地与泌阳相接。《元和志》：泌阳县，后魏于此置襄城郡，领襄城、上马二县。"

周康

【集释】《杨考》："《地形志》无。"

二郡，上蔡、

【集释】《杨考》："《地形志》郢州汝南郡有上蔡县，或即此。"

青山、震山

【集释】《杨考》："二县《地形志》并无。"

三县，并开皇初废。有比水。

【集释】《杨考》："《汉志》比阳，应劭曰：比水所出，东入蔡。《水经注》：比水出比阳东北大湖，昔汉光武破甄阜、梁丘赐于比水西，斩之于斯水也。"

【编者按】慈丘，治今河南泌阳县东北。

桐柏　梁置，曰淮安，并立华州，又立上川郡。

【集释】《杨考》："《寰宇记》：汉平氏县，梁大同元年于此置华州及上川郡。"

西魏改州为淮州，

【集释】《杨考》："《寰宇记》：西魏废帝元年改。《周书·蛮传》：魏废帝初蛮酋樊舍举部落内附，以为淮州刺史。即此。"

后改为纯州，

【集释】《杨考》："《周书》：魏废帝三年正月，改淮州为纯州。"

寻废。

【集释】《杨考》："按前城阳县下，开皇九年废永州入纯州，则隋初尚未废也。"《求是》："考汝南郡城阳县下云：'后齐曰永州。开皇九年，废入纯州。十八年改兴义为纯义，大业初，州县并废入焉。'是开皇九年犹有纯州，至大业初乃废。又，五三《贺娄子幹传》云：'幹兄诠……位至银青光禄大夫，鄀、纯、深三州刺史、北地太守。'是诠至大业改郡时尚生，其官纯州刺史，殆文帝时。《志》所云'寻废'，苟谓无误，必隋初复设，非舛则漏，断居其一矣。"

开皇初郡废，更名县曰桐柏。

【集释】《杨考》："《元和志》：梁置义乡县，开皇十八年改为桐柏，因桐柏山为名。《寰宇记》：后周建德三年置义乡，开皇十八年改为桐柏。俱与《志》异。”《北周志》：“按《元和志》、《寰宇记》所云，与《隋志》异，窃以为时淮安、义乡两县并立也。”又曰：“义乡，在今河南桐柏县东。”

又梁置西义阳郡，西魏置淮阳郡及辅州，

【集释】《杨考》：“《周书·文帝纪》：魏废帝三年正月改北应为辅州。《志》不言尝为北应州，漏也。钱氏《考异》云：此州疑是梁所置，梁置应州于应山县，故此有北应之称。”

后周州郡并废；又置淮南县。开皇末改为油水，

【集释】《杨考》：“《周书·武帝纪》：天和二年，省油州入纯州。钱氏《考异》云：纯州即隋桐柏县，县有旧置淮南县，开皇末为油水，盖即旧油州矣。”

大业初废。又有大义郡，后周置，

【集释】《杨考》：“《北齐书·元景安传》：周封大义郡公。”

开皇初废。有桐柏山。

【编者按】桐柏，治河南今县东固（故）县镇。

【补阙】《杨考》：“按梁有劳州、东荆州。《通鉴》梁武帝中大通五年，劳州刺史曹凤、东荆州刺史雷胜能等举城降魏，注：皆蛮左也，因其地授以州刺史。《纪要》：劳州城，在今唐县东南，魏所置州，以授蛮酋。东荆州，即今唐县治，魏太和中置。按太和所置东荆州在比阳，非此东荆州也。

又有南荆州。《通鉴》：梁武帝天监十一年，魏以桓叔兴为南荆州刺史，治安昌城，隶东荆州。普通二年五月辛巳，魏南荆州刺史桓叔兴据所部来降。《南史·徐嗣徽传》：从征巴丘，以功监南荆州。

又按梁有堵阳郡。《元和志》：方城，本汉堵阳地，在堵水之阳故名。梁于此置郡。

梁有汝阴、弋阳二郡，今颍州府境。《地形志》：萧衍置双头郡。

梁有新息，今弋阳县，在颍州府境。《地形志》：萧衍置。

梁有期思县，今固始县西北《地形志》：萧衍置。

梁有财丘、梁兴二郡，今颍州府境。《地形志》：萧衍置。

梁有梁兴县，今阜阳县西一百十里。《地形志》：萧衍置。《南史·梁敬帝纪》：太清二年，封梁兴侯。

梁有梁城县，在颍州府境。《地形志》：萧衍置。

梁有汝阳县，今阜阳县地。《地形志》：萧衍置。

梁有西恒农、陈南二郡。《地形志》：萧衍置。

梁有胡城县，今阜阳县西。《地形志》：萧衍置。

梁有南顿县，今颍州府境。《地形志》：萧衍置。

梁有济阳县，今安徽境。《地形志》：萧衍置。

梁有清河、南阳二郡，今安徽

境。《地形志》：萧衍置。

梁有清河县，今安徽境。《地形志》：萧衍置。

梁有汝南县，今安徽境。《地形志》：萧衍置。

梁有东恒农郡，今安徽境。《地形志》：萧衍置。此颍州之东恒农，其荆州之东恒农已见菊潭县下。

梁有阳武县，今安徽境。《地形志》：萧衍置。

梁有新蔡、南陈留二郡，今新蔡县东北。《地形志》：萧衍置。

梁有荥阳、北通二郡，今安徽境。《地形志》：萧衍置。

梁有临淮县，今安徽境。《地形志》：萧衍置。

梁有汝阴县，今安徽境。《地形志》：萧衍置。

梁有汝南、太原二郡，今颍州府境。《地形志》：萧衍置。

梁有安城县，属汝南、太原二郡，今阜阳县地。《地形志》：萧衍置。

梁有新息县，今颍州府境。《地形志》：萧衍置。

梁有新兴郡，今安徽境。《地形志》：萧衍置。

梁有安城县，属新兴郡，今安徽境。《地形志》：西汝南郡治，萧衍置。《梁书·武纪》：普通五年十一月壬戌，裴邃攻寿阳之安城，克之。丙寅，魏马头、安城并来降。

梁有都立县，今安徽境。《地形志》：萧衍置。

梁有新兴县，今安徽境。《地形志》：萧衍置。

梁有义兴县，今安徽境。《地形志》：萧衍置。”

豫州于《禹贡》为荆州之地。其在天官，自氐五度至尾九度，为大火，于辰在卯，宋之分野，属豫州。

【集释】《杨考》：“《史记·天官书》：房心豫州。《汉志》：宋地，房心之分野也。”

自柳九度至张十六度，为鹑火，于辰在午，周之分野，

【集释】《杨考》：“《汉志》：自柳三度至张十一度，谓之鹑火之次，周之分也。”

属三河，则河南。准之星次，

【中华校】“准”原作“淮”，文义不通。下文冀州序亦作“准之星次”。今据改。

【集释】《隋书札记》：“案‘淮’当作‘准’，由六朝‘準’皆作‘准’，遂误为淮。”

亦豫州之域。

【集释】《杨考》：“《通典》：其在天官柳七星张，则周之分野；房心，则宋之分野；觜觿参，则魏之分野；角亢氐，则韩之分野。兼得秦、楚之交。”

豫之言舒也，言禀平和之气，性理安舒也。

【集释】《杨考》：“《晋书·地理志》语同。”

洛阳得土之中，赋贡所均，故周公作洛，此焉攸在。其俗尚商贾，机巧成俗，故《汉志》云

“周人之失，巧伪趋利，贱义贵财”，此亦自古然矣。荥阳古之郑地，梁郡梁孝故都，邪僻傲荡，旧传其俗。今则好尚稼穑，重于礼文，其风皆变于古。谯郡、济阴、襄城、颍川、汝南、淮阳、汝阴，其风颇同。南阳古帝乡，搢绅所出，自三方鼎立，地处边疆，戎马所萃，失其旧俗。上洛、弘农，本与三辅同俗。自汉高发巴、蜀之人，定三秦，迁巴之渠率七姓，居于商、洛之地，由是风俗不改其壤。其人自巴来者，风俗犹同巴郡。淅阳、淯阳，亦颇同其俗云。

东　郡

东郡　开皇九年置杞州，

【集释】《杨考》：“《寰宇记》：宋武帝平河南，置兖州，后魏废，后周建德六年改为杞州。与此异。”

十六年改为滑州，

【集释】《杨考》：“《元和志》：取滑台为名。”《求是》：“开皇十六年于（宋州）雍丘县置杞州，故改此州为滑州。”

大业二年为兖州。

【集释】《杨考》：“《寰宇记》：炀帝初为兖州。据《隋书·李密传》，隋末密以王轨为滑州总管，则密又于此置滑州。”

统县九，户十二万一千九百五。

白马　旧置东郡，

【集释】《杨考》：“《地形志》：秦置，治滑台城。晋改为濮阳，后复。天兴中置兖州，太和十四年改。”

后齐并凉城县入焉。

【中华校】句下应补“开皇初郡废”五字，才能和下文“大业初复置郡”相照应。

【集释】《杨考》：“后魏置，属东郡。按《周书·武帝纪》，建德五年有凉城公辛韶，似齐尚未废。”

大业初复置郡。

【集释】《杨考》本“大业”前有“开皇初郡废”五字，云：“各本脱此五字，今补。”又云：“《通鉴》陈太建十二年，周尉迟迥举兵，东郡守于仲文不从。”

【编者按】白马，治今河南浚县南。

灵昌　开皇十六年置。

【集释】《杨考》：“《元和志》：开皇十六年，分东燕、酸枣二县置，取灵昌津为名。”

【编者按】灵昌，治今河南浚县西南。

卫南　开皇十六年置，

【集释】《杨考》：“《元和志》：开

皇十六年，于汉濮阳县地置楚丘县，后以曹州有楚丘县，改曰卫南。《寰宇记》：在卫之南垂，故以名县。”

大业初废西濮阳入焉。

【集释】《杨考》：“未详置立，当是汉濮阳故城，至魏徙而东，此遂称‘西’。”

又有后魏平昌、

【集释】《杨考》：“《地形志》：孝昌四年分白马置。今滑县地。”

长乐

【集释】《杨考》：“《地形志》：武泰初分凉城置。今安阳县东四十里。”

二县，后齐并废。

【编者按】 卫南，治今河南滑县东。

濮阳　开皇十六年分置昆吾县，大业初入焉。

【集释】《杨考》：“《寰宇记》：本汉县地，属济阴。魏天兴三年移濮阳县于此，开皇十六年于颛顼城内置昆吾县，大业二年改为濮阳县。”

【编者按】 濮阳，治河南今市。

封丘

【集释】《杨考》：“本汉县。《地形志》：真君九年并入酸枣，景明二年复置。”

后齐废，开皇十六年复。

【编者按】 封丘，治河南今县。

匡城　后齐曰长垣，

【集释】《杨考》：“《地形志》：二汉属陈留，后属。真君八年并入外黄，景明五年复置，属东郡。《隋书·酷吏传》：赵仲卿，周时封长垣县公。”

开皇十六年改焉。

【集释】《杨考》：“《寰宇记》：开皇十六年于妇姑城置匡城县，隶滑州，以县南有古匡城为名。孔子所畏之所。又《春秋》‘遂次于匡’，即此地也。”

【编者按】 匡城，治今河南滑县东南。

胙城

【集释】《杨考》：“《水经·济水注》濮水又东迳胙亭东，注：故胙国也。然则县以古国名。”

旧曰东燕，

【集释】《杨考》：“汉置南燕县，古为燕县。《元和志》：其后慕容得之，号东燕。”

开皇十八年改焉。

【集释】《杨考》：“《元和志》：开皇十八年，文帝因览奏状，见东燕县名，因曰：今天下一统，何东燕之有？遂改为胙城。《寰宇记》：属滑州。”

【编者按】 胙城，治今河南延津县东北。

韦城　开皇六年置，

【集释】 旧本“六年”作“十六年”。《隋书札记》：“案上‘十六年’当是‘六年’，或下‘十六年’是‘十八年’之误。”《杨考》本作“六年”，并云：“各本作‘十六年’，今据宋本订。《元和志》：开皇六年分白马县南境置，属汴州，九年属杞州，十六年属滑州。《舆地广记》亦作六年置。《寰宇记》：隋置县于韦氏之国，故曰韦城。”

十六年分置长垣县，大业初省入焉。

【编者按】韦城，治今河南滑县东南。

离狐

【集释】《杨考》：“《水经·济水注》：濮水又东迳濮阳城南，又东迳济阴离狐县故城北。按此汉离狐也，东晋移单父，隋复置于此。《寰宇记》谓此即魏所徙之离狐，误也。”

【编者按】离狐，治今山东菏泽市西北。

东平郡

东平郡 后周置鲁州，

【集释】《诸史考异》卷一三：‘案上文襄城郡鲁县，后魏立鲁阳郡，后置鲁州，大业初州废。二州地相近，不应同名。钱氏以鲁阳之鲁州为广州之讹，其说是也。”《杨考》：“《通典》：周宣帝置。《寰宇记》：周大象二年置。”

寻废。

【集释】《杨考》：“按《隋书·薛胄传》：隋受禅，拜鲁州刺史。又《柳旦传》：开皇中历罗、鲁、淅三州刺史。则隋初未废也。”《求是》：“余以为薛传之鲁州，特史臣讳广，从后名追改，说已见前（襄城郡鲁县下）。若柳旦任鲁州，在文帝末，于时东平郡地，隋早别置郓州，如以柳旦之鲁州当之，其将何以相容耶？故知柳旦之鲁州，必非东平郡后周所置之鲁州也。”

开皇十年置郓州。

【集释】《杨考》：“《寰宇记》：开皇十六年，分兖州万安县置郓州，大业初年废州为东平郡，理古须句城。”

统县六，户八万六千九十。

郓城 后周置，曰清泽，又置高平郡。

【集释】《杨考》：“《寰宇记》云：后周置高平郡。叶圭绶曰：按齐、周高平郡皆治任城，而后魏有两东平郡，一治汉东平国城，齐移于博；一治范县，齐废，周复于此置，非高平郡也。”

开皇初郡废，改县曰万安。

【集释】《杨考》：“《元和志》：郓城，后汉及魏皆为寿张县地，开皇四年改为万安县。而不言改清泽为万安，略也。”

十八年改曰郓城。

【集释】《杨考》：“《元和志》作‘十六年’，盖传写之误。”

大业初置郡，并廪丘入焉。

【集释】《杨考》：“廪丘，汉置。”

【编者按】郓城，治山东今县东。

鄄城

【集释】《杨考》："汉置，宋省，后魏复置。"

旧置濮阳郡，

【集释】《杨考》："《地形志》：晋置，天兴中属兖州，太和十二年属齐州，孝昌末又属西兖州，天平初属司州。"

开皇初郡废，十六年置濮州，大业初州废。

【集释】《杨考》："《元和志》：大业三年废入东平郡。《寰宇记》作'二年'。"

有关官。

【集释】《杨考》："《水经注》：河水又东迳鄄城县北，北岸有新台，为卢关津，台东有小城，崎岖颓侧，台址枕河，俗谓之底阁城，疑即故关津都尉治也。"

【编者按】鄄城，治山东今县北。

须昌

【集释】《杨考》："汉县，属东郡，后汉属东平国，宋属东平郡，齐徙。"

开皇十六年置。

【集释】《杨考》："《元和志》属郓州。《舆地广记》：开皇十六年改须昌为宿城，而于宿城西北三十二里别置须昌。按即汉故城也。"

有梁山。

【集释】《杨考》："《元和志》曰：汉梁孝王北猎梁山，即此。"

【编者按】须昌，治今山东东平县。

宿城　后齐曰须昌，

【集释】《杨考》："本汉县，后齐徙此。《元和志》：东平县，古宿国，两汉为无盐地，后齐于此置须昌县，属东平郡，县理无盐城。"

开皇十六年改焉。

【集释】《杨考》："《元和志》：隋别置须昌县，因改须昌为宿城。《寰宇记》：废东平县，汉县，故城在今郓州东南三十二里，隋于故城置宿城县。《通鉴》：隋炀帝即位，祖君念选东平书佐、检校宿城令。"

旧置东平郡，后齐并废。

【中华校】《杨考》引叶圭绶说，"郡"下当有"及无盐县"四字。

【集释】《杨考》："叶氏曰：'郡'字下当有'及无盐县'四字。按《元和志》，后齐须昌治无盐城，则无盐为齐废审矣。无盐故城在今东平州东二十里，汉置。"

【编者按】宿城，治今山东东平县东，

【补阙】《杨考》："按有富城县，汉置，至魏不改，今东平州地，当亦齐省也。"

雷泽　旧曰城阳，

【集释】《考异》卷三三："'城'当为'成'。"《杨考》："汉至晋作成阳'，《魏志》作'城阳'。《水经注》：瓠河又左迳雷泽北，其泽薮在大成阳故城西一十余里，即舜所治也。泽之

东南即成阳县。”

后齐废。开皇十六年置，曰雷泽，

【集释】《杨考》：“《元和志》：雷泽县，本汉成阳县，开皇十六年置县，因县北雷泽为名，属濮州。”

又分置临濮县。

【集释】《杨考》：“《元和志》：开皇十六年，分鄄城南界、雷泽西界置，属濮州，南临濮水为名。”

大业初并入焉。

【集释】《杨考》：“《元和志》：大业二年。《寰宇记》谓废其地入雷泽、鄄城二县。”

有历山、

【集释】《杨考》：“《史记》：舜耕历山，耕者让畔。《水经注》：雷泽西南十许里，有小山，谓之历山。”

雷泽。

【集释】《杨考》：“《史记》：舜渔雷泽，渔者让泽。《元和志》：雷夏泽在雷泽县北郭外。按《水经注》，在成阳西十余里。”

【编者按】雷泽，治今山东郓城县西南。

巨野

【集释】《杨考》：“今县南，汉县在东北，宋徙城南。”

旧废，

【集释】《杨考》：“自汉至后魏俱有巨野，盖废于齐、周间也。”

开皇十六年复，

【集释】《杨考》：“《寰宇记》：隋于此置麟州，寻废，县属戴州。《旧唐志》亦云：隋升县为州。《元和志》：唐武德四年置麟州，五年废。”

又置乘丘县，

【集释】《杨考》：“当即汉乘氏城。”

大业初废入焉。

【编者按】巨野，治今山东巨野县。

济北郡

济北郡　旧置济州。

【集释】《杨考》：“《地形志》：济州治碻磝城。《水经注》：魏立济州，故茌平县也。”

统县九，户十万五千六百六十。

卢

【集释】《杨考》：“后魏置。按《地形志》济州太原郡有卢县，在今长清县西三十里，此汉之卢县也（《一统志》：后齐省）；济州济北郡有卢县，即汉之茌平县也。隋之卢县盖济北郡之卢县。”

旧置郡，

【集释】《杨考》：“汉郡，后魏徙置，治县之卢子城。”

开皇初废。六年分置济北县，大业初省入焉，

【集释】《杨考》："改长清之时平为济北，故废此济北县。《寰宇记》长清县下云：故济北县城在县西三十里。耆旧相传云，移于今县，故为长清。按《志》云长清开皇十四年置，而济北至大业初始废，安得云改济北为长清？考隋卢县与长清相接，或大业初废济北之地入二县也。"

寻置郡。有关官。

【集释】《杨考》："《元和志》：碻磝军在卢县北一里，后魏于此置关，名济州关，隋末废。"

有成回仓。有鱼山、

【集释】《杨考》："《元和志》：一名吾山。《瓠子歌》曰'吾山平兮巨野溢'即此山也。曹子建每登此山，有终焉之志。"

游仙山。

【编者按】卢县，治今山东东阿县东北。

范

【集释】《杨考》："汉县，在今寿张之范城桥。魏徙治此，即古秦邑也。"

后齐废，

【集释】《杨考》："按《地形志》，济州东平郡，太常中置，太和末罢，建义中复，治秦城。其范县有秦城，是后魏范县置东平郡。《志》当云'后魏置东平郡，后齐郡、县并废，开皇十六年复置县'，方合。"

开皇十六年置。

【集释】《杨考》："《元和志》：开皇六年置，属济州，十六年改属濮州。《寰宇记》亦作六年置。"

【编者按】范县，治河南今县东。

阳谷　开皇十六年置。

【集释】《杨考》："《元和志》：隋于汉须昌县地置阳谷县，取东阿县界阳谷亭为名，属济州。按《后汉志》须昌有阳谷亭，今在东平北、东阿南。然则隋之阳谷，当兼有汉东阿、须昌两县地。"

【编者按】阳谷，治山东今县东。

东阿　有浮山、

【集释】《杨考》："《寰宇记》：相传尧时大水，此山浮于水上，时有人缆船于岩石间，今犹有断铁锁存焉。"

巘山、

【集释】《杨考》："《水经注》谓之'大槛山'。《纪要》：巘山，一名浮山。果尔，则此《志》并载两山为复。"

狼水。

【集释】《杨考》："《纪要》：源出今东阿县东南二十八里狼山。《水经·济水注》：狼水出大槛山狼溪西北入清水。"

【编者按】东阿，治山东今县西南。

平阴　开皇十四年置，曰榆山，大业初改焉。

【集释】《杨考》："《元和志》：开皇十四年，于今平阴县西北二十八里置榆山县，大业二年移于今理，改名平阴，属济州。《寰宇记》：取界内平阴故城为名。《山东通志》：今平阴西北无城以当之，惟肥城县有榆城乡，县南有紫榆山。肥城本由平阴析置，即隋县之故址也。”

【编者按】平阴，治山东今县。

长清 开皇十四年置。

【集释】《杨考》：“《元和志》：开皇五年于汉卢县地置镇，十四年废镇置长清县，属济州，因清水为名。《寰宇记》：开皇十四年属齐州，大业六年割隶济州。”

又有东太原郡。

【集释】《杨考》：“《寰宇记》长清县下：后魏孝昌二年，自山茌故城移东太原郡于此。《宋志》元嘉十年立，无‘东’字，《地形志》同。《水经·济水注》：半水流迳东太原郡南。《魏书·许彦传》：许廓除顿丘、东太原二郡太守。又《韩麒麟传》：韩伯华为东太原太守。则有‘东’字。而《崔长文传》称齐州太原太守，复无‘东’字。疑‘东’字是史官追加。”

后齐废。

【集释】《杨考》：“《寰宇记》：废茌城在长清县东四十里：汉之旧县也，属太山郡，隋废。按即魏之山茌县也。”

【编者按】长清，治山东济南市长清区西南。

【补阙】《杨考》：“按有太原县，在今长清县东北。《宋志》：晋安帝义熙中土断立。魏因之。《一统志》：后齐省。”

济北 开皇十四年置，曰时平，大业初改焉。

【集释】《杨考》：“大业初废卢县之济北，故以此改。”

【编者按】济北，治今山东长清县西南。

寿张

【集释】《杨考》：“《元和志》：隋开皇三年罢东平郡，县属济州，十六年割属郓州。按《地形志》有两寿张，一属济州东平郡，故城在东平东南五十里；一属兖州东平郡，在东平西南。叶氏圭绶谓齐省兖州寿张入须昌，而存属济州者。《周书·张执传》：魏孝武西迁，封寿张县子。《新唐书·宰相世系表》：“宇文璟，周时封寿张县公。”

【编者按】寿张，治今山东梁山县西北。

肥城

【集释】《杨考》：“汉置。《地形志》：前汉属泰山，后汉属济北，晋罢，后复属。而《续汉志》无肥城。或章帝后省，安、顺复置欤?”

宋置济北郡，

【集释】《杨考》：“治蛇丘。后魏孝昌三年改置东济北郡，治肥城。”

后齐废。后周置肥城郡，

【集释】《杨考》：“《周书·侯植传》：西魏文帝时封肥城县公，孝闵帝践阼，进爵肥城郡公。则郡置于周初。按周初疆域不至此，当亦遥封，然必先有肥城郡，或齐已置郡也。”

寻废，又复。

【集释】《杨考》："《寰宇记》济州总序云：周建德七年置肥城郡。盖复置也。"

开皇初又废。

【编者按】肥城，治山东今市。

【补阙】《杨考补遗》："《隋书·樊子盖传》：齐时封富阳县侯。按汉富阳县属泰山郡，在肥城县南，后汉废，或齐时重置于故城欤?"

武阳郡

武阳郡　后周置魏州。

【集释】《杨考》："《周纪》：大象二年八月分相州昌黎郡（按相州不闻有昌黎郡，当是'昌乐'之误。然《魏志》：昌乐，永安元年置郡，天平中罢。且相州魏已改司州，岂周平齐后仍为相州，复置昌乐郡耶?）置魏州。《元和志》：后魏于今州理置贵乡郡，周大象二年于贵乡郡东界置魏州，隋大业三年罢州为武阳郡。《通鉴》：隋义宁元年，武阳郡丞元宝藏以郡降李密，且请改武阳为魏州，密以宝藏为魏州总管。"

统县十四，户二十一万三千三十五。

贵乡　东魏置。

【集释】《诸史考异》卷一三："案《元和郡县志》：贵乡县，本汉元城县地，后魏孝文帝分置贵乡县。《地形志》：天平二年分馆陶置。"《杨考》："《地形志》：天平二年分馆陶置，治赵城。《旧唐志》：后魏天平二年，分馆陶西界于魏、周西北三十里古赵城置贵乡县，后周建德七年以赵城卑湿，西南移三十里就孔思集寺为县治。"

又有平邑县，

【集释】《杨考》："《地形志》：天平二年分元城置。"

后齐废，开皇十六年又置。大业初置武阳郡，

【集释】《杨考》："据《元和志》，是改贵乡郡为武阳。"

并省平邑县入焉。

【中华校】"平邑"原作"玄邑"。按平邑原是战国地名。上文"又有平邑县"，此处也应指该县。今据改。

【集释】《杨考》本作"平邑"，并云："各本误作'玄邑'，今订。"

有愜山。

【集释】《杨考》："《元和志》：古堰，今名愜山，在县西九里。汉成帝时，河决金堤，使者王延世募人塞之。盖运土塞河之处，以其愜当人情，故谓之愜山。"

【编者按】贵乡，治今河北大名县东北。

元城　后齐废。

【集释】《杨考》："本汉县。《元和志》：后齐省入贵乡。"

开皇六年复，

【集释】《杨考》："《旧唐志》：隋废，治古殷城。"

又置马陵县，大业初废入焉。有沙麓山。

【集释】《杨考》："《元和志》：即《春秋》所书'沙麓崩'、《汉书》以为元后兴之祥也。"

【编者按】元城。治今山东莘县南。

繁水　旧曰昌乐，

【集释】《杨考》："汉曰乐昌，后汉省。《地形志》：昌乐，太和十一年分魏置。"

置昌乐郡。东魏郡废，

【集释】《杨考》："《地形志》：永安元年置郡，天平中罢郡。"

后周又置。

【集释】《隋书札记》："案此当作'后周又置魏郡。又旧有魏城县'。以两'又'字相涉致脱耳。《元和郡县志》云：昌乐县，后魏孝文帝于汉昌乐城置昌乐郡及县，周武帝改属魏郡，隋罢郡。可知后周又置郡而隋初又罢也。"《杨考》："按《元和志》、《寰宇记》俱谓昌乐县，周武帝改属魏郡，不言复置郡事，与此异。"

旧有魏城县，后齐废。

【集释】《杨考》："即魏县，此不当载入。"

开皇初废郡。六年置县，曰繁水。大业初废昌乐县入焉。

【编者按】繁水，治今河北魏县南。

魏　后齐废，

【集释】《杨考》："《元和志》：后齐省魏县入昌乐。"

开皇六年复。

【集释】《杨考》："《元和志》：开皇六年，分昌乐置魏县。"

十六年析置漳阴县，大业初省入焉。

【编者按】魏县，治今河北大名县西。

莘　旧曰阳平，后齐改曰乐平。

【集释】《杨考》："按汉东郡有阳平，又有乐平，魏、晋以下亦两县并立，后齐盖省乐平入阳平，又改阳平为乐平也。"

开皇六年复曰阳平，

【集释】《杨考》："《元和志》：开皇六年，于乐平故城置阳平县，属魏州。"

八年改曰清邑，十六年置莘州。

【集释】《杨考》："《通典》：阳平县，隋新置莘州。《旧唐志》：隋置新州，武德五年改为莘州。按《寰宇记》亦云开皇十六年于县置莘州，《旧唐志》似误。"

大业初州废，

【集释】《杨考》："《元和志》：大业二年废州。"

改县名莘，

【集释】《杨考》："《元和志》：大

业二年改，因县北古莘亭为名。《隋书·郑译传》：大业初追封莘公。”

又废莘亭县入焉。

【集释】《杨考》：“《寰宇记》：开皇十八年，改乐平县为莘亭。与《志》云开皇六年改乐平为阳平者异。又《一统志》：莘亭县，周置。康熙《莘县志》：周为武阳郡莘亭县。”

后周置武阳郡焉，

【集释】《杨考》：“‘焉’字衍文。《寰宇记》：周建德七年置，在武水之阳，因名。又云：武阳故城在今莘县之南，后周置，即此。”

开皇初废。

【编者按】莘县，治山东今县。

顿丘　后齐省，

【集释】《杨考》：“按晋有顿丘郡，武帝置，后魏顿丘县仍属顿丘郡，《志》当云‘旧置顿丘郡，后齐并县废’。”

开皇六年置。又有旧阴安县，

【集释】《杨考》：“汉置。《地形志》：真君三年并卫国，太和十九年复。”

后齐废。

【编者按】顿丘，治今河南清丰县西。

观城

【集释】《杨考》：“《元和志》称观城县西至澶州顿丘二十四里，即今清丰县南五里之古城。”

旧曰卫国，

【集释】《杨考》：“前汉置观县，后汉改。《地形志》属顿丘。《隋书·李德林传》：奏取逆人高阿那肱卫国县市、店八十坻。”

开皇六年改。

【集释】《杨考》：“《元和志》属魏州。”

【编者按】观城，治今山东莘县西南观城镇。

临黄　后魏置，

【集释】《杨考》：“《地形志》：临黄属顿丘，真君三年并卫国，太和十九年复。不言是魏始立。据顿丘郡，晋武帝置，则亦晋置也。”

后齐省，开皇六年复，十六年分置河上县，大业初省入焉。

【编者按】临黄，治今河南范县南。

武阳

【集释】《杨考》：“本汉东武阳县，后魏去‘东’字，属司州魏尹。”

后齐省，后周置。

【集释】《杨考》：“《元和志》：开皇十六年属莘州。”

【编者按】武阳，治今山东莘县南。

武水　开皇十六年置。

【集释】《杨考》：“《元和志》：开皇十六年分清邑县置，属莘州，在武水沟之南，因名。《通典》：武水，汉阳平县地，隋改今县。按汉阳平治今莘县，是武水分清邑、阳平两县立也。”

【编者按】 武水，治今山东聊城市西南。

馆陶　旧置毛州，

【集释】《隋书札记》：“案‘毛’当作‘屯’。《元和郡县志》云：馆陶县，周大象二年置屯州，以近屯河为名。屯河即屯氏河也。” 《杨考》：“《周书·静帝纪》：大象二年八月，分相州阳平郡置毛州。据《周纪》，是年六月尉迟迥举兵，八月庚午破迥后始置毛州。而《迥传》云迥所管有毛州，当是史官追书之也。《元和志》云：周大象二年置屯州，以近屯河为名。又云：屯氏河，俗名毛河，在馆陶西。《汉书·沟洫志》：河北决于馆陶，分为屯氏河。颜师古曰：屯，音大门反。而隋室分析州县，误以为毛氏河。乃置毛州，失之甚矣。” 《求是》：“《元和志》一六魏州馆陶县云：‘周大象二年，置屯州，以近屯氏河为名，隋大业二年废屯州，以县属魏州。’又云：‘屯氏河，俗名屯河，在县西二里。’此外，如同州之冠氏县下、博州之堂邑县下，字均作‘屯’。顾《地理志》无屯州，核其地，即《志》之毛州也。据《周书》八，大象二年八月，‘分相州阳平郡置毛州。’作‘毛’不作‘屯’。《旧唐书》三九、《新唐书》三九均同。《汉书》二九：‘河复北决于馆陶，分为屯氏河。’颜师古注云：‘屯，音大门反。而隋室分析州县，误以为毛氏河，乃置毛州，失之甚矣。’《赵思廉墓志》亦称祖搆为隋毛州刺史。唐初人语，当极可信。李慈铭《隋书札记》乃犹征《元和志》误说，谓‘毛’当作‘屯’，得无如师古所讥，失之已甚欤?”又云：“本应称屯州，但隋人确误‘屯’为‘毛’，有《汉书》二九颜注及《赵思廉墓志》可证，《隋书札记》乃征《元和志》误说，谓‘毛’当作‘屯’，非也。”

大业初州废。

【集释】《杨考》：“《元和志》：大业二年废毛州，以县属魏州。”

又有旧阳平郡，

【集释】《杨考》：“《三国志》：黄初二年，以魏郡东部为阳平郡。《地形志》、《水经注》并云治馆陶。《元和志》：馆陶，魏属阳平郡，石赵移阳平郡理此。按《唐书·刘黑闼传》：皇太子、齐王悉兵战馆陶，黑闼大败，引军走躐，北至毛州。是毛州与馆陶非一城，岂所指之馆陶为古馆陶故城?《隋志》所云，则石赵移徙乎?”

开皇初废。

【编者按】 馆陶，治河北今县。

堂邑　开皇六年置。

【集释】《杨考》：“《旧唐志》：分清阳县置。《舆地广记》：分馆陶东界置。《元和志》：因县西堂邑故城为名，属毛州，大业二年改属魏州。《寰宇记》作十六年置。”

【编者按】 堂邑，治今山东聊城市西堂邑镇。

冠氏　开皇六年置。

【集释】《杨考》：“《元和志》：分

馆陶东界置，因古冠氏邑为名，属毛州，大业二年属魏州。”

【编者按】冠氏，治今山东冠县。

聊城

【集释】《杨考》：“汉县在今县西北十五里，后魏县在今县东北二十许里，又名王城。《水经注》：黄沟迳王城北。魏太常七年安平王镇平原所筑，世谓之王城。太和二十三年罢镇，立平原郡治此也。《元和志》属济州，隋开皇三年改属冀州，十六年置博州，县属焉。”

旧置南冀州及平原郡，

【集释】《杨考》：“《地形志》平原郡下：后魏武泰初立南冀州、永安中罢。《魏书·辛绍先传》：子馥，孝昌初除南冀州防城镇将。又《魏书·路恃庆传》：路思令拜阳平太守，又割冀州之清河、相州之阳平、济州之平原以为南冀州，以思令为刺史。然则南冀州统此三郡也，”

未几，州废。开皇初郡废。十六年置博州，大业初州废。

【集释】《杨考》：“《元和志》：大业三年废。”

【编者按】聊城。治山东今市东北。

渤海郡

渤海郡

【集释】《杨考》：“汉郡在今沧州，后汉、晋郡在今南皮，北魏郡在今高苑，隋始移此。

开皇六年置棣州，

【集释】《杨考》：“《元和志》作‘十六年’，《寰宇记》亦作‘十六年’。”《求是》：“《元和志》一七云：‘隋开皇十七年，割沧州阳信县置棣州，大业二年废入沧州。’按《地理志》渤海郡下南津、滴河、蒲台、浮水四县，以开皇十六年置，厌次县以开皇十六年复。又《元和志》同卷阳信县下云：‘隋开皇……十六年，于阳信县置棣州。’参合比较，知《地理志》六年乃十六年之夺，《元和志》十七年乃十六年之讹，两志均误（《地理志考证》四引《元和志》作十六年，则见本不误）。”

大业二年为沧州。

【集释】《杨考》：“《寰宇记》：大业二年自饶安县移沧州于此。《元和志》：大业二（二当作‘三’）年罢州为渤海郡。”《求是》：“复考《地理志》饶安县下云：‘旧置沧州……大业初州废。’盖大业二年将沧州并入棣州，同时又改棣为沧，《地理志》谓棣州‘大业二年为沧州’，《元和志》谓棣州‘大业二年废入沧州’，均语焉不详也。”

统县十，户十二万二千九百九。

阳信

【集释】《杨考》：“本汉置。《寰宇

记》：高齐天保七年，自今无棣县东南三十里移于今阳信县东马岭城置。按即汉魏厌次县城也。《魏志》厌次治马岭城。”

带郡。

【集释】《杨考》：“《元和志》：开皇三年罢郡，属沧州，十六年于县置棣州。”

【编者按】 阳信，治山东今县西南。

乐陵

【集释】《杨考》：“汉置。《寰宇记》：永平二年，又徙县于今县东五十里乐陵故城。据此知汉以后有迁徙。魏治还故治。《元和志》：开皇三年属沧州。”

旧置乐陵郡，开皇初郡废。十六年分置鬲津县，

【集释】《杨考》：“《寰宇记）：鬲津枯河在县西三里，东北流入饶安界入海，”

大业初废入焉。

【编者按】 乐陵，治山东今市东。

【补阙】《杨考》：“按汉重合县，在今乐陵县西。《寰宇记》：在乐陵县东二百步，高齐天保七年省。”

滳河

【集释】 旧本作“滴河”，《考异》卷三三：“‘滴’，当作‘滳’，读如商。”《杨考》：“余按《集韵》，滳，尸羊切，水名。《水经注》：商河，亦曰小漳河。商、漳声近，故字与读移耳。《通典》作‘‘商’，音滴，谬。又按宋改滳河为商河，以音同耳。又《元和志》：汉武帝鸿嘉四年，河水泛溢，为害河堤，都尉许商凿此河通海，故以‘商’字为名，后人加水焉。然按《汉书·沟洫志》无此说。盖许商开屯氏河未成而罢，又尝塞决河，因附会为此欤?”

开皇十六年置。

【集释】《杨考》：“《元和志》：隋开皇十六年于此置滳河县，因北有滳河以名之，属沧州。《寰宇记》：于汉朸县故城置。”

又有后魏湿沃县，

【集释】《杨考》：“按《地形志》有两湿沃，一沧州乐陵郡之湿沃，治乱城，即汉千乘郡之乐陵，稍有移徙耳；一青州乐陵郡之湿沃，即刘宋侨置冀州乐陵之湿沃，此所云是也。其故城今不可考。”

后齐废。

【集释】《杨考》：“当废于天保七年。”

有关官。

【编者按】 滳河，治今山东商河县。

厌次

【集释】《杨考》：“《史记》《高祖功臣侯表》高帝六年封元顷为厌次侯，《东方朔传》平原厌次人。而《汉地志》无厌次县。《水经·河水注》引应劭、阚骃说，并称厌次本富平，汉明帝更名。盖移封张延寿，改厌次为富平，明帝又复故耳。《颜鲁

公、东方朔像赞》碑阴记称‘厌次城，在安德县东北二十三里’，殊误。岂因汉厌次属平原，遂以隋唐平原郡之安德当之耶?”

后齐废，

【集释】《杨考》：“《寰宇记》：高齐天保七年省。”

开皇十六年复。

【集释】《杨考》：“《寰宇记》作‘十七年’。”

【编者按】厌次，治今山东惠民县东南。

蒲台 开皇十六年置。

【集释】《杨考》：“《元和志》：隋开皇三年改属沧州，十六年改为蒲台，县北有蒲台，因为名也，隋末废。《寰宇记》同，然则《志》当云‘旧曰湿沃，开皇十六年改’，方合。又按《北齐书·彭城景思王浟传》有湿沃县主簿张达，可知滴河所废者是青州之湿沃，此沧州之湿沃固未废也。”

【编者按】蒲台，治今山东滨州市蒲城镇。

饶安

【集释】《杨考》：“前汉曰千童，后汉改。”

旧置沧州、

【集释】《杨考》：“《地形志》：沧州，熙平二年分瀛、冀二州置，治饶安。”

浮阳郡，

【集释】《杨考》：“《地形志》：浮阳郡，太和十一年分渤海、章武置，治浮阳。《寰宇记》：高齐、后周不改。《周书·独孤信传》：魏孝武西迁，进爵浮阳郡公。又《隋书·李衍传》：周平齐，以军功赐子仲威浮阳郡公。”

开皇初郡废，大业初州废。

【集释】《杨考》：“按大业二年移治阳信。”

【编者按】饶安，治今河北盐山县西南旧县镇。

无棣 开皇六年置。

【集释】《杨考》：“《元和志》：割阳信、饶安置，以南临无棣沟为名。”

【编者按】无棣，治今河北盐山县东南庆云镇。

盐山 旧曰高成。

【集释】《杨考》：“汉置。《寰宇记》：高齐天保七年，自今盐山县南四十里移于今理。”

开皇十六年又置浮水县。十八年改高成曰盐山。大业初省浮水入焉。有盐山、

【集释】《杨考》：“《寰宇记》：山低小，无峰峦树木。”

峡山。

【集释】《杨考》：“《寰宇记》：箧山，一名峡山。”

【编者按】盐山，治今河北黄骅市南旧城镇。

南皮

【集释】《杨考》：“汉置。”

【编者按】南皮，治河北今县。

清池

【中华校】“池”原作“地’，据《元和志》一八、《通典》一八〇、《旧唐书·地理志》二改。

【集释】《杨考》本作“清池”，并云：“各本误作‘地’，今订正。”

旧曰浮阳，

【集释】《杨考》：“汉置。《通典》：以在浮水之阳。后魏置浮阳郡，当载于此，以浮阳郡理浮阳也。”

开皇十八年改。

【集释】《杨考》：“《元和志》：县东有仵清池，因以为名。《寰宇记》：仵清池在县东南十九里。”

【编者按】清池，治今河北沧州市东南。

平原郡

平原郡　开皇九年置德州。

【集释】《杨考》：“《元和志》：开皇二年改安德为德州，大业二年罢州为平原郡。《寰宇记》：开皇三年罢郡，九年于今安德复置德州。《北齐书·文宣帝纪》：武定七年，梁德州刺史刘领队以州内附。按梁境不至德州，恐误字也。”

统县九，户十三万五千八百二十二。

安乐

【集释】《杨考》：“按当作‘安德’。本汉县。《旧唐志》：安德，汉至隋不改。诸书并无隋改安德为安乐之说，知此‘乐’字为‘德’字之误无疑。按《北齐书·刘叔宗传》，乐陵安德人，然则齐安德属乐陵。《元和志》：开皇三年属冀州，九年属德州。”《杨考补遗》：“又按开皇六年所立龙藏寺碑阴有安德县开国公石元□，此石刻之最足据者。”

旧置平原郡，

【集释】《杨考》：“按‘平原’当作‘安德’。《地形志》：安德郡，中兴初分乐陵置，太昌初罢，天平初复，治般界。《元和志》：后魏孝文于今德州置安德郡。《寰宇记》：后魏太和中，于今州东南三十里安德故城置安德郡。且此《志》于聊城下云旧置平原郡，此何以复载？故知讹误无疑。”《杨考补遗》：“按《延陵显仲造像记》：沧州安德郡平昌县人，东魏武定七年造。是东魏仍为安德郡。”施和金《订补》：“《杨考》谓平原当作安德，是。然所引《地形志》有误。据《地形志》，北魏安德郡有二：一为冀州安德郡，是‘太和中置，寻并勃海，中兴中复’；一为沧州安德郡，是‘中兴初分乐陵置，太昌初罢，天平初复，治般界’（卷一〇六上）。此安乐（当作安德）下所云安德郡（误为平原郡），属冀州，非沧州之安德郡也。据《地形志》，沧州安德郡领般、重合、重平、平昌四县，无安德；而冀州之安德郡领平原、安德、绎幕、鬲四县，有安德。故《杨考》引误甚明。且下引《寰宇记》亦云太和中置郡，与上所引《地形志》中兴初置郡，歧异显矣。而杨氏不觉，乃一时糊涂耳。”

开皇初郡废，

【集释】《杨考》：“《元和志》在开皇三年。”《杨考补遗》：“《隋书·观德王雄传》：仁寿初改封安德王。是时郡已废，盖据旧图封之欤?”

大业初复。

【集释】《杨考》：“当作‘大业初置平原郡’。《元和志》：大业三年，罢州置平原郡。《寰宇记》同。据此，知是误即原于作《志》之人，或因‘安德’已误作‘平原’，后人见其不可通也，故改为‘复’字欤?”

又开皇十六年置绎幕县，至是废入焉。又有后魏鬲县，

【集释】《杨考》：“《括地志》：鬲县在安德西北五十里。《寰宇记》亦云：在西北。按《魏志》，鬲县治临齐城。《水经注》：屯别南渎迳安德故城西，又东北迳临齐城南。是鬲县在安德东北，而叶圭绥谓隋之安德即徙此城，尤谬。”

后齐废。

【集释】《杨考》：“《寰宇记》：天保七年。”

有关官。

【集释】《杨考》：“《元和志》：鹿角故关，在安德县东南七十五里。”

【编者按】安乐，治今山东陵县。

平原

【集释】《杨考》：“《元和志》：开皇三年属冀州，九年改属德州。《旧唐志》：今县治城，北齐所筑。”

后齐并鄃县入焉。

【集释】《杨考》本作“歙县”，并云：“诸志俱作‘鄃’，此误。汉置《寰宇记》谓后魏省。按《地形志》南清河郡有鄃县，则非魏省。”

有关官。又后魏置东青州，置未久而废。

【集释】《杨考》：“《宋书·明帝纪》：泰始四年八月，分青州置东青州，寻朝议罢之。《魏书·韩茂传》：先是河外未宾，民多去就，故权立东青州，为招怀之本。”

【编者按】平原，治山东今县。

【补阙】《杨考》：“按有绎幕县城，在今平原县西北二十里。《寰宇记》：高齐省入平原。”

将陵　开皇十六年置。

【集释】《杨考》：“《元和志》：于汉安德地置，取安德县界将陵故城为名，属德州。《寰宇记》同。《旧唐志》亦云置于将陵故城。《舆地广记》：于汉重丘故城置。按《水经注》引应劭曰：安德北五十里有重丘城。今安德在德州东南三十里，则重丘在德州西北二十里耳。若谓将陵置此，与《元和志》、《寰宇记》皆不合，《广记》说误。《元和志》所云‘故城’，盖《汉书·外戚恩泽侯表》有将陵哀侯史曾封于此也。”

【编者按】将陵，治今山东德州市陵城区西北。

平昌

【集释】《杨考》：“《地形志》云：平昌，二汉、晋属平原，后汉、晋曰西平昌，后罢。太和二十二年复，属渤海。熙平中属乐陵，复属安德。治平昌城。《寰宇记》：汉平昌故城在德平县西北三十里，后魏永熙中移于今县东南废平昌城，高齐天保七年自今德平县东南废平昌城移于今德平县理，隋开皇三年属沧州，十六年改属德州。叶氏（圭绶）曰：按《水经注》，商河所迳曰平昌县城，屯别河所迳曰西平昌县城，然则前汉治县之东南城，后汉治县之西北城，故加‘西’字；后魏复治前汉城，故除‘西’字。”

后魏置东安郡，

【集释】《杨考》：“《地形志》南青州有东安郡，领盖、新泰、发干三县，在今沂州沂水西北八十里，去此甚远。按《地形志》有两安德郡，一冀州之安德，领平原、安德、绎幕、鬲四县，即隋改平原郡之地也；一沧州之安德郡，领般、重合、重平、平昌四县，即此郡也。然则‘东安’下脱‘德’字，其加‘东’字者，以别于冀州之安德也。”施和金《释例》：“当作‘后魏置东安德郡’，脱‘德’字。”

后齐废，并以重平县入焉。

【集释】《杨考》：“汉县，魏复置。《寰宇记》：高齐天保七年省入平昌县。”

【编者按】平昌，治今山东德州市陵城区东北。

般　后齐省，

【集释】《杨考》：“《寰宇记》：天保七年。”

开皇十六年复。

【集释】《杨考》：“《寰宇记》：置于今平昌县西南三十里汉平昌城内。按即后魏之西平昌也。”

【编者按】般县，治今山东德州市陵城区东。

长河　旧曰广川。

【集释】《杨考》：“汉县。阚骃曰：县中有长河为流，故曰广川。”

后齐省，开皇六年复置，

【集释】《杨考》：“《元和志》：属冀州，九年改属德州。《旧唐志》：隋于旧广川县东八十里置广川县，今治是也。”

仁寿初改名焉。

【集释】《杨考》：“《元和志》：仁寿元年。颜师古曰：隋仁寿元年为皇太子讳，故改长河。”

【编者按】长河，治今山东德州市东。

弓高　旧废，

【集释】《杨考》：“《寰宇记》：汉县，晋废。按故城在阜城县西南二十七里。”

开皇十六年置。

【集释】《杨考》：“《寰宇记》：移置于今理。”

【编者按】弓高，治今河北泊头市西。

东光

【集释】《杨考》："本汉县。《寰宇记》：汉县在今县东二十里东光故城，高齐天保七年移于今县东南三十里陶氏故城，隋开皇三年又移于今治。"

旧置渤海郡，

【集释】《杨考》："汉郡名。后魏徙今东光县东二十里。《地形志》：世祖初改为沧水郡，太和二十一年复。"

开皇初郡废。九年置观州，

【集释】《杨考》："《隋书·酷吏传》：田孔嗣，开皇十四年除观州总管长史。则隋尝置总管府，《志》失书。"

大业初州废，又并安陵入焉。

【集释】《杨考》："《寰宇记》：晋于汉安县故城置东安陵县，后魏省'东'字，高齐天保七年省。隋开皇六年，又分东光县于今县东二十二里新郭城再置，今安陵故县是也，大业二年废。《元和志》：隋开皇六年重置，属冀州，九年属观州。"

有天胎山。

【集释】《杨考》："《纪要》：一名天台山。"

【编者按】东光，治河北今县。

胡苏　旧废，

【集释】《杨考》："隋以前无胡苏县，不得云'旧废'。按汉重平县在今宁津县南，后汉废。又汉新乐县在今宁津县北，后汉废，晋改置新乐，后魏省，或即《志》之所指欤?"

开皇十六年置。

【集释】《杨考》："《旧唐志》：隋于故胡苏亭置胡苏县。《陈书·湘东王叔平传》：隋大业中为胡苏令。"

【编者按】胡苏，治今河北东光县东。

兖州于《禹贡》为济、河之地。其于天官，自轸十二度至氐四度，为寿星，于辰在辰，

【中华校】"在"下原脱"辰"字，据李慈铭《隋书札记》补。

【集释】《隋书札记》："案'在'下脱一'辰'字。"

郑之分野。

【集释】《杨考》："《史记·天官书》：角亢氐兖州。《通典》：其在天文，营室东壁，则卫之分野，兼得魏、宋、齐、赵之交。"

兖州盖取沇水为名，亦曰兖，

【集释】《隋书札记》："案'亦曰'下重一'兖'字。"

兖之为言端也，言阳精端端，故其气纤杀也：

【集释】《杨考》："《春秋》元命包说。"

东郡、东平、济北、武阳、平原等郡，得其地焉。兼得邹、鲁、齐、卫之交。旧传太公唐叔之教，亦有周孔遗风。今此数郡，其人尚多好儒学，性质直怀义，有古之风烈矣。

【集释】《杨考》："《通典》：兖州

旧疆，界于河济，地非险固，风杂数国，秦汉以降，政理混同。人情朴厚，俗有儒学。”

信都郡

信都郡　旧置冀州。

【集释】《杨考》：“《元和志》：后汉末韩馥为冀州牧，魏文帝以邺为五都之一，始移冀州理信都，后迁徙无定治。《寰宇记》：后魏于信都置冀州，北齐、北周皆因之。《元和志》：大业三年改为信都郡。按《隋纪》，开皇四年六月，以鸿胪卿乙弗寔为冀州总管，则隋尝置总管府，《志》失书。”

统县十二，户十六万八千七百一十八。

长乐　旧曰信都，带长乐郡后齐废扶柳县入焉。开皇初郡废，

【集释】《杨考》：“《元和志》：县属冀州。”

分信都置长乐县。

【集释】《杨考》：“《寰宇记》：开皇六年，于冀州理置。”

十六年又分长乐置泽城县。

【集释】《杨考》：“《寰宇记》：故泽城，西晋末刘、石之乱，人相率兴筑此城于柳泽畔。”

大业初废信都及泽城入焉，

【集释】《杨考》：“《寰宇记》：大业二年省信都入长乐，十二年又改长乐为信都。”

置信都郡。

【编者按】 长乐，治今河北冀州市。

堂阳　旧县，后齐废，开皇十六年复。

【集释】《杨考》：“《元和志》：属冀州。”

【编者按】 堂阳，治今河北新河县西北。

衡水　开皇十六年置。

【集释】《杨考》：“《旧唐志》：古无此名，开皇十七年，河北大使郎蔚之分信都北界、武邑西界、下博南界置衡水县，特筑此城。《元和志》：县在长芦河西，长芦河则衡、漳故渎也，因以为名。”

【编者按】 衡水，治河北今市西。

枣强　旧县，

【集释】《杨考》：“《地形志》：前汉属清河，后汉罢，晋复属广川。神瑞二年并广川，太和二十二年复。《寰宇记》：高齐天保七年自今县西南十五里枣强故城移于今县东北十八里广川城置，属长乐郡。隋开皇二年移于今理。《元和志》：开皇三年属冀州。”

后齐废索芦、广川二县入焉。

【集释】《杨考》：“索芦，《地形

志》作‘索卢’，云：晋属广川，神瑞二年并广川，太和二十二年复属长乐郡。在今枣强县东十五里。按《晋志》无广川郡，无索芦县，脱也。广川，在今枣强县东三十里，汉置，属信都，后汉属清河，晋属渤海，后魏属长乐。《寰宇记》：俱天保七年省。”

【编者按】枣强，治河北今县东后旧县村。

武邑　旧县，后齐废。

【集释】《杨考》：“《寰宇记》：天保中省。”

开皇六年置，

【集释】《杨考》：“《元和志》：属冀州。”

并得后齐观津县地。

【集释】《杨考》：“汉置。《寰宇记》：高齐天保七年废。”

十六年分武强置昌亭县，大业初废入焉。

【编者按】武邑，治河北今县。

武强

【集释】《杨考》：“晋置。……《寰宇记》：高齐自西南二十五里移于今理。《元和志》：高齐属长乐郡，隋开皇三年属冀州。”

旧置武邑郡，后齐郡废，

【集释】《杨考》：“《寰宇记》：晋太康十年于武邑县置武邑郡，后魏皇始三年移郡武强，高齐省。《水经注》：漳水又东北迳武邑郡南，魏所置也，又东迳武强县北。是魏之武邑郡亦不治武强县。”

又废武遂县入焉。

【集释】《杨考》：“《寰宇记》：高齐天保七年省。《隋书·史祥传》：仕周，袭爵武遂县公。是周时尚有武遂县。”

【编者按】武强，治河北今县西南旧武强。

南宫　旧县，后齐废，

【集释】《杨考》：“《寰宇记》：天保七年。”

开皇六年复。

【集释】《杨考》：“《舆地广记》：属冀州。”

【编者按】南宫，治河北今市西。

斌强

【集释】《杨考》：“按《寰宇记》清河县下：故斌强城，后魏太和七年于其城置斌强县，属广宗郡，隋废。而《地形志》广宗郡无斌强县。”

【编者按】斌强，治今河北威县北。按《中国历史地图集》隋信都郡无此县名：斌强。《北周地理志》卷一〇广宗郡武强县：“今河北威县北。……按《地形志》，相州广宗郡有武强县，即此县，亦即《隋书·地理志》之信都郡斌强县也。《地形志》冀州武邑郡别有武强县，即《隋志》之信都郡武强县也。隋以信都郡同时有二武强县，故改后魏广宗郡之武强县为斌强县以别之。”

鹿城　旧曰鄡，

【中华校】“鄡”原作“郡”，据

《汉书·地理志》下、《续汉书·郡国志》二改。

【集释】《隋书札记》："案'曰郡'当为'鄡县'，此因鄡字误分为'曰郡'二字耳。鄡字，《汉志》作鄡，《续汉志》、《晋志》作鄡，《魏书·地形志》云钜鹿郡鄡有鄡城、安定城。"《杨考》本作"鄡"，并云："各本皆误作'郡'，今订正。《汉志》巨鹿郡有鄡县。《说文》作'鄡'，《续志》及《晋志》同。段玉裁曰：作鄡者是。今本《说文》浅人所改，如県首之改为枭首也。汉巨鹿郡鄡县、豫章郡鄡阳县，字不同。《玉篇》、《广韵》皆鄡与鄡阳字别。按段说是也。《地形志》作'鄡'，亦字形之误。"

后齐改曰安国。

【集释】《杨考》："本汉县，在祁州南，齐徙此。"

开皇六年改为安定，

【集释】《杨考》："《元和志》：开皇三年置安定县，取汉旧名，属定州。《寰宇记》亦作三年。《寰宇记》蒲阴县下：开皇六年移安国县于郑德堡，改为义丰。则安国之废在六年，所改者为义丰，非安定也。然则《志》当云'开皇三年分置安定，六年废安国'，方合。又见后博陵郡义丰县下。"

十八年改。

【集释】《杨考》："《元和志》：取县东故鹿城为名，改属冀州。"

开皇十六年又置晏城，大业初废入。

【集释】《杨考》："《纪要》：隋末复置。"

【编者按】鹿城，治今河北辛集市东北旧城。

下博

【集释】《杨考》："汉置。《寰宇记》：后魏自今县南二十里移于衡水北，去今县二十里，俗谓之故县城。后周建德六年又移于今理。《元和志》：开皇三年属冀州，十六年属深州。"

【编者按】下博，治今河北深州市东南下博镇。

蓨　旧曰脩，

【集释】《杨考》："《元和志》：本汉條县，即條侯国也，景帝封周亚夫为條侯。汉條县属信都国，后汉属渤海郡，改條为脩。隋开皇三年废渤海郡，属冀州，五年改脩为蓨县，属观州。《寰宇记》：本汉蓨县，即條国也，晋改蓨为條，开皇五年改條县为蓨县。按脩、蓨、條本一字，古通用。服虔云：蓨，音條。师古云：脩，音條。两汉、晋、北魏、《水经注》作'脩'，南宋侨县，隋、唐以下作'蓨'。《元和志》谓汉條县，而两《汉志》实不作'條'；《寰宇记》谓晋改蓨为條，而《晋志》实作'脩'。良由古本参差，今见北魏金石亦脩、蓨错出。李吉甫、乐史各据所见本为说，故今皆不相应也。"

开皇五年改。

【集释】《杨考》："《寰宇记》：属观州。"

十六年分置观津县，大业初废。

【编者按】蓨县，治今河北景县。

阜城

【集释】《杨考》："《寰宇记》引《晋书地道记》云：改阜邑为阜城。高齐天保七年，自今县东二十二里故城移于今理。按阜城不闻有置阜邑事，未知《地道记》何据也。《元和志》：开皇九年属观州，大业二年改属冀州。"

【编者按】阜城，治河北今县。

清河郡

清河郡　后周置贝州。

【集释】《杨考》："《元和志》：建德六年平齐置，大业三年改为清河郡。宋白曰：盖因贝丘而名。按《周纪》，宣政元年，分相州清河郡置贝州。《隋书·杨善会传》：隋末为窦建德所执，用为贝州刺史。则建德又置此州。"

统县十四，户三十万六千五百四十四。

清河　旧曰武城，置清河郡。

【集释】《杨考》："《寰宇记》：高齐自厝城移清河郡及武城县于今贝州西北十里故州城。其城即汉信成县理。"

开皇初郡废。改名焉，

【集释】《杨考》："'改'上脱'县'字。《寰宇记》：开皇三年县属贝州，六年自厝城移清河县于州郭。"

仍别置武城县。

【集释】《杨考》："《寰宇记》：还旧理。见下武城。"

十六年置夏津县，

【集释】《杨考》："《寰宇记》清河县下：故夏津县城在县东南四十里隋开皇六年以县东有王莽河，又有古夏津城相连，因以为名。"

大业初废入，置清河郡。

【编者按】清河，治河北今县西城关镇。

清阳　旧曰清河县，

【集释】《杨考》："《寰宇记》：晋于厝城西南十七里置清河县，魏又移清河县并清河郡于故厝城中。《水经·河水注》：屯氏别河东迳信成县故城南，又东迳清阳县故城南。清河郡，北魏自清阳徙置也，是则魏之清河郡有移徙，审矣。然《水经注》又云：屯氏别河，又东北迳清河郡南，又东北迳清河故城西，则不得谓魏之清河郡即厝城也。"

后齐省贝丘入焉，改为贝丘。

【集释】《杨考》："'改'上当有'又'字。"

开皇六年改为清阳。

【集释】《杨考》："移贝丘于清平，故改此。"

又有后魏侯城县，

【集释】《杨考》："《地形志》作'侯'。"

后齐省以入武城，亦入焉。

【编者按】清阳，治今山东临清市东北。

武城

【集释】《杨考》："《旧唐志》：武城，旧治古夏城。"

旧曰东武城。

【集释】《杨考》："汉县。《水经注》：清河又东北迳东武城故城西。定襄有武城，故此加'东'。《地形志》去'东'字。据《水经注》称东武城为'故城'，知魏已移徙。"

开皇初改武城为清河县，

【集释】《杨考》："盖改齐之武城也。见清河县下。"

于此置武城。

【集释】《杨考》："《寰宇记》：高齐天保七年移理汉信城，隋开皇六年复还旧理。"

【编者按】武城，治今河北故城县南。

历亭　开皇十六年分武城置焉。

【集释】《杨考》："《旧唐志》：隋分鄃县置历亭县。《舆地广记》：隋分武城、鄃置历亭县。盖据此《志》及《旧唐志》为说。按古鄃县已废于齐代，隋之鄃县则与历亭同时置，安得云'分'？《旧唐志》误，当以此《志》为正。《寰宇记》：开皇十六年于今县东永济渠南置，属贝州，遥取汉历县为名。"

【编者按】历亭，治今山东武城县。

漳南　开皇六年置，曰东阳，

【集释】《杨考》："《寰宇记》：分枣强于今县东北二十二里置。《旧唐志》、《舆地广记》：分枣强、清平二县复置于古东阳城。《元和志》：取汉东阳之名，属德州，十六年改属贝州。按东阳故城，《水经注》在屯别枝津之北，今俗曰高黎郭，在恩县西六十里。"

十八年改为漳南。

【集释】《杨考》："《元和志》：以漳水居县北故名。"

【补释】《通鉴》卷一八一胡注引宋白曰："取地居漳水之南为名。"

有后魏故索卢城，后齐以入枣强，至是入。

【编者按】漳南，治今河北故城县东故城镇。

鄃　旧废，

【集释】《杨考》："按鄃本汉县，在平原县西南五十里，后齐废。详见平原郡平原县下。"

开皇十六年置。

【集释】《杨考》："《元和志》：大业二年属贝州。"

【编者按】鄃县，治今山东夏津县。

临清

【集释】《杨考》："《水经·淇水注》：田融言赵立建兴郡于广宗城内，

置临清县于清水东，自赵石始也。《地形志》属阳平郡，太和二十一年置。当是中废复置也。”

后齐废，

【集释】《杨考》：“当是天保七年。”

开皇六年复。

【集释】《杨考》：“《寰宇记》：属毛州，十八年属贝州。”

又十六年置沙丘县，大业初废入焉。

【集释】《杨考》：“按汉清渊县在今临清州西南四十里。《一统志》：后齐徙废。”

【编者按】临清，治今河北临西县。

清泉

【集释】《考异》卷三三：“本清渊，史家避唐讳追改。”《杨考》：“本汉清渊县地，后齐徙置。按唐为高祖讳，故《晋志》、《隋志》作‘泉’。”

后齐废千童县入。

【集释】《杨考》：“按前汉千童县属渤海郡，后汉省，在今南皮县东南八十里，去清泉县甚远，安能并入？叶圭绶云：‘千童’是‘发干’之误。按汉发干故城在今堂邑县西南三十三里，与清泉境相接，叶说是。”

开皇十六年置贝丘县，

【集释】《杨考》：“因六年所徙之贝丘又改为清平，故以贝丘移此。”

大业二年废入。

【编者按】清泉，治今山东冠县东北。

清平　开皇六年置，曰贝丘，

【集释】《杨考》：“《元和志》：开皇六年，自今贝州清河县界移贝丘县于今理，属贝州。按因改齐之贝丘为清阳，故移贝丘于此。”

十六年改曰清平。

【集释】《杨考》：“《元和志》：属博州，大业二年属贝州，隋乱废。”

【编者按】清平，治今山东临清市东南。

高唐

【集释】《杨考》：“汉县在今禹城县西南四十里。《元和志》：章丘县，高齐天保七年，自高唐故城移高唐县理于此。是齐始徙于章丘，至隋又移于莒城，即魏之零县地也。而叶氏谓章丘之高唐是宋所侨置，齐盖徙禹城之高唐于莒城，即此高唐也。互详齐郡章丘县下。又按此不言高唐建置年月，余疑在开皇十六年，以隋初高唐在章丘故也。”

后魏置南清河郡，

【集释】《杨考》：“《地形志》：晋泰宁中分平原置，治莒城。按《魏书·房亮传》：普泰中，济州刺史张琼表所部置南清河郡，仍请房悦为太守。则《魏志》晋泰宁是普泰之误。”

后齐郡废。

【集释】《杨考》：《北齐书·循吏传》：苏琼为南清河太守。”

【编者按】高唐，治山东今县。

经城　后齐废，

【集释】《杨考》："按后汉冀州安平国有经县，晋因之，在今广宗县东二十里，后魏始移于此。《寰宇记》：后魏置经县，续于县理置广宗郡，高齐天保七年省郡及县，移武强县于此。后周建德七年复于此置广宗郡，隋开皇三年罢郡。《志》当云'旧置经县，并置广宗郡。后齐郡、县并废，周复置郡。开皇三年罢郡。六年置经城县'，方合。《隋书·李崇传》：进爵广宗郡公。则隋初有广宗郡审矣。"

开皇六年置，

【集释】《杨考》："《寰宇记》：六年移武强县于武强城南置，复于此置经城县，属贝州。《隋书·李敏传》：开皇中封经城县公。"

十六年分置府城县，大业初省入焉。

【编者按】经城，治今河北威县北经镇。

宗城　旧曰广宗

【集释】《杨考》："后汉置，后魏属广宗郡。《元和志》：隋开皇三年属贝州。《隋书·李崇传》：周平齐后封广宗县公。

仁寿元年改。

【集释】《杨考》："按《隋书·刘权传》，开皇十二年封宗城县公，则县当改于开皇中。《志》作'仁寿元年'，恐误。"《求是》："按：隋因避炀帝讳，凡州县名广者，卒于仁寿初改称。权，大业尚生，则所叙仕历，自不能不避追改。吾人可不必因《传》而疑《志》也。"

【编者按】宗城，治今河北威县东。

博平

【集释】《杨考》："汉置，属东郡，晋属平原国。《元和志》：开皇三年属毛州，十六年改属博州。"

开皇六年置灵县，

【集释】《杨考》："按本汉县，属清河郡，后魏尚有此县，惟'灵'作'零'耳（《水经·河水注》仍作'灵'）。《寰宇记》：高齐天保七年省。隋盖复置也。"

大业初省入。

【编者按】博平，治今山东茌平县西博平镇西北。

茌平　后齐废，

【集释】《杨考》："汉县，在县南五十里。刘宋于此置碻磝城，后魏徙治鼓城。《水经注》谓之时平城，即此县所治也。"

开皇初复。

【编者按】茌平，治山东今县。

魏　郡

魏郡　后魏置相州，

【集释】《杨考》："《地形志》：太祖天兴四年置。《寰宇记》亦云：道武立。《元和志》：孝文帝立。误。"

东魏改曰司州牧。

【集释】《杨考》："《地形志》：天平元年迁都改。《寰宇记》：东魏静帝迁都于此，改置魏尹及司州牧。北齐武帝又都焉，改魏尹为清都尹。"

后周又改曰相州，

【集释】《杨考》："《元和志》：周武帝平齐，复改为相州。大象二年自故邺城移相州于安阳城，即今理也。"

置六府。

【集释】《杨考》："《周武帝纪》：建德六年二月平齐，置相州及六府官。"

宣政初府移洛，以置总管府，

【集释】《杨考》："按《周纪》，建德六年正月，以上柱国越王盛为相州总管，则总管之置实在宣政以前。又按移府于洛在大成元年二月，见《志》豫州河南郡洛阳县下，此作宣政初亦误。"

未几，府废。

【集释】《杨考》："《周纪》：大象二年八月，废相州总管。《元和志》：大业三年改相州为魏郡。"

统县十一，户十二万二百二十七。

安阳　周大象初，置相州

【集释】《杨考》："见上《元和志》。"

及魏郡，

【集释】《杨考》："郡本汉置，治邺。"

因改名邺。

【集释】《杨考》："《地形志》：邺县，二汉、晋属魏郡，开平初并荡阴、安阳属之。是安阳已并入邺县，周盖以安阳故城置邺城耳，观下邺县注可见。《元和志》：晋于今理西南三里置安阳县，属魏郡，后魏并入荡阴。按《魏志》，是荡阴、安阳并入邺县，非并安阳入荡阴也。"

开皇初郡废，十年复，名安阳，

【集释】《杨考》："《元和志》：属相州。"

分置相县，邺还复旧。

【集释】《杨考》："详见下。"

大业初废相入焉，置魏郡。有韩陵山。

【集释】《杨考》："刘公幹诗曰'朝发白马，暮宿韩陵'。《元和志》：东魏丞相高欢破尔朱兆众于此。《寰宇记》：陈徐陵尝北使邺，读《韩陵碑》，爱其才丽，归陈，人问北朝人物，曰：惟韩陵片石耳。"

【编者按】安阳。治河南今市。

邺　东魏都。

【集释】《杨考》："详见上。《元和志》：石季龙徙都邺，冉闵及慕容儁洎东魏、高齐并都于此。”

后周平齐，置相州。

【集释】《杨考》：“见上。”

大象初县随洲徙安阳，

【集释】《杨考》：“《周书·静帝纪》：大象二年六月，相州总管尉迟迥举兵不受代，诏以韦孝宽为行军元帅讨之，八月，韦孝宽破尉迟迥于邺城，迥自杀，相州平，移相州于安阳，其邺城及邑居皆毁废之。《旧唐志》：周大象二年焚烧邺城，徙其居人南迁四十五里，以安阳城为相州理所，仍为邺。”

此改为灵芝县。

【集释】《杨考》：“此于他书无考。据《周书》云已毁废，《旧唐志》亦云焚烧，不容当时有置县事。或隋初所置也。”

开皇十年又改焉。

【集释】《杨考》：“《旧唐志》：炀帝初，于邺故都大慈寺置邺县。”

【编者按】邺县，治今河北磁县南。

临漳　东魏置。

【集释】《杨考》：“《地形志》：天平初分邺并内黄、斥丘、肥乡置。《元和志》：孝静帝分邺县之地于邺城中置，周武帝平齐，自邺城移于今理，属魏郡。隋开皇三年属相州。《旧唐志》谓周建德六年分邺县置，盖据移县之时为言。”

【编者按】临漳，治河北今县西南邺镇。

成安

【集释】《杨考》：“《北齐书·路去病传》：擢为成安令，京城下有邺、临漳、成安三县，辇毂之下，旧号难治。《隋书·百官志》：齐制，邺、临漳、成安三县令并置丞。则成安当亦在邺县左右。”

后齐置。

【集释】《杨考》：“《元和志》：文宣帝分邺县置，属清都尹。周平齐，属魏郡。隋开皇三年属相州。《杨素传》：周武帝平齐，以功封成安县公。又《达奚长孺传》：从周武帝平齐，进爵成安郡公。又《元和志》：周武帝置滏阳，属成安郡。则周有成安郡，当是齐与县同置，《志》失书。”

【编者按】成安，治河北今县。

灵泉

【集释】《杨考》本此县题为“林虑”，而下文林虑县则作“灵泉”，两县建置沿革内容互易位置。施和金《订补》：“今查诸本《隋书》，唯仿汲本与《杨考》所引志文同，余皆与此（指《杨考》）异。所异者，乃是诸本《隋书》林虑县下志文，此仿汲本正在灵泉县下；而灵泉县下志文，此仿汲本又在林虑县下。简言之，两县下志文正好互换位置。然考诸《汉志》　（卷三八）、《地形志（卷一〇六上）、《元和志》（卷十六）、《寰宇记》（卷五五），此林虑本汉县，后魏废而复置。若依仿汲本所云后周置县，显与诸书不合。……《纪要》（卷四九）、《嘉庆重修一统志》（卷一九七）等均不依仿汲本《隋书》，而据元本等定林虑为汉县，定灵泉为后周置县。则杨守敬所引《隋书》志文乃据误本，故处处与史实不符，当改正。”

后周置。有龙山。

【编者按】灵泉，治河南安阳市西南龙泉镇。

尧城 开皇十年置，名长乐。

【集释】《杨考》：“《元和志》：尧城，本汉内黄县地，晋于此置长乐县，高齐省入临漳。隋开皇十年，分临漳、洹水二县于此重置长乐县。《舆地广记》作十四年。”

十八年改焉。

【集释】《杨考》：“《元和志》：因所理尧城为名。”

【编者按】尧城，治今河南安阳市东。

洹水 后周置。

【集释】《杨考》：“《寰宇记》：周武帝分临漳置，因洹水流入，即以为名，属魏郡。隋开皇三年属相州。《旧唐志》：周建德六年，分临漳东北界置洹水县。《隋书·艺术传》：来和，文帝受禅，封洹水县子。”

【编者按】洹水，治今河北魏县西南。

滏阳

【集释】《杨考》：“《元和志》：本汉武安县地，以在滏水之阳名。”

后周置。

【集释】《杨考》：“《元和志》：周武帝置，属成安郡，隋开皇三年属相州。”

开皇十年置慈州，

【集释】《杨考》：“《寰宇记》：以昭义县界有磁石山，因取为名。”

大业初州废。

【集释】《杨考》：“《寰宇记》：磁州城，在滏阳县东北六里，周建德六年置，隋开皇三年废。《隋书·元胄传》，炀帝初有慈州刺史上官政，则非开皇时废。”

【编者按】滏阳，治今河北磁县。

临水

【集释】《杨考》：“《寰宇记》：后齐天保元年移理松谷，周建德六年移理故涉城，即今涉县是也。隋开皇七年移于西戍，十年移于今理。《隋书·苏孝慈传》：周时封临水县公。《陆彦师传》：周宣帝时赐爵临水县男。”

有慈石山、

【集释】《杨考》：“《寰宇记》：山出磁石。”

鼓山、

【集释】《杨考》：“《寰宇记》：亦名滏山。引《宋永初山川记》云：山有石鼓形二所，南北相当，俗语云‘南鼓北鼓，相去十五’；又引《冀州图经》云：邺城西有石鼓，鼓自鸣即有兵。高齐末，此鼓鸣，未几，齐灭。隋文季年又鸣，声闻数百里。”

滏山。

【集释】《杨考》：“《寰宇记》引《隋图经》作‘滏口山’；又引《魏土记》：滏口山即魏帝邀击袁尚之所，

八陉，第四曰滏口陉。山岭高深，实为险阨。”

【编者按】临水，治今河北邯郸市峰峰区临水镇。

林虑

【集释】《杨考》：“汉曰隆虑，后汉改。《地形志》：真君六年并邺，太和二十一年复。”（编者注：参见本郡灵泉县下集释。）

后魏置林虑郡，

【集释】《杨考》：“《地形志》：永安元年置，属司州。”

后齐郡废，后又置。

【集释】《隋书札记》：“案《元和郡县志》林虑县下云：周武帝置林虑郡，隋开皇三年罢郡。是后周又置郡。此处‘后’下脱‘周’字。”《杨考》：“《元和志》云：周置郡。《寰宇记》：后周平齐复置。”

开皇初郡废，又分置淇阳县。十六年置岩州。

【集释】《杨考》：“《周书·废帝纪》：三年改义州为岩州。《隋书·许善心传》：出除岩州刺史。《志》以义州书汲郡下，别出岩州于此，谓隋始置，亦误。”《求是》：“（许）善心为岩州刺史，在仁寿末，若论开皇初年，吾人又未得岩州存在之确证，故余疑岩州之废，或与北周改置卫州同时，至开皇十六年而复立也。”（编者注：参见汲郡下集释）

大业初州废，

【集释】《杨考》：“《寰宇记》：大业二年。”

又废淇阳入焉。有林虑䃺、

【集释】《杨考》：“《寰宇记》：（林虑）山下有黄花谷，北岩出瀑布，水下注成池。”

仙人台、

【集释】《杨考》：“《寰宇记》：林虑山有三峰，南第一峰名仙人楼，第二峰名玉女台，北第三峰名鲁般门。”

洹水。

【集释】《杨考》：“《寰宇记》：洹水源出林虑山东。《水经注》：水出长子县洹山，东迳殷墟北，又东迳长乐县故城南，又迳内黄县北，东流注于白沟。”

【编者按】林虑，治今河南林州市。

临淇　东魏置，

【集释】《杨考》：“《地形志》：天平初分朝歌、林虑、共县置。”

寻废，

【集释】《杨考》：“当北齐废。”

开皇十六年复。有淇水。

【集释】《杨考》：“《水经》：淇水出隆虑县西大号山东，过内黄县南，为白沟，屈从县东北，与洹水合。又东北过馆陶县北，又东北过清渊县西，又东北过广宗县，为清河。”

【编者按】临淇，治今河南林州市东南临淇镇。

汲 郡

汲郡 东魏置义州，

【集释】《杨考》："《地形志》：兴和二年置，寄治汲郡陈城。《元和志》：置以处归附之人。"

后周为卫州。

【集释】《杨考》："按《周纪》，宣政元年分相州汲郡置卫州。《元和志》：周武帝改义州为卫州，大业三年改为汲郡。《通鉴》：大业九年，杨玄感作乱，以赵怀义为卫州刺史。则玄感又改汲郡为卫州。据《周书·废帝纪》，改义州为岩州，此云卫州，当是废义州分置岩、卫二州也。"《求是》："《地理志》，开皇十六年置岩州。《地理志考证》五云：'《周书·废帝纪》，三年，改义州为岩州，……《志》以义州书汲郡下，别出岩州于此，谓隋始置，亦误。'知西魏改为岩州者，本西魏之义州。《地理志》又称汲郡，东魏置义州，后周为卫州。据《魏书》一〇六上《地形志》，义州，兴和二年置，寄治汲郡汲县，知后周改为卫州者，本东魏之义州。西魏东魏，各不相统，西魏之义州，与东魏之义州，名虽同而地则异，有寄治之说可证。当西魏改义为岩时，彼东魏之义州固依然存在，迨后北周平齐，改义为卫，所改者乃东魏侨置之义州，与西魏原有之义州，初不相涉。今杨氏竟谓西魏之岩州原由西魏义州所改者，应书于东魏义州之下，两州之地域统属，得毋有所未明乎？《考证》又云：'据《周书·废帝纪》，改义州为岩州，此云卫州，当是废义州分置岩、卫二州也。'按改义为岩，在废帝三年，西魏之义州也，改义为卫，在宣政元年，东魏之义州也，前后相去廿余载，复地域不同，何云分置？杨氏之误，特由将东西两魏之义州，混而为一耳。"

统县八，户十一万一千七百二十一。

卫 旧曰朝歌，

【集释】《杨考》："汉置。《寰宇记》：朝歌故城在卫县西二十二里，纣之所都，汉以为县，后魏移朝歌于卫县东一里。"

置汲郡。

【集释】《杨考》："《地形志》：晋武帝置，治城头。"

后周又分置修武郡。

【集释】《杨考》："此即《地形志》之北修武县也，孝昌中分南修武置，然当载于后修武县下。"

开皇初郡并废，

【集释】《杨考》："《元和志》：县属卫州。"

十六年又置清淇县。大业初置汲郡，改朝歌县曰卫，

【集释】《杨考》："《元和志》在大业三年。《旧唐志》云：大业二年改朝歌为卫县。"

废清淇入焉。

【集释】《杨考》："《纪要》：隋末

复置。”

有朝阳山、

【集释】《杨考》：“《寰宇记》：在卫县西南四十里。”

同山。

【集释】《杨考》：“《寰宇记》：在卫县东十九里。《纪要》：相传武王伐纣，会同诸侯于此，因名，亦曰童山。《水经·淇水注》淇水东北迳同山东。”

有纣朝歌城、

【集释】《杨考》：“《元和志》：在卫县西二十一里。详见上。”

比干墓。

【集释】《杨考》：“《元和志》：在汲县北十里。魏孝文有《吊比干墓文》。”

【编者按】卫县，治今河南浚县西南。

【补阙】《杨考》：“按有永昌县。《寰宇记》：隋初置永昌县，大业中废。故城在今淇县之西。”

汲　东魏侨置七郡十八县。

【集释】《考异》卷三三：“《魏志》：兴和二年置义州，寄治汲郡陈城，领五城、泰宁、新安、渑池、恒农、宜阳、金门七郡。与此《志》合。‘伍城’即‘五城’也。”《杨考》：“《地形志》：兴和二年置义州、寄治汲郡陈城，领五城（领县三）、泰宁（领县三）、新安（领县三）、渑池（领县三）、恒农（领县三）、宜阳（领县三）、金门（领县一）七郡共十九县。《志》云‘十八’，误也。”

后齐省，以置伍城郡，

【集释】《杨考》：“‘伍城’即‘五城’，齐盖省余六郡入伍城也。”

后周废为伍城县，

【集释】《杨考》：“《地形志》：五城，永安中置。《元和志》：后周县属卫州。”

开皇六年改焉。

【集释】《杨考》：“《寰宇记》作‘三年’，误。”

【编者按】汲县，治今河南卫辉市。

隋兴　开皇六年置。后析置阳源县，大业初并入焉。有仓岩山。

【集释】《杨考》：“《水经·清水注》：方山有仓谷，有仓玉岷石，故名。”

【编者按】隋兴，治今河南卫辉市北。

黎阳

【集释】《杨考》：“汉置。《隋书·于玺传》：后周武帝平齐，封黎阳县公。”

后魏置黎阳郡，

【集释】《杨考》：“《地形志》：孝昌中分汲郡置，治黎阳城。”

后置黎州。

【集释】《考异》卷三三：“案《周书·武帝纪》，宣政元年分相州黎阳郡置黎州，则黎州乃周所置，魏世无此州也。当云‘后周置黎州’，脱‘周’字。”《杨考》：“《寰宇记》：后魏置。而《地形志》无黎州。按《周纪》，宣政元年分相州黎阳郡置黎州。《志》'后'字下当有'周'字。乐史所见本已脱。"施和金《释例》："当作'后周置黎州'，脱'周'字。"

开皇初州郡并废。十六年又置黎州，大业初罢。

【集释】《杨考》："《元和志》：大业二年州废，县属卫州。《通鉴》大业九年，杨玄感作乱，以东光尉元务本为黎州刺史，则玄感又置此州。"

有仓。

【集释】《杨考》："《寰宇记》引《冀州图经》：仓城在黎阳县西南隅，袁绍聚粟之所。《纪要》：隋开皇三年置黎阳仓，漕河北之粟以输京师。大业九年，杨玄感督运黎阳起兵，攻东都。十三年，李密攻东都，使徐世勣袭破黎阳仓据之。"

有关官。

【集释】《杨考》："《元和志》：白马故关在黎阳县东一里五步。高齐文襄征颍城，移石济关于此，即造桥焉，因名白马关。周又改名黎阳关。"

有大伾山、

【集释】《杨考》："按郑康成云：大伾，在修武、武德之界。张揖云：成皋山也。是汉、魏人未有指黎山为大伾者，惟臣瓒《汉书音义》谓在黎阳。此《志》及《括地志》、孔颖达《书正义》并附之。按《水经注》：河水又东迳成皋大伾山下。不从臣瓒说，有特识矣。"《杨考补遗》："《御览》引《隋图经》曰：大伾山，按《书》云'至于大伾'，又名青檀山，今名黎阳东山。然则《志》本《隋图经》。"

枉人山。

【集释】《杨考》："《元和志》：在黎阳县西北四十二里，或言纣杀比干于此。《水经注》：淇水东北迳枉人山东。"《杨考补遗》："《御览》引《隋图经》曰：枉人山，俗名上阳山，或云纣杀比干于此山，因得名。"

【编者按】黎阳，治今河南浚县北。

内黄　旧废，

【集释】《杨考》："《地形志》：天平初并入临漳。"

开皇六年置。

【集释】《杨考》："《志》例'置'上当有'复'字。《寰宇记》：于故城东南十九里重置，属相州。《舆地广记》作'十六年'，当衍'十'字。《陈书·新昌王升荣传》：隋大业中为内黄令。"

十六年分置繁阳县，大业初废入。

【编者按】内黄，治河南今县西。

汤阴

【集释】《杨考》："汉置，曰荡阴。《水经注》亦作'荡'，《广韵》作'簜'，从竹。"

旧废，

【集释】《杨考》："《北齐书·神武纪》：普泰九年十一月攻邺，麻祥时为汤阴令。《地形志》：天平初并入邺。"

开皇六年又置。

【集释】《杨考》："《寰宇记》：六年于今县东十七里再置汤阴县，十年废入安阳县。《志》不言十年废入安阳事。"

有博望冈。

【集释】《杨考》："《寰宇记》：上有石坟，云是张骞冢，非也。"

【编者按】汤阴，治河南今县东。

临河　开皇六年置。

【集释】《杨考》："《旧唐志》：分黎阳置。《元和志》：属卫州。其城本春秋时卫新筑城。十六年改属黎州，大业二年又改属卫州。《寰宇记》：以南临黄河为名。"

【编者按】临河。治今河南内黄县西南。

澶水　开皇十六年置。

【集释】《杨考》："《寰宇记》：隋开皇十六年割临河、内黄、顿丘三县置澶渊县，南临澶渊。唐武德四年，以国讳改名澶水。则此《志》作'水'：亦唐人追改也。"

【编者按】澶水。治今河南内黄县南。

河内郡

河内郡　旧置怀州。

【集释】《杨考》："《地形志》：天安二年置，太和十八年罢，天平初复。按《周书·司马裔传》，西魏大统三年于温县起义，遣使送款，六年授河内郡守，寻加使持节、平东将军、北徐州刺史，则西魏尝置北徐州于河内。《通鉴》梁太清三年，东魏河内民四千余家以西魏北徐州刺文司马裔其乡里也，相帅归之。又似州治不在河内。又《周书·韩雄传》，除北徐州刺史、东魏东雍州刺史，郭叔略与雄接境云云，则去今绛州不远。又郑伟、段永，西魏时并除北徐州刺史。又《隋书·李礼成传》：周武帝时拜北徐州刺史。"

统县十，户十三万三千六百六。

河内　旧曰野王，置河内郡。开皇初郡废，十六年县改焉。

【集释】《杨考》："《元和志》、《寰宇记》俱作'十三年'。"

有轵县，大业初废入，

【集释】《杨考》："《寰宇记》：大业二年。"

寻置郡。

【集释】《杨考》："《通鉴》大业九年杨玄感作乱，以河内郡主簿唐祎为怀州刺史，则玄感又改河内郡为怀州。"

有大行。

【集释】《隋书札记》："案'大行'下当有'山'字。《元和志》云：河内县有太行山、太行陉，沁水、丹水。"《杨考》："脱'山'字。《元和志》：《禹贡》太行、恒山至于碣石，注：二山连延，东北接碣石。《水经·沁水注》引《淮南子》五行山高诱注：今太行山也，在河内野王县西北上党关。”施和金《释例》：“当作‘有太行山’，脱‘山’字。”

有丹水。

【集释】《杨考》：“《水经·沁水注》：丹水出上党高都县故城东北阜下。《元和志》：丹水北去河内县七里，分沟灌溉，百姓资其利焉。”

有绨城。

【集释】《杨考》：“《纪要》谓《左传》王与郑绨、《晋语》襄王赐文公以州陉绨阻之田，即此绨也。”

【编者按】河内，治今河南沁阳县。

温　旧废，

【集释】《杨考》：“汉置，属河内郡。后魏属武都郡。《一统志》：北齐废。《北史·司马子如传》：司马子瑞，北齐后主时追封温县伯。盖是时尚未废也。”

开皇十六年置。古温城。

【集释】《隋书札记》：“案‘古温城’上当有‘有’字。”《杨考》：“‘古’上当有‘有’字。《元和志》：大业十三年自故温移于今理。《寰宇记》：古温城，在今温县西南三十里。用司寇苏忿生邑，汉为县。东魏天平中移县于古城东北七十里，隋大业十三年又移于今理。”

【编者按】温县，治河南今县东。

济源　开皇十六年置。

【集释】《杨考》：“《元和志》：分轵县置，属怀州，以济水所出因名。《寰宇记》作属郑州。”

旧有沁水县，后齐废入。有孔山、

【集释】《杨考》：“《寰宇记》：在济源县东北四十里。《水经注》：山上石穴洞开，穴内石上有车辙马迹自然成者，非人功所就。”

母山。

【集释】《杨考》：“《寰宇记》：太行山，相传谓皇母山也，或名女娲山。其山起于邑界。”

有济水、

【集释】《杨考》：“《禹贡》：导沇水，东流为济。《水经注》：今济水重源，出轵县西北平地。水有二源，东源出原城东北，俗以济水重源所发，因谓之济源城。《元和志》：水在济源县西北三里，平地而出，有二源，其东源周回七百步，深不测；西源周回六百八十五步，深一丈，源出王屋山。”

瀙水、

【中华校】“瀙”原作“淇”，据《水经》四《河水注》改。

【集释】《杨考》本作“淇”，并云：“按‘淇’乃‘瀙’字之误。瀙水，见《水经·河水注》。”

古原城。

【集释】《杨考》：“《史记》正义引《括地志》：在济源县北二里。《左传》晋文公伐原以示信，又以赵衰为原大夫，即此也。”

【编者按】济源，治河南今市。

河阳　旧废，

【集释】《杨考》："汉县。《元和志》：高齐省入温、轵二县。《寰宇记》：后魏庄帝时，梁陈庆之来伐，克河阳渡河，守北中府城，即今河阳城也。按城本太和中筑，至北齐得其地，天保七年省邑额赋升入温、轵二县，以城即为军戍。故《北齐书》云：神武使潘乐镇北城，又使高永乐守南城，以备西魏。其中潭城即东魏所筑，仍置河阳关。自后将帅有河阳三城使之名。按《周纪》，周建德六年二月平齐，于河阳置总管府。大象二年九月。废河阳总管为镇，隶洛州。《周书·于翼传》：除洛怀等九州诸军事、河阳总管。"

开皇十六年置。

【集释】《杨考》："《元和志》：分温、轵二县重置，属怀州。"

有盟津。

【集释】《杨考》："《寰宇记》：夏禹将兴，神龟负图出洛。及周武王观兵，皆此津也。"

有古河阳城治。

【集释】《杨考》："《寰宇记》：古城在河阳县西三十里，即天王所狩之地。《名胜志》引《冀州图》：高齐尝于河阳置行台，即隋文帝之河阳宫。"

【编者按】河阳，治今河南孟州市东南。

安昌　旧曰州县，置武德郡。

【集释】《杨考》："《地形志》：天平分河内置。"

开皇初郡废，十八年县改为邢丘。

【集释】《杨考》："《元和志》作'十六年'，云：遥取古邢丘为名也。邢丘见《左传》宣六年。"

大业初改名安昌，

【集释】《杨考》："《元和志》：大业二年改，取安昌侯张禹国城为名也。"

又废怀县入焉。旧有平高县，

【集释】《杨考》："'高'为'皋'字之误。汉、晋、后魏《志》均作'平皋'。"施和金《释例》："'高'当作'皋'。《汉书·地理志》河内郡有平皋县。应劭曰：'邢侯自襄国徙此。当齐桓公时，卫人伐邢，邢迁于夷仪，其地属晋，号曰邢丘。以其在河之皋，处势平夷，故曰平皋。'《晋书·地理志》、《魏书·地形志》亦作'平皋'。《水经·济水注》云：'（济水）东迳平皋城南。'《元和郡县志》、《太平寰宇记》、《舆地广记》均作'平皋'。此当作平皋无疑。高、皋音同，故误。"

后齐废。

【编者按】安昌，治今河南温县东北武德镇。

王屋　旧曰长平，

【集释】《杨考》："《地形志》作'苌平'，属东雍州邵郡。《寰宇记》：汉为垣县地。后魏皇兴四年分置长平县。"

后周改焉，

【集释】《杨考》："《寰宇记》：周武成元年改，因县北十里山为名，"

后又置怀州。

【集释】《杨考》："《通典》：北齐置怀州。《寰宇记》：北齐置怀州，后周武成元年废，天和元年又立西怀州。据此，则改县之后乃置西怀州。《志》脱'西'字。《元和志》：天和元年为西怀州。"施和金《释例》："'后又置西怀州'误为'后又置怀州'，脱'西'字。"

及平齐，废州

【集释】《杨考》："《寰宇记》：建德六年。"

置王屋郡。

【集释】《杨考》："《元和志》：周明帝置王屋郡，《寰宇记》亦云：武成元年置。《志》云平齐始置，则在武帝时。"

开皇初郡废。

【集释】《杨考》："《寰宇记》：以县属邵州。"

有王屋山、

【集释】《杨考》："《禹贡》：底柱析城，至于王屋。"

齐子岭。

【集释】《杨考》："《北齐书·潘乐传》：周行台侯莫陈崇自齐子岭趣轵关。《通典》：周、齐分界处也。"

有轵关。

【集释】《杨考》："《寰宇记》：北齐拒周使斛律光筑关于此，以屯戍卒。而《地形志》已云有轵关。又《北齐书·潘乐传》：乐以轵关要害，必须防固，乃更修理，增置兵将而还。《纪要》：当轵道之险，故曰轵关。"

【编者按】王屋，治今河南济源市西王屋镇。

获嘉

【集释】《杨考》："汉县在新乡县西南十二里。《元和志》：后齐移于今卫州共城。《寰宇记》：隋开皇四年，自共城移获嘉县于今理。盖本汉修武县也。"

后周置修武郡，开皇初郡废。

【集释】《杨考》："此即《地形志》之南修武县也，本汉修武县，因孝昌中分置北修武，故此加'南'。《北史·侯莫陈崇传》：周时封修武郡公。"

十六年置殷州，大业初州废。

【编者按】获嘉，治河南今县。

新乡　开皇初年置。

【集释】《杨考》："《元和志》：开皇六年，于汉获嘉、汲县二县地新乐城中置，属卫州。《寰宇记》：取新中乡以为名。"

有关官。

【集释】《杨考》："《寰宇记》：临清关，在新乡县东北四十八里，自河内入汲郡大驿路。《纪要》：在今县东黄河北岸。隋仁寿四年，炀帝发民掘堑，自龙门抵临清关。大业九年，杨玄感作乱，自黎阳引兵向洛阳，修武民相率守临清关，玄感不得渡。又延津关在县东南三十五里大河北岸。《寰宇记》云：《魏志》太祖使于禁守延津以拒袁绍，即此。"

旧有获嘉县，后齐废。

【集释】《杨考》：“详见获嘉县下。”

【编者按】新乡，治河南今市。

修武

【集释】《杨考》：“汉修武在获嘉，后魏曰南修武。《寰宇记》：东魏置西修武县，寻省（据《地形志》，当作‘北修武’）。高齐天保七年，自今获嘉县移修武县于西修武故城。隋大业十年又移于永桥，即今武陟县。其城又空，复移于今县东北二十三里独澠故城置，即魏帝受禅所也。《元和志》：周武帝以为修武郡修武县，隋开皇三年罢郡，属怀州。”

后魏置修武，

【集释】《隋书札记》：“案后魏孝昌二年于修武县置山阳郡，又分置北修武县。山阳郡寻罢，北齐并北修武入修武。此注‘后魏置’下脱‘北’字，‘修武’下脱‘县’字。《魏书·地形志》汲郡下云：北修武，孝昌中分南修武置。南修武即修武也。”《杨考》：“《地形志》汲郡有南、北修武县，南修武即获嘉县治，北修武在今修武县北。疑《志》当有‘南、北’二字。”《释例》：“‘后魏置北修武’，脱‘北’字。误为‘后魏置修武’。”

后齐并入焉。

【集释】《杨考》：“盖并南修武于北修武。”

开皇十六年析置武陟，

【集释】《杨考》：“《元和志》：理武德，故城，今武陟县东二十里武德故城是也，属殷州。

大业初并入焉。又有东魏广宁郡，

【集释】《杨考》：“《地形志》广宁郡有二，皆不在此。《寰宇记》作‘太宁’，云：东魏置太宁郡，后周废。故城在修武县东南二十八里，旧名西郈阁城。”

后周废。

【编者按】修武，治河南今县。

共城　旧曰共，后齐废。开皇六年复置，曰共城。

【集释】《杨考》：“《寰宇记》：高齐天保七年省共县，仍移就获嘉县古城以处之，复为获嘉县。隋开皇四年，移获嘉县于修武故城，于此又置共城县，属卫州。《元和志》亦作‘四年’，俱与《志》异。”

有共山、

【集释】《杨考》：“《寰宇记》：在共城县北十里。引阚骃《十三州记》云：昔共伯复归于国，逍遥得志于共山之首。”

白鹿山，

【集释】《杨考》：“《寰宇记》：在共城县西北五十三里。引卢思道《西征记》云：孤岩秀出，上有石，自然为鹿形，远视皎然独立，厥状明净，有类人工，故以白鹿为称。”

【编者按】共城，治今河南辉县市。

长平郡

长平郡　旧曰建州。

【集释】《杨考》："《地形志》：永安中置，治高都城。北齐末尝置行台，以雷显和为之，见《傅伏传》。"

开皇初改为泽州。

【集释】《杨考》："《元和志》云：周改：取濩泽为名。先后不同。考《通鉴》陈太建十二年七月，尉迟迥使其所署大将军石逊攻建州，则周大象二年尚曰建州。"

统县六，户五万四千九百一十三。

丹川　旧曰高都。后齐置长平、高都二郡，

【集释】《考异》卷三三："案《魏志》，长平、高都二郡，魏永安中置，非始于后齐。"《杨考》："《地形志》有此二郡，并云永安中置，则非后齐置。"《北周志》："按《地形志》，建州有高都、长平、安平、泰宁四郡，是长平、高都二郡非北齐置，此《隋志》之误。盖齐废长平郡，以长平之属县高平改隶高都，北周平齐，又改高都郡为高平郡也。"施和金《释例》："'后魏'误为'后齐'。"

后周并为高平郡。

【集释】《杨考》："按《地形志》长平郡领高平、泫氏二县。此《志》高平下云：后齐废泫氏县入焉。《元和志》高平下云：后齐属高都郡。则长平郡无所领，故《一统志》谓后齐废长平郡。今《志》谓置于后齐，并于后周，恐亦误。"

开皇初郡废，十八年改为丹川。

【集释】《杨考》："《元和志》：因县东丹水为名。"

大业初置长平郡。有太行山。

【集释】《杨考》："已见前河内县下。"

【编者按】丹川，治山西晋城市东北。

沁水

【集释】《杨考》："汉县在今济源县东北。《水经注》沁水又迳沁水县故城北，是后魏有移徙也。"

旧置

【集释】《杨考》："当云'后魏置东永安'。"

广宁郡。

【集释】《杨考》："《地形志》：建州泰宁郡，孝昌中置。《元和志》、《寰宇记》并云：后魏庄帝于沁水置泰宁郡。此云'广宁'，当是字误。《纪要》云'后改'，曲为之说也。故城在沁水县西。"《杨考补遗》："《通鉴》梁中大通六年有广宁太守任祥，胡注谓即此广宁，又似非误字。"施和金《释例》："《元和郡县志》于沁水县下云：'后魏庄帝于此置泰宁郡及东永安县，高齐省郡而县存。'《太平寰宇记》同。《通典》亦于沁水县下云：'后魏泰宁郡。'《魏书·地形志》云：‘泰宁郡，孝昌中置。’该郡领县有东永安、西河、西濩泽、高延四县。与《元和郡县志》等所记甚合。则此‘旧置广宁郡’当是‘旧置泰安郡’之误。广宁郡，《隋书·地理志》已载于河内郡修武县下，此不当复出。泰宁、广宁，因名似而误也。又，此但云‘县改为永宁’，改何县为永宁？志文不明。据上《元和郡县志》等所述，知后魏曾于此置东永安县，后齐当是改东永安为永宁县，开皇十八年又改为沁水也。故此沁水县下当云：‘旧置泰宁郡及东永安县。后齐郡废，县改为永宁，开皇十八年改焉。’”

后齐郡废，县改为永宁。

【集释】《杨考》：“《元和志》、《寰宇记》并云：后魏东永安县，高齐省郡而县存，开皇十八年改沁水。不云改永宁事。”

开皇十八年改焉。

【集释】《杨考》：“《寰宇记》：仍属泽州。”

有辅山，

【集释】《杨考》：“东辅山在今沁水县西南九十里，其西为西辅山。《水经·沁水注》：上涧水导源西北辅山。《寰宇记》：与析山相连，有若相辅之势。”

【编者按】沁水，治山西今县。

端氏

【集释】《杨考》：“真君七年省，太和二十年复。《寰宇记》：故城在今县西北三十里，隋开皇三年移于今理。《元和志》：开皇三年属泽州。”

后魏置安平郡，

【集释】《杨考》：“《地形志》属建州，领端氏、濩泽二县。”

开皇初郡废。有巨峻山、秦川水。

【集释】《杨考》：“《水经·沁水注》：秦川水出巨峻山，带引众溪，积以成川，西南经端氏故城东，又南入于沁水。《纪要》：在沁水县东，今湮。”

【编者按】端氏，治今山西沁水县东端氏镇。

濩泽

【集释】《杨考》：“汉县属河东，在今阳城县西。后魏移置，属安平郡。《元和志》：隋改属泽州。按《周书·寇儁传》，子颙，濩泽郡公，疑周尝置郡于此。”

有嶕峣山、

【集释】《杨考》：“《水经·沁水注》：濩泽水历嶕峣山东。”

濩泽山。

【集释】《杨考》：“《墨子》曰：舜渔于濩泽。‘山’字疑衍。又按《水经注》：濩泽水出白涧岭。岂即所谓濩泽山欤？”施和金《订补》：“《通典》泽州阳城县下云：‘汉曰濩泽县也。有嶕峣山、濩泽水。’《文献通考》同。又，《水经注》云：‘沁水又南与濩泽水合，水出濩泽城西白涧岭下，东迳濩泽。’则此《隋志》‘有濩泽山’当是‘有濩泽水’之讹。濩泽山，诸书不载。《杨考》疑白涧岭即濩泽山，名称相去太远，似无互讹之理。”

【编者按】濩泽，治山西阳城县。

高平　旧曰平高，

【集释】《杨考》：“《地形志》：高平，永安中置，治高平城。不作‘平高’，或今本《魏志》误也。”

齐末改焉，又并泫氏县入焉。

【集释】《杨考》：“汉置。《元和志》：后魏改曰玄氏，属建兴郡。高齐文宣帝省玄氏县，自长平高城移高平县理之，仍改高平县，属高都郡。隋开皇三年属泽州。《寰宇记》：高齐天保元年省玄氏县。按《汉志》本作‘泫氏’，应劭曰泫水所出，则字本应作‘泫’。《水经·沁水注》并作‘泫’，《地形志》作‘玄’者坏文，此《志》仍作‘泫’是也。《元和志》云：魏改‘泫’为‘玄’。知所见《魏志》已误。”

有关官。

【集释】《杨考》：“《元和志》：长平关，在长平县北五十一里。《寰宇记》引《冀州图》云：在北五十里。《纪要》：在西北四十五里，隋置。”

【编者按】高平，治山西今县。

陵川　开皇十六年置。

【集释】《杨考》：“《元和志》：因川为名，属泽州。”

【编者按】陵川，治山西今县。

上党郡

上党郡　后周置潞州。

【集释】《杨考》：“《周纪》：宣政元年，分并州上党郡置潞州。《元和志》：周建德七年于襄垣县置潞州，开皇三年自襄垣县移于壶关，即今州是也。州得名因潞子之国。《寰宇记》略同。然则周置潞州在襄垣，隋始移壶关。《志》当云‘开皇三年置潞州’方合。又详见下。按州当废于大业三年。”

统县十，户十二万五千五十七。

上党

【集释】《杨考》：“《元和志》：隋开皇中，分壶关置上党县，属潞州。《寰宇记》：开皇十六年置。”

旧置上党郡，

【集释】《杨考》：“秦置，治壶关城，汉治长子城，厥后不常所治，后魏复治壶关，周为王国。《周纪》：大象元年五月，以潞州上党郡为代国，令代王达之国。”

开皇初郡废。有壶关县。

【集释】《杨考》：“《地形志》：二汉、晋属上党，后罢，太和十一年复。”

大业初复置郡，废壶关入焉。

【集释】《杨考》：“《元和志》：大业二年。《寰宇记》作‘三年’，是也。”

有羊头山、

【集释】《杨考》:“《元和志》云:后汉安帝时,羌寇河东,以任尚为御史,击破于羊头山,即此。”

抱犊山。

【集释】《杨考》:“《寰宇记》壶关县下引道书《福地记》:山在上党东南。”

【编者按】上党,治山西长治市。

长子　后齐废。

【集释】《杨考》:“本汉县。《魏书·儒林传》:李兴业子遵祖,齐受禅,例降长子县伯。《隋书·王积传》:在周有军功,封长子县公。似周尚有此县。”

开皇九年置,曰寄氏县。

【集释】《杨考》:“《元和志》:移寄氏县理此,属潞州。按后魏有寄氏,废于齐,则此乃重置也。”

十八年改为长子。旧有屯留、乐阳二县,

【集释】《杨考》:“屯留见下。乐阳,后魏置。”

后齐废。有浊漳水、

【集释】《杨考》:“《元和志》:发鸠山,在县西南六十里,浊漳水出焉。《水经·浊漳水注》:漳水出鹿谷山,与发鸠连麓而在南。”

尧水。

【集释】《杨考》:“《寰宇记》:在上党县界。《水经·浊漳水注》:尧水自西山东北流,迳尧庙北,东北流入漳水。”

【编者按】长子,治山西今县。

潞城　开皇十六年置。

【集释】《杨考》:“《元和志》:属潞州。”

有黄阜山。

【集释】《杨考》:“《寰宇记》引《冀州图》云:亦名黄沙岭。刘聪将綦母猁败晋将崔想于黄阜,斩之。”

【编者按】潞城,治今山西潞城市。

屯留　后齐废,

【集释】《杨考》:“《元和志》同。”

开皇十六年复。

【集释】《杨考》:“《元和志》:属潞州。”

【编者按】屯留,治山西今县西。

【补阙】《杨考》:“按后魏寄氏县在今屯留县西南六十里。《纪要》:后齐废。”

襄垣　旧置襄垣郡,

【集释】《杨考》:“《地形志》:建义元年置,治襄垣城。”

后齐郡废。后周置韩州,

【集释】《杨考》:“《寰宇记》:周建德六年置。按《元和志》、《寰宇记》并云周建德七年于襄垣置潞州,至开皇三年移于壶关。《寰宇记》于此韩州云:建德六年置。是两州并立于襄垣,必无之事。《元和志》又云,隋开皇十六年于襄垣城置韩州,是也。《志》当云‘后周置潞州,开皇三年移上党。十六年置韩州’,方合。”《杨考补遗》:“《隋书·李景传》，授韩州刺史，在开皇十七年后。”《求是》：“按韩州置于开皇十六年，只《元和志》言之，若周置韩州，则有《地理志》、《寰宇记》二说，是非所在，尚难确断。”

大业初州废。有鹿台山。

【集释】《杨考》：“《纪要》：下临浊漳水，高耸如台，因名。”

【编者按】 襄垣，治山西今县。

黎城 后魏以潞县被诛遗人

【集释】《隋书札记》：“案‘遗人’即遗民，唐避讳改。”《杨考》：“‘遗’，当作‘遣’。”

置，

【集释】《杨考》：“‘置’下脱‘刈陵’二字。《地形志》：刈陵，二汉、晋曰潞，属上党。真君十一年改，后属襄垣郡。”

十八年改名黎城。

【集释】《隋书札记》：“‘十八年’上当有‘开皇’二字。”《杨考》：“《元和志》：开皇十八年改刹陵为黎城。此《志》脱‘开皇’二字。‘刹’字误，《旧唐志》、《寰宇记》并作‘刈’。”

有积布山、

【集释】《杨考》：“《纪要》：形如积布。”

松门岭。

【集释】《杨考》：“《寰宇记》引《冀州图》云：在襄垣县北一百三十里，道通太原驿路。”

【编者按】 黎城，治山西今县西北。

涉 后魏废，开皇十八年复。

【集释】《杨考》：“《寰宇记》：周武帝自今铭州界移临水县理涉城，属魏郡。隋开皇十年于故涉城重置涉县，属慈州，十六年改隶韩州。《元和志》亦作开皇十年重置涉县。与《志》异。《陈书·新会王升坦传》：隋大业中为涉令。”

有崇山。

【集释】《杨考》：“《纪要》：山头青翠，形如螺髻，亦名青头山。”

【编者按】 涉县，治河北今县西。

乡

【集释】《杨考》：“晋置武乡县，寻废，后魏复置曰乡。”

石勒置武乡郡，

【集释】《杨考》：“《晋书》：太兴元年，石勒分上党、乐平郡置。《地形志》：后罢。”

后魏去“武”字。

【集释】《杨考》：“《地形志》：延和二年置乡郡。”《杨考补遗》：“东魏元象二年三级浮图碑阴有乡郡太守贾亶。”

开皇初郡废，

【集释】《杨考》：“《元和志》：县属潞州。”

十六年分置榆社县，

【集释】《杨考》：“《寰宇记》：属韩州，今潞州之襄垣是也，因今榆社县北榆社故城为名。按《地形志》乡县下有榆社城。”

大业初废。

【集释】《杨考》：“《元和志》：大

业二年省，义宁元年又置。”

又有后魏南垣州，

【集释】《考异》卷三三：“此州不见于魏收《志》，或是西魏所置。”《杨考》：“《地形志》无此州。”

寻改丰州，后周废。

【集释】《杨考》：“《寰宇记》引《冀州图》云：涅城在武乡县西六十里，后魏初于此立丰州，北齐改曰戎州，后周废之。按《北齐书·武成纪》，大宁元年，以丰州刺史娄叡为司空。”

【编者按】乡县，治今山西武乡县东。

铜鞮

【集释】《杨考》：“汉置，后魏属乡郡。《元和志》：开皇十六年属沁州。《北齐书·神武纪》：孝庄帝立，以定策勋，封铜鞮伯。”

有旧涅县，后魏改为阳城。

【集释】《杨考》：“《地形志》：永安中改。”

开皇十八年改为甲水，

【集释】《杨考》：“《寰宇记》：甲水故城在今铜鞮县北七十里。”

大业初省入。有铜鞮水。

【集释】《杨考》：“《水经注》：水出铜鞮县西北石隥山。”

【编者按】铜鞮，治今山西沁县西南故县镇。

沁源　后魏置县

【集释】《杨考》：“《地形志》：建义元年置，郡治。《元和志》：因沁水为名。《隋书·虞庆则传》：周武帝时封沁源县公。”

及义宁郡，

【集释】《杨考》：“《地形志》：建义元年置，治孤远城。《元和志》：在今县南百五十里。”《杨考补遗》：“《通鉴》中大通六年有义宁太守王基。”

开皇初废。

【中华校】“废”上当脱“郡”字。

【集释】《杨考》：“‘废’字上脱‘郡’字。《元和志》：开皇三年罢郡，县属晋州。”

十六年置沁州。又义宁县

【集释】《杨考》：“《地形志》：建义元年分禽昌置，属义宁郡。”

十八年改为和川。

【集释】《杨考》：“《元和志》：属沁州。”

大业初州废，

【集释】《杨考》：“《元和志》：大业二年废。”

又废和川县入。

【集释】《杨考》：“《元和志》：大业三年省。《旧唐志》：义宁元年，于沁源县置义宁郡，领沁源、铜鞮、绵上，仍分沁源置和川，凡四县。又云：义宁元年分沁源置绵上。又云：介休之南境置绵上县。”

【编者按】沁源，治山西今县。

河东郡

河东郡　后魏曰秦州，

【集释】《杨考》："《地形志》：神䴥元年置雍州，延和元年改秦州。太和中罢，天平初复。后陷。"

后周改曰蒲州。

【集释】《杨考》："《元和志》：周明帝改。因蒲坂以为名。大业三年废州。《周纪》：明帝二年正月，于河东置蒲州。按周尝置总管府，《周纪》保定二年六月，以邵国公会为蒲州总管是也。又云：建德六年四月，废蒲州总管。《志》失书。"

统县十，户十五万七千七十八。

河东　旧曰蒲坂县，置河东郡。开皇初郡废，

【集释】《杨考》："《元和志》：县属蒲州。"

十六年析置河东县。

【集释】《杨考》："《元和志》：十六年移蒲坂县于城东，仍于今理别置河东县。"

大业初置河东郡，并蒲坂入。

【集释】《杨考》："《元和志》、《寰宇记》俱作大业二年省。"

有酒官。有首山。

【集释】《杨考》："雷首山在今永济县东南十五里，即中条山。《纪要》谓《春秋》桓二年《传》赵宣子田于首山，即此。又首阳山在今永济县东南三十里。《寰宇记》：即雷首山南阜也，昔夷齐守节于首阳。"

有妫、汭水。

【集释】《杨考》："《水经·河水注》：河东郡南有历山，妫、汭二水出历山，南曰妫水，北曰汭水，《尚书》所谓釐降二女于妫汭也。异源同归，浑流西注入于河。"

【编者按】河东，治今山西永济市西蒲州镇。

桑泉　开皇十六年置。

【集释】《杨考》："《元和志》：分猗氏县置，因县东桑泉故城为名。《地形志》南解县有桑泉城。按桑泉见《竹书》。《水经·涑水注》引《春秋土地名》桑泉在解东南。"

有三疑山。

【集释】《杨考》："《寰宇记》：三山鼎足，因名。"

【编者按】桑泉，治今山西临猗县西临晋镇。

【补阙】《杨考》："按有北解县，在今临晋县东南十八里。汉置解县，后魏改。《地形志》：太和十一年置。《寰宇记》：周省。"

汾阴

【集释】《杨考》："汉置，《晋志》讹作'汾阳'。《寰宇记》：刘元海省汾阴入蒲坂县，后魏太和十一年复置于后土城，周武帝又移于殷汤故城。"

旧置汾阴郡，

【集释】《杨考》："《地形志》汾阴县有北乡城，即后魏北乡郡也。《寰宇记》：后周武帝置汾阴郡。"

开皇初郡废。

【集释】《杨考》："《元和志》：县属蒲州。《新唐志》：义宁元年，以汾阴、龙门置汾阴郡。"

有龙门山。

【编者按】汾阴，治今山西万荣县西南宝井镇。

龙门

【集释】《杨考》："按《地形志》龙门县有二，一属北乡郡，一属高凉郡。此则北乡郡之龙门也。《元和志》、《寰宇记》俱谓龙门县后魏属北乡郡。《周书·郭彦传》：西魏文帝大统中赐爵龙门县子。《隋书·辛彦之传》：周武帝时赐爵龙门县公。"

后魏置，并置龙门郡。

【集释】《杨考》："《地形志》南汾州龙门郡领西太平、汾阳二县。互详稷山县下。"

开皇初郡废。

【编者按】龙门，治今山西河津县。

芮城 旧置，曰安戎。

【集释】《杨考》："《纪要》谓西魏置。"

后周改焉，

【集释】《杨考》："《寰宇记》：后周明帝二年，自县东十里移安戎县于此置，寻改为芮城县，因古芮城为名。"

又置永乐郡，后省入焉。

【集释】《杨考》："《寰宇记》：永乐县本汉河北县地，后周武成二年改为永乐县，保定二年省，以地属芮城。据此，则《志》'郡'字当作'县'。《纪要》云：后周置永乐县，为永乐郡治。盖参合二书云云，非也。"施和金《释例》："'永乐县'误作'永乐郡'。"

有关官。

【集释】《杨考》："按芮城古关元考，而蒲州之蒲津关为自古险要，齐、周之际尤为重镇，《志》不载于河东县下，于此出无考之关，不可解也。"

【编者按】芮城，治山西今县。

安邑

【集释】《杨考》："汉县在今夏县北，后魏析置南安邑于县西一里，属河北郡。隋去'南'字。《寰宇记》：义宁元年置安邑郡，《新唐志》：义宁元年以安邑、虞乡、夏置安邑郡。"

开皇十六年置虞州，

【集释】《杨考》："《寰宇记》：《书》'釐降二女于妫汭，嫔于虞'，即此。《周书》：明帝二年于河北置虞州。然则隋徙此耳。"

大业初州废。有盐池、

【集释】《杨考》："《元和志》：即《左传》'郇瑕氏之地沃饶近盐'是也。池东西四十里，南北七里。"

银冶。

【集释】《杨考》："《元和志》：雷首山有银谷，在安邑县西南三十五里。隋置银冶监。《寰宇记》：银谷在安邑县西南三十五里中条山下，隋开皇九年于此置银冶。”

【编者按】安邑，治今山西运城市东北安邑镇。

【补阙】《杨考补遗》：“按《张始生造象记》称始生除为祇州开化郡太守，末署‘大魏元年岁次丁丑二月庚午朔’。按祇州、开化郡并无考。吴县蒋氏考‘魏元年’即魏恭帝之四年，北周明帝之元年，然则此郡盖西魏置也。以其石得自安邑，故附于此。”《杨考》又于龙泉郡隰川县下云：“按今吴县蒋氏藏造象一区，题祇州开化郡太守张始孙等造，大魏元年岁次丁丑。后魏元年无丁丑，当是太延三年。祇州开化郡不见于《魏志》，亦不见于他书。其石得之山右宋保淳，故附记于此。”

夏

【集释】《杨考》：“《元和志》：本汉安邑县地。后魏太和十一年别置安邑县，十八年改为夏县。按《地形志》陕州河北郡北安邑下云二汉、晋曰安邑，属河东，后改，太和十一年置为郡，十八年复属河北郡，无改夏县事，《寰宇记》：后周建德七年移于此地。”

旧置安邑郡，

【集释】《杨考》：“《纪要》作‘周置’。按亦因后魏旧名，详上。”

开皇初郡废。

【集释】《杨考》：“《寰宇记》：义宁初县属虞州。”

有巫咸山、

【集释】《杨考》：“《汉志》安邑：巫咸山在南。《水经·涑水注》，盐水流经巫咸山北，即此。”

稷山、

【集释】《杨考》：“《水经注》：汾水又迳稷山北，山东西二十里，南北三十里，高十三里，去介山十五里，山上有稷祠，山下有稷亭。《山海经》云：其山多锡，旧名玉山，后稷播时百谷于此，遂以名山，”

虞坂。

【集释】《杨考》：“即吴山，亦曰吴坂。《水经·河水注》：戴延之曰，自上及下，七山相重。《战国策》曰‘若骐骥驾盐车上于虞坂，迁延负辕而不能进’，此即其处。”

【编者按】夏县，治山西今县。

河北

【集释】《杨考》：“本汉大阳县。《寰宇记》：周天保二年省大阳县，自故魏城移河北县于此。按河北本汉县。”

旧置河北郡，

【集释】《杨考》：“《晋书·载记》：姚泓有河北太守薛帛。《北史·薛辩传》：仕姚兴，历河北太守。然则东晋时姚秦置也。《寰宇记》：后魏太和十一年，自今芮城县界故魏城移于此。”

开皇初郡废。

【集释】《杨考》：“《寰宇记》：县属陕州。《旧唐志》：义宁元年置安邑郡，县属焉。”

有关官。有砥柱山。

【集释】《杨考》："亦曰三门山。《禹贡》'导河至于砥柱'。《水经注》：昔禹治洪水，山陵当水者凿之，故破山以通河，河水分流，包山而过，山见水中，若柱然，故曰'砥柱'也。三穿既决，水流疏分，指状表目，亦谓之'三门'矣。"

有傅岩。

【集释】《杨考》："《水经·河水注》：沙涧水北出虞山，东南迳傅岩，历傅说隐室前。"

【编者按】河北，治今山西平陆县西南。

【补阙】《杨考》："据《周书·明帝纪》，二年正月，于河北置虞州。又《周书·韩雄传》：出使持节都督中徐虞洛四州诸军事。则周于此置虞州至确，《志》失书。"

猗氏　西魏改曰桑泉，

【集释】《杨考》："《元和志》：西魏恭帝二年，改猗氏为桑泉。"

后周复焉。

【集释】《杨考》："《元和志》：周明帝复改为猗氏，属汾阴郡。隋开皇三年属蒲州。"

【编者按】猗氏，治今山西临猗县。

虞乡　后魏曰安定，西魏改曰南解，

【集释】《杨考》："按《地形志》秦州河东郡有安定。云：太和元年置。又有南解，即汉、晋之解县。然则西魏或并安定于南解，非西魏始改为南解也。

又改曰绥化，又曰虞乡。

【集释】《杨考》："《寰宇记》虞乡县下云：后魏太和十一年，于今县西十三里置南解县，属河东郡。周明帝废南解，别置绥化县，今县西北三十里绥化故城是也。至保定元年，改绥化为虞乡，复属河东郡。周末置解县于虞乡城东，于解县西五十里别置虞乡，即此邑也。然则改南解为绥化、又改虞乡，并在周时，非西魏也。又解县下云：隋开皇十六年于此置解县，属蒲州，大业二年省解县。大业九年自绥化故城移虞乡县于废解县理，即今解县理也。按此即今解州治。《隋书·张煚传》：父羡，周时赐爵虞乡县男。"

有石锥山、

【集释】《杨考》："《纪要》云：即中条山之支峰也。"

百梯山、

【集释】《杨考》："即盐道山，与中条山相连。《水经·涑水注》：奇峰霞举，孤标秀出，连木乃陟，百梯乃降。故曰百梯山，"

百径山。

【集释】《杨考》："中条山之别岭也。'百'，《元和志》作'白'，恐非。"

【编者按】虞乡，治今山西永济市东北。

绛 郡

绛郡 后魏置东雍州，

【集释】《杨考》："《地形志》：世祖置，太平中罢，天平初复。《元和志》：太武帝于今绛州理西南二十里正平县界柏壁置，孝文帝废，东魏静帝复置。《通鉴》：陈太建九年，周灭齐，东雍州行台傅伏不下。是后齐尝置行台，《志》失书。"

后周改曰绛州。

【集释】《杨考》："《周明帝纪》：二年正月，于正平置绛州。《元和志》：周武帝改置绛州，建德六年又自此移绛州于今稷山县西南二十里玉壁。《寰宇记》：周明帝武成二年改东雍州为绛州，仍移于闻喜县东北二十里龙头城。武帝又移于柏壁。建德六年又移于今稷山县西南二十里玉壁。隋开皇三年自玉壁移于东雍州城，即今绛州理是也。《元和志》：大业三年，废州为绛郡。"

统县八，户七万一千八百七十六。

正平 旧曰临汾，

【集释】《杨考》："汉县在今绛州东北二十五里。《地形志》属晋州平阳郡。《一统志》：后齐移置于此。"

置正平郡。

【集释】《杨考》："《地形志》：故南太平，神䴥元年改为征平，太和十八年复。《水经：汾水注》：太和中皇都徙洛，罢州立郡。按《寰宇记》，后魏太武帝与东雍州同置，是太和中特改征平为正平，非罢州始置郡也。"

开皇初郡废，

【集释】《杨考》："《元和志》：县属绛州。"

十八年县改名焉。

【集释】《杨考》："《元和志》：因正平故郡城为名也。"

大业初置绛郡。又有后魏南绛郡，

【集释】《杨考》："《地形志》：建义初置，治会交川，属晋州。"

后周废郡，

【集释】《杨考》："按西魏去'南'字耳。后周并未废郡，即后绛县下之绛郡也。"

又并南绛县入小乡县。

【集释】《杨考》："南绛，《地形志》：太初十八年置，属南绛郡。据《元和志》云西魏恭帝去'南'字，则非并入小乡，详见下。小乡，《地形志》：建义元年罢，或后复置，故仍载入南绛郡。"

开皇十八年改曰汾东，大业初省入焉。

【集释】《杨考》："《新唐书》：隋义宁元年复置小乡县，属翼城郡。"

【编者按】正平，治今山西新绛县。

翼城 后魏置，曰北绛县，

【集释】《杨考》："《地形志》：二

汉属河东，晋属平阳，后罢。太和十二年复，改属北绛郡。”

并置北绛郡。

【集释】《杨考》：“《地形志》：孝昌三年置，治绛。”

后齐废新安县，

【集释】《杨考》：“《地形志》：二汉属恒农，晋属河南，后罢。孝昌二年复。”

并南绛郡入焉。

【集释】《杨考》：“按上正平下云后周废南绛郡，此又云北齐并入北绛，下绛县下又云旧置绛郡，《一统志》谓南绛郡是也。且《志》例亦无废郡入县之文，此必有脱误。”

开皇初郡废，

【集释】《杨考》：“《寰宇记》：县属晋州。《艺术传》：姚僧垣，开皇初进爵北绛郡公。”

十八年改为翼城。

【集释】《杨考》：“《元和志》：属绛州，因县东古翼城为名也。《寰宇记》作十六年。《新唐志》：义宁元年以翼城、绛置翼城郡。”

有乌岭山、

【集释】《杨考》：“亦曰黑山，《寰宇记》：山南北有长岭，岭上东西有通道。《穆天子传》‘钘镫’即此也。”

东泾山。

【集释】《杨考》：“当作‘陉’。《水经·汾水注》：天井水出东陉山西南。”

有浍水。

【集释】《杨考》：“《说文》：浍水出霍山西南入汾。《水经注》：浍水东出详高山，西经翼城南。”

【编者按】翼城，治山西今县。

绛

【集释】《杨考》：“《元和志》：后魏孝文帝置南绛县，属正平郡。恭帝去‘南’字，直为绛县。隋开皇三年属绛州。义宁元年属翼城郡。《隋书·李礼成传》：封绛县公。”

旧置绛郡，

【集释】《杨考》：“《一统志》：西魏恭帝改南绛郡。按《元和志》于绛县云西魏恭帝去‘南’字，则郡亦同去，可知《志》于正平县下云‘周废南绛郡’，于此又出绛郡，竟似南绛与绛郡为两地两事，其实因小乡属南绛郡，而小乡至隋并入正平，遂以南绛郡牵连书之，而于此又不言绛郡、绛县建置之由，遂令读者迷惑。若于正平下但云‘有后魏小乡县’云云，而于此云‘后魏置南绛郡，并置南绛县。西魏郡、县并去南字’，则无不合矣。”

开皇初郡废。后周置晋州，

【集释】《杨考》：“按《地形志》有晋州，在临汾，后周置总管府，详见后临汾郡下。此是未平齐时侨置。《周书·韦孝宽传》：西魏大统八年，转晋州刺史。则晋州实置于西魏。”

建德五年废。

【集释】《杨考》：“六年平齐，仍置晋州于临汾。”

【编者按】绛县，治山西今县东南。

曲沃　后周置，建德六年废。

【集释】《诸史考异》卷一三："案此文有脱误。《地形志》：正平郡曲沃县，太和十一年置。"《杨考》："此处有脱误。果废于周，《志》当著复置年月。《地形志》：正平郡曲沃县，太和十一年置。《元和志》：后魏孝文帝于今县南十里置曲沃县，属正平郡，因晋曲沃为名。《寰宇记》：周明帝移乐昌城，今县南七里乐昌堡。隋开皇三年属绛州，十年又移于绛邑故城北，即今治也。然则后周但有移徙，并无置废事。"施和金《释例》："'后魏置'误作'后周置'。"

有绛山、

【集释】《杨考》："《水经·浍水注》：绛县南对绛山。"

桥山。

【集释】《杨考》："《明一统志》：山形陡峻，西麓有梦感泉。"

【编者按】曲沃，治山西今县。

稷山　后魏曰高凉，开皇十八年改焉。

【集释】《杨考》："《寰宇记》：后魏孝文帝于今稷山县东南三十里置高凉县，属高凉郡，周武帝移高凉县于玉壁，属郡不改。其玉壁在县西南一十二里。隋开皇三年罢郡，以县属绛州。十八年改稷山，以县南稷山为名。"

有后魏龙门郡，开皇初废。

【集释】《杨考》本作"高凉郡"，《二十五史补编》本《杨考》改动颇多，其云："'高凉'，各本俱误作'龙门'，今订。按龙门郡已见前龙门县下，此不当复。考《地形志》，高凉县属高凉郡；今稷山县有周保定元年《大将军延寿公碑阴》，龙门、高凉二郡并载；又有隋开皇九年《觉城寺碑阴》屡称高凉郡，则《寰宇记》谓高凉郡罢于开皇三年至确。此龙门郡的为高凉郡之误。然《元和志》云后魏高凉县属龙门郡，则所见本已误。《一统志》：西魏改高凉郡为龙门郡。因此误而调停之，亦非。"

又有后周勋州，

【集释】《考异》卷三三："勋州即玉壁城。"《杨考》："《通典》：后周勋州故城在今稷山县西南十二里，即王思政所筑玉壁城，为周氏重镇。齐神武再攻围，皆不克。《周书·韦孝宽传》：魏大统中，以晋州刺史移镇玉壁，兼摄南汾州事。保定初，以孝宽立勋玉壁，遂于玉壁置勋州。与此《志》似合。然考《周书·文帝纪》：魏废帝三年正月，改南汾为勋州。《郭贤传》：明帝初出为勋州刺史。《于实传》：孝闵帝践阼，进爵延寿郡公，又进位大将军，除勋州刺史。又《延寿公碑》：实为勋州刺史，及其去，民为立颂。足知实为勋州，不始保定。又《隋书·元亨传》，历勋州刺史为西魏时，则勋州立于西魏甚审。此《志》称后周勋州，当因《韦孝宽传》实指为保定初立致误。"

置总管，

【集释】《杨考》："按隋《元公夫人姬氏墓志》，父肇，为勋州总管。《周书·长孙绍远传》：周初为玉壁总管。则总管盖置于武成元年。"

后改曰绛州，开皇初移。

【集释】《杨考》："见前。"

【编者按】稷山，治山西今县。

闻喜

【集释】《杨考》："《寰宇记》：周武帝移于柏壁，在今正平县西南二十里。隋开皇三年属绛州，十年自柏壁移于甘谷口。"

有景山。有董泽陂。

【集释】《杨考》："《左传》宣十二年，厨武子曰：董泽之蒲，可胜既乎？杜注：河东闻喜县北有董泽陂，陂中产杨柳，可以为箭。"

【编者按】闻喜，治山西今县东北。

垣　后魏置邵郡

【集释】《杨考》："《地形志》：皇兴四年置邵上郡，太和中并河内，孝昌中改复。"

及白水县。

【集释】《杨考》："后魏置。"

后周置邵州，

【集释】《杨考》："《周书·明帝纪》：二年正月，于邵郡置邵州。又《杨摽传》：于邵郡置邵州，以摽为刺史。《寰宇记》：西魏大统三年置。与《志》异。"

改白水为亳城。

【集释】《杨考》："《元和志》：周武成元年。"

开皇初郡废。大业初州废，

【集释】《杨考》："《元和志》：大业三年废州。"

县改为垣县，

【集释】《杨考》："《寰宇记》：大业置垣县，以其地近故垣城，因以名县。《元和志》：大业三年改亳城为垣县，属绛郡。"

又省后魏所置

【集释】《杨考》："《志》例二字当删，下同。"

清廉县

【集释】《杨考》："后魏属邵郡。《寰宇记》：大业二年废。《新唐志》：义宁元年，以垣、王屋置邵原郡，复置清廉、亳城二县。"《求是》："《旧唐书》原文云：'义宁元年置邵原，领垣、王屋，又置清廉、亳城四县。'按既云有领县，则必是置州或郡，下文又谓'武德元年改为邵州'，合观《新唐书》三九，知邵原下夺郡字也。"

及后周所置蒲原县入焉。

【集释】《杨考补遗》："按'原'当作'源'。隋《龙藏寺碑阴》有邵州蒲源县开国伯李平。"

有黑山。

【集释】《杨考》："《一统志》：墨山，一名黑山，在今垣曲县西五十里。"

【编者按】垣县，治今山西垣曲县东南古城镇。

【补阙】《杨考》："按西魏尝于垣县界置建州。《通鉴》梁大同元年，西魏建州刺史杨摽镇车厢，注：先是摽取建州，已而退还邵郡，西魏因授以建州刺史。车厢，当在隋、唐之绛州垣县界。"

太平　后魏置，

【集释】《杨考》："《地形志》：太平真君七年置。《元和志》：后魏太武于今县东北二十七里太平故关城置泰平县，属平阳郡。周改泰平为太平县，因关名。隋开皇三年属晋州，十年改属绛州。《寰宇记》：隋开皇七年，自太平故关城移太平县于今理北三十里太平故城。《隋书·史万岁传》：周武帝时袭爵太平县公。"

后齐省临汾县入焉。

【集释】《杨考》："汉置。盖后齐移徙于汾西。"

有关官。

【集释】《杨考》："《寰宇记》：大业三年置太平关，隋末废。按《元和志》、《寰宇记》俱谓周太平县因关名，盖废而复置也。"

【编者按】太平，治今山西襄汾县西北古城镇。

文城郡

文城郡　东魏置南汾州，

【集释】《杨考》："《寰宇记》：天平元年，以州南界汾水所经，故置南汾州。"

后周改为汾州，

【集释】《杨考》："《周书》：魏废帝三年正月，改阳都为汾州。阳都，未详，当即指此也。"

后齐为西汾州。

【集释】《杨考》："《寰宇记》慈州总序：后周建德六年，改南汾州为西汾州。校勘记云：按汾州有三：后魏于西河郡置汾州，今汾州是也；魏于定阳郡置南汾州，今慈州是也；北齐于怀政郡置西汾州，今石州是也。后魏已有汾州，故东魏于今慈州置南汾州；北齐既改今汾州之汾州为南朔州，但存今慈州之南汾州，故于今石州更置西汾州；后周灭齐，既改今石州之西汾州为石州，故今慈州之南汾州但名汾州。隋亦因之（原注：《隋志》汾州无'南'字），至唐而北齐之南朔州已再更为浩州，武德初改浩州复为汾州，故今慈州始又改为南汾州，贞观中改为慈州。详此则慈州固在石州之南，不应云'西'。《隋书·地理志》文城郡（原注：今慈州）：后齐为西汾州；离石郡（原注：今石州）注云：后齐置西汾州。不应两州同名'西汾'。考南汾州之名，自魏历齐，当不改之，后周灭齐，改西汾州为石州，而南汾州但为汾州，此为得实。《隋志》文城郡云后齐改为西汾州，盖衍文。今记云后周建德六年改南汾州为西汾州，又承其误耳。况凡言东、西、南、北者，皆以别其同。建德六年乃周灭齐之岁，是岁既改西汾为石州，又改南汾为西汾州，将以何别？此必不然。今慈州总序当云'东魏天平元年置南汾州，后周建德六年改为汾州'。此说甚辨。余按

《北齐书·斛律光传》，武平元年冬，进围定阳，仍筑南汾城，置州以逼之，则齐仍曰南汾州，然则误‘南’为‘西’耳，非衍文也。《通鉴》陈太建三年五月，齐取周汾州，皆建德未平齐以前事，《寰宇记》属之平齐后，诚误。”

后周平齐，置总管府。开皇四年府废，十六年改为耿州，

【集释】《杨考》：“《寰宇记》：以州南旧祖乙城为名。”

后复为汾州。

【集释】《杨考》：“《寰宇记》：开皇十六年改为汾州。《元和志》：大业二年改汾州为文城郡。‘二’当作‘三’。”《求是》：“是开皇初之汾州即后来之文城郡。惟既改耿州后，不知何年复称汾州。又临汾郡霍邑县下云：‘（开皇）十六年置汾州，十八年改为吕州。……大业初州废。’合而观之，于是旧汾州之耿州，别霍邑置汾州，其后十八年，新汾州改称吕州，于是旧汾州之耿州，复名汾州也：《寰宇记》开皇十六年改为汾州，殊未可信。”

统县四，户二万二千三百。

吉昌　后魏曰定阳县，并置定阳郡。

【集释】《杨考》：“《地形志》并延兴四年置，孝昌中陷，寄治西河。《元和志》：会有定阳胡人渡河居此，因以为名。”

开皇初郡废，十八年县改名焉。大业初，置文城郡。有风山。

【集释】《杨考》：“《水经·河水注》：风山上有穴如轮，风气萧瑟，习尝不止，当其冲飘也，而略无生草，盖常不定，泉风之门故也。”

【编者按】吉昌，治今山西吉县。

文城　后魏置。

【集释】《杨考》：“《元和志》：魏孝文帝置斤城县，属定阳郡。隋开皇十六年改为文城。《寰宇记》：属耿州，十八年属汾州。按《地形志》汾州定阳郡、南汾州定阳郡并无文城县，亦无斤城县，未知孰误。”

有石门山。

【集释】《杨考》：“《寰宇记》：在文城县北六十里。其山石壁夹道如门，因以为名。”

【编者按】文城，治今山西吉县西北文城镇。

伍城　后魏置，曰刑军县，后改为伍城，

【集释】《杨考》：“《地形志》：世祖名京军，太和二十一年改五城。《水经·河水注》亦作京军。”

后又置伍城郡。

【集释】　《诸史考异》卷一三：“《地形志》作五城郡五城县，永安中置。”《杨考》：“《地形志》汾州五城郡云：正平二年置，孝昌中陷，寄治西河。《元和志》：后魏于此置仵城郡，领京军县。孝文改京军为仵城县。开皇三年废仵城郡。‘伍’作‘仵’。《寰宇记》亦作‘仵’。”

开皇初郡废，又废后魏平昌县

入焉。

【集释】《杨考》：“《地形志》：世祖名刑军，太和二十一年改。《寰宇记》：开皇十六年省入仵城县。义宁元年，于今乡宁县东二十里又置平昌县，因后魏旧名。按后魏汾州五城郡、南汾州五城郡、北吐京郡、西五城郡所属均有平昌县，皆即此一地。”

大业初又废大宁县入焉。

【集释】《杨考》：“《元和志》：周武帝于仵城废县西三里置大宁县，属南汾州，大业二年省。《寰宇记》：周保定元年置，开皇二十年移就废浮图镇，大业二年省入仵城。”《杨考补遗》：“《周书·武帝纪》：建德四年闰十月，齐将尉相贵寇大宁，延州总管王庆击走之。”

【编者按】伍城，治今山西吉县东北。

昌宁　后魏置，

【集释】《杨考》：“《地形志》：延兴四年置。”

并

【集释】《杨考》：“‘并’下脱‘置’字。”施和金《释例》：“‘并内阳郡’脱‘置’字，当作‘并置内阳郡’。”

内阳郡。

【集释】《考异》卷三三：“案《魏志》南汾州中阳郡有昌宁县。隋人避讳，改‘中’为‘内’。”《杨考》：“按《地形志》昌宁县有三：一属南汾州中阳郡，一属汾州定阳郡，一属南汾州西五城郡，皆一地，此云‘内阳郡’。则隋时避讳改。《寰宇记》云：昌宁，后魏属定阳郡，隋开皇元年，改定阳郡为吉阳郡，县仍属之，十六年属耿州，十八年又属汾州。《志》不云置吉阳郡事。”

开皇初郡废。有壶口山、

【集释】《杨考》：“《汉志》：壶口在北屈县西南，《禹贡》之壶口即此。”

崿山。

【集释】《杨考》：“《水经·河水注》：河水南至崿谷旁，东北穷谷。崿谷，水源所导也。”

【编者按】昌宁，治今山西乡宁县西。

临汾郡

临汾郡　后魏置唐州，改曰晋州。

【集释】《杨考》：“《地形志》：孝昌中置唐州，建义元年改晋州，治白马城。《寰宇记》：历东魏、北齐、后周皆为重镇。”

后周置总管府，

【集释】《杨考》：“《元和志》：周武帝平齐置。”

开皇初府废。

【集释】《杨考》：“按《周纪》，大象二年八月废晋州总管，与《志》

不合。”

统县七，户七万一千八百七十四。

临汾 后魏曰平阳，

【集释】《杨考》：“本汉县。《地形志》：真君六年并禽昌，太和二十一年复。”

并置平阳郡。

【集释】《杨考》：“《地形志》：晋分河东置。真君四年置东雍州，太和十八年罢，改置。按《魏书·三少帝纪》，齐王芳正始八年夏五月，分河东之汾北十县为平阳郡，则非晋始置也。”

开皇初改郡为平河，改县为临汾，

【集释】《杨考》：“《元和志》：开皇元年改平阳县为平河，三年又改为临汾。与《志》异。”

寻郡废。

【集释】《杨考》：“《元和志》：县属晋州。按大业初复置临汾郡。《新唐志》：义宁二年更名平阳。《寰宇记》：领临汾、襄陵、岳阳、冀氏、杨五县，其年改县为洪洞。”

又有东魏西河、

【集释】《杨考》：“《地形志》：孝昌二年置。”

敷城、

【集释】《杨考》：“《地形志》：天平四年置。”

伍城、

【集释】《杨考》：“《地形志》：天平中置。‘伍’作‘五’，下同。”

北伍城、

【集释】《杨考》：“《地形志》：兴和二年置。”

定阳

【集释】《杨考》：“《地形志》：兴和四年置。”

等五郡，后周废为西河、定阳二郡。开皇初郡并废。又有后魏永安县，

【集释】《杨考》：“《地形志》：孝昌中置，治白坑城，属西河郡。别有永安郡永安县，治仇池壁，在霍邑，非此地。”

开皇初改为西河，大业初省。又有旧襄城县，

【集释】《杨考》：“按《地形志》平阳郡无襄城县，或是‘襄陵’之误，然《志》又见下文。”

后齐省。有姑射山。

【集释】《杨考》：“《元和志》：平山，一名壶口山，今名姑射山，在临汾县西八里，平水出焉。《水经注》：汾水与平水合。平水出平阳县西壶口山，《尚书》所谓‘壶口治梁及岐’也。按《禹贡》壶口在吉州西南，非此壶口，《元和志》亦沿其误。”

【编者按】临汾，治山西今市。

襄陵

【集释】《杨考》：“汉县。《地形志》：平阳郡襄陵县，治襄陵城。是魏城即汉城。而《水经注》：汾水南历襄陵县故城西。又似中间有移徙也。”

后魏太武禽赫连昌，乃分置禽昌县。

【集释】《杨考》："《地形志》：神䴥元年禽赫连昌，置禽昌郡。真君二年改县，七年并永安，属平阳郡。"

齐并襄陵入禽昌县。

【集释】《杨考》："《寰宇记》：周平齐，自临汾县东北二十里白马故城移禽昌县于今襄陵县理焉，亦隶平阳郡。"

大业初又改为襄陵。

【集释】《杨考》："《元和志》：大业二年改，取汉旧名。"

【编者按】襄陵，治山西临汾市东南县底镇。

冀氏　后魏置冀氏郡，

【集释】《杨考》："《地形志》：建义元年割平阳置。"

领冀氏、

【集释】《杨考》："《地形志》：建义元年割禽昌、襄陵置。"

合阳

【集释】《杨考》："《地形志》：建义元年置。"

二县。后齐郡废，

【集释】《杨考》："《寰宇记》：文宣帝省郡，以冀氏县属义宁郡。隋开皇三年属晋州。"

又废合阳入焉。

【编者按】冀氏，治今山西安泽县南冀氏镇。

杨

【集释】《杨考》："《地形志》：二汉属河东，晋属平阳，后罢。太和二十一年复，后属永安郡。《元和志》：开皇三年属晋州。《旧唐志》：义宁元年改为洪洞，取县北岭名。《新唐志》：义宁二年改为洪洞。《舆地广记》亦作'二年'。"

【编者按】杨县，治今山西洪洞县东南。

霍邑　后魏曰永安，

【集释】《杨考》："《地形志》：二汉属河东，晋属平阳。前汉曰彘，顺帝改。真君七年并禽昌，正始二年复，属永安郡。《通鉴》陈太建八年，周伐齐，军屯霍邑。疑齐时已改置霍邑。"

并置永安郡。

【集释】《杨考》："《地形志》：建义元年置。"

开皇初郡废。十六年置汾州，十八年改为吕州，县曰霍邑。

【集释】《杨考》："《寰宇记》云属吕州，与《志》合。《元和志》：因霍山为名，属晋州。恐误。"

大业初州废。

【集释】《杨考》："《新唐志》：义宁元年，以霍邑、赵城、汾西、灵石置霍山郡。又云：析霍邑置赵城县。"

有霍山。

【集释】《杨考》："《元和志》：一名太岳。《禹贡》'壶口、雷首至于太岳'，郑注：今河东彘县霍太山是也。"

有彘水。

【集释】《杨考》："《水经·汾水

注》：彘水出霍太山，西南流注于汾水。”

【编者按】霍邑，治今山西霍州市。

汾西 后魏曰临汾；并置汾西郡。

【集释】《杨考》：“《地形志》无汾西郡，其临汾县属晋州平阳郡，即汉旧县。《志》于太平县下云‘后齐废临汾’是也。《元和志》汾西县下云：高齐于此置临汾郡及临汾县。《寰宇记》同。然则《志》文‘后魏’当‘后齐’之误，‘汾西’亦‘临汾’之误。”

开皇初郡废，十八年县改为汾西。

【集释】《杨考》：“《元和志》、《寰宇记》俱谓开皇三年改临汾为汾西，十六年属汾州，十八年改属吕州，大业二年改属晋州，义宁初属霍山郡。”

又有后周新城县，

【集释】《杨考》：“《地形志》：新城，世祖名岭东，二十二年改。非周置。”

开皇十年省入。

【集释】《杨考》：“《纪要》：义宁初复置。”

【编者按】汾西，治山西今县。

岳阳 后魏置，曰安泽。

【集释】《杨考》：“《地形志》：建义元年置，属义宁郡。”

大业初改焉。

【集释】《杨考》：“《元和志》：开皇十六年属池州，大业二年改为岳阳，因山为名。《寰宇记》：赤壁城在岳阳县西一里，隋岳阳县理此。”

【编者按】岳阳，治今山西古县岳阳镇。

龙泉郡

龙泉郡 后周置汾州。

【集释】《杨考》：“《地形志》：汾州，延和三年为镇，太和十二年置州，治蒲子城。孝昌中陷，移治西河。《一统志》：周复置于此。按《志》于文城郡下‘周改南汾州为汾州’，此复置，是有两汾州矣。《通鉴》梁大同七年，西魏以宇文测为大都督行汾州事。注谓即此地之汾州，则汾州实复置于西魏。疑《寰宇记》所云建德六年西改汾州事当属此。”

开皇四年置西汾州总管，

【集释】《杨考》：“《隋纪》：开皇四年五月，以柱国冯昱为汾州总管。则仍作汾州，亦即此西汾州也。盖周之汾州已为南汾，此不必加‘西’故也。”《求是》：“按：《地理志》文城郡下又云：‘东魏置南汾州，后周改为汾州。……平齐，置总管府，开皇四年，府废，十六年改为耿州。’似开皇之初，在毗连地域中。尚有两汾州存立，称谓必甚不便。余以为周、齐对峙时，周于此（龙泉郡）置汾州，迨平齐之后。此汾州居西，即已通称西汾，非待至开皇四年始改曰西汾也。《寰宇记》慈州总序：'后周建德六年，改南汾州为西汾州。'《地理志考证》五疑即改龙泉郡后周所置之汾州，其说与余谓平齐后（即建德六年）汾州通称西汾相合。顾《考证》又云：'《隋纪》：开皇四年五月，以柱国冯昱为汾州总管。则仍作汾州，亦即此西汾州也。'夫杨氏既认龙泉郡之汾州改称西汾，则《纪》之单称汾州者，安能必其为西汾？如谓文城郡下之总管废于开皇四年，又须知其废固可在冯昱拜命之后也。《寰宇记》校勘记云：'后周灭齐，改西汾州为石州，而南汾州但为汾州，此为得实。'余亦谓冯昱之汾州总管应属诸文城郡下之汾州，不属于龙泉郡下之西汾州也。"

五年改为隰州总管。

【集释】《杨考》："《隋纪》：开皇六年九月，以上柱国李询为隰州总管。"

大业初府废。

【集释】《杨考》："《元和志》：大业三年，改隰州为龙泉郡。"

统县五，户二万五千八百三十。

隰川　后周置县，初曰长寿，

【集释】《杨考》："《元和志》：本汉蒲子县地。魏孝文改蒲子为长寿县。又云：周宣帝置长寿县。《寰宇记》：大象元年置。盖孝文改蒲子为长寿，孝昌中陷于贼，至周宣帝始复置也。《周书·艺术传》：姚僧垣，宣帝即位，封长寿县公。《隋书·张威传》：在周封长寿县公。"

又置龙泉郡。

【集释】《杨考》："《元和志》：周宣帝大象元年，于今隰州东百步置龙泉郡。"

开皇初郡废，县改曰隰川。

【集释】《杨考》："《元和志》：开皇十八年改，县南有龙泉下隰，因以为名，属隰州。"

大业初置郡。

【编者按】隰川，治今山西隰县。

永和　后周置，曰临河县及临河郡。

【集释】《杨考》："《元和志》：高齐后主于狐谡城置永和镇，周宣帝废镇置临河郡及临河县，属汾州。隋开皇五年属隰州。又《寰宇记》：高齐武平元年，于魏狐谡城置临河郡并临河县。与《志》异。"

开皇初郡废，

【集释】《杨考》："《寰宇记》：开皇三年。"

十八年县改名焉。

【集释】《杨考》："《元和志》：以县西永和关为名。"

有关官。

【集释】《杨考》："永和关在今永和县西六十里。《寰宇记》：在永和县西南九十五里。"

【编者按】永和，治山西今县西南。

楼山　后周置，曰归化。开皇十八年改名焉。

【集释】《杨考》："《纪要》：大业初废。《一统志》：大业末废。"

有北石楼山，

【集释】《杨考》："《元和志》：在永和县东南六十里。无'北'字。《水经·河水注》：蒲水出石楼山下。"

有孔山。

【集释】《杨考》："《元和志》：在大宁县西北二十五里。《水经·河水注》：山上有穴如车轮三所，东西相去各二丈，南北直通，故谓之孔山。"《杨考补遗》："《御览》引《隋图经》：孔山，有孔表里通彻，故名耳。"

【编者按】楼山，治今山西永和县南。

石楼　旧置吐京郡

【集释】《杨考》："《地形志》：真君九年置，孝昌中陷，寄治西河。"

及吐京县，

【集释】《杨考》："《地形志》：世祖名岭西，太和二十一年改。"

开皇初郡废，

【集释】《杨考》："《元和志》：开皇五年，以吐京县属隰州。"

十八年县改名。

【集释】《杨考》："《元和志》：因县东石楼山为名也。"

【编者按】石楼，治山西今县。

蒲　后周置，

【集释】《杨考》："《寰宇记》蒲县下云：后魏孝武帝（据《地形志》当作'孝静帝'）于东南五十里置石城县，寻废。后周大象元年，于石城故县置蒲子县，取古蒲子县为名。隋开皇元年又移县于今县东北三十里故箕城置，大业二年又移于今县西有二里，改为蒲县。《元和志》：后周属定阳郡，开皇三年改属隰州。"

有伍城郡

【集释】《杨考》："此后魏晋州北五城郡也。《地形志》：兴和二年置。"

及石城郡

【集释】《杨考》："《一统志》：后魏置。即据此《志》意度也。按《地形志》无石城郡，陕州有石城郡，在灵宝县东，非此地，此四字必误衍。"

及石城县，

【集释】《杨考》："《地形志》：兴和二年置，属北五城郡。"

周末并废。

【集释】《杨考》："《寰宇记》：仵城故郡城在蒲县东南六十五里，后魏石城县，周废。"

又有后魏平昌县，

【集释】《杨考》："《地形志》：兴和二年置，属北五城郡。"

开皇中改曰蒲川，大业初废入焉。

【编者按】蒲县，治山西今县。

西河郡

西河郡　后魏置汾州，

【集释】《杨考》："州本治蒲子城，孝昌中移治于此。见前龙泉郡下。"

后齐置南朔州，后周改曰介州。

【集释】《杨考》："《元和志》：周武帝废南朔州，宣帝置汾州。隋大业三年废汾州，置西河郡。与《志》异。按《隋书·豆卢勣传》，炀帝嗣位，汉王谅在并州反，出城将往介州。又《杨素传》：谅遣所署介州刺史梁修罗屯介休。又《李衍传》：开皇初拜介州刺史。然则当以《志》为正，《元和志》误。"

统县六，户六万七千三百五十一。

隰城

【集释】《杨考》："《元和志》：本汉兹氏县，晋改为隰城。《地形志》：太延中改为什星军，太和八年复。"

旧置西河郡，

【集释】《杨考》："《元和志》：魏黄初二年置郡，晋为刘元海所攻破，郡遂废。后魏太和八年复于兹氏旧城置郡。"

开皇初郡废，大业初复。有隐泉山。

【集释】《杨考》："《括地志》：谒泉山，一名隐泉山，在隰城县北四十里。"

【编者按】隰城，治今山西汾阳市。

【补阙】《杨考》："按有灵州。《通鉴》陈太建九年，周灭齐，齐定州刺史范阳王绍义与灵州刺史袁洪猛引兵南出，欲取并州，注：《地形志》，魏孝昌二年置灵州，东西分治，其地属西魏。天平中东魏复置灵州，寄治汾州隰城县界。"

介休

后魏置定阳郡、平昌县。

【集释】《杨考》："《地形志》：郡、县并兴和四年置。"

后周改郡曰介休，以介休县入焉。

【集释】《杨考》："《汉志》作界休，在今县东南十五里。《地形志》：晋乱罢，太和八年复，有介休城。是魏已徙今治，故《水经注》云汾水又西南迳界休县故城西，知魏时非汉治，《一统志》以魏仍治汉县，非也。《元和志》：高齐省介休入永安县，周武帝复置，宣帝改为平昌。与《志》异，疑当以《志》为是。"

开皇初郡废，十八年县改曰介休。

【集释】《杨考》："《元和志》：义宁元年，于县置介休郡。《新唐志》：义宁元年，以介休、平遥置介休郡。"

【编者按】介休，治今山西介休市。

永安

【集释】《杨考》："《地形志》：太

和十七年分隰城置，属西河郡。《元和志》：汉兹氏县地，魏移西河郡中阳县于今理，永嘉后省入隰城。后魏又分隰城于今灵石县东三十里置永安县。”

有雀鼠谷。

【集释】《杨考》：“《寰宇记》引《冀州图》云：在孝义县南二十里，长一百十里，南至临汾郡霍邑县界，汾水出于谷内，南流入河。即《周书》‘调鉴谷’。《水经注》：汾水又南过冠爵津，汾津名也，在界休县之西南，俗谓之雀鼠谷。”

【编者按】永安，治今山西灵石县东。

平遥

【集释】《杨考》：“《元和志》：汉平陶县城在文水县西南二十五里，魏以太武名焘，改为平遥，属太原郡。后西胡内侵，迁居京陵塞。义宁元年，属介休郡。”

开皇十六年析置清世县，大业初废入焉。又后魏置蔚州，

【集释】《杨考》：“《地形志》：永安中改怀荒、御夷二镇，寄治并州邬县界。按邬县在介休东北二十里，与平遥相接，《纪要》：后魏侨置蔚州，迁蔚州民居此。”

后周废。有鹿台山。

【集释】《杨考》：“《寰宇记》：谒戾山，一名麓台山。《山海经》云：谒戾之山，婴侯之水出焉。《元和志》亦作‘麓台’，云：俗名凿台山，在榆次县东南三十里。即《水经注》洞过水之凿台也。”

【编者按】平遥，治山西今县。

灵石　开皇十年置。

【集释】《杨考》：“《元和志》：开皇十年，因巡幸开道得瑞石，遂于谷口置县，因名灵石。”

有介山，

【集释】《杨考》：“《寰宇记》引《郡国志》云：上有子推冢并祠存。”

有靖岩山。

【集释】《杨考》：“《寰宇记》作‘静岩山’，太岳下有五龙泉，晋文公封子推绵上之田是此。”

【编者按】灵石，治山西今县。

绵上　开皇十六年置。

【集释】《杨考》：“《寰宇记》：分介休县南界置，属沁州。取晋封介之推地为县名，即绵上之地也。”

有沁水。

【集释】《杨考》：“《水经注》：沁水出谷远县羊头山世靡谷，三源齐注，迳泻一隍：《元和志》：沁水亦名少水，出绵上县东南二十四里覆瓶山。《左传》曰‘齐侯伐晋，封少水为京观’也，”

【编者按】绵上，治今山西沁源县北。

离石郡

离石郡　后齐置西汾州，

【集释】《杨考》："《寰宇记》：天保三年置。"

后周改为石州。

【集释】《杨考》："《寰宇记》：建德六年改。《隋书·虞庆则传》：周末拜石州总管。则周尝置总管府，《志》失书：《元和志》：大业三年改离石郡。"

统县五，户二万四千八十一。

离石

【集释】《杨考》："《元和志》：本汉旧县，县东北有离石水，因名。汉末荒废。魏黄初复置，后陷刘元海，石勒改为永石郡。后魏明帝改为离石镇。"

后齐曰昌化县，

【集释】《杨考》："《元和志》：文宣帝置。《寰宇记》：天保三年，改离石镇为昌化县。"

置怀政郡。

【集释】《杨考》："《寰宇记》：寻复为离石镇。"

后周改曰离石郡及县，

【集释】《杨考》："《寰宇记》：建德六年，改昌化县为离石县。"

又置宁乡县。开皇初郡废。大业初置郡，并宁乡入焉。

【集释】《杨考》："《寰宇记》：宁乡水在平夷县西南五十步。县盖因水名。"

【编者按】离石，治山西吕梁市离石区。

修化　后周置，曰窟胡，并置窟胡郡。开皇初郡废，后县改为修化。

【集释】《杨考》："《舆地广记》：旧史言方山隋县，《隋志》石州无方山，有修化，岂隋末更名，而史官失纪欤？按隋方山县在今永宁州北一百四十里。《元和志》方山下云：本汉离石县地，高齐文宣帝于此县北六十八里置良泉县，属离石郡。大业三年移就今县南三十五里方山置，故名方山。《寰宇记》：唐武德二年，移良泉就隋废方山县城，并置方州。然则隋改良泉为方山，又旋改方山为良泉，《志》均不著，何其疏也！"

又后周置卢山县，大业初并入焉。有伏卢山。

【编者按】修化，治今山西柳林县东。

定胡　后周置，及置定胡郡。

【集释】《杨考》："《寰宇记》：周大象元年置定胡县及定胡郡。《通典》云：郡在定胡县西。"

开皇初郡废。有关官，

【集释】《杨考》："孟门关，《寰宇记》：在定胡县西百步，周大象元年于此置孟门津，隋开皇六年改曰孟门关，在黄河岸。"

【编者按】定胡，治今山西柳林县

西北。

平夷　后周置。

【集释】《杨考》："《元和志》：周宣帝割离石县西五十一里置，属石州，隋氏不改。《寰宇记》：大象元年置。"

【编者按】平夷，治今山西中阳县。

太和　后周置：曰乌突，及置乌突郡。

【集释】《杨考》："《元和志》：周大象元年置。"

开皇初郡废，县寻改焉。

【集释】《杨考》："《元和志》：开皇元年改乌突郡为太和郡，乌突县为太和县，三年废郡，以县属石州。《寰宇记》同。则改县在未废郡之先，与《志》不合。"

有湫水。

【集释】《杨考》："《明一统志》：湫水在临县南三里，西南流入黄河。"

【编者按】太和，治今山西临县西南。

雁门郡

雁门郡　后周置肆州。

【集释】《杨考》："按后魏有肆州，治九原。《元和志》：周大象元年，自九原城移肆州于今代州理。"

开皇五年改为代州，

【集释】《杨考》："《寰宇记》：取古代郡为名。"

置总管府。

【集释】《杨考》："《隋纪》：开皇十九年十月，以朔州总管宇文弼为代州总管。"《杨考补遗》："又韩僧寿，开皇中拜代州总管。"

大业初府废。

【集释】《杨考》："《元和志》：大业三年，改代州为雁门郡。"

统县五，户四万二千五百二。

雁门　旧曰广武，置雁门郡。开皇初郡废，十八年改曰雁门。

【集释】《杨考》："《元和志》：盖避太子之讳。"

【编者按】据《隋书·高祖纪下》，开皇二十年十一月始立晋王杨广为皇太子，则十八年不可能为其避讳。另据《隋志》荥阳郡荥泽县沿革："开皇四年置，曰广武，仁寿元年改名焉"。这才是因避太子讳而改名，该广武县治所在今河南郑州市西北古荥镇。由此可见，开皇年间有两个广武县，此举实为更改重复县名，非为避太子之讳也。

大业初置雁门郡。有关官。

【集释】《杨考》："《寰宇记》：西陉关在雁门县西北五十里，东陉关地甚险固，在代州南二十里。"

有长城。

【集释】《杨考》："在代州北三十里，西自雁门关，东至马阑口。"

有纍头山，

【集释】《杨考》："《寰宇记》：壘头山，一在雁门县西北六十里，即句注陉西北三十五里山也。《水经·㶟水注》：㶟水出于累头山。纍、壘、累并通用。"

有夏屋山。

【集释】《杨考》："《史记》：赵襄子北登夏屋，诱代王使厨人操铜枓（音主）击杀之，遂有代地。《水经·㶟水注》：夏屋山水出夏屋山之东溪。"

【编者按】雁门，治今山西代县。

繁畤　后魏置，并置繁畤郡。

【集释】《杨考》："《地形志》：天平二年置。《元和志》：汉末匈奴侵寇，旧县荒废，晋又置繁畤县。《寰宇记》同。然则晋置县，后魏始置郡也。"

后周郡县并废。开皇十八年复置县。

【集释】《杨考》："《元和志》：置于今县东六十里大堡戍，大业十二年移于武州城。"

有东魏武州

【集释】《杨考》："《地形志》：武定元年置，治雁门川，武定三年始立州城。《寰宇记》：武州城在雁门县西六十里。"

及吐京、

【集释】《杨考》："《地形志》：武定八年置。"

齐、

【集释】《杨考》："《地形志》：武定元年置，州治。"

新安

【集释】《杨考》："《地形志》：武定元年置。"

三郡，寄在城中。

【集释】《杨考补遗》："《隋书·宇文述传》：代郡武川人。案代郡不见于此《志》，亦无武川县。而东魏有武川，寄在繁畤县城中。代郡武川或即其所属。然则周有代郡，并有武川县。"

后齐改为北灵州，

【集释】《杨考》："隰城有灵州，故此加'北'。"

寻废。有长城、滹沱水、

【集释】《杨考》："'滹'上当有'有'字，今繁畤县南。《元和志》：泰戏山，一名武夫山，在繁畤东南九十里，滹沱水出焉。《水经注》滹沱水篇亡，赵氏据诸书所引补之。"

泒水、

【集释】《杨考》本作："派水"，并云："《说文》：派水出雁门葰人戍夫山东北入海。《水经注》派水篇亡，赵氏据《初学记》、《寰宇记》引得二条。"施和金《订补》："今查各本《隋书》，均作泒水，《说文解字》亦作泒水。《杨考》引作派水，误。"

唐山。

【集释】《杨考》："'唐'上脱'有'字。《志》例山在水前，此倒。"

【编者按】繁畤，治山西今县东砂河镇。

崞

【集释】《杨考》："《元和志》：本汉旧县，因山为名。"

后魏置，曰石城县。

【集释】《杨考》："《地形志》：永兴二年置，属秀容郡。"

东魏置廓州。

【集释】《杨考》："《地形志》：武定元年置，治肆州敷城界郭城。"

有广安、永定、建安三郡，

【集释】《杨考》："《地形志》：俱武定元年置。"

寄山城。

【集释】《杨考》："'寄'下当脱'治'字，'山'字恐系'崞'字之坏文，即《地形志》之郭城也。"施和金《释例》："脱'治'字，当作'寄治山城'。"

后齐废郡，改为北显州。

【集释】《杨考》："《通鉴》陈太建九年，周灭齐，遣兵击显州，注：即此州。按《地形志》有显州，治汾州六壁城，故此加'北'。"

后周废。开皇十年改县曰平寇。

【集释】《杨考》："《地形志》肆州永安郡有平寇县，在忻州东十五里。《元和志》：开皇十年移平寇县于此，属代州。《舆地广记》作'十六年'。"

大业初改为崞县。

【集释】《杨考》："《元和志》：大业二年。《寰宇记》：崞，音廓。"

又有云中城，

【集释】《杨考》："《寰宇记》：云中城在崞县西一百里，即管涔之异名也。"

东魏侨置恒州，

【集释】《杨考》："《地形志》：天平二年置，寄治肆州秀容郡城。"

寻废。有无京山、崞山。

【集释】《杨考》："《水经·漯水注》：崞山县南面元岳，右臂崞山。"

有土城。

【编者按】崞县，治今山西原平市北崞阳镇。

五台　旧曰虑虒，久废。后魏置，曰驴夷。

【集释】《杨考》："《地形志》：太和十年复，改属永安郡。《元和志》谓属新兴郡，高齐改属雁门郡。盖魏之永安郡本新兴郡，永安中改。"

大业初改焉。

【集释】《杨考》："《元和志》：大业二年改，因山为名。"

有五台山。

【集释】《杨考》："《寰宇记》引《水经注》：五台山，五峦巍然，故谓之五台山。"

【编者按】五台，治山西今县。

灵丘

【集释】《杨考》："汉置，在县东，后汉省。《元和志》：东魏孝静帝重置。《旧唐志》：隋末陷贼，寄治阳曲。"

后魏置灵丘郡，

【集释】《杨考》："《地形志》：天平二年置。"

后齐省莎泉县入焉。

【集释】《杨考》："后魏置，属北灵丘郡。《纪要》谓《北史》魏主焘太延二年遣将张黎发定州兵通莎泉道，即此。”

后周置蔚州，

【集释】《杨考》：“《元和志》：周宣帝置。”

又立大昌县。

【集释】《杨考》：“《一统志》谓周改莎泉为大昌，恐误。”

开皇初郡废，县并入焉。大业初州废。

【集释】《杨考》：“《元和志》：大业二年省蔚州，属代州。”

【编者按】灵丘，治山西今县。

马邑郡

马邑郡

【集释】《杨考》：“本汉马邑县，晋永嘉后废。隋郡因汉县名。”

旧置朔州。

【集释】《杨考》：“《地形志》：本汉五原郡。延和二年置为镇，后改为怀朔。孝昌中改为州，后陷，寄治并州界。《寰宇记》：后魏孝文迁洛之后，于今朔州北三百八十里置朔州。葛荣之乱，州废。高齐天保六年，又于今州西南四十七里新城置朔州，八年仍移于马邑城，即今城也。《纪要》：齐亦谓之北朔州。武平七年，周师克平阳，齐主败，奔晋阳，欲向北朔州是也。《通鉴》注：后魏太和中置朔州于定襄故城，高齐天保于马邑西南置朔州，相去三百八十里，故定襄古城之朔州有北朔州之称。按《北齐书·赵郡王叡传》：除北朔州刺史。”

开皇初置总管府，

【集释】《杨考》：“《周纪》：建德六年平齐，于北朔州置总管府。《元和志》：武成帝置北道行台，周武帝置朔州总管。又《北齐书·范阳王绍义传》：周武帝克并州，以封辅相为北朔州总管。是则北周并置总管府信矣。此云置于开皇中，误。”

大业初府废。

【集释】《杨考》：“《元和志》：隋开皇罢总管府，大业三年罢州为马邑郡。按《隋纪》，开皇五年十月，以朔州总管吐万绪为徐州总管，则开皇间未废府，当以《志》为正。”

统县四，户四千六百七十四。

善阳　后齐置县曰招远，

【集释】《杨考》：“《元和志》谓县属雁门郡。”

郡曰广安。开皇初郡废。

【集释】《杨考》：“《元和志》：县属朔州。”

大业初县改曰善阳，

【集释】《杨考》：“《元和志》作‘鄯’，云：大业元年改。”

置代郡，寻曰马邑。又有后魏桑乾郡，

【集释】《杨考》：“按《地形志》

无桑乾郡，而《魏书·灵徵志》有恒州之桑乾郡。又《北齐（书）·张纂传》：父烈，桑乾太守。则《地形志》失此郡也。”

后齐以置朔州

【集释】《杨考》：“因此置朔州，而改马邑城之朔州为北朔州也。”

及广宁郡。

【集释】《杨考》：“《地形志》朔州有此郡。”

后周郡废，大业初州废。

【编者按】 善阳，治今山西朔州市。

神武

【集释】《杨考》：“《地形志》：神武郡领尖山、殊颓二县。《一统志》谓周并二县为神武县。《纪要》谓齐废殊颓，隋改尖山曰神武。”

后魏置神武郡，

【集释】《杨考》：“《地形志》：属朔州。《一统志》：孝昌后置。盖谓与州同置也。”

后齐改曰太平，后周罢郡。

【集释】《杨考》：“《周书·窦炽传》：元子毅，孝闵帝践阼，进爵神武郡公。是周初仍曰神武，岂齐改太平，周仍改神武欤？不然，则《志》误也。又毅子贤，隋开皇中袭爵神武公，疑郡隋时始废。”

有桑乾水。

【集释】《杨考》：“源出马邑县洪涛山。《水经·㶟水注》：㶟水东北流，左会桑乾水。阴馆县西北上平洪源七轮，谓之桑乾泉，即溹涫水也。”

【编者按】 神武，治今山西山阴县东。

云内　后魏立平齐郡，

【集释】《杨考》：“《一统志》：皇兴三年置。按平齐郡，《地形志》不载。《魏书·慕容白曜传》：崔道固及兖州刺史、梁州守将刘休宾并面缚而降，白曜送道固、休宾及其僚属于京师，后乃徙二城民望于下馆，朝廷置平齐郡怀宁、归安二县以居之。又《刘休宾传》：及立平齐郡，乃以梁邹民为怀宁县。《崔崇台传》：立平齐郡，以历城民为归安县。《崔念远传》：慕容白曜送崔道固赴都，诏徙青、齐土望与道固守城者数百家于桑乾，立平齐郡于平城西北北新城，寻徙治京城西南二百余里旧阴馆之西。”

寻废。

【集释】《考异》卷三三：“案平齐郡，皇兴初置，领怀宁、归安二县。其废当在迁洛之后。”

后齐改曰太平县，

【集释】《杨考》：“《一统志》：后齐于平齐城置太平县。”

后周改曰云中，开皇初改曰云内。

【集释】《杨考》：“避讳改。”

有后魏都，置司州，

【集释】《杨考》：“《地形志》恒州：天兴中置司州，治代都平城。太和中改，孝昌中陷。《元和志》：后魏道武帝于此建都，东至上谷军都关，西至河，南至中山隘门塞，北至五原，地方千里，以为甸服。孝文帝改为司州牧，置代尹，孝文迁都洛邑，故置恒州。孝昌之际，恒代之北尽为丘墟。”

又有后齐安远、临塞、威远、临阳等郡属北恒州。

【集释】《杨考》：“《元和志》：高齐天保七年置恒安镇，徙豪杰三千家以实之，今名东州城。其年废镇，又置恒州。”《杨考补遗》：“《隋书·郭衍传》：开皇中授朔州总管。所部有恒安镇，是废北恒州仍为镇也。”

后周并废。

【集释】《杨考》：“《元和志》：周武平齐，废。”

有纯真山、

【集释】《杨考》本作“纥真山”，并云：“‘纥’，各本误作·纯’，今订。《元和志》：虏语‘纥真’，汉言三十里，其山夏积雪霜。三十里，《寰宇记》作十里，《纪要》又作千里。”施和金《释例》：“此‘纯真山’当是‘纥真山’之讹。《元和郡县志》于云中县下云：‘纥真山，在县东三十里。虏语纥真，汉言三十里。其山夏积雪霜。’（卷一四）《太平寰宇记》同，惟三十里作十里（卷四九）。《初学记》云：‘方山又曰纥真山，夏积雪，鸟雀死者一日千数。’（卷八）《太平御览》引《冀州图经》云：‘纥真山在城东北，登之望桑乾代郡数百里内宛然。’又引《郡国志》云：‘望之数百里内夏恒积雪，故彼人语曰：纥真山头冻死雀，何不飞去生处乐。又引神泉人歌曰：纥真山头有神丹（丹，《太平寰宇记》卷五一引作‘井’。是），入地千尺绝骨冷。是山北十里有白登山。’（卷四五）《嘉庆重修一统志》亦作纥真山，其引《隋书·地理志》作云内县‘有纥真山’，不误（卷一四六）。据旧述各书所记，当作纥真山无疑，纥、纯形似，而易致误。”

白登山、

【集释】《杨考》：“《水经·㶟水注》：今平城东十七里有台，台南对冈阜，即白登山。”《杨考补遗》：“《御览》引《冀州图经》：白登山在定襄县东北，汉高所困之处。上有台，因山为名。”

武周山。

【集释】《杨考》：“《水经·㶟水注》：《魏土地记》曰平城西三十里有武周塞口。《纪要》谓即此山也。”

有湿水。

【集释】《杨考》：“《水经注》：湿水出雁门阴馆县东北，至代郡桑乾县南与桑乾水合。”

【编者按】云内，治今山西大同市。

【补阙】《杨考》：“按汉善无县，在今朔平府右玉县南。《地形志》：天平二年置善无郡。《寰宇记》云中县后云：善无城，后魏善无县，隋废，今故城存。”《杨考补遗》：“按有永固县。《地形志》：太和中置。北齐薛孤延封永固县侯，后周王勇封永固县伯，隋《龙藏寺碑阴》有永固公刘达，是隋初尚有此县也。”

开阳　旧曰长宁，

【集释】《杨考》："无考。《地形志》无此县，当亦后齐置。"

后齐置齐德、长宁二郡。后周废齐德郡。开皇初郡废，十九年县改曰开阳。

【编者按】开阳，治今山西神池县。

定襄郡

定襄郡　开皇五年置云州总管府，

【集释】《杨考》："按《志》雍州榆林郡金河县下云：开皇五年置云州总管，二十年云州移。则此处：五年'当作'二十年'方合。"《求勘：“据《本纪》一，则开皇四年十一月已有云州总管之命（贺娄子幹为云州总管）。《地理志》所记，比《本纪》后一年。"

大业元年府废。

统县一，户三百七十四。

大利　大业初置，

【集释】《杨考》："《元和志》：大利城，即隋文帝所筑，以处突厥启明可汗者。"

带郡。有长城。

【集释】《杨考》："《寰宇记》引《冀州图》云：大同以西，紫河以东，横亘而东至碣石，绵亘千里。"

有阴山。

【集释】《杨考》："《寰宇记》引《冀州图》云：云中周回六十里，北去阴山八十里。"

有紫河。

【集释】《杨考》："《寰宇记》。引《郡国志》：云中郡有紫河镇，界内有金河水，其泥色紫，故曰金河。"

【补释】《通鉴》卷一八〇大业三年七月胡注："《通典》：紫河发源朔州善阳县，金河上承紫河。"

【编者按】大利，治今内蒙古和林格尔县西北。

楼烦郡

楼烦郡

【集释】《杨考》："《隋书·卫玄传》：高祖受禅，拜岚州刺史。《李景传》有岚州刺史乔钟葵。然则隋于此曾置岚州。"《求是》："《元和志》一四云：'后魏于今理置岚州，因州西岢岚山为名也。'按《隋书·地理志》楼烦郡下不著岚州，考七一《诚节传》，仁寿间有岚州司马陶模，合诸后录数条（按：指卫玄、乔钟葵、王子忠尝为岚州刺史之事，出处见《隋书》六三、六五及《千唐志》褚夫人王氏志），可见隋初实有岚州之存在，《志》盖失记。”

大业四年置。

【集释】《杨考》：“《隋纪》：大业四年四月丙午，以离石之汾源、临泉，雁门之秀容，为楼烦郡。《元和志》：伏戎城在静乐县北八十里，隋楼烦郡所理。”

统县三，户二万四千四百二十七。

静乐　旧曰岢岚。

【集释】《杨考》：“《元和志》宜芳县下云：后魏于此置岢岚县。静乐县下云：本汉汾阳地，城内有堆阜三，俗名三堆城。开皇三年省，自今宜芳县北移岢岚县于三堆城。按《地形志》无岢岚县。”

开皇十八年改为汾源，大业四年改焉。

【集释】《杨考》：“《寰宇记》作三年改，误。据《隋纪》，大业四年四月尚曰汾源（见上），则改静乐在四月后。”

有长城。

【集释】《杨考》：“《寰宇记》引《隋图经》云：因古迹修筑长城，起合河县北四十里，东经幽州，延袤千里。”

有汾阳宫。

【集释】《杨考》：“《隋纪》：大业四年四月，起汾阳宫。《元和志》：在静乐县北一百二十里。”

有关官。

【集释】《杨考》：“《元和志》：楼烦关在静乐县北一百五十里。”

有管涔山、

【中华校】郝懿行《山海经·北山经》管涔之山注：“《寰宇记》引郭璞注‘管音奸’，是‘管’当为‘菅’。”

【集释】《杨考》：“《山海经》‘管涔之山，汾水出焉，西流注于河’，郭注：今太原郡故汾阳县北秀容山。《水经注》：刘渊族子曜尝隐避于管涔之山。”

天池、

【集释】《杨考》：“《元和志》：在静乐县北燕京山上，周回八里，阳旱不耗，阴霖下溢……隋炀帝尝于池南置宫，每夜风雨吹破，竟不成。今池侧有祠，谓之天池祠。”

汾水。

【集释】《杨考》：“《汉志》：汾水出汾阳县北山西南，至汾阴入河。《水经注》：汾水出太原汾阳县北管涔山。”

【编者按】静乐，治山西今县。

【补阙】《杨考》：“按有岚城县，在今岚县北。《元和志》：大业八年，分静乐县置岚城县，属楼烦郡。”

临泉　后齐置，曰蔚汾。

【集释】《杨考》：“《元和志》：后魏于蔚汾谷置蔚汾县，属神武郡。《寰宇记》同。按《地形志》无蔚汾县。《通典》云：北齐置。与《志》合。”

大业四年改焉。

【集释】《杨考》：“《元和志》：开

皇三年县属石州，大业二年改为临泉县，四年属楼烦郡。《寰宇记》：临泉水在县北一百步，县因此水为名。《水经注》：河水又南，陵水注之。水出陵川北溪，南迳其川，西转入河，即临泉水也。”

【编者按】 临泉，治今山西兴县西。

秀容

【集释】《杨考》：“《元和志》：秀容故城在宜芳县南三十里。刘元海感神而生，姿容秀美，因以为名。《地形志》：永兴二年置，属秀容郡。《元和志》：隋开皇十八年，于今县西北五十里秀容故城移于今理。按《舆地广记》：开皇十年废平寇县，而自今宜芳秀容故城移县治此。则废平寇置秀容，俱十年事，疑当从之。”

旧置肆州，

【中华校】“肆”原作“泗”，据《魏书·地形志》上改。

【集释】《考异》卷三三：“‘泗’当作‘肆’。”《杨考》：“各本误作‘泗’，今订。《地形志》：肆州治九原。天赐二年为镇，真君七年置州。”

后齐又置平寇县。

【集释】《杨考》：“《元和志》秀容县下云：后魏庄帝于今县东十里置平寇县。又定襄县下云：魏末置定襄，高齐省，武成帝移平寇县于此。是魏庄帝于秀容置平寇县，齐武成移于定襄故城。《志》当云‘后魏置平寇县。又有定襄县，后齐省，旋移置平寇县’，方合。”

后周州徙雁门。

【集释】《杨考》：“《寰宇记》：后周武帝徙。据《元和志》，为大象元年，则在宣帝时。”

开皇初置新兴郡、

【集释】《杨考》：“《地形志》肆州永安郡，后汉末置新兴郡，永安中改。《晋志》新兴郡治九原，即今忻州治，隋盖因旧名。”

铜川县。郡寻废。

【集释】《杨考》：“《旧唐志》：义旗初置新兴郡于秀容县，领秀容一县。则义宁元年复置此郡。”

十年废平寇县。

【集释】《杨考》：“《元和志》：开皇十年移平寇于崞城，今代州县是也。《寰宇记》作十八年移。盖平寇自齐武成已移定襄城，此又移崞城，而以其地并入秀容也。”

十八年置忻州，

【集释】《杨考》：“《元和志》：因州界忻州口为名也。”

大业初州废，

【集释】《杨考》：“《元和志》：大业二年州废，《唐志》：义宁元年，复分秀容置忻州。”

又废铜川。

【中华校】“川”下当有“入焉”二字。

【集释】《杨考》：“依《志》例，当有‘入焉’二字。”

有程侯山、

【集释】《杨考》：“《水经注》：忻水东历程侯山北，山甚层锐，其下旧有采金穴，俗谓之金山。”

系舟山。

【集释】《杨考》："《寰宇记》：尧遭洪水，系舟于此。"

有岚水。

【集释】《杨考》："《寰宇记》：蓝水经秀容县界。《一统志》：岚水，在忻州西南，一名蓝水，亦称石代沟，东流入牧马河。"

【编者按】秀容，治今山西忻州市。

太原郡

太原郡　后齐并州，置省，

【集释】《杨考》："《北齐书·神武纪》：普泰元年，并州平，神武以晋阳四塞，乃建大丞相府而定居焉。此后世置行省之滥觞，至隋遂置尚书省于并州。"

立别宫。

【集释】《杨考》："《北齐书》：武定三年，神武请于并州置晋阳宫，以处配口。至后北齐诸帝尝幸晋阳。后主大统三年十一月，晋阳大明殿成。又按北齐于此置行台，魏孝武授神武大行台是也。"

后周置并州六府，

【集释】《杨考》："《周武帝纪》：建德六年二月，平齐，置并州宫及六府宫。"

后置总管，废六府。

【集释】《杨考》："《周纪》：建德五年十二月，以上柱国陈王纯为并州总管。则未置六府之先，即置总管矣。按《周纪》建德六年十二月，废并州宫及六府。"

开皇二年置河北道行台，

【集释】《杨考》："《元和志》：废总管置。《隋文帝纪》：开皇二年正月，置河北道行台尚书省于并州，以晋王广为尚书令。按《北齐书·文襄纪》，天平元年，加使持节尚书令、大行台、并州刺史，似行台已置于东魏初。"

九年改为总管府，

【集释】《求是》："据《本纪》六年十月所书，是时已前，已有并州总管。盖行台虽置。总管之名未废，至九年则省去行台也。"

大业初府废。

【集释】《杨考》："《元和志》：大业二年，罢州为太原郡，"

统县十五，户十七万五千三。

晋阳　后齐置，曰龙山，

【集释】《杨考》："《元和志》：高齐河清四年，移晋阳县于汾水东，今太原县理是也。武平六年，于今晋阳县理置龙山县，因县西龙山为名也。"

带太原郡。开皇初郡废，十年改县曰晋阳，

【集释】《杨考》："《元和志》：开皇三年罢郡置并州，十年废龙山县，移晋阳县理之。《通鉴》：隋义宁元年，李世民出私钱数百万，使龙山令高赋廉与裴寂博。注：盖开皇中赋廉尝为龙山令也。”

十六年又置清源县，

【集释】《杨考》：“《元和志》：开皇十六年，于梗阳故城置清源县，属并州，因县西清源水为名。《通鉴》：仁寿四年，汉王谅举兵退守清源。”

大业初省入焉。

【集释】《杨考》：“《元和志》：大业二年。”

有龙山、

【集释】《杨考》：“《元和志》：悬瓮山，一名龙山。《山海经》曰：悬瓮之山，晋水出焉。其上多玉，其下多铜。《汉志》晋阳：龙山在西北。”

蒙山。

【集释】《杨考》：“今太原县西北五里。《元和志》引《十六国春秋》曰：前赵刘聪征刘琨不克，略晋阳之人逾蒙山而归，即谓此也。今山上有《杨忠碑》，为周将讨齐战胜，隋开皇二年，追纪功烈，始建此碑。”

【编者按】蒙山在《隋书·地理志》中凡两见，此为一，后又见于太原郡石艾县下。据杨守敬所考，两蒙山地望不同。晋阳，治今山西太原市晋祠镇。

太原　旧曰晋阳，

【集释】《杨考》：“本汉县。《元和志》：高齐河清四年，自今并州城中移晋阳县于汾水东。隋开皇十年移晋阳县于州城中，仍于其处置太原县，属并州。大业三年属太原郡。隋末移入州城。”

带郡。开皇十年分置阳真县，

【集释】《杨考》：“按当云‘开皇十年改县曰太原。又分置阳真县’，方合。”

大业初省入焉。有晋阳宫。

【集释】《杨考》：“《元和志》：东魏孝静帝置晋阳宫，隋文帝更名新城，炀帝更置晋阳宫。城高四丈，周回七里。”

有晋水。

【集释】《杨考》：“《汉志》：晋阳县龙山，晋水所出，东入汾。《水经》：晋水出晋阳县西悬瓮山，又东过其县南，又东入于汾水。”

【编者按】太原，治今山西太原市晋祠镇。

交城　开皇十六年置。

【集释】《杨考》：“《寰宇记》：本汉晋阳县地。齐于此置牧，隋开皇十六年析晋阳置交城县，属并州，因县西北古交城为名。”

【编者按】交城，治今山西古交县。

汾阳　旧曰阳曲。开皇六年改为阳直；

【补释】《汉书·地理志上》太原郡阳曲县下，师古曰：“隋文帝自以姓杨，故恶阳曲之号，乃改其县名为阳直。今则复旧名焉。”

十六年又改名焉，

【集释】《杨考》：“《元和志》：开皇六年改为阳直县，十年又移于今县东北四十里汾阳故县，十六年改阳直县为汾阳县，因汉旧名也。炀帝又改为阳直县，移理木井城，即今县理是也。按炀帝改汾阳为阳直，当在末年，故《志》不书。”

复分置盂县，

【集释】《杨考》：“‘盂’，宋本、毛本俱作‘孟’，今从明监本。”

大业初废。

【集释】《杨考》：“《元和志》：本汉旧县，在今阳曲县东北八十里，后魏省，地属石艾县。开皇十六年分石艾置原仇县，因原仇故城为名。大业二年改原仇为盂县。不云开皇置盂县事。据《志》云云，当是开皇十六年置于汉县故城，至大业初废，移盂县于原仇也。互详后盂县下。”

有摩笄山。

【集释】 《杨考》本“摩”作“磨”，并云：“此无考。若赵简子姊自杀之磨笄山，《史记正义》引《括地志》：在飞狐县东北百十里。又引《魏土地记》：在代郡东南二十五里马头山，去阳曲甚远。”

【编者按】 汾阳，治今山西阳曲县东。

文水　旧曰受阳，

【集释】《杨考》：“《地形志》：晋属乐平。真君九年罢乐平，属太原郡。按《晋志》作‘寿阳’。《水经注》引《太康地记》作‘受阳’。卢谌《征艰赋》‘历寿阳而总辔’。古书‘寿’、‘受’错出，音同通用耳。”

开皇十年改焉。

【集释】《杨考》：“《元和志》、《寰宇记》并同。按《石壁寺铁弥勒颂》云：石壁谷随隶西寿阳，唐改寿阳为文水。与各书异，盖碑误。”

有文水、

【集释】《杨考》：“《水经》：文水出大陵县西山文谷东，到其县屈南，至平陶县东北入于汾。”

泌水。

【中华校】 “泌”原作“沁”，据《水经》六《文水注》改。

【集释】 《杨考》：“各本误作‘沁’，今订正。《水经·文水注》：泌水出大陵县西南山下，武氏穿井给养。井至幽深，后一朝，水溢平地，东南注于文水。若出上党之沁水，去此甚远，必非也。”

【编者按】 文水，治山西今县东。

祁

【中华校】 原作“祈”，据《汉书·地理志》上、《晋书·地理志》上改。

【集释】 《杨考》本作“祈”，并云：“当作‘祁’。二汉、晋、魏《志》并作‘祁’。”

后齐废，

【集释】《杨考》：“《元和志》：高齐天保七年省。”

开皇中复。

【集释】《杨考》：“《元和志》：开皇十年重置，属并州。”

【编者按】 祁县，治山西今县。

寿阳　开皇十年改州南受阳县为文水；分州东故寿阳，置寿阳。

【集释】《隋书札记》：“案寿阳之名，至唐贞观十一年始改，此本作‘受阳’，其注亦有脱误。以《元和郡县志》考之，当云：开皇十年改受阳为文水，又于晋受阳故城别置寿阳县。然《晋志》本作‘寿阳’，疑《元和志》亦微有误。此注‘故寿阳’字自当作‘寿’，盖晋县自作‘寿阳’，魏、隋县自作‘受阳’也。”《杨考》：“《周书·宇文神举传》：所部东寿阳县土人相聚为盗。钱氏《考异》云：《隋志》之故寿阳当即此。《传》之‘东寿阳’，未审置于何代。隋初并省此县，因有‘故寿阳’之目耳。按《元和志》：寿阳，本汉榆次县地，西晋于此置受阳县，属乐平郡。永嘉后省。晋末山戎内侵，后魏太武迁戎外出，徙受阳之户于太陵城南置受阳县，属太原郡。受阳县即今文水县是也。开皇十年改受阳为文水县，又于受阳故城别置受阳县，属并州，即今县是也。贞观十一年更名寿阳（‘寿’、‘受’二字本互称，已见文水县下。《元和志》故为分别，非是）。据此知州南故文水之受阳即后魏之太陵城也，州东之故寿阳即晋所置之寿阳故城也。钱氏云‘东寿阳未审置于何代’，未详考《元和志》耳。”《求是》：“《水经注》六洞涡水云：‘东流南屈受阳县故城东。按《晋太康地记》乐平郡有受阳县，卢谌《征艰赋》所谓历受阳而总辔者也。’据《水经注》所言，似后魏时受阳已废。其后不知何时复立。”

有燕岩。

【集释】《杨考》：“《寰宇记》作‘燕岭’，引《隋图经》云：岭多鸷燕，以名之。在县西三十里。”

【编者按】寿阳，治山西今县。

榆次　后齐曰中都，

【集释】《杨考》：“本汉榆次县。《元和志》：高齐文宣帝省，自今榆次县东十里移中都县理之，属太原郡。”

开皇中改焉。

【集释】《杨考》：“《元和志》：开皇十年改中都县，又为榆次县。《寰宇记》作开皇十六年置榆社县，恐误。又云：大业二年省，义宁元年又置。”

【编者按】榆次，治今山西晋中市榆次区。

太谷　旧曰阳邑，

【集释】《杨考》：“汉置，在今太谷县东十五里。《地形志》：真君九年罢，景明二年复，属太原郡。即今太谷县治。《元和志》：高齐及周同，开皇三年属并州。”

开皇十八年改焉。

【集释】《杨考》：“《元和志》：因县西太谷为名。”

【编者按】太谷，治山西今县。

乐平

【集释】《杨考》：“本汉沾县地。《元和志》：高齐移乐平县理沾城，即今县是也。”

旧置乐平郡，

【集释】《杨考》：“《地形志》：后汉献帝置，真君九年治太原，孝昌二年复治沾城。《通鉴》陈太建十三年，隋文受禅，女杨后改封乐平公主。”

开皇初废郡。十六年分置辽州及东山县，大业初废州

【集释】《杨考》：“《元和志》：大业三年废州。”

及东山县。

【集释】《杨考》：“《志》例当云‘并东山县入焉’。”

有皋洛山。

【集释】《杨考》：“《左传》闵二年，晋侯使太子申生伐东山皋洛氏。《纪要》：盖邑于此山之下。”

有清漳水。

【集释】《杨考》：“《水经·清漳水注》：清漳水出沾县故城东北，俗谓之漳山。”

【补释】殿本《水经注》：“俗谓之沾山。案：近刻讹作‘漳山’。”

【编者按】乐平，治今山西昔阳县西南。

和顺　旧曰梁榆，

【集释】《杨考》：“《一统志》：后齐置。”

开皇十年改。

【集释】《杨考》：“《寰宇记》和顺县下云：后魏孝昌二年于沾城置乐平郡及乐平县，隋开皇五年复移于今所，属并州，十年又移于沾城，仍于今所置和顺县，因县界内古和顺城为名。”

有九京山。

【集释】《杨考》：“《寰宇记》：在和顺县西十一里。《国语》赵孟与叔向游于九原即此。按《水经·汾水注》：侯甲水又西迳京陵县故城北，于春秋为九原之地，京陵即平遥也。《日知录》辨其非，而以太平县西南二十五里九原山当之。”

【编者按】和顺，治山西今县。

辽山　后魏曰辽阳，

【集释】《杨考》：“后汉末置轑河县，晋改轑阳。《地形志》作‘辽阳’，云：真君九年并乡，孝昌二年复。”

后齐省。开皇十年置，改名焉。

【集释】《杨考》：“《寰宇记》：属并州，因县西北轑山为名。”

十六年属辽州，并置交漳县。大业初废州，并罢交漳入焉。有箕轑水。

【集释】《杨考》：“《水经·清漳水注》：轑水出轑河县西北轑山，南流迳轑河县故城西南，东流至粟城，注于清漳。《寰宇记》：辽阳水从平城西北八赋水东南流，经古辽阳城南，谓之辽阳水，又东过合清漳水。”

【编者按】辽山，治今山西左权县。

平城　开皇十六年置。

【集释】《杨考》：“《元和志》：开皇十六年，于赵襄子所立平都故城置平城县，属辽州。大业二年改属并州。”

有涂水。

【中华校】“涂”原作“徐”，据《水经》六《洞过水注》改。

【集释】《杨考》本作“徐水”，并

云："按（'徐水'）当'涂水'之误。《水经·洞过水注》：涂水出阳邑东北大嵰山涂谷。《地形志》阳邑有徐水，亦涂水之误。"

【编者按】平城，治今山西和顺县西。

石艾

【集释】《杨考》："汉置上艾县，后罢。晋复。真君九年罢，孝昌六年复，改名，属乐平郡。"

有蒙山。

【集释】《杨考》："今平定州东北十五里。"

【编者按】石艾，治今山西平定县。

盂 开皇十六年置，曰原仇，大业初改焉。

【集释】《杨考》："《元和志》：开皇十六年，分石艾县置原仇县，属辽州，因原仇故城为名，即今县是也。大业二年改原仇为盂县。因汉旧名，属并州，"

有白鹿山。

【集释】《杨考》："《纪要》引孔颖达曰：盂县西有白鹿泓，出自西北鹿山南渚。"

【编者按】盂县，治山西今县。

襄国郡

襄国郡

【集释】《杨考》："本汉襄国县，后齐初置郡于临洺，周置郡于此，隋初废。详见后。"

开皇十六年置邢州。

【集释】《杨考》："《寰宇记》：开皇十六年，割洺州龙冈、南和、平乡三县及置青山、沙河、任三县置邢州，取古邢国为名。大业三年改为襄国郡。"

统县七，户十万五千八百七十三。

龙冈 旧曰襄国，

【集释】《杨考》："《元和志》：周宣帝置襄国郡，开皇三年罢郡，县属洺州。"

开皇九年改名焉。

【集释】《杨考》："《元和志》：西北有龙冈，因名之。《隋书·段文振传》：周时赐爵襄国县公，开皇中改封龙冈县公。与《志》合。"

十六年又置青山县，

【集释】《杨考》："《寰宇记》云：废青山县在邢州北五十里。……开皇十八年置青山县，属邢州，以县界青山为名。"

大业初省入焉。

【集释】《杨考》："《寰宇记》：大业二年，省县为龙腾府。"

有黑山。

【集释】《杨考》："《元和志》：在

沙河县西四十里。出铁。”

有濂水。

【集释】《杨考》：“《寰宇记》：濂水，一名澧水，一名鸳鸯水，俗谓之百泉，源出龙冈县东南平地。《纪要》谓即濂水。”《杨考补遗》：“《说文》：濂水出赵国、襄国，东入湡。”

【编者按】龙冈，治今河北邢台市。

南和

【集释】《杨考》：“《地形志》：前汉属广平，后汉属巨鹿，晋属广平，后并任县，太和二十年复。《隋书·李谔传》：文帝受禅，赐爵南和伯。”

旧置北广平郡，

【集释】《杨考》：“《地形志》：永安中分广平置。”

后齐省入广平郡，后周分置南和郡。开皇初郡废，

【集释】《杨考》：“《元和志》：开皇三年县属洺州，十六年改属邢州。”

十六年置任县，

【集释】《杨考》：“按任本汉县，后魏尚有此县，属北广平，当是后齐省，隋复置。《元和志》：属邢州。”

大业初废入。

【集释】《杨考》：“《元和志》：大业三年。”

【编者按】南和，治河北今县。

平乡

【集释】《杨考》：“《元和志》：本秦巨鹿县，后魏移平乡县理之，属广平郡。开皇三年属洺州，十六年改属邢州。按汉至晋，平乡在今县西北。《地形志》：晋后罢，景明三年复治巨鹿城，属南赵郡。《元和志》云：属广平郡，误也。”

【编者按】平乡，治河北今县西南平乡镇。

沙河　开皇十六年置。

【集释】《杨考》：“《元和志》：分龙冈县置，以沙河在县南五里，因以为名。”

有馨山。

【集释】《杨考》：“《元和志》作‘磬口山’，云：汉、魏时旧铁官也。《寰宇记》作‘磬石山’，云：在沙河县西南九十里。”

【编者按】沙河，治今河北沙河市北沙河城镇。

巨鹿

【集释】《杨考》：“本汉置西緜县。……《旧唐志》：隋于汉之南緜置巨鹿县。《寰宇记》巨鹿下引《隋图经集记》云：开皇六年于此置巨鹿县，属赵州，遥取汉县巨鹿以名也。”

后齐废，开皇六年置南栾县，

【中华校】“栾”原作“蛮”，据《魏书·地形志》上、《元和志》一五、《旧唐书·地理志》二改。

【集释】《考异》卷三三：“‘蛮’当作‘栾’。”《杨考》：本作“蛮”，并云“复汉旧名也。”

后废入焉。

【集释】《杨考》：“《纪要》：大业初废。”

【编者按】巨鹿，治河北今县北。

内丘

【集释】《杨考》："汉置中丘县，在县西十里。晋后废。《地形志》：太和二十一年复。即今治也，属南赵郡。《元和志》：隋室讳'忠'，改为内丘：开皇三年属赵州，大业二年改属邢州。"

有干言山。

【中华校】汲古阁本，"干"作"于"。《杨考》：《寰宇记》谓《诗》"出宿于干，饮饯于言"，即此山也。

【编者按】内丘，治河北今县。

柏仁

【集释】《杨考》："汉置。《一统志》：柏人县，在西十二里。后魏移治，属南赵郡。……《元和志》：后魏改'人'为'仁'，开皇三年属赵州。今本《地形志》仍作'人'。"《杨考补遗》："按北齐《李清报德象颂》正作'柏仁'，足证《元和志》之说为有据。"

有鹊山。

【集释】《杨考》："《寰宇记》：蓬鹊山，亦名龙腾山，在内丘县西六十三里，又引《郡县志》云：昔扁鹊同虢太子游此采药，因名。按此山距今之唐山甚远。"

【编者按】柏仁，治今河北隆尧县西。

武安郡

武安郡 后周置洺州。

【集释】《杨考》："《周纪》：宣政元年，分相州广平郡置洺州。《元和志》：周建德六年置洺州，以水为名。大业三年罢。"

统县八，户十一万八千五百九十五。

永年 旧曰广平，

【集释】《杨考》："当云'广年'。按广平、广年并汉县，晋永嘉后并废，后魏太和二十年并复。"施和金《释例》："'广年'误作'广平'。"

置广平郡，后齐废北广平郡

【集释】《杨考》："《地形志》：永安中分广平置。"

及曲梁、

【集释】《杨考》："《元和志》：高齐文宣帝省曲梁，置广年县。盖移广年治曲梁也。《寰宇记》：高齐天保七年并曲梁入广平。当作并入广年。"

广平二县入。

【集释】《杨考》："盖并二县入广年也。若上文作'广平'，是废广平入广平矣。"

开皇初郡废，复置广平，

【集释】《杨考》；"盖分广年置广平。"

后改曰鸡泽。

【集释】《杨考》："《元和志》：开皇十六年，于广平城置鸡泽县。"

仁寿元年改广平为永年。

【集释】《杨考》："《元和志》：开皇三年广年县属洺州，仁寿元年改广年为永年，避炀帝讳也。据此，则《志》'改广平'实改广年之误。盖上既云改广平为鸡泽，则广平已废，而《通典》、《旧唐志》、《寰宇记》、《舆地广记》又皆作改广平为永年，则其误已久。"

大业初置武安郡，又并鸡泽县入。

【集释】《杨考》："《元和志》：大业二年省。"

【编者按】永年，治河北今县东南旧永年。

肥乡　东魏省，

【集释】《杨考》："《水经·漳水注》引《晋书地道记》太康中立，以隶广平。《寰宇记》：魏黄初二年置肥乡县。《地形志》：天平初省入临漳。"

开皇十年复。

【集释】《杨考》："《元和志》：属磁州，十六年割属洺州。《舆地广记》作开皇十六年复置。"

【编者按】肥乡，治河北今县。

【补阙】《杨考》："按有列人县，汉置，在今肥乡县东北十五里。《纪要》：高齐省。"

清漳　开皇十六年置。

【集释】《杨考》："《元和志》：南滨漳水，因以为名，属洺州。"

【编者按】清漳，治河北广平县东北清漳村。

平恩

【集释】《杨考》："《寰宇记》：高齐天保七年移于斥漳城，今洺水县是也。隋开皇六年，又自斥漳移于平恩，即今理。《元和志》：隋开皇三年属洺州。"

【编者按】平恩，治今河北曲周县东南。

洺水

【集释】《杨考》："《元和志》：开皇六年，以县西近洺河，故为洺水，属洺州。"

旧曰斥漳，

【集释】《杨考》："汉县。两《汉志》及《地形志》俱作'章'，《水经注》、《晋志》作'漳'。"

后齐省入平恩。开皇六年分置曲周，

【集释】《杨考》："按当作开皇六年置洺水，又分置曲周。不然，是平恩分置曲周，曲周又废入平恩，而洺水之置竟不见，是为疏也。《寰宇记》：隋开皇六年以平恩移入旧地，又于此立洺水县，即今县。曲周，今县东北四十里。《元和志》：本汉旧县，后魏宣武帝改置曲安县，属广平郡。高齐省，开皇六年复置曲周县，属洺州。"

大业初废入焉。

【集释】《杨考》："《元和志》：大业二年。"

【编者按】洺水，治今河北曲周县南。

武安

【集释】《杨考》："《地形志》：二汉属魏郡，晋属广平，天平初属魏郡。《元和志》：开皇三年属相州，十年割属磁州，大业二年磁州废，割属洺州。"

开皇十年分置阳邑县，大业初废入焉。有榆溪，

【集释】《杨考》："《水经注》：清漳水又得梁榆水口，水出梁榆城西大嵰山。疑《志》文脱'梁'字。"

有阏与山，

【集释】《杨考》："《水经·清漳水注》：南水又东北迳梁榆城南，即阏与故城也。"

有寖水。

【集释】《杨考》："《说文》：湡水出赵国襄国之西北，东北入寖。赵氏《水经注释》谓寖即漳也，"

【编者按】武安，治河北今市。

邯郸 东魏废。

【集释】《杨考》："汉县。《一统志》：东魏天平初省入临漳。按《地形志》：邯郸，真君六年属广平郡。而魏郡临漳下有邯郸城。临漳，天平初置，故《一统志》以为并入临漳也。隋开皇十年复移邯郸县于陟乡城，见下临洺县。《元和志》：开皇十年属磁州，大业二年属洺州。"

开皇十六年复置陟乡，大业初省入焉。

【集释】《杨考》："《元和志》：邯郸县即治陟乡城。与《志》异。"

【编者按】邯郸，治河北今市。

临洺 旧曰易阳。

【集释】《杨考》："《元和志》：汉易阳，后魏省入邯郸。《寰宇记》：孝文于北中府城复置易阳县。"

后齐废入襄国县，置襄国郡。

【集释】《杨考》："按《齐书·李元忠传》，分广平之易阳、襄国，南赵郡之中丘三县为易阳郡，据此则齐有易阳郡、易阳县，当是郡、县并废入襄国。

后周改为易阳县，别置襄国县。

【集释】《杨考》："按并置襄国郡（见上）。此盖仍还襄国旧治，即隋之龙冈也。"

开皇六年改易阳为邯郸，十年改邯郸为临铭。

【集释】《杨考》："《元和志》：开皇十年移邯郸县理陟乡城，城在今邯郸县界。仍于北中府城别置临洺县，北滨洺水，因以为名，属磁州。大业二年割属洺州。"

开皇初郡废。有紫山、

【集释】《杨考》："《寰宇记》引《隋图经》云：临洺紫山，春夏有紫气蓊郁，山下有石，石上菖蒲一寸九节，岩间有紫石英。"

狗山、

【集释】《杨考》："《元和志》：山顶石上有狗迹，因名。"

塔山。

【编者按】临洺，治今河北永年县。

赵　郡

赵郡　开皇十六年置栾州，

【集释】《杨考》："《元和志》：后魏明帝于广阿城置殷州，高齐改殷州为赵州。隋开皇十六年于栾城县置栾州。《寰宇记》：隋以废赵郡之平棘、廮陶二县并废巨鹿郡之广阿、安国、柏人、内丘等四县改置栾州，取柏乡县汉高栾故城以为之名也。"

大业三年改为赵州。

【集释】《杨考》："《元和志》：大业二年废栾州，以县并属赵州。三年，以赵州为赵郡。《旧唐志》：隋自象城（即广阿）移赵州治所于平棘县理。据此二说，则隋开皇十六年以后，栾、赵二州并立，至大业二年始并栾州于赵州。《志》未分析。'三年'亦'二年'之误。"

统县十一，户十四万八千一百五十六。

平棘　旧置赵郡，开皇初省。有宋子县，

【集释】《杨考》："汉置，后汉废。《地形志》：永安二年复，属巨鹿郡。"

后齐废。

【集释】《杨考》："《一统志》：开皇初复置。按《志》当有此五字。"施和金《释例》："宋子县后齐废，大业初又废，盖因脱'开皇初复'四字而使全文不通。"

大业初置赵郡，废宋子县入焉。

【编者按】平棘、治今河北赵县。

高邑

【集释】《杨考》："《元和志》：高齐天保七年，移高邑县于其县城东北十五里，今县是也。隋开皇三年属赵州。按后汉、晋、北魏之高邑在赵州柏乡县北。"

【编者按】高邑，治河北今县。

赞皇　开皇十六年置。

【集释】《杨考》："《元和志》作六年置，云：县南有赞皇山，因以为名，属栾州，大业二年改属赵州。《寰宇记》亦作六年。"

有孔子岭，

【集释】《杨考》："《寰宇记》引《隋图经》云：赞皇县孔子岭有石室宽博，其下有石相拒若楹柱，时人谓之三梁九柱之室。室内石人象类执卷，故号曰孔子岭。"

有白沟。

【编者按】赞皇，治河北今县。

元氏

【集释】《杨考》："汉置。《元和志》：元氏故城在今县西北十五里，两汉常山太守皆理于此城。”

旧县，后齐废，

【集释】《杨考》：“《魏书·李顺传》：季子宁，齐受禅，例降元氏县子。盖齐初尚未废也。又按《新唐书·宰相世系表》，裴舒，周时封元氏公，似周尚有此县。”

开皇六年置。

【集释】《杨考》：“《元和志》：属赵州。隋末为刘黑闼所破，其后移于今所。”

十六年分置灵山县，大业初废入焉。有灵山。

【集释】《杨考》：“《纪要》：与无极山并峙。”

【编者按】元氏，治河北今县西北。

廮陶　旧曰廮遥，

【集释】《考异》卷三三：“案廮陶本汉旧县，后魏永安二年，分廮陶置瘿遥县，治杨城。其廮陶故县不见于《隋志》，盖废于齐、周之世矣。隋改‘遥’为‘陶’，虽取故名，其实非一地。”《杨考》：“《地形志》：永安二年置，治杨城，为巨鹿郡治。按汉廮陶县在今宁晋县西二十九里。《一统志》：北齐省入廮遥。《地形志》巨鹿郡有廮陶，复有廮遥，故《一统志》以为齐省廮陶也。”

开皇六年改为“陶”。

【集释】《杨考》：“《元和志》：复汉旧名。大业二年属赵州。”

【编者按】廮陶，治今河北宁晋县。

栾城　旧县，

【集释】《杨考》：“《元和志》：后魏太和十一年于此置栾城县，取平棘县旧栾城为名。《地形志》：太和十一年分平棘置，治关城。按后汉常山国有栾城县，盖改关县置栾城，晋废，魏复置也。”

后齐废，开皇十六年复。

【集释】《杨考》：“《元和志》：隋属栾州，又改属赵州。按隋之栾州当系于此。”

【编者按】栾城，治今河北石家庄市栾城区。

大陆　旧曰广阿，置殷州

【集释】《杨考》：“《地形志》：孝昌二年分定、相二州置，治广阿。”

及南巨鹿郡。后改为南赵郡，

【集释】《杨考》：“《地形志》：太和十一年为南巨鹿，属定州。十八年属相州，后改南赵郡。孝昌中属殷州。”

改州为赵州。

【集释】《杨考》：“《寰宇记》：高齐天保二年改殷州为赵州，七年州废。然则改州上脱‘后齐’二字。”

开皇十六年分置栾州，

【集释】《杨考》：“据此，亦足见前郡下云云为鹘突也。”

仁寿元年改为象城。

【集释】《杨考》：“《寰宇记》：县西有古象城，因以为名。”

大业初州废，

【集释】《杨考》：“此指赵州言也。”《求是》：“高齐改殷州为赵州（《元和志》一七），周因之。开皇十六年，于平棘县析置栾州，大业初废原治广阿之赵州，同时复改原治平棘之栾州为赵州。简言之，即废栾州而以赵州徙治平棘。《元和志》一七云：‘大业二年，废栾州，以县并属赵州’，语固无误，惟未说明徙治耳。”

县改为大陆。

【集释】《杨考》：“《元和志》：大业二年改大陆，属赵州。《尔雅》曰晋有大陆，广阿即大陆别名。《淮南子》曰：巨鹿、大陆、广阿咸一泽也。《寰宇记》作大业末改。”

又开皇十六年所置大陆县，

【集释】《杨考》：“其城今不可考。盖分广阿置也。”

亦废入焉。

【编者按】大陆，治今河北隆尧县东旧城镇。

柏乡　开皇十六年置。

【集释】《杨考》：“《元和志》：于汉鄗城南十八里改置，遥取古柏乡县以为名，属栾州。大业二年改属赵州。《旧唐志》：隋于彭水之阳复置。”

有嵖嵍山。

【集释】《杨考》：“《寰宇记》尧山县下云：宣嵍山，一名虚无山，在县西北四里。……元纳新《河朔访古记》云：巏嵍山（原注：音权髦）在柏乡县南，乃土山也。……按字书，‘嵍’音务。《颜氏家训》云，柏人城东山有孤山，阚骃《九州志》以为舜纳于大麓即此山，世俗或呼为宣务山。余尝为赵州佐，共太原王邵读柏人城西门内碑，碑是汉桓时县人为令徐整所立，铭云‘上有巏务山，王乔所化’，方知此巏务山也。‘巏’字遂无所出。‘務’字依诸字书，即旄丘之‘旄’。‘旄’字，《字林》一音忘付反，今依附俗名，当音权务耳。”

【编者按】柏乡，治河北今县。

房子　旧县，后齐省；

【集释】《杨考》：“《一统志》：天保七年。”

开皇六年复。

【集释】《杨考》：“自高邑徙此。”

有赞皇山。有彭水。

【集释】《杨考》：“《纪要》：沙水自赞皇县流经临城县境，合于泜水，又东北入高邑县界，谓之泲水，或以为即彭水也。”

【编者按】房子，治今河北临城县。

稿城　后齐废下曲阳入焉，

【集释】《杨考》：“汉县。《地形志》作曲阳，无‘下’字。按《北齐书·魏兰根传》，巨鹿下曲阳人也，是齐初仍增‘下’字。”

改为高城县，

【中华校】“高”原作“稾”，据《元和志》一七改。

【集释】《杨考》：“《元和志》作‘高城’是也。《地形志》本作‘稾城’，齐改‘稾’为‘高’耳。观下文复改‘稾城’可见。”

置巨鹿郡。

【集释】《杨考》：“此后魏定州之巨鹿郡也。本秦郡，在平乡，晋徙宁晋西南，魏徙宁晋县治，齐复徙此。《通典》稾城下云后周置巨鹿郡，当别有据。”

开皇初郡废。

【集释】《杨考》：“《新唐志》：义宁元年，复置巨鹿郡。”

十年置廉州，十八年改为稿城县，

【集释】《杨考》：“盖改高城为稾城。《寰宇记》：开皇十八年改为稾城县，兼立廉州，以稾城、鼓城二县属廉州。”

大业初州废。

【集释】《杨考》：“《寰宇记》：州废，移稾城入废州城，今县是也。”

又开皇十六年置柏乡县，

【集释】施和金《订补》：“《隋志》赵郡下已列有柏乡县，并云：‘开皇十六年置。’此藁城下又云开皇十六年置柏乡县，则一郡之内同年置二柏乡县矣。此绝无之事，必有一误。《旧唐志》唐初钜鹿郡中领有桓肆县，《新唐志》作柏肆县。《纪要》云：‘柏肆城，隋开皇十六年置柏肆县于此，属廉州，大业初废，义宁初复置，属钜鹿郡，’《嘉庆重修一统志》亦云：‘柏肆废县，在藁城县北三十里。晋筑坞于此，曰柏肆坞……隋开皇十六年置柏肆县，属廉州’（卷二八）。由上可知，此藁城下所云开皇十六年置县当非柏乡，而为柏肆。该县之得名与晋所筑柏肆坞有关。因与柏乡县名相近，故《隋志》讹作柏乡（《旧唐志》桓肆亦为柏肆之讹）。杨氏未考见此误，余于此补考之。”

亦废入焉。

【集释】《杨考》：“《新唐志》：义宁元年复置，属巨鹿郡。按新丰城在今稾城东北。《新唐志》：隋义宁元年，析稾城县置新丰县，属巨鹿郡，并置宜安县。”

【编者按】稿城，治今河北石家庄市藁城区。

鼓城　旧曰曲阳，后齐废。

【集释】《杨考》：“按此即稾城县下之下曲阳也，盖曲阳并入稾城，而隋之鼓城实曲阳故地，故复书之。然古县废置如此者甚多，《志》独于此详著，又省‘下’字，几疑为两县两地，亦为例不纯者也。”

开皇十六年分置昔阳县，

【中华校】“昔”原作“晋”。洪颐煊《诸史考异》：“据《水经·浊漳水注》、《元和志》，‘晋’当作‘昔’。”按：《寰宇记》六一也作“昔”。今据改。

【集释】《诸史考异》卷一三：“作‘晋阳’是传写之讹。”《杨考》：“各本‘昔’误作‘晋’，今订。”

十八年改为鼓城。

【集释】《杨考》：“《元和志》：开皇六年置昔阳县，十八年改为鼓城，属廉州，大业九年改属高阳郡。《寰宇记》亦云：开皇六年，分稾城地于下曲阳故城东五里置昔阳县，属定州，即今县是也。十年改属廉州。十八年改昔阳为鼓城，盖取古鼓国以为名。”

十六年又置廉平县，大业初

并入。

【编者按】鼓城，治今河北晋州市。

恒山郡

恒山郡 后周置恒州。

【集释】《杨考》："《周纪》：宣政元年，分定州常山郡置恒州。《元和志》：周武帝置恒州，隋炀帝大业三年罢州，以管县属高阳郡。《寰宇记》云：建德六年置恒州，隋大业初废。"

统县八，户十七万七千五百七十一。

真定 旧置常山郡

【集释】《杨考》："《元和志》：汉三年置恒山郡，因恒山为名，后避文帝讳改曰'常山'。两汉郡理元氏，晋理真定，即今常山故城是也。后魏道武帝登恒山城北望安乐垒，嘉其美名，遂移郡理之，即今州理是也。周武帝于此置恒州。按《元和志》常山郡九门县有安乐垒，是魏之常山郡在九门，周之恒州亦不理此，盖至大业置恒山郡，始复以真定为郡治。《志》盖据晋郡治书之，若魏郡则当书九门县下。"

开皇初郡废。

【集释】《求是》："《芒洛四编》三《娄敬志》：'祖珽，随任真定太守；父荣，随任蔡州别驾，褰襜冀甸，案户豫圻。'此当是隋初之郡，但《地理志》未载。"

十六年分置常山县。大业初置恒山郡，省常山入焉。

【编者按】真定，治今河北正定县南。

滋阳 开皇六年置。十六年又置王亭县，大业初省入焉。有大茂山、

【集释】《杨考》："《寰宇记》：大茂山，恒山之异名也。"

岁山。

【集释】《杨考》："毛本作'涉'。"

【编者按】滋阳，治今河北行唐县西北上滋洋村。

行唐

【编者按】行唐，治河北今县。

石邑 旧县，后齐改曰井陉，

【集释】《杨考》："按当云'并井陉入，改曰井陉'，详见下。《元和志》：汉至隋不改。与《志》异。《隋书·韦师传》：高祖受禅，赐爵井陉侯。"

开皇六年改焉。

【集释】《杨考》："《寰宇记》：开皇三年，移定州之石邑县于万夏村置，属恒州。然则石邑已移徙，非故治。互见后恒阳县下。"

十六年析置鹿泉县，

【集释】《杨考》："《元和志》：以鹿泉在县南，因以为名，属并州。"

大业初并入。

【集释】《杨考》："《元和志》：大业二年省，义宁初重置，还属并州。"

有封龙山、

【集释】《杨考》："《元和志》作'飞龙山'，云：在获鹿县南四十五里。又引《前赵录》曰：王浚遣将祁宏率鲜卑讨石勒于飞龙山下，勒大败。按汉《封龙山碑》今存。"

抱犊山。

【集释】《杨考》："《元和志》：萆山，今名抱犊山。韩信伐赵，使轻骑二千人，人持一赤帜，从间道萆山而望，后遂改为萆山。《御览》引《隋图经》：卑山，今名抱犊山。四面危绝，山顶有二泉。后魏葛荣乱，百姓抱犊上山，因以名之也。"

【编者按】石邑，治今河北石家庄市西南。

九门

【集释】《杨考》："本汉县，后汉、晋因之，后魏徙常山郡治此。《水经·漳水注》：长芦水又东迳九门城北故县西。中间当有移徙。"

后齐废，开皇六年复。

【集释】《杨考》："《新唐志》：义宁元年置九门郡，并析置新市、信义二县。"《杨考补遗》："按隋《龙藏寺碑阴》有九门县令李廉、九门县尉富昶、吕俭。"

大业初，又并新市县入焉。

【集释】《杨考》："本汉置，后魏属中山郡。《隋书·郎茂传》：恒山新市人。"

有许春垒。

【编者按】九门，治今河北石家庄市藁城区西北九门乡。

井陉　后齐废石邑，以置井陉。开皇六年复石邑县，分置井陉。

【集释】《杨考》："按石邑、井陉并汉县，至后魏仍并属常山。据《元和志》、《寰宇记》，不言后齐石邑、井陉有分并事。如《志》所云，是以后齐置井陉于石邑城中，而汉、魏以来之井陉不言废置何所，殊为疏漏。即如《志》说，亦当云'旧县。后齐并入石邑，又改石邑为井陉。开皇六年复石邑县，井陉还故治'，方无不合。"《杨考补遗》："按隋《龙藏寺碑》立于开皇六年，碑阴有石邑令任谊、井陉令曹明。"

十六年于井陉置井州，

【集释】《杨考》："宋本、毛本作'并州'，误。明监本作'井州'，《元和志》亦作'井州'，是。"

及置苇泽县。大业初废州，

【集释】《杨考》："《元和志》：大业二年废井州，以所领县属恒州。《旧唐志》：义宁元年置井陉郡。"

并废苇泽县

【集释】《杨考》："《旧唐志》：义宁元年置苇泽县。盖复置也。"

及蒲吾县入焉。

【集释】《杨考》："汉县，以后并属常山郡。《新唐志》：义宁元年复置。"

【编者按】井陉，治河北今县西北南陉乡。

房山 开皇十六年置。

【集释】《杨考》："《元和志》：因县北房山为名，属并州。《寰宇记》：其城内实外险，一名阳嘉城。义宁元年属房山郡。"

【编者按】房山，治今河北平山县。

灵寿 后周置蒲吾郡，开皇初郡废。

【集释】《杨考》："《旧唐志》：义宁元年置燕州。"

【编者按】灵寿，治河北今县。

博陵郡

博陵郡

【集释】《杨考》："汉郡在安平，隋徙此。"

旧置定州。

【集释】《杨考》："《地形志》：皇始二年置安州，天兴三年改定州。《元和志》：后燕慕容垂建都于此，后魏道武平慕容垂子宝，置安州，又改为定州，以安定天下为名也。《梁书·侯景传》：生擒葛荣，以功擢为定州刺史、大行台。又按《北齐书·魏兰根传》，魏庄帝时以兰根为河北行台，是定州尝置行台也。"

后周置总管府，

【集释】《杨考》："《周纪》：建德六年二月平齐，于定州置总管府。"

寻罢。

【集释】《考异》卷三三："《隋书·炀帝纪下》：大业九年十月，改博陵郡为高阳郡。《地理志》失载。"《杨考》："谓罢府也。《元和志》：大业三年改定州为博陵郡，大业九年改博陵郡为高阳郡。"李燕捷《隋辽西郡建置考》："大业六年以后各郡材料不见于《地理志》并非漏记、失载、误编，而是修志时即被划在范围之外，对此是不应对《地理志》有所指责的。"（载《河北师范学院学报》1983年第3期）

统县十，户十万二千八百一十七。

鲜虞 旧曰卢奴，

【集释】《杨考》："汉县。《元和志》：慕容垂改为弗违，后魏平燕，又改为卢奴。《旧唐志》'弗违'作'不连'。"

置鲜虞郡。

【集释】《杨考》："本汉中山国，后魏曰中山郡。《元和志》：隋开皇元年以'中'字犯庙讳，改中山郡为鲜虞郡。又《元和志》于安喜、北平、曲阳、毋极并云：后齐属中山郡。《北齐书·阳休之传》：除中山太守。

又后周宇文护封中山郡公。则隋以前无鲜虞郡审矣。此‘鲜虞’二字，当‘中山’之误。《舆地广记》谓后周置鲜虞郡。《纪要》：高齐改中山郡曰鲜虞。皆未见所出，恐只是因此《志》意为之说。”

后齐废卢奴入安喜。

【集释】《杨考》：“《水经·滱水注》作‘安熹县’，故安险也，后汉章帝改曰安熹。按魏《凝禅寺三级浮图碑》有安戏令赵道安，后魏无安戏县，疑‘戏’、‘喜’通用也。”

开皇初废郡，以置鲜虞县。

【集释】《杨考》：“当是开皇元年置鲜虞郡，三年废郡，改卢奴为鲜虞县，盖遥取春秋鲜虞国为名。《隋书·田仁恭传》有鲜虞县公谢庆恩。”

大业初置博陵郡，

【集释】《杨考》：“《元和志》：遥取汉博陵郡为名也，大业九年又改为高阳郡。按《炀帝纪》，大业九年十月，诏曰：博陵昔为定州，地居冲要，先皇历试所基，王化斯远，故以道冠豳风，义高姚邑。朕巡抚氓庶，爰属兹邦，瞻望郊廛，缅怀敬止，思所以宣播德泽，覃被下人，崇纪显号，式光令绪。可改博陵为高阳郡。”

又废安喜入焉。

【集释】《杨考》：“据《志》所云，是隋初仍以卢奴故地置鲜虞，而安喜、鲜虞为二县，至大业初安喜始废。《元和志》则谓高齐省卢奴，移旧安喜于此，属中山郡，隋改为鲜虞县，与《志》异，未知孰是。”

有卢水。

【集释】《杨考》：“《水经·滱水注》：卢奴城内西北隅有水，渊而不流，南北一百步，东西百余步。水色正黑，俗名曰黑水池。或云水黑曰‘卢’。不流曰‘奴’。故此城藉水以取名矣。”

【编者按】鲜虞，治今河北定州市。

北平

【集释】《杨考》：“本汉曲逆县地，后汉章帝改为蒲阴，后魏孝明帝改为北平。《一统志》：后齐改蒲阴置北平县，属中山郡。”

旧置北平郡。

【集释】《杨考》：“《地形志》：孝昌中分中山置，治北平城。《元和志》：后魏孝明帝于今县东北三十里置北平郡。”

后齐郡废，又并望都、蒲阴二县来入。

【集释】《杨考》：“《元和志》：以北平县属中山郡。”

开皇六年又置望都，大业初又废。有都山、

【集释】《杨考》：“《水经·滱水注》：望都城之东有山孤峙，世以山不连陵，名之曰孤山。孤、都声相近，疑所谓都山也。《帝王世纪》曰：尧母庆都所居，故县目曰望都。张晏曰：尧山在北，尧母庆都山在南。登尧山见都山，故望都县以为名也。”

伊祁山。

【中华校】“祁”原作“祈”，据《寰宇记》六三改。

【集释】《杨考》："《地形志》望都有伊祁山。《寰宇记》：尧住此山，后因作姓。"

有濡水。

【中华校】"濡"原作"漂"，据《元和志》六二、《水经》一一《易水注》改。

【集释】《杨考》本作"漂水"，并云："无考。恐是误字。《元和志》：濡水在北平县西五里，即《水经注》东北至河间入易水之濡水也。"

【编者按】北平，治今河北顺平县。

唐　旧县，后齐废，

【集释】《杨考》："《元和志》：高齐省入安喜县。"

开皇十六年复。

【集释】《杨考》："《元和志》：属定州。"

有尧山、

【集释】《杨考》："一名唐山。《水经·滱水注》：皇甫谧曰尧山一名豆山。今山于唐城北而如东，崭绝孤峙，虎牙桀立。南有尧庙。是即尧所登之山也。"

郎山、

【集释】《杨考》："《水经·滱水注》：中山城之西北，泉源所导，西迳郎山北。'郎'、'唐'音读近，则郎山即唐山，按《地形志》唐县有狼山祠。"

中山。

【集释】《杨考》："《水经·滱水注》：唐水出中山城之西如北，城内有小山，在城西侧而锐上，俗以山在邑中，故亦谓之中山城。"

【编者按】唐县，治河北今县西。

恒阳　旧曰上曲阳，后齐去"上"字。

【集释】《杨考》："《元和志》：天保七年除'上'字，但为曲阳县，属中山郡。盖齐已废下曲阳入高城故也。"

开皇六年改为石邑，七年改曰恒阳。

【集释】《杨考》："《元和志》：开皇六年，改曲阳为石邑县，其年移石邑于井陉县，属恒州。七年于此置恒阳县，属定州。以在恒山之南，因以为名。"

有恒山，

【集释】《杨考》："《尔雅》：恒山为北岳。《周官·职方氏》：并州山镇曰恒山。《元和志》：汉以避文帝讳改曰常山。周武帝平齐，复曰恒山。"

有恒阳溪，

【集释】《杨考》："恒水原也。《禹贡》'恒卫既从'，郑玄曰：恒水出恒山北谷。《汉志》上曲阳县：恒山，《禹贡》恒水所出，东入滱。"

有范水。

【集释】《杨考》："《水经·易水注》：淀水东南流出长城注易，谓之范水。易水自下有范水通目，又东迳范阳县故城南，即应劭所谓范水之阳也。"

【编者按】恒阳，治今河北曲阳县。

新乐　开皇十六年置。

【集释】《杨考》："《元和志》：属定州，取新乐故城为名。"

有黄山。

【集释】《杨考》："《明一统志》：新乐县黄山出细软白石，可为器。"

【编者按】新乐，治河北今市东北承安铺。

隋昌　后魏曰魏昌，

【集释】《杨考》："《地形志》：前汉曰苦陉，后汉章帝改为汉昌，魏文帝改魏昌。"

后齐废。开皇十六年复，仍改焉。

【集释】《杨考》："《寰宇记》：隋文帝仍于魏昌城置隋昌县，属定州。"

【编者按】隋昌，治今河北定州市南。

毋极

【集释】《杨考》："汉县。《地形志》：晋罢，太和十二年复，属中山郡。《元和志》、《寰宇记》并云：后魏太武省，高齐重置，属中山郡，开皇三年改属定州。"

【编者按】毋极，治今河北无极县。

义丰

【集释】《杨考》："《元和志》：本汉安国县地，隋开皇六年改为义丰。"

开皇六年置。

【集释】《杨考》："《寰宇记》：开皇六年，自鄡城（'鄡'当作'鄚'，见前信都郡鹿城下）移安国县于郑德堡，属定州，其年仍改安国为义丰。考《志》信都郡鹿城下'开皇六年改安国为安定'，与《寰宇记》不合。按《隋书·韦世康传》，弟冲，高祖践祚，赐爵安固（盖安国之误）县侯，后改封义丰县侯，足徵《寰宇记》云'移安国于郑德堡，改为义丰'者为有据也。"

旧有安国县，后齐废。

【集释】《杨考》："移徙于鹿城。见前信都郡鹿城下。"

【编者按】义丰，治今河北安国市。

深泽

【集释】《杨考》："《元和志》：本汉南深泽县。《地形志》去'南'字，属博陵郡。以涿郡有深泽县，故此加'南'以别之。"

【编者按】《杨考》上文有误。检中华书局版《元和志》卷一八定州深泽县下云："本汉南深泽县也，以涿郡有深泽县，故此加'南'以别之，属中山国。高齐省。"据此，知上文"以涿郡有深泽"云云一段，当移于"地形志"三字前，盖错简。

后齐废，开皇六年复。

【集释】《杨考》："《元和志》：开皇六年，分安平县于滹沱河北重置深泽县，属定州。"

【编者按】深泽，治河北今县。

安平　后齐置博陵郡，

【集释】《杨考》："《水经·滱水

注》：汉桓帝本初元年，继孝冲为帝，追尊父翼陵曰博陵，因以为县，又置郡焉。汉末罢，还安平。晋泰始中复为郡。《地形志》：博陵郡，汉桓帝立。《寰宇记》：自晋及高齐并理安平。《志》云‘后齐置’。误也。”

开皇初废。

【集释】《杨考》：“《元和志》：开皇三年，县属定州。”

十六年置深州；大业初州废。

【集释】《杨考》本作“大业初废”，并云：“《元和志》：大业二年废。《寰宇记》：以县还涿郡。”

【编者按】安平，治河北今县。

河间郡

河间郡　旧置瀛州。

【中华校】“瀛”原作“嬴”。按：《寰宇记》六六，后魏太和十一年置瀛州，“以瀛海为名”。今据改。

【集释】《考异》卷三三：“‘嬴’当作‘瀛’。”《杨考》：“‘嬴’当作‘瀛’，魏、齐书纪、传并作‘瀛’。然考魏《凝禅寺三级浮图碑》，有嬴州主簿董景和。又隋《苏孝慈墓志》：发西山制胜之众，东嬴乞活之军。则当时固通用。《地形志》：瀛州，太和十一年分定州河间、高阳、冀州章武、浮阳置，治赵军都城。按《寰宇记》后汉和帝二年，于文安置瀛州，然则魏亦因旧名。”

统县十三，户十七万三千八百八十三。

河间

【集释】《杨考》：“《寰宇记》：隋开皇三年，移武垣县理州城，十六年，移武垣县居其旧城，乃于此置河间县。”

旧置河间郡，开皇初郡废。大业初复置郡，并武垣县入焉。

【集释】《杨考》：“《寰宇记》：魏武自今河间郡西南三十八里西武垣城，移于今郡南二十五里东武垣城。开皇三年移理州城。十六年改武垣为河间县。仍于东武垣故城再置武垣县，大业二年省。”

【编者按】河间，治河北今市。

文安

【集释】《杨考》：“汉县，后魏属章武郡。《寰宇记》：后魏太和十一年置瀛州，以统章武县，遂归瀛州。北齐废章武入文安。隋大业七年征辽，途经于河口，当三河合流之处，割文安、平舒二邑户于河口置丰利县。隋末乱离，百姓常移就文安城。”

有狐狸淀。

【中华校】“淀”原作“液”，据《寰宇记》六七改。

【集释】《考异》卷三三：“‘液’当作‘淀’。”《杨考》：“各本误作‘液’，今订。《寰宇记》任丘县下引《水经注》：鄚县东南隅水有狐狸淀，俗亦谓之掘鲤淀，非也。盖滹沱水篇文，今佚。又博县下云：掘鲤淀在鄚县西二十里，俗名掘柳淀。左太冲《魏都赋》云‘掘鲤之淀，盖节之渊。”

【编者按】 文安，治河北今县东北。

乐寿 旧曰乐城，开皇十八年改为广城，仁寿初改焉。

【集释】《杨考》：“《寰宇记》：开皇三年属瀛州，十八年改为广成县。仁寿元年又改为乐寿，取其理城为名。大业十三年，自乐寿亭故城移于今理。”

【编者按】 乐寿，治今河北献县。

【补阙】《杨考》：“按汉中水县，在今献县西北三十里。《寰宇记》：其城南枕滹沱，北背高阿。高齐天保七年省。”

束城 旧曰束州，后齐废。

【集释】《杨考》：“《寰宇记》：高齐天保七年省并文安。”

开皇十六年置，后改名焉。

【编者按】 束城，治今河北河间市东北束城镇。

景城 旧曰成平，开皇十八年改焉。

【集释】《杨考》：“《寰宇记》：复汉旧名也。”

【编者按】 景城，治今河北河间市东南景和村。

高阳 旧置高阳郡，开皇初郡废。

【集释】 《诸史考异》卷一三：“（大业）九年十月：改博陵为高阳郡。钱氏《考异》云：《地理志》失记。颐煊案：《地理志》博陵下不言改为高阳，河间郡高阳县下云旧置高阳郡，当是其后所改并也。”《求是》：“余按《魏书》一〇六上瀛州领高阳郡，云：‘晋置高阳国，后改。’此处河间郡（即瀛州）下之‘旧置高阳郡。开皇初郡废’，即指此郡，与炀帝所改者完全无涉。洪氏所云盖未旁参《魏书》也。”

十六年置蒲州，大业初州废。并任丘县入焉。

【集释】《杨考》：“《一统志》：齐置任丘县。《寰宇记》：隋初废，至开皇十六年又置，大业末又废。”

【编者按】 高阳，治河北今县东旧城。

鄚

【集释】《杨考》：“《寰宇记》：后魏孝昌二年移理阿陵城，周宣政元年复还今理。”

有易城县，

【集释】《杨考》：“按汉置易县，晋改易城，后魏复曰易县。《水经注》：易水又东迳易县故城南。”

后齐废。

【集释】《杨考》：“《寰宇记》：天保七年省入鄚县。自周及隋，其地并属鄚。”

开皇中置永宁县，大业初废

入焉。

【编者按】鄚县，治今河北任丘市北鄚州镇。

博野　旧曰博陆，后魏改为博野，

【集释】《杨考》："《寰宇记》：景明元年改。《地形志》高阳郡博野有博陆城。《水经注》：博水又东北迳博陵县故城南。则有移徙。"

后齐废蠡吾县入焉。有君子淀。

【编者按】博野，治今河北蠡县。

清苑　旧曰乐乡。后齐省樊舆、

【中华校】"舆"原作"與"，据《水经》——《易水注》改。

【集释】《考异》卷三三："'与'当作'舆'。"又云："案清苑县，魏太和元年分新城置（即北新城），后齐与新城、乐乡俱省入永宁，又即永宁故城，而更其名曰乐乡，隋开皇中又改名清苑，实即后魏之永宁城也。《魏志》谓太和中改樊舆为扶舆，此《志》仍作樊舆，与《魏志》亦不合。"《杨考》："'与'当作'舆'，《地形志》作'扶舆'，云：前汉、晋曰樊舆，后罢，太和中复改。《水经注》：易水又东迳樊舆故城北。知已废徙。《志》仍作'樊与'，恐误。"

北新城、

【集释】《杨考》："《地形志》作'新城'，云：二汉、晋曰北新城（以别于司州河南郡之新城，加'北'字）。《水经注》：易水又东流，南迳武隧县南、新城县北。又《滱水注》：曹水又东南迳北新城县故城南。知此《志》仍称'北新城'为谬矣。"《杨考补遗》："《隋书·许善心传》：高阳北新城人也。按高阳郡废于开皇，北新城改于后魏，史文郡、县皆追书之，不足为此《志》证也。"

清苑、

【集释】《杨考》："《地形志》：太和元年分新成置。"

乐乡

【集释】《杨考》："见上。"

入永宁，

【集释】《杨考》："后魏置。属高阳郡。"

改名焉。

【集释】《杨考》："《寰宇记》：高齐天保七年省乐乡县，仍自易州满城界移永宁县理此城。《舆地广记》：北齐改永宁为乐乡。按《志》此文不明晰，故《寰宇记》、《舆地广记》二说不同。当以《寰宇记》为是，盖'改名焉'三字賸文。下文云开皇改清苑，知齐未改也。"

开皇十八年改为清苑。

【集释】《杨考》："《寰宇记》作'十六年'。《舆地广记》仍作'十八年'。按隋盖废永宁，立清苑于此。"

【编者按】清苑，治今河北保定市。

长芦

【集释】《杨考》："《元和志》引《水经注》云：长芦。水名也，水傍多芦苇，因以为名。今本《水经注》脱此文。"

开皇初置，

【集释】《杨考》："《元和志》：周大象二年于此置长芦县，属章武郡。《寰宇记》作大象三年，于参户故城东南置长芦县。《旧唐志》亦谓汉参户县，后周改为长芦县。《志》作开皇初置，误。"施和金《释例》："'后周置县'误作'开皇初置'。"

并立漳河郡，郡寻废。

【集释】《杨考》："《寰宇记》云：隋初于今县西北三里置漳河郡，以县属焉。三年罢郡，仍移县于郡界，属瀛州。"

十六年置景州，大业初州废。

【集释】《杨考》："《元和志》：大业二年废。"

【编者按】长芦，治今河北沧州市西。

平舒　旧置章武郡，开皇初废。

【集释】《杨考》："《寰宇记》谓北齐废郡为平舒县，开皇十六年县属景州。与《志》异。"

【编者按】平舒，治今河北大城县。

鲁城

【集释】《杨考》："本汉章武县。《元和志》：高齐省。"

开皇十六年置。

【集释】《杨考》："《元和志》：隋开皇十六年，于此置鲁城县。《寰宇记》：遥取长芦乡北平虏城为名，仍改'虏'为'鲁'者，盖恶胡虏之字也。属景州。"

【编者按】鲁城，治今河北黄骅市西北。

饶阳

【集释】《杨考》："《寰宇记》：高齐天保五年移于今理，即后魏虏渠口置虏口镇于此，后为县，隶深州。隋开皇三年改属定州，十六年属深州，大业三年改属瀛州。"

开皇十六年分置安平、

【集释】《杨考》："按上博陵郡有安平县，与饶阳县接界，此不应复分置安平县，当有误字。"

芜蒌

【集释】《杨考》："《寰宇记》：盖因东北芜蒌亭为名。"

【补释】《元和志》卷十七深州饶阳县："芜蒌故城，在县东北三十五里。隋县也，盖因东北芜蒌亭为名。"

二县，大业初省入焉。

【编者按】饶阳，治河北今县。

【补阙】《求是》："《太平寰宇记》六〇有隋饶阳太守杨君绰。按饶阳县属瀛州河间郡，或其地曾置郡也。"

涿　郡

涿郡

【集释】《杨考》："汉郡，今涿州治，曹魏改范阳，隋复徙此。"

旧置幽州，后齐置东北道行台。

【集释】《杨考》："按《北齐书》，斛律丰乐、独孤永业，武平间并为幽州行台；又潘子晃，武平末为幽州道行台。《独孤永业传》无'东'字，是也。"

后周平齐，改置总管府。

【集释】《杨考》："《周纪》：建德六年二月平齐，于幽州置总管府。"

大业初府废。

【集释】《杨考》："《寰宇记》：大业三年罢州。据《通鉴，大业十三年，虎贲郎将罗艺作乱，自称幽州总管，则艺又置幽州矣。"

统县九，户八万四千五十九。

蓟　旧置燕郡，开皇初废，大业初置涿郡。

【编者按】蓟县，治今北京市西城区。

【补阙】《杨考》："按有广阳县。《寰宇记》：广阳故城在今良乡县东北三十七里。汉为县，高齐天保七年省入蓟县。"

良乡

【集释】《杨考》："汉县，后魏属燕郡。《寰宇记》：北齐天保七年省入蓟县，武平六年复置。"

【编者按】良乡，治今北京市房山区良乡镇。

安次

【集释】《杨考》："汉县，后魏作'安城'，《地形志》安城有安次城是也。按《水经·巨马水注》有安次城，又有安次故城，而不称安城县。又《周书·阎庆传》：魏大统中封安次县子。盖遥封，然则当西魏时亦作安次。疑《地形志》之'安城'即安次之误，故《志》不言'旧曰安城'。《一统志》：隋复故名。恐未的也。"

【编者按】安次，治今河北廊坊市归州镇。

【补阙】《杨考》："按有通泽县。《寰宇记》永清县下云：隋大业七年，于今县西五里置通泽县，隋末废。"

涿　旧置范阳郡，开皇初郡废。

【编者按】涿县，治今河北涿州市。

【补阙】《杨考》："按有晋长乡县，在今固安县西北，后魏改苌乡。《寰宇记》：高齐天保七年省并入涿县。"

固安　旧曰故安，开皇六年改焉。

【集释】《杨考》："《寰宇记》：固安县，本汉方城县地，属广阳国。开皇九年，自今易州涞水县移固安县于此，属幽州，取汉固安县以为名。《汉志》作‘故安’，盖‘故’、‘固’通用。按此，则《志》误。汉、魏之故安在易州，已废于高齐。此本方城县，亦后齐废，自开皇九年始移涞水之固安于此。从前本无故安。若据此，六年改为固安，是与涞水同年置两故安矣。隋世郡县避重名，必无此。”

【编者按】固安，治今河北今县。

【补阙】《杨考》：“按有方城县，在今固安县南十五里。汉置。《寰宇记》：高齐天保七年省入涿县。此城尚存。”

雍奴

【集释】《杨考》：“汉县，后魏徙。《地形志》：真君七年并泉州，属渔阳郡，有泉州城、雍奴城。故知后魏有移徙也。”

【编者按】雍奴，治今天津市武清区旧武清。

昌平

【集释】《杨考》：“《地形志》军都有昌平城是也，天平中改置昌平县，属东燕州平昌郡。”

旧置东燕州及平昌郡。

【集释】《杨考》：“《地形志》：太和中分恒州东部置燕州，孝昌中陷。天平中领流民寄治幽州宜都城。”

后周州郡并废，后又置平昌郡。开皇初郡废，又省万年县入焉。

【集释】《杨考》：“按《地形志》作‘万言’，云：天平中置。”

有关官。

【集释】《杨考》：“按居庸关，《寰宇记》：北齐改为纳款关。《淮南子》云：天下九塞，居庸是其一也。”

有长城。

【编者按】昌平，治今北京市昌平区西南旧昌平镇。

怀戎

【集释】《杨考》：“汉置潘县，后魏废。《寰宇记》：高齐天保六年，于此置怀戎县。”

后齐置北燕州，领长宁、永丰二郡。后周去“北”字。开皇初郡废，大业初州废。有乔山，

【集释】《杨考》：“《寰宇记》作‘川乔山’，云：山有祠，黄帝葬于此。《山海经·大荒内经》有轩辕台，射者不敢西向，畏轩辕故也。《水经·㶟水注》：《史记正义》作‘桥山’。”

历阳山，

【集释】《杨考》：“《寰宇记》作‘历山’，引《后魏舆地图》、《风土记》：潘城西北三十里有历山，形如覆釜，故以名之。”

大、小翮山。

【集释】《杨考》：“《水经·㶟水注》：上谷郡人王次仲少有异志，年及弱冠，变苍颉旧文为今隶书。秦始皇时，官务烦多，以次仲所易文简便于事要，奇而召之，三徵而辄不至。始皇怒其不恭，令槛车送之。次仲首

发于道，化为大鸟出在车外，翻飞而去，落二翮于斯山，故其峰峦有大翮、小翮之名矣。”

有㶟水、

【集释】《杨考》：“毛本作‘郭’。”

湡水、涿水、

【集释】《杨考》：“《水经·㶟水注》：涿水出涿鹿山，世谓之张公泉，东北流入㶟水。”

阪泉水。

【集释】《杨考》：“《水经·㶟水注》：阪泉水导源涿鹿县之东泉，东北入涿水。”

【编者按】怀戎，治今河北涿鹿县西南。

潞

【集释】《杨考》本作“潞”，并云：“汉置路县，东汉曰‘潞’。《地形志》：真君七年并安乐、中谷，属渔阳郡。”

旧置渔阳郡，

【集释】《杨考》：“汉郡在密云县西南三十里，后魏徙此。《地形志》：真君七年并北平郡属焉。”

开皇初废。

【编者按】潞县，治今北京市通州区东。

上谷郡

上谷郡　开皇元年置易州。

【集释】《杨考》：“《寰宇记》：开皇九年，自今遂城所理英雄城移南营州居燕之候台，改名为易州，取州南易水为名。大业初州废，复为上谷郡。则州废于大业三年。”《求是》：“按《寰宇记》，开皇九年自今遂城所理英雄城移南营居燕之候台，改名为易州。与《志》作元年异。‘元’、‘九’形近易讹。而《志》于遂城县下亦云开皇元年州移，殆《寰宇记》讹之也。”

统县六，户三万八千七百。

易　开皇初置黎郡，寻废。十六年置县。

【集释】《杨考》：“《元和志》：十六年于汉故安故城西北隅置易县。《寰宇记》：即今理。”

大业初置上谷郡。

【集释】《杨考》：“《元和志》：遥取汉上谷以为名。”

旧有故安县，后齐废。

【集释】《杨考》：“《地形志》固安有固安城。《水经注》：濡水出故安县西北穷独山。此魏之故安也。易水又东迳西故安城南，即阎乡城。此汉之故安也。《寰宇记》：高齐天保七年省。又见前固安下。”

有驳牛山、

【集释】《杨考》：“《寰宇记》引《郡国志》云：山色黑白斑驳，形如牛，故以为名。易水出其东。”

【补释】《杨考》志文作“驳牛

山”，所引宋本《寰宇记》作“驳牛山”，《清一统志》引《隋志》亦作“驳牛山”。然今中华书局标点本《隋志》作“驳牛山”，金陵书局本《寰宇记》亦作“驳牛山”。未知孰是。

五回岭。

【集释】《杨考》：“《水经·滱水注》：广昌县东南有大岭，世谓之广昌岭，高四十余里，二十里中委折五回方能达其上顶，故岭有五回之名。”

有易水、

【集释】《杨考》：“《水经注》易水出涿郡故安县阎乡西山，注云：西山宽中谷。”

徐水。

【集释】《杨考》：“《水经·易水注》：徐水出广昌县东南大岭下，三源奇发，齐泻一涧。”

【编者按】易县，治河北今县。

涞水　旧曰遒县，后周废。

【集释】《杨考》：“《寰宇记》：大象二年省入涿县。”

开皇元年，以范阳为遒，

【集释】《杨考》：“见下遒县。”

更置范阳于此。

【集释】《杨考》：“《寰宇记》：隋初自伏图城移范阳郡于此。按‘郡’当作‘县’。”

六年改为固安，

【集释】《杨考》：“盖废易州之固安，而取名焉。”

八年废。

【集释】《杨考》：“《寰宇记》：九年移故安于涿县东界，今涿州故安也。按‘故’当作‘固’，‘八’与‘九’未知谁误。”

十年又置，为永阳。

【集释】《杨考》：“《元和志》：属幽州。十六年改属易州。”

十八年改为涞水。

【集释】《杨考》：“《元和志》：以重名改涞水县，因近涞水为名。”

【编者按】涞水，治河北今县。

遒　旧范阳居此，

【集释】《杨考》：“《水经注》：易水迳范阳县故城南。此汉之范阳也。又云：北易至涿郡范阳县会北濡。此魏之范阳也。”

俗号小范阳。开皇初改为遒。

【集释】《杨考》：“《元和志》：开皇元年置遒县。《寰宇记》：伏图城，一名小范阳是也，西北去易州四十五里。隋初自伏图城移范阳县于今涞水县，又于伏图城别置遒县，北属昌黎郡。大业十年又移遒县于伏图城西南，即今州东南三十四里故遒城是。十二年陷于寇，二城俱废。”

【编者按】遒县。治河北定兴县西南。

【补阙】《杨考》：“按有容城县，在今容城县西北。汉置，后汉省，晋复置，寻罢。后魏太和中复置，属范阳郡。《寰宇记》：高齐天保七年省，并入范阳。”

遂城　旧曰武遂。

【集释】《杨考》：“按汉武遂县，

在今武强县东北，非此地。《元和志》云遂城县，即战国时武遂城。《水经注》：易水又东流，南迳武隧县南、新城县北。《史记》曰，赵将李牧伐燕取武隧、方城是也。然则魏时此地本置武遂县，至永熙二年始改为新昌。《志》当云'旧曰新昌'。然因此为《水经注》得一证。"

后魏置南营州，

【集释】《杨考》："《地形志》：永熙二年置，寄治英雄城。"

准营州

【集释】 《杨考》本"准"作"淮"，并云："此误衍。《地形志》无此州。"

置五郡

【集释】《杨考》："《地形志》南营州领昌黎、辽东、建德、营丘、乐良五郡。"

十一县：

【中华校】原脱"十"下十五字，据《魏书·地形志》上补。参看《廿二史考异》。

【集释】《考异》卷三三："今考《魏志》，当云'置南营州及五郡十一县：龙城、广兴、定荒属昌黎郡；石城、广都属建德郡'。此《志》盖脱十五字，又讹四字也。'襄平'以下与《魏志》同，但《魏志》'襄平'作'太平'，似当从此《志》。"《隋书札记》："案淮即'準'字。'準营州置'四字不误，谓于此侨置南营州，仍依营州原有郡县之制置五郡十一县于此也，特于'十'字下、'都'字上脱去'一县'等十五字耳。"

龙城、广兴、定荒属昌黎郡；石城、广都属建德郡；

【集释】《杨考》："《地形志》：永熙中置。《求是》："大兴，《魏书》本作广兴、唯《地理志》辽西郡下作大兴，谅避隋讳所改，但仍称广都（县），则修史者改之未尽也。"

襄平、

【集释】《杨考》："《地形志》作'太平'，误。永熙中置。《地形志》营州辽东郡仍作'襄平'。"

新昌

【集释】《杨考》："《地形志》：永熙中置。"

属辽东郡；

【集释】《杨考》："《地形志》：永熙中置。"

永乐

【集释】《杨考》："《地形志》：兴和二年置。"

属乐浪郡；

【集释】《杨考》："《地形志》作'乐良'（恐误），云：天平四年置。"

富平、

【集释】《杨考》："《地形志》：天平四年置。"

带方、

【集释】《杨考》："《地形志》：元象中置。"

永安

【集释】《杨考》："《地形志》：元象中置。"

属营丘郡。

【集释】《杨考》："《地形志》：天平四年置。"

后齐唯留昌黎一郡，

【中华校】原脱“昌”字，据《廿二史考异》补。

【集释】《考异》卷三三：“当云昌黎，脱‘昌’字。”《杨考》：“各本脱‘昌’字，今补。”

领永乐、新昌二县，余并省。开皇元年州移，

【集释】《杨考》：“见上。”

三年郡废，十八年改为遂城。

【集释】《杨考》：“《元和志》遂城县下云：隋开皇三年移后魏新昌县于此，属易州。十六年改新昌为遂城。《寰宇记》亦作十六年改。惟《元和志》谓开皇三年始移新昌县于此，似误。”

有龙山。

【集释】《杨考》：“《寰宇记》引《括地图》云：其山往往有仙人游龙翔集。”

【编者按】遂城，治今河北徐水县西北。

永乐　旧曰北平，后周改名焉。

【集释】《杨考》：“《元和志》满城县下云：本汉北平县，后魏于此置永乐县。《寰宇记》：后魏永熙二年置永乐县，属易州。按《地形志》北平郡无永乐，亦无易州，而南营州乐良郡有永乐，云：兴和二年置。《旧唐志》云：后魏于汉北平县地置永乐县。然则后魏北平、永乐两县并立，未即改名，至后周移永乐治北平，始改名与？”

有郎山。

【集释】《杨考》：“《水经·滱水注》：徐水东北屈迳郎山，又屈迳其山南，众岑竞举，若竖鸟翅，立石崭岩，亦如剑杪，极地险之崇峭。汉武之世，戾太子以巫蛊出奔，其子远遁斯山，故世有郎山之名。”

【编者按】永乐，治今河北满城县西。

飞狐　后周置，曰广昌。

【集释】《杨考》：“汉县，在今广昌县北，后魏省。《寰宇记》：周大象二年，于五龙城复置广昌县。”

仁寿初改焉。

【集释】《杨考》：“《元和志》：开皇三年属蔚州，仁寿元年改为飞狐县，因县北飞狐口为名。”

有栗山。有巨马河。

【集释】《杨考》：“《水经》巨马河出代郡广昌县涞山，注：即涞水也。”

【编者按】飞狐，治今河北涞源县。

渔阳郡

渔阳郡

【集释】《杨考》：“汉郡在今密云县西南三十里，后魏郡在今通州东八里，隋移于此。

开皇六年徙玄州于此，

【集释】《杨考》："即后魏安州，后周改玄州，见下。《旧唐志》：隋开皇初置玄州，处契丹李去闾部落。"

并立总管府。大业初府废。

统县一，户三千九百二十五。

无终　后齐置，

【集释】《杨考》："按无终本秦县，后魏属渔阳郡。《地形志》无终有无终城，是后魏有移徙也。《志》云'后齐置'，或后齐复有迁徙欤？然无可考。又《志》无渔阳县。《旧唐志》渔阳县下：隋为渔阳县。《舆地广记》：隋末置渔阳县。《一统志》谓大业末改无终为渔阳。"

后周又废徐无县入焉。大业初置渔阳郡。有长城。有燕山、

【集释】《杨考》："《寰宇记》：在渔阳县东南七十里。悬岩侧有石鼓，去地百余丈，望之若数百石囷，囷左右石梁贯之，鼓东南有石人援桴，状同击势。耆旧言燕山石鼓鸣则有兵。"

无终山。

【集释】《杨考》："《寰宇记》：无终山，一名翁同山，又名阴山，在渔阳县西北四里。"

有泃河、

【中华校】"泃"原作"洵"，据《水经》一四《鲍丘水注》改。

【集释】《杨考》："《水经·鲍丘水注》作'泃河'，云：出无终县西山白杨谷，东南流入鲍丘水。"

如河、

【集释】《杨考》："《水经·鲍丘水注》作'洳河'，云：出北山，在泃奚县故城东南流注于泃渠河。"

庚水、

【集释】《杨考》："《水经·鲍丘水注》：庚水出徐无县北塞中，西南流入鲍丘水，谓之柘口。"

灅水、

【集释】《杨考》："《水经·鲍丘水注》：灅水出右北平俊靡县东，南流入于庚水。"

滥水。

【集释】《杨考》："《水经·鲍丘水注》作'蓝水'，云：出北山东，屈而南流，迳无终县故城东，又南入灅。"

有海。

【集释】《杨考》："无终去海颇远，其辖地纵能至海，然隋时沿海之县甚多，或著，或不著，亦率也。"

【编者按】无终，治今天津市蓟州区。

北平郡

北平郡　旧置平州。

统县一，户二千二百六十九。

卢龙　旧置北平郡，领新昌、朝鲜

【集释】《杨考》："《地形志》：延

和元年，徙朝鲜民于肥如置，属北平郡。”

二县。后齐省朝鲜入新昌，又省辽西郡并所领海阳县

【集释】《杨考》：“按辽西郡所领尚有阳乐县，在今抚宁县西，亦汉县，当亦同时省。”

入肥如。开皇六年又省肥如入新昌，十八年改名卢龙。大业初置北平郡。有长城。

【集释】《杨考》：“《寰宇记》卢龙县下云：秦使蒙恬辅其子扶苏之所筑，东南长万里。”

有关官。

【集释】《杨考》：“按《纪要》卢龙、迁安、抚宁三县关甚多，未知《志》何所指。”

有临渝宫。

【集释】《杨考》：“汉临渝县城在今抚宁县东北。《纪要》：大业中置临渝宫于此。十年复议伐高丽，自涿郡幸临渝是也。”

有覆舟山。有碣石。

【集释】《杨考》：“《汉志》：大碣石山在右北平骊成县西南。文颖曰：碣石在辽西絫县，并属临渝，盖小碣石也。郭璞《山海经注》云：碣石在临渝。或云在骊成，两存之。《水经注》亦并引班、文两说。又《晋太康地志》：秦筑长城，起自碣石。则主班氏《志》，盖宗文颖。”

有玄水、

【集释】《杨考》：“《水经·濡水注》：玄水出肥如县东北元溪，西南流迳县东，又西南流，右会卢水，又西入濡水。”

卢水、

【集释】《杨考》：“《水经·濡水注》：卢水出肥如县东北沮溪，南流谓之大沮水。又西南，小沮水注之，合而为卢水，以入于玄。”

温水、

【中华校】“温”原作“涅”，据《水经》一四《濡水注》改。

【集释】《杨考》本作“涅”，并云：“《水经·濡水注》作‘温水’，云：出肥如城北，西流注于玄水。”

闰水、

【集释】《杨考》：“‘闰’当作‘润’。《水经·濡水注》：敖水出卢龙塞，西南流，注濡水。又合屈而注，左得润水，右会敖水。二水并自卢龙而注于濡。”

龙鲜水、

【集释】《杨考》：“《水经·濡水注》：龙鲜水出新安平县西北，谓之马头水，二源俱导，南合一川，东流注封大水。《地理志》龙鲜水东入封大水者也。乱流南会新河，南注于海。”

巨梁水。

【中华校】“巨”原作“臣”，据《水经》一四《鲍丘水注》改。

【集释】《杨考》：“各本‘巨’误‘臣’，今订。按《水经·鲍丘水注》：巨梁水出土垠县北陈宫山，西南流，右合区落水，左会寒渡水。又东南，右合五里水，乱流入于鲍丘水。”

有海。

【编者按】卢龙，治河北今县。

安乐郡

安乐郡

【集释】《杨考》："《地形志》安州有安乐郡。隋盖因旧名。"

旧置安州，

【集释】《杨考》："《地形志》：皇兴二年置，治方城。元象中寄治幽州北界。"

后周改为玄州。

【集释】《杨考补遗》："当因玄水得名。"

开皇十六年州徙，寻置檀州。

【集释】《杨考》："《寰宇记》引《隋图经》云：开皇初徙玄州于渔阳，今渔阳郡是也。至十八年，又割幽州燕乐、密云二县于旧玄州置檀州，取汉白檀县为名。大业三年罢州为安乐郡。按上渔阳郡下作六年徙州，此作十六年，必有一误。据《隋图经》作开皇初徙州，则当依前作六年。"施和金《释例》："'十'字衍。"

统县二，户七千五百九十九。

燕乐　后魏置广阳郡，

【集释】《杨考》："《地形志》：延和元年置益州，真君二年改为郡。"

领大兴、

【集释】《杨考》："《地形志》作'广兴'，云：延兴二年置，真君九年并恒山。盖隋避炀帝讳改。"

方城、

【集释】《杨考》："《地形志》：普泰元年置。"

燕乐

【集释】《杨考》："《地形志》：延和九年置，真君九年并永乐。"

三县。后齐废郡，

【集释】《杨考》："《寰宇记》：隋改广阳郡为长阳郡。似后齐无废郡之事。"

以大兴、方城入焉。大业初置安乐郡。有长城。有沽河。

【集释】《杨考》："《水经·沽水注》：沽河出御夷镇西北九十里丹花岭下。"

【编者按】燕乐，治今北京市密云区东北。

密云　后魏置密云郡，

【集释】《杨考》："《地形志》：皇始二年置，治提携城。"

领白檀、

【集释】《杨考》："《地形志》：郡治。《一统志》：后齐改白檀为燕乐。"

要阳、

【集释】《杨考》："《地形志》：前汉属渔阳，后汉、晋罢，后复属。"

密云

【集释】《杨考》："《地形志》：真君九年并方城属焉。"

三县。后齐废郡及二县入密云。又有旧安乐郡，

【集释】《杨考》："《地形志》：延和二年置交州，真君二年罢州置郡。《北齐书》有安乐王仁雅。"

领安市、

【集释】《杨考》："《地形志》：二汉、晋属辽东，真君九年并富平属焉。"

土垠

【集释】《杨考》："《地形志》：真君九年置。"

二县，后齐废土垠入安市，后周废安市入密云县。

【集释】《杨考》："此字衍。"

开皇初郡废。有长城。有桃花山、

【集释】《杨考》："《地形志》要阳有桃花山。《寰宇记》引《郡国志》云：桃花山在渔阳西北一十五里。"

螺山。

【集释】《杨考》："《水经·沽水注》引《魏土地记》曰：渔阳城南五里有螺山。"

有渔水。

【集释】《杨考》；"《水经·沽水注》：渔水出渔阳县东南平地泉流，西迳渔阳县故城南，又西南入沽水。"

【编者按】密云，治北京市密云区。

辽西郡

辽西郡

【集释】《杨考》："汉郡在今卢龙县东，后汉、晋郡在今抚宁县西，后魏郡在卢龙县北三十里。《新唐志》：隋于营州之境汝罗故城置辽西郡。《纪要》：古顺州，隋置，以处粟末靺鞨降人，寻改为辽西郡（据此，是隋于此尝置顺州）。"《求是》："'辽西郡'应作'柳城郡'。"又云："《隋书》三〇误以辽西郡当营州。据《太平寰宇记》七一，大业八年置辽西郡，十二年寄理柳城……辽西在隋末已是寄治，故唐初将其并入燕州，并不是辽西且隋之燕郡，吾人须明白此种复杂经过，才能使隋末东北所设之州郡条分缕析也。至《地理志考证》五引《纪要》：'古顺州，隋置以处粟末靺鞨降人，寻改为辽西郡。'杨氏云：'据此，是隋于此尝置顺州。'按：《方舆纪要》杂采各地方志。编志者限于学识，积累不少错误。据《旧唐书·地理志》及《突厥传》，顺州系贞观六年置以处突厥：隋未之闻。顾氏唯负大名，故引其书者多不深究也。"又云："按《隋地理志》无燕郡，惟涿郡蓟县下云：'旧置燕郡，开皇初废，大业初，置涿郡。'则此非大业末之燕郡。又六三《史祥传》：'俄拜燕郡太守，被贼高开道所围，……及城陷，开道甚礼之，会开道与罗艺通和，送祥于涿郡，卒于涂。'则大业末之燕郡，亦非涿郡。考六五《薛世雄传》：'以世雄为东北道大使，行燕郡太守，镇怀远。'又《旧唐书》

三九云：‘燕州，隋辽西郡，寄治于营州，武德元年，改为燕州总管府，领辽西、泸河、怀远三县。’燕州似即承燕郡而改设，所领怀远，又恰与世雄所镇同名，故余初据旧书，颇疑《隋书》列传之燕郡，即《地理志》之辽西郡。惟依《新唐书》一一〇，隋末有辽西太守突地稽，则事实又不能相容。末检《新唐书》四三下贾耽入四夷道里云：‘营州东百八十里，至燕郡城。’同书三九营州下又云：‘东有镇安军，本燕郡守捉城。’谅即此之燕郡，由燕郡改称燕州，不特于名甚顺，且其所领怀远，复恰为隋末燕郡太守薛世雄所镇。《旧书》三九、《新书》一一〇均谓燕州即隋辽西郡，《通鉴》一八九注及《通鉴》释文辨误均从之。按谓燕州原属辽西郡地则可，若谓两者同一则不然。”李燕捷《隋辽西郡建置考》：“我以为岑先生并没有揭示出辽西郡建置的真象。《隋书·地理志》所记郡县截止至大业五年隋朝最为强盛之时为止，至于大业五年以后郡县建置之变化情况，一律不载。大业五年以前，柳城、燕、襄平等郡尚未建立，在后来的辽西诸郡之地，当时只有辽西一郡，即前营州改名（非大业八年后寄治柳城之辽西郡）。《隋书·地理志》关于隋辽西郡的记载并无失误。”（刊于《河北师范学院学报》1983年第3期）

旧置营州，

【集释】《杨考》：“详见下。《通鉴》陈太建九年，周灭齐，惟东雍州行台傅伏及营州刺史高宝宁不下。《寰宇记》：开皇三年讨平宝宁，复以其地置营州。”《杨考补遗》：“按营州亦称北营州。《周书·武帝纪》：建德六年十二月，北营州刺史高宝宁据州反。”

【补释】《北史》卷一〇《周本纪下》亦作“北营州刺史高宝宁据州反”。

开皇初置总管府，

【集释】《杨考》：“按《隋纪》，开皇十五年三月，营州总管韦艺卒。”

大业初府废。

统县一，户七百五十一。

柳城　后魏置营州于和龙城，

【集释】《杨考》：“《地形志》：太延二年为镇，真君五年改置。永安末陷，天平初复。”

领建德、

【集释】《杨考》：“《地形志》：真君八年置，治白狼城。”

冀阳、

【集释】《杨考》：“《地形志》：真君八年并昌黎，武定五年复。”

昌黎、

【集释】《杨考》：“《地形志》：晋分辽东置，真君八年并冀阳属焉。”

辽东、

【集释】《杨考》：“《地形志》：秦置，后废罢。正光中复，治固都城。”

乐浪、

【集释】《杨考》：“《地形志》作‘乐良’：前汉武帝置，二汉、晋曰乐浪，后改，罢。正光末复，治连城。”

营丘

【集释】《杨考》：“《地形志》，正光末置。”

等郡，龙城、

【集释】《杨考》：“《地形志》：真君八年，并柳城、昌黎、棘城属焉。”

大兴、

【集释】《杨考》：“《地形志》作‘广兴’：真君八年，并徒河、永乐、燕昌属焉。此二县及下定荒县属昌黎郡。”《杨考补遗》：“《隋书·豆卢勣传》：昌黎徒河人也。此举慕容氏旧贯，非隋有徒河县也。”

永乐、

【集释】《杨考》：“《地形志》作‘永洛’，正光末置。”

带方、

【集释】《杨考》：“《地形志》：二汉、晋属乐浪，后罢。正光末复置。以上二县属乐良郡。天平四年复置郡，带方县属营丘。”

定荒、

【集释】《杨考》：“《地形志》：正光末置。”

石城、

【集释】《杨考》：“《地形志》：后魏真君八年，并辽阳、路、大乐属焉。”

广都、

【集释】《杨考》：“《地形志》：真君八年，并白狼、建德、望平属焉。”

阳武、

【集释】《杨考》：“《地形志》：正光末置。以上三县，《地形志》属建德郡，永熙中复置郡。无阳武县。”

襄平、

【集释】《杨考》：“《地形志》：二汉、晋属辽东，后罢。正光中复。永熙中复置。作‘太平’。”

新昌、

【中华校】“新”原作“亲”，据《魏书·地形志》上改。

【集释】《杨考》：“《地形志》作‘新昌’，是。二汉、晋属辽东，后罢，正光中复。以上二县属辽东郡。”

平刚、

【集释】《杨考》：“西汉县，后省，后魏复置。”

柳城、

【集释】《杨考》：“后魏县。以上二县，《地形志》属冀阳郡。”

富平等县。

【集释】《杨考》：“《地形志》：正光末置。按尚有永安县，当在今直隶境。《地形志》：正光末置富平、永安二县，属营丘郡。”

后齐唯留建德、冀阳二郡，永乐、带方、龙城、大兴等县，其余并废。开皇元年唯留建德一郡，龙城一县，其余并废。

【集释】《杨考》：“《舆地广记》：隋末复置石城县。”

寻又废郡，改县为龙山，十八年改为柳城。大业初，置辽西郡。

【集释】《杨考》：“《寰宇记》：炀帝初，废营州置柳城郡。与此异。按《寰宇记》燕州下引《隋北番风俗记》云：初，开皇中，粟末靺鞨与高丽战，不胜。有厥稽部渠长突地稽者率忽使（一本作‘忽赐’）来部、窟突始部、悦稽蒙部、越羽部、步护赖部、破奚部、步步括利部，凡八部

（含突地稽者的厥稽部为八部），胜兵数千人，自扶余城西北举部落向关因附，处之柳城。柳城乃燕郡之北。炀帝大业八年，为置辽西郡并辽西、怀远、泸河三县以统之，取秦、汉辽西郡为名也。又辽西县下云：隋大业八年置，属辽西郡。县与郡同在汝罗故城。至十一年寄理柳城。《旧唐志》：隋辽西郡寄理于营州。《通鉴》大业十三年，虎贲郎将罗艺作乱，黜柳城太守杨林甫，改郡为营州，以襄平太守邓暠为总管。据此，则大业时置襄平郡。此《志》不载。”《求是》：“‘辽西’应作‘柳城’。”并云：“《旧唐书》三九云：‘营州上都督府，隋柳城郡，武德元年，改为营州总管府，领辽、燕二州，领柳城一县。’按：《地理志》有辽西郡，本营州，领柳城县。若柳城郡则《隋书》志、传均未尝有此称谓。七六《虞绰传》：‘帝舍临海顿，见大鸟，异之，诏绰为铭。其辞曰：维大业八年，岁在壬申夏四月景子，皇帝底定辽碣，班师振旅。……行宫次于柳城县之临海顿焉。’是大业八年有柳城县。又，《寰宇记》引《隋北蕃风俗记》云：‘有厥稽部渠长突地稽者……向关内附，处之柳城。柳城乃燕郡之北。炀帝大业八年，为置辽西郡，并辽西、怀远、泸河三县以统之，取秦、汉辽西郡为名也。’乍读之，似柳城原在辽西郡内。惟《旧（唐）书》五六《罗艺传》云：‘艺黜柳城太守杨林甫，改郡为营州，以襄平太守邓嵩为总管。’《新（唐）书》一三〇《杨瑒传》云：‘林甫字卫卿，为柳城太守，高祖军兴，遣其子琮招之，絜郡以来，授检校总管。’余如《创业起居注》三、《广记》四六三引《大业拾遗》、《旧（唐）书》七五《韦云起传》都著柳城郡之目。再观大业八年四月十六日（乙丑）大赦诏，凡役丁夫匠至涿郡者给复二年，临榆关以西三年，柳城郡以西四年，泸河、怀远以西五年，通定镇以西七年，渡辽西镇者十年（《文馆词林》六六九），才晓然柳城郡即营州改名。《隋书》三〇作：‘辽西郡，旧置营州……大业初置辽西郡’，显系修史者误编。辽西郡只于大业末寄理柳城，非由营州改辽西郡也。”又云：“八一《高丽传》云：‘惟于辽水西拔贼武属逻，置辽东郡及通定镇而还。’《北史》九四略同。是大业八年尝置是郡，唯《地理志》失载。又襄平太守，见《旧书》五六《罗艺传》，《地理志考证》三云：‘据此，则大业时置襄平郡，此《志》不载。’按襄平县在两汉、晋、魏均属辽东郡国，隋、唐间所谓襄平郡，实即辽东郡之后身。”李燕捷《隋辽西郡建置考》：“古襄平之地，始终未入隋朝版图。襄平太守邓暠之活动全部是围绕柳城而进行的，与距柳城数百里之外间隔燕郡的辽东郡不着边际。《通鉴》一八六武德元年第三十九条胡注：‘隋置襄平、柳城郡皆在辽西郡柳城县界。’似襄平郡与辽东郡并不相干，岑氏之说似缺乏坚实之根据。”（刊于《河北师范学院学报》1983年第3期）

有带方山、秃黎山、鸡鸣山、松山。

【集释】《杨考》："《纪要》：大松山在龙门卫西，上有古松盘曲，因名。"

有渝水、

【集释】《杨考》："《汉志》辽西郡临渝县：渝水首受白狼，东入塞外。《水经·濡水注》：濡水出御夷镇东南，其水二源，双引夹山。汪士铎谓即渝水。"

白狼水。

【集释】《杨考》："《地形志》龙城有狼水。《寰宇记》引《魏氏风土记》云：黄龙城西南有白狼河，东北流，附城东北下。即此水也。《水经·大辽水注》：白狼水出右北平白狼县东。"

【编者按】柳城，治今辽宁朝阳市。

冀州于古，尧之都也。舜分州为十二，冀州析置幽、并。其于天文，自胃七度至毕十一度，为大梁，属冀州。

【集释】《杨考》："《史记·天官书》：胃昴毕冀州。《汉志》：赵地，昴毕之分野。"

自尾十度至南斗十一度，为析木，属幽州。

【集释】《杨考》："《史记·天官书》：尾箕幽州。《汉志》：燕地尾箕分野也。又云：自尾四度至斗六度，谓之析木之次，燕之分也。"

自危十六度至奎四度，为娵訾，属并州。自柳九度至张十六度，为鹑火，属三河，则河内、河东也。准之星次，本皆冀州之域，帝居所在，故其界尤大。至夏废幽、并入焉，得唐之旧矣。信都、清河、河间、博陵、恒山、赵郡、武安、襄国，其俗颇同。人性多敦厚，务在农桑，好尚儒学，而伤于迟重。前代称冀、幽之士钝如椎，盖取此焉。俗重气侠，好结朋党，其相赴死生，亦出于仁义。故《班志》述其土风，悲歌慷慨。

椎

【集释】《杨考》："《汉志》作'雄'。"

剽掘冢，亦自古之所患焉。前谚云"仕官不偶遇冀部"，

【中华校】"官"当作"宦"。

【集释】《杨考》："当作'宦'。《汉志》：申子、韩非刻害余烈，高仕宦，好文法。"

实弊此也。魏郡，邺都所在，浮巧成俗，彫刻之工，特云精妙，士女被服，咸以奢丽相高，其性所尚习，得京、洛之风矣。语曰："魏郡、清河，天公无奈何！"斯皆轻狡所致。汲郡、河内，得殷之故壤，考之旧说，有纣之余教。汲又卫地，习仲由之勇，故汉之官人，得以便宜从事。其多行杀戮，本以此焉。今风俗颇移，皆向于礼矣。长平、上党，人多重农桑，性尤朴直，盖少轻诈。河东、绛郡、文城、

临汾、龙泉、西河，土地沃少堉多，是以伤于俭啬。其俗刚强，亦风气然乎？太原山川重复，实一都之会，本虽后齐别都，人物殷阜，然不甚机巧。俗与上党颇同，人性劲悍，习于戎马。离石、雁门、马邑、定襄、楼烦、涿郡、上谷、渔阳、北平、安乐、辽西，皆连接边郡，习尚与太原同俗，故自古言勇侠者，皆推幽、并云。然涿郡、太原，自前代已来，皆多文雅之士，虽俱曰边郡，然风教不为比也。

北海郡

北海郡　旧置青州，后周置总管府，

【集释】《杨考》："《周纪》：建德六年二月平齐，于青州置总管府。"

开皇十四年府废。

【集释】《杨考》："《周纪》：大象二年八月，废青州总管。《隋纪》：开皇三年六月，以晋州刺史燕荣为青州总管。盖周废而隋初复置也。《元和志》：大业三年，罢州为北海郡。"

统县十，户十四万七千八百四十五。

益都

【集释】《杨考》："《旧唐志》：魏于今寿光南十里置益都县，北齐移入青州城北门外为治所。《寰宇记》：北齐天保七年，移益都县于齐郡城之北门外，今县理也。"

旧置齐郡，

【集释】《杨考》："秦置，治临淄。后齐治高阳，后周治益都。《通典》北海郡下：后周置齐郡。盖至是州、郡始同治一城。"

开皇初废，大业初置北海郡。

【集释】《杨考》："按《北史·段文振传》，北海期原人也。《志》北海无期原县，当是隋初废。"

有尧山、

【集释】《杨考》："《水经·淄水注》引《述征记》曰：广固城北三里有尧山祠，尧因巡狩登此山，后人因以为名。"

猛山。

【编者按】益都，治今山东青州市。

临淄　及

【中华校】"及"上疑有脱文。

【集释】《杨考》："此云'及'者，盖云齐废临淄，并废东安平、西安三县。"

东安平、西安，并后齐废。

【集释】《杨考》："按齐废临淄，当在置高阳郡于下密时。"

开皇十六年又置临淄

【集释】《杨考》："《元和志》：隋

开皇十六年，移高阳县于临淄城，改为临淄县。与《志》异。”

及时水县。大业初废高阳、时水二县入焉。

【集释】《杨考》：“高阳，《纪要》谓高齐废，隋复置。按《寰宇记》：废高阳县在高密县西北四十三里。齐天保七年置，开皇十六年于东界置时水县。是高阳齐有徙置，并未废。然云‘在高密’，则去临淄甚远。余疑齐之高阳县即置于下密，改北海郡为高阳郡时，在今潍县，去临淄差近，故可为其属县也。”

有社山、

【集释】《杨考》：“《元和志》：一名愚公山，愚公谷在此山之阴。《水经·淄水注》作‘社山’，云：山有愚公谷。齐桓公时，公隐于溪邻，有认其驹者，公以与之。山即社山之通阜，以其人状愚，故谓之愚公山。”

葵丘、

【集释】《杨考》：“《元和志》：在临淄县西北二十里。”

牛山、稷山。

【编者按】临淄，治今山东淄博市东临淄镇。

千乘

【集释】《杨考》：“汉县在今高苑县北，晋省，宋复置，治巨淀故城。《寰宇记》：隋移县于今所，即汉广饶县地。按《寰宇记》误，今治即巨淀城。”

旧置乐安郡，开皇初郡废。

【编者按】千乘，治今山东广饶县。

博昌

【集释】《杨考》：“本汉县。《寰宇记》：高齐省。”

旧曰乐安，开皇十六年改焉。

【集释】《杨考》：“《元和志》：高齐自今博昌县北十二里乐陵故县移乐安县理于此，属乐安郡。隋罢郡，乐安县属青州。十六年改为博昌。”

又十八年析置新河县，大业初废入焉。

【编者按】博昌，治今山东博兴县东南。

寿光

【集释】《杨考》：“本汉县，宋省。《元和志》：开皇六年，于县北一里博昌故城置寿光县，属青州。《陈书·太原王叔匡传》：隋大业中为寿光令。”

开皇十六年置闾丘县，大业初废入焉。

【编者按】寿光，治山东今市。

临朐 旧曰昌国。

【集释】《杨考》：“汉置，在淄川县东北。《宋志》齐郡有昌国，无临朐，盖移昌国于临朐也。魏因之。”

开皇六年改为逄山，

【集释】《杨考》：“《元和志》：取县西逄山为名。”

又置般阳县。

【集释】《杨考》：“汉县。《宋志》青州齐郡有般阳县，在县东南二十五里今般阳店。魏因之。当是齐省，隋盖因魏之旧复置也。《纪要》云：开皇十六年置。”

大业初改曰临朐，

【集释】《杨考》：“《元和志》：大业二年。”

并废般阳入焉。有逢山、

【集释】《杨考》：“《水经·巨洋水注》：洋水又东南历逢山下，即石膏山，山麓三成壁立直上。山上有石鼓，鸣则年凶。郭缘生《续述征记》曰：逢山在广固南三十里，有祠并石鼓。齐地将乱，石人辄打石鼓，声闻数十里。”

沂山、

【中华校】“沂”原作“汴”，据《水经》二五《沂水注》改。

【集释】《杨考补遗》：“‘汴山’当是‘沂山’之误。《水经·沂水注》有沂山。”

穆陵山、

【集释】《杨考》：“《元和志》：在沂水县北百九十里。管仲曰‘赐我先君履，南至于穆陵’是也。”

大岘山。

【集释】《杨考》：“即破车岘。《元和志》：道经险恶，因名破车岘。《魏志》载于般阳县下。”

有汶水、

【集释】《杨考》：“《水经·汶水注》：源出小秦山东峿山。”

浯水。

【中华校】“浯”原作“涪”，据《水经》二六《潍水注》改。

【集释】《杨考》：“‘涪水’当是‘浯水’之误。《水经·潍水注》有浯水。”

【编者按】临朐，治山东今县。

都昌

【集释】《杨考》：“汉县在今昌邑县西二里，宋县寄治青州下，在临淄。魏县即隋县也。《志》例当云‘后魏置’。”

有箕山、

【集释】《杨考》：“《水经·潍水注》有箕屋山。叶氏《续山东考古录》云：尧水所出峌山也，在县西南、临朐东北。”

阜山、

【集释】《杨考》：“《寰宇记》载于北海县下，引《齐记》云：此山是地肺，可以免三灾。叶氏疑即程符山。”

白狼山。

【集释】《杨考》：“叶氏曰：在县南白狼水所出丹山。”

【编者按】都昌，治今山东昌乐县东北。

北海　旧曰下密，

【集释】《杨考》：“汉县，至后魏不改，在今昌邑县东，此误，详下。”

置北海郡。后齐改郡曰高阳，

【集释】《杨考》：“《寰宇记》高密县下云：天保七年置高阳县。则郡亦当置于此时。《通典》北海县下云：北齐置北海。然则北齐高阳郡治北海。”

开皇初郡废。十六年分置潍州，

【集释】顾炎武《日知录》卷三十

一“濰水”条云：“其字或省‘水’作‘维’，或省‘系’作‘淮’，又或从‘心’作‘惟’，总是一字。”《诸史考异》卷一三：“案‘维’当作‘濰’。《元和郡县志》：开皇十六年又于此置濰州，取界内濰水为名。大业二年废濰州。”《杨考》本“濰”作“维”，并云：“按古书，‘濰’或作‘维’，详见《日知录》。《元和志》：取界内濰水为名。”

大业初州废，

【集释】《杨考》：“《元和志》：大业三年。”

县改名焉。

【集释】《杨考》：“《元和志》：开皇三年，置下密县于废北海郡城中，大业二年改为北海县。《寰宇记》：西下密县在濰县西二里，隋开皇十八年于北海置濰州，移下密于此。大业二年州废，并入北海。二说皆与《志》异。按下密自后魏以前皆在昌邑，后人见《隋志》载于北海县，又置于北齐改郡之前，遂谓北齐徙此。据《元和志》、《寰宇记》皆云隋始徙置，唯一云开皇三年，一云开皇十六年耳。据《通典》，北齐改平寿为北海，则高阳郡当治北海，下密仍在昌邑。《志》当云‘旧曰平寿，置北海郡。后齐改郡曰高阳，县曰北海。开皇初郡废，改县曰下密。十六年置濰州，大业初州废，复改县曰北海’，方合。”

【编者按】北海，治今山东濰坊市。

营丘　后齐废，

【集释】《杨考》：“汉置营陵县。《舆地广记》：后改为营丘。后齐废。考《地形志》尚作营陵。余疑后齐所废者本是营陵，《广记》因隋置县于营丘故城故云，然未详检《魏志》名营陵，不名营丘。”

开皇十六年复。

【集释】《杨考》：“《寰宇记》：隋开皇六年于营丘故城置营丘县，属濰州。大业八年因贼陷，遂废。”

有丛角山、

【集释】《杨考》：“《寰宇记》：在濰州东五十里。山有三峰，山岌如丛角。”

女节山。

【集释】《杨考》：“《寰宇记》作‘节女’，云：山在北海县西北三十五里。又引《郡国志》云：北海县节女，当齐滑王伐楚，苏浑死焉。有五女，终身不嫁，呼父魂葬于此山，因名。”

【编者按】营丘，治今山东昌乐县东南营邱村。

下密

【集释】《杨考》：“《寰宇记》作‘东下密’。”

后魏曰胶东，

【集释】《杨考》：“《寰宇记》：皇兴二年置。”

后齐废。

【集释】《杨考》：“《寰宇记》：天保七年废。”

开皇六年复，

【集释】《杨考》：“《寰宇记》：开

皇七年分下密东界为胶东县。”

改为潍水。大业初改名焉。有铁山。

【集释】《杨考》：“《寰宇记》：在北海县南五十八里。古老相传其山出霹雳铁。”

有溉水。

【集释】《杨考》：“《水经·巨洋水注》：溉水出搭山。”

【编者按】下密，治今山东潍坊市东。

齐　郡

齐郡

【集释】《杨考》：“汉郡。晋、宋、北魏不改，后齐治高阳，后周治益都。”

旧曰齐州。

【集释】《杨考》：“《地形志》：刘义隆置冀州，皇兴三年更名。《房彦谦碑》：宋元嘉中，以齐郡之西部置东冀州。《寰宇记》：宋元嘉七年，割青州西界侨立冀州。后魏改齐州，取齐之故地以为名。《元和志》：大业三年，罢州为齐郡。”

统县十，户十五万二千三百二十三。

历城　旧置济南郡，

【集释】《杨考》：“汉置。周为王国。《周纪》：大象元年五月，以齐州济南郡为陈国，令陈王纯之国。”

开皇初废。大业初置齐郡，废山茌县入焉。

【集释】《杨考》：“《元和志》：大业二年省。”

有舜山、

【集释】《杨考》：“按历山，在今历城县南五里，《水经注》：山上有舜祠。又庙山，在今历城县南十里，《寰宇记》引晏谟《三齐记》：后人思舜之德，置庙于此。”

鸡山、

【集释】《杨考》：“《寰宇记》引晏谟《三齐记》云：昔有神鸡晨鸣于此，有人候之，获一石，洁白如玉，因以为名，《水经·济水注》：巨合水出鸡山西北。”

卢山、

【集释】《杨考》：“《春秋》隐三年注：卢，齐地，今济北卢县故城是也。按山当即在此。”

鹊山、

【集释】《杨考》：“《纪要》：鹊山湖，在今历城县北二十里。山在湖之北岸。”

华山、

【集释】《杨考》：“《元和志》：华不注山，一名华山。《春秋》成二年，齐、晋战于鞌，齐败绩，晋逐之，三周华不注。”

鲍山。

【集释】《杨考》：“《纪要》：俗传

为管、鲍分金处。”

【编者按】历城，治今山东济南市历城区。

【补阙】《杨考》：“按有东平陵县，在今历城县东七十五里。汉置，晋改平陵。《寰宇记》：后周省。”

祝阿

【编者按】祝阿，治今山东禹城市。

临邑

【编者按】临邑，治今山东济阳县西南。

临济　开皇六年置，曰朝阳。

【集释】《杨考》：“《元和志》：本汉菅县，开皇六年移朝阳县理于此，属济州。按菅县，宋时已废，盖置朝阳县于营城耳。”

十六年改曰临济，别置朝阳。

【集释】《杨考》：“汉置，后汉曰东朝阳，宋复故，后齐省。《寰宇记》引应劭云：在朝水之阳。”

大业初废入焉。

【编者按】临济，治今山东章丘市西北临济村。

邹平　旧曰平原，

【集释】《杨考》：“宋侨置。《寰宇记》：高齐天保七年，自今长山县界济南故城移平原县于今邹平县东南三十五里汉梁邹故城，隶广川郡。周不改。隋开皇三年，自梁邹城移平原县入邹平城，属齐州，今理是也。十六年改属淄州。”

开皇十八年改名焉。

【集释】《杨考》：“《寰宇记》：复汉旧名也。大业二年罢淄州，县属齐郡。”

【编者按】邹平，治今山东高青县西青城。

章丘　旧曰高唐，

【集释】《杨考》：“《元和志》章丘县下云：齐天保七年，自高唐故城徙此。《寰宇记》：高齐天保七年，移高唐县于此，即古黄巾城也。而伏琛《三齐记》：高唐县西南四十里有台城。按台城即汉之台县，是所谓‘高唐’者，即指章丘地。《宋志》冀州平原郡高唐县，叶氏谓宋县即治黄巾固，则非高齐时始徙此。或自宋后已废，至齐复徙耶？互详高唐县下。”

开皇十六年改焉，

【集释】《杨考》：“《元和志》、《寰宇记》俱作，十八年，云：以博州亦有高唐县，改此为章丘县，取县南章丘山为名。”

【补释】《通鉴》卷一八二胡注引宋白曰：“高齐天保七年，移高唐县治古黄巾城，隋改章丘县，因县东南章丘为名。”

又置营城县。

【集释】《杨考》：“《寰宇记》引《三齐记》：历城县东四十里有营城。又引《括地志》：隋开皇十六年改置营城县。《元和志》引《述征记》曰：历城到营城三十里。按《宋志》南兖州总叙称何志平原郡、徐志南东平郡并有营城县，是营城之名不起于隋。”

【补释】今标点本《元和郡县图志》卷十第 277 页引《述征记》作“历城到营城三十里”，不作“菅城”。

大业初废入焉。

【集释】《杨考》：“《寰宇记》：大业二年。”

又宋置东魏郡，

【集释】《杨考》：“按《宋志》冀州侨置魏郡，后魏改，东魏属齐州。”

后齐废。

【集释】《杨考》：“《一统志》谓开皇三年废。”

有东陵山、

【集释】《杨考》：“《元和志》谓《庄子》 ‘盗跖死于东陵之上’，即此。”

长白山、

【集释】《杨考》：“《元和志》引《齐记》云：於陵城西三里有长白山，陈仲子夫妇所隐也。《水经·济水注》：鱼子沟水出长白山东柳泉口山。”

【补释】《资治通鉴》卷一八一：“邹平民王薄，拥众据长白山，自称知世郎，言事可知矣，又作《无向辽东浪死歌》，以相感劝。”胡注：“长白山在章丘县界，亦属齐郡。”

龙盘山。

【集释】《杨考》：“《寰宇记》引晏谟《三齐记》云：殷末周初有神龙潜于此山，故名。”

【编者按】章丘，治今山东济南市章丘区。

长山

【补释】《通鉴》卷一八一胡注引宋白曰：“淄州长山县，宋于此侨立广川郡及武强县，隋改武强为长山，以县西南三十五里长白山为名。”

旧曰武强，

【集释】《杨考》：“《宋志》：江左立。在县东十五里，今故县村。《房彦谦碑》云：宋于东广川郡别立武强县。”

置广川郡，

【集释】《杨考》：“《宋志》：江左立。《地形志》：刘裕置，魏因之。据《房彦谦碑》，当有‘东’字。”

并东清河、

【集释】《杨考》：“‘并’上当有‘后齐’二字。《宋志》清河郡属冀州，后魏加‘东’字，治般阳城。”

平原

【集释】《杨考》：“《宋志》平原郡属冀州，后魏加‘东’字，治梁邹城。此亦当有‘东’字。”

二郡入，改曰东平原郡。

【集释】《杨考》：“《寰宇记》：高齐天保七年改广川郡为平原郡。无‘东’字，非也。《齐书·崔劭传》作‘南平原郡’。按魏之平原在聊城，此不得云‘南’，《劭传》误。”

开皇初郡废。

【集释】《杨考》：“《寰宇记》：开皇三年废平原郡，移武强县入废城中，属冀州。”

又十六年置济南县，

【集释】《杨考》：“《元和志》：隋文于后汉梁邹县地置济南县。”

十八年改武强曰长山。

【集释】《杨考》:“《寰宇记》:取县西南二十五里长白山为名,属淄州。”

大业初省济南县入焉。

【集释】《杨考》:“《元和志》:大业二年省。”

【编者按】长山,治今山东邹平县东长山镇。

高苑

【集释】 《杨考》: “本汉县,宋废。”

后齐曰长乐。

【集释】《杨考》:“《宋志》冀州渤海郡有长乐县。《地形志》属青州。《寰宇记》:高齐自如狄故城移于被阳故城,今高苑县西二里。又《寰宇记》:齐废渤海郡,长乐属长乐郡。似齐并置长乐郡。然此《志》冀州信都郡长乐‘旧曰信都。带长乐郡。开皇初分置长乐县’,是齐之长乐郡在信都,去此甚远。”

开皇十八年改为会城。大业初改焉。

【集释】《杨考》:“《元和志》:大业三年改,取县东南高苑故城为名。”

【编者按】高苑,治今山东高青县东北旧镇。

亭山　旧曰卫国,

【集释】《杨考》:“《宋志》冀州顿丘郡有卫国县。《元和志》:亭山县西北九十里,宋于此置卫国县。”

后齐并土鼓、肥乡入焉。

【集释】《杨考》:“土鼓,汉置,晋省,宋复置。肥乡,宋侨置,故城无考。”

开皇六年改名亭山。

【集释】《杨考》:“《元和志》:因县东南亭山为名,属齐州。”

有龙舟山、儒山。

【编者按】亭山,治今山东济南市章丘区西南。

淄川　旧曰贝丘,

【集释】《杨考》:“汉贝丘在清平县西南。《宋志》冀州清河郡贝丘县始侨置于此。《寰宇记》:县置于元嘉二十五年。”

置东清河郡。

【集释】《杨考》:“宋侨置清河郡于汉般阳城,后魏加‘东’字。”《杨考补遗》:“此即上长山东清河郡也,因后齐广川、东清河、平原三郡并为东平原郡,故并叙之。而此又出东清河者,魏之清河治般阳城,实在贝丘也。《通鉴》梁大通元年,魏房景伯为东清河太守,胡身之谓即此东清河,是也;又谓此《志》长山之东清河、平原为双头郡,截去‘东’字,则非是。《地形志》有东清河郡,无清河平原双头郡是其证。”

后齐郡废。

【集释】《杨考》:“《寰宇记》:高齐废郡,县属齐州。《齐书·崔劭传》:南平原郡贝丘人。知齐时贝丘属南平原郡。”

开皇十六年置淄州,十八年县改名焉。

【集释】《杨考》："《元和志》：属淄州。"

大业初州废。

【集释】《杨考》："《寰宇记》：大业二年废淄州，县属齐州。"

【编者按】淄川，治今山东淄博市南淄川镇。

东莱郡

东莱郡 旧置光州，

【集释】《杨考》："《地形志》：光州治掖城。后魏皇兴四年分青州置。延兴五年改为镇，景明元年复。《寰宇记》：取界内光水为名。按掖县云峰山有郑道昭、郑述祖石刻，魏、齐间，父子并为光州刺史。"

开皇五年改曰莱州。

【集释】《杨考》："《元和志》作'二年'。"

统县九，户九万三百五十一。

掖 旧置东莱郡，后齐并曲城、当利二县入焉。

【集释】《杨考》："曲城，汉曰曲成，晋曰曲城，后魏曰西曲城。《寰宇记》：隋大业二年废。与此异。当利，汉置，《寰宇记》：高齐天保七年废。"

开皇初废郡，大业初复置郡。有岙山。

【集释】《杨考》："按岙山即斧山，见《魏书·崔挺传》。"

有掖水、

【集释】《杨考》："《寰宇记》：掖水出县东南三十五里寒同山。"

光水。

【中华校】《杨考》据《左传》昭二十年及汪士铎《水经注图说》，疑当作"尤水"。

【集释】《杨考》："按光水今无可考。《左传》姑尤以西，杜注：姑，大沽水也；尤，小沽水也。汪士铎《水经注图说》云：掖县有尤水。'光'疑'尤'之误。与'屯氏河'为'毛州'同也。"

【编者按】掖县，治今山东莱州市。

【补阙】《杨考》："按有东曲成县，在今招远县地。《一统志》：后魏置，北齐省。"

胶水

【集释】《杨考》："《寰宇记》本汉胶东国之地，汉胶东国在今县东南六十里即墨故城是也。后汉省胶东为县，属北海国。后魏属北海郡，高齐及周不改。开皇三年罢郡，属莱州，仁寿元年改为胶水。"

旧曰长广，

【集释】《杨考》："按汉长广县在莱阳县东五十里，至魏不改。《寰宇记》：高齐天保七年，因长广郡自胶东城入中郎城，复移长广县于胶东城。汉胶东治即墨。《魏志》长广郡即墨下云：郡治。而长广县下复有即墨城。盖以长广之即墨为汉城也。然魏之即墨亦即在平度州东，皆不出隋胶水县地，故《志》系于此。《寰宇记》所称胶东即墨城，即墨城即长广。”

仁寿元年改名焉。

【集释】《杨考》：“《寰宇记》：取县西胶水为名。《旧唐志》汉胶东国地，隋置县于古光州（按光州在掖县，非此），改名胶水。”

有明堂山。

【集释】《杨考》：“《寰宇记》引《齐记》：山与巨青山相连，出乌头天雄。”

【编者按】胶水，治今山东平度市。

【补阙】《杨考》：“按有即墨县，在今平度州东南。汉置。《元和志》：高齐文宣帝并入胶水。”

卢乡　后齐卢乡及挺城

【集释】《杨考》：“‘城’字当作‘县’字，下同。”

并废。

【集释】《杨考》：“卢乡，汉置。《寰宇记》：天保七年省入胶东。按胶东亦于是年改长广，当云‘省入长广’。挺县，汉置。《魏志》长广郡有挺县，而昌阳县下复有挺城，然则中间有移徙，其地当并入昌阳。”

开皇十六年复置卢乡，并废挺城入焉。

【集释】《杨考》：“按挺县已废于北齐，则此六字似衍。据下即墨亦同此文。当是开皇十六年两县并复，寻并挺县入卢乡方合。”

【编者按】卢乡，治今山东莱州市南夏邱镇。

即墨　后齐及不其县并废。

【集释】《杨考》：“即墨，汉至北魏县在平度州东南，汉为胶东国治，魏为长广郡治。《元和志》：高齐并入胶水。按此据隋县云尔，齐时有长广，无胶水，当云并入长广。不其在今即墨县西南，汉置。《寰宇记》：晋于此置长广郡，高齐天保七年省。”

开皇十六年复，

【集释】《杨考》：“《寰宇记》：开皇十六年于古不其城东北三十七里置，今所理城，复古即墨为名。《元和志》：属莱州。据《舆地广记》，则即墨与不其并复。”

并

【集释】《杨考》：“当作‘寻’。”

废不其入焉。

【集释】《杨考》：“《舆地广记》：不其，晋置长广郡，其后郡废。北齐省之，隋开皇十六年复置，寻省入即墨。按此说于情事颇合。不然，不其已废于北齐，何以至隋又云‘并入即墨’耶?”

有大劳山、

【集释】《杨考》：“《元和志》：大劳山、小劳山，在即墨县东南三十八里。又引晏谟《齐记》云：泰山虽言高，不如东海劳。昔郑康成领徒于此。”

马山。

【集释】《杨考》："今即墨县东南八十里有阴山。《寰宇记》：上有石池，池东石上有马蹄迹。相传秦始皇幸琅邪，尝立马于此，马山当因此名。"

有田横岛。

【集释】《杨考》："《寰宇记》：岛四面环海，去岸二十五里，可居千余家。横众五百余人皆死于此。按《纪要》引孔氏曰：田横所保在海州东海县之鬲山，去岸八十里。非此山也，今江南海州东小鬲山是矣。"

【编者按】今即墨市东黄海中有田横岛，即此，非今江苏连云港市东黄海中之鸽岛（旧名鬲山）。即墨，治今山东青岛市即墨区。

观阳　后周废。开皇十六年复，又分置牟州。

【集释】《杨考》："《元和志》：开皇三年改东牟置牟州。《寰宇记》同。非分置也。"《求是》："《元和志》——以为三年改置牟州，恐非是。"

大业初州废。

【集释】《杨考》："《元和志》：大业三年废州。"

【编者按】观阳，治今山东海阳市西北。

昌阳

【集释】《杨考》："汉置，晋初省，后复置。《元和志》：在昌水之阳，故名。《寰宇记》：前昌阳理在文登县西南三十里昌阳故城是也。顾野王曰：晋惠帝元康八年复立昌阳县，属长广郡，今理是。宋、后魏同。高齐天保七年废长广郡，复以昌阳属东莱郡。开皇三年罢郡，属莱州。"

有巨神山。

【编者按】昌阳，治今山东莱阳市东南东昌山、西城阳一带。

黄

【集释】《杨考》："秦置。《寰宇记》：高齐天保七年，自今县东南二十五里故黄城移于今理，误。"

旧置东牟、长广二郡，

【集释】《杨考》："《地形志》：东牟郡，孝昌四年置，治牟平。《元和志》、《寰宇记》：后魏孝静帝分东莱于黄县东一百步中郎故城置东牟郡。《地形志》：长广郡，晋武帝置，治胶东城。魏治即墨，今莱阳县西南七十里有长广故城，即郡城也。"

后齐废东牟郡入长广郡，

【集释】《杨考》："《寰宇记》：高齐天保七年废东牟郡，自今昌阳县东五十三里长广故城移长广郡理中郎城。按故长广城即胶东城，已见上。"

开皇初郡废。

【编者按】黄县，治今山东龙口市。

【补阙】《杨考》："按有㡳县，汉置。《寰宇记》：今黄县西南二十五里有㡳故城存，高齐天保七年省入黄。"

牟平

【集释】《杨考》："汉县在福山西北十里。《地形志》：晋罢，后复。《寰宇记》：高齐天保七年，自牟平故城移于今黄县东七十三里马岭山南置。《一统志》自汉至隋，俱谓在今福山县东南十五里，误。"

有牟山、

【集释】《杨考》："《元和志》：山之阳其地夷坦，故县曰牟平。"

龙山、

【集释】《杨考》："《明一统志》：在登州府城西四十里。"

金山、

【集释】《杨考》："又名金果山。"

九目山。

【集释】《杨考》："《寰宇记》引晏谟《齐记》：山有九窍，因名九目。"

【编者按】牟平，治今山东蓬莱市东南。

文登

【集释】《杨考》："本汉昌阳县地，故城在今文登西南三十里。《元和志》、《寰宇记》皆云汉牟平县地。按《永初山川记》昌阳县在昌山，今文登有昌山。又云昌阳汤在昌阳县西南四十里。《九域志》文登有昌水，然则隋之文登北境为牟平，南境为昌阳，审矣。"

后齐置。

【集释】《杨考》："《寰宇记》：高齐天统四年分牟平县置，取县界文登山为名。《元和志》：属长广郡。"

有石桥。

【集释】《杨考》："《寰宇记》：文登县东北海中有秦始皇石桥。引伏琛《齐记》云：始皇造桥，欲度海观日出处，海神为之驱石竖柱。又有石桥柱二所，乍出乍入，俗云汉武帝所作也。"

有文登山、

【集释】《杨考》："《元和志》：在县西北九十里。县所取名。恐不若是之远。《寰宇记》：在县东二里，古老相传秦始皇东巡，召集文人登此山，论功颂德，因名。"

斥山、

【集释】《杨考》："《寰宇记》：《尔雅》东北之美有斥山之文皮焉。"

之罘山。

【集释】《杨考》："《史记》：秦始皇二十九年，登之罘刊石纪功。三十七年，登之罘射巨鱼。《封禅书》曰：齐有八祀，之罘为阳主。《汉书》：武帝太始三年登之罘，浮大海而还。"

【编者按】文登，治山东今市。

高密郡

高密郡　旧置胶州，

【集释】《杨考》："《地形志》：永安二年置，治东武陵。《寰宇记》：分青州置，以胶水为名。"

开皇五年改为密州。

【集释】《杨考》："《元和志》：取境内密水为名。《寰宇记》：大业三年，罢密州为高密郡。"

统县七，户七万一千九百二十。

诸城

【集释】《杨考》："汉诸县在今诸城县西南三十里。《寰宇记》：高齐天保七年省。"

旧曰东武，置高密郡。

【集释】《杨考》："《旧唐志》诸城下谓隋移入废高密郡城，可知魏之东武为高密郡治，"

开皇初郡废，十八年县改名焉。

【集释】《杨考》："《元和志》：取县西三十里汉故诸城县为名。"

大业初复置郡。有烽火山。

【编者按】诸城，治山东今市。

【补阙】《杨考》："按有扶其县，在今诸城县西北。后魏永安二年置。《一统志》：高齐省。"

东莞

【集释】《杨考》："汉县，北魏徙团城。《一统志》：隋于郓城置。"

后齐并姑幕县入焉。

【集释】《杨考》："汉置，宋省，后魏复置，按《水经·沂水注》引京相璠曰：琅邪姑幕县南四十里员亭，故鲁郓邑，今在团城东北四十里，犹谓之东莞故城。是则隋亦因汉城置县。"

有箕山、

【集释】《杨考》："一作箕屋山，亦曰潍山，"

潍水。

【集释】《杨考》："上脱'有'字。《说文》：水出琅邪箕屋山。《水经注》：潍水导源潍山，东北入于海。"

【编者按】东莞，治今山东莒县北东莞镇。

郚城

【集释】《杨考》："本汉之梧成县，在郚山上，后汉省。"

旧置平昌郡。

【集释】《杨考》："《地形志》：胶州平昌郡，魏文帝置，后废，晋惠帝复。而《晋志》无平昌郡，有平昌县，属城阳郡，即此地。宋始立平昌郡于此。"

后齐废郡，置琅邪县，

【集释】《杨考》："《寰宇记》：高齐天保七年废郡，改为琅邪县。按《宋志》青州平昌郡、《地形志》胶州平昌郡并有琅邪县，其地即齐之琅邪县也，然则齐特废平昌郡，非始置县。"

废朱虚入焉。

【集释】《杨考》："汉置。《寰宇记》：高齐天保七年省。"

大业初改名郚城。

【集释】《杨考》："《寰宇记》：大业二年改，末年废。"

【编者按】郚城，治今山东安丘市西南郚山乡。

安丘

【集释】《杨考》："《汉志》北海郡有安丘。孟康曰：今渠丘。琅邪郡亦有安丘。《续汉志》琅邪郡无安丘，北海郡安丘亦云：有渠丘亭。是知后汉并两安丘为一，而以琅邪之安丘属北海，其北海之安丘降为渠丘亭。孟康时目见如此。故《水经注》亦合两安丘为一，其言'城对牟山'，盖亦指琅邪故城。今按渠丘亭在今安丘城南一里，牟山在西南十余里。后汉以下皆牟山之安丘，至隋又徙于平昌城中，至唐始还渠丘故治。"

开皇十六年置，曰牟山。

【集释】《杨考》："按'开皇'上当有'后齐废'三字。《元和志》辅唐县下：安丘，高齐天保七年省。《寰宇记》同。按省入昌安也。开皇十六年，分昌安县于牟乡城置牟山县，牟乡城即古根牟国。叶氏曰：牟乡城即汉琅邪之安丘故城。"

大业初改名，

【集释】《杨考》："《寰宇记》：大业二年改，取汉旧名。三年移于汉平昌城内。"

并省安昌入焉。

【集释】《杨考》："按当作'昌安'。汉至后魏俱曰昌安。《通典》：古昌安城即今安丘县外城。《寰宇记》同。"

【编者按】安丘，治山东今市东南。

【补阙】《杨考》："按有平昌县，在今安丘县南六十里，一名龙台城。汉置。《寰宇记》：高齐省。"

高密

【集释】《杨考》："汉县。《元和志》：高齐文宣帝省，隋开皇中复置，属密州。《寰宇记》：隋于今县东南二十里复置高密县，属密州。《旧唐志》：隋末大乱，废之。"

后齐废淳于县入焉。

【编者按】高密，治山东今市南。

【补阙】《杨考》："按有夷安县，汉置。《通典》：夷安故城即今高密县外城。《纪要》：后齐废。"

胶西 旧曰黔陬，

【集释】《杨考》："汉置。《水经·胶水注》引晏谟、伏琛并云：黔陬有东西二城，相去四十里。郦氏疑西黔陬即汉郑县，然则后魏时县治东城可知。"

置平昌郡。

【集释】《杨考》："《纪要》：后齐置。"

开皇初郡废。十六年置县，曰胶西。

【集释】《杨考》："《寰宇记》：废胶西县在高密县东二十里。隋开皇十六年置。大业九年因贼废。"

大业初又以黔陬入焉。

【编者按】胶西，治今山东高密市东南。

琅邪 开皇十六年置，曰丰泉。大业初改焉。

【集释】《杨考》："以宋、魏、齐之琅邪改名部城，故此仍复汉旧。"

有徐山、

【集释】《杨考》：“《寰宇记》引《三齐记》：秦始皇令术士徐福入海求不死药于蓬莱方丈山，而福将童男童女二千人于此山集会而去，因曰徐山。”

卢山、

【集释】《杨考》：“《纪要》：以秦博士卢敖隐处而名。”

鄣日山、

【集释】《杨考》：“《水经·潍水注》：鄣日山，山势高峻，隔绝阳曦。”

胶水。

【集释】《杨考》：“《水经注》：胶水出五弩山东北，回达于胶东城北百里，流注入于海。”

【编者按】琅邪，治今山东胶南市西南琅琊镇。

《周礼·职方氏》：“正东曰青州。”其在天官，自须女八度至危十五度，为玄枵，于辰在子，齐之分野。

【集释】《杨考》：“《史记·天官书》：虚危青州。《汉志》：齐地虚危之分野也。”

吴札观乐，闻齐之歌曰：“泱泱乎大风也哉，国未可量也。”在汉之时，俗弥侈泰，织作冰纨绮绣纯丽之物，号为冠带衣履天下。

【集释】《杨考》：“《说苑》引《墨子》云‘锦绣絺纻，乱君之所，造其本，皆兴于齐景公’云云。”

始太公以尊贤尚智为教，故士庶传习其风，莫不矜于功名，依于经术，阔达多智，志度舒缓。其为失也，夸奢朋党，言与行谬。

【集释】《杨考》：“《汉志》作‘缪’。此段采《汉志》文。”

齐郡旧曰济南，其俗好教饰子女淫哇之音，能使骨腾肉飞，倾诡人目。俗云“齐倡”，本出此也。祝阿县俗，宾婚大会，肴馔虽丰，至于蒸脍，尝之而已，多则谓之不敬，共相消责，此其异也。大抵数郡风俗，与古不殊，男子多务农桑，崇尚学业，其归于俭约，则颇变旧风。东莱人尤朴鲁，故特少文义。

隋书卷三十一
志第二十六　地理下

彭城郡

彭城郡　旧置徐州，

【集释】《杨考》：“《续汉志》：州治东海郯县。《宋志》：魏、晋、宋治彭城，晋咸和四年于淮南侨立徐州，义熙七年始分淮北为北徐州。宋永初二年，加淮南徐州曰南徐州，改北徐州曰徐州。按明帝时淮北入魏，梁时复取，太清之后寻复入魏，徐州复理彭城。”

后齐置东南道行台，

【集释】《杨考》：“《北齐书》：赵彦深，天保中出为东南道行台、徐州刺史；又，段深，武平末为徐州行台；又，卢潜亦为行台尚书。《通典》谓后魏即立东南道行台。”

后周立总管府。

【集释】《杨考》：“《周纪》：建德六年二月平齐，于徐州置总管府。《元和志》：开皇二年于此置总管府。误。”

开皇七年行台废，大业四年府废。

【集释】《杨考》：“按《隋书·炀帝纪》，大业元年废诸州总管府，则此‘大业四年’为元年之误。《元和志》：开皇十四年，废徐州总管为彭城郡。亦误，以大业三年方置彭城郡也。”《求是》：“按《本纪》三，大业元年正月壬辰朔，废诸州总管府。当曰南北统一，徐州无对外关系，何以独至四年始废？《地理志考证》七谓四年为元年之误，是也。”

统县十一，户一十三万二百三十二。

彭城 旧置郡，

【集释】《杨考》：“《汉志》高帝置楚国，宣帝地节元年更为彭城郡，黄龙元年复，魏晋以后仍为郡。《梁书·武帝纪》：普通六年正月庚申，魏徐州刺史元法僧以彭城内附。”

后周并沛

【集释】《杨考》：“见下萧县。”

及南阳平

【集释】《杨考》：“北魏置。《地形志》：寄治彭城。”

二郡入。开皇初郡废，大业初复置郡。有吕梁山、

【集释】《杨考》：“《元和志》：吕梁在县东南五十七里。《庄子》吕梁县水三十仞，鱼鳖所不能过，今则不然。《陈书》：将军吴明彻北伐，以舟师破下邳，进屯吕梁，堰泗水以灌徐州。周乌丸轨、达奚长儒率兵来援，轨取车轮数百，连锁贯之，横断水路，然后募壮士夜决堰。至明，陈兵始觉，溃乱，争归，至连锁之处，生擒明彻。”

徐山。

【集释】《杨考》：“《明一统志》：山在徐州城南六十里，周时徐偃王作乱，穆王命楚伐之，偃王战败，走彭城，山下百姓随之者以万数，偃王死，民因凿山为龛祀之，故名。”

【编者按】 彭城，治今江苏徐州市。

蕲

【集释】《杨考》：“《元和志》：秦县，宋于此置谯郡，齐以为北谯郡，后魏改曰蕲城，隋开皇三年去‘城’字，属仁州。蕲水北去县三十里。《地形志》：蕲城，武定六年置。”

梁置蕲郡。

【集释】《杨考》：“《地形志》：蕲城郡：萧衍置，魏因之，领广平、蕲州二县。”

后齐置仁州，

【集释】《杨考》：“《地形志》：萧衍置，治赤坎城。《梁书·羊鸦仁传》有仁州刺史湛海珍，然则仁州亦梁置。《梁书》帝纪，大同四年、太清元年诏皆有仁州。《元和志》：赤坎故城在虹县西南九十里，梁天监八年置赤坎戍，后齐仁州之名，实因梁旧。《隋书·王长述传》：周时历襄、仁二州总管。则周尝置仁州总管府，《志》失书。《陈书·世祖纪》：太建五年六月，吴明彻师次仁州，甲子，克其州城。”

又析置龙亢郡。

【集释】《杨考》：“《地形志》；谯州龙亢郡，萧衍置，魏因之，领葛山、龙亢二县。《寰宇记》：龙亢城在蕲县南八十里，开皇六年废龙亢县，隶蕲县；又葛城戍在蕲县南九十里，北齐天保七年废葛山县入龙亢县，隋开皇六年为戍，十六年废。然则龙亢郡、县并后魏置。”

开皇初郡废，大业初州废。

【编者按】 蕲县，治今安徽宿州市南。

谷阳　后齐置谷阳郡，

【集释】《杨考》："《地形志》：谷阳郡，治谷阳城，太和中置镇，世宗置平阳郡，孝昌中陷。武定六年改。然则非后齐置。按'平阳'当作'阳平'，在今灵壁县南，晋元帝侨置，宋因之，魏世宗之置阳平当因旧名。"

开皇初郡废。

【集释】《杨考》："《志》不言置县始末。《一统志》：开皇初，废谷阳郡为县。盖以意说之。《地形志》谷阳郡治高昌县，是改高昌为谷阳而蒙以郡名也，《志》失之过略。"

又有巳吾、

【集释】《杨考》本作"已"，并云："《地形志》：仁州临淮郡有已吾县，州、郡治。南齐有已吾县，在今怀远县北三十里，当是后魏徙置。"

【编者按】据《魏书·地形志》、《南齐书·州郡志》，"巳"当作"已"。

义城二县，

【集释】《杨考》："汉、晋《志》作'义成'，《地形志》作'义城'。"

后齐并以为临淮县，大业初并入焉。

【编者按】谷阳，治今安徽固镇县西。

【补阙】《杨考》："按梁有平原县。《地形志》：临泗，武定七年改萧衍平原、清河置。有东、西二竹城。"

沛

【集释】《杨考》："《元和志》：本秦旧县，泗水郡理此，汉改沛郡，理相城，以此为小沛，魏分立谯郡，又以沛为王国，晋不改，宋为沛县，改属徐州，隋文帝罢郡，县属仍旧。《旧唐志》谓隋废，误也。"

【编者按】沛县，治江苏今县。

留

【集释】《杨考》："汉县，各本误合沛、留为一县，今订。"

后齐废，开皇十六年复。有微山、

【集释】《杨考》："《元和志》：山上有微子冢，去沛县六十五里。《寰宇记》：在沛县东南。"

黄山。

【编者按】留县，治今江苏沛县东南。

丰

【集释】《杨考》："汉县。《旧唐志》：北齐置永昌县，寻省为丰县。"

【编者按】"永昌县"，《旧唐志》本作"永昌郡"，《杨考》引文有误。丰县：治江苏今县。

萧　旧置沛郡，后齐废为承高县。

【集释】《杨考》："《元和志》、《舆地广记》并云北齐改萧县为承高，《寰宇记》在天保七年。按《志》当云'旧置县及沛郡，后齐废郡，改县曰承高'，方合。如《志》，所云，似承高以前无县矣。"

开皇六年改为龙城，

【集释】《杨考》："本后魏县，当是省龙城入萧县，即名龙城。"

十八年改为临沛，大业初改曰萧。有相山。

【集释】《杨考》："《寰宇记》：相山碑在符离县西北九十里相山南。晋太康中，令诸侯祀界内山川。时相山属沛国，沛国令郭卿云相山主应房心之星，能兴云雨，乃建庙刻石。按符离即今宿州，则山当在今萧县西南。"

【编者按】萧县，治安徽今县西北。

滕　旧曰蕃，置蕃郡。

【集释】《杨考》："《地形志》：孝昌三年置，元象二年并彭城，武定五年复。"

后齐废。

【集释】《杨考》："《舆地广记》：北齐郡废。《元和志》谓郡、县并废，恐非。按《通鉴》陈太建十二年，周尉迟迥举兵，席毗罗众号八万，军于蕃城。"

开皇十六年

【集释】《杨考》："《寰宇记》作'六年'。"

改曰滕县。

【中华校】原作"滕郡"，据《元和志》九改。

【集释】《杨考》："各本误作'郡'，今订。于钦《齐乘》云：隋以其为滕旧都，故改蕃为滕县。按蕃非滕都，故城在滕县西南十四里。"

【编者按】《通鉴》卷一五〇胡注引《五代志》亦作"滕郡"，则《隋志》此误相沿已久。

滕县，治今山东滕州市。

兰陵　旧曰承，

【集释】《杨考》："汉县。按氶县以氶水得名。《广韵》：'氶，一曰县名。'今地志作'承'者误。"

置兰陵郡。

【集释】《杨考》："《宋志》：晋元康元年，分东海立。《地形志》：后罢，武定五年复。"

开皇初郡废，十六年分承置鄫州

【集释】《杨考》："按当云分承置鄫城并置鄫州。《寰宇记》：开皇十六年，分承立鄫城县。是其证。"

及兰陵县。

【集释】《杨考》："《元和志》：故城在承县东六十里。"

大业初州废，

【集释】《杨考》："《寰宇记》在大业二年。"

又并兰陵、鄫城

【集释】《杨考》："隋以前无鄫城县，是知上文脱也。"

二县入焉，寻改承为兰陵。

【集释】《杨考》："《寰宇记》：大业二年，移兰陵于废鄫州城中，属徐州。据《寰宇记》，是改承为兰陵，与并鄫城为一时事，与《志》稍异。"

有抱犊山。

【集释】《杨考》："《元和志》：在承县北六十里，壁立千仞，顶宽而有水。此山去海三百余里，天气澄清，宛然在目。昔有遁隐者，抱一犊于其上垦种，故以为名。山高九里，周回四十五里。”

【编者按】兰陵，治今山东兰陵县西南兰陵镇。

符离

【集释】《杨考》：“《寰宇记》：高齐天保七年，移斛城县于古符离城内，复曰符离。大业二年移于朝斛城。按斛城在今宿州东北，武定中改梁淮阳置。

后齐置睢南郡，

【集释】《杨考》：“《地形志》：萧衍置沛郡，武定六年改睢南。《寰宇记》：新城在县西北三十里，北齐武平七年复置睢南郡于此，西北百步置符离县。盖齐初废而后复改置也。”

开皇初郡废，有竹邑县，

【集释】《杨考》：“按《梁纪》，大通元年，成景隽克魏临潼、竹邑，疑魏复置竹邑。然《地形志》无之，而南济阴郡云治竹邑城，则知魏初有竹邑县，至武定复南济阴郡时，废县，但为郡治。”

梁置睢州，

【集释】《考异》卷三三：“案梁之睢州治竹邑城；东魏之睢州治取虑城，隋为夏丘县地。”《杨考》：“《地形志》：南济阴郡，孝昌中陷，萧衍为睢州，武定五年复。据此，则梁之睢州及竹邑县已改于东魏，《志》不当跳魏言梁也。魏亦有睢州，治取虑城，非此地。”

开皇三年州废，又废竹邑入焉。

【集释】《杨考》：“《地形志》但有竹邑城，实未立县，岂齐复置欤？恐不然也。”

有女山、定陶山。

【集释】《考异》卷三十三：“案晋、宋之际，侨置南济阴郡及定陶县于此，山盖以县得名。”《杨考》：“《寰宇记》：在县北四十里。”

【编者按】符离，治今安徽宿州市东北。

【补阙】《杨考》：“按梁有淮阳县，在今宿州东北。《地形志》：斛城，武定中改萧衍淮阳置。”

方与　后齐废，

【集释】《杨考》：“《寰宇记》：在天保七年。”

开皇十六年复。

【集释】《杨考》：“《元和志》：属戴州，十七年属兖州。”

【编者按】《杨考》所言，乃唐贞观十七年政区沿革，不足以考证《隋志》。

方与，治今山东鱼台县西。

鲁　郡

鲁郡　旧兖州，

【集释】《杨考》：‘当有‘曰’字。”

【集释】《杨考补遗》："按兖州亦称东兖州。《周书·宣帝陈皇后传》：后父山提，仕齐，官至东兖州刺史。殆因后魏置西兖州于济阴，而以此为东兖州也。"

大业二年改为鲁郡。

【中华校】《元和志》一〇："大业二年改兖州为鲁州，三年罢鲁州为鲁郡。"

【集释】《诸史考异》卷一三："案《元和郡县志》：大业元年于兖州置都督府，二年改为鲁州，三年改为鲁郡。博城县下云：大业初州废。即鲁州之改为鲁郡也。《志》脱鲁州之置。"《杨考》："《志》有脱文，当云：'大业二年改鲁州，三年州废，改鲁郡。'"《求是》："按洪氏断鲁郡尝改鲁州，说决不易。惟于《隋书》误文所在，尚嫌一间未达。考大业三年四月始改州为郡，似无鲁郡一处独改于二年，其疑一也；历观《地理志》各郡下之注，皆只附旧曰州名，并无书改曰某郡某郡者，况所改为鲁郡，则与正文题郡相同，何必多此蛇足？如谓因系二年所改，故特书之，又与疑一相冲突，其疑二也；如谓大业二年，改名鲁郡，试问改鲁州应在何年？是与所引《元和志》证文反不相合，其疑三也。职此三疑，余故谓今《志》之'大业二年改为鲁郡'。实应正作'大业二年改为鲁州'。如是，则三疑可去，且与《元和志》恰相吻合矣。《地理志考证》七云：'当云大业二年改鲁州，三年州废，改鲁郡'，是也。"

统县十，户十二万四千一十九。

瑕丘　旧废，开皇十三年复，

【集释】《杨考》："《元和志》：隋文帝割邹县、汶阳、平原三县界立瑕丘县，属兖州。"

带郡。

【编者按】瑕丘，治今山东兖州市。

任城

【集释】《杨考》："汉县，宋省。《地形志》任城国，晋永嘉后罢，神龟元年复，盖郡、县并复置于此，至齐又移郡于鲁县，而以任城县为高平郡治。"

旧置高平郡，

【集释】《杨考》："《地形志》：高平郡，故梁国，汉景帝分为山阳国，武帝改为郡，晋武更名。《元和志》：后齐天保七年，移高平郡于此。"

开皇初废。

【集释】《杨考》："《元和志》：县属兖州。"

【编者按】任城，治今山东济宁市。

邹

【集释】《杨考》："按今邹县石里村新出之造桥碑，前题云'大隋开皇六年岁次丙午二月壬午八日己丑兖州高平县石里村仲思那等卌人造桥之碑'。此《志》但云任城县'旧置高平郡，开皇初废'，至邹县之尝为高平县，则无其文，知《志》之漏脱非鲜矣。高平置县，始于晋，至魏不改。今据碑，知开皇六年其县尚存，故城在今县东南二十五里，俗曰纪王城。”

有邹山、

【集释】《杨考》：“《元和志》：峄山，一名邹山，在县南二十二里，《禹贡》曰‘峄阳孤桐’是也。”

承匡山。

【编者按】邹县，治今山东邹城市。

曲阜 旧曰鲁郡，

【集释】《杨考》：“当云‘旧曰鲁，置鲁郡’。此亦郡县同名遂不书县之例。然全书却不尽然。按《汉志》，秦薛郡，高后元年为鲁国，晋改国为郡，宋因之。《地形志》皇兴三年改郡，恐误。”

后齐改郡为任城。

【集释】《杨考》：“《元和志》：齐文宣帝省鲁郡，仍于鲁城置任城郡。”

开皇三年郡废，四年改县曰汶阳，

【集释】《杨考》：“汶阳，汉县，故城在县东北四十里。《纪要》谓后齐废。《元和志》：隋开皇三年罢郡，仍移汶阳县理此。是未废也。”

十六年改名曲阜。

【编者按】曲阜，治山东今市。

泗水 开皇十六年置。

【集释】《杨考》：“《元和志》：分汶阳县置。《旧唐志》：隋于卞县古城置泗水县。”

有陪尾山、

【集释】《杨考补遗》：“此非《禹贡》之陪尾。《禹贡》陪尾，《汉志》、《水经》、郑康成并以为在江夏安陆。”

尼丘山、

【集释】《杨考》：“按《元和志》，在县南五十里，叔梁纥祷尼丘山而生孔子。”

防山。

【集释】《杨考》：“《元和志》：在曲阜县东二十五里，《礼记》孔子既得合葬于防，即此。”

有洙、泗水。

【集释】《杨考》：“《水经注》：泗水出卞县东南、桃墟西北；洙水出泰山盖县临乐山北，西南流至卞县西南入泗水。至鲁县东北分为二流，北为洙渎，南为泗水，孔子设教于洙、泗之间阙里是也。”

【编者按】泗水，治山东今县。

平陆 后齐曰乐平，

【集释】《杨考》：“《元和志》：高齐改平陆为乐平。是并平陆于乐平，非改置也。”

开皇十六年改焉。

【编者按】平陆，治今山东汶上县西。

龚丘 后齐曰平原县，

【集释】《杨考》：“‘县’字衍。《元和志》：齐文宣帝移置平原县于汉宁阳故城北十七里。《寰宇记》作后魏置，然考《宋志》阳平郡平原，孝武大明中立，则实为宋置。故城在今汶上县境，齐始移此。”

开皇十六年改焉。

【集释】《杨考》："《元和志》以此县与德州平原县同名，遂改为龚丘，因县东南二十里有龚丘城也。按是时齐郡邹平之平原尚未改，十八年始改为邹平，不独与德州之平原同名。"

【编者按】龚丘，治今山东宁阳县。

梁父

【集释】《杨考》："《寰宇记》乾封县下云：隋开皇二年，移梁父县于县东南五十九里。《周书·王盟传》：王励，西魏文帝时封梁父县公。"

有龟山。

【集释】《杨考》："《元和志》：在泗水县东北七十五里。"

【编者按】梁父，治今山东泰安市东南。

博城　旧曰博，

【集释】《杨考》："《地形志》：博平，二汉、晋曰博，后改。然则'博'下当有'平'字。"

置泰山郡。

【集释】《杨考》："《舆地广记》：后魏治博平。考《地形志》，泰山郡以巨平居首，博平次第三，后魏之州、郡不必以先书者为郡之也。"

【编者按】《杨考》之"郡之"，当是"郡治"之讹。

后齐改郡曰东平，又并博平、

【集释】《杨考》："上文之博，即博平也，此又云并博平入，不可通矣。按《地形志》泰山郡有巨平县，在泰安西南。此博平当巨平之误。"施和金《释例》："'巨平县'误作'博平县'。"

牟入焉。

【集释】《杨考》："《舆地广记》谓隋省牟县入博城。"

开皇初郡废，十六年改县曰汶阳，寻改曰博城。

【集释】《杨考》："《元和志》：开皇十七年，改博平曰博城。不云有改汶阳事，盖十六年改汶阳、十七年改博城也。"

有奉高县，开皇六年改曰岱山，

【集释】《杨考》："《寰宇记》：废岱山县在乾封县东南四十里，依徂莱山，北齐于此置。隋开皇三年废为（当作废入）奉高县，五年又改为岱山，大业二年废入博城。据此，是岱山本北齐旧县，开皇三年废，六年复置也。"

大业初州废，

【中华校】《廿二史考异》："按《志》云'州废'，不云何时置州，盖有脱文。以王邵《舍利感应记》证之，当置泰州于此。"

【集释】《诸史考异》卷一三："钱氏引王劭《舍利感应记》，以为当置泰州，是误证。"《杨考》："余按王劭《舍利感应记》载《广弘明集》中，仁寿元年有泰州岱岳寺起塔云云。"《求是》："洪氏《诸史考异》一三云：'大业初州废，即鲁州之改为鲁郡也，志脱鲁州之置，钱氏……以为当置泰州，是误证。'余初亦左袒洪氏，后来详读地志，乃知钱说并不谬，洪氏反而得失各半。洪以为《志》脱鲁州之置，是也；但鲁州只兖州改名，原治瑕丘，《地理志》书例凡州废均书于所治县下，博城非鲁州所治，何以附记鲁州之废？此洪氏不达《志》例而妄诋钱氏者也。《舍利记》作于仁寿二年，文有云：'泰州于岱岳寺起塔……明年二月六日泰山神鼓竟夜鸣。'博城今泰安县东南，旧设泰安郡，此泰州置于博城之证一。仁寿二年正月复分布舍利于五十一州起塔，据《广弘明集》一九所辑各州瑞应表章，既有泰州表，复有兖州（即鲁州前身）表，此仁寿年间应有泰州之证二。然此泰州究设于何时乎？据余之揣测，开皇十五年正月帝东巡，以岁旱祠泰山，大赦天下，泰州极可能于是时设，惜《文馆词林》之大赦诏已佚，无能为之证实耳。"

又废岱山县入焉。有岱山、

【集释】《杨考》："即东岳泰山。"

王符山。

【编者按】博城，治今山东泰安市东南旧县镇。

嬴　开皇十六年分置牟城县，大业初并入焉。有艾山。

【集释】《杨考》："《春秋》哀十一年，公会吴伐齐，败齐师于艾陵。孔氏曰：博县南六十里有艾山，即艾陵。"

有淄水。

【集释】《杨考》："《水经注》：水出泰山莱芜县原山，又东北过临淄县东，又东过利县东，又东北入于海。"

【编者按】嬴县，治今山东莱芜市东北。

琅邪郡

琅邪郡　旧置北徐州，

【集释】《考异》卷三三："案梁之北徐州治钟离，此则后魏所置。《魏志》：北徐州，永安二年置，领东泰山、琅邪二郡，不言州所治。据此《志》，盖治即丘也。"《杨考》："《地形志》：永安二年置。"

后周改曰沂州。

【集释】《杨考》："《寰宇记》：武帝宣政元年改，以城东临沂水为名，大业三年改为琅邪郡。《通鉴》陈太建十二年，周尉迟迥举兵，遣莒州刺史乌丸尼等帅青、齐之众围沂州。"

统县七，户六万三千四百二十三。

临沂　旧曰即丘，带郡。开皇初郡废，十六年分置临沂，

【集释】《杨考》："按本汉县。……《寰宇记》：高齐省，隋开皇十六年于今县东三十六里故郚城复置临沂县，属沂州，大业二年移于沂州理。"

大业初

【集释】《杨考》："此下当有'复

置郡’三字。”

并即丘入焉。

【集释】《杨考》：“按《寰宇记》谓高齐省，盖误。”

有大祠山。

【编者按】临沂，治山东今市。

费

【集释】《杨考》：“《寰宇记》：宋自汉费县移理祊城，后魏太和二十年又自祊城移于今县北四十里阳口山，隋开皇三年复还祊城，即今治。《寰宇记》又云：魏太和二十年筑城，置费县，周回二十里，外城即故祊城也，周移阳口山南，隋又移入祊城。不知何以互异？”

【编者按】费县，治山东今县东。

颛臾　旧曰南武阳，

【集释】《杨考》：“汉县，宋改曰武阳。”

开皇十八年改名焉。又有南城县，

【集释】《杨考》：“《汉志》作‘南成’，《续汉志》作‘南城’，《晋志》作‘南武城’，《宋志》、《地形志》复作‘南城’。”

后齐废。有开明山。

【集释】《杨考》：“叶氏圭绶曰：今费县西北聪山。”

【编者按】颛臾，治今山东平邑县。

新泰

【集释】《杨考》：“汉东平阳县。……《水经·洙水注》：晋武帝太康九年改为新泰。《寰宇记》引《东安郡记》云：旧名平阳，泰始中，镇南将军羊祜表改为新泰县。《晋志》泰山郡有新泰县是也。《元和志》：开皇四年属莒州，大业二年属沂州。”

后齐废蒙阴县入焉。

【集释】《杨考》：“《纪要》：东魏复置。盖因此《志》有后齐废蒙阴语，而《地形志》无蒙阴，故以为东魏复置也。按《地形志》新泰有二：一属徐州东泰山郡，即此晋所置旧县；一属南青州东安郡，即《元和志》所称魏孝文所置县（见下），在蒙阴东十五里。余疑东魏并未置蒙阴，后齐但并蒙阴之新泰入旧新泰，《志》嫌废新泰入新泰为不辞，故以蒙阴代之。盖《魏志》虽有缺略，如此等又当详审者也。”《杨考补遗》：“按《水经·沂水注》：桑泉水又东南迳蒙阴县故城北。据郦氏，则其时无蒙阴县审矣。”

【编者按】新泰，治山东今市。

沂水　旧

【中华校】《杨考》：“‘旧’下有脱文，当作‘旧曰东莞’。”

置南青州

【集释】《考异》卷三三：“案魏皇兴初，置东徐州于团城，其后以下邳为东徐州，而改东徐为南青。”《杨考》：“《地形志》：南青州治团城，显祖置为东徐州，太和二十二年改。盖因孝文置东徐于下邳，故此改为南青。《水经注》：沂水又东南迳东莞县故城西（‘故’字当衍），魏文帝黄初中立为东莞郡。《东燕录》谓之团城，魏南青州治。”

及东安郡，

【集释】《杨考》：“《宋志》：晋惠帝分东莞立，治盖县。《地形志》：盖县有东安城。《一统志》：后齐移治东莞。盖以齐废盖县入东莞故也。《北齐书·娄昭传》：兄子叡，皇建初封东安王。”

后周改州为莒州。

【集释】《杨考》：“按《周书·尉迟迥传》，大象二年起兵，弟子勤时为青州总管，亦从迥。其所统州有莒州。”

开皇初郡废，改县

【集释】《杨考》：“上文无县名，所改者何县？故知‘旧’下脱‘东莞’也。”

曰东安。十六年又改曰沂水。

【集释】《杨考》：“《元和志》：沂水本汉东莞县，后魏孝文帝于此置新泰县，开皇四年改为东安县。十六年又于古盖城别立东安县，而此改名沂水。《寰宇记》：团城镇，去东安郡三十里，城隍园，因名团城，隋开皇十六年于此置沂水县。按《水经注》谓东莞城即南燕之团城，魏孝文所置之新泰在蒙阴东十里，去团城甚远。然则开皇乃改东莞为东安，非改新泰为东安也，《元和志》说误。”

大业初州废。

【集释】《杨考》：“《寰宇记》：大业二年。”

【编者按】沂水，治山东今县。

东安　后齐废，

【集释】《杨考》：“按汉东安县在今沂水县南三十里东安社，晋废入盖县。盖为汉县，《地形志》尚有，然则《志》云‘后齐废’者，乃盖县，非东安也。”

开皇十六年复。

【集释】《杨考》：“置于古盖城。见上沂水下。按此当云‘旧曰盖，置东安郡。后齐废县，开皇初废郡。十六年置县曰东安’，方合。”

有松山。

【集释】《杨考补遗》：“《沂水县志》：闵公山即《隋志》之松山。《春秋》隐公八年，公及莒人盟于浮来，即此山也。”

【编者按】东安，治今山东沂源县东南。

莒　旧置东莞郡。

【集释】《杨考》：“《宋志》：晋太和元年分琅邪立，咸宁三年复以合琅邪，太康十年复立。按《三国志·臧霸传》，尹礼为东莞太守，是后汉已置郡。《水经注》云：魏黄初中立。《寰宇记》：惠帝自东莞移郡理莒城。”

后齐废，

【集释】《杨考》：“《寰宇记》：文宣帝废东莞郡，以莒、东莞二县属东安郡。”

后置义唐郡。

【集释】《杨考》：“义唐郡见下东海郡怀仁县下，且东魏置，非齐置也。按《寰宇记》，怀仁，武定七年置，属义塘郡，郡、县俱移就高密郡莒县界内，置在古辟阳城，所以复见于此。”
开皇初废。

【编者按】莒县，治山东今县。

东海郡

东海郡　梁置南、北二青州，

【集释】《杨考》：“《梁书·武帝纪》：大同四年八月甲辰诏，曲赦南、北青等州逋租。《通鉴》梁大同二年，北青州刺史元世儁举州来降，胡身之谓魏之北青州治东阳，去梁境甚远，意是此北青州。又《通鉴》齐建武四年，王昙纷攻魏南青州，为黄郭戍主崔僧渊所败。然则南、北二青州皆因魏旧。”

东魏改为海州。

【集释】《杨考》：“《地形志》：刘子业置青州，武定七年改海州，治龙沮城。《元和志》：梁武帝末年，长江以北悉附，后魏武定七年，改青、冀二州为海州，齐文宣帝移州理琅邪郡。《寰宇记》：魏罢青、冀二州为海州，移于龙沮故城，隋开皇三年自琅邪城移于今理。按《寰宇记》：宋明帝失淮北地，于郁州更置冀州龙沮县，城在今海州南六十里。《通鉴》陈太建元年，齐除祖挺海州刺史。”

统县五，户二万七千八百五十八。

胸山　旧曰朐，

【集释】《杨考》：“《地形志》：晋曰临朐，萧衍改为招远，武定七年复。今考《晋志》只作'朐'，《宋志》无，则已省于宋矣。《寰宇记》朐山下：梁于今县北二里琅邪故城置招远县。”

置琅邪郡。

【集释】《杨考》：“齐置。《齐志》：东莞、琅邪二郡治朐山。《梁纪》：天监十年三月，盗杀东莞、琅邪二郡太守邓晰。据此，则二郡并置，所谓双头郡也。后魏始以东莞治莒，此只称琅邪郡。”

后周改县曰朐山，郡曰朐山。

【集释】《杨考》：“《寰宇记》：周建德六年，改朐县为朐山县，改琅邪为朐山郡，取界内朐山为名。又引《舆地记》：宋泰豫元年，移朐山县于废沂州。《地形志》琅邪郡朐县下有朐城，朐山郡治。是周之先已有朐山郡、朐山县，存以俟考。”

开皇初郡废，大业初复，带郡。

【集释】《杨考》：“《志》例当无此二字，当有'置东海郡'四字。”

有朐山、

【集释】《杨考》：“《寰宇记》：山在朐山县南二里。按旧经云，秦始皇东巡，至朐山界。此时已有朐山之名。”

羽山。

【集释】《杨考》："《元和志》：山在朐山县西北一百里。《书》曰'殛鲧于羽山'，即此也。"

【编者按】朐山，治今江苏连云港市海州镇西南锦屏山侧。

【补阙】《杨考》："按梁有东彭城郡。《地形志》：萧衍置。

梁又有龙沮县，在今海州南六十里。《地形志》：萧衍置。

梁又有彭城县，在今海州境。《地形志》：萧衍置。

梁又有清河县，在今海州境。《地形志》：萧衍置。

梁又有北谯郡，在今海州境。《地形志》：萧衍置。"

东海　旧置广饶县

【集释】《杨考》："《地形志》：萧衍置。"

及东海郡，

【集释】《杨考》："《宋志》：泰始中割赣榆县置郁县，立西海郡。《齐志》：郁州，后为齐郡治，建元初徙齐郡治瓜步，以北海治齐郡故治。则是齐初改西海为齐郡，旋又改齐郡为北海。《地形志》：东海郡，萧衍改置北海郡，武定七年复。"

后齐分广饶置东海县。

【集释】《杨考》："《元和志》：周武帝置。《寰宇记》：周武帝建德四年置。与《志》异。'齐'当'周'误。《舆地广记》作后魏置，尤误。"施和金《订补》："今查《舆地广记》，不云后魏置，而作'仁寿元年改广饶曰东海'（卷二〇）。则《杨考》引文有误。"

开皇初废郡及东海县，

【集释】《杨考》："《寰宇记》：废郡及县，因移广饶于废郡界。"

仁寿元年，改广饶曰东海。有谢禄山、

【集释】《杨考》："《寰宇记》：山在县城西一里。按《汉书》云，王莽时，东海徐宣、谢禄等击王莽将田况，大破之，曾屯兵于山为名。"

郁林山。

【集释】《杨考》："《水经注》：朐县东北海中有大洲曰郁洲，其山自苍梧徙来，今犹有南方草木生焉，故崔琰《述初赋》云郁洲者，故苍梧山也。"

【编者按】东海，治今江苏连云港市新浦区南城镇。

涟水　旧曰襄贲，置东海郡。

【集释】《杨考》："《元和志》：宋明帝置东海郡，又于城北置襄贲县。《寰宇记》：于城北三十里东海王城别置县。按汉有襄贲县，在兰山西南，宋移此。"

东魏改曰海安。

【集释】《考异》卷三三："'海安'，当作'海西'。《魏志》：襄贲县，萧鸾置东海郡，武定二年改置海西郡。"《杨考》："《元和志》、《通典》与此同。按《地形志》无海安郡而有海西郡，云萧鸾置东海郡，武定七年改置，所领有海西县，即汉县；又有海安县，属琅邪郡，其地亦与此相接，云萧衍置。《陈纪》太清五年八月壬子，戎昭将军徐敬辩克海安城是也。《名胜志》谓三国魏曰海安，未详所出。”

开皇初郡废，县又改焉。

【集释】《杨考》：“《元和志》：开皇五年改，因界内有涟水为名。”

【编者按】涟水，治江苏今县。

【补阙】《杨考》：“按梁有临海县，在今安东县地。《地形志》：萧衍置。”

沭阳　梁置潼阳郡。

【集释】施和金《释例》：“‘僮阳郡’误作‘潼阳郡’。”

东魏改曰沭阳郡，

【集释】《杨考》：“《地形志》：萧衍置僮阳郡，武定七年改为沭阳。《寰宇记》：梁天监五年置潼阳郡，领潼县。《名胜志》谓‘僮’当作‘潼’，水名，源出虹县羊城、白鹿二湖。按僮本汉县，宋、齐移此，梁仍旧耳。虹县之潼水，即《水经·淮水注》之潼水，去此颇远，然则《志》文‘潼’仍当作‘僮’。《陈宣帝纪》：太建五年六月，齐沭阳郡守弃城走。”

置县曰怀文。

【集释】《杨考》：“《地形志》：武定七年置。《元和志》：置于郡东。”

后周改县曰沭阳。

【集释】《杨考》：“《寰宇记》：周建德七年改。”

开皇初郡废。

【集释】《杨考》：“《寰宇记》：移沭阳县入废郡城中，属海州，即今理。大业十三年，土人臧君相反于沭阳县，置疎州。”

【编者按】沭阳，治江苏今县。

怀仁

【集释】《杨考》：“《寰宇记》：旧理今密州莒县界，隋开皇三年移县理于此。《名胜志》：怀仁山，在县北四十里，其山童，不生草木，怀仁县以此名。”

梁置南、北二青州。东魏废州，立义唐郡

【集释】《杨考》：“《元和志》：梁置北海郡，后魏改置义唐郡。《地形志》：武定七年置义塘郡，治黄郭城，属南青州。‘唐’，《地形志》作‘塘’。”

及怀仁县。

【集释】《杨考》：“《地形志》：武定七年置。”

开皇初郡废。

【编者按】怀仁，治今江苏连云港市赣榆区西北城兴镇。

【补阙】《杨考》：“按梁有齐郡。《地形志》上鲜县：萧衍齐郡，武定七年改置，属武陵郡。《寰宇记》：武陵郡城在怀仁县五十九里，后魏武定七年置，隋初废。《一统志》：上鲜，齐废。

又有高密县，在今赣榆县东南六十里。《地形志》：洛要，萧衍高密县，武定七年改。《一统志》：齐废。

又有归义县，在今赣榆县北。《寰宇记》：归义城，在怀仁县北二十里，后魏武定七年置县，属义塘郡，隋废。《地形志》义塘郡所领有义塘县。《一统志》：隋与归义同废。”

下邳郡

下邳郡　后魏置南徐州，

【集释】《杨考》：“《地形志》无南徐州，其东楚州下云：高祖初立东徐州，后陷，详下。《元和志》亦云：后魏置东徐州。是后魏本名东徐州。而《通典》云：后魏下邳郡，兼置南徐州。《舆地广记》云：后魏太和中，南徐州治宿豫。按魏徐州治彭城，宿豫当其东，不得云‘南’。盖孝文置东徐州于此，宣帝改为镇，明帝因于下邳城复置东徐州，稍移而北，于情事颇合。《通典》当沿《隋志》而误。”

梁改为东徐州，

【集释】《杨考》：“《梁纪》：太清三年四月，东徐州刺史湛海珍举州附魏。”《杨考补遗》：“《梁书·武帝纪》：天监八年，魏镇东将军成景儁斩宿预城主严仲宝，以城内属。是梁改东徐州，当在天监八年。”

东魏又改曰东楚州，

【集释】《杨考》：“《地形志》：世宗初改为镇，武定七年复。《通鉴》梁大宝元年，齐东徐州刺史行台辛术镇下邳，是齐天保初仍为东徐州。《北齐书·徐远传》：河清二年，除东楚州刺史，是齐后又称为东楚州。未知孰是。”

陈改为安州，

【集释】《杨考》：“《陈书·宣帝纪》：太建七年三月，改梁东徐州为安州。又《陆子隆传》：弟子才，从吴明彻北伐，监安州，镇于宿豫。又《徐敬成传》：寻复为持节，都督安元潼三州诸军事、安州刺史，镇宿豫。”

后周改为泗州。

【集释】《杨考》：“《元和志》：周宣帝大象二年改为泗州，大业三年改泗州为下邳郡。《寰宇记》：建德五年又改东楚州，大象二年改泗州。《通鉴》陈至德二年，隋有泗州刺史司马幼之。按《周书·尉迟迥传》，大象二年，东楚州刺史费也利进据州应迥，则周先仍曰东楚州，改泗州当在是年迥平之后，《寰宇记》之说是也。”

统县七，户五万二千七十。

宿豫

【集释】《杨考》：“《宋志》‘豫’作‘预’，云晋安帝立。《地形志》武定七年置，当有移徙。”

旧置宿豫郡，

【集释】《杨考》：“《地形志》：司马德宗置宿豫郡。……《梁书·萧景传》：天监四年，王师北伐，景率众出淮阳，进屠宿豫。亦指县言也。”

开皇初郡废。大业初置下邳郡。又梁置朝阳、

【集释】《杨考》：“不见于《地形

志》。”

临沭

【集释】《杨考》：“《地形志》：萧衍置，魏因之，领沭阳、招远二县。”

二郡，后齐置晋宁郡，

【集释】《杨考》：“按《地形志》，晋宁郡，萧衍置，魏因之，则非置于后齐。”

寻并废。

【编者按】宿豫，治今江苏宿迁市东南废黄河东北岸古城。

【补阙】《杨考》：“按梁有梁兴、临沂、兴义三县。《地形志》：魏兴，武定七年，改萧衍梁兴、临沂、兴义三县置。”

夏丘 后齐置，

【集释】《杨考》：“《地形志》：武定六年置。则为东魏置。”

并置夏丘郡，寻立潼州。

【集释】《杨考》：“按《陈书·宣帝纪》，太建七年正月，将军樊毅克齐潼州城。”

后周改州为宋州，

【集释】《杨考》：“按《周书·尉迟迥传》，大象二年，东潼州刺史曹孝远据州应迥，则是时尚曰潼州，改宋州当在迥平之后。”

县曰晋陵。

【集释】《杨考》：“《寰宇记》：后周大象中改县名。”

开皇初郡废，十八年州废，

【集释】《求是》：“‘十八’疑‘十六’之讹，因十六年别置宋州，彼州立而此州废也。”

县复曰夏丘。

【集释】《杨考》：“《寰宇记》：开皇三年复为夏丘县。与《志》先后不同。”

又东魏置临潼郡、

【集释】《杨考》：“《地形志》：武定六年置，治临潼城。”

睢陵县，

【集释】《杨考》：“《地形志》：武定六年置。”

后齐改郡为潼郡。又梁置潼州，

【集释】《杨考》：“《梁书·武帝纪》：大通元年五月丙寅，成景儁克魏临潼、竹邑。《纪要》云：因置潼州。《陈书·周铁虎传》：梁元帝承制，授潼州刺史。”

后齐改曰睢州，

【集释】《考异》卷三三：“案《魏志》睢州，武定元年改置。当云‘东魏’，不当云‘后齐’。” 《杨考》：“《地形志》：萧衍置潼州，武定六年平，改置睢州，治取虑城。则《志》‘后齐’当作‘东魏’。又按《通鉴》太清元年十一月，魏慕容绍宗攻潼州刺史郭凤管，即武定六年魏得潼州事也。”

【编者按】钱氏《考异》卷二九已辩《魏书·地形志》“睢州，萧衍置潼州，武定元年平，改置”一语中武定元年为六年之讹，而此处引《魏志》仍作“睢州，武定元年改置”，不确，当改武定六年为是。今中华书局标点本《魏书·地形志》亦作武定六年。

寻废，亦

【集释】《杨考》："此字衍。"

入潼郡。开皇初郡县并废。

【编者按】夏丘，治今安徽泗县。

【补阙】《杨考》："按有渚阳县。《寰宇记》虹县下云：渚阳故城，隋置渚阳，后废。

按梁有恩抚郡。《地形志》：招义，武定七年改萧衍恩抚郡二县置。

又梁有西淮郡。《地形志)：淮阳，武定七年改萧衍西淮郡七县置。

又梁有扶风郡、清河郡。《地形志》：富城，武定七年改萧衍下邳、扶风、清河三郡置。

又梁有兰陵郡。《地形志》：招农，武定七年改萧衍兰陵郡十三县置。

又梁有巨鹿郡。《地形志》：巨鹿，武定七年改萧衍巨鹿郡六县置。

又梁有泰山郡。《地形志》：淮浦，武定七年改萧衍泰山郡四县置。皆在今淮安府境，并附于此。"

徐城　梁置高平郡。

【集释】《杨考》："《元和志》：梁于徐城县置高平郡及高平县。《寰宇记》引《旧经》云：陈太建六年，吴明彻于此置高平郡。按陈盖因梁之旧。《地形志》：高平郡治大徐城。"

东魏又并梁东平、阳平、清河、归义四郡为高平县，

【集释】《杨考》："《地形志》：高平，武定七年改萧衍东平等四郡置。与《志》合。……《元和志》：梁置郡时即置高平县。"《求是》："《平津读碑记》三，据开皇六年造桥碑，谓其时高平县尚属兖州，不属泗州。"

又并梁朱沛、循义、安丰三郡置朱沛县。

【集释】《杨考》："《地形志》：朱沛，武定七年改萧衍朱沛、修仪、安丰三郡置。"

又有安远郡，

【集释】《杨考》："《地形志》：武定七年改萧衍安远戍置。"

后齐废，后周又并朱沛入高平。开皇初郡废，十八年更名徐城。

【集释】《杨考》："《元和志》：属泗州，理大徐城，大业四年理于今理。《寰宇记》：故徐城，在县北三十里，一名大徐城，即古徐国。"

【编者按】徐城，治今江苏泗洪县南。

淮阳　梁置淮阳郡。

【集释】《杨考》："《地形志》：萧衍置。按《宋志》淮阳郡，晋义熙中土断立。《梁纪》：天监六年十二月，魏淮阳镇都督军主常邕和以城内属。当复置郡于此时。《陈纪》：太建五年六月，齐淮阳郡弃城走。"

东魏并绥化、吕梁二郡置绥化县。

【集释】《杨考》："《地形志》：绥化，武定七年改萧衍绥化、吕梁二郡置。"

后周改县为淮阳。开皇初郡废。又有梁临清、天水、浮阳三郡，东魏并为甬城县，

【集释】《考异》卷三三："'甬城'，《魏志》作'角城'。《太平寰宇记》：角城在今宿迁县东南百一十一里，《县道记》云，旧理在淮之北、泗水之西，亦谓之泗城，晋义熙中于此置淮阳郡，仍置角城县，梁改角城为淮阳县，后魏改为角城县。"《杨考》："《地形志》作'角城'，云：武定七年改萧衍临清、天水、浮阳三县立。则《志》文'郡'字误也。汪氏《南北史补志》从《魏志》，洪氏《补梁志》两从之。《宋志》：甬城，晋义熙土断立。《齐志》无。按《通鉴·齐高帝纪》，建元三年，魏人寇淮阳，围军主成买于甬城。胡注：'甬城'当作'角城'。引《水经注》：角城在下邳睢陵县南，临淮水，其地据泗水入淮之口，后梁武帝置淮阳郡，角城为县，属焉。高闾曰：角城，去淮阳十八里。今按角城、甬城，史志互出，《南史·周盘龙传》作'角城'，《齐书》李安民、周盘龙传作'甬城'，《通典》作'角城'，未知孰是。据《齐书》及《水经注》，则是齐后废而梁再置。又按今本《水经注》泗水篇缺此三十五字。"施和金《订补》："《杨考》据《地形志》'武定七年改萧衍临清、天水、浮阳三县立'角城，定《志》文'郡'字误，当作'县'，是。然于角城、甬城之异，却为诸史所惑，不能定其是非。今查诸书，除《杨考》所引《地形志》等，又有《水经·济水注》、《水经·泗水注》、《水经·淮水注》、《郡国县道记》（王谟《汉唐地理书钞》辑本）、《寰宇记》、《舆地广记》、《册府元龟》（卷三九五、四二五、八四七、九五一）、《通鉴地理通释》、《纪要》等均作角城。王应麟《通鉴地理通释》引《宋志》作角城，则其所见本不误。今中华书局出新标点本《宋书》，亦据成孺《宋书州郡志校勘记》改甬城为角城。新标点本《南齐书》亦已改为角城。则此当作角城无疑。'甬'乃'角'之讹。"

后齐改曰文城县，后周又改为临清，开皇三年省入焉。

【集释】《杨考》："《志》不言罢淮阳郡。《名胜志》引《县道记》云：晋安帝置淮阳郡，仍置角城县，及隋罢淮阳郡，而角城遂废。据此，则废郡亦当在开皇三年也，"

【编者按】 淮阳，治今江苏泗阳县南。

【补阙】《杨考》："按梁有临淮县。《寰宇记》：本甬城县，梁改为临淮县。"

下邳　梁曰归政，

【集释】《杨考》："秦置下邳县，梁改。"

置武州、

【集释】《杨考》："《梁纪》：中大通五年七月，改下邳为武州。《通鉴》梁太清二年有武州刺史萧弄璋。"

下邳郡。

【集释】《杨考》："《梁书》：武帝中大通五年六月己卯，魏建义城主兰宝杀魏东徐州刺史，以下邳城降。"

魏改县为下邳，

【集释】《杨考》："复旧名。"

置郡不改，改州曰东徐。

【集释】《杨考》："《地形志》：东徐州，孝昌元年置，永熙二年陷，武定八年复治下邳城。考永熙二年当梁中大通五年，盖魏置东徐州，梁改武州，东魏复改东徐也。《通鉴》梁大宝元年，齐东徐州刺史行台辛术镇下邳。"

后周改州为邳州。开皇初郡废，大业初州废。有峄山、磬石山。

【集释】《杨考》："《寰宇记》：山在泗水南六十里，出石可以为磬。"

【编者按】下邳，治今江苏睢宁县北古邳镇。

良城

【集释】《杨考》："汉县，《寰宇记》：后齐省。"

梁置武安郡，

【集释】《杨考》："按当作'魏置武原郡'。《地形志》：武原郡，武定八年分下邳置。而不言梁有武安郡。又《舆地广记》作'梁置武原郡'。"

开皇初郡废，十一年县更名曰良城。

【集释】《杨考》："按隋之良城即汉之武原县，宋废，魏复置。《地形志》：武原郡治武原县。故知隋改武原为良城也。《志》例当云'旧曰武原，置武原郡'方合，今脱此四字，则所云县更名者何县耶？《陈书·刘仲举传》：彭城武原人也。"

有徐山。

【编者按】良城，治今江苏邳州市北。

郯

【集释】《杨考》："汉县。《寰宇记》：高齐省，后周大象元年复置。"

旧置郡，

【集释】《杨考》："《地形志》：郯郡，武定八年置，治郯城。"

开皇初废。

【编者按】郯县，治今山东郯城县。

《禹贡》："海、岱及淮惟徐州。"彭城、鲁郡、琅邪、东海、下邳，得其地焉。在于天文，自奎五度至胃六度，为降娄，于辰在戌。

【集释】《杨考》："《史记·天官书》：奎娄胃徐州。"

其在列国，则楚、宋及鲁之交。考其旧俗，人颇劲悍轻剽，其士子则挟任节气，好尚宾游，此盖楚之风焉。大抵徐、兖同俗，故其余诸郡，皆得齐、鲁之所尚。莫不贱商贾，务稼穑，尊儒慕学，得洙泗之俗焉。

江都郡

江都郡　梁置南兖州，

【集释】《杨考》："《宋志》晋成帝立南兖州，寄治京口，元嘉八年始割江淮间为境，治广陵，则非始梁置。《南史·萧业传》：天监二年，都督南兖州刺史。"

后齐改为东广州，

【集释】《杨考》："《陈书·高祖纪》：梁绍泰二年三月，齐遣东广州刺史独孤辟恶等率众十万出栅口，向梁山。《北齐书·王则传》：弟敬宝，为东广州刺史。"

陈复曰南兖，

【集释】《杨考》："《通鉴》梁太平二年五月，齐广陵南城主张显和、长史张僧那各帅所部来降。按是年十月，陈受禅，遂为陈地。《陈书·高祖纪》：永定二年，南兖州刺史吴明彻进号安南将军。"

后周改为吴州。

【集释】《杨考》："按《隋书·于顗传》，周大象中拜东广州刺史。《周书·赵文表传》云：大象中，拜吴州总管，时于顗为吴州刺史；及尉迟迥举兵，顗手刃文表，隋文以诸方未定，恐顗为变，遂授顗吴州总管。据此，则周大象中改东广为吴州，即置总管矣。又按隋初亦置吴州总管。《隋书·文帝纪》：开皇元年，以上开府、当亭县公贺若弼为楚州总管。考弼传作'吴州'。《隋纪》：开皇八年伐陈，若弼出吴州。则前'楚'字为'吴'之误。"

开皇九年改为扬州，置总管府，

【集释】《杨考》："《隋炀帝纪》：陈平后，徙上为扬州总管，镇江都。"

大业初府废。

【集释】《杨考》："《帝纪》，废府在大业元年，州盖废于三年。《通鉴》隋义宁元年，朱粲遣使李密，密以为扬州总管，则隋末李密又置。按密、粲地皆不至此，盖遥领也。"

统县十六，户十一万五千五百二十四。

江阳　旧曰广陵，后齐置广陵、江阳二郡。

【集释】《杨考》："当是合二郡为双头郡。"

开皇初郡废，十八年改县为邗江，大业初更名江阳。

【集释】《杨考》："《寰宇记》：隋末并入江都县。"

有江都宫、

【集释】《杨考》："《寰宇记》：炀帝于江都郡置宫，号江都宫。《隋书》：大业元年，诏修江都宫。"

扬子宫。

【集释】《杨考》："《纪胜》引《隋书》志云：大业十三年二月，大驾出杨于，幸临江宫。……疑临江宫即杨子宫。"

有陵湖。

【集释】《杨考》："《寰宇记》：邵

伯埭，……东去七里入艾陵湖。《寰宇记》又引阮昇之记云：齐建武五年，遏艾陵湖水立裘塘屯。按《水经·淮水注》有陆阳湖，当即此。”

【编者按】江阳，治今江苏扬州市。

江都

【集释】《杨考》：“汉县。《舆地广志》：隋为江都郡治。”

自梁及隋，或废或置。

【集释】《杨考》：“按史传及诸地志，梁、隋间不见江都废、置之迹。”

【编者按】江都，治今江苏扬州市。

海陵　梁置海陵郡。

【集释】《杨考》：“《宋志》：海陵郡，晋安帝分广陵立。齐亦有此郡。当云‘旧置’。”

开皇初郡废，又并建陵县入，寻析置江浦县，大业初省入。

【编者按】海陵，治今江苏泰州市。

宁海　开皇初并如皋县入。

【编者按】宁海，治今江苏如皋市西南。

【补阙】《杨考》：“按《晋志》有临江县，在今如皋县南。《南史·刘之亨传》：封临江县子。《陈书·杜僧明传》：广陵临泽人，梁元帝承制，授临江县子。”

高邮

【集释】《杨考》：“汉县……《寰宇记》：大业中移于樊梁镇。”

梁析置竹塘、三归二县，及置广业郡，寻以有嘉禾，为神农郡。

【集释】《杨考》：“《陈纪》：太建七年三月，移谯州镇于新昌郡，神农郡还隶南兖州。”

开皇初郡废，又并竹塘、三归、临泽三县入焉。

【集释】《杨考》：“竹塘、三归二县，《舆地广记》俱梁置；临泽，《宋志》太豫元年立。《隋书·元谐传》有临泽侯田鸾，文帝封。”

【编者按】高邮，治江苏今市北。

安宜　梁置阳平郡

【集释】《杨考》：“《齐志》阳平郡寄治山阳，盖梁移治安宜也。《梁书·裴邃传》：裴之中除阳平太守。《通鉴》梁武帝太清三年三月，侯景改阳平为北沧州。《梁书·侯景传》：大宝元年七月，侯景以阳平郡为北兖州。《陈纪》：太建五年五月，齐阳平郡城降。”

及东莞郡。开皇初郡废，又废石鳖县入焉。

【集释】《杨考》：“《舆地广记》：魏邓艾筑石鳖城，在宝应西八十里。未知何时置县。按《北齐书·潘乐传》，乐讨侯景，发石鳖。疑其时已置县。”

有白马湖。

【集释】《杨考》：“《水经》：淮水东过淮阴县北，中渎水出自白马湖东北注之。”

【编者按】安宜，治今江苏宝应县西南。

山阳　旧置山阳郡，

【集释】《杨考》：“《宋志》：晋熙中土断，分广陵立。《南史·梁桂阳王大成传》：太清三年，简文即位，封山阳郡王。《陈纪》：太建五年八月，齐山阳城降。”

开皇初郡废。十二年置楚州，

【集释】《杨考》：“当是自淮阴徙置。”

大业初州废。

【集释】《杨考》：“《舆地广记》：隋末臧君相窃据之，号东楚州。”

有后魏淮阴郡，东魏改为淮州，

【集释】《考异》卷三三：“案《魏志》淮州，萧衍置，魏因之，治淮阴城。则淮州乃梁所置，非东魏所改。且淮阴诸郡自侯景之乱始入于魏，永熙以前，非魏所有也。”《杨考》：“按《宋志》，晋末侨立兖州，寄治淮阴。《齐志》作北兖州。《通鉴》梁中大通元年，以陈庆之为北兖州刺史，注：州治淮阴。又《通鉴》梁太清元年，有北兖州刺史胡孙贵，三年，侯景以萧弄璋为北兖州刺史，州民发兵拒之，景遣直阁将军羊海将兵助之，海以其地降东魏，东魏遂据淮阴，则太清时仍曰北兖州。是终梁代皆为北兖州。然则魏之淮州云萧衍置不可考，但《地形志》有淮阴郡，属淮州，观下文隋改东平郡为淮阴，则此淮阴当废于齐、周时。《志》言东魏改淮阴郡为淮州尤误。又按《陈纪》，太建十一年十二月，南、北兖、晋三州及盱眙等九郡并自拔还京师，据此，则陈仍以此为北兖州。”

后齐并鲁、

【集释】《杨考》：“后魏侨县，属淮阴。《寰宇记》：隋初废。与《志》不合。”

富陵立怀恩县，

【集释】《杨考》：“《地形志》淮阴郡领怀恩、富陵、鲁三县，或后齐并鲁、富陵入怀恩，非齐始立也。按《寰宇记》，淮阴，本汉县，后废。今考汉、晋、宋、齐《志》俱有淮阴，《地形志》虽有四淮阴，皆不在此地，则魏末实改淮阴为怀恩也。”

后周改曰寿张，

【集释】《杨考》：“按《齐志》寿张，割山阳官渎以西三百户置，当是后废而周复置。”

又侨立东平郡。

【集释】《杨考》：“按《齐志》已侨立东平郡于北兖州，当是后废而周复置。”

开皇元年改郡为淮阴，并立楚州，寻废郡，更改县曰淮阴。

【集释】《杨考》：“《寰宇记》在开皇三年。”

大业初州废，县并入焉。

【集释】《求是》：“由文面观之，则一楚州于开皇元年立，一楚州于十二年立，均大业初乃废，然同县之内，似不容同时有两楚州。严观《元和补志》六云：‘梁改淮州，东魏因之，兼领山阳、淮阴二郡，北齐废淮阴郡，周侨置东平郡，隋开皇元年改东平为淮阴，立楚州，寻与山阳郡俱废，十二年移州治山阴，大业元年州废，并入江都郡。’按《志》则山阳、淮阴二郡，同在山阳县，谓十二年楚州自淮阴移治山阳，揆诸《隋志》文义，未觉全符。考高劢自开皇初任楚州刺史，七年始去，即有中废，亦在三年废郡已后。兹姑如上书，以待再考。”

【编者按】山阳，治今江苏淮安市淮安区。

【补阙】《杨考》：“按梁有平陆县。《南史·胡山宾传》：梁天监十五年为北兖州刺史，在州所部平陆县不稔，启出仓米以振百姓。但未知属何郡，”

盱眙

【集释】《杨考》：“汉县，宋废，齐复置。”

旧魏置盱眙郡。

【集释】《考异》卷三三：“案盱眙郡，晋安帝所立，非始于魏，‘魏’字衍。”《杨考》：“‘魏’字衍。《舆地纪胜》引已作‘魏置盱眙郡’，则误衍已久。”施和金《释例》：“《晋书·地理志》云：‘义熙七年……以盱眙立盱眙郡，统考城、直渎、阳城三县。’《宋书·州郡志》云盱眙郡为晋安帝立。《通典》、《太平寰宇记》、《舆地志》（王谟《汉唐地理书钞》辑本）皆云晋义熙中置盱眙郡。据此，晋立盱眙郡至确，此一郡非后魏置。《隋书·地理志》例，凡晋、宋等所立郡县，皆云‘旧置’。故此盱眙县下当云‘旧置盱眙郡’。‘魏’字衍，当删。”

陈置北谯州，寻省。

【集释】《杨考》：“《陈纪》：太建五年九月，割南兖州之盱眙郡属谯州，七年九月，还隶南兖州。”

开皇初郡废，又并考城、

【集释】《杨考》：“《晋志》：义熙七年立。按《地形志》盱眙郡领盱眙、阳城、直渎三县，是考城于东魏时已并入盱眙。”

直渎、阳城三县入。有都梁山。

【集释】《杨考》：“《寰宇记》：在盱眙县南十六里。”

【编者按】盱眙，治江苏今县东北。

盐城

【集释】《杨考》：“《旧唐志》：久无城邑，隋末于此置射州。立射阳、安乐、新安三县。《舆地广记》：隋末盗韦彻据其地，置州及三县。”

后齐置射阳郡，

【集释】《杨考》：“《纪胜》引《隋志》云：后齐置射州及射阳、新城、安乐三县。则今本有脱误。”

陈改曰盐城，

【集释】《杨考》：“《纪胜》云：武德四年来归，七年州废，省射阳、安乐、新城三县，置盐城县。与此大异。”施和金《订补》：“此《隋志》所云‘陈改曰盐城’，以上下文义，当是改射阳郡为盐城郡，非改为盐城县也。又据《旧唐志》盐城下云：‘汉盐渎县地……隋末，盗韦彻于此置射州，立射阳、安乐、新安三县。武德四年归国，因而不改。七年，废射州及三县，置盐城县于废射州。’《新唐志》同。《纪胜》所言‘武德四年来归’云云，当是引自《旧唐志》，《杨考》以此与《隋志》所云‘陈改曰盐城’相对比，真是风马牛不相及。陈改盐城郡，此武德七年又置盐城县，非一事也。又《纪胜》引《隋志》云：‘后齐置射州及射阳、新城、安乐三县’，疑‘后齐’下有脱文，而‘置射州及射阳、新城、安乐三县’，当是引自《旧唐志》，非《隋志》志文。”

【编者按】《订补》疑《纪胜》“置射州及射阳、新城、安乐三县”一语引自《旧唐志》，非《隋志》志文，恐不尽然。《纪胜》三县是：射阳、新城、安乐：而《旧唐志》三县是：射阳、安乐、新安。射阳、安乐二县县名同，然《纪胜》作新城者，《旧唐志》作新安，互异。《新唐志》亦作新安。《纪胜》所引，明言《隋志》，此乃《隋志》原文之明证。

开皇初郡废。

【编者按】盐城，治江苏今市。

清流　旧曰顿丘，

【集释】《杨考》：“《宋志》顿丘属平昌郡，江左流寓立。《齐志》属新昌郡。而《元和志》云秦建阳邑，宋改新昌，开皇中改清流，误。考建阳在今滁州东四十里，废于后汉，非至宋始改也。又《寰宇记》：梁置顿丘县。《舆地广记》：后魏置顿丘县。俱未得其实。”

置新昌郡

【集释】《杨考》：“《宋志》：平昌郡，元徽元年立。《齐志》：改新昌。《梁书·武纪》：天监十一年二月戊辰，新昌郡野蚕成茧。”

及南谯州。

【集释】《杨考》：“《寰宇记》：梁大同二年，割北徐州之新昌、南谯州之南谯、豫州之北谯，凡三郡，立为南谯州，居桑根山之西，今滁州西南八十里全椒县界南谯故城是也。梁末丧乱，地没高齐。至天保三年，徙南谯州于新昌郡，今之州城是也。按南谯州亦曰谯州。《地形志》：谯州，萧衍置，魏因之，治新昌城。《通鉴》梁武帝大通元年，谯州刺史湛僧智围魏东豫州，注：帝置谯州，治新昌城，领新昌、高塘、临滁、南梁郡。《通鉴》梁武帝太清二年冬十月庚寅，侯景扬声趣合肥而实袭谯州，注：此谯州置于新昌城，今滁州城是也。又《陈纪》：太建七年三月，移谯州镇于新昌城。”

开皇初改为滁州，

【集释】《杨考》：“《寰宇记》在开皇九年，因水为名。据《隋书·崔仲方传》，开皇六年上书论取陈之策已有滁州，则滁州之改不始于开皇九年。《寰宇记》‘九’当‘元’字之误。”

郡废。又废乐巨、高塘

【集释】《杨考》：“《寰宇记》：后齐南谯郡所领有高塘郡。《纪要》：周改郡为县。”

二县入顿丘，改曰新昌。十八年

又改为清流。大业初州废。有白禅山、

【集释】《杨考》："《纪胜》：五湖山在全椒县东北十八里，下有五湖，因名。最为险要，控扼南北。山北属白禅村，疑即白禅山也。"

曲亭山。

【集释】《杨考》："《纪要》：俗呼皇甫山。"

【编者按】清流，治今安徽滁州市。

【补阙】《杨考》："按有临滁郡。《纪胜》：在清流县东五十里之葛城，俗呼为罗城。《地形志》：梁置临滁郡，治葛城。当即此地。"

全椒　梁曰北谯，置北谯郡。

【集释】《杨考》："《寰宇记》：梁克寿阳，立北谯郡于故曲阳地。按在今定远县西北六十五里。《通鉴》注则云：梁北谯郡治阴陵城。盖后徙置今全椒界也。"

后齐改郡为临滁，后周又曰北谯。

【集释】《杨考》："按《陈纪》，太建七年五月，分北谯县置北谯郡，领阳平，所属北谯、西谯二县。太建十一年十二月，北谯等九郡并自拔还京师。据此，则陈复为北谯郡。又有西谯县，《志》亦失书。"

开皇初郡废，改县为滁水。

【集释】《杨考》："《寰宇记》谓隋初为滁县。"

大业初改名焉。有铜官山、

【集释】《杨考》："《寰宇记》：在清流县北三里。又云：铜井山，在全椒县西七十里，上有铜井。《纪要》谓铜井，一名铜官。"

九斗山。

【集释】《杨考》："一名阴陵山。《元和志》：在全椒县南九十余里。昔项羽兵败，欲东渡乌江，途经此山，与汉兵一日九斗，因名。"

【编者按】全椒，治安徽今县。

【补阙】《杨考》："按有丰乐县。《纪要》：梁置，属北谯郡。"

六合　旧曰尉氏，

【集释】《杨考》："汉旧县名，晋末侨立于此。《宋志》属秦郡，齐属北徐州新昌郡。"

置秦郡。

【集释】《杨考》："《宋志》：晋永兴元年，分临淮立棠邑郡，晋安帝改秦郡。《齐志》：永明元年罢。按《梁纪》，大同六年，秦郡献白鹿一，则梁复置此郡。《陈纪》，太建七年三月，以秦郡属谯州（即《志》之南谯州），五月还隶南兖州。"

后齐置秦州。

【集释】《考异》卷三三："案《梁书·杜崱传》，齐将郭元建攻秦州刺史严超远于秦郡，则秦州之名，梁末已有之矣。《陈书·高宗纪》：太建十年八月，改秦郡为义州，十月，罢义州。《志》亦失书。"《杨考》："《通鉴》陈太建五年，齐人于秦郡置秦州。按《陈书》，太建五年，吴明彻克秦州水栅，而《吴明彻传》作‘秦郡降，还属南兖州’，是陈又废秦州也。又《北齐书·文宣纪》：天保六年十一月，梁秦州刺史徐嗣徽以州内附。是地未入齐之先已有秦州。又《梁书·徐文盛传》：太清二年，世祖以为秦州刺史，授以东讨之略。又《杜崱传》：齐将郭元建攻秦州刺史严超达于秦郡。则秦州实置于梁末。又《侯景传》：太清三年六月，景以仪同郭元建为北道行台，镇新秦。大宝元年七月，景以秦郡为西兖州。据此，则秦州为梁置，侯景又改西兖州，北齐仍为秦州也。”

后周改州曰方州，

【集释】《杨考》：“按《陈书·高祖纪》，太建十年八月乙丑朔，改秦郡为义州。十月戊寅，罢义州。《志》失书。”

改郡曰六合。

【集释】《杨考》：“《寰宇记》：因山为名。”

开皇初郡废，四年改尉氏曰六合，

【集释】《杨考》：“《补梁志》引《六合志》：梁天监元年置六合县。属秦州。与《志》不合。”

省堂邑、

【集释】《杨考》：“按汉棠邑县在今六合县北。《宋志》扬州下：江左省入高阳。此殆齐后复置。”

方山

【集释】《杨考》：“《纪胜》：方山，隋朝六宅曾居之。黄龙池、凤凰桥、王子石并在方山，谓之方山府。疑周改方州时置县。”

二县入焉。大业初州废。

【集释】《杨考》：“《旧唐志》谓隋尝改方州为兖州。据《隋书·崔仲方传》，上取陈之策在开皇六年，尚作方州。”

又后齐置瓦梁郡，

【集释】《杨考》：“《陈纪》太建五年五月己巳，齐瓦梁城降。毛本误作‘石梁’。”

陈废。有瓜步山、

【集释】《杨考》：“《通鉴地理通释》引《元和志》：山在县东南二十里，临大江。”

六合山。

【集释】《杨考》：“《寰宇记》：山在县西北七十五里。开皇三年于此置六合镇，九年晋王平陈，于此临江观渡兵马。《元和志》：六合山在六合县东北八十里。桃叶山在西南七十五里。隋开皇三年于此山置六合镇。然则《寰宇记》误以桃叶山为六合山欤?”

【编者按】六合，治今江苏南京市六合区。

【补阙】《杨考》：“按有昌国县，在今江宁府境。《齐志》属齐郡。《梁书·羊鲲传》：封昌国县公。”

永福　旧曰沛，

【集释】《杨考》：“宋置，属南沛郡。”

梁置泾城、

【集释】《考异》卷三三：“此处有脱文。胡三省《通鉴》注引此云‘梁置泾州，领泾城、东阳二郡'，当从之。《北史·潘乐传》：泾州旧在石梁，侯景改为淮州，乐获其地，仍立泾州。此梁置泾州之证也。"《杨考》："按'泾城'上脱'泾州及'三字。《寰宇记》引《郡国志》：梁于石梁置泾州。《梁纪》：承圣三年，秦州刺史严超达自秦郡围泾州。《北齐书·段韶传》：会梁将严超达等军逼泾州。《通鉴》元帝承圣二年注引《五代志》，正作'梁置泾州，领泾城、东阳二郡'。又《北史·潘乐传》：梁泾州旧在石梁，侯景改为淮州（《北齐书》作'怀州'），乐获其地，仍立泾州。此梁置泾州之确证也。"

东阳二郡，陈废州，

【集释】《杨考》："上文不言置州，此不得云废州，故知必脱也。《陈书·世祖纪》：太建五年六月，豫章内史程文季克泾州城。"

并二郡为沛郡。

【集释】《杨考》："按宋、齐《志》先有南沛郡，陈去'南'字。《陈纪》太建十一年十二月，南、北兖、晋三州及盱眙等九郡并自拔还京师，中有沛郡。"

后周改沛郡为石梁郡，改沛县曰石梁县，省横山县入焉。

【集释】《杨考》："《纪要》：横山城，今天长县南三十里。梁县。"

开皇初郡废。大业初改县曰永福。

【集释】《杨考》："《新唐书·宰相世系表》：裴世节，隋时封永福县公。"

有香山、永福山。

【编者按】永福，治今安徽天长县西。

句容　有茅山、

【集释】《杨考》："《方舆胜览》云：汉时有三茅君各乘一鹤来此，故名。"

浮山、

【集释】《杨考》："《纪胜》：烈山在江宁城西七十里，傍烈洲，临江中流。晁无咎诗云，'山如浮土一峰立，江似海门千顷开。我欲此中成小隐，莫教山脚有船来'。疑即浮山。"

四平山。

【集释】《杨考》："陶弘景《真诰》曰：大茅山西南有四平山，俗曰方山。"

【编者按】句容，治江苏今市。

延陵

【集释】《杨考》："按晋延陵县在今丹阳县南三十五里。《寰宇记》：隋移治丹徒。《一统志》谓故延陵废于南齐末。考《梁书·武纪》有延陵县华阳逻主戴车，则齐未废也。"

旧置南徐州、

【集释】《杨考》："《宋志》：晋咸和四年侨置徐州，宋永初二年加徐州曰南徐，元嘉八年更以江北为南兖州，江南为南徐州，治京口。"

南东海郡，

【集释】《杨考》："《宋志》：南东海郡，晋元帝初，割吴郡海虞县之北境为东海郡。永和中，移郡治京口。

齐因之。《梁书·安成王秀传》：是时，东昏弟晋熙王宝嵩为南徐州刺史，镇京口。长史范岫行府州事，遣使降高祖，以秀为南东海太守，镇京口。”

梁改曰兰陵郡，

【集释】《杨考》：“《梁纪》：天监元年，改南东海为兰陵郡，土断南徐州诸侨郡县。按《梁书·张缵传》，仍迁北中郎长史、南兰陵太守。《褚球传》、《孔休源传》皆作‘南兰陵’，则《梁纪》并此《志》皆脱‘南’字。按《宋志》有东海郡，又有南兰陵郡，《齐志》无南兰陵郡，盖并入南琅邪郡，故梁又改立也。”

陈又改为东海。

【集释】《杨考》：“《陈纪》：永定二年八月，改南徐州所领南兰陵郡复为东海郡。”

开皇九年州郡并废，又废丹徒县入焉。十五年置润州，大业初州废。

【集释】《杨考》：“《寰宇记》：隋平陈，废南徐州为延陵镇，移于京口，为延陵县，属蒋州。开皇十五年罢延陵镇，以蒋州之延陵、永年，常州之曲阿三县置润州于镇城，取县东润浦为名。大业三年，废为江都郡之延陵县。”

有句骊山、

【集释】《杨考》：“一曰高骊山。《寰宇记》：《梁武舆驾东行记》云南次高骊山。传云昔高骊国女来，东海神乘船致酒醴聘之，女不肯，海神拨船覆。酒流入曲阿河，故曲阿酒美也。”

黄鹄山、

【集释】《杨考》：“一名黄鹤山。《寰宇记》：宋武帝潜龙时，每息此山，有黄鹤飞舞，因名。”

蒜山、

【集释】《杨考》本作“菻”，并云：“字当作‘蒜’。《元和志》：山临江绝壁。山多泽蒜，因以为名。《纪胜》：或谓诸葛亮与周瑜议拒曹操于此，故号算山。然晋、宋以来诗篇多曰‘蒜山’，惟陆龟蒙题为‘算山公’。”

长塘湖。

【集释】《杨考》：“《寰宇记》：在金坛县南三十里。”

【编者按】 延陵，治今江苏镇江市。

曲阿　有武进县，

【集释】《杨考》：“《宋志》：晋太康二年分丹徒、曲阿立。”

梁改为兰陵，开皇九年并入。

【集释】《杨考》：“《元和志》、《寰宇记》。俱谓梁武帝改武进为兰陵。《元和志》又云：梁以兰陵入晋陵。按《宋志》南兰陵郡有兰陵县，《齐志》南琅邪郡亦有之，在今武进县西北九十里，与武进相距不远，当是梁时省武进入兰陵，因移兰陵治武进，非梁始有兰陵县也。”

【编者按】 曲阿，治今江苏丹阳市。

【补阙】《杨考》：“按曲阿县地，

隋末尝置金山县。《新唐书》：隋末土人保聚，因为金山县。隋亡，沈法兴又置琅邪县，李子通以琅邪置茅州，以金山隶之。”

钟离郡

钟离郡　后齐曰西楚州，

【集释】《考异》卷三三：“此梁之北徐州也，当云‘旧置北徐州’，史脱文也。楚州治钟离城，见于魏收《志》，亦当云‘东魏改楚州’。皆《志》之脱漏。”《杨考》：“《宋志》：明帝失淮北，侨立徐州，治钟离。《元和志》：宋后废帝改北徐州。《地形志》：萧衍置北徐州，武定七年改楚州，治钟离城。又《地形志》别有西楚州，亦萧衍置，治楚城。此《志》载入汝南郡城阳县，云：东魏置西楚州，后齐曰永州。又《地形志》有东楚州，此《志》载于下邳郡，云：梁东徐州，东魏改东楚州。是东魏时三楚州并立。此但为楚州，下邳为东楚州，城阳为西楚州，至后齐，城阳之西楚州改永州，故以此为西楚州，以与东楚州对也。《元和志》濠州下亦云：高齐文宣帝为西楚州。”

开皇二年改曰濠州。

【中华校】“濠”原作“豪”，据《元和志》九、《寰宇记》一二八改。

【集释】《杨考》：“《元和志》：开皇三年改濠州，因水为名。‘濠’字中间误去水，唐元和三年又加水。则此‘豪’当作‘濠’。《旧唐志》作‘濠’。《元和志》：大业三年改濠州为钟离郡。”《求是》：“‘豪’误，当作‘濠’。唐时误去水，今更有拓本开元十五年唐豪州定远县令杨高仁志可证。《金石录》七著录乾元元年十月颜真卿祭伯父濠州刺史文。若以《干禄字书》证之，疑本作豪不作濠也。留元刚《颜鲁公年谱》云：‘彭晁社亭记碑阴载武德间州印，豪字亦不从水，元和二年御史崔公中奏请依旧以濠水为州名，三年八月敕豪从水，省司重造新印。考之濠州乃开皇旧名，武德以后始作豪也。’立说最确。去水即在武德复州之始。”又云：“《地理志考证》七谓西楚之‘西’为衍文。按江都郡山阳县之楚州立于开皇元年。倘‘西’为衍文，似不应于邻近地域立二楚州，否则江都郡之楚州应立于二年（非元年），更不然，则濠州改称应在元年，不在二年。如是乃较为可信也。”又云：“《新唐书》三八云：‘濠字初作豪，元和三年改从濠。’《新旧唐书互证》五云：‘案《元和郡县志》云，隋开皇三年改为濠州，因水为名，大业三年改为钟离郡，武德五年改为濠州，中间误去水，元和三年又加水焉。是本为濠而误为豪也。’余案《地理志》于此州定远县下云：‘梁改曰定远，置临濠郡’，字亦作濠。今本《隋书》或作豪者，正如《元和志》所言，后人误去水耳。《潜研堂金石文跋尾》续三《干禄字书》云：‘韩退之有徐泗豪三州节度掌书记厅石记，洪庆善考退之作记，在贞元十五年，因据《唐志》以证俗本作濠之误，而吴曾《能改斋漫录》驳之，且引杜佑《通典》称濠州……佑上《通典》在贞元十年，其书初不见豪字，以此知韩文作濠者为是。今考此碑元孙结衔称滁沂豪三州刺史，豪不从水旁，石刻分明，可以徵信。又《广韵》豪字下注：州名，古钟离国，隋改为州。《广韵》本于孙愐，愐撰《唐韵》在天宝十载，足征其时州名不从水也。李吉甫《元和郡县志》亦云，武德五年，杜伏威附，改濠州，濠字中间误去水。正与《唐志》相合。杜氏《通典》偶漏不载。而吴乃据以议欧《志》之失，岂其然乎?’按：豪字唐代中间去水，更有《初学记》引《括地志》序略及开元二十三年秦望山法华寺碑（《金石文字记》六）可证，韩文或当作豪。第虽如是，欧《志》仍不免有失也。夫《元和志》之说，钱氏固引为信证者，今《元和志》云武德五年改濠州，而欧《志》云濠字初作豪；《元和志》又云中间误去水，而欧《志》则若元和三年始加水者，是得谓之‘正与《唐志》相合’乎?欧《志》之失诚不免，特吴氏所驳，未得其要耳。”

统县四，户三万五千一十五。

钟离

【集释】《杨考》：“汉县，后汉为国。《宋志》：晋太康二年复置钟离县。未详前此所省。《元和志》：晋安帝时，因东郡燕县流人入钟离者，于此置燕县。至高齐复为钟离县。”

旧置郡，

【集释】《杨考》：“《宋志》：晋安帝分立。汉、晋有钟离县，即此地。据此，则晋末废钟离县为郡也。《梁书·武纪》：天监五年十一月，魏寇钟离，遣右卫将军曹景宗率众赴援。《纪要》：太清三年，萧正表以钟离降魏。”

开皇初郡废。大业中复置郡。

【编者按】钟离，治今安徽凤阳县东。

【补阙】《杨考》：“按梁有淮陵郡，今盱眙县北八十五里。《通鉴》武帝天监二年冬十月，魏元英分兵寇东关、大岘、淮陵、九山，注：《宋志》南徐州领淮陵郡。是时既置徐州于钟离，又置淮陵于钟离界。”

定远　旧曰东城。

【集释】《杨考》：“汉县，宋废。宋山阳郡之东城非此地。”

梁改曰

【集释】《杨考》：“当作‘置’。”

定远，

【集释】《杨考》：“《寰宇记》：梁天监三年，土人祭丰据东城自魏归，武帝嘉之，改曰丰城，又改为定远县。据此，似梁初有东城县。《元和志》云：定远，梁天监初置。不言改东城为定远，知祭丰所据者，故东城地也。”

置临濠郡。

【集释】《杨考》：“《寰宇记》：梁

置临濠郡于废东城，在定远县东。又云：梁武帝改东城为丰城，立定远郡。按《梁纪》，大同六年九月，移安州置定远郡，授北徐州都督，定远郡改属安州。《元和志》亦云：梁定远县属定远郡。盖先为临濠郡，后改定远郡，又改属安州。《志》不言，略也。”

后齐改曰广安。

【集释】《杨考》：“《元和志》：改为大安郡。”

开皇初郡废。

【集释】《杨考》：“《元和志》：仁寿元年废郡，改定远县为临濠。与此异。又《寰宇记》：大业十一年，贼帅孟让烧劫，县废。”

又有旧九江郡，

【集释】《杨考》：“按九江，汉郡，后汉移治阴陵，在今定远县西北六十五里。据《晋志》，晋武帝已改为淮南郡，宋、齐《志》及《地形志》并无此郡。《纪要》引此《志》作‘梁置九江郡’，意以梁复置也。”

后齐废为曲阳县，

【集释】《杨考》：“按曲阳，汉国，后汉为西曲阳县，晋后废，在今寿州东北。《纪要》谓后齐曲阳即此城也。”

县寻废。又有梁置安州，

【集释】《杨考》：“见上。”

侯景乱废。

【集释】《杨考》：“按《北齐书·潘乐传》，讨侯景，克安州。”

【编者按】定远，治安徽今县东南。

【补阙】《杨考》：“按有乐平县，在今凤阳府东少北二十里之东南六十里，宋县。《梁书·元愿达传》：封乐平县公。

又梁有馆陶县、梁招县、高平县。《地形志》：襄邑，武定七年改萧衍馆陶、下邳、梁招、高平四县置。

又梁有西沛郡。《寰宇记》定远县下云：梁普通三年于间城中置西沛郡，至大宝二年废。

又梁有鲁郡。《地形志》：萧衍置。《一统志》：鲁城在凤阳县西鲁山之东。”

化明 故

【集释】《杨考》：“当作‘旧’，以归一律。”

曰睢陵，

【集释】《杨考》：“《宋志》高平郡下：泰始五年侨置睢陵县。《元和志》：宋孝武自淮北徙睢陵县，改为池南县。然《宋志》无池南县。《地形志》济阳郡有睢阳，盖改睢陵为睢阳也。”

置济阴郡。

【集释】《杨考》：“《宋志》：汉景帝立，属兖州。流寓徐土，因割地为境。《寰宇记》：宋泰始三年，分徐州东界置。《地形志》楚州下有济阳郡，又高平郡白水：武定七年改萧衍济阴郡置。盖魏置济阳郡，而废济阴郡。”

后齐改县曰池南，陈复曰睢陵，

【集释】《杨考》：“《元和志》：陈为招义县。”

后周改为昭义。开皇初郡废，

【集释】《杨考》:“《寰宇记》:后齐河清二年,水溢淹倒,缘淮州郡多徙,济阴郡遂废。与《志》异。”

大业初县改名焉。

【集释】《杨考》:“《元和志》:大业元年改化明,属豫州。《寰宇记》:隋开皇二年,以光德太子名昭,故改。先后不同。《舆地广记》:隋末,县民马簿盗据,号化州。”

【编者按】化明,治今安徽嘉山县东北旧县镇。

涂山　旧曰当涂。

【集释】《杨考》:“汉国,后汉县。《寰宇记》引《舆地志》:三国时荒废。按《宋志》,晋太康元年复立,晋成帝世侨立于江南。又马头郡下云:故当涂县地,晋安帝立。是晋成帝后之当涂不在此地,此地乃晋以后之马头郡也。”

后齐改曰马头,

【集释】《杨考》:“当是改马头郡为县。按晋侨置马头郡。《寰宇记》:马头城,在钟离县西一百一十七里。梁大通元年,刺史刘公茂移居新城,此城遂废。《梁书·昌义之传》:天监五年,魏元英乘势追蹑,攻没马头郡。《武纪》:普通五年十一月丙寅,魏马头、安城并来降。《陈纪》:太建五年九月,克齐马头城。”

置郡曰荆山。

【集释】《杨考》:“《纪要》:梁天监十四年,魏人以梁堰淮水,命杨大眼镇荆山,筑城置戍于此。后齐置荆山郡治焉。《北齐书·斛律金传》:子羡,武平元年进爵荆山郡王。”

开皇初改县曰涂山,废郡。有当涂山。

【集释】《杨考》:“即禹会诸侯之所。《寰宇记》引《太康地志》:涂山,古当涂国,夏禹所娶也。”

【编者按】涂山,治今安徽蚌埠市西。

淮南郡

淮南郡　旧曰豫州,

【集释】《商榷》卷五七“豫治无定寿春为主”条:“综而论之,江左之兴亡,系乎寿春之得失,故知豫治无定,必以寿春为主。”《考异》卷三三:“此宋、齐之豫州也。东昏时,裴叔业以州降魏,改为扬州。普通七年,梁复取之,仍为豫州,而以合肥为南豫州。太清元年,侯景内附,乃移豫州于悬瓠,而以寿阳为南豫。改合肥为合州。其明年,悬瓠仍入东魏。又明年,寿阳亦入东魏,仍为扬州矣。”《杨考》:“晋咸和四年立,治无恒所。自刘义庆镇寿春,常为州治。本汉、魏扬州刺史治所也。”

后魏曰扬州,

【集释】《杨考》:“《地形志》:晋乱,置豫州。刘裕、萧道成并同之。

魏景明中改扬州。”

梁曰南豫州，

【集释】《杨考》：“《梁纪》：普通七年十一月，克寿阳城，以寿阳置豫州。太清元年七月，以寿春为南豫州。以侯景内属，移豫州于悬瓠，故以此为南豫。按《宋志》，永初二年已置南豫州，而非此地。”

东魏曰扬州，

【集释】《杨考》：“《寰宇记》：太清二年，侯景中军都督复以寿阳降魏。《北齐书·文宣纪》：武定七年，梁南豫州刺史皇甫慎以州内属。《地形志》：扬州，武定中复。《魏书·李顺传》：萧宝卷豫州刺史裴叔业以寿春归附，诏焕率众迎接入城抚慰，仍行扬州事。《通鉴》陈天嘉二年，齐以王琳为扬州刺史，镇寿阳，则齐仍曰扬州。案北齐尝于此置行台。《卢潜传》，以潜为扬州道行台尚书是也。”

陈又曰豫州，

【集释】《杨考》：“《陈纪》太建五年十月，诏曰：梁末得悬瓠，以寿阳为南豫州。今者克复，可还为豫州。”

后周曰扬州。

【集释】《杨考》：“《周书·宣帝纪》：大象二年，韦孝宽拔寿阳。”

开皇九年曰寿州，置总管府，

【集释】《杨考》：“按《周纪》大象二年，隋文帝为扬州总管，则周尝置扬州总管府。《隋纪》：开皇十一年三月，以幽州总管周摇为寿州总管。”《求是》：“《地理志》云：‘开皇九年曰寿州，置总管府。’严观《元和补志》六从之。余谓九年者元年之讹也。元、九形类，故旧史中往往互讹。例如临贺郡本陈有，开皇九年隋始得之，而今《元和志》三七则误‘隋开皇元年以郡为贺州。’又如武德五年置驩州。《新唐书》四三上称‘贞观元年更名演州’，是也。而今《旧唐书》四一则误‘贞观九年改为演州。’夫寿春乃六朝沿江要镇，设守所急，谓隋不置总管于平陈之先，而亟亟置于平陈之后，果为何者？五〇《元孝矩传》云：‘俄拜寿州总管，赐孝矩玺书曰，杨越氛祲，侵轶边鄙，争桑兴役，不识大猷。以公志存远略，今故镇边服，怀柔以礼，称朕意焉。’此平陈前已有寿州及寿州总管之证一也。五二《贺若弼传》云：‘于是拜弼为吴州总管，委以平陈之事。弼忻然以为己任，与寿州总管源雄并为重镇。’此平陈前已有寿州及寿州总管之证二也。九为元讹，殆无疑义。”施和金《释例》：“‘开皇元年’误作‘开皇九年’。”

大业元年府废。

【集释】《杨考》：“按隋尝置淮南道行台省。《隋纪》：开皇八年十月，置淮南道行台省于寿春，以晋王广为尚书令，九年三月废。”

统县四，户三万四千二百七十八。

寿春

【集释】《杨考》：“汉县。《通典》：东晋以郑皇后讳，改寿春为寿阳。按《宋志》睢阳，大明六年改名寿春，八年复曰睢阳。盖宋初改寿阳为睢阳也。《地形志》有寿春，无睢阳，则魏已复汉旧名。《寰宇记》：隋复置。误。《梁书·武纪》：普通七年十一月辛巳，夏侯亶等众军克寿阳城。”

旧有淮南、

【集释】《杨考》：“《宋志》：晋太元中侨立南梁郡于淮南，宋大明六年废南梁郡，改名淮南，八年复曰南梁。按《寰宇记》引《舆地志》：梁武克寿春，置豫州，立梁、南梁、西汝阴、武安四郡于城中，置淮南州城也。则梁时县境第有梁、南梁、西汝阴、武安四郡。无淮南郡。《地形志》淮南郡治寿春，而以梁郡徙治崇义，盖魏复置淮南也。”

梁郡、

【集释】《杨考》：“《南齐志》豫州梁郡注云：《永元元年地志》南梁郡领睢阳、新汲、陈、蒙、崇义五县。盖南齐改南梁为梁郡，梁又分为梁、南梁二郡也。”

北谯、

【集释】《杨考》：“《地形志》：永平元年置。《寰宇记》引《舆地志》：梁克寿阳后，立北谯郡于故曲阳地，北谯、蒙城二县属焉。”

汝阴

【集释】《杨考》：“按宋、齐《志》有西汝阴郡，非此地。梁始置西汝阴郡于此，见上《舆地志》。”

等郡，开皇初并废，并废蒙县入焉。

【集释】《杨考》：“《寰宇记》：自晋永嘉过江，温峤立淮北之乡，用牧流人。”

大业初置淮南

【集释】《杨考》：“各本‘南’上脱‘淮’字，今据宋本补。”

郡。有八公山、

【集释】《杨考》：“《寰宇记》：一名肥陵山。昔淮南王与八公登山理金于此，白日升天。余药在器，鸡犬舐之皆仙。其石皆现人马之迹。其山以八公为名。”

门溪。

【编者按】寿春，治今安徽寿县。

【补阙】《杨考》：“按有崇义县，在今寿州东南三里。《寰宇记》引《宋略》云：太初元年，迁金墉入于寿阳，号为崇义县。《一统志》：北齐废。”

安丰

【集释】《杨考》：“汉县在今固始县东，宋县在今霍丘县西南一百三十里。《寰宇记》：梁天监元年置于霍丘戍城东北，大同元年改置安丰州，在霍丘县南四十里射鹄村，并徙旧安丰郡于此。北齐天保七年废州为县，遂于无期村置安丰县。开皇三年移就芍陂下。《梁书·武纪》：天监十年五月癸酉，安丰县获一角元龟。按《宋志》南豫州有弋阳之安丰县，又有安丰郡、县。《齐志》豫州有安丰郡、县。《地形志》霍州、扬州俱有安丰郡、县。今考《宋志》弋阳郡安丰下云：旧郡，晋安帝并为县。安丰郡下云：晋安帝省为县，宋末复立郡。其安丰县下云：即两汉县。是宋只一安丰县，未立安丰郡以前属弋阳，既立安丰郡以后属安丰，而《宋志》遂两载之。《齐志》只一安丰县，属安丰郡。由此推之，《地形志》之安丰先属扬州，后没于梁，武定中复有其地，转属霍州，因两存之，非有二也。然则南北诸《志》郡县之同名者，非必两县并立。盖得失不常，遂前后复书，此读诸地志者所当知也。”

梁置陈留、

【集释】《杨考》：“《寰宇记》：在安丰县东北五里，晋义熙十二年刘义奏置。则是晋置而梁因之也。《寰宇记》领浚仪、小黄、雍丘三县。”

安丰

【集释】《杨考》：“《宋志》：魏文帝分庐扛立。梁始移置于县境。见上。”

二郡，开皇初并废。有芍陂。

【集释】《杨考》：“《寰宇记》：在县东一百步。《淮南子》云：楚相作期思之陂，灌云娄之野。《舆地志》：期思即此。《意林》：孙叔敖作期思陂，而荆之土田赡。《水经注》：淝水东北迳白芍亭东，积而为湖，谓之芍陂。周百二十里。在寿春县南八十里。陂有五门，吐纳川流，西北为香门陂。水北迳孙叔敖祠下，谓之芍陂。《梁书·裴邃传》：普通四年冬始修芍陂。”

【编者按】安丰，治今安徽寿县南。

【补阙】《杨考》：“按有浚仪县，在今寿州西南。旧侨置。《寰宇记》：在安丰县东北二百五十步芍陂塘下，隋开皇三年废。

又有小黄县，今颍州府亳州治。旧侨置。《寰宇记》：在安丰县西北三十里，隋开皇三年废。

又有雍丘县，今寿州南五十里。旧侨置。《寰宇记》：在安丰县南六十里，隋开皇三年废。”

霍丘　梁置安丰郡，

【集释】《杨考》：“见上。盖梁时未有霍丘县，而郡实置于霍丘地，故追叙之，非别一安丰郡。”

东魏废。

【集释】《杨考》：“盖言徙也。”

开皇十九年置县，名焉。

【集释】《杨考》：“《寰宇记》：梁置霍丘戍。天监四年，使将军吕僧珍北伐，克虏霍丘城是也。隋开皇中改为县。”

【编者按】霍丘，治今安徽霍邱县。

【补阙】《杨考》：“按梁有临水县。《寰宇记》：梁普通七年，于阳泉古城内立決口县，大通三年改为临水县。《纪要》：決口戍，在霍丘县西。

又有松滋县，在今霍丘县东十五里。晋置。《寰宇记》：开皇三年废。”

长平

【集释】《杨考》：“按汉、宋并有苌平县，皆即此地。《地形志》扬州北陈郡有长平县，当即此也。”

梁置北陈郡，

【集释】《杨考》：“《地形志》合

州、扬州之北陈郡即此，或梁置而魏因之。《隋书·樊子盖传》：后齐时为东汝北陈二郡太守。《地形志》无东汝郡，而淮南郡有汝县，在霍丘县西，或齐时以汝县为东汝郡，又与北陈相近，为双头郡欤?”

开皇初废，

【集释】《杨考》：“《隋书·刘方传》：陈永贵，文帝时封北陈郡公。”

又并西华县入。

【集释】《杨考》：“汉县，在今河南西华县南。《齐志》南豫州庐江郡，及《地形志》合州北陈郡、扬州颍川郡之西华，皆疑即此也。”

【编者按】长平，今地无考。

弋阳郡

弋阳郡　梁置光州。

【集释】《杨考》：“《地形志》：萧衍置，治光城。《元和志》：梁末于光城县置光州。《魏纪》：天平三年，梁光州刺史郝树以城内附。按亦称南光州。《隋书·尔朱敬传》：从周武帝东征，除南光州刺史。”

统县六，户四万一千四百三十三。

光山　旧置光城郡。

【集释】《杨考》：“《宋志》：光城左郡，大明中分弋阳所立，八年省，后复立。《地形志》光州有南、北二光城郡，皆即此。”

开皇初郡废，十八年置县焉。

【集释】《杨考》：“《寰宇记》：光山县，一名弋山县。按宋尝于此置光城县，即《志》乐安下所云开皇废入之光城也。”

大业初置光阳郡。

【集释】《杨考》：“光阳、弋阳通称，下山名可见。”

又有旧黄川郡，梁废。

【集释】《杨考》：“《地形志》光州有黄川郡。《寰宇记》作黄州，云：在光山县南四十里。相传即古黄国别城。宋昇明中置郡。州带黄水，因名黄州。梁天监元年废。《水经注》：柴水屈曲流百一十里，同黄川水入淮。”

【编者按】光山，治河南今县。

【补阙】《杨考》：“按梁有朔州。《地形志》：南朔州，萧衍置，魏因之，治齐坂城。《考异》云：此州未审所在。领梁、新蔡、边城、义阳、新城、黄川六郡。考《隋志》光川县有旧黄川郡，盖即朔州所领之黄川矣。梁无北朔州，此‘南’字，魏所加。余按《陈书·吴明彻传》，太建五年，诏都督豫、合、建、光、朔、北徐六州诸军事，即此朔州也。《陈宣帝纪》太建六年正月，赦江右、淮北诸州郡，中亦有朔州。”

乐安

【集释】《杨考》：“宋县。”

梁置宋安郡，

【集释】《杨考》："按《宋志》，武帝立宋安县，明帝立为郡，后省。《地形志》光州有宋安郡及宋安县，盖梁复置，而魏因之。"

及宋安、

【集释】《杨考》："见上。"

光城

【集释】《杨考》："宋置。"

二县，又有丰安郡，

【集释】《杨考》："《一统志》：后魏置永安郡，治新城县。北齐改曰丰安。"

开皇三年并废入焉。有弋阳山、

【集释】《杨考》："即浮光山。《志》两载之，误。"

浮光山、

【集释】《杨考》："《水经·淮水注》：浮光，即弋阳山也。出名玉及黑石，堪为棋子。其山俯映长淮，每有光辉。《寰宇记》：一名浮阳山，在光山县西北八里。《纪要》：一名濮山。相传旧有濮公者隐于此。"施和金《释例》："浮光山即弋阳山，此一山二名也。志文只记一名即可，不应复载。或后人于侧旁作注，遂衍入正文。当删一，存一。"

金山、

【集释】《杨考》："《水经·淮水注》：谷河水南出鲜金山。盖即此。《明一统志》：金山，在信阳县南五十里，连环二十余里。《通鉴》：魏辛祥夜袭梁将胡武成于金山。"

锡山。

【编者按】乐安，治河南光山县西北仙居镇。

【补阙】《杨考》："按有茹田县，在今光山县南六十里。《宋志》：元嘉二十五年置。《寰宇记》：开皇三年省入乐安。"

定城　后齐置南郢州，

【集释】《考异》卷三三："案《魏志》，南郢州有二，此南郢州即治赤石关者。武定八年即齐天保元年，故此《志》以为后齐所置，其实始于梁末也。"《杨考》："《地形志》：南郢州，萧衍置，魏因之，治赤石关。按梁淮南诸州郡因侯景陷台城，地入于魏，皆在武定六、七年间，齐旋受禅，故《志》以为后齐也。"

后废入

【集释】《杨考》："下云开皇初废郢州，则此时不得云废。此三字当为'及'字之误。"

南、北二弋阳县，

【集释】《杨考》："南弋阳，今光州西；北弋阳，今光州地。按弋阳，汉国，后汉改县。《地形志》光州有南、北二弋阳，盖东魏分弋阳置也。而《寰宇记》引《舆地志》云：高齐改平舆县为南弋阳。"

后又省北弋阳入南弋阳，改为定远焉。

【集释】《杨考》："《寰宇记》引《舆地志》云：后齐天保元年，改南弋阳县为定城。《舆地广记》亦作'定城'，则《志》'定远'实为定城之误。《纪要》谓后齐为定远，隋改定城，非其实也。又《寰宇记》引《十三州志》：定城置在古黄子国南十二里。”施和金《释例》：“‘定城县’误作‘定远县’。”

又后魏置弋阳郡，

【集释】《杨考》：“《宋志》：弋阳郡，魏文帝分汝南立。按《地形志》东豫州、南定州、光州俱有弋阳郡，或谓皆即此。《寰宇记》定城下：梁普通八年，自后魏徙弋阳郡于此。考《地形志》东豫州弋阳郡下：孝昌三年陷。即梁普通八年。”

及有梁东新蔡县。后周改为淮南郡。又后齐置齐安、新蔡二郡，及废旧义州，

【集释】《杨考》：“《地形志》：义州，萧衍置，武定七年内属。《梁武纪》：普通四年六月，分霍州置义州。按梁之义州领义城郡，此《志》于下殷城县云‘梁置义城郡’，则此为梁之义州无疑，而此《志》于蕲春罗田县下云‘梁置义城郡’，遂于此不云梁置，不知梁之义州实置于今光州之境，故《梁书·裴邃传》有‘深入魏境，围义州’之文。互详蕲春郡罗田县及荆州永安郡黄冈县下。”

立东光城郡。至开皇初，五郡及郢州并废。

【编者按】定城，治今河南潢川县。

殷城　旧曰包信，

【集释】《杨考》：“《宋志》：西苞信，侨立。《齐志》北新蔡郡作‘苞信’。‘苞’、‘包’古通用。”

开皇初改名焉。

【集释】《杨考》：“《元和志》：开皇四年改。《寰宇记》：以与豫州苞信重名，改为殷城，取古殷城为名。至炀帝又立义州于此。《通典》：梁以项城为殷城。与《志》异。”

梁置义城郡

【集释】《杨考》：“详后罗田县下。”

及建州，

【集释】《杨考》：“《地形志》：南建州，萧衍置，治高平城。即此。钱氏《考异》云：梁时本称建州，‘南’字东魏所加，以别于高都之建州也。《通鉴》大宝元年，寻阳王大心战败，战士劝大心走保建州，即此。”

并所领平高、

【集释】《考异》卷三三：“‘平高’，当作‘高平’。”《杨考》：“《地形志》南建州有此郡，作‘高平’，盖梁置而魏因之。”

新蔡、

【集释】《杨考》：“《地形志》南建州亦有此郡。”

新城

【集释】《杨考》：“《地形志》南朔州有此郡，盖亦因梁之旧。”

三郡，

【集释】《考异》卷三三：“考《魏志》，南建州，萧衍置，魏因之，领高平、新蔡、陈留、鲁、南陈、光城、清河七郡，而新城郡别属南朔州，与此《志》互异。”

开皇初并废。有大苏山、

【中华校】“大”原作“太”，据

《水经》三二《决水注》、《寰宇记》一二七改。

【集释】《杨考》:“《寰宇记》‘太’作‘大’，云：山在固始县东四十里。陶弘景《山图》云，霍山及牛山出药草，其山东南角有伏石似牛，复与霍山相接。《水经·决水注》：灌水导源金兰县西北东陵乡大苏山。”

南松山。

【编者按】殷城，治今河南商城县西南。

固始　梁曰蓼县。

【集释】《杨考》：“汉县在今固始县东北七十里，东晋徙废。《地形志》东新蔡郡固始下云：孝昌中陷，武定七年复。盖入梁为蓼县，入魏仍为固始。《地形志》不言改梁蓼县为固始，略也。”

后齐改名焉，

【集释】《杨考》：“当在魏末。见上。”

置北建州，寻废州，置新蔡郡。

【集释】《杨考》：“《寰宇记》：梁末废州为新蔡郡，领固始一县。按《宋志》南豫州有新蔡郡，然则梁盖因宋旧，后齐又因梁旧也。”

后周改置浍州。

【集释】《杨考》：“《寰宇记》：以水名。《隋书·宇文弢传》：周时除浍州刺史。《通典》作‘澧’，误。”

开皇初州郡并废入，又改县为固始。

【集释】《杨考》：“此句衍文。上已云后齐改名，此何得复云‘改’?”施和金《释例》：“已云后齐改名固始，下又云改名固始，亦属衍文。”

有安阳山。

【集释】《杨考》：“各本误作‘郡’，今据宋本订。《寰宇记》：安阳山，在固始县东六十里，山顶与霍县分界。”

【编者按】固始，治河南今县。

期思　陈置边城郡。

【集释】《杨考》：“《宋志》有边城左郡，《齐志》有边城郡，在今六安州西一百九十八里，与今商城相接。《地形志》扬州有边城郡，治期思县，则即此边城郡。然则边城郡初置于宋，而徙于魏，非陈始置也。此《志》所载于荆州永安郡黄冈县下之边城郡亦即此郡。《寰宇记》云：《梁书》天监四年，于期思城置期思州。”

开皇初郡废，改县名焉。

【集释】《杨考》：“《寰宇记》：开皇三年，郡废为期思县，大业十三年，狂贼方献伯攻破县，因此遂废。”

有后齐光化郡，亦废入焉。有大别山。

【集释】《杨考》：“《汉志》在安丰县西南，以为即《禹贡》之大别。《水经注》：大别山，俗谓之檀公岘，巴水出焉。一名巴山，又名下灵山，决水亦出于此。又名分水山。《纪胜》：大别山，一名安阳山，以汉安丰县在山东北、阳泉县在山西北也。”

【编者按】期思，治今河南商城县东。

蕲春郡

蕲春郡　后齐置雍州，

【中华校】“雍”原作“罗”，据《通典》一八一、《寰宇记》一二七、《舆地广记》二一改。

【集释】《杨考》：“按‘罗’为‘雍’误。《通典》：北齐置雍州。《寰宇记》：梁侯景之乱，高齐尽有淮南之地，匿置雍州。《舆地广记》亦作雍州。”

后周改曰蕲州。

【集释】《杨考》：“《元和志》：高齐立齐昌郡，陈改曰江州，周改为蕲州，而《寰宇记》云：隋初曰蕲州。”

开皇初置总管府，

【集释】《杨考》：“《隋书·王世积传》：隋初授蕲州总管。”

九年府废。

【集释】《杨考》：“《纪胜》：炀帝废州为蕲春郡、《隋书·史祥传》：平陈后拜蕲州总管。考平陈在开皇九年正月，则废府在祥去任之后。”

统县五，户三万四千六百九十。

蕲春　旧曰蕲阳，梁改曰蕲水。

【集释】《杨考》：“此五字衍文，见下蕲水。”

后齐改曰齐昌，置齐昌郡。

【集释】《杨考》：“按《南齐志》豫州已有齐昌郡、齐昌县，《地形志》北江州亦言之，《一统志》：故城在今蕲州西北。《元和志》第云北齐于此立齐昌郡，而不言改县为齐昌。《通鉴》注：齐昌当在木兰县界。按《陈书·宣帝纪》，太建五年四月，南齐昌大守黄咏克齐昌外城。八月，罢南齐昌郡。十月，克齐昌城。此《志》无南齐昌之名，而《陈纪》有南齐昌，又有齐昌，则当时实有二郡，《志》遗其一，后来地志乃以在今蕲州西北者指为《齐志》、《地形志》之齐昌，余谓《通鉴》注所云在木兰县界者，因梁、魏之齐昌属北江州，以此《志》载北江州于木兰，则知邵陵王纶所屯又置齐州者当亦在木兰，此则为南齐昌，以木兰在北，故此加‘南’。《陈书》所云先罢南齐昌，而后克齐昌者，于情事颇合。互详荆州永安郡木兰县后。”《杨考补遗》：“《水经·蕲水注》：晋蕲阳县徙江州，置太阳戍。后齐安郡移治于此。按齐安郡在黄冈，移此，故道元云云。”

开皇十八年改为蕲春。开皇初郡废。

【集释】《杨考》“当作开皇初郡废，十八年改县为蕲春，大业初置蕲春郡。”施和金《释例》：“按《隋书·地理志》例，当依时间顺序叙述郡县沿革。此先云‘开皇十八年改为蕲春’，后云‘开皇初郡废’，不合志例。当改为‘开皇初郡废，十八年改为蕲春’。”

有安山。

【编者按】蕲春，治湖北今县东北。

浠水

【集释】《考异》卷三三："《宋志》作'希水'。"《杨考》："《宋志》希水，元嘉二十五年立。(齐志）作希水左县。《元和志》谓北齐改为兰溪镇，是县已废于齐，而隋复置欤《名胜志》：兰溪乃宋之希水县也。"

旧置永安郡，

【集释】《杨考》："《齐志》宁蛮府有永安郡，领东安乐、新安、西安乐、劳泉四县，《地形志》湘州有永安郡，领新城一县，按魏湘州治大活关，齐宁蛮府皆在今黄陂境，则此永安郡为魏、齐所置无疑，至隋始移治黄冈县。《志》既载于木兰下，此为复出。"

开皇初郡废。有石鼓山。

【编者按】浠水，治湖北今县东。

蕲水　旧曰蕲春，梁改名焉。

【集释】《杨考》："按汉蕲春已改于晋，以后并无置蕲春县事，不应有一蕲春为梁所改；且上云梁改蕲阳为蕲水，此又云梁改蕲春为蕲水，以今蕲州、蕲水计之，相距只百里，不应有两蕲水县。考《宋志》，蕲水与希水同置，《南齐志》俱为左县，意梁时只此蕲水。上改'蕲阳为薪水'五字为衍文，此八字更为駁文。《纪要》迁就其词，谓梁初曰蕲春，后复曰蕲水，亦为此《志》所误。"

有鼓吹山。

【集释】《杨考》："一名鼓角山。《寰宇记》：天欲雨，必闻鼓角之声。按蕲水在蕲州之西，此山复在蕲州之东，则《志》当著于上蕲春县下，而何以录于此？考隋蕲水在今蕲水县东三十里，蕲春在今蕲州西北，是两县一北一南，相去甚近，而蕲水所辖。可以东至鼓吹山，则蕲春旧壤实在其境内，故以蕲春隶此县耶？然谓梁改蕲春为蕲水，实无典据。"

有蕲水。

【集释】《杨考》："《水经》：蕲水出江夏蕲春县北山．南至蕲口南入于江。《元和志》：蕲水西南经蕲春县三里，源出东北大浮山，一名蕲山，"

【编者按】蕲水，治今湖北浠水县东。

黄梅

旧曰永兴，

【集释】《杨考》："南齐县。"

开皇初改曰新蔡，

【集释】《考异》卷三三："案《晋志》，孝武因新蔡郡人于汉九江王鲸布旧城置南新蔡郡。《元和郡县志》：九江故城，在黄梅县西南七十里，汉九江王鲸布所筑。然则隋改县名曰新蔡，因晋、宋郡名也。"《杨考》："《元和志》：开皇九年置新蔡县。《晋志》：孝武置新蔡郡，又于汉九江王黥布旧城置南新蔡郡。宋、齐《志》江州并有南新蔡郡，在今黄梅县西。《陈书·华皎传》：天嘉三年，诏督寻阳、太原、高唐、南、北新蔡五郡诸军事、寻阳太守。《陈书》：太建五年四月，司马湛陇克新蔡城。以地望准之，当在此，盖谓新蔡郡也，则梁、陈时尚有此二郡。《志》当云，旧曰永兴，置新蔡郡。开皇初废郡，改县曰新蔡。”

十八年改名焉。

【集释】《杨考》：“《元和志》：仁寿元年改为黄梅县。县城，晋骠骑将军郭默所筑。”

有黄梅山。

【集释】《杨考》：“《寰宇记》：县有黄梅水，出黄梅山，南流入威湖，《纪要》：山多黄梅。”

【编者按】黄梅，治湖北今县西北。

罗田

【集释】《杨考》：“《志》不言何代置，地志诸书多谓梁置。以《志》例凡不言置县之始者，即是与州郡同置故也。”

梁置义州、义城郡，开皇初并废。

【集释】《杨考》：“按此误也。《梁书·武纪》：普通四年六月乙丑，分霍州置义州。又《裴邃传》：普通二年，义州刺史文僧明以州叛入于魏，邃深入魏境，从边城道出其不意，破魏义州刺史于檀公岘，遂围义州城。按《水经注》，决水出庐江雩娄县大别山，俗谓之檀公岘，则梁之义州当去雩娄县不远。若在罗田境，何以云深入魏境乎？《志》于弋阳郡定城县下有废旧义州，又于殷城县云梁置义城郡，盖即此义州义城郡也，与史传亦合，今乃复载于此，遂似梁时有两义州、两义城郡，而又相去不甚远，大谬。互详豫州弋阳郡定城下及荆州永安郡黄冈下。”

【编者按】罗田，治湖北今县东。

庐江郡

庐江郡　梁置南豫州，

【集释】《考异》卷三三：“案梁天监五年，韦叡取合肥，移豫州治焉。普通七年改为南豫州，太清元年改合州。”《杨考》：“按初为豫州。《梁书·韦叡传》：天监四年，迁豫州于合肥。《裴邃传》：普通二年，迁豫州刺史，镇合肥。《纪要》：自晋熙迁豫州治合肥，后改南豫州。《梁纪》：普通七年十一月，改合肥为南豫州。《通鉴》梁武帝大通元年，魏扬州刺史李宪以寿阳降，复以寿阳为豫州，改合肥为南豫州是也。又按《魏纪》，孝昌二年十一月，扬州刺史李宪以寿阳降梁，正当梁之普通七年十一月，《通鉴》作‘大通元年’，误。”

又改为合州。

【集释】《杨考》：“《通典》：梁置南荆河州，寻改为合州。为重镇。《梁纪》：太清元年七月，改合肥为合州。而《元和志》云：太清二年改。《通鉴》亦云：太清二年，以鄱阳王范为合州刺史，镇合肥。《地理通释》亦云：太清二年改合州。”

开皇初改为庐州。

【集释】《考异》卷四〇："《北史·韩禽传》：'拜禽庐州总管'。庐州置总管府，《隋志》失书。"《杨考》："按《帝纪》，开皇元年，以韩擒虎为庐州总管。又《薛胄传》：高祖受禅，检校庐州总管事。则隋置庐州总管府。《寰宇记》：炀帝初，州废为庐江郡。"

统县七，户四万一千六百三十二。

合肥 梁曰汝阴，置汝阴郡。

【集释】《杨考》："《宋志》：南汝阴郡，江左立汝阴县。所治即二汉、晋合肥县，后省。《齐志》亦有南汝阴郡、汝阴县。梁盖因之。"又曰："按《通鉴》，宋、齐、梁三朝多书合肥县，而不书汝阴。又陈太建五年，北齐黄法𣰰以合肥来降，则陈亦称合肥。据此，则古人史法亦有书前代地名者。"

后齐分置北陈郡。

【集释】《杨考》："《地形志》合州、扬州、霍州并有此郡，当以属扬州者为近，即合州之北梁郡也。齐盖改北梁为北陈，以魏北梁有北陈县知之。至合州之北陈，治西华，在凤阳；霍州之北陈，治阳夏，在河南。《纪胜》云：《南齐志》有北陈郡，或置于南齐，而后人误以为高齐。按南齐之北陈在今河南陈州府境，非此地。而南齐有北梁郡，领北蒙、北陈二县，即魏之合州北梁郡也，当即北齐之北陈郡。"

开皇初郡废，县改名焉。

【编者按】合肥，治安徽今市。

庐江

【集释】《杨考》："按《齐志》，舒县，建元二年为庐江郡治。《寰宇记》：梁武帝置庐江县，隋义宁二年移于石梁东南。"

齐置庐江郡，

【集释】《杨考》："见上。按庐江本汉郡。《梁书·裴邃传》：天监初为庐江太守。"

梁置湘州，

【集释】《杨考》："《通典》作'相'，《舆地广记》作'湖'，按湘州是也。《陈书·世祖纪》：天嘉三年，以华皎为南湘州刺史。以此有湘州，故彼加'南'字。"

后齐州废，开皇初郡废。有冶甫山、

【集释】《杨考》："《寰宇记》谓《左传》桓公十三年，楚使莫敖伐罗，楚师大败，莫敖缢于荒谷，群帅囚于冶父，即此地也。今考桓二年杜注：楚国，今南郡江陵北纪南城也。十二年注：罗国在宜城县西山中，后徙南郡枝江县。是在今荆州襄阳地，楚师无缘至此。《纪要》云：相传欧冶子铸剑处。"

上薄山、三公山、

【集释】《杨考》："《寰宇记》：在县东南一百五十六里。山有三峰，相去一里，俗传头皆东向，似有瞻顾。"

圣山、蓝家山。

【集释】《杨考》："《寰宇记》庐江县下载有蓝家山。"

【集释】庐江，治安徽今县。

襄安　梁曰蕲，

【集释】《杨考》："《宋志》：南谯太守，晋孝武太元中于淮南侨立郡县，东晋后废。有蕲令。南齐、北魏南谯郡均有蕲县。而《水经注》：涣水又东南，迳蕲县故城南。是道元时已废，故《志》以为梁复置。《陈宣帝纪》：太建五年五月，进克蕲城。"

开皇初改焉。有龟山、紫微山、亚父山、

【集释】《杨考》："《寰宇记》：在巢县东十里。汉居巢人范增，楚王立为亚父，死于山傍，故名。"

半阳山、

【集释】《杨考》："《寰宇记》：山下有泉，半冷半热，因名。"

白石山、四鼎山。

【集释】《杨考》："《寰宇记》：即白狗山人得道处。又魏伯阳以犬试丹处。"

【编者按】襄安，治今安徽巢湖市。

慎

【集释】《杨考》："汉县在今颍上县西北四十里，宋侨置于此。"

东魏置平梁郡，

【集释】《杨考》："《地形志》无平梁郡，慎县属合州南梁郡。合州下云：萧衍置，魏因之。即东魏武定间事也，旋即为后齐，知东魏无置平梁事。若以平梁为南梁之误，则又非东魏始置。此之讹误殊不可解：《通鉴》注：南梁郡自《宋志》有之，不知其实土所在（案宋南梁在今寿州）：梁天监二年。冯道根以南梁太守戍阜陵，盖自是为实土。"施和金《订补》："《地形志》合州下云：'萧衍置，魏因之。'该州领有南梁郡，南梁领慎、南高二县。据《金石萃编》所载'魏代扬州长史南梁郡太守宜阳子司马景和妻墓志铭'（卷二八），魏有南梁郡不误。钱大昕《廿二史考异》又云：'《陈书·宣帝纪》：七年五月分北谯县置北谯郡，领阳平所属北谯、西谯二县。合州之南梁郡，隶入谯州……北谯即今全椒县。《隋志》庐江郡慎县：东魏置平梁郡，陈曰梁郡。即此纪之南梁郡也。'（卷二八）是南梁郡本为梁置，后地入东魏，故《隋志》误作东魏置郡，又讹南为平。今当依《地形志》作'梁置南梁郡'。"

陈曰梁郡，

【集释】《杨考》："按《陈纪》太建七年五月，以合州之南梁郡隶入谯州。又《陈纪》太建十一年十二月，南梁等九郡并自拔还京师，据此则陈仍曰南梁。"

开皇初郡废。有浮阇山。

【集释】《杨考》："《寰宇记》：亦名浮槎山。《纪胜》亦作浮槎，云：俗传自海上浮来。"

【编者按】慎县，治今安徽肥东县东北。

霍山　梁置霍州

【集释】《杨考》："《地形志》：萧衍置，《梁纪》：天监六年十二月，分豫州置霍州，《寰宇记》：梁天监四年，于灊县改置霍州，兼筑别城。又云：天监二年置。按《梁书·临川王宏传》，天监四年，高祖诏北伐，以宏为都督南、北兖、北徐、青、冀、豫、同、霍八州北讨军事，则霍州不始于天监六年，《寰宇记》之说不为无据。《水经注》：梁立霍州，治灊县天柱山。”

及岳安郡、岳安县。

【集释】《杨考》：“《地形志》霍州有岳安郡，无岳安县。”

后齐州废。

【集释】《杨考》：“《寰宇记》：周大象元年废州。按《陈书·宣帝纪》，太建五年十二月，克齐霍州城。十一年十一月，霍州陷于周。考陈太建十一年当周大象元年，齐已先二年亡，则当依《寰宇记》作周废州。”施和金《释例》：“霍州之置废，据《太平寰宇记》云：‘梁天监二年置州，大象元年废州。’则霍州之废当在后周而不在后齐。《陈书·宣帝纪》云：‘（太建五年十二月）壬午，任忠克霍州城。’太建十一年十一月‘辛亥，霍州又陷。’此一得一失，时隔六年。太建五年时霍州原属北齐，至太建九年，亦即北齐幼主高恒承光元年和高绍义武平元年，北齐已亡于后周，故太建十一年霍州失陷，则是陷于后周也。霍州于北齐灭亡之前未废，故‘后齐州废’之说不能成立，当依《太平寰宇记》所云作‘后周州废’。”

开皇初郡废，县改名焉。

【编者按】霍山．治安徽今县。

潕水　梁置北沛郡及新蔡县。

【集释】《杨考》：“《地形志》：新蔡为北沛郡治。盖因梁之旧。”

开皇初郡废，又废新蔡入焉。

【集释】《杨考》：“《志》意似以潕水为梁置。据《地形志》，则当云改新蔡为潕水。”

有坠星山。

【编者按】潕水，治今安徽六安市北。

开化　梁置。

【集释】《杨考》：“《宋志》：开化，元嘉二十五年，以豫部蛮民立。《寰宇记》：大业十三年废。”

有衡山、

【集释】《杨考》：“《寰宇记》：霍山，一名衡山，一名天柱山。《尔雅》霍山为南岳，注云：即天柱也。汉武以衡山辽远，皆以霍山为南岳，故祭其神于此。隋开皇九年，以江南衡山为南岳，而废霍山为名山。’

九公山、

【集释】《杨考》：“《寰宇记》：山在六安县西北三十五里。有九石柱似人形，因号为九公山。”

蹋鼓山、

【集释】《杨考》：“《纪胜》：响山在舒城县南二十五里。相传过其下者，常闻山中有声如鼓，是以得名。其地与今霍山县相接，未知即此山否？《水经·沘水注》有蹋鼓川。”

天山、多智山。

【集释】《杨考》：“《寰宇记》：三角山，一名多智山，以其水清润，饮之使人聪明博敏。”

【编者按】开化，治今安徽霍山县北。

同安郡

同安郡　梁置豫州，后改曰晋州，

【集释】《考异》卷三三："案齐末失寿阳，乃于晋熙立豫州。梁天监五年，移豫州治合肥，盖晋熙之为豫州，仅六七年耳。大宝元年，鄱阳王范以晋熙为晋州。"《杨考》："《通典》：梁置荆河州，后改曰晋州。《寰宇记》：晋熙郡，梁置南豫州，后改为晋州。《纪要》：梁初豫州治此，后改为西豫州。《通鉴》武帝太清二年十月，鄱阳王遣西豫州刺史裴之高将兵入援。诸说不同。按《梁书·鄱阳王恢传》，世子范引军至湓城，以晋熙为晋州，遣子嗣为刺史，晋州之置实在太清、大宝间。又《羊鲲传》：平峡中，除西晋州刺史；破郭元建于东关，迁东晋州刺史。按梁有缙州，在晋州之东，或以彼为东晋州，因以此为西晋州欤？"

后齐改曰江州，

【集释】《杨考》："《北齐纪》：天保六年四月，克梁晋熙城，以为江州。"

陈又曰晋州，

【集释】《杨考》："按《陈纪》太建五年八月，克晋州城，又太建八年十一月，分江州晋熙、高唐、新蔡三郡为晋州。"

开皇初曰熙州。

【集释】《杨考》："《隋纪》：开皇二十年三月，熙州人李英林反。《寰宇记》：炀帝三年废州为同安郡。"

统县五，户二万一千七百六十六。

怀宁　旧置晋熙郡，

【集释】《杨考》："《宋志》：晋安帝分庐江立。《梁书·侯景传》：任约、卢晖略攻晋熙郡，杀鄱阳世子嗣。钱氏《考异》谓《陈书》鲁悉达梁元帝授北江州刺史，当在晋熙郡。按梁北江州在木兰县，《通鉴》注可证，钱氏说误。"

开皇初郡废。大业三年置同安郡。

【编者按】怀宁，治今安徽潜山县。

宿松　梁置高塘郡。

【集释】《考异》卷三三："'高塘'当作'高唐'。《陈书·高宗纪》，太建九年，分江州晋熙、高唐、新蔡三郡为晋州是也。《程灵洗传》：出为高唐太守。"《杨考》："《南史·梁武纪》：大同八年三月，于江州新蔡、高塘立颂平屯垦作蛮田。按《陈书·宣帝纪》，太建五年五月，北高唐郡城降。此《志》无北高唐之名，未审置于何所。"

开皇初郡废，改县曰高塘，

【集释】《杨考》："《纪要》谓晋末侨置松滋县，隋改为高塘。今按惟汉松滋县在今宿松县北五十里，晋、宋、齐、北魏松滋在霍丘，隋安得改松滋为高塘？《纪要》误。又《寰宇记》：晋平吴，以荆州有松滋县，遂改为宿松县。尤误。按宿松之名，不见于晋、宋诸《志》，是晋未置是县审矣。《梁书·新兴王大庄传》：大同九年封高塘县公。则知梁置高塘郡，并置高塘县。《志》例凡郡县并置者多书郡，不书县，此其证也。然谓开皇废郡，改县曰高塘，又似县名先不为高塘而为宿松者。”

十八年又改名焉。有雷水。

【集释】《杨考》：“《寰宇记》：大雷池水自宿松县界流入望江县界东南，积而为池，谓之雷池。又东入于江，江行百里为大霄口，又有小雷口。”

【编者按】宿松，治安徽今县。

太湖

【集释】《杨考》：“《宋志》：太湖左县，元嘉二十五年以豫部蛮民立，后省，太始二年复立。齐仍为左县。按宋、齐《志》太湖县属晋熙郡。《寰宇记》：齐建元二年，行台左丞卢潜更修太湖故城，立为龙安郡，以太湖、东陈二县属焉。陈太建五年废郡。”

开皇初改为晋熙，十八年复改名焉。

【集释】太湖，治安徽今县。

【补阙】《杨考》：“按东陈县，《寰宇记》：在太湖县东四十里，高齐建元二年，行台左丞卢潜置，陈太建五年废。

望江

【集释】《杨考》：“《纪胜》引《元和志》：本汉皖县地。晋安帝立新治县。《寰宇记》：亦为大雷戍。”

陈置大雷郡。

【集释】《杨考》：“《陈书·高祖纪》：永定二年八月，西讨众军至自大雷。《世祖纪》：永定三年十一月，王琳寇大雷。”

开皇十一年改曰义乡，十八年改名焉。

【集释】望江，治安徽今县。

同安 旧曰枞阳，

【集释】《杨考》：“汉县在今桐城县东南一百二十里，后汉省。《舆地广记》梁复置。《纪胜》，云：《后汉志》、晋、宋、齐《志》并无枞阳，而陶侃曾领枞阳县令。”

并置枞阳郡。

【集释】《杨考》：“《寰宇记》：汉元封五年置枞阳县，梁天监中改县为枞阳郡。《通鉴》梁太清三年七月，鄱阳王范溯流西上，军于枞阳。《陈书·宣帝纪》：太建十年十二月，合州庐江蛮田伯兴出寇枞阳，刺史鲁广达讨平之。”

开皇初郡废，

【集释】《杨考补遗》：“《隋书·樊子盖传》：开皇受禅，以仪同领乡兵，后除枞阳太守。疑废郡在平陈后。”

十八年县改名焉。

【集释】《杨考》：“《寰宇记》：同安故城在桐城县郭东门外。隋大业九年筑，十三年被贼李子通攻陷，因废此城。”

有浮度山。

【集释】《杨考》：“《寰宇记》谓之

符渡山。‘符’与‘浮’音同也。”

【编者按】同安，治今安徽桐城市。

【补阙】《杨考》：“按有阴女县，在今桐城县东南一百八十里。宋侨置，属晋熙郡。《寰宇记》：梁改属枞阳郡，隋开皇三年罢郡，县遂废。”

历阳郡

历阳郡　后齐立和州。

【集释】《杨考》：“《元和志》：齐以二国协和，故谓之和州。《通鉴》梁敬帝绍泰元年，北齐文宣送贞阳侯渊明至历阳，与齐盟于江北，而后济江。按《陈书·宣帝纪》，太建五年五月辛巳，诏南豫州刺史黄法氍徙镇历阳，则陈尝移南豫州于此。”

统县二，户八千二百五十四。

历阳　旧置历阳郡，

【集释】《杨考》：“《宋志》：晋永兴元年分淮南立。《梁武纪》：太清二年九月丁未，侯景进攻历阳，太守庄铁降之。《陈纪》：太建十一年十二月，历阳等九郡并自拔还京师。”

开皇初郡废。大业初复置郡。

【编者按】历阳，治今安徽和县。

乌江　梁置江都郡，

【集释】《杨考》：“本宋临江郡。《齐志》：建元二年罢，后复置。《通鉴》梁武帝太清三年，侯景以前临江太守董绍先为江北行台，则梁仍为临江郡，未改江都也。《舆地广记》作魏置江都郡，亦误。”

后齐改为齐江郡，

【集释】《杨考》：“《通典》、《旧唐志》作‘密江’。”

陈又改为临江郡，

【集释】《杨考》：“按《陈书·宣帝纪》，太建六年正月，赦江右淮北诸州郡土民，罪无轻重，悉皆原宥，有南豫州之临江郡。”

周改为同江郡。

【集释】《杨考》：“《通典》作‘乌江’，疑当从之。《旧唐志》作‘问江’恐误。”

开皇初郡废。大业初置历阳郡。

【中华校】“历阳”下已注“大业初复置郡”，此句当是衍文。

【集释】《杨考》：“此句衍文。盖既置历阳郡于历阳，必不复置于乌江也。《寰宇记》又谓隋为乌江郡。”

有六合山。

【集释】《杨考》：“《纪胜》：一名方山。《郡国志》：梁武帝登此山以望六合，因之名。”

【编者按】乌江。治今安徽和县东北乌江镇。

【补阙】《杨考》“按有雍丘县，在今和州南九十里，东晋侨置。《一统志》：梁废。

有谷熟县，在今和州西北，东晋侨置。《一统志》：梁末废。

有龙亢县，在今和州含山县东南，东晋侨置。《寰宇记》：周大象元年拓定江淮，并入历阳。

有蒙县。《寰宇记》含山县下云：晋建元初立，周天和元年并入历阳。”

丹阳郡

丹阳郡　自东晋以后置郡曰

【集释】《杨考》：“各本有‘郡曰’二字，衍文，今删。”

扬州。

【集释】《杨考》本作“杨州”，并云：“《宋志》：杨州，后汉治历阳，魏、晋治寿春。晋平吴，治建业。则《志》作‘东晋’稍误。”

平陈，

【集释】《杨考》：“《帝纪》在开皇九年。”

诏并平荡耕垦，更于石头城置蒋州。

【集释】《杨考》：“《通鉴》：开皇九年，陈国皆平，诏建康城邑宫室并平荡耕垦，更于石头城置蒋州。”

统县三，户二万四千一百二十五。

江宁

【集释】《杨考》：“《宋志》：晋太康元年立临江县，二年更名。《寰宇记》引《舆地志》：晋永嘉中江外宁静，因置江宁县。又云：元帝过江，始置。各异。按晋县在今县西南七十里。《寰宇记》：开皇十年移治冶城。”

梁置丹阳郡

【集释】《杨考》：“《宋志》：丹阳郡，汉治宛陵，晋太康二年移治建业，则非梁置。”施和金《释例》：“‘旧置丹阳郡’误为‘梁置丹阳郡’。”

及南丹阳郡，

【集释】《杨考》：“《南史·陈武纪》，梁太平二年封陈十郡，有南豫州之南丹阳。《陈书·周文育传》：侯景平，累迁南丹阳太守。《程灵洗传》：梁绍泰元年，除南丹阳太守，仍镇采石。”

陈省南丹阳郡。

【集释】《杨考》：“《陈纪》：天嘉五年五月，罢南丹阳郡。”

平陈，又废丹阳郡，并以秣陵、

【集释】《杨考》：“《宋志》：其地本名金陵，秦始皇改。本治去京邑六十里今故治邨是也。晋义熙九年移治京邑，在斗场。元熙元年省杨州府禁防参军，县移治其处。《梁纪》：天监七年四月辛未，秣陵县获灵龟一。”

建康、

【集释】《杨考》：“《晋志》：孙氏改秣陵为建业，武帝平吴，以为秣陵。太康三年，分秣陵北为建鄴，改‘业’为‘邺’。《宋志》：晋愍帝即位，避讳改建康。《寰宇记》引《金陵记》云：

梁都之时，城中二十八万余户。西至石头城，东至倪塘，南至石子冈，北过蒋山。东西南北各四十里。自侯景乱，及元帝都江陵，冠盖人物多南徙。”

同夏

【集释】《杨考》：“《寰宇记》引《舆地志》：梁大通三年，分建康之同夏里置。《六朝事迹》、《建康志》作大同元年置。”

三县入焉。大业初置丹阳郡。有蒋山。

【集释】《杨考》：“《方舆胜览》引《舆地志》：古曰金陵山，县名因此。又名钟山。汉末秣陵尉蒋子文讨贼，死事于此。吴大帝为立庙，子文祖讳‘钟’，因改曰蒋山。《元和志》：宋复名钟山。梁武帝于西麓置爱敬寺，江表上已常游于此，为众山之杰。”

【编者按】江宁，治今江苏南京市。

【补阙】《杨考》：“按陈有义州，又有建兴郡。《陈纪》：太建十年八月，改秦郡为义州。十月，置义州及琅邪、彭城二郡，立建兴，领建安、同夏、乌山、江乘、临沂、湖熟等六县，属扬州。建安、乌山无考。江乘本汉县，在今句容县北六十里。湖熟亦汉县，在上元县东南五十里。临沂本晋县，在今上元县西北三十里。《寰宇记》：在临沂山西北，临大江。又《寰宇记》：琅邪郡城，本晋元帝初过江为琅邪国人立地，在江乘县界。齐武帝永明六年移琅邪郡于白下置。本名白石垒。”

当涂

【集释】《杨考》：“《元和志》：晋成帝以江北当涂流人过江在于湖者侨立。按故城在今南陵县北，今治隋所移徙。”

旧置淮南郡。

【集释】《杨考》：“《宋志》：晋成帝时于江南侨立淮南郡，晋末割丹阳之于湖县为境。宋大明六年并入宣城郡，八年复立淮南郡。陈为王国。《陈书》有淮南王叔彪。”

平陈，废郡，并襄垣、

【集释】《杨考》：“《宋志》：晋末侨立。”

于湖、

【集释】《考异》卷三三：“‘平湖’当作‘于湖’。”《杨考》：“各本‘于’误‘平’，今据宋本订。《宋志》：晋太康二年分丹阳立。《元和志》：大业十年废。”

繁昌、

【中华校】“繁”原作“樊”，据《宋书·州郡志》一、《南齐书·州郡志》上改。

【集释】《考异》卷三三：“‘樊昌’当作‘繁昌’。”（杨考》：“东晋侨立。《宋志》：繁昌，割于湖为境。《齐志》亦作‘繁’。”

西乡

【集释】《杨考》：“宋、齐《志》无，当是梁、陈所置。”

入焉。有天门山、

【集释】《杨考》：“各本‘门’误‘开’，今据宋本订。《元和志》：博望山在县西三十五里，与和州对岸，江西岸曰梁山，两山相望如门，俗谓之天门山。《寰宇记》：天门山在县西南三十里。《郡国志》，天门山亦曰峨眉山，”

楚山。

【集释】《杨考》：“《寰宇记》：白纻山，本名楚山，桓温领妓游山奏乐，好为《白伫歌》，因改山名。”

【编者按】当涂，治安徽今县。

溧水　旧曰溧阳。

【集释】《杨考》：“汉县。《梁书·杜龛传》：封溧阳县侯。”

开皇九年废丹阳郡入，

【中华校】“江宁”下已注“废丹阳郡”，此处当作”废丹阳县”。丹阳县见《梁书·敬帝纪》太平元年五月。

【集释】《杨考》：“‘郡’当作‘县’。《志》于江宁县下云平陈废丹阳郡，故知此为县也。按丹阳，汉县，在今当涂县东五十里。《梁书·敬帝纪》：太平元年五月庚寅，齐军水步入丹阳县。”

十八年改焉。

【集释】《杨考》：“《元和志》：开皇十一年，宇文述割溧阳之西、丹阳之东置。则是十一年分溧阳置溧水县，至十八年又废溧阳入溧水。”

有赭山、

【集释】《杨考》：“《纪胜》引《江南地志》：汉丹阳郡北有赭山丹赤，以为郡名。”

庐山、

【集释】《杨考》：“《寰宇记》：俗传严子陵结庐于此。或云山形似庐水，因名。《纪胜》作‘东庐山’，盖对九江之庐山言也。”

【编者按】“庐水”，金陵书局本《寰宇记》卷九〇作“庐舍”。

楚山。

【集释】《杨考》：“当涂县已载此山：或界在二县间，然例不应复。”

【编者按】溧水，治今江苏南京市溧水区。

宣城郡

宣城郡　旧置南豫州，

【集释】《杨考》：“《旧唐志》：宣城，梁置南豫州。《寰宇记》：梁承圣元年复江南，南豫州郡不废。历梁、陈之代，亦为重镇。按梁初治寿春，后徙宣城。《陈书·后主纪》：祯明三年正月，遣散骑常侍皋文奏将兵镇南豫州。辛未，韩擒虎陷南豫州。”

平陈，改为宣州。

【集释】《杨考》：“《寰宇记》：取郡以为名。炀帝初，改州为宣城郡。”

统县六，户一万九千九百七十九。

宣城　旧曰宛陵，

【集释】《杨考》：“按汉、晋、宋、齐《志》宛陵、宣城并立，此但云宛陵者，当是隋平陈并宛陵于宣城，又以宣城治宛陵，非必梁、陈有废宣城事也。观《寰宇记》有陈并怀安入宣城可见。《通鉴》梁太清三年五月，侯景遣仪同三司来亮入宛陵。”

置宣城郡。

【集释】《杨考》：“《宋志》：晋太康元年分丹阳立。《元和志》：汉顺帝立。《纪胜》云：恐宣城虽置于顺帝，而旋废于威帝时，故《后汉志》、《晋志》不载。梁为王国。《梁书·武纪》：中大通四年春正月庚午，立嫡皇孙大器为宣城郡王。”

平陈，郡废，仍并怀安、

【集释】《杨考》：“《宋志》：吴立，初属丹阳郡，旋属故鄣郡。晋属宣城郡。《寰宇记》云：梁承圣中属丹阳郡，陈天嘉五年废入宣城县。今为宁国界。与《志》云隋废者不合。”

宁国、

【集释】《杨考》：“《水经注》：晋太康元年分宛陵立。《元和志》：后汉末，分宛陵、南乡置。《梁书·南海王大临传》：大同二年封宁国县公。《寰宇记》：大业十四年复置宁国县。”

当涂、

【集释】《杨考》：“《宋志》：晋成帝时侨立。晋末分于湖为境。”

浚遒

【集释】《杨考》：“《宋志》云：晋成帝时侨立，后分芜湖为境。晋、宋《志》作‘浚道’，《齐志》仍作‘浚遒’。”

四县入焉。大业初置郡。有敬亭山。

【集释】《杨考》：“《纪要》：一名昭亭山。”

【编者按】宣城，治今安徽宣城市宣州区。

泾

【集释】《杨考》：“汉县。《通鉴》陈天嘉元年，高州刺史纪机据郡应王琳，泾令贺当迁讨平之。又《陈书·山阳王叔宣传》：隋大业中为泾城令。《志》无泾城县名，当即指此。”

平陈，省安吴、

【集释】《杨考》：“《宋志》：吴立。《水经注》：晋太康元年分宛陵立。《通鉴》梁简文帝大宝元年二月，宣城内史杨白华进据安吴。”

南阳

【集释】《诸史考异》卷一三：“案《南齐志》宣城郡无南阳县，当是广阳，避隋讳改作南阳。”《杨考》：“按宋、齐《志》宣城郡并有广阳，无南阳；《水经注》亦有广阳，当是隋避讳改，则南阳即广阳。《纪要》云：梁置。恐臆度也。”

二县入焉。有盖山、陵阳山。

【集释】《杨考》：“《列仙传》：陵阳子明钓得白龙，放之。后五年，龙来迎子明上丹阳陵阳山，久得仙去。山高一千余丈。按《纪要》宣城城内亦有陵阳山。《水经·沔水注》：桐水出陵阳山下。”

【编者按】泾县，治安徽今县。

南陵　梁置，

【集释】《杨考》：“《旧唐志》：梁置

南陵县，治赭圻城。《寰宇记》：梁武置。”

并置南陵郡，

【集释】《杨考》：“《寰宇记》：南陵故城在贵池县西南十二里。旧置戍，梁普通六年置南陵郡。”

陈置北江州。

【集释】《杨考》：“《陈书·高祖纪》，永定二年有北江州刺史熊昙朗，三年杀周文育，举兵反，即此州也。若《鲁悉达传》于梁元帝时所授北江州，则在永安郡木兰县，以昙朗反时，悉达尚镇北江州知之。至悉达后为齐军所逼，济江而归，授北江州刺史，则当在此。”

平陈，州郡并废，并所管石城、

【集释】《杨考》：“《寰宇记》：开皇九年废入南陵。”

临城、

【集释】《杨考》：“《宋志》：吴立。《梁书·武纪》：天监十年冬十二月癸酉，山车见于临城县。《南郡王大连传》：大同二年封临城县公。”

定陵、

【集释】《杨考》：“东晋侨立，《宋志》：割芜湖为境。”

故治、

【中华校】按《寰宇记》一〇五，南陵县“自齐梁之代，为梅根冶，以烹铜铁”。此处“故治”疑当作“故冶”。

【集释】《杨考》：“宋、齐《志》无此县。按《寰宇记》铜陵县下云：本汉南陵县，齐、梁之代为梅根冶，以烹铜铁地。原管法门、石埭两场，隋升法门为义安县，又废入铜官冶。据此，则‘治’为‘冶’误。以本有冶县，因中间改为义安，又废，故《志》称‘故冶’欤？”

南陵

【集释】《杨考》：“即梁所置县。《寰宇记》：废南陵县在贵池县西南八十里。隋开皇十九年，刺史杨荣奏南陵五乡偏远，乃迁在石城置。按《元和志》云隋开皇十九年，置秋浦县于石城故城，不应又迁南陵县于石城。然《志》云隋废南陵入南陵，则《寰宇记》隋迁县之说又极合，当是置于石城县境，非必石城城也。”

五县入焉。

【编者按】南陵，治安徽池州市贵池区西南。

【补阙】《杨考》：“按有石埭县，即今县治。《寰宇记》：本吴石城县地。引《舆地志》：梁大同二年置石埭县，因贵池有两小石埭堰溪水，遂以为名。陈灭，废。”

秋浦　旧曰石城。平陈废，

【集释】《杨考》：“见上。”

开皇十九年置，改名焉。

【集释】《杨考》：“《元和志》：开皇十九年于石城故城置，属宣州。《寰宇记》：盖以秋浦之水为名，《纪胜》：宋之贵池即隋之秋浦。”

【编者按】秋浦，治今安徽池州市贵池区。

【补阙】《杨考》：“按有南太原郡。

《纪胜》：在贵池县西九十里。《舆地志》云：梁大同年置，隋开皇九年废。”

永世

【集释】《杨考》：“《宋志》：吴分溧阳置永平县，晋太康元年改。”

平陈废，开皇十二年又置。有灵光山。

【编者按】永世，治今江苏溧阳市南。

绥安　旧曰石封，

【集释】《杨考》：“《舆地广记》：梁分广德置。《一统志》：梁绍泰元年析置。”

平陈，改名焉。

【集释】《杨考》：“各本脱‘平陈’二字，今据宋本订。《纪胜》：平陈，改名。”

梁末立大梁郡，又改为陈留。

【集释】《考异》卷三三：“案《陈书·高祖纪》，永定二年，以广梁郡为陈留郡，即此大梁也。又《陈详传》：割故鄣、广德为广梁郡。盖在梁敬帝之世，故云梁末也。《志》改‘广’为‘大’，盖避隋炀帝名。而陈留郡不云陈所改，则考之未审矣。”《杨考》：“《陈书·陈详传》：割故鄣、广德置广梁郡（钱氏《考异》云：盖在梁敬帝之世）。《高祖纪》：永定二年八月，以广梁郡为陈留郡，则郡为陈所改，然考《南史·陈武纪》，梁太平二年封陈十郡，有南豫州之陈留，则陈留当为梁郡。按大梁即广梁，隋避讳改。”

平陈，郡废，

【集释】《杨考》：“《纪要》云：陈废。”

省大德、

【集释】《考异》卷三三：“‘大德’即‘广德’，亦避隋讳改。”《杨考》：“即广德。《宋志》：吴立。《水经注》：晋太康中立。《元和志》：仁寿三年属湖州，大业二年移今理，不言隋有并入绥安事。《南史·徐度传》：侯景平，封广德县侯，《陈书·后妃传》：永定三年，追封景明为广德县侯。”

故鄣、安吉、

【集释】《杨考》：“《新唐志》：义宁二年，沈法兴复置县。”

原乡

【集释】《杨考》：“《南史·沈炯传》：侯景平，封原乡侯。”

四县入焉。

【编者按】绥安，治今安徽广德县。

毗陵郡

毗陵郡　平陈，置常州。

【集释】《杨考》：“《元和志》：隋平陈，于常熟县置常州，因县为名。后割常熟县属苏州，移常州理于晋陵县。《寰宇记》：炀帝初，州废为毗陵郡。”

统县四，户一万七千五百九

十九。

晋陵　旧置晋陵郡。

【集释】《杨考》:"《宋志》:晋太康二年立毗陵郡,治丹徒,后复置毗陵。永嘉五年,以东海王越世子名毗,改为晋陵,又徙治丹徒。义熙九年还晋陵。《南史·陈武纪》:梁太平元年十月戊辰,以南徐之晋陵益封陈国。"

平陈,郡废。大业初置郡。有横山。

【集释】《杨考》:"《纪要》引《县志》云:本名芳茂,晋右将军曹横葬此,因改今名。"

【编者按】 晋陵,治今江苏常州市。

江阴　梁置,

【集释】《杨考》:"《旧唐志》:梁分兰陵县置。《寰宇记》:梁敬帝太平二年,分兰陵置江阴县。《元和志》又谓开皇九年罢江阴郡为县,与《志》异。"

及置江阴郡。

【集释】《杨考》:"《元和志》:梁敬帝置郡。《陈书·高祖纪》:永定元年,以江阴郡奉梁主,为江阴王。又《陈书·武帝纪》:武林侯子萧季卿,永定二年封江阴王,奉梁敬帝后。又《宣帝纪》:太建三年,封萧彝为江阴王。"

平陈,废郡及利城

【集释】《杨考》:"《宋志》:江左侨立。《齐志》作'利成'。"

梁丰

【集释】《杨考》:"《纪要》:梁末置。按县命名之意,梁置无疑。"

县入焉。有毗陵山。

【编者按】 江阴,治江苏今市。

无锡

【集释】《杨考》:"《寰宇记》:隋开皇九年废县入晋陵,十三年复旧。大业三年改为毗陵。《志》盖据开皇十三年后之籍著之。"

有九龙山。

【集释】《杨考》:"《纪要》:慧山,一名九龙山。陆羽云,山阳有九陇若龙偃卧然,南北延袤数十里,亦名冠龙山。《吴地记》,古名华山,一名西神山,又名斗龙山。"

【编者按】 无锡,治江苏今市。

义兴　旧曰阳羡,

【集释】《杨考》:"汉县,至齐不改:《晋志》无阳羡,脱也,《元和志》:故城在荆溪南。《陈书·萧济传》:历守兰陵、阳羡、临津、临安等郡。是陈尝置阳羡郡。"

置义兴郡。

【集释】《杨考》:"《宋志》:晋永兴元年立。《元和志》:晋惠帝时,妖贼石冰寇乱扬土,县人周玘创义讨冰,因割吴兴之阳羡并长城县之北乡为义兴郡,以表玘功。《陈书·世祖诸王传》:陈道谈,梁绍泰二年追封义兴郡公。《武帝纪》:梁敬帝太平元年封义兴郡公。"

平陈,郡废,改县名焉,又废义乡、

【集释】《杨考》:"《宋志》:晋分故长城、阳羡二县立。"

国山、

【集释】《杨考》："《宋志》：晋分阳羡立。"

临津

【中华校】"津"原作"泽"，据《宋书·州郡志》一、《南齐书·州郡志》上改。

【集释】《杨考》本作"临泽"，并云："'泽'当作'津'。《宋志》作'临津'，晋分阳羡立。《齐志》亦作：'津'。《陈书》萧济守临津郡，是陈尝置临津郡。"

三县入焉。有计山、

【集释】《杨考》："《寰宇记》引《郡国志》：山之西峰曰金鹅峰，昔有金鹅飞集此峰，因名。"

洞庭山。

【集释】《杨考》："《元和志》：太湖中有山名洞庭山。《纪胜》：洞庭在吴县西南一百二十里太湖中，与社下山对峙，周回十里。"

【编者按】义兴，治今江苏宜兴市。

吴　郡

吴郡　陈置吴州。

【集释】《杨考》："《梁纪》：太清三年七月，以吴郡为吴州。大宝元年二月省吴州。《陈后主纪》：祯明元年，割吴郡置吴州。"

平陈，改曰苏州，

【集释】《杨考》："《旧唐志》：取州西姑苏山为名。《隋纪》：开皇十年十一月，苏州人沈玄烩举兵反。"

大业初复曰吴州。

【集释】《杨考》："三年复改郡。"

统县五，户一万八千三百七十七。

吴　旧置吴郡。

【集释】《杨考》："《元和志》：后汉永建四年，割浙江以东为会稽，浙江以西为吴郡。陈为王国。《陈书·后主诸子传》：陈蕃，祯明二年封吴郡王。"

平陈，郡废，大业初复置。有胥山、

【中华校】"胥"原作"首"。《寰宇记》九一："胥山在吴县西南四十里。《吴录》云，吴王杀子胥，投之于江，吴人立祠于江上，因名胥山。"《水经》四〇《浙江水注》所记胥山大致相同。今据改。

【集释】《杨考》本作"首山"，并云："'首'疑'胥'之误。"

横山、

【集释】《杨考》："《纪要》：一名踞湖山，以水临太湖，若箕踞也。《十道志》：山四面皆横，因名横山。《图经》：山临湖控越，实为要地。"

华山、

【集释】《杨考》："《寰宇记》：在吴县西六十三里。父老云山顶有池，生千叶莲华，服之令人羽化，因曰华山。

长林森天，荒楚蔽日。”

黄山、

【集释】《杨考》：“《纪要》引《志》云：在胥塘之北。群山高下相连，俗称笔格山。”

姑苏山、

【集释】《杨考》：“《淮南子》亦谓‘姑余’。《寰宇记》：一名姑胥。《越绝书》：阖闾起姑苏台，三年聚材，五年乃成，高见三百里。太史公云：尝登姑苏之台，以望五湖。”

太湖。

【集释】《杨考》：“《尔雅》谓吴越之间有具区，注云：吴县南太湖即震泽也。”

【编者按】吴县，治今江苏苏州市。

【补阙】《杨考》：“按有嘉兴县，在嘉兴县南。《宋志》：秦由拳县，吴改为禾兴，又改嘉兴。《陈书·高祖纪》：梁太平二年正月，追封高祖祖母许吴郡嘉兴县君。《旧唐志》：隋废。《一统志》：废入吴县。”

昆山　梁置。

【集释】《杨考》：“《寰宇记》云：梁大同初，分信义县置昆山县，因县有昆山，故名。《舆地广记》：陆机、陆云生于此，故名其山曰昆山。按《志》文各本作‘昆’，唐以下《志》并作‘崑’。”

平陈废，开皇十八年复。

【编者按】昆山，治今上海市青浦县南。

常熟

【集释】《杨考》：“《元和志》：梁大同六年置。《寰宇记》：今昆山县东一百三十里常熟故县是也。《旧唐志》：隋治南沙城。”

旧曰南沙，

【集释】《杨考》：“《宋志》：晋咸康七年立。”

梁置信义郡。

【集释】《杨考》：“《陈书·武纪》：梁太平二年，以南徐州之信义益封陈国。此梁置信义郡之证。《纪要》云：天监六年置。《陈书·后主诸子传》：陈祗，至德元年立为信义王。按《陈书·世祖纪》，天嘉四年十二月，诏信威将军、益州刺史余孝顷督会稽、东阳、临海、永嘉诸军以讨陈宝应。据《陈宝应传》，余孝顷时领信义太守，益州别无所见，则非于此置益州也。《通鉴》载此事，注谓：陈命余孝顷遥领蜀之益州刺史。或然欤?”

平陈废，并所领海阳、

【集释】《杨考》：“《南齐志》晋陵郡有海阳县。”

前京、

【集释】《杨考》：“《纪胜》称《旧经》云：前京城以近京浦因名，梁天监七年筑。《纪要》：梁析娄县地置县。按陈初割属海宁郡，见《志》余杭郡盐官县后。”

信义、

【集释】《杨考》：“《寰宇记》：梁天监六年，分娄县置。”

海虞、

【集释】《杨考》：“《宋志》：晋太康

四年。分吴县之虞乡立。”

兴国、

【集释】《杨考》：“《一统志》：梁置。”

南沙入焉。有虞山。

【集释】《杨考》：“《越绝书》：虞山，巫咸所居。《纪胜》作‘海虞山’。《纪要》：一名乌山。相传虞仲葬此，因曰虞山。”

【编者按】常熟，治江苏今市西北。

乌程 旧置吴兴郡。

【集释】《考异》卷三三：“梁末尝于吴兴置震州，寻省。史失书。”《杨考》：“《纪胜》引《吴兴记》：吴景帝封孙皓为乌程侯。及即位，改葬父和于此，遂立吴兴郡。历晋、宋、齐不改。《元和志》：梁绍泰初，改吴兴郡为震州，盖取震泽为名。陈初罢州，复为吴兴郡。按《梁纪》，太平元年二月，罢震州，还复吴兴郡，则州实罢于梁之末年。《陈书·高祖纪》：梁绍泰元年，震州刺史杜龛据吴兴举兵反。”

平陈，郡废，并东迁县入焉。

【集释】《杨考》：“《宋志》：东迁，晋太康三年分乌程立。宋元徽四年更名东顺，昇明元年复旧。《南史·周文育传》：封东迁县侯。”

仁寿中置湖州，

【集释】《杨考》：“《元和志》在仁寿二年。《旧唐志》：取州东太湖为名。”

大业初州废。有雉山。

【集释】《杨考》：“《寰宇记》：在长兴县北五里。《山墟名》云以形类雉。《梁陈故事》云，梁武时，有童谣曰‘乌山出天子’，江表以‘乌’名山者悉凿。《陈书·高祖纪》：长兴雉山人也。”

【编者按】乌程，治今浙江湖州市。

长城

【集释】《杨考》：“《宋志》：晋太康三年，分乌程立长城县。”

平陈废，

【集释】《杨考》：“《陈书，武纪》：梁大宝元年封长城县侯。按《寰宇记》：开皇九年封陈后主为长城县公，以陈高祖即长城人也。”

仁寿二年复。

【集释】《杨考》：“《寰宇记》：晋初置县富陂村，咸康元年徙箬溪北，今之重光即故地。隋大业十一年，徙于夫槩王故城。《新唐志》：大业末，沈法兴置长州。”

有卞山。

【集释】《杨考》：“《寰宇记》：卞山，《郡国志》以为卞和采玉之处，非也。周处《风土记》云：当作冠弁之‘弁’。徐陵《孝义寺碑》云：高卞苍苍，遥闻人语。按《宋书》，萧惠明为吴兴太守，郡界有卞山，则作‘卞’由来已久。《纪要》云：山有石似玉，因名。”

【编者按】长城，治今浙江长兴县。

会稽郡

会稽郡　梁置东扬州。

【集释】《杨考》："《宋志》：孝建元年分扬州置东扬州，永光元年省。梁盖复置。《梁纪》：普通五年三月，分扬州、江州置东扬州。"

陈初省，

【集释】《杨考》："《梁纪》：太平元年三月，罢东扬州，还复会稽郡。"

寻复。

【集释】《杨考》："《陈纪》：天嘉三年六月，以会稽、东阳、临海、永嘉、新安、新宁、晋安、建安八郡置东扬州。"

平陈，改曰吴州，

【集释】《杨考》："盖因改吴郡之吴州为苏州，故以此为吴州。《通典》谓隋平陈改东扬州为越州，置总管府，当是据大业所再改为说，然误也。置越州时，总管府已废。"

置总管府。

【集释】《杨考》："《隋纪》：开皇十二年九月，以工部尚书杨异为吴州总管。"

大业初府废，置越州。

【集释】《杨考》："《元和志》：大业元年置越州。《寰宇记》：以地名之，寻废为会稽郡。"

统县四，户二万二百七十一。

会稽

【集释】《杨考》："《元和志》：隋改山阴为会稽。"

旧置会稽郡。

【集释】《杨考》："《宋志》：会稽郡治吴。汉顺帝分会稽为吴郡，移治山阴。陈为王国。《陈书·后主诸子传》：陈庄后主，至德四年封会稽王。"

平陈，郡废，及废山阴、

【集释】《杨考》："《寰宇记》：本秦旧县，置在会稽山北、龟山西。隋末废，并入会稽。《隋书·周法尚传》：陈时封山阴县侯。《儒林传》：萧谈，文帝受禅，封山阴县公。"

永兴、

【集释】《杨考》："《宋志》：汉余暨县，吴改永兴。《元和志》谓吴大帝改余暨为萧山，误。《梁书·陈庆之传）：以功封永兴县侯。《陈书·留异传》：梁绍泰二年封永兴县侯。"

上虞、

【集释】《杨考》："汉县。《元和志》：故城西枕上虞江。"

始宁

【集释】《杨考》："《宋志》：后汉永建四年，分上虞南乡立。"

四县入，大业初置郡。有稷山、

【集释】《杨考》："《寰宇记》：秽山，一名稷山。越王种菜于此。"

种山、

【中华校】"种"原作"重"。《寰宇记》九六："种山在山阴县北三里余。《吴越春秋》云，大夫种所葬处。"《水经》四○《浙水注》官本作"重山"，赵一清校本改为"种山"。今据改。

【集释】《杨考》本作“重”，并云：“‘重’当作‘种’。《寰宇记》：种山，在山阴县北三里余。《吴越春秋》云，大夫种所葬处。隋开皇十一年，越国公杨素筑为州城。《水经·渐江水注》：种山，大夫文种之所葬也。”’

会稽山。

【集释】《杨考》：“《吴越春秋》山本名苗山，禹更名会稽。”

【编者按】会稽，治今浙江绍兴市。

句章

【集释】《杨考》：“汉县，至隋不改。”

平陈，并余姚、鄞、鄮

【中华校】原作“鄮”，据《汉书·地理志》上、《续汉书·郡国志》四改。

三县入。有太白山、

【集释】《杨考》：“《纪胜》：其峰视诸山为最高，其上有龙池，云气蓊勃，生于水而不绝。”

方山。

【编者按】句章，治今浙江宁波市鄞州区南。

剡

【集释】《杨考》本作“郯”，并云：“《汉志》作‘剡’，《续汉志》、《晋志》作‘郯’，宋、齐《志》作‘剡’。《元和志》：汉县，故城在西南一十二里。吴贺高为令，移理今所。《陈书·钱道戢传》：天嘉元年，领剡令，镇于县之南岩。按贺高，《纪胜》引作贺齐，《寰宇记》亦作‘齐’是也。《吴志》有《贺齐传》。”

有桐柏山。

【集释】《杨考》：“《寰宇记》称《灵宝经》云：上有桐柏含生，下有丹池赤水，《纪要》：亦名金庭山，道家以为第二十七洞天。高万五千丈，周四十里，天台华顶之东门也。裴通曰：郯中山水，金庭洞天为最。”

【编者按】剡县，治今浙江嵊州市。

诸暨

【集释】《杨考》：“《元和志》：秦旧县，汉属会稽郡。至隋不改。”

有泄溪、

【集释】《杨考》：“《纪要》：‘泄’亦作‘洩’。山中有泉沿历回绕，分为五潭，即五泄也。《水经·渐江水注》：浦阳江东迳诸暨，与洩溪合。《图经》：山泉沿历五级，下注溪壑。土人谓瀑布为‘泄’也。”

大农湖。

【集释】《杨考》：“各本‘大’误‘太’，今据宋本订。《纪要》：三湖在诸暨县城中近郭，长山以西诸溪，涧及浣江之水自城南溢入城中，潴为上、中、下三湖，自城北出为白水河，流人三里，复东合于浣江。或曰即古大农湖也。”

【编者按】诸暨，治浙江今市。

余杭郡

余杭郡　平陈，置杭州。

【集释】《杨考》："《寰宇记》：隋平陈，割吴郡之盐官、吴兴之余杭，合钱塘、绥安四县置杭州，在余杭县，盖因县以立州名。十年移州居钱塘城，十一年复移州于柳浦西，依山筑城，即今郡是也。"

仁寿中置总管府，大业初府废。

统县六，户一万五千三百八十。

钱唐

【集释】《杨考》："隋以前地志俱作'唐'，唐以后作'塘'。"

旧置钱唐郡。

【集释】《杨考》："《陈纪》：祯明二年十一月，割钱唐县为郡，属吴州。又《后主诸子传》：陈恬，桢明二年立为钱唐王。按《梁书·侯景传》，太清三年十一月，宋子仙攻钱唐，戴僧易降景，以钱唐为临江郡。《陈书·萧济传》：世祖初，历临安郡守。则知《侯景传》'临江'为临安之误。又《骆牙传》：吴兴临安人，为临安令。则并有临安县。"

平陈，废郡，并所领新城县入。

【集释】《杨考》："《宋志》：吴立，后并桐庐。晋咸和元年复立。"

大业三年置余杭郡。有粟山、

【集释】《杨考》："《寰宇记》：在钱塘县西十七里。"

石甑山、

【集释】《杨考》："《寰宇记》引《郡国志》：石甑山，一名天姥山。有危石如甑，三石支在下，一人摇之甑动，千人摇之亦不落。"

临平湖。

【集释】《杨考》："《元和志》：在盐官县西五十七里，溉田三百余顷。《寰宇记》：在临平山南。《水经注》：浙江东合临平湖。"

【编者按】钱唐，治今浙江杭州市。

富阳

【集释】《杨考》："《宋志》：汉旧县，本曰富春，孙权黄初四年以为东安郡，七年省。晋孝武以郑太后讳春，改曰富阳。《梁书·侯景传》：太清三年十一月，景以富阳为富春郡。《一统志》：陈废郡。《陈书·孙瑒传》：梁时封富阳侯。"

有石头山、

【集释】《杨考》："《纪要》：观山，孤峰高耸，横截大江。三国时，吴建道观于山上，因名。亦曰鹤山，亦曰石头山。"

鸡笼山。

【集释】《杨考》："《纪胜》：赤松山，一名鸡笼山。赤松子驾鹤尝停此。其形孤圆秀翠，群山环拱，望之如华盖，故又名华盖山。"

【编者按】富阳，治杭州市富阳区。

余杭

【集释】《杨考》："《续汉志》引顾

夷曰：秦始皇至会稽经此，立为县。自汉至隋不改。”

有由拳山、

【集释】《杨考》：“《寰宇记》：本余杭山，一名大辟山。《吴兴记》云，晋隐士郭文举所居。傍有由拳村，出藤纸。又《纪要》称《志》云：三国吴有暨猷者自由拳来隐此，故名。”

金鹅山。

【编者按】余杭，治杭州市余杭区西余杭镇。

于灊

【集释】《杨考》：“《元和志》：本汉旧县。旧朁字无水，至隋加水。今按《汉志》作‘朁’，余俱作‘潜’。‘潜’、‘灊’，古今字。”

有天目山、

【集释】《杨考》：“《元和志》：山有两峰，峰各一池，左右相对，名曰天目。《水经·渐江水注》：天目山极高峻，崖岭竦叠，西临浚涧。山上有霜，木皆是数百年树，谓之翔凤林。”

石镜山。

【集释】《杨考》：“《寰宇记》引《永初山川记》：临安县有石镜，在山之东峰。《郡国志》，径二尺七寸，其光照如镜之照物，分毫不差。”

有桐溪。

【集释】《杨考》：“《水经·渐江水注》：桐溪水出于潜县北天目山，东南与紫溪合，又东北入浙江。”

【编者按】于灊，治今浙江杭州市临安区西于潜镇。

盐官

【集释】《杨考》：“按《汉志》海盐县下故武原乡有盐官，尚未置县也。《宋志》乃谓盐官汉旧县，以《吴记》吴改海昌都尉为盐官县为非，岂两《汉志》不足据耶？”

有蜀山。

【编者按】盐官，治今浙江海宁市西南盐官镇。

【补阙】《杨考》：“按有海盐县、武原郡，即今县治。汉县，晋移置于此。《梁书·侯景传》：太清三年六月，景分吴郡海盐县置武原郡。《一统志》：陈废，仍属吴郡，永定初属海宁郡。《元和志》：隋开皇九年废。《一统志》云：省入盐官。《纪胜》又引《武原志》作陈废。

又有海宁郡。《陈书·高祖纪》：永定二年十二月，割吴郡盐官、海盐、前京三县置海宁郡，属扬州。考此《志》常熟县下云梁置信义郡，平陈废，并所领海阳、前京、信义、海虞、兴国、南沙入焉。似梁时前京属信义郡，不属吴郡。

又梁有胥浦县。《一统志》引《松江府志》：大通六年（大通止二年，‘六’字误）析海盐东北境置，地接胥浦，因名。《梁书·侯景传》：太清三年六月，景分吴胥浦属武原郡。”

武康　平陈废，

【集释】《杨考》：“《宋志》：吴分乌程、余杭立永安县。晋太康元年改武康。《南史·庾肩吾传》：梁承圣中封武康县侯。《新唐书·杨瑒传》：杨缙，陈时封武康县公。”

仁寿二年复。

【集释】《杨考》：“《新唐志》：李子通置安州，又曰武州。”

有封嵎山、

【集释】《杨考》：“封山东南二里为嵎山。《寰宇记》：封山者，以其禁樵采渔猎也。《纪胜》引《舆地志》：嵎山，禹十二代孙帝禺所居也。《家语》：仲尼曰，汪芒氏之君守封嵎之山，即此。”

青山、

【集释】《杨考》：“《寰宇记》：在长兴县西北二十六里。山有石窦通洞庭。”

白鹄山。

【集释】《杨考》：“《纪胜》：在乌程县西北三十六里。《吴兴记》云，昔乌程人姚珍化为白鹤游此山，因名。《隋志》武康县下有白鹤山。据此，则王象之所见《隋志》作‘白鹤山’。”

【编者按】武康，治今浙江德清县（武康镇）。

新安郡

新安郡

【集释】《杨考》：“旧新安郡在雉山，隋移此。”

平陈，置歙州。

【集释】《杨考》：“《元和志》在开皇十二年。《纪胜》引《元和志》作‘十九年’。《寰宇记》：以汉旧县为名。”《求是》：“《元和志》二八歙州下作十二年置，歙县下又作十一年。《舆地纪胜》引《元和志》又作九年。”

统县三，户六千一百六十四。

休宁　旧曰海宁，

【集释】《杨考》：“《宋志》：孙权分歙置休阳县，晋太康元年更名海宁。按《寰宇记》引《吴图》，中有吴避孙休之讳改休阳为海阳一事，《宋志》略之。又按梁置新宁郡。《元和志》：歙州或隶新安郡，或立新宁郡。《南史·陈武帝纪》，梁太平二年，封陈武十郡，有扬州之新安、新宁，则梁有此二郡审矣。《一统志》云：梁承圣二年置新宁郡，治海宁，陈废。按《陈纪》，天嘉三年，以八郡置东扬州，尚有新宁。”

开皇十八年改名焉。

【集释】《杨考》：“《元和志》：开皇九年改名，属婺州。十二年属歙州。”

大业初置郡。

【编者按】休宁，治安徽今县。

【补阙】《杨考》：“按梁有黎阳县，在今休宁县东南。《纪要》：吴置，宋省。梁承圣中复置，属新宁郡。”

歙

【集释】《杨考》：“《一统志》：梁末属新宁郡。”

平陈废，十一年复。

【编者按】歙县，治安徽今县。

【补阙】《杨考》："按梁有梁安县，本歙县地。《元和志》：梁大通元年置梁安县。《寰宇记》同。《纪胜》引《方舆志》云：本歙之华阳镇，梁大同元年置为梁安县，唐武德中废。按此《志》无梁安县，或误脱，或《方舆志》误。《一统志》云：陈废。未知其审。"

黟

【集释】《杨考》："《元和志》：在黟川，因以为名。按两《汉志》及《唐志》作'黝'，《说文》作'黟'。《汉书》韦昭音义：黟，音伊。或从幼。《一统志》：梁末属新宁郡。"

平陈废，

【集释】《杨考》："《元和志》：省入休宁。"

十一年复。

【集释】《杨考》："《元和志》：属宣州。十二年隶歙州。"

【编者按】黟县，治安徽今县。

东阳郡

东阳郡

【集释】《杨考》："《宋志》：本会稽西部都尉，吴宝鼎元年立东阳郡。《齐志》因之。梁改金华，旋复。"

平陈，置婺州。

【集释】《杨考》："《元和志》：陈武帝置缙州。隋开皇九年置婺州，盖取其地于天文为婺女之分野。《寰宇记》：陈永定三年置缙州，隋开皇十三年置婺州，炀帝初废州为东阳郡。按《陈书·高祖纪》，永定三年，诏曰：吴州、缙州去岁蝗旱。《通鉴》梁元帝承圣二年，王僧辩至姑熟，遣婺州刺史侯瑱筑垒东关，以待齐师，注：东阳郡，梁置婺州。又《陈书·留异传》：梁绍泰二年，除缙州刺史，领东阳太守。至陈文帝时，授都督缙州诸军事、安南将军、缙州刺史。据此则婺州之名不始于隋，缙州之名亦不始于陈也，盖梁置婺州，旋改缙州，隋仍还梁之初名耳。"

统县四，户一万九千八百五。

金华　旧曰长山，置金华郡。

【集释】《考异》卷三三："案梁、陈之际有东阳郡，而无金华郡。陈后主子有东阳王恮，可证陈时仍为东阳郡也。《志》云旧置金华郡，误。又，陈初尝于东阳置缙州，《志》亦失书。"《杨考》："《寰宇记》：梁武置金华郡于此。《通典》：梁、陈置金华郡。按《陈书·沈君理传》，父巡，梁太清中为东阳太守，则梁太清中已复金华为东阳矣。又《陈书·武纪》：梁大宝二年十一月，元帝承制，授高祖东扬州刺史，都督东阳等五郡。是梁末仍为东阳郡。陈芳绩《沿革表》亦谓梁大同六年改东阳为金华，寻废。又考陈后主子有东阳王怿，可证陈时仍为东阳郡也。”

平陈，郡废，

【集释】《杨考》：“《寰宇记》：隋开皇九年省东阳郡。而不言省金华郡，益见金华郡之仍为东阳郡。”

又废建德、

【集释】《杨考》：“《元和志》：大业末改为镇。”

太末、

【集释】《杨考》：“按《汉志》及《宋志》作‘大’，《汉志》孟康注：大，音如闼。《续汉志》、《晋志》、《齐志》作‘太’。”

丰安

【集释】《杨考》：“《梁书·武纪》：天监二年六月，诏以丰安县水潦，遣使周履。”

三县入，改为吴宁县。

【集释】《杨考》：“《宋志》：吴宁，后汉兴平二年孙氏分诸暨立。《南史·岑之敬传》：父善行，梁世官吴宁令。则梁时尚有此县。《志》当云‘废三县入吴宁’，方合。”

十二年改曰东阳，十八年改名焉。

【集释】《杨考》：“《元和志》：县境长山，一名金华，故取名焉。”

大业初置东阳郡。有长山、

【集释】《杨考》：“即金华山。《元和志》：赤松子得道处，出龙须草。《寰宇记》引《舆地志》：金华山连亘三百余里。”

龙山、

【集释】《杨考》：“按‘龙’下脱‘丘’字。今龙游县东四十里有龙丘山。《续汉志》太末县下引《东阳记》：龙丘山有九石，特秀林表，色丹白，远望尽如莲花。龙丘苌隐居于此，因以为名。《寰宇记》引略同。”

楼山、

【集释】《杨考》：“《明一统志》：石楼山在义乌县东二十八里，一名楼山。四面孤绝，两山相峙，远望如浮屠状。西岩层级高下，类重楼复阁。盖绝胜之地也。”

丘山。

【中华校】龙山、丘山，《续汉书·郡国志》四太末县注作“龙丘山”，不是分为二山。

【集释】《杨考》：“考方志，金华所属无丘山，盖即龙丘山，传写者脱，遂两分之。”

有赤松涧。

【集释】《杨考》：“《寰宇记》：赤松子游金华山，以火自烧而化，故山上有赤松子之祠。涧自山而出，故曰赤松涧。”

【编者按】金华，治浙江今市。

【补阙】《杨考》：“按有龙丘县。《元和志》：晋改太末为龙丘，因县东龙丘山为名。隋末废。贞观八年又置。《旧唐志》亦云：晋置龙丘县，至隋废。然宋、齐《志》仍曰太末，无龙丘县，未详也。”

永康

【集释】《杨考》："《宋志》：吴赤乌八年分乌伤、上浦立。《元和志》：隋废。《寰宇记》云：隋平陈，废之。按《志》凡平陈废者，即不立县名，而载入注中。此当是隋末因乱始废也。《酷吏传》：开皇十七年，击突厥，有永康公李药王。则隋初未废审矣。"

【编者按】永康，治浙江今市。

乌伤

【集释】《杨考》："《元和志》：秦县，至隋不改。"

有香山、

【集释】《杨考》："《续汉志》引《越绝》曰：有常山，古圣所采药。高且神。当即此山也。"

歌山。

【集释】《杨考》："《寰宇记》称《郡国志》：山下水通临海。昔有人乘船，从下望见女子于山下汲水，登峰而歌，姿态端美。船人凝视之，神怒，因坠三大石塞水源．遂不通舟。"

【编者按】乌伤，治今浙江义乌市。

信安

【集释】《杨考》："《宋志》：信安，后汉初平三年分太末立，曰新安，晋太康元年改。《梁书・武纪》：天监二年六月，诏以信安县水潦，遣使周履。又《宗懔传》：世祖即位，封信安县侯。《隋书・陈棱传》：炀帝赐爵信安侯。"

有江山、

【集释】《杨考》："《寰宇记》引《郡国志》作：'江郎山'，山有三峰，峰上各有巨石，高数十丈。昔有江家居山下，兄弟三人神化于此，故有三石峰。"

悲思岭。有定阳溪。

【集释】《杨考》："《纪要》：一名东溪，源出遂昌县周公岭，入府境，东北流至鸡鸣山下，合于衢江。"

【编者按】信安，治今浙江衢州市。

永嘉郡

永嘉郡

【集释】《杨考》："《宋志》：晋明帝太宁元年分临海立，《元和志》：梁、陈因之。"

开皇九年置处州，

【集释】《杨考》："《元和志》同。"

十二年改曰括州。

【集释】《杨考》："《元和志》：大业三年，改为永嘉郡。"

统县四，户一万五百四十二。

括仓　平陈，置县，

【集释】《杨考》："《元和志》：隋平陈，分松阳县之东乡立括苍县，取山为名。'仓'作'苍'。"

大业初置永嘉郡。

【集释】《杨考)："《元和志》：大业三年。"

有缙云山、括仓山。

【集释】《杨考》："《唐六典》：江南道名山也。《纪要》亦曰：苍岭，亦曰天鼻山。"

【编者按】括苍，治今浙江丽水市。

永嘉 旧曰永宁，

【集释】《杨考》："《宋志》：汉顺帝永建四年分章安东瓯乡立，或曰永和三年立。《南史·祖皓传》：来嶷与皓举义，邵陵王承制，封永宁县侯。"

置永嘉郡。

【集释】《杨考》："《宋志》：晋明帝太宁元年分临海立。《陈书，武纪》：梁大宝二年十一月，元帝承制，授高祖东扬州刺史，都督永嘉等五郡诸军事。《南史·忠壮世子方传》：世子庄，梁元帝封为永嘉郡王。《陈书·后主诸子传》：陈彦，后主至德元年封永嘉郡王。"

平陈，郡废，县改名焉。有芙蓉山。

【集释】《杨考》："《寰宇记》：西南三峰有石耸立森然，如芙蓉，赤红相映，因名。"

【编者按】永嘉，治今浙江温州市。

【补阙】《杨考》："按《寰宇记》：瑞安，晋安固县，梁属东嘉州，《补梁志》谓梁置东嘉州，治永宁，《旧唐志》：安固，隋废。《一统志》：省入永嘉。

按有横阳县，今温州府平阳县治。晋置。《元和志》：隋平陈，废入安固。

按有乐成县，即今乐清县治。晋置。《元和志》：隋废。"

松阳

【集释】《杨考》："《宋志》：吴立。《南史·顾野王传》：时有萧济预平侯景功，封松阳县侯。《陈书·毛熹传》有松阳令周磻。《元和志》：开皇九年废，十三年复置。"

【编者按】松阳，治浙江今县。

临海 旧曰章安，

【集释】《杨考》："按有宁海县，晋置。《元和志》：开皇九年废入章安。在今临海县境。"

置临海郡。

【集释】《杨考》："《宋志》：吴孙亮太平二年立。《寰宇记》：临海郡，梁又为赤城郡。《纪胜》：梁武帝改临海郡为赤城郡，寻废为临海县。按《梁书·傅昭传》，天监十七年出为临海太守。《陈书·武纪》：梁大宝二年十一月，元帝承制，授高祖东扬州刺史，都督临海等五郡诸军事。《南史·陈武纪》：梁太平元年十月，以扬州之临海益封陈国。则改赤城在天监后，至梁末仍为临海。《陈书·废帝纪》：光大二年，宣帝以太后诏废帝封临海王。又《后妃传》：废帝子至泽，太建元年袭封临海嗣王。则陈仍为临海郡。"

平陈，郡废，县改名焉。

【集释】《杨考》："按《宋志》，临海，吴分章安立。《纪胜》：隋开皇九年徙县于旧始丰县置，十一年于大固山置临海镇，寻移县于镇所。据此，则知《志》所谓改名者，乃省章安入临海也。《纪胜》引《赤城新志》：大业四年，沈法兴窃据其地，擅立海州。”

有赤山、天台山。

【集释】《杨考》：“《唐六典》：江南道名山也。《寰宇记》：天台山，超然秀出，有八重，视之如一帆。《纪胜》：亦名桐柏山。”

【编者按】临海，治浙江今市。

【补阙】《杨考》：“按陈有章安郡。《纪胜》：陈以章安县置章安郡。《纪要》亦云：章安，陈为章安郡治。《志》失书。

又按有乐安县，今仙居县西。东晋置县。《元和志》：隋开皇九年废。《一统志》：废入临海。

又按有始丰县，即今天台县治。吴置，曰始平，晋改。《梁书·武纪》：天监五年夏四月，始丰县获八目龟一。《旧唐志》：隋末废。《纪胜》：隋并入临海。”

建安郡

建安郡　陈置闽州，

【集释】《杨考》：“按《陈书·陈宝应传》，武帝受禅，授闽州刺史。《纪胜》：永定元年置州。”

仍废，

【集释】《杨考》：“《陈书·世祖纪》：天嘉四年正月，周迪弃城走，闽州刺史陈宝应纳之。则是时尚有此州，盖废于五年灭宝应之后。”

后又置丰州。

【集释】《杨考》：“《陈纪》：光大二年四月，割东扬州晋安郡为丰州。《陈书·南康愍王昙朗传》：陈末有丰州刺史郑万顷。”

平陈，改曰泉州。

【集释】《杨考》：“《元和志》：因泉山为名。《隋书》：文帝开皇十年十一月，泉州王国庆等自称大都督，攻陷郡县。”《杨考补遗》：“又《宇文弢传》：炀帝即位，巡省河北，还除泉州刺史。”

大业初改曰闽州。

【集释】《杨考》：“《元和志》：大业二年改闽州，三年废州为建安郡。”《求是》：“大业中，左散骑常侍郑韶为闽中太守（《太平广记》四三七引《集异记》）。按隋无闽中郡，或即闽州所改之建安郡也。”

统县四，户一万二千四百二十。

闽　旧曰东侯官，

【集释】《杨考》：“后汉曰东侯官，晋以下曰侯官。《陈书·陈宝应传》：晋安侯官人也，梁绍泰元年封侯官县侯。则梁、陈仍曰侯官。《纪要》谓梁改原丰曰东侯官，并晋、宋侯官入，恐是意定。”

置晋安郡。

【集释】《杨考》："《宋志》：晋武帝太康三年分建安立，《元和志》：晋安郡，南朝以封子弟为王国。《梁书·简文帝纪》：天监五年，封晋安王，入为皇太子。《敬帝纪》：承圣中封晋安，立为帝。《陈书·世祖九传》：文帝子伯恭，天嘉六年封晋安王。"

平陈，郡废，县改曰原丰。

【集释】《杨考》："《宋志》：原丰，晋太康三年立。《齐志》有。然则并侯官入原丰也。《一统志》：陈初废，故城在今闽县境。"

十二年改曰闽，大业初置建安郡。

【集释】《杨考》："《纪胜》：隋末群盗割据，改建安郡为泉州。"

有岱山、飞山。

【集释】《杨考》："《寰宇记》：越王句践时，一夜从会稽飞来。"

【编者按】闽县，治今福建福州市。

【补阙】《杨考》："按有温麻县，在今霞浦县西。晋置。《一统志》：梁废为闽县地。考《陈书·始兴王伯茂传》，光大二年十一月降为温麻侯，是梁、陈有是县。《纪胜》引《图经》云：开皇中省入闽县。

又有长乐县，今长乐县治。《旧唐志》：隋县，后省。"

建安

【集释】《杨考》："《寰宇记》：孙策于建安初分东侯官立此邑，属会稽南部都尉。吴立建安郡于此。按《宋志》无，齐复立。《梁书·临川王宏传》：子正立，改封建安侯。《南康王绩传》：子通理，大同八年封建安县侯。《陈书·高宗二十九王传》：宣帝子叔英，天嘉元年封建安侯。"

旧置建安郡。

【集释】《杨考》："《宋志》：吴孙休永安三年分南部都尉立。《元和志》：宋、齐、梁皆封子弟为王国。《寰宇记》：梁承圣三年，封萧基为长乐侯于此。梁末城池被盗陵夷，其后谢竭为太守，于西溪之右编木栅为理所。陈太建四年，郡守骆文广复徙于覆船山。陈祯明元年又移于今所。隋开皇十年，郡废为镇。《梁书·太祖五王传》：萧伟，天监元年封建安王。《南史·陈武纪》：梁太平元年十月，以扬州之建安益封陈国。《陈书·高祖二十九王传》：宣帝子叔卿，太建四年封建安王。《隋书·文四王传》：文帝孙韶，开皇六年封建安王。"

平陈废。

【编者按】建安，治今福建建瓯市。

【补阙】《杨考》："按有吴兴县，今浦城县治。《宋志》：汉末立，曰汉兴，吴改。《梁书·武纪》：天监九年闰六月，宣城盗转寇吴兴县。《太平御览》引《邑图》云：梁江淹为吴兴令。淹自序：吴兴地在东南峤外，闽越之旧境。《元和志》：隋平陈，省入建安。《舆地广记》：隋末复置。

又有建阳县，今建阳县治。《元和志》：吴置建平县，晋太元四年改，开皇十年省入建安。《寰宇记》作九年省。"

南安　旧曰晋安，

【集释】《杨考》："《宋志》：吴立，曰东安，晋武更名。"

置南安郡。

【集释】《杨考》："《纪要》：梁天监中分置，治晋安。《舆地广记》：陈文帝置。《陈书·高宗二十九王传》：宣帝子叔俭，后主至德元年封南安王。"

平陈，郡废，县改名焉；

【集释】《杨考》："《元和志》：陈立为南安县，因县南安江为名。与此异。《寰宇记》亦作陈立县。"

又置莆田县，

【集释】《杨考》："《元和志》：陈废帝分南安县置。"

寻废入焉。

【集释】《杨考》："《元和志》：开皇十年省。"

【编者按】南安，治今福建泉州市西北。

【补阙】《杨考》："按有沙村县，今沙县治。晋置。《元和志》：隋开皇十年废。"

龙溪　梁置，

【集释】《杨考》："《纪要》：梁天监中置。《元和志》：陈分晋安县置，属南安郡。"

开皇十二年并兰水、

【集释】《杨考》："《一统志》：梁置，属南安郡。"

绥安

【集释】《杨考》："《宋志》：晋安帝义熙九年立义安郡。绥安与郡并立。"

二县入焉。

【编者按】龙溪，治今福建龙海市。

遂安郡

遂安郡　仁寿三年置睦州。

【集释】《杨考》："《寰宇记》：仁寿三年，割杭州桐庐并复立遂安，仍改新安为雉山，以三县置睦州，取俗阜人和、内外辑睦为义。炀帝废州为遂安郡。《舆地广记》作仁寿二年置州。"

统县三，户七千三百四十三。

雉山　旧置新安郡。

【集释】《杨考》："《宋志》：建安十三年，孙权分丹阳立曰新都，晋武帝太康元年更名新安。按《陈书·武纪》，梁大宝二年十一月，元帝承制，授高祖东扬州刺史，都督新安等五郡诸军事。《南史·陈武纪》，梁太平二年，封陈十郡，有扬州之新安。"

平陈，废为新安县。

【集释】《杨考》："本吴始新县，废郡时改始新县为新安县也。按《寰宇记》清溪县下：梁、陈之间为新安县地。则又似新安立县非始于隋。《舆地广记》：梁置新安县。"

大业初县改名焉，

【集释】《杨考》："《元和志》谓晋

改始新为雉山，未知所出。又谓开皇九年并为新安县，仁寿中复为雉山，亦与《志》异。《寰宇记》：仁寿三年，改新安为雉山。”

置遂安郡。有仙坛山。

【编者按】雉山，治今浙江淳安县千岛湖中。

【补阙】《杨考》：“按有寿昌县，在今寿昌县西，吴置新昌县，晋改。《纪胜》：梁属新安郡．隋并入新安。《南史·周文育传》：少居新安寿昌县。”

遂安

【集释】《杨考》：“《宋志》：孙权分歙为新定县，晋武帝太康元年更名遂安。”

平陈废，

【集释】《杨考》：“《陈书·程灵洗传》：梁绍泰元年封遂安县侯。”

仁寿中复。

【编者按】遂安，治今浙江淳安县西南。

桐庐

【集释】《杨考》：“《宋志》：属吴郡。吴分富春立。《齐志》同。”

平陈废，仁寿中复。有白石山。

【集释】《杨考》：“《元和志》：在遂安县北七十里。其山出白石英。《水经·浙江水注》：白石山甚峻极，北临紫溪，东南连山夹水，两峰交峙，反项对石，往往相捍。十余里中，积石磊砢，相挟而上。涧下白沙细石，状若霜雪。水木相映，泉石争辉，名曰楼林。”

【编者按】桐庐，治浙江今县。

鄱阳郡

鄱阳郡　梁置吴州，

【集释】《杨考》：“《元和志》：鄱阳郡，梁承圣二年改为吴州。《通鉴》梁元帝承圣二年，有吴州刺史、开建侯蕃。《寰宇记》云：梁天监中置吴州。稍异。”

陈废。

【集释】《杨考》：“《元和志》：陈光大元年省吴州，依旧置郡。考《陈书·废帝纪》，光大二年正月，罢吴州，以鄱阳郡还属江州。又《宣帝纪》：太建十三年，改鄱阳为吴州。按陈后主祯明元年割吴郡置吴州，不应同时有两吴州，盖鄱阳复置吴州之后，未几即罢也。”

平陈，置饶州。

【集释】《杨考》：“《寰宇记》：从江州总管、千金公权璋所请也，以山川蕴物珍奇，故名‘饶’。隋大业三年州废。《元和志》：其城即吴芮为番令所居。《隋纪》：开皇十年十一月，饶州吴代华等自称大都督，攻陷郡县。”

统县三，户一万一百二。

鄱阳

【集释】《杨考》："秦置。《元和志》：晋武帝改曰广晋。隋开皇九年改广晋为鄱阳，以在鄱水之北，故曰鄱阳。"

旧置鄱阳郡。

【集释】《杨考》："《宋志》：建安十五年，孙权分豫章立。按梁、陈为王国，《梁书》鄱阳王恢、《陈书》鄱阳王伯山是也。"

平陈废，又有陈银城县

【集释】《杨考》："《寰宇记》乐平县下引《豫章记》：汉永元中置乐安县，在银城，即今邑之东。水路三百二十里。顾野王《舆地志》：陈天嘉元年废。然则陈盖改乐安为银城。"

废入焉。大业初复置郡。

【编者按】鄱阳，治今江西鄱阳县。

【补阙】《杨考》："按有广晋县，在今鄱阳县北。《宋志》：吴立，曰广昌，晋太康元年更名。《梁书·陆襄传》：中大通七年为鄱阳内史，郡民鲜于琛杀广晋令王筠。《羊鸦仁传》：普通中封广晋县侯。《南史·淳于量传》：以军功封广晋县侯。《一统志》：陈省。"

余干

【集释】《杨考》："《梁书·陆襄传》：世祖以建义功追封余干县侯。《南史·刘峻传》：兄孝庆，齐末为兖州刺史，举兵应梁，梁武封余干男。《元和志》：汉余汗县，隋开皇九年去'水'，存'干'，名曰余干。然考宋、齐《志》已均作'干'，当是后人追改。"

【编者按】余干，治江西今县。

【补阙】《杨考》："按有上饶县，即今上饶县治。"《宋志》：吴立。《元和志》：隋平陈，省。

又有安仁县。《寰宇记》：安仁故城，在余干县东一百五十里，晋永嘉七年分余干置兴安县，寻废。陈天嘉中复于兴安故地置安仁县，隋开皇九年废入余干。今故城犹存。"

弋阳 旧曰葛阳，开皇十二年改。

【集释】《杨考》："《寰宇记》：开皇九年，废上饶入葛阳。逾年县失印，风俗以为不便，表请移于弋阳县，以地居弋江北为名。"

有弋水。

【集释】《杨考》："弋阳江在今县东二十里。《寰宇记》：水口有大石，面如镌为'弋'字。"

【编者按】弋阳，治江西今县。

临川郡

临川郡 平陈，置抚州。

【集释】《杨考》："《寰宇记》：时总管杨武通奉使安抚，即以'抚'为名。按梁末尝于临川郡置宁州。《陈书·周敷传》：侯景之乱，敷镇临川故郡，景平，梁元帝授敷宁州刺史。又按《通鉴》陈永定二年注：时盖即临川故郡置宁州，以敷为刺史。则州盖隋废。”

统县四，户一万九百。

临川

【集释】《杨考》：“《元和志》：后汉和帝永元八年，析南城为临汝县，开皇九年改临汝为临川。《寰宇记》：梁大通二年，分临川北境置定川县，隋开皇九年，并西丰、定川二县入临川县。《南史·梁汝南王大封传》：初封临汝公。《陈书·周迪传》：梁元帝封临汝县侯。又《南康愍王传》：陈方庆，天嘉中封临汝县侯。”

旧置临川郡。

【集释】《杨考》：“《宋志》：临川内史，吴孙亮太平二年分豫章东部都尉立。齐因之。《寰宇记》：梁大同二年，分巴山郡之新建、西宁二县立临川郡。盖宋、齐之临川领九县，梁分立巴山、临川二郡，其临川郡仅领新建、西宁、定川三县。梁、陈为王国。《梁书》有临川王宏，《南史》临川王大款。《陈书·文帝纪》：武帝受禅，封临川王。”

平陈，郡废，大业三年复置郡。

有铜山、

【集释】《杨考》：“《寰宇记》：出铜，因号铜山。”

黄山。

【集释】《杨考》：“《纪要》：其山四面黄茅无际，宜黄县之镇山也。”

有梦水。

【集释】《杨考》：“《寰宇记》：梦水在袁州东八十五里，源出袁水。昔钟仪欲于此村立县，遇夜乞梦，果符所祝。及寤，名为思县。古迹见存。其水因为名。《明一统志》：梦江水，在抚州府城南三十里，源出佛容山下，注汝水。”

【编者按】临川，治今江西抚州市临川区。

【补阙】《杨考》：“有西丰县，在今临川县西南五十里。《宋志》：吴置，曰西平，晋太康元年更名，《梁书·临川王宏传》：子正德，先封西丰侯。《安陆王大春传》：大同六年封西丰县公。《陈书·周敷传》：以平侯景功，封西丰县侯。《寰宇记》：隋开皇九年并入临川县。

又按梁有定川县。《寰宇记》：梁大通二年，分临川北境置定川县，隶临川郡，隋开皇九年并入临川县。《名胜志》：其治在今之雷坊，去崇仁县北五十里。《明一统志》：毋城即其地也。《陈书·周敷传》：天嘉五年，世祖遣章昭达征周迪，敷从军至定川县。”

南城

【集释】《杨考》：“汉县。《寰宇记》：吴太平二年更分置临汝，改为临川县。至隋开皇废南丰、永城二县，并入南城。《梁书·王神念传》：封南城县侯。”

有五章山。

【编者按】南城，治江西今县东南。

【补阙】《杨考》：“按有东兴县，在今新城县东北。《宋志》：吴置。《一统志》：隋省入南城。

又有永城县，在今新城县北。《宋志》：吴置。《寰宇记》：隋开皇中废入南城。

又有南丰县，在今广昌县东。《寰宇记》：吴太平二年置，隋开皇九年废入南城。《梁书·傅岐传》：封南丰县侯。”

崇仁　梁置巴山郡，

【集释】《杨考》：“《寰宇记》丰城下：梁大通二年立巴山郡，其郡古迹在抚州崇仁县巴山之北。陈光大二年移于广丰县西二里独潴水南岸，筑立城郭居焉。《旧唐志》：吴分临汝为新建县，梁置巴山郡。又《寰宇记》抚州下：梁分新建、西宁二县立巴山县，更置巴山郡，取庐陵之兴平、南昌之丰城以益之。《陈书·高宗二十九王传》：宣帝子叔雄，后主即位，封巴山王。按梁尝于巴山郡置高州。《陈书·黄法氍传》：梁太平元年，割江州四郡置高州，以法氍为高州刺史，镇巴山。《陈书·世祖纪》：天嘉四年，罢高州，隶入江州。《通鉴》注谓四郡为巴山、临川、安成、豫宁。钱氏《考异》：前此，周迪据有临川之地，梁元帝授以高州刺史，则高州之名又不始于太平时矣。”

领大丰、

【集释】《杨考》：“《寰宇记》：梁大通二年，分丰城立广丰。又云：陈初废新安入广丰郡。然则广丰陈时并立郡。本作‘广丰’，隋避讳改。”

新安、

【集释】《杨考》：“《寰宇记》：梁大通二年分丰城立。《陈书·武纪》：梁大同中封新安子。”

巴山、

【集释】《杨考》：“《元和志》：汉临汝县，吴分置新建县，普通三年改为巴山县。《寰宇记》：在崇仁西南三十一里，梁大同二年置，以巴山为名。隋开皇九年并入崇仁县。置县年月不同。《南史·黄法氍传》：梁元帝承制，封巴山县子。”

新建、

【集释】《杨考》：“《宋志》：吴置。《南史·黄法氍传》：梁敬帝即位，封新建县侯。《寰宇记》：隋开皇九年废，并入崇仁县。”

兴平、

【集释】《杨考》：“《宋志》：吴置，属庐陵郡。　《寰宇记》：隋开皇十年废。”

丰城、

【集释】《杨考》：“《宋志》：吴曰富平，晋太康元年更名，属豫章郡。《寰宇记》：开皇九年并入广丰。《梁书·夏侯详传》：改封丰城县公。《梁鄱阳王恢传》：子泰，封丰城侯。《陈书·二十九王传》：文帝子叔坚，天嘉中封丰城县侯。”

西宁

【集释】《杨考》：“《寰宇记》：吴太平二年置，以宁水为名。隋开皇九年废，并入崇仁县。”

七县。平陈，郡县并废，以置县焉。

【集释】《杨考》：“《寰宇记》：开皇九年废郡”。

【编者按】崇仁，治江西今县。

【补阙】《杨考》："按有宜黄县，在今宜黄县东。《宋志》：吴立。齐因之。《寰宇记》谓梁大同二年置巴山郡，因立宜黄县于宜黄水侧，以水为名，恐误。又云：隋开皇九年废县入崇仁。

又有巴陵县。《寰宇记》：废巴陵县，在崇仁县西南十三里。隋大业九年置，十四年废。

又有安浦县，在今乐安县西南六十里。《宋志》：吴置。《寰宇记》：隋开皇九年并入崇仁。"

邵武　开皇十二年置。

【集释】《杨考》："《宋志》：吴曰昭武，晋武帝更名，属建安郡。齐因之。《纪胜》：隋平陈废，寻复立。"

【编者按】邵武，治福建今市。

【补阙】《杨考》："按有将乐县，今将乐县治。《宋志》：《晋太康地志》有。齐因之，属建安郡。《元和志》：开皇九年省。《寰宇记》：省入邵武之南乡。

又有绥城县，在今建宁县西南。《宋志》：《永初郡国》有。齐因之，属建安郡。《寰宇记》：隋开皇九年并入邵武之南乡。《一统志》：梁省入邵武。"

庐陵郡

庐陵郡　平陈，置吉州。

【集释】《杨考》："《寰宇记》：隋平陈，置吉州于今郡城西南，筑小城，即旧州城是也。以界内吉阳水为名。大业三年改为庐陵郡。按《陈书·周炅传》，父灵起，梁时庐、桂二州刺史，则梁有庐州，未知即置于庐陵郡否？"

统县四，户二万三千七百一十四。

庐陵

【集释】《杨考》："《元和志》：本汉石阳县，晋移郡于此。《寰宇记》：隋开皇十年，改石阳为庐陵。据此则庐陵为石阳审矣。此《志》不云旧曰石阳，何耶？"

旧置庐陵郡。

【集释】《杨考》："梁、陈为王国。《梁书》庐陵王续、《陈书》庐陵王伯仁是也。"

平陈废，大业初复置。

【集释】《杨考》："《寰宇记》：大业末，分庐陵县东十一乡置吉水县。"

【编者按】庐陵，治今江西吉水县北。

【补阙】《杨考》："按有高昌县，在今庐陵县西。《宋志》：吴立。齐因之。《寰宇记》庐陵县下云：梁改高昌为石阳。《梁书·张惠绍传》：高祖践阼，封石阳县侯，又《梁纪》天监五年有庐陵高昌之仁山。《羊侃传》：中大通五年封高昌县侯。盖是时尚未废也。《寰宇记》吉州总序云：隋平陈，废高昌入庐陵。

又有阳丰县，在今永丰县西六十里。《宋志》：吴曰阳城，晋改。齐因之。《寰宇记》作‘永丰’，误。隋平陈，省入庐陵。

又有吉阳县，在今吉水县东北一百二十里。《宋志》：吴置。齐因之。《寰宇记》：隋开皇十年废入庐陵。”

泰和　平陈置，曰西昌。

【集释】《杨考》：“《宋志》：西昌，吴立。《梁书·长沙嗣王业传》：天封元年，封西昌县侯。《陈书·杜僧明传》：陈高祖下南康，留僧明顿西昌。是梁末尚有西昌县。《元和志》云：隋平陈，分庐陵县置西昌县。岂故西昌已废于陈，故复置欤?”

十一年省东昌入，

【集释】《杨考》：“《寰宇记》：东昌故县，在泰和县西北六十里。《宋志》：吴立。《寰宇记》引《舆地志》云：吴后立置，隋平陈废。按《梁书·萧景传》，伯父尚之子灵钧，高祖即位，追封东昌县侯。《陈书·毛喜传》：宣帝即位，封东昌县侯。”

更名焉。

【集释】《杨考》：“《元和志》谓开皇十八年改西昌为泰和。《寰宇记》引《舆地志》谓开皇十年废西昌置泰和。俱与此异。又《寰宇记》泰和县下云：汉为庐陵县地。隋平陈，改为安丰，寻改为泰和。按《县记》云：隋拓定江表．大使韦洸废安丰、泰和二县。大业八年，以旧安丰非水路之要，遂移就故西昌县西三里古城。《寰宇记》校勘记疑西昌尝改安丰，后改泰和。”

【编者按】泰和，治江西今县西。

【补阙】《杨考》：“按有永新县，在今永新县西五十里。《宋志》：吴置。齐因之。《梁书·陈伯之传》：以为永新县侯。又《豫章王综传》：封其子直为永新县侯。《寰宇记》：隋省入泰和。又《寰宇记》：隋平陈，废东昌、安丰、西昌、广遂、永新，合五县置泰和县。则梁、陈尝于此置安丰、广遂二县（‘广遂’疑即‘遂兴’之误）。

又有遂兴县，在今吉安府万安县西北十五里。《宋志》：吴置，曰新兴，晋改。《寰宇记》：隋平陈废。《纪胜》：废入泰和。”

安复

【集释】《杨考》：“《宋志》：汉旧县。本名安成，晋武帝太康元年更名。陈时尚在。《陈书·任忠传》，太建五年封安复县侯是也。”

旧置安成郡。

【集释】《杨考》：“《宋志》：安城，孙皓宝鼎二年分豫章、庐陵、长沙立。《齐志》作‘安成’。梁、陈为王国。《梁书》有安成王秀，《陈书·世祖九王传》有安成王顼。”

平陈，郡废，

【集释】《杨考》：“《寰宇记》宜春下云：开皇十一年废郡。”

县改曰安成。

【集释】《杨考》：“按《志》凡先不书县名而后云改县名者，其例有二：

一则郡同名，举郡即不举县；一县与隋县同名，即亦不复举，此盖谓改晋以后之安复也。然考隋之安复，实前汉之安平、后汉以下之平都。隋初盖并安复、平都于安成。《志》复不言平都，尤无例之可言也。”

十八年又曰安复。

【集释】《杨考》：“盖又移安复于平都故城中。”

有更生山、

【集释】《杨考》：“《寰宇记》：更生山，在安福县南百五十里。相传山有豫章树，伐而更生。”

长岭。

【集释】《杨考》：“《寰宇记》：长岭山在安福县南。山有石墨，可以种火，是为不灰石。”

【编者按】安复，治今江西安福县。

【补阙】《杨考》：“按有广兴县，在今永新县西北八十里，晋置，属安成郡。《梁书·何远传》：高祖践阼，以奉迎勋，封广兴男。《陈书·高祖纪》：永定二年十二月，以安成所部广兴六洞置安乐郡。《一统志》：隋省县。按郡当亦隋初省。”

新淦

【集释】《杨考》：“汉县在今清江县东北六十里，《寰宇记》：开皇十年，县令李子乐以县去州远，请移市南村置，即今理。《寰宇记》：汉以后属豫章郡，陈属巴山郡。《南史·齐豫章王嶷子子廉传》：子元琳，梁武受禅，降新涂侯。《梁书·桂阳王大成传》：初封新涂公。《通鉴》陈永定三年，熊昙朗据新涂城。据此，则梁、陈之代并作‘新涂’。案汉、晋、宋、齐诸地志皆作‘新淦’，而《汉志》应劭注：涂水所出，西入湖汉。颜曰：涂，音绀。然则县以水名。‘淦’、‘涂’本一字。”

有玉笥山。

【集释】《杨考》：“《寰宇记》：在新淦县南六十里。《道书》云福地山也。陶弘景《玉匮书》云：山今属巴山，在县西四十里。”

【编者按】新淦，治今江西新干县。

【补阙】《杨考》：“按有巴丘县，在今峡江县北。《宋志》：吴立。《南史·程灵洗传》：梁元帝时封巴丘县侯。《陈书·胡颖传》：梁时为巴丘县令。

按有吴平县。《宋志》：后汉灵帝中平中立，曰汉平，吴更名。宋、齐《志》并有之，在今清江西三十里。”

《杨考补遗》：“按有石阳县。《名胜志》：后汉分新淦立，隋省入新淦。废城在玉笥乡之仙届里，西北去新淦五十里。”

南康郡

南康郡　开皇九年置虔州。

【集释】《杨考》：“《寰宇记》：以虔

化水为名。《元和志》：大业三年，罢州为南康郡。”

统县四，户一万一千一百六十八。

赣　旧曰南康，

【集释】《杨考》：“此与下‘南康旧曰赣’并误。按《寰宇记》引《晋太康地志》：赣县，因水以为名。又引《虔州图经》：章、贡二水合流为赣。其间置邑，因为赣县。晋太康末徙居葛姥故城，宋昇明初移置赣水东三百步，梁承圣初又迁赣水南。考葛姥城在今县北五里，然则晋以后虽屡有迁徙，皆不甚相远。其不在今县西八十里之南康审矣。按《水经：赣水注》：赣县，即南康郡治。《元和志》：晋南康郡先理雩都，永和五年移理赣。《寰宇记》：晋永和五年，太守高琟置郡城于章、贡二水间。是南康郡治赣，非治南康也。《舆地广记》则谓隋改赣县为南康，大业初复改为赣。然《广记》于南康下云：宋改南康曰赣县，隋大业初复曰南康。既云宋改南康为赣县，而此赣县又至隋始改为南康，是宋、齐、梁、陈俱有两赣县矣，盖为此《志》所迷而强为之说。”

置南康郡。

【集释】《杨考》：“《宋志》：晋武帝太康三年，以庐陵南部都尉立：《寰宇记》：东晋置郡城于章、贡二水间，旋徙于赣水东，梁承圣元年复徙于章、贡间，即今城也。梁为王国。《梁书》南康王绩是也。”

平陈，郡废。大业初县改名焉，寻置郡。有储山。

【集释】《杨考》：“《纪胜》：储潭山，在赣县北二十里。《寰宇记》引《南康记》：晋刺史朱伟立储潭君庙于山下。”

有赣水。

【集释】《杨考》：“即豫章水。刘证之谓县东南有章水，西有贡水，县治二水间，合‘赣’字，因以为名。而《水经注》非之。”

【编者按】赣县，治今江西赣州市。

【补阙】《杨考》：“按有平固县。《宋志》：吴立，曰平阳，晋改平固，在今兴国县北二十里。《梁书·吕僧珍传》：封平固县侯。《陈书·胡颖传》：梁时历平固县令。《一统志》：隋省。”

虔化

【集释】《杨考》：“《宋志》：孝武帝大明五年以虔化屯立。”

旧曰宁都，

【集释】《杨考》：“《宋志》：吴立，曰阳都，晋太康元年更名。《梁书·夏侯详传》：天监元年封宁都县侯。《陈书·陈拟传》：武帝受禅，封陈敬雅宁都县侯。”

开皇十八年改名焉。

【集释】《杨考》：“按宋、齐《志》宁都、虔化并立，其虔化县至陈尚未废。《陈书·陈拟传》，武帝受禅，封陈訬虔化县侯是也。《志》不言虔化并省之由，亦疏。《一统志》：隋平陈，省虔化入宁都，十八年改宁都为虔化。当是也。”

有石鼓山。

【集释】《杨考》:“《寰宇记》:其山两面悬崖,一百余丈,圆如鼓形。”

【编者按】虔化,治今江西宁都县。

雩都　旧废,

【集释】《杨考》:“汉县,晋、宋、齐不改。按《寰宇记》:陈永定初迁于大昌村。则县至陈尚未废。”

平陈置。

【集释】《杨考》:“《寰宇记》:隋大业中复还故城。亦非平陈时迁置。”

有金鸡山、

【集释】《杨考》:“《寰宇记》:在雩都县西北十六里。山临贡水,石色如霞,其傍有穴。《南康记》云:有金鸡出入。《水经·赣水注》:湖汉水流迳金鸡石,其石孤竦临水,耆老云时见金鸡出于石上,故名。”

君山。

【集释】《杨考》:“《纪要》:在今龙南县南七十里。《寰宇记》:在雩都县东南三百八十五里。又引《南康记》云:其山奇丽鲜明,远若台榭。”

【编者按】雩都,治今江西于都县。

【补阙】《杨考》:“按有安远县,在今安远县南。《元和志》:梁大同中,于今县南七十里安远水南置安远县,隋开皇中废。《寰宇记》:梁大同十年置。

南康

【集释】《杨考》:“《宋志》:吴立,曰南安,晋武帝太康元年更名。《舆地广记》云:宋改南康为赣县,隋大业初复曰南康,属南康郡。案宋、齐《志》南康郡赣与南康并立,安得有改南康为赣县事?盖为此《志》所误。”

旧曰赣,大业初改名焉。

【集释】《杨考》:“见上赣县下。”

有廪山、

【集释】《杨考》:“《纪要》:上有石,高圆如廪。”

上洛山、

【集释】《杨考》:“《寰宇记》:在赣县南九十里。山中有石墨可书。”

赣山。

【集释】《杨考》:“案赣水既因章、贡合流称名,则安得复有赣山?诸地志并无赣山之名,此当误也。”

【编者按】南康,治江西今市。

【补阙】《杨考》:“按有南野县,在今南康县西南。汉置。《陈书·武纪》:梁大宝元年,湘东王承制,改封南野县伯。《一统志》:隋省入南康。”

宜春郡

宜春郡　平陈,置袁州。

【集释】《杨考》:“《寰宇记》:隋平陈后,土人文盛拥众自守。开皇十年,洪州都督杨武通平之。十一年置袁州,因袁山为名。大业三年改为宜春郡。”

统县三，户一万一百一十六。

宜春　旧曰宜阳。

【集释】《杨考》：“《宋志》：宜阳，汉名宜春，晋孝武改。《梁书·王珍国传》：改封宜阳县侯。”

开皇十一年废吴平县入，

【集释】《杨考》：“《宋志》：汉灵帝中平中立，曰汉平，吴更名。《梁书·萧景传》：高祖践阼，封吴平县侯。《寰宇记》：开皇十三年废入新喻县。”

十八年改名焉。

【集释】《杨考》：“《元和志》：开皇十一年移县于汉县城东五里，改为宜春。《寰宇记》：十七年改宜阳为宜春。俱与《志》异。又《寰宇记》云：县侧有暖泉，从地涌出，夏冷冬暖，清澄若镜，莹媚如春，饮之宜人，故名宜春县。

大业初置郡。有庐溪、

【集释】《杨考》：“《纪要》：发源萧山，东流与王江合。”

渝水。

【集释】《杨考》：“《纪要）：发源萍乡县罗霄山，东流经县十五里为稠江，至城下为秀江。”

【编者按】宜春，治江西今市东。

萍乡

【集释】《杨考》：“《寰宇记》：吴宝鼎二年立，在县东四十里，隋徙。《元和志》：先隶吉州，开皇十年属袁州。”

有宜春江。

【集释】《杨考》：“《寰宇记》：宜春水出宜春县东四里。其水甘美，堪作酒。”

【编者按】萍乡，治江西今市。

新喻

【集释】《杨考》：“《宋志》：吴立。《寰宇记》：吴孙皓分宜春立。隋平陈，废为吴平县。至大业中废吴平，再立新喻县。在龙池之墅。《元和志》：新渝县，因渝水为名。今曰新喻，因声变也。《南史·梁始兴王憺子映传》：改封新渝县侯。”《杨考补遗》：“《名胜志》引《城冢记》云：废吴平县，在新喻县东百里。汉曰安平，隋改吴平，开皇中省入新喻。与《寰宇记》说异。”

【编者按】新喻，治今江西新余市西。

豫章郡

豫章郡　平陈，置洪州总管府。

【集释】《杨考》：“按梁大宝元年以豫章置豫州，后又以新吴置南江州。《陈书·武纪》：梁大宝元年，授高祖豫州刺史，领豫章内史，寻授使持节、都督六郡诸军事、军师将军、南江州刺史。《梁书·敬帝纪》：太平二年二月，萧勃反，南江州刺史余孝顷以兵会之。《通鉴》注：孝顷据新吴，盖就置南江州，以为刺史。按《陈书·周文育传》，新吴洞主余孝顷起兵应勃，故知南江州治新吴。《元和志》：隋开皇九年置洪州，因洪崖井为名。然考《寰宇记》引《梁书》云：于庆入洪州，进攻新吴县。则梁时尝置洪州，不知何时废。《隋纪》：开皇十一年七月，以上柱国杜彦为洪州总管。”《求是》：“《苏孝慈传》：仁寿初迁洪州总管。《志》云：‘仁寿元年，迁授使持节，总管洪、言、江、虔、饶、袁、抚七州诸军事、洪州刺史。’（《关中石刻文字新编》三）隋之总管兼统若干州，《地理志》全失载，今唯于碑志略见一二耳。”

大业初府废。

统县四，户一万二千二十一。

豫章

【集释】《杨考》：“本汉南昌县。《梁书·王规传》：天监中袭封南昌县侯。”

旧置豫章郡。

【集释】《杨考》：“汉置。梁、陈为王国。《梁书》豫章王综、《陈书》豫章王叔英是也。《元和志》：隋平陈，改为豫章县。”

平陈，郡废。

【集释】《杨考》：“按《陈书》纪，天嘉六年九月，罢豫章郡，与《志》异。”

大业初复置郡。

【编者按】豫章，治今江西南昌市。

【补阙】《杨考》：“按有钟陵县，在今进贤县西北三十里：《寰宇记》：建安十五年，孙权分钟陵置鄱阳郡。《晋志》：钟陵属豫章郡。宋、齐志省。考《南史·郭祖深传》，梁武帝擢为豫章钟陵令，当是梁时复置也。又《陈书·陈拟传》：武帝受禅，封陈褒钟陵县侯。则陈尚有此县。”

丰城　平陈废。

【集释】《杨考》：“见上临川郡崇仁县下。”

十二年置，曰广丰。仁寿初改名焉。

【集释】《杨考》：“《寰宇记》云：隋开皇九年，并丰城入广丰。隋讳‘广’，又改为丰城。大业十三年，林士弘等毁城邑，遂废。按广丰与丰城俱废于隋平陈时，见前崇仁县下，至十二年复置广丰。《寰宇记》未分析。”

【编者按】丰城，治江西今市西南。

建昌

【集释】《杨考》：“《宋志》：汉和帝永元十六年分海昏立。《纪要》：宋元嘉中废海昏，移建昌治焉。《寰宇记》云：陈武帝割建昌、豫章、艾、永修、新吴五县立为豫宁郡，属江州。隋平陈，废郡。又云：梁沈约、陈徐陵并封建昌侯。《纪胜》：隋大业十年，移于县西太史慈古城，即今县也。《寰宇记》建昌县下又引顾野王《舆地志》作陈武割建昌、豫宁、永修、艾四县为豫宁郡。”

开皇九年省并、

【集释】《杨考》："当是'艾'字之误。盖合艾方有四县也。艾在今义宁州西，汉置。《名胜志》亦云：艾县，隋省入建昌。"

永修、

【集释】《杨考》："《宋志》：汉灵帝中平中立。《陈书·陈拟传》：武帝受禅，封永修县侯。"

豫章、

【集释】《杨考》："《宋志》：汉建安中吴立，曰西安，晋太康元年更名豫宁。《齐志》改豫章。按《梁书·王亮传》：封豫宁县公。《冯道根传》：改封豫宁县伯。《裴之横传》：封豫宁侯。则梁仍改豫宁矣。此曰'豫章'，或又改于陈欤？考《陈书·陈拟传》，武帝受禅封陈祐豫章县侯，与《志》正合。然《南史·陈宗室传》则作'豫宁'。"《杨考补遗》："《通鉴》梁普通元年，豫宁威伯冯道根卒，注引《五代志》：建昌县，旧有豫宁县。是胡身之所见《隋志》不作'豫章'。"

新吴

【集释】《杨考》："《宋志》：汉灵帝中平中立。《梁书》：于庆入洪州，进攻新吴县。又《武纪》：天监六年六月，新吴县获四目龟一。"

四县入焉。

【编者按】建昌，治江西永修县北。

建城

【集释】《杨考》："汉置。《梁书·王莹传》：封建城县公。《陈书·陈拟传》：武帝受禅，封陈晃建城县侯。又《后妃传》：文帝即位，封沈法深建城县侯。"

有然石。

【集释】《杨考》："《寰宇记》引《永初山川记》云：县西有然石，黄白而理麄，以水灌之则热，置鼎其上烹煮可热。"

【编者按】建城，治今江西高安市。

【补阙】《杨考》："按有康乐县，在今万载县东二十里。《宋志》：吴孙权黄武中立，曰阳乐，晋太康元年更名。《陈书·侯瑱传》：承圣间改封康乐县公。《寰宇记》：开皇九年废入建城。

又有望蔡县，在今上高县西，《宋志》：灵帝中平中，汝南上蔡民分徙此地立县，名曰上蔡。晋武帝太康元年更名。按此侨置郡县之始。《梁书·王茂传》：义师起，封望蔡县公。《陈书·沈君理传》：太建二年赐爵望蔡县侯。《寰宇记》：开皇九年废入建城。

又有宜丰县，在今新昌县北三十里。《晋志》：宜丰属豫章。宋、齐《志》无之。《南史·梁鄱阳王恢子修传》：封宜丰侯。当是梁复置也。《寰宇记》：开皇九年废入建城。"

南海郡

南海郡　旧置广州，

【集释】《杨考》："《晋志》：吴黄武五年分交州立广州，俄复旧。永安六年复置。《宋志》：永安七年分交州立。"

梁、陈并置都督府。

【集释】《杨考》："各本脱'都'字，据宋本增。按《陈书·欧阳頠传》，梁末为广州刺史，都督十九州，中有宜州。又《沈恪传》，高宗即位，都督十八州，中亦有宜州。兼知所在，附记于此。"

平陈，置总管府。

【集释】《杨考》："《隋纪》：开皇十二年正月，以宜州刺史席代雅为广州总管。"

仁寿元年置

【集释】《求是》："按'置'有析置之义，此应作'改'或，'曰'，方合。《元和志》三四云：'仁寿元年. 改广州为番州'，是也。"

番州，

【集释】《杨考》："《纪胜》：避太子广之讳也。详见下始兴县。《隋书·谯国夫人传》有番州总管赵讷。《隋书·陆让母传》：让，仁寿中为番州刺史。

大业初府废。

【集释】《杨考》："《元和志》：大业三年，罢州为南海郡。"

统县十五，户三万七千四百八十二。

南海　旧置南海郡。

【集释】《杨考》："秦置，梁、陈为王国。《梁书》南海王大临、《陈书》南海王度是也。"

平陈，郡废；又分置番禺县，寻废入焉。

【集释】《杨考》："《元和志》：隋开皇十年分番禺县置南海县，属广州。按番禺为旧县，此当云'分番禺置南海县，寻废番禺入焉'，方合。"又曰："按《志》不言置县之始，盖以旧置南海郡，即有南海县，故云平陈分置番禺县。然自汉至齐无南海县，梁、陈《书》中亦无此县，则为开皇十年立无疑。"

大业初置郡。

【编者按】南海，治今广东广州市。

曲江　旧置始兴郡。

【集释】《杨考》："《宋志》：吴孙皓甘露元年，分桂阳南部都尉立为始兴郡，宋明帝太豫元年改曰广兴。《齐志》复曰始兴。梁、陈为王国。《梁书》始兴王憺、《陈书》始兴王伯茂、始兴王叔重。"

平陈废，十六年又废浈

【中华校】'浈'原作'须"，据《宋书·州郡志》一改。

【集释】《杨考》："各本皆误'须'，今订正。"

阳县入焉。

【集释】《杨考》："《宋志》：汉县名

浈阳，宋泰始三年改‘浈’为‘贞’。齐复旧。按《南史·梁长沙王懿子渊明传》，封贞阳侯，似又改作‘贞’。而《元和志》云：开皇十年改为贞阳，属循州。又谓十九年改，属广州。《寰宇记》亦云：隋为贞阳。《舆地广记》：隋省浈阳入曲江，后复曰贞阳。则隋末复置贞阳县。”

有玉山、

【集释】《杨考》：“《元和志》：在县东南十里，有采玉处。”

银山。

【集释】《杨考》：“《元和志》：在县西二十二里，出银。”

【编者按】曲江，治今广东韶关市南。

始兴　齐曰正阶，

【集释】《杨考》：“《齐志》作‘令阶’。《寰宇记》：始兴县西七里有萧齐正阶故县城。《纪胜》亦引《齐志》作‘正阶’，则今本《齐志》‘令’为‘正’之误。”

梁改名焉，

【集释】《杨考》：“按始兴本吴置，在今始兴县西北。《梁书·邵陵王纶传》：子确，大同二年封正阶侯。盖大同后始废正阶，而移始兴来治。《南史·欧阳頠传》：侯景平，进封始兴县侯。《陈书·陆子隆传》：陆子才，文帝时封始兴县子。”

又置安远郡，

【集释】《杨考》：“安远郡当领安远县。《齐志》广州南海郡有安远县，属桂林郡。”

【编者按】上说文字当有讹脱。检中华书局版《南齐书·州郡志上》，广州南海、桂林两郡并领有安远县。

置

【集释】《杨考》：“当作‘及’。”

东衡州。

【集释】《杨考》：“《元和志》：梁承圣中，萧勃据岭南，于始兴郡置东衡州。《陈书·欧阳頠传》：梁元帝承制，以始兴郡为东衡州，以頠为都督东衡州诸军事、东衡州刺史。《陈书·世祖纪》：天嘉元年五月，改桂阳之汝成县为庐阳郡，分衡州之始兴、安远二郡合三郡置东衡州。盖陈初废，旋复也。又按《宣帝纪》云，太建十三年四月，分衡州始兴郡为东衡州，岂天嘉后又尝废欤？当是史駮文。《陈纪》无‘合三郡’三字，今据（侯安都传）增。”

平陈，改郡置大庾县，又于此置广州总管。

【集释】《杨考》：“《元和志》：隋平陈，改东衡州为韶州，取州北韶石为名。十一年废入广州。十二年自今南海县移广州理曲江之废韶州城，即今韶州理是也。据此，则东衡州及此广州，皆当系于曲江。《纪胜》云：考《通鉴》，开皇十年番禺夷王仲宣反，引兵围广州，仲宣又遣别将围东衡州，则是此时广之与韶尚分治也。已而仲宣众溃，广州获全，则是移广州于韶当在开皇十六年王仲宣寇平之后。”《杨考补遗》：“按《隋书·裴矩传》，平陈后，俚帅王仲宣逼广州，遣其将周师举围东衡州，矩斩师举，进军自南海援广州，仲宣惧而溃散。据《元和志》，则是时东衡已改韶州，或史文追书之欤?”

开皇末移向南海，

【集释】《杨考》：“《元和志》：仁寿元年改广州为番州，大业三年罢番州为南海郡。隋末陷贼。《纪胜》云：开皇末年，广州还治南海。仁寿初改为番州，因番禺山得名。”

又十六年废大庾入焉。

【编者按】始兴，治广东今县。

翁源　梁置，

【集释】《杨考》：“《元和志》：梁承圣末，萧勃分浈阳立，因县界翁水之源为名。《寰宇记》同。《旧唐志》谓为隋县，误。”

陈又置清远郡。

【集释】《杨考》：“《陈书·侯安都传》：天嘉初，进爵清远郡公。则郡置于陈初。按后清远县下云梁置清远郡，亦平陈废，是陈时广州有两清远郡，当是陈徙梁郡于翁源为得其实。”

平陈郡废。

【集释】翁源，治广东今县西北。

增城

【集释】《杨考》：“《续汉志》南洛郡有增城县。《寰宇记》谓吴黄武中立，误。《梁书·冯道根传》：封增城县男。”

旧置东官郡，平陈废。

【集释】《杨考》：“《通典》：吴于增城置东官郡。《旧唐志》同。《寰宇记》：吴黄武中置东官郡，而立增城县。然则吴之东官本治增城县。而《宋志》之东官郡领宝安等六县，《齐志》之东官郡领怀安等八县，俱无增城县，其增城则属南海郡，是宋、齐之东官不在增城审矣。此当是吴置，旋废，东晋咸和六年又于司监都尉立东官郡。《志》于此乃云平陈郡废，是隋以前广州有两东官郡矣，最为巨谬。且此郡废已久，此亦不当载入。互详后政宾县下。”

有罗浮山。

【集释】《杨考》：“《元和志》：在博罗县西北二十八里，罗山之西有浮山，盖蓬莱之一阜。浮海而至，与罗山并体，故曰‘罗浮’。”　《杨考补遗》：“《艺文类聚》引《罗浮山记》：罗浮者，盖总称焉。罗，罗山也；浮，浮山也。二山合体，谓之‘罗浮’。”

【编者按】增城，治广东广州市增城区东北。

宝安

【集释】《杨考》：“《元和志》：晋成帝咸和六年置。《宋志》属东官郡。《陈书·到仲举传》：天嘉元年，封宝安县侯。”

【编者按】宝安，治广东深圳市西西乡镇。

乐昌

【集释】《杨考》：“《元和志》：本汉曲江县地。《宋志》乐昌县为乐昌郡治。”

梁置，曰梁化，

【集释】《杨考》：“《元和志》：梁武分曲江置梁化县，属始兴郡，隋开皇十年改属广州。按《元和志》归善县下又云：梁置梁化郡，故城在归善县东八十里。郡当治梁化县。”

又分置平石县。开皇十二年省平石入，十八年改名焉。

【编者按】乐昌，治广东今市。

四会　旧置绥建郡，

【集释】《杨考》：“《宋志》：文帝元嘉十三年立。《梁书·萧景弟昌传》：天监九年，以昌为持节，督广州之绥建诸军事。又《梁书》有绥建王大挚。《陈书·萧摩诃传》：后主即位，封绥建郡公。”

又有乐昌郡。

【集释】《杨考》：“宋、齐《志》广州俱有乐昌郡。”

平陈，二郡并废。

【集释】《杨考》：“《元和志》：开皇十年废。”

大业初又并始昌县入焉。

【集释】《杨考》：“《宋志》始昌县属乐昌郡。”

【编者按】四会，治广东今市。

化蒙

【集释】《杨考》：“《宋志》：本四会古蒙乡。元嘉十三年分为县，属绥建郡。《元和志》：开皇十年废郡，以县属广州。”

大业初废威城县入焉。

【集释】《杨考》：“《齐志》威城县属晋康郡。”

【编者按】化蒙，治今广东广宁县南。

【补阙】《杨考》：“按有新招县。《宋志》属绥建郡，故城在今广宁县西南。《一统志》：隋废。”

清远　旧置清远郡，

【集释】《杨考》：“《元和志》：梁武于汉中宿县地置清远郡。按《记纂渊海》：梁尝立西衡州。”

又分置威正、廉平、

【集释】《杨考》：“《陈书·萧摩诃传》：宣帝太建五年，封廉平县伯。”

恩洽、浮护等四县。平陈并废，

【集释】《杨考》：“此所云‘并废’者，废此四县也。其郡已为陈徙于翁源，而废入翁源县。”

以置清远县。

【集释】《杨考》：“《元和志》：开皇十年废清远郡，置清远县，属广州。《纪要》又谓梁析中宿县置清远县。《寰宇记》：汉中宿县地，隋开皇十九年改为清远。”

又齐置齐康郡，至是亦废入焉。

【集释】《杨考》：“《齐志》齐康郡领乐康一县。”

【编者按】清远，治广东今市。

【补阙】《杨考》：“按汉中宿县，在今清远县西北六十里。《元和志》：梁武置清远郡，中宿县属之。《一统志》：隋废县。”

含洭

【集释】《杨考》；“汉置。《梁书·马仙琕传》：以功封洽洭县伯。”

梁置衡州、

【集释】《杨考》："《梁书·武纪》：天监六年四月，分湘、广二州置衡州。又《萧景弟昌传》：天监九年，分湘州置衡州，以昌为衡州刺史。又《纪胜》引《图经》：梁天监七年，分湘州置衡州。《寰宇记》：古衡州城，在崇善乡界，浛洭县西百步，梁天监七年置。按《梁书·兰钦传》，大通元年，假钦节督衡州三郡兵，讨桂阳、阳山、始兴叛蛮，是衡州初统三郡，后元帝始割始兴置东衡州。按陈曰西衡州。《陈纪》太建十三年四月，分衡州始兴郡为东衡州，衡州为西衡州是也。又按《陈纪》太建五年三月，西衡州献马生角，则西衡之名不始于太建十三年。又《钱道戢传》：天嘉中，都督东西二衡州诸军事、衡州刺史。则西衡之名又不始于太建时。"

阳山郡。

【集释】《杨考》："《通典》：梁分桂阳县为阳山郡。《寰宇记》：梁天监六年分置。《纪胜》：阳山郡城在含洭县西二里，梁天监七年置，城基周二里。《陈书·欧阳頠传》：文帝即位，封阳山郡公。又《高宗二十九王传》：宣帝子叔宣，后主至德元年封阳山王。"

平陈，州改曰洭州，

【集释】《杨考》："《寰宇记》：开皇十年废衡州。《纪胜》：十一年废。按《元和志》，开皇十年于浛洭县置洭州，则《纪胜》作十一年废衡州，误。"

废郡。二十年州废。有尧山。

【集释】《杨考》："《寰宇记》引王韶之《始兴记》云：尧山下有平陵；陵上有基，云是尧故亭。父老相传尧巡狩登此山。又引盛弘之《荆州记》云：尧山赭岩迭起，冠以青林。"

【编者按】含洭，治今广东英德市西北浛光。

政宾

【集释】《杨考》："《旧唐志》作'故宾'，误。《新唐志》作'政宾'。《纪要》'谓梁置'。"

旧置东官郡。

【集释】《杨考》："此盖晋、宋以来之东官郡也。《宋志》引《广州记》：晋成帝咸和六年分南海立，领宝安县。即唐、宋以来之东莞县也。《志》当载入宝安县下。"

平陈，郡废。

【编者按】政宾，治今广东清新县。

怀集

【集释】《杨考》："《宋志》：本四会县之银屯乡，元嘉十三年分为怀集县，属绥建郡。《齐志》省。《元和志》：开皇十年改属洭州，二十年属广州。《旧唐志》：晋怀化县，隋为怀集，《寰宇记》同。按《宋志》怀化、怀集并立，齐有怀化，无怀集，《旧唐志》说当有据也。"

【编者按】怀集，治广东今县。

新会

【集释】《杨考》："《元和志》：开皇十年置，属冈州。《舆地广记》谓与郡并置于晋恭帝。考宋、齐《志》无此县，其说误。"

旧置新会郡。

【集释】《杨考》："《宋志》：晋恭帝

元熙二年分南海立。《陈书·高宗二十九王传》：宣帝子叔坦，后主至德四年封新会王。”

平陈，郡废，又并盆允、永昌、新建、

【集释】《诸史考异》卷一三：“宋、齐《志》新会郡有新熙而无新建。”《杨考》：“《纪要》：梁、陈间，改宋新熙曰新建。”

熙潭、

【集释】《杨考》：“《纪要》：梁、陈间，改宋始成曰熙潭。”

化召、

【集释】《杨考》：“《纪要》：梁、陈间，于废宋元县置。按宋元，宋置。”

怀集

【集释】《杨考》：“《纪要》：梁、陈间，改宋招集曰怀集。《陈书·侯安都传》：追封陈集县侯。‘陈集’当‘怀集’之误，以弟晓封怀化县侯知之。”

六县入，为封州。十一年

【集释】《求是》：“《诸史考异》一三以为十一年上当称‘开皇’。按志例，凡先言‘平陈’者多不著‘开皇’字。”

改为允州，

【集释】《杨考》：“《旧唐志》作‘冗’，误。《寰宇记》亦作允州。”

后又改为冈州。

【集释】《杨考》：“《寰宇记》信安县下：本宋元嘉二十七年置冈州，县又为义宁县。然则隋因旧县名而改为州也。《寰宇记》又引《广州记》：四会有金冈，新会即冈州左侧，因冈为州名也。此州最近大海，晴少雨多，时遇大风，则林木悉拔。《隋书·谯国夫人传》：开皇中，夫人从裴矩巡抚诸州，其首领冈州冯岑翁等皆来参谒。”

大业初州废，并废封乐县入。

【集释】《杨考》：“《宋志》：元嘉十八年置。”

有社山。

【集释】《杨考》：“《寰宇记》：社山，在信安县，倾岩蔽景，峰峦弥高。”

【编者按】新会，治今广东江门市新会区北。

义宁

【集释】《杨考》：“《元和志》：宋元嘉十八年置，属新会郡。”

开皇十年废新夷、

【集释】《杨考》：“《宋志》：吴立，曰平夷，晋太康元年更名。”

初宾二县入；又有始康县，废入封平。大业初又废封平入焉。有茂山。

【编者按】义宁，治今广东开平市西北。

龙川郡

龙川郡

【集释】《杨考》："案当因龙川县得名。"

平陈，置循州总管府。

【集释】《杨考》："《元和志》：开皇十年置循州，取循江为名。《隋纪》：开皇十四年九月，以齐州刺史樊子盖为循州刺史。"

大业初府废。

【集释】《杨考》："《元和志》：大业三年，罢州为龙川郡。"

统县五，户六千四百二十。

归善

【集释】《杨考》："《元和志》、《旧唐志》、《寰宇记》俱谓宋置。宋、齐《志》无此县。《纪胜》引《祥符图经》云：本晋欣乐县地，陈祯明三年改为归善。按陈祯明三年即隋开皇九年也。"

带郡。

【集释】《杨考》："《元和志》：大业二年置郡。"

有归化山、

【集释】《杨考》："俗呼鸡笼山。"

怀安山。

【编者按】归善，治今广东惠州市东。

【补阙】《杨考》："按有安怀县，在今归善县东南八十里。宋置。《齐志》误作'怀安'。《梁书·兰钦传》：封安怀县男。"

河源

【集释】《杨考》："齐置，属南海郡。《元和志》：县东北三百里有三河之源故也。"

开皇十一年省龙川县入焉。又有新丰县，

【集释】《杨考》："齐置。《南史·欧阳頠传》：梁元帝承制，封新丰县伯。《陈书·蒋景历传》：文帝即位，封新丰县子。"

十八年改曰休吉。大业初省入焉。有龙山、

【集释】《杨考》："《纪要》：上有龙湫。"

亢山。

【集释】《杨考》："《纪要》：有两峰相亢，亦名丫髻山。"

有修江。

【集释】《杨考》："《纪要》：一名新丰江。《纪胜》：新丰江在河源县北，湍碛险峻，通灌田一千一百二十顷，流五百五十里入县界，号新丰江。"

【编者按】河源，治广东今市。

博罗

【集释】《杨考》："《宋志》云：二汉皆曰'传罗'，《晋太康地志》始作'博罗'。《通典》亦曰'传罗'。然今本两《汉志》皆作'博'。"

【编者按】博罗，治广东今县。

兴宁

【集释】《杨考》:"《宋志》:兴宁,江左立。《寰宇记》:本汉龙川县地,晋元兴中置。《元和志》:晋于今县西三里置,属东莞郡。开皇十年以县属循州。"

【编者按】 兴宁,治广东今市北。

【补阙】《杨考》:"按有齐昌县,在今兴宁县东一百五十里。南齐置,属东莞郡。《纪胜》:隋省。"

海丰

【集释】《杨考》:"《宋志》:海丰,《永初郡国》有,何、徐不注置立。《元和志》:东晋置河丰县,属东官郡。而《通典》、《寰宇记》并云汉旧县,误。"

【编者按】《杨考》引《元和志》作"河丰","河"是误字。中华书局版《元和志》卷三四:"东晋于此置海丰县,属东莞郡。"

有黑龙山。

【集释】《杨考》:"《寰宇记》:龙山在海丰县南大海之上,尝有黑龙藏于山穴,时兴云雨,腾翔海水,故曰龙山。毛本作'黑石',误。"

有涨海。

【集释】《杨考》:"即南海也。"

【编者按】 海丰,治广东今县。

义安郡

义安郡 梁置东扬州,

【集释】《杨考》:"《舆地广记》无:'东'字,非也。《寰宇记》有:'东'字。"

后改曰瀛州,

【中华校】 瀛"原作"嬴",据《寰宇记》一五八改。

【集释】《杨考》:"《通典》、《寰宇记》、《舆地广记》、《纪胜》俱作'瀛'。"

及陈州废。

【集释】《杨考》:"当作:陈废州'。"

平陈,置潮州。

【集释】《杨考》:"《元和志》:开皇十一年置,以潮流往复,因以为名。大业三年罢州为义安郡。"

统县五,户二千六十六。

海阳 旧置义安郡。

【集释】《杨考》:"《宋志》:晋义熙九年立。梁为王国。《梁书》有义安王大昕。"

平陈,郡废。

【集释】《杨考》:"《元和志》:开皇十年省郡,废海阳入循州。十一年又立海阳县,属潮州。"

大业初置郡。有凤皇山。

【集释】《杨考》:"《元和志》:在县北百四十里。《寰宇记》:一名翔凤山。

昔有爰居来集此，因名之。山多相思树，树中有神形，如人被发迅走。”

【编者按】海阳，治今广东潮州市。

程乡

【集释】《杨考》：“《元和志》：齐于此置程乡，盖分海阳县立焉，属义安郡。开皇十年省，十一年复立。《寰宇记》：程乡，隋县，在程江之口，以江为名。按《南齐志》义安郡有程乡县。《寰宇记》云隋县，误，岂据隋复立之程乡为言欤？《名胜志》：是时有程旼者，素以忠信结人，人服其行谊。有不平者，不往诉官，辄质成于旼，至望其庐而改过者有之，因名其里曰程乡。至是亦以名县。”

【编者按】程乡，治今广东梅州市。

潮阳

【集释】《杨考》：“《名胜志》：晋义熙初析揭阳县建县，在今治西十五里临昆山。《寰宇记》称《南越志》云：以在大海之北，故曰潮阳。隋废县。他地志无此说。或是废于义宁中也。”

【编者按】潮阳，治广东潮州市潮阳区西。

海宁

【集释】《杨考》：“《宋志》云：何志与义安郡俱立。”

有龙溪山。

【集释】《杨考》：“《元和志》：龙溪山，今名海宁岭，在潮阳县西南一百七十里。”

【编者按】海宁，治今广东惠来县西。

万川　旧曰义招，

【中华校】原作“昭义”，据《宋书，州郡志》一、《南齐书·州郡志》上改。《寰宇记》一五八引《南越志》作“义昭”。

【集释】《杨考》：“《宋志》：义招，晋安帝义熙九年立。《齐志》亦作‘义招’。《寰宇记》引《南越志》：义安郡有义昭县，昔流人营也，义熙元年立为县。并不云改为昭义，则为此误无疑。”

大业初改名焉。

【编者按】万川，治今广东大埔县。

高凉郡

高凉郡

【集释】《杨考》：“《旧唐志》郡、县并作‘高梁’。”

梁置高州。

【集释】《杨考》：“《寰宇记》恩州下：梁大通中为高州。《南史·吴平侯励传》：励以南江危险，宜立重镇，乃表台于高凉郡立州，敕仍以为高州。《纪胜》：宋后为夷獠所据，梁讨平狸洞，置高州。按是时冯宝为郡守，李迁仕为州刺史，据大皋口叛梁，而宝冼氏夫人击走之，自是其地世属冯氏。

《通鉴》梁大同七年有高州刺史孙冏（《陈书·高祖纪》作‘孙冏’）。又《通鉴》隋开皇十年，拜冯盎为高州刺史。”

统县九，户九千九百一十七。

高凉

【集释】《杨考》：“本吴安宁县，晋、宋、齐不改，当是梁置郡时所改。”

旧置高凉郡。

【集释】《杨考》：“《宋志》汉有高凉县，建安二十三年吴分立。按晋郡治安宁，宋治恩平，齐还治安宁。”

平陈废，大业初复置。

【编者按】高凉，治今广东阳江市西。

【补阙】《杨考》：“按有阳江县，今阳江县治。《旧唐志》：隋旧置。《寰宇记》：隋置，因邑界阳江为名。《舆地广记》：隋置。今《志》无此县。《一统志》：隋末，萧铣分高凉置。当是也。”

连江

【集释】《杨考》：“《纪胜》引《元和志》云：隋置。然梁既置连江郡，当即置县。”

梁置连江郡。

【集释】《杨考》：“《舆地广记》：故保宁县本连江，梁立连江郡。”

平陈，郡废。梁又置梁封县，开皇十八年改为义封。梁又置南巴郡。平陈，郡废为南巴县。

【集释】《杨考》：“《寰宇记》：废南巴县在茂名县东一百里，隋废。《纪要》云：梁置，为南巴郡治。”

大业初二县并废入。

【编者按】连江，治今广东电白县东南。

电白

【集释】《杨考》：“《寰宇记》：梁置电白郡，隋为县。《纪要》云：梁置县。”

梁置电白郡。

【集释】《杨考》：“《名胜志》：梁析高凉县地置。”

平陈，郡废。又有海昌郡废入焉。

【集释】《杨考》：“《宋志》：海昌郡，文帝元嘉十六年立。《纪要》：梁置海昌县为海昌郡治。”

【编者按】电白，治今广东高州市东北。

杜原　旧曰杜陵。

【集释】《杨考》：“按宋、齐《志》无杜陵，则‘旧’字当指梁言也。”

梁置杜陵郡，

【集释】《杨考》：“《纪要》：梁置杜原郡。当是也。”

又有永宁、宋康二郡。

【集释】《杨考》：“《宋志》：永宁郡，新立，属越州。又云：宋康郡，文帝元嘉九年立。并今阳江县地。《隋书·谯国夫人传》：陈亡，隋册夫人为宋康郡夫人。”

平陈，并废为县。十八年改杜陵

曰杜原，宋康曰义康。大业二年二县并废入杜原。

【编者按】杜原，治今广东阳西县北。

海安

【集释】《杨考》："《宋志》：东官郡海安，吴曰海宁，晋武帝改名，属高兴郡。而《旧唐志》、《寰宇记》并云：恩平，隋置海安县。则隋之海安非晋、宋、齐之故县。"

旧曰齐安，置齐安郡。

【集释】《杨考》："《舆地广记》：齐立齐安郡、齐安县。《纪胜》引《隋志》同。按《齐志》无齐安郡、齐安县。《纪要》云：齐末置齐兴郡，改海安曰齐安。说与《旧唐志》异。"

平陈，郡废。开皇十八年改县名焉。

【集释】《杨考》："《陈书·吴明彻传》有海安伯裴子烈，则宋、齐之海安陈时尚未废，隋当仍旧名。"

【编者按】海安，治今广东恩平市北。

阳春

【集释】《杨考》："《纪胜》引《元和志》：梁置阳春郡，无属县。陈置阳春县以隶之。《寰宇记》：晋分高凉置恩平县，隋为阳春县。"

梁置阳春郡。

【集释】《杨考》："《隋书·谯国夫人传》：陈永定二年，其子仆年九岁，遣帅诸首领朝于丹杨，起家拜阳春郡守。《通鉴》太建二年，欧阳纥召阳春太守冯仆至南海，诱与同反。"

平陈，郡废。

【编者按】阳春，治广东今市。

石龙

【集释】《杨考》："《纪胜》引《元和志》开皇十一年置。《一统志》：梁置，并置石龙郡。《通鉴》陈太建二年。冯仆迁石龙太守，注：梁、陈于石龙县置石龙郡。"

旧置罗州、

【集释】《杨考》："按《旧唐志》：宋檀道济于陵、罗二江口筑石城，因置罗州县。《通典》：梁、陈立罗州，因宋罗州县为名。《梁书·武纪》：大同八年三月，遣罗州刺史宁巨征李贲于交州。《通鉴》：燕冯业奔宋，因留新会，自业至孙融，世为罗州刺史。则梁初已有罗州。又《隋书》：开皇中，孙暄拜罗州刺史。"

高兴郡。

【集释】《杨考》："《齐志》高兴郡属越州。"

平陈，郡废。大业初州废。

【编者按】石龙，治今广东化州市。

吴川

【集释】《杨考》："《寰宇记》：隋置。《元和志》谓宋置，误。"

【编者按】吴川，治广东今市西南。

茂名

【集释】《杨考》："《名胜志》引《图经》：本西瓯骆越地。晋镇南大将军冯游请筑城，置县于东、西二山间。

先是有道士潘茂名者，功成上升，因以名县。”

【编者按】茂名，治今广东高州市。

信安郡

信安郡　平陈，置端州。

【集释】《杨考》：“《元和志》：开皇十一年置，大业三年罢州为信安郡。《寰宇记》：取界内端溪为名。”

统县七，户一万七千七百八十七。

高要

【集释】《杨考》：“汉县，属苍梧郡。《宋志》属南海郡，文帝废。复立县当在梁立郡时。”

旧置高要郡

【集释】《杨考》：“《元和志》：梁大同中立。又《陈书·高祖纪》：梁时监西江都护、高要郡守。则郡为梁置审矣。《寰宇记》、《舆地广记》俱谓陈置，误也。”

平陈，郡废。大业初置信安郡。有定山。

【编者按】高要，治今广东肇庆市。

端溪　旧置晋康郡。

【集释】《杨考》：“《宋志》：晋穆帝永和七年分苍梧立。”

平陈，郡废。

【集释】《杨考》：“《元和志》：开皇十二年省郡，以所领县属端州。”

有端水。

【编者按】端溪，治今广东德庆县。

乐城

【集释】《杨考》：“《宋志》乐城属晋康郡。《纪胜》：宋元嘉十三年置。”

开皇十二年废文招、

【集释】《杨考》：“《宋志》属晋康郡。《陈书·陈子高传》：天嘉元年封文招县子。《司马申传》：后主即位，封文招县伯。”

悦城

【集释】《杨考》：“《宋志》属晋康郡，作‘说城’，《齐志》作‘悦城’。”

二县入。

【编者按】乐城，治今广东高要市北乐城镇。

平兴

【集释】《杨考》：“《宋志》：宋熙郡治平兴县。《寰宇记》：元嘉十二年置。”

旧置宋隆郡，

【集释】《杨考》：“《宋志》：文帝元嘉十八年立宋熙郡。二十七年更名宋隆。孝武孝建中复改为宋熙。《齐志》又为‘宋隆’。”

领初宁、

【集释】《杨考》：“《宋志》宋熙郡有初宁，在今高明县地。《齐志》齐建郡之初宁非此地。或梁、陈间复置于此欤?”

建宁、熙穆、崇德、召兴、

【集释】《杨考》:“宋置。按宋、齐《志》作‘招兴’。”

崇化、南安

【集释】《杨考》:“《齐志》越州高兴郡有南安县,当即此。”

等县。平陈,郡废,并所领县入焉。

【集释】《杨考》:“《纪胜》:开皇十一年废郡。”

又梁置梁泰郡及县。平陈,郡废,县改曰清泰。

【集释】《杨考》:“按《纪胜》肇庆府古迹云:废清泰县,在府东七十里。宋元嘉十三年置,隋开皇十一年废。考《宋志》无清泰县,未知《纪胜》何据。但其地与隋之平兴相接。”

大业初废入焉。

【编者按】平兴,治今广东佛山市高明区西北。

新兴

【集释】《杨考》:“宋置新兴县,属新宁郡,齐改新城,梁复。”

梁置新州、

【集释】《杨考》:“《寰宇记》引《舆地志》:梁武帝割广州新宁一郡立新州。《陈书·杜僧明传》:梁大同中,与兄天合及周文育征俚獠有功,为新州助防。《通鉴》:梁大同五年有新州刺史卢子雄。《陈书·世祖纪》:天嘉四年正月,仁武将军、新州刺史华皎进平南将军。”

新宁郡。

【集释】《杨考》:“《宋志》:晋穆帝永和七年,分苍梧郡立晋康、新宁二郡。此《志》当云‘旧置新宁郡,梁置新州’,方合。”

平陈,郡废。大业初州废,又废索卢县入焉。

【集释】《杨考》:“《纪要》:梁初置。”

【编者按】新兴,治广东今县。

【补阙】《杨考》:“按有临允县,在今新兴县七十里。汉置。《纪胜》:梁废。”

博林

【集释】《杨考》:“《宋志》:《永初郡国》有,何志不注置立,属新宁郡。盖东晋置也。齐为新宁郡治。”

大业初废抚纳县入。

【集释】《杨考》:“《宋志》:抚纳,徐志有。亦东晋置。”

【编者按】博林,治今广东肇庆市高要区西南。

铜陵

【集释】《杨考》:“《寰宇记》:宋立龙潭县,隋改为铜陵,以界内有铜山。”

有流南县,

【集释】《杨考》:“《纪要》:梁置。《名胜志》:开皇中析阳春县置。”

开皇十八年改曰南流。又有西城县,

【集释】《杨考》:“《纪要》:梁置。《名胜志》:隋开皇中置。”

大业初废入。

【编者按】铜陵，治今广东阳春市东北。

永熙郡

永熙郡　梁置泷州。

【集释】《杨考》："《旧唐志》、《寰宇记》俱谓梁置建州，又分建州之双头洞立双州。《陈书·欧阳頠传》，梁末为广州刺史，都督十九州，中有双州。《陈书·沈恪传》，宣帝即位，为广州刺史，都督十八州，中亦有双州。《一统志》：'双'、'泷'同音，疑即泷州也。据《旧唐志》云泷州，隋永熙郡之泷水县，武德四年平萧铣置，然则梁自名双州，唐武德始改为泷州。"《求是》："《地理志考证》八云：'……唐武德始改为泷州。'其说当否待证。"

统县六，户一万四千三百一十九。

泷水　旧置开阳县，

【集释】《杨考》："《纪要》：梁置。"

置开阳、

【集释】《杨考》："《舆地广记》：梁置。"

平原、

【集释】《杨考》："《舆地广记》：梁置。"

罗阳

【集释】《杨考》："《舆地广记》：梁置。"

等郡。平陈，郡并废，以名县。

【集释】《杨考》："盖名开阳县也。《旧唐志》：开阳，隋废县。"

开皇十八年改平原

【集释】《杨考》："《旧唐志》：晋分端溪立龙乡，隋改龙乡为平原。《一统志》：齐龙乡县，梁改置平原。按《齐志》广熙郡治龙乡县，晋、宋《志》无。《旧唐志》'晋'字当'齐'字误。"

曰泷水，罗阳县

【集释】《杨考》："'县'字当衍。"

为正义。大业初置永熙郡，开阳、正义俱废入焉。

【编者按】泷水，治今广东罗定市南。

怀德　旧曰梁德，

【集释】《杨考》："《舆地广记》：梁置。"

置梁德郡。

【集释】《杨考》："《舆地广记》：梁置。"

平陈，废郡。十八年改名怀德。

【编者按】怀德，治今广东信宜市北。

良德

【集释】《杨考》："《寰宇记》：废良德县，在旧州西北三十七里，汉合浦县地。"

陈置，曰务德，后改名焉。

【编者按】良德，治今广东高州市东北。

安遂　梁置建州、

【集释】《杨考》："《梁书·武纪》：普通四年六月，分广州置建州。《寰宇记》引《南越志》云：梁大同中，分广熙置建州。"

广熙郡，

【集释】《杨考》："齐置广熙郡，治龙乡，盖梁移于此。"

寻废。

【中华校】"寻废"下疑脱"郡"字，因州至大业初始废。

州大业初废。

【集释】《杨考》本下有"郡"字，并云："各本脱'郡'字，据宋本补。"《杨考补遗》："《隋书·周稠传》：开皇末，遣建州开府梁昵讨叛逆罗寿，平之。是开皇末尚有建州，则废州在大业初。"

【编者按】安遂，治今广东郁南县东南。

永业

【集释】《杨考》："《寰宇记》：永业县，在岑溪东北一百里。"

梁置永业郡，寻改为县，

【集释】《杨考》："《纪胜》引《元和志》作陈置永业郡，隋开皇十年罢郡为永业县。"

后省，开皇十六年又置。

【编者按】永业，治今广西岑溪市东。

永熙

【集释】《杨考》："齐置，属广熙郡。"

大业初并安南县入。

【集释】《杨考》："《纪要》：梁置，属建州。《一统志》：梁、陈时所置。"

【编者按】永熙，治今广东罗定市西南古城角村。

【补阙】《杨考》："按有罗平县，在今罗定州境。齐置，属广熙郡。《梁书·临川王宏传》：子正立，先封罗平侯。"

苍梧郡

苍梧郡　梁置成州，

【集释】《杨考》："《梁书·武纪》：普通四年六月，分广州置成州。《陈书·陈宝应传》：文帝时有成州刺史甘他。"

开皇初改为封州。

【集释】《杨考》："《元和志》：开皇十年改，大业三年罢。"《求是》："开皇初尚未平陈。《元和志》三四作开皇十年改成州为封州，当与前条改封州为允州是同时，十年或十一年，仅记年小异耳。"又云："《地理志》云'开皇初’，依其一般书法，应改曰‘平陈’，语方核实。惟是平陈后既将新会郡改置封州，似不应于相近地域，再置同名之封州以与之混，故余以为改封州曰允州、与改成州曰封州，当同时事。《地理志》作十一年，《元和志》作十年，或纪年略误耳。《旧唐书》四一封州封川县下云：‘梁置梁信郡，隋平陈，改为成州，又改为封州。’按《梁书》三普通四年六月分广州置成州，是梁代早有成州，非隋所改，隋特废郡入成州耳。”

统县四，户四千五百七十八。

封川　梁曰梁信，

【集释】《杨考》：“《元和志》谓开皇十年始改梁信郡为梁信县。《纪胜》云：梁信之名，当从梁之国号，必非改于隋也，当从《隋志》作‘梁置’。”

置梁信郡。

【集释】《杨考》：“《元和志》：梁于汉广信县地置梁信郡。”

平陈，郡废。十八年改为封川。

【集释】《杨考》：“《寰宇记》：隋末废封州为封川县，移理封川口。”

大业初又废封兴县入焉。

【集释】《杨考》：“《宋志》：晋置。《记纂渊海》：梁置梁信郡，又置封兴县。误。此下当云‘大业初置苍梧郡’。”

【编者按】封川，治今广东封开县东南。

都城　开皇十二年省威城、

【集释】《杨考》：“齐为晋康郡治，‘成’作‘城’。”

晋化二县入焉。

【编者按】都城，治今广东郁南县。

苍梧

【集释】《杨考》：“本汉广信县。《元和志》：隋开皇十年罢苍梧郡，于此立苍梧县，属静州。《舆地广记》：隋平陈，改广信为苍梧县。”

旧置苍梧郡。

【集释】《杨考》：“汉郡，至宋不改，隋始徙封川。《隋书·谯国夫人传》：开皇中，从裴矩巡抚诸州，其苍梧首领陈坦等皆来参谒。”

平陈，郡废。

【编者按】苍梧，治今广西梧州市。

封阳

【集释】《杨考》：“汉县，属苍梧郡，晋属广州临贺郡，宋属湘州临庆郡，齐属湘州临贺郡。”

【编者按】封阳，治今广西贺州市东南。

始安郡

始安郡　梁置桂州。

【集释】《杨考》：“《御览》引《十道志》：梁天监六年，立桂州于苍梧、郁林之境，无定理处。《元和志》：因桂江为名。大同六年移于今理。按《梁书·帝纪》，大同六年，置桂州于始安郡，授湘州都督，省南、桂林等二十四郡，悉改属桂州。《通鉴》隋开皇九年，陈桂州刺史钱季乡降。”

平陈，置总管府。

【集释】《杨考》：“《元和志》：开皇十年。《隋纪》：开皇十年十月，以永州总管周法尚为桂州总管。”

大业元年府废。

【集释】《杨考》：“《元和志》：大业三年，罢州为始安郡。”

统县十五，户五万四千五百一十七。

始安　旧置始安、

【集释】《杨考》：“《宋志》：吴甘露元年分零陵南部都尉立始安郡，宋明帝改名始建。《寰宇记》：始安郡，东晋孝武帝改为始建郡，宋不改，萧齐复为始安郡。与《宋志》稍异。”

梁化二郡。

【集释】《杨考》：《寰宇记》：晋太康元年，分吴所置武丰县置常安县。萧齐又于县理置常安戍。梁大同八年于县置梁化郡，改常安县为梁化县。开皇十八年改梁化县为纯化县，大业二年省。按常安县，《一统志》：梁置。《隋书·谯国夫人传》：开皇中，夫人从裴矩巡抚诸州，其首领梁化邓马头等皆来参谒。”

平陈，郡并废。大业初废兴安县入焉。

【集释】《杨考》：“《寰宇记》：隋仁寿初分始安县置。《志》当云‘大业初废梁化郡，又废兴安县入焉’。”

【编者按】始安，治今广西桂林市老城区。

【补阙】《杨考》：“按有永福县，即今永福县治。《寰宇记》：永福县，本汉始安县地，隋开皇十一年割始安县永福乡于废龙口戍置。按新旧《唐志》及《元和志》俱云武德四年析始安置永福县，此云开皇十一年置，未知何据。”

平乐

【集释】《杨考》：“《元和志》：吴甘露元年，分苍梧郡富川立，取平乐溪为名。《寰宇记》：梁尝置乐州。洪氏《补梁疆域志》失载。”

有目山。

【集释】《杨考》：“‘目’下当脱‘岩’字。《元和志》：目岩山，在平乐县北三十八里。《寰宇记》引盛弘之《荆州记》云：平乐县西南数十里有山，其岩间有两目如人眼极大，瞳子黑白分明，因名为目岩山。《御览》引同。”施和金《广西订误》：“‘目’下脱‘岩’字；当云：‘有目岩山。’《元和郡县志》卷三七、《通典》卷一八四、《太平寰宇记》卷一六三、《舆地广记》卷三六均作目岩山。此应作‘有目岩山’无疑。”

【编者按】平乐，治广西今县北。

【补阙】《杨考》：“按有恭城县，在今恭城县东。《新唐志》：萧铣置。隋为平乐县地。”

荔浦

【集释】《杨考》："汉县属苍梧，晋属始安，宋属始建，齐属始安。《梁书·刘坦传》：天监元年封荔浦县男。"

【编者按】荔浦，治广西今县西。

建陵

【集释】《杨考》："《元和志》：吴置县。梁武帝立为郡，开皇十年废为县。"

【编者按】建陵，治今广西荔浦县西。

阳朔

【集释】《杨考》："《元和志》：开皇十年置，取阳朔山为名。"

【编者按】阳朔，治今广西恭城县西北。

【补阙】《杨考》："按有永丰县，在今荔浦县西北五十里。《宋志》：吴立。《元和志》：吴甘露元年，析荔浦县之永丰乡置，开皇十年省入阳朔县。"

象

【集释】《杨考》："《元和志》：陈于今县南四十五里置象郡，隋开皇九年废郡为县。"

【编者按】象县，治今广西鹿寨县西南。

隋化

【集释】《杨考》："《元和志》：开皇十年分荔浦置。"

【编者按】隋化，治今广西蒙山县南。

义熙 旧曰齐熙，置齐熙、黄水二郡

【集释】《杨考》："按《齐志》齐熙郡无领县，据此，则郡治为齐熙县无疑。黄水，《纪要》：梁置。"

及东宁州。

【集释】《杨考》："《元和志》：梁大同中，于齐熙郡治置东宁州。《梁书·张瓒传》：改为使持节，都督湘、桂、东宁三州诸军事、湘州刺史。"

平陈，郡并废。十八年改州曰融州，

【集释】《杨考》："《元和志》作十一年桂州总管令狐熙奏改。见后宁越郡下。"《求是》："《元和志》作十一年桂州总管令狐熙奏改，非也。十一年时熙尚未为桂州总管。"

【补释】今中华书局版《元和志》卷三七作"隋开皇十八年改（东宁州）为融州"，与本《志》吻合，而与杨守敬、岑仲勉所见本《元和志》均异。

县曰义熙。

【集释】《杨考》："《元和志》：开皇十一年改齐熙郡为义熙县。"

【编者按】今中华书局版《元和志》亦作十八年更县名。

大业初州废，

【集释】《杨考》："《元和志》：大业二年。"

并废临牂、黄水二县入焉。

【集释】《杨考》："临牂，《纪要》：梁置。《元和志》：隋开皇十一年析义熙县置黄水，在今融县西。《纪要》：

梁置。”

【编者按】义熙，治今广西融水苗族自治县。

龙城　梁置。

【集释】《杨考》：“《纪胜》引张维《广西郡邑志》云：梁大同三年八月，龙见于江，乃于江南置龙州及龙城县。隋开皇初徙州于江北，寻废。按《元和志》云隋开皇十一年析桂林县置龙城县，盖据隋徙置之县为言也。”

【编者按】龙城，治今广西柳城县南。

马平

【集释】《杨考》：“《元和志》：隋开皇十一年，析桂林县置，属象州。《旧唐志》亦作隋置。按《舆地广记》：马平，本汉潭中县地，后置马平县及郡，隋废郡入象州。据此，则县又似置于梁、陈之间。《纪要》云：梁置。按潭中，在今马平县东南，汉置，宋省，齐复置，属桂林郡。”

开皇十二年置象州，

【集释】《杨考》：“《元和志》：开皇十二年以桂林置象州，取界内象山为名。按《舆地广记》云：陈置象州，因象山为名。隋平陈，因之。《御览》引《十道志》云：隋平陈，置象郡。‘郡’字误。又《纪胜》引张维《广西郡邑志》，以为梁置象州。”

大业初州废。

【集释】《杨考》：“《元和志》：大业二年废州。”

【编者按】马平，治今广西柳州市。

桂林

【集释】《杨考》：“《元和志》：开皇十二年废中溜、潭中二县，以潭中县为桂林县。《寰宇记》：开皇十八年改潭中为桂林县。按中溜，在今武宣县西南，汉置，晋初省，后复置。”

大业初并西宁县入。

【集释】《杨考》：“按《陈书·淳于量传》，梁承圣中出为持节，都督桂、定、东、西宁四州诸军事、桂州刺史。若谓是越巂之西宁，则相去太远；且越巂之西宁始置于周天和五年，不应梁承圣有之。故知梁未曾置西宁州于此，但未知何时改为县耳。”

【编者按】桂林，治今广西象州县南。

阳寿

【集释】《杨考》：“《元和志》：汉中溜县地。隋开皇十一年废中溜入桂林，又析桂林县置阳寿。《纪要》谓梁置。”

有马平、

【集释】《杨考》：“《纪要》：梁置。”

桂林、

【集释】《杨考》：“《宋志》：吴凤皇三年分郁林置。”

象、

【集释】《杨考》：“陈置。见前象县下。”

韶阳

【集释】《杨考》：“《纪要》：梁置，治寿阳。”

等四郡。平陈，并废。又有淮阳县，

【集释】《杨考》：“《纪要》：梁置。”

开皇十八年改曰阳宁。大业初省入焉。

【编者按】阳寿，治今广西象州县。

富川

【集释】《杨考》："《寰宇记》引《舆地志》：汉旧县，属苍梧郡，吴黄武五年改属临贺郡。县有富水，因为县名。《南史·侯安都传》：克平侯景，力战有功，封富川县子。"

旧置临贺、

【集释】《杨考》："《宋志》：吴黄武二年分苍梧置。宋改临庆国，齐复。梁、陈为王国。《梁书》有临贺王正德，《陈书》有临贺王叔敖。"

乐梁

【集释】《杨考》："梁置。《梁书·简文帝纪》：大宝元年十月，立皇子大圜为乐梁郡王。"

二郡。平陈，并废，置贺州。

【集释】《杨考》："《元和志》：开皇九年置州。"

大业初州废，

【集释】《杨考》："《元和志》：大业二年。"

又置

【集释】《杨考》本作"废"，并云："各本作'置'，误。"施和金《释例》："此'又置临贺、绥越、荡山三县入焉'不通。从来只有废入之说，无置入之称。一县废入另一县，这是历代郡县建置中的常事，但置立一县入另一县，非所闻也。当是'又废临贺、绥越、荡山三县入焉。'置与废，义正相反。此二字于《隋书·地理志》中屡见不鲜，钞刻书籍者或不慎而误也。《元和郡县志》云：'大业二年省临贺县入富川县。'又云：'荡山，大业二年省。'（卷三七）《舆地广记》亦云：'大业初州废，省临贺入富川。'（卷三六）《读史方舆纪要》云绥越县'隋省入富川'（卷一〇七）。据此，临贺、绥越、荡山三县确于大业初废入富川县，当改'置'为'废'无疑。校宋本《太平寰宇记》（红杏山房藏版）贺州总序校勘引《隋书·地理志》时作'又废临贺、绥越、荡山三县入富川'（卷一六一）。其所见本不误。"

临贺、

【集释】《杨考》："汉置。《元和志》：大业十二年重置。"

绥越、

【集释】《杨考》："《纪要》引《旧志》：梁置。"

荡山

【集释】《杨考》："《元和志》：梁置，大业二年省。又《寰宇记》：废荡山县在贺州西一百七十里，隋大业二年置绥越县，续又改绥越县为荡山县，因界内荡山为名。与《志》异。"

三县入焉。

【编者按】富川，治今广西钟山县。

龙平

【集释】《杨考》："《元和志》：梁于此立南静郡。开皇十一年废，以龙平县属桂州。"

梁置静州，

【集释】《杨考》："《寰宇记》：梁置南静郡，又改为静州，仍改南静郡为龙平县。《纪胜》：梁武于龙平县置南静州。《通典》：陈置静州。误。”

梁寿、静慰

【集释】《杨考》：“《寰宇记》：陈为静尉郡。与《志》异。”

二郡。平陈，并废，又置归化县。大业初州废，

【集释】《杨考》：“《纪要》云：开皇十一年废南静州。《元和志》：大业三年罢静州。”

又废归化、安乐、

【集释】《杨考》：“《纪要》：梁置。”

博劳

【集释】《杨考》：“《纪要》：梁置。”

三县入焉。

【集释】《杨考》：“《寰宇记》云：三县，唐武德九年废。与《志》异。”

【编者按】龙平，治今广西昭平县。

豪静

【集释】《杨考》：“《一统志》：梁置。”

梁置开江、

【集释】《杨考》：“《元和志》亦云：梁置。”

武城二郡，

【集释】《杨考》：“《御览》引《十道志》同。”

陈置逍遥郡。

【集释】《杨考》：“《通典》：陈置静州，改开江、武城二郡为逍遥郡。《陈书·樊毅传》：后主即位，封逍遥郡公。”

平陈，郡并废。

【集释】《杨考》：“《元和志》：开皇十年，罢开江郡为开江县。”

又有猛陵、

【集释】《杨考》：“《寰宇记》云：萧勃僭号于此，改置孟陵县。”

【补释】《寰宇记》卷一五八藤州下云：“或作‘猛陵’。”

开江

【集释】《杨考》：“《寰宇记》：开江，在龙平县南一百里。《舆地广记》：梁置。”

二县，大业初并废入焉。

【集释】《杨考》：“《志》不著豪静置立，于例皆不合。盖不知于开江、武城二郡谁属也。”

【编者按】豪静，治今广西昭平县东南。

永平郡

永平郡　平陈，置藤州。

【集释】《杨考》：“按《通鉴》梁敬帝绍泰元年，陈霸先自表东讨，留石州刺史杜棱宿卫台省，注引《五代志》：永平郡，梁置石州。然则《志》‘平陈’上原有‘梁置石州’四字，胡身之所见本尚不误。《陈书·欧阳頠传》，梁末为广州刺史，都督十九州，中有石州。又《沈恪传》，宣帝即位，为广州刺史，都督十八州，中有石州。

则陈亦因梁之旧。又《纪胜》引《元和志》：隋开皇十年置石州，十二年改为藤州，大业三年罢州为永平郡。按石州置于梁代有明据，《元和志》谓开皇十年始置，误也。《隋书·谯国夫人传》：开皇中，夫人从裴矩巡抚诸州，其首领藤州李光略等皆参谒。”

统县十一，户三万四千四十九。

永平

【集释】《杨考》：“《一统志》：本东晋夫宁县，开皇中改。”

旧置永平郡。

【集释】《杨考》：“《宋志》：晋穆帝升平五年分苍梧立。”

平陈，郡废。大业置郡。

【集释】《杨考》：“《纪胜》引《元和志》：大业三年置郡，隋末陷贼。”施和金《广西订误》：“《隋书·地理志》序云：‘炀帝嗣位，又平林邑，更置三州。既而并省诸州，寻改州为郡，则此永平郡之复置亦当在炀帝大业初。《读史方舆纪要》卷一〇八云：‘大业初复改州曰永平郡。’杨守敬《隋书地理志考证》引，《隋书》作‘大业初置郡’，其所见本‘初’字不脱。同书卷八又云：‘《纪胜》引《元和志》：大业三年置郡。’足证大业初置郡不误。此永平县下当云：‘旧置永平郡。平陈，郡废。大业初置郡。’”

【编者按】永平，治今广西藤县东。

武林

【集释】《杨考》：“《元和志》：宋元嘉二年置。《南史·梁鄱阳王恢子谘传》：封武林侯。”

有燕石山。

【集释】《杨考》：“《纪要》：有石岩，每春夏则群燕巢于石顶。又引(通志)：山出石燕，故名。”

【编者按】武林，治今广西平南县东。

隋建　开皇十九年置。

【集释】《杨考》：“《元和志》：分武林县置，属藤州。”

【编者按】隋建，治今广西平南县东南。

安基

【集释】《杨考》：“《一统志》：本东晋安沂县，梁改。”

梁置建陵郡。

【集释】《杨考》：“《元和志》：吴置建陵县，梁武立为郡。”

平陈，郡废。

【编者按】安基，治今广西岑溪市北。

隋安　梁开皇十九年置。

【编者按】隋安，治今广西岑溪市北。

普宁　旧曰阴石，

【集释】《杨考》：“《一统志》：本晋荡昌县，梁改。”

梁置阴石郡。平陈，郡废，改县为奉化。

【集释】《杨考》：“《元和志》谓开皇十七年改荡昌县为奉化，不言梁置阴石，恐误。”
开皇十九年又改名焉。

【编者按】普宁，治今广西容县。

戎成

【集释】《杨考》：“《元和志》作：‘城’。”
梁置，曰遂成。

【集释】《杨考》：“《元和志》亦云：梁置遂城县。按《宋志》苍梧郡有遂成县，《齐志》作‘城’。”
开皇十一年改名焉。

【集释】《杨考》：“《元和志》作‘十年’，云：虞庆则南征，顿兵于此，改为戎城县。《寰宇记》作‘十一年’，云：屯军于县南歌罗洞，改为戎成县，属感义郡。按《隋书·虞庆则传》，庆则南征李世贤，在开皇十七年，与诸书皆不合。”
有农山。

【编者按】戎成，治今广西苍梧县。

宁人　开皇十五年置，曰安人。十八年改名焉。有寿原山。

【编者按】宁人，治今广西容县东北。

淳人

【集释】《杨考》：“《寰宇记》：淳民县，在义江口。‘人’当作‘民’，唐避太宗讳，改为‘人’。”
开皇十九年置。

【编者按】淳人，治今广西藤县西北。

大宾　开皇十五年置。

【集释】《杨考》：“《元和志》：开皇十五年分桂平县置，以县西北宾水为名。”

【编者按】大宾，治今广西桂平市东北。

贺川　开皇十九年置，又陈置建陵、绥越、

【集释】《杨考》：“《陈书·鲁广达传》：后主至德二年，封绥越郡公。”
苍梧、永建等四郡。平陈，并废。

【编者按】贺川，治今广西岑溪市东北。

郁林郡

郁林郡　梁置定州，

【集释】《杨考》：“隋《宁贙碑》：祖逵，梁武皇帝除定州刺史。”
后改为南定州。

【集释】《杨考》：“《寰宇记》：梁武割桂州之郁林、宁浦二郡立定州，后改为南定州。《梁书·武纪》：普通四年六月，分广州置南定州。《隋书·周法尚传》有陈定州刺史吕子廓。”

【补释】《通鉴》卷一七七：九年平陈，“（陈）定州刺史吕子廓，据山洞，不受命，（周）法尚斩之。”

胡注："郁林郡，梁置定州，至陈灭时尚称定州，似无南定州之称。"

平陈，改为尹州。

【集释】《杨考》："《周法尚传》：桂州人李光仕作乱，法尚与王世积讨之，兵会尹州。又《刘方传》：长史敬德亮从军至尹州。又列女有尹州寡妇封密陵郡君。'密陵'不见于《志》，附记于此。"

【编者按】《隋书·钟士雄母传》："时尹州寡妇胡氏者，不知何人妻也，甚有志节，为邦族所重。当江南之乱，讽谕宗党，皆守险不从叛逆，封为密陵郡君"。按"江南之乱"系指开皇十年十一月的高智慧、汪文进之乱，时天下已无郡制。"

大业初改为郁州。

【集释】《杨考》："《元和志》：大业二年。"

统县十二，户五万九千二百。

郁林

【集释】《杨考》："《元和志)：开皇十年置。 《纪要》：梁置，为郁林郡治。"

旧置郁林郡。平陈，郡废。大业初又置郡，又废武平、龙山、

【集释】《杨考》："《一统志》：梁、陈间，分布山置。"

怀泽、

【集释】《杨考》："《舆地广记》：宋置。《纪要》：梁置。"

布山

【集释】《杨考》："后汉置，宋为郡治。"

四县入。

【编者按】郁林，治今广西贵港市东。

郁平

【编者按】郁平，治今广西贵港市东。

领方　梁置领方郡。平陈。郡废。

【编者按】领方，治今广西宾阳县南。

阿林

【集释】《杨考》："后又置。《寰宇记》：阿林县在密州东北五十里。"

【编者按】阿林，治今广西桂平市东南油麻。

石南

【集释】《杨考》："《纪胜》引《元和志》：开皇十年改石南郡为县。《寰宇记》：陈改石南郡为县。二说不同。按《一统志》云：陈置。盖以陈置石南郡故也。《新唐志》：萧铣析石南置兴德县，寻废。又云：萧铣分兴德县置安乐县。"

陈置石南郡。

【集释】《杨考》："《纪胜》引《元和志》：陈天嘉二年置。《舆地广记》作梁置。据《旧唐志》、《寰宇记》，梁定州置于此地。"

平陈，废郡。

【编者按】石南，治今广西玉林市西北。

桂平

【集释】《杨考》："《元和志》：隋开皇十年，罢桂平郡为县。《纪要》云：梁置桂平县，为桂平郡治。"

梁置桂平郡。

【集释】《杨考》："《元和志》：梁于桂平县置桂平郡。"

平陈；郡废。大业初又废皇化县入。

【集释】《杨考》："《元和志》：开皇十一年置，因县东一里皇化水为名。大业二年废。"

【编者按】桂平，治广西今市。

马度

【集释】《杨考》："《元和志》：开皇十年置，因县南三十里马度山为名。《纪要》：梁置。"

【编者按】马度，治今广西贵港市西北。

安成

【集释】《杨考》："《元和志》：隋废安成郡为县。《通典》：保城县，梁置安成县于此。《旧唐志》亦作梁置。"

梁置安成郡。

【集释】《杨考》："《元和志》同。"

平陈，

【集释】《杨考》："《隋书·王世积传》有陈安成太守任瓘。"

郡废。

【编者按】安成，治今广西宾阳县东安成镇。

宁浦

【集释】《杨考》："《宋志》引《晋太康地记》：宁浦，本名昌平，武帝太康元年更名。《吴录》有此县，未详。《寰宇记》以为隋始置，误也。"

旧置宁浦郡，梁分立简阳郡。

【集释】《杨考》："按晋置简阳县。《宋志》作'涧阳'，为郡治，云：《永初郡国》作'简阳'。《齐志》作'简阳'。盖因县立郡也。"

平陈，郡废，置简州。

【集释】《杨考》："《寰宇记》：开皇十年。"

十八年改为缘州。

【集释】《杨考》："《御览》引《十道志》同。"

大业二年州废。

【集释】《杨考》："《元和志》作'三年'。"

【编者按】宁浦，治今广西横县南。

乐山　梁置乐阳郡。

【集释】《诸史考异》卷一三："案《元和郡县志》，陈于此置乐阳郡。"《杨考》："《元和志》作陈置。"

平陈，改为乐阳县。

【集释】《杨考》："《元和志》：开皇十年。"

十八年改名焉。

【集释】《杨考》："《补梁志》引《梁书·武纪》：中大通三年冬十月，前乐山县侯萧正则有罪流徙。《临川王宏传》：子正则，先封乐山侯。谓梁乐阳郡有乐山县。然考《元和志》、《寰宇记》、《舆地广记》及《纪胜》皆无此说。按宋、齐《志》广州乐昌郡有乐山县，在今广东四会县地。《梁纪》、《传》之乐山，盖即广昌之乐山也。《补梁志》之说误。”

【编者按】乐山，治今广西横县东北。

岭山　梁置岭山郡。

【集释】《杨考》：“《元和志》：梁于此置岭山郡。”

平陈，改为岭县。

【集释】《杨考》：“《元和志》：开皇十年废郡为县。”

十八年改为岭山。大业初并武缘县入。

【集释】《杨考》：“武缘，《元和志》：开皇十一年置，属缘州。大业三年废。《纪要》：梁置。”

有武缘山。

【编者按】岭山，治今广西横县西。

宣化　旧置晋兴郡。平陈，废为县。

【集释】《杨考》：“《宋志》晋兴郡治晋兴县，则县当亦晋置。《元和志》晋兴县下云：开皇十四年省晋兴县。宣化县下云：开皇十四年于此置晋兴县。则隋亦有废置迁徙也。”

开皇十八年改名焉。

【编者按】宣化，治今广西南宁市南。

合浦郡

合浦郡

【集释】《杨考》；“据后文海康下言，梁大通中割番州合浦立高州，似梁尝于合浦置高州。”

旧置越州。

【集释】《杨考》：“《宋志》：泰始七年立越州。《齐志》：越州临漳郡，本合浦北界也，夷獠丛居，略无编户。宋泰始中，西江督护陈伯绍启立。《梁书·武纪》：大同八年三月，遣越州刺史陈侯征李贲于交州。”

大业初改为禄州，寻改为合州。

【集释】《杨考》：“《纪胜》引《元和志》：大业三年罢州为合浦郡。”

统县十一，户二万八千六百九十。

合浦

【集释】《杨考》：“《南北史补志》称陈曰务德，属高凉郡。未知所出。按陈务德即隋之良德，已见上。”

旧置合浦郡。平陈，郡废。大业初置郡。

【编者按】合浦，治广西今县东北。

【补阙】《杨考》：“按《御览》引《方舆志》：容州，宋太始七年分合浦县于此立南流郡。齐、梁、陈不改，隋废。《齐志》有南流郡，领方庆一县，则合浦当有南流郡，《志》失书。”

南昌

【集释】《杨考》："《一统志》云：梁置。"

【编者按】南昌，治今广西博白县东南。

北流

【集释】《杨考》："《齐志》：永明六年立北流郡。《纪胜》引《元和志》：萧齐分南流郡置南流县，废北流郡置北流县，寻又省。南流无属县。《旧唐志》、《寰宇记》俱作隋置县。《纪要》：梁、陈间置。"

大业初废陆川县入。

【集释】《杨考》："《齐志》有隆川郡，即陆川之误。《一统志》后废为县。《纪胜》引《皇朝郡县志》作隋置县。《纪要》：梁、陈间置。"

【编者按】北流，治广西今县。

封山

【集释】《杨考》："《齐志》有封山郡，领安金一县。《一统志》：梁、陈间废为县。《纪胜》引《元和志》：齐于此置封山郡，开皇中罢郡为县。《南史·梁临川王宏子正表传》：封封山侯。"

大业初废廉昌县入。

【集释】《杨考》："《纪要》：梁置。"

【编者按】封山，治今广西浦北县西。

定川

【集释】《杨考》："《寰宇记》：隋置。"

旧立定川郡。

【集释】《杨考》："《齐志）定川郡领兴昌一县，属越州。"

平陈，郡废。

【编者按】定川，治今广西玉林市南。

龙苏

【集释】《杨考》："《纪要》谓宋置龙苏郡，领龙苏县。按《宋志》无龙苏县，《齐志》龙苏郡领龙苏一县，盖齐置也。"

旧置龙苏郡。

【集释】《杨考》："宋置。《宋志》作'忧苏'，云：新立。《齐志》作'龙苏'。"

平陈，郡废。大业初又并大廉县入。

【集释】《杨考》："《纪要》：梁置。"

【编者按】龙苏，治今广西浦北县北。

海康　梁大通中，割番

【集释】《杨考》："《纪胜》引作'潘'，未详。当作：越'。"

州合浦立高州，寻又分立合州。大同末，以合肥为合州，此置南合州。

【集释】《杨考》："《梁书·武纪》：普通四年分广州置合州，太清元年以合州为南合。此书例不书前代建置年月，此独详言之。"

平陈，以此为合州，置海康县。大业初州废，又废摸落、罗阿、雷川三县入。

【集释】《杨考》："《一统志》：三县疑梁、陈时所置。《纪要》：俱梁置。"

【编者按】海康，治广东今县。

抱成　旧曰抱，并置郡。

【集释】《杨考》："宋、齐《志》均无抱县、抱郡，当是梁、陈间置。洪氏《补梁志》不载此郡县。汪氏《南北史补志》则云：抱并，齐旧郡。是读'并'字绝句，误也。且齐亦无抱并郡。"

平陈，郡废。十八年改曰抱成。

【编者按】抱成，今地无考。

隋康　旧曰齐康，

【集释】《杨考》："《纪胜》引《元和志》：开皇十八年置齐康县，十九年改为海康。与《志》不合。案《齐志》齐康郡有乐康县，即齐康之误文。非开皇所置，《元和志》误也。"

置齐康郡。

【集释】《杨考》："齐置。"

平陈，郡废，县改名焉。

【编者按】隋康，治今广东徐闻县南。

扇沙

【集释】《杨考》："《一统志》：齐置。《纪要》：梁置。案《齐志》无扇沙县。"

旧有椹县，

【集释】《杨考》："《一统志》：齐置。《纪要》：梁置。案《齐志》无椹县。"

开皇十八年改为椹川，大业初废入。

【编者按】扇沙，治今广东遂溪县。

铁杷　开皇十年置。

【集释】《杨考》："《纪胜》引《元和志》：开皇十一年置铁杷县，因县西铁懋杷水为名。"

【编者按】铁杷，治今广东湛江市西南。

珠崖郡

珠崖郡

【集释】《杨考》："汉武帝置，元帝罢。《纪胜》据《元和志》：梁于徐闻县立珠崖郡，竟不有其地。隋大业六年，更开置珠崖郡，立十县。"

梁置崖州。

【集释】《杨考》："《御览》引《方舆志》亦云：梁置崖州。按《隋书·谯国夫人传》，高祖赠夫人子仆，为崖州总管、平原郡公，疑隋尝置崖州总管府，《志》失书。"

统县十，户一万九千五百。

义伦

【集释】《杨考》："《寰宇记》：汉儋耳县，隋为义伦县，因义伦水为名。

《纪要》：梁置。”

带郡。

【编者按】义伦，治今海南儋州市西北。

【补阙】《杨考》：“《纪胜》引《元和志》：炀帝又置儋耳、临振二郡。《一统志》：大业六年，置儋耳郡。然则炀帝时，珠崖、儋耳、临振三郡并立，义伦为儋耳郡治也。《纪胜》又引《琼管志》：隋置儋耳郡，领县五，曰义伦、毗善、昌化、吉安、感恩。”《求是》：“《旧唐书》四一云：‘振州，隋临振郡。’《元和补志》八云：‘隋大业中为临振郡，又曰宁远郡。’”

感恩

【集释】《杨考》：“《纪胜》引《元和志》：本汉九龙县。隋大业六年改名感恩，取感恩水以为名。”

【编者按】感恩，治今海南东方市南感城镇。

颜卢

【集释】《杨考》：“《纪要》：在故舍城县西南，隋置。新、旧《唐志》作‘颜罗’，《寰宇记》作‘颜卢’，与《志》合。”

【编者按】颜卢，治今海南省海口市琼山区东。

毗善

【集释】《杨考》：“《纪胜》引《元和志》：本汉儋耳县，大业六年于此置毗善县。”

【编者按】毗善，治今海南临高县西。

昌化

【集释】《杨考》：“《纪胜》引《元和志》：大业六年置昌化县。”

有藤山。

【编者按】昌化，治今海南昌江县西昌城镇。

吉安

【集释】《杨考》：“《纪要》：隋置。”

【编者按】吉安，治今海南昌江县西昌化镇。

延德

【集释】《杨考》：“《寰宇记》：隋置。《纪胜》引《元和志》：本汉临振县地，大业六年分置延德县。《寰宇记》：隋临振郡又曰延德郡。然则延德县先为郡也。《纪胜》又引《高州诚敬夫人庙碑》：隋高祖赐夫人临振县汤沐邑一千五百户。然则隋文帝时尚名临振县也。”

【编者按】延德，治今海南乐东县西南。

宁远

【集释】《杨考》：“《纪胜》引《元和志》：大业六年置。《寰宇记》：隋临振郡治宁远。”

【编者按】宁远，治今海南三亚市西北崖城镇。

澄迈

【集释】《杨考》：“《寰宇记》：隋置

澄迈县，以界内澄迈山为名。”

【编者按】澄迈，治今海南澄迈县东北老城镇。

武德

【集释】《杨考》：“《纪要》：隋置。《一统志》：梁、陈时废朱卢置。”

有扶山。

【集释】《杨考》：“《纪要》：山之东有五岭递相拥护，故名扶山。”

【编者按】武德，治今海南文昌市北。

【补阙】《杨考》：“按隋有舍城县，在今琼山县东南四十里。《纪胜》引《元和志》：大业六年置。《旧唐志》：舍城，隋旧县，为珠崖郡治。

又有临机县，《寰宇记》：在崖州东南八十里，汉临振县地，隋置。《元和志》：武德五年分平昌县置。按《通鉴》：开皇十年，赐谯国夫人临振县为汤沐邑。疑改‘振’为‘机’是唐代事。

又隋有陵水县，今陵水县东北。《纪胜》引《元和志》：大业六年置。

又有琼山县，在今琼山县南六十里。《舆地广记》：隋末置，属崖州。《寰宇记》琼州下云：本隋珠崖郡之琼山县。则隋有琼山审矣。

又有平昌县，在今文昌县北。《寰宇记》：汉紫贝县地，隋改为平昌。按《新唐志》作唐武德五年置平昌县，后改文昌。”

宁越郡

宁越郡　梁置安州，

【集释】《杨考》：“《元和志》：梁武帝于今钦江县南三里置安州。《梁书·武纪》：大同八年，遣安州刺史李智等同征李贲于交州，《宁贙碑》：祖逵，陈宣武皇帝除授安州刺史。父猛力，陈文皇帝除安州刺史。”《求是》：“《新唐书》二二二下云：‘有宁氏，世为南平渠帅，陈末，以其帅猛力为宁越太守。’是猛力在陈时已为太守矣。”

开皇十八年改曰钦州。

【集释】《杨考》：“《通鉴》作开皇十七年改钦州。《元和志》：取钦江为名也。大业三年改为宁越郡。《隋书·令狐熙传》：开皇中拜桂州总管，以州县多有同名者，于是奏改安州为钦州，黄州为峰州，利州为智州，德州为驩州，宁州为融州。《宁贙碑》：兄长真为钦州刺史。”

【补释】《通鉴》卷一七八：开皇十七年二月，“以令狐熙为桂州总管十七州诸军事。……熙奏改安州为钦州。”

统县六，户一万二千六百七十。

钦江　旧置宋寿郡。

【集释】《杨考》：“《宋志》越州宋寿郡云：先属交州。《宁贙碑》：父猛力，安州刺史宋寿县开国侯。则宋寿郡治宋寿县。《志》当云‘旧置宋寿并置郡’。”

平陈，郡废。开皇十八年改曰钦江，

【集释】《杨考》：“《元和志》：开皇十九年，罢郡为钦江县。案此似以郡改县，不有《宁贙碑》，不知其误矣。”

大业初置宁越郡。

【集释】《杨考》：“《元和志》：大业三年。”

【编者按】 钦江，治今广西钦州市东北。

安京

【集释】《杨考》：“《元和志》：开皇十年，罢安京郡为县。《纪要》云：梁置，为安京郡治。《寰宇记》：隋置安京县。”

旧置安京郡。

【集释】《杨考》：“《元和志》：梁武帝分宋寿郡置。”

平陈，郡废。有罗浮山。

【集释】《杨考》：“《元和志》：俗传似循州罗浮山，因名之。”

有武郎江。

【集释】《杨考》：“《寰宇记》：武郎江经保安县界。”

【编者按】 安京，治今广西钦州市北。

内亭　旧置宋广郡。

【集释】《杨考》：“《纪要》云：梁置。”

平陈，郡废。十七年改曰新化县，

【集释】《杨考》：“按《齐志》越州合浦郡有宋广县。《纪要》：隋改宋广曰新化。《元和志》谓开皇十七年置县，名新化。”

十八年改名焉。

【集释】《杨考》：“《寰宇记》：因水为名。”

【编者按】 内亭，治今广西灵山县西南陆屋镇，

南宾　开皇十八年置。

【集释】《杨考》：“《元和志》：开皇十八年，于钦州北八十里置南宾县。”

【编者按】 南宾，治今广西灵山县西旧州镇。

遵化　开皇二十年置。

【编者按】 遵化，治今广西灵山县西南。

海安

【集释】《杨考》：“《一统志》：大业初改安平曰海安。”

梁置，曰安平，

【集释】《杨考》：“按《元和志》作‘安海’，未知孰是。”

置黄州

【集释】《杨考》：“《元和志》：“梁大同元年分置黄州。《陈书·欧阳頠传》，梁末为广州刺史，都督十九州，中有黄州。”

及宁海郡。平陈，郡废。十八年改州曰玉州。

【集释】《杨考》：“按《令狐熙传》奏改黄州为峰州，而此云改为玉州，后嘉宁县下云改兴州为峰州。据《元

和志》、《寰宇记》，则《熙传》误也。又《元和志》：开皇十八年，改黄州曰陆州，以在海南有陆路通海北，因以为名。与《志》亦不同。《御览》引《方舆志》：陆州玉山郡，梁置黄州及宁海郡，隋平陈，郡废，改黄州为玉州。炀帝初州废。则与《志》吻合。”《求是》：五六“《令狐熙传》则云：‘于是奏改安州为钦州，黄州为峰州。’此峰与玉之异也。《元和志》三八云：‘陈于此置兴州，隋开皇十八年改为峰州。’又云：‘梁大同元年，于郡分置黄州，隋开皇十八年改为陆州。’此兴为峰、黄为陆之异也。按《地理志》交趾郡嘉宁县下云：‘旧置兴州……十八年，改曰峰州。’是《元和志》兴为峰之说，实本《隋志》。复考《旧唐书》四一峰州云：‘隋交趾郡之嘉宁县，武德四年置峰州。’唐初建设，多沿隋制，此改兴为峰之可信，而《熙传》改黄为峰之为误者也。又考《旧书》同卷陆州云：‘隋宁越郡之玉山县，武德五年，置玉山（州），领安海（海安）、海平二县，贞观二年，废玉州，上元二年复置，改为陆州，叫州界山为名。’唐初复立，不曰陆而曰玉，至上元始改陆，由前沿袭旧制之理推之，此改黄为玉之可信，而《元和志》之改黄为陆，系误以上元改名为隋代改名者也。”

大业初州废，其年又省海平、玉山二县入。

【集释】《杨考》：“海平在今钦州南，《纪要》：梁置。玉山在今钦州西南，《纪要》：梁置。”

【编者按】海安，治今越南广宁省芒街东。

交趾郡

交趾郡　旧曰交州。

【集释】《杨考》：“《宋志》：汉献帝建安八年置，初治广信，后治龙编。《梁书·武纪》：大同七年，交州土民李贲攻刺史萧谘，谘输赂得还越州。八年，遣越州刺史陈侯等同征李贲于交州。中大通元年，交州刺史杨嘌克交趾，李贲窜入獠洞，交州平。《元和志》：大业三年罢为交趾郡。”

统县九，户三万五十六。

宋平

【集释】《杨考》：“《元和志》：本汉日南郡西捲县地，宋分立宋平县，属九德郡，后改为宋平郡。”

旧置宋平郡。

【集释】《杨考》：“《宋志》：孝武世分日南立宋平县，后为郡。无领县。《齐志》宋平郡领昌国、义怀、绥宁三县。”

平陈，郡废。大业初置交趾郡。

【编者按】宋平，治今越南河内市。

龙编

【集释】《杨考》："《元和志》：本汉县也，属交趾郡。立县之始，蛟龙盘编于江津之间，因以为瑞而名县也。"

旧置交趾郡。

【集释】《杨考》："汉元鼎六年开。《梁书·武纪》：大同十年春正月，李贲于交趾窃位，号署百官。"

平陈，郡废。

【编者按】龙编，治今越南河北省北宁。

朱鸢

【集释】《杨考》："汉置。《通鉴》梁武帝大同十一年，李贲败于朱鸢。"

旧置武平郡。

【集释】《杨考》："《宋志》：吴孙皓建衡二年讨扶严夷，以其地立武平郡。《陈书·高祖纪》：梁大同时，领武平太守。"

平陈，郡废。

【编者按】朱鸢，治今越南河山平省常信附近。

隆平　旧曰武定，置武平郡，

【集释】《杨考》："按武平郡、县，宋置。《宋志》武平郡惯吴定、新道、晋化三县，《齐志》武平郡领武定、封溪、平道、武兴、根宁、南移六县，无一与《宋志》同者。疑宋之吴定即齐之武定也。《舆地广记》：武平，本东汉封溪县地，吴置武宁县及立武平郡，晋以后因之，后改县曰武定。按《宋志》武宁属九真郡，不属武平，《广记》说误。"

平陈，郡废。开皇十八年县改名焉。

【编者按】隆平，治今越南河山平省丹凤附近。

平道

【集释】《杨考》："《元和志》：吴时开为武平郡，立平道县属之。而《宋志》武平郡无平道县，《齐志》武平郡始有平道县。或《宋志》之新道即平道欤？"

旧曰国昌，

【集释】《杨考》："《通典》：齐置。《寰宇记》、《舆地广记》并作齐置昌国县。按《齐志》昌国属宋平郡。"

开皇十二年改名焉。

【编者按】平道，治今越南永富省东英县。

交趾

【集释】《杨考》："《元和志》：交趾本龙编地，开皇十年分置交趾县。《舆地广记》：本汉赢陵县地。"

【编者按】交趾，治今越南永富省怀德县附近。

嘉宁

【集释】《杨考》："《元和志》：本汉麓泠县地，吴分其地立嘉宁县。《通鉴》梁武帝大同十一年，李贲奔嘉宁城。据《舆地广记》，县尝中废，隋末复置。"

旧置兴州、

【集释】《杨考》："《纪要》：梁置。《通典》、《元和志》：陈置。《御览》引

《方舆志》云：陈置兴州。”

新昌郡。

【集释】《杨考》：“按《孙皓传》，建衡三年，分交趾置新兴郡。《御览》引《十道志》：峰州，下，吴置新兴郡，晋改为新昌。《舆地广记》同。《通鉴》梁中大同元年春正月，杨瞟等克嘉宁城，李贲奔新昌。”

平陈，郡废。十八年改曰峰州，

【集释】《杨考》：“《元和志》同。”

大业初州废。

【集释】《杨考》：“《元和志》：大业二年废州，以县属交州。”

【编者按】嘉宁，治今越南河山平省广威。

新昌

【集释】《杨考》：“《舆地广记》：旧属新昌郡，隋属交趾郡。”

【编者按】新昌，治今越南永富省立石县。

安人　旧曰临西，开皇十八年改名焉。

【集释】《杨考》：“《元和志》怀驩县下云：本汉咸驩县也。武德五年分置安人县，为演州。是以安人为唐初所置也，当误。”

【编者按】安人，治今越南黄连山省东南部。

九真郡

九真郡　梁置爱州。

【集释】《杨考》：“《元和志》：梁武帝丁九真郡理置爱州；《梁书·武纪》：普通四年六月，分交州置爱州。大同八年三月，遣交州刺史阮汉征李贲于交州。《陈书·欧阳頠传》：梁末为广州刺史，都督十九州，中有爱州。又黎崱《安南志略》：杨晋，陈交、爱二州都督，封武康郡公。”

统县七，户一万六千一百三十五。

九真

【集释】《杨考》：“《元和志》：本汉居风县地，吴改居风为移风，开皇十七年分移风县置。《寰宇记》同。《纪要》：梁置，为九真郡治。”

带郡。

【集释】《杨考》：“《元和志》：大业三年，改爱州为九真郡。”

有阳山、尧山。

【集释】《杨考》：“《寰宇记》：军宁县尧山，清风静夜，时闻伐鼓之声。”

【编者按】九真，治今越南清化省清化市。

【补阙】《杨考》：“按有南移县。齐置，属武平郡。《南史·周文育传》：侯景平，改封南移县侯。”

移风

【集释】《杨考》：“《宋志》：汉名居

风，吴更名。”

旧置九真郡。

【集释】《杨考》：“汉元鼎六年立。”

平陈，郡废。

【编者按】移风，治今越南清化省寿春地区。

胥浦

【集释】《杨考》：“《汉志》胥浦属九真郡。”

【编者按】胥浦，治今越南清化省绍化地区。

隆安　旧曰高安，

【集释】《杨考》：“《宋志》：晋武帝分常乐立。《元和志》：属九真。开皇十年改属爱州。”

开皇十八年改名焉。

【编者按】隆安，治今越南清化省弘化、广昌地区。

军安

【集释】《杨考》：“《元和志》：本汉都庞县地，晋分为军安县。《宋志》：晋武帝立，属九真郡。”

【编者按】军安，治今越南清化省安定地区。

安顺

【集释】《杨考》：“《元和志》：本汉居风县地，吴改为移风，又分置常乐县。”

旧曰常乐，

【集释】《杨考》：“《宋志》：常乐，吴立，属九真。《元和志》：开皇十年改属爱州。”

开皇十六年改名焉。

【集释】《杨考》：“《元和志》同。”

【编者按】安顺，治今越南清化省静嘉地区。

日南

【集释】《杨考》：“《元和志》：本汉居风县地，晋分置津梧县，开皇十年析津梧县置。《寰宇记》：汉居风县地，隋改为日南县。《纪要》云：梁置。”

【编者按】日南，治今越南清化省河中、永禄附近。

日南郡

日南郡

【集释】《杨考》：“《寰宇记》：汉元鼎六年，开交趾以南置日南郡，治朱吾。吴分日南置九德郡。晋、宋、齐因之。”

梁置德州，

【集释】《杨考》：“《元和志》：梁武帝于九德县置德州。《梁书·武纪》：大同九年夏四月，林邑王破德州，攻李贲，贲将范修又破林邑王于九德。《通鉴》陈永定元年有德州刺史陈法武。”

开皇十八年改曰驩州。

【集释】《杨考》：“隋桂州总管令狐

熙奏改，见前宁越郡下。《元和志》：取咸驩县为名也。大业三年改为日南郡。又《安南志略》：炀帝大业初，授刘方驩州道行军总管。”

统县八，户九千九百一十五。

九德

【集释】《杨考》：“《元和志》：吴天纪二年，分九真之咸驩置九德县。”

带郡。

【集释】《杨考》：“《宋志》：九德太守故属九真，吴分立。《元和志》：大业三年改为日南郡。”

【编者按】 九德，治今越南义静省荣市。

咸驩

【集释】《杨考》：“《汉志》咸驩属九真郡。据《元和志》，即唐之演州。”

【编者按】 咸驩，治今越南义静省都良东。

浦阳

【集释】《杨考》：“《宋志》：晋武帝分阳远立。”

【编者按】 浦阳，治今越南义静省边水。

越常

【编者按】 越常，治今越南义静省德寿东。

金宁

【集释】《杨考》：“《纪要》：梁置。”

梁置利州。

【集释】《杨考》：“《陈书·欧阳頠传》：梁末为广州刺史，都督十九州，中有利州。”

开皇十八年改为智州，

【集释】《杨考》：“桂州总管令狐熙奏改，见前宁越郡下。”

大业初州废。

【编者按】 金宁，确址不明，约在今越南义静省南部孟溪附近地区。

交谷

【集释】《杨考》：“《纪要》：梁置。”

梁置明州，

【集释】《杨考》：“《梁书·敬帝纪》：太平元年二月癸亥，徐嗣徽、任纳袭采石戍，执戍主明州刺史张怀钧入于齐。《通鉴》注引此《志》：日南郡，梁置明州。怀钧盖带刺史而戍采石也。《陈书·欧阳頠传》：梁末为广州刺史，都督十九州，中有明州。”

大业初州废。

【编者按】 交谷，确址不明，约在今越南义静省南部石河地区。

安远

【集释】《杨考》：“唐之福禄州柔远县也。《纪要》引《志》云：梁天监中分九德立。按《志》例不书前代年月，《纪要》所引非此《志》也。”

【编者按】 安远，确址不明，当在今越南义静省南部蓝江右岸清漳地区。

光安

旧曰西安，

【集释】《杨考》：“《宋志》：晋武帝立。《纪要》引《志》云：梁天监中分九德置。误。”

开皇十八年改名焉。

【编者按】光安，治今越南义静省襄阳县地区。

比景郡

比景郡　大业元年平林邑，置荡州，寻改为郡。

【集释】《杨考》：“《隋书·林邑传》：仁寿末，上遣大将军刘方为驩州道行军总管，率钦州刺史宁长真、驩州刺史李晕、开府秦雄步骑万余及犯罪者数千人击之，其王梵志率其徒乘巨象而战。方纵兵击之，大破之，入其都。方班师，梵志复其故地。然则林邑之地，隋虽置郡县，仍为梵志有也。《安南志略》所载略同。”

统县四，户一千八百一十五。

【编者按】比景郡，治今越南广平省地区。所统比景、朱吾、寿泠、西捲四县，今地无考。案［越］陶维英著《越南历代疆域》（中译本，商务印书馆版）谓：“林邑、海阴、比景三郡，属县方位今不可考”。

比景

【集释】《杨考》：“汉置，属日南郡。《宋志》作‘北景’。《通鉴》大业元年，刘方经略林邑，帅大将军张愻等以舟师出比景。”

朱吾

【集释】《杨考》：“汉置，为日南郡治。《宋书》：元嘉中，檀和之自朱吾戍进围林邑将范扶龙于区粟城。”

寿泠

【集释】《杨考》：“《宋志》：晋武帝太康十年分西卷立。”

西捲

【集释】《杨考》：“《汉志》属日南郡，《宋志》作‘卷’。”

海阴郡

海阴郡　大业元年平林邑，置农州，寻改为郡。

统县四，户一千一百。

【编者按】海阴郡，治今越南广治省地区。所统新容、真龙、多农、安乐四县，今地无考。

新容

真龙

【集释】《杨考》：“《旧唐志》作‘金龙’，云：隋文帝时，遣大将刘方率兵万人，自交趾南伐林邑国，败之。

其王梵志遁走。方收其庙主一十八人，皆铸金为之。方尽虏其人，空其地，乃班师。因方得其龙，乃为县名。《寰宇记》亦作‘金龙’。”

多农

安乐

林邑郡

林邑郡

【集释】《杨考》：“《寰宇记》：林邑，即汉日南郡之象林县。”

大业元年平林邑，置冲州，寻改为郡。

统县四，户一千二百二十。

【编者按】林邑郡，治今越南承天一顺化省地区。所统象浦、金山、交江、南极四县，今地无考。

象浦

金山

交江

南极

扬州于《禹贡》为淮海之地。在天官，自斗十二度至须女七度，为星纪，于辰在丑，吴、越得其分野。

【集释】《杨考》：“《史记》：牵牛婺女扬州。《通典》：斗则吴之分野，兼得楚及南越之交。”

江南之俗，火耕水耨，食鱼与稻，以渔猎为业，

【集释】《杨考》：“数语盖约《汉志》文。”

虽无蓄积之资，然而亦无饥馁。其俗信鬼神，好淫祀，父子或异居，此大抵然也。江都、弋阳、淮南、钟离、蕲春、同安、庐江、历阳，人性并躁劲，风气果决，包藏祸害，视死如归，战而贵诈，此则其旧风也。自平陈之后，其俗颇变，尚淳质，好俭约，丧纪婚姻，率渐于礼。其俗之敝者，稍愈于古焉。丹阳旧京所在，人物本盛，小人率多商贩，君子资于官禄，市廛列肆，埒于二京，人杂五方，故俗颇相类。京口东通吴、会，南接江、湖，西连都邑，亦一都会也。其人本并习战，号为天下精兵。俗以五月五日为斗力之戏，各料强弱相敌，事类讲武。宣城、毗陵、吴郡、会稽、馀杭、东阳，其俗亦同。然数郡川泽沃衍，有

海陆之饶，珍异所聚，故商贾并凑。其人君子尚礼，庸庶敦厖，故风俗澄清，而道教隆洽，亦其风气所尚也。豫章之俗，颇同吴中，其君子善居室，小人勤耕稼，衣冠之人，多有数妇，暴面市廛，竞分铢以给其夫。及举孝廉，更要富者，前妻虽有积年之勤，子女盈室，犹见放逐，以避后人。俗少争讼，而尚歌舞。一年蚕四五熟，勤于纺绩，亦有夜浣纱而旦成布者，俗呼为鸡鸣布。新安、永嘉、建安、遂安、鄱阳、九江、临川、庐陵、南康、宜春，其俗又颇同豫章，而庐陵人厖淳，率多寿考。然此数郡，往往畜蛊，而宜春偏甚。其法以五月五日聚百种虫，大者至蛇，小者至蝨，合置器中，令自相啖，余一种存者留之，蛇则曰蛇蛊，蝨则曰蝨蛊，行以杀人。因食入人腹内，食其五藏，死则其产移入蛊主之家，三年不杀他人，则畜者自钟其弊。累世子孙相传不绝，亦有随女子嫁焉。干宝谓之为鬼，其实非也。自侯景乱后，蛊家多绝，既无主人，故飞游道路之中则殒焉。

自岭已南二十余郡，大率土地下湿，皆多瘴厉，人尤夭折。南海、交趾，各一都会也，并所处近海，多犀象瑇瑁珠玑，奇异珍玮，故商贾至者，多取富焉。其人性并轻悍，易兴逆节，椎结踑踞，乃其旧风。其俚人则质直尚信，诸蛮则勇敢自立，皆重贿轻死，唯富为雄。巢居崖处，尽力农事。刻木以为符契，言誓则至死不改。父子别业，父贫，乃有质身于子。诸獠皆然。并铸铜为大鼓，初成，悬于庭中，置酒以招同类。来者有豪富子女，则以金银为大钗，执以叩鼓，竟乃留遗主人，名为铜鼓钗。俗好相杀，多构雠怨，欲相攻则鸣此鼓，到者如云。有鼓者号为"都老"，群情推服。本之旧事，尉陀于汉，自称"蛮夷大酋长、老夫臣"，故俚人犹呼其所尊为"倒老"也。言讹，故又称"都老"云。

南郡

南郡　旧置荆州。

【集释】《杨考》："《宋志》：汉荆州治武陵汉寿，魏、晋治江夏，又云：晋迁徙无常，自王忱还江陵，后遂治江陵。"

西魏以封梁为蕃国，

【集释】《杨考》：“《周书·萧詧传》：魏恭帝元年，平江陵，封詧为梁主，资以江陵一州之地，按后梁疆域，此《志》惟当阳下称后周置平州，领漳川、远安二郡，属梁蕃。而《通鉴》云魏立梁王詧为梁主，资以荆州之地，延袤三百里。胡三省注：资以江陵缘江之地，延袤三百里，广不及三百里也。谢氏启昆曰：以今县计之，梁地为江陵、监利、枝江、当阳四县之地，广袤仅千里。今按《萧詧传》，詧之四年，遣大将军王操略取王琳之长沙、武陵、南平等郡。五年，王琳遣其将雷又柔袭陷监利郡。《萧岿传》：五年，长沙、巴陵并陷于陈，吴明彻乘胜攻克岿河东郡。河东、监利皆梁所自有。然按陈天嘉二年，于河东置南荆州，则河东初不属梁，当亦后所略取。惟《蔡大业传》云：詧称帝，历监利郡守。是詧初即有监利郡，为魏所封无疑。然则后梁始封之疆域可知者为今江陵、监利二县地。又《许孝敬传》：萧岿追封建兴县公。《萧岿传》：十年，周以基、平、鄀三州归之于岿。《柳洋传》：出为上黄郡守。梁国废，以郡归隋。考建兴县在今沔阳州西北二里，基州在今钟祥县南，平州为今当阳县，鄀州在今荆门州北九十里，上黄郡在今荆门州东南一百四十里，则后梁后来之疆域可知者，为今江陵县及沔阳州、荆门州、当阳县、钟祥县境，至萧詧以王操为郢州刺史，萧岿封华皎为江夏郡公，当是遥领。考《通鉴》梁敬帝元年，郢州刺史陆法和以郢州降齐，齐使慕容俨戍之，侯瑱攻郢州，不能克，齐人以城在江外难守，因割以还梁。此确是还之梁敬帝。洪氏齮孙谓复归后梁，误也。且萧岿封华皎在沌口，既败之后，斯时江南皆陈境，岿安得有江夏郡乎？又《隋书·萧岿传》：詧都江陵，有荆郡以西平州延袤三百里之地。考《周书·萧岿传》，岿之十年，周始以平州归之于岿。且平州置于周武成中，后梁初封尚无平州之名，盖《隋书》误。”《北周志》：“西魏恭帝元年，取江陵，立萧詧为梁主，自帝其国，资以江陵一城之地。詧既即位，以蔡大业为监利郡守，然则后梁之初，封域可知者，仅江陵、监利二县之地也。华皎附梁，天和中，周复以基、平、鄀三州之地归梁。基州在今湖北钟祥县南，平州在今湖北当阳县，鄀州在今湖北荆门县北，则后梁后来之封域可考者，为江陵、监利、荆门、当阳四县之地，及钟祥县南之章山郡丰乡县而已。萧詧以江陵间间城长幼被虏入关，又失襄阳之地，尝著愍诗赋云：‘昔方千而畿甸，今七里而磐萦，寡田邑之可赋，阙丘井而求兵。’甚矣，卖国投敌之亦以自害也。”

又置江陵总管府。

【集释】《杨考》：“《周纪》在保定二年，当作后周置江陵总管府。《周书·萧詧传》：詧居东城，江陵总管居西城。又《周书·田弘传》：天和二年为江陵总管。时陈将吴明彻来寇，弘与梁主萧岿退保纪南，令副总管高琳拒守。《北史·高琳传》：天和三年为江陵副总管。与《田弘传》合。而《周书》作保定三年迁江陵总管，无‘副’字。”《北周志》：“《周书·武帝纪》：保定二年六月，分山南荆州安州襄州江陵为四州总管。按此江陵置总管府于北周保定二年之证。以周已于穰城置荆州，故于后梁荆州所置之符府称江陵总管以别之。”

开皇初府废。

【集释】《杨考》：“《周书·萧岿传》：开皇二年罢江陵总管。”

七年并梁，又置江陵总管，

【集释】《杨考》：“按《周书·萧琮传》，琮嗣位，隋文帝复置江陵总管以监之。琮之二年，隋征琮入朝，因废梁国。据此，则置总管在开皇六年，未并梁之先，《志》未分晰。”

二十年改为荆州总管。

【集释】《杨考》：“按《帝纪》，开皇九年以杨素为荆州总管，十年以王世积为荆州总管，十五年以韦世康为荆州总管，是荆州总管非二十年改。《寰宇记》：隋初改荆州为江陵镇，隶襄州。至七年，改为荆州。又邓州下云：开皇七年，梁祚既绝，改荆州为邓州，荆州之称复归江陵。疑改荆州总管即在开皇七年。又考《隋书·达奚长孺传》，转荆州总管，高祖谓之曰：江陵要害，国之南门，今以委公，朕无虑也。此已改江陵总管为荆州总管时事，当在开皇十余年。”《求是》：“杨氏之说，证以（开皇）八年有荆州刺史刘仁恩，颇为近理。”又云：“自此（开皇九年）已后数条，纪传均称荆州总管，不称江陵总管，《地理志》之‘二十年改为荆州总管’，‘二十’字殆是误文。”

大业初废。

【集释】《杨考》：“《寰宇记》：义宁二年为萧铣所据。”

统县一十，户五万八千八百三十六。

江陵　带南郡。

【集释】《杨考》：“梁、陈为王国。《梁书·太宗十一王传》：萧大连，简文帝大宝元年封南郡王。《陈书·高宗二十九王传》：陈叔澄，后主至德元年封南郡王。”

开皇初郡废，大业初复置郡。

【编者按】江陵，治今湖北荆州市。

长杨

【集释】《杨考》：“《宋志》亦作‘杨’。《新唐志》及《元和志》、《寰宇记》、《舆地纪胜》、《明志》俱作‘阳’。按《水经·夷水注》有长杨溪是也。长阳，义无所取，当以‘杨’为是。”

开皇八年置，

【集释】《杨考》：“本汉佷山县地。《寰宇记》：开皇八年，李伯禽据县，背陈入隋，即改佷山县为长阳，以南崖长阳溪得名。”

并立睦州，

【集释】《杨考》：“《寰宇记》：睦州故城在长杨县东三百步，隋开皇九年置。”

十七年州废。有宜阳山。

【编者按】长杨，治今湖北长阳土家族自治县。

宜昌

【集释】《杨考》:“《宋志》:晋置宜昌。何志晋武帝立。按太康、永宁地志并无,疑是此后立。《水经注》:江水迳宜昌县北,分夷道、佷山立也,县治江之南岸。《宜都记》曰,渡流头滩十里,便得宜昌县。江水又东迳狼尾滩而历人滩,又东迳黄牛山下。据此,则晋之宜昌在黄牛峡、狼尾滩之上,去今东湖且百余里。《志》巴山下云梁置宜都郡宜昌县。《寰宇记》:巴山废县在长阳县南(当作‘县西’)七十里。然则晋、宋以来之宜昌已徙于梁代,惟隋无迁治明文。《唐志》云:宜都,本宜昌,武德二年更名宜都,及峡州之夷道置江州。又似隋之宜昌实置于陈宜都故城中。然隋乃有夷道县,其时省并州县不应一地同时置两县。据后文有丹山、黄牛山,隋之宜昌似仍梁旧。说详下。然有甚难解者:隋南郡之于宜昌,在江北则隔夷陵郡,在江南则隔夷陵之夷道,不知何以越而隶之?又,长杨亦在夷道西,隋以隶南郡,亦隔越夷道。余直疑隋之宜昌、长杨并隶夷陵,而误系之南郡也。”《北周志》:“按杨氏说非。《寰宇记》所谓‘巴山废县在长阳县西七十里’者,当云西北七十里,盖西下脱‘北’字。晋宋梁周之宜昌县固并在今宜昌市西北长江南岸黄陵庙至三斗坪一带也。”

开皇九年置松州,

【集释】《杨考》:“按《唐志》,武德六年,于宜都置东松州,因隋有宜昌之松州在西故也。然则隋之宜昌仍梁旧审矣。”

又省归化、受陵二县入。十一年州废,又省宜都县入。

【集释】《杨考》:“《纪胜》:陈置宜都,属南信州。《寰宇记》:后周天和三年,江南为陈所并。陈天嘉元年,于汉夷道县城东置宜都县(按周天和三年当陈光大二年,在天嘉之后)。《元和志》:陈改夷道为宜都。按此《志》误也。陈天嘉既于夷道县城东一里置宜都县,其时已废夷道,至隋复省宜都置夷道,当并入夷道,安得并入宜昌乎?窃谓此文当在下夷道县下,而作《志》者误入于此,故唐武德仍置宜都,《唐志》据《志》此文,遂谓宜都本宜昌。展转胶葛,不复能分析矣。”

有丹山、

【集释】《杨考》:“《寰宇记》引袁山松《宜都记》:时有赤气笼井如丹,故名。”

黄牛山。

【集释】《杨考》:“《寰宇记》引盛弘之《荆州记》:南岸重岭叠起,最大高崖间有石,色如人负刀牵牛,人黑牛黄,成就分明。此岩最高。加以江湍纡回,虽途经信宿,犹望见之。故行者歌曰:‘朝发黄牛,暮宿黄牛;三朝三暮,黄牛如故。’《水经·江水注》亦引之。”

【编者按】宜昌,治湖北今市西北。

枝江

【集释】《杨考》:“《水经注》:江、沱枝分,东入大江。县治洲上,故以枝江为称。又引盛弘之曰:县旧治沮中,后移出百里洲,西去郡一百六十里。

【编者按】枝江，治湖北今市西南百里洲。

当阳　后周置平州，

【集释】《杨考》：“《元和志》：周武成二年置。《周书·阳雄传》：蛮帅文子荣窃据荆州之汶阳郡，又侵陷南郡之当阳、临沮等数县。诏遣开府贺若敦等讨平之，即以其地置平州。”

领漳川、安远二郡，

【集释】《杨考》：“《周书·蔡大业传》：除漳川太守。”

属梁蕃。

【集释】《杨考》：“见上。”

开皇七年改为玉州，九年州郡并废。梁又置安居县，开皇十八年改曰昭丘，

【集释】《杨考》：“王粲《登楼赋》‘西接昭丘’。《文选》注引《荆州图记》：当阳东南七十里有楚昭王墓。”

大业初改曰荆台，

【集释】《杨考》：“《孔子家语》：楚王游荆台，司马子祺谏，王怒，令尹子西贺。《纪胜》谓其地在监利县西，土洲之南，则去当阳甚远。”

寻废入。有清溪山。

【集释】《杨考》：“《水经·沮水注》：青溪水出临沮县西青山，山之东有滥泉，即青溪之源也。”

【编者按】当阳，治湖北今市。

【补阙】《杨考》：“按有临沮县。汉置，在今当阳县西北。《梁书·江淹传》：天监元年，封临沮县开国伯。”

松滋

【集释】《杨考》：“《寰宇记》引《太康地志》：咸康三年，以松滋流户在荆土者立。《梁书·邓元起传》：封松滋县侯。”

江左旧置河东郡。

【集释】《考异》卷三三：“陈时尝置南荆州于河东郡，《志》失书。”《杨考》：“《宋志》：晋咸康三年，征西将军庾亮以司州侨户立。按《宋志》作‘南河东’，《齐志》作‘河东’。《法苑珠林》三十九引周访《地图》云：此荆楚旧为王都，欲于硖州置之，嫌逼山，遂止，便有宜都之号。下至松滋，地有面势都邑之像，乃掘坑秤土，嫌其太轻。覆泻本坑土，又不满，便止。曰：昔金陵王气，于今不绝，固当今三百年矣。便都建业。仍于此置河东，改迁裴、薛、柳、杜四姓居之。地在江曲之间，类蒲州河曲，故有河东之目也。梁为王国。《梁书·武纪》：中大通三年六月癸丑，立昭明太子子枝江公誉为河东郡王。《南史·沈林子传》：加建威将军、河东太守。《陈书》有河东王叔献。”

平陈，郡废。有涔水。

【集释】《杨考》：“《说文》：涔阳渚，在郢。《楚辞·九歌》‘望涔阳兮极浦’，王逸注：涔阳，江碕名，附近郢。《寰宇记》：涔港，在公安县西六十里。《纪要》：涔阳镇，在公安县西南百里。”

【编者按】松滋，治湖北今市北松滋老城。

长林

【集释】《杨考》："《纪胜》引《荆州记》：当阳县东有栎林长坂，昔时武宁至乐乡八十里中，拱木修林，隐天蔽日。长林盖取名于此。"

旧曰长宁县。

【集释】《杨考》："《宋志》：晋安帝立。《纪胜》引《皇朝郡县志》：在汉为鄀、编之地，晋分江陵置长宁。"

开皇十一年省长林县入，

【集释】《杨考》："《宋志》：晋安帝立。《寰宇记》：隆安五年分编县立。"

十八年改曰长林。

【集释】《杨考》："按《通鉴》注：绥安郡治长宁，隋省长宁入长林。据《志》，省长林入长宁，后改长林。《通鉴》注微未审。"

【编者按】长林，治今湖北荆门市西北。

公安

【集释】《杨考》："《寰宇记》引《荆州记》云：先主败于襄阳，奔荆州。吴大帝推先主为左将军、荆州牧，镇油口，即居此城，时号先主为公（《太平御览》引'公'字上有'左'字），是故名其城公安也。据此，则公安之名始于刘先主。又《郡国志》孱陵注引《魏氏春秋》曰：刘备在荆州所都，改曰公安。然第名其城为公安，如松滋之上明城、江夏之夏口城之类，实未置县。晋、宋、齐三地志皆无公安。至《水经注》：江水又东合油水，东迳公安县北，油水自孱陵县之东北迳公安县西。始两见县治。《纪要》遂谓梁改江安为公安。按《梁书·张稷传》：天监元年封江安侯。又《武帝纪》：永元二年，东昏侯使刘山阳屯江安。《陈书·周宝安传》：宝安子契征欧阳纥，平定淮南，并有功，封江安县伯。是江安至陈时尚未废也。至公安之名，《梁书·韦爱传》：西上袭刘季连，行至公安，道病卒。又《周书·萧岿传》：击败陈吴明彻，彻退保公安。《陈书·陆子隆传》：时荆州新置，治于公安，城池未固，子隆修建城郭，绥集夷夏，甚得民心。又《孙瑒传》：太建四年出镇公安。瑒增修城池，怀服边远，为邻境所惮。是梁、陈之公安屡见纪、传，恐未得据上明、夏口之暂置城而不置县例之。细核诸书，当以梁置公安县为近之。郦道元卒于魏孝昌二年，《水经注》中载梁之郡县甚多，但不得如《纪要》谓梁改江安为公安也。《舆地广记》云：宋江安为郡治，后改为公安。尤无据。"

陈置荆州。

【集释】《杨考》："见上《陆子隆传》。又《纪胜》引《江夏志》云：陈与后梁分长江为界，置荆州于公安。又引《元和志》：隋平陈，废陈南荆州为公安镇。按《陈纪》，天嘉二年四月，分荆州之南平、宜都、罗、河东四郡置南荆州，镇河东郡。据诸书，则陈之荆州实镇公安，非河东。罗郡，当在今枝江古罗国也。"

开皇九年

【集释】《求是》："'九'下疑有缺文。'

省孱陵、永安

【集释】《杨考》："东晋侨置。《梁

书·邵陵王纶传》：子确，封永安侯。”

二县入。有黄山。

【集释】《杨考》：“《寰宇记》：黄山，字或作‘皇’。昔或呼为睢山，今乡人或呼为王山，云宋大将军谢晦被诛于此山，立庙，因呼此神为王山。互见后澧阳郡安乡县下。”

有灵溪水。

【集释】《杨考》：“《水经注》：江水又东，迳燕尾洲北，合灵溪水。水无泉源，上承散水，合成大溪，南流注江，江溪之会有灵溪戍，背阿面江，西带灵溪。又云：江陵地东南倾，故缘以金堤，自灵溪始。《纪胜》：在县南二里。《纪要》：在荆州府东二十里。据此，则灵溪在江北，应系之江陵，今系于公安，误也。”

【编者按】公安，治湖北今县西北。

【补阙】《杨考》：“按陈有雍州。《陈书·宗饶传》：宣帝时，诏加散骑常侍、荆雍湘巴武五州大中正。是陈有雍州。未知治所。

又按陈有祐州。《沈恪传》：光大二年，都督荆武祐三州诸军事、荆州刺史。又《陆子隆传》：子隆以功迁都督荆祐信三州诸军事、荆州刺史。又《通鉴》陈太建十二年，淳于陵克祐州。

又按陈有信州。《樊毅传》：弟猛，太建中迁使持节，都督荆信二州诸军事、荆州刺史。《宣帝纪》：太建十一年，前信州刺史杨宝安镇白下。又《孙瑒传》：太建四年，授都督荆信二州诸军事、荆州刺史。《通鉴》隋开皇九年，陈信州刺史顾觉屯安蜀城，注谓巴东之信州。按《纪胜》：陈置宜都县，属南信州。据此，则陈之信州当置于夷陵、夷道之间江南岸。《通鉴》注谓巴东之信州，则在江北，是周地。”

安兴　旧置广牧县，

【集释】《杨考》：“广牧，汉县，属朔方。东晋侨立于此。按并立新兴郡。《宋志》：新兴郡，江左侨立。梁、陈为王国。《梁书》新兴王大庄，《陈书》新兴王叔纯是也。《梁书·庾域传》：天监初，封广牧县子。”

开皇十一年省安兴县入，

【集释】《杨考》：“安兴县于宋、齐《志》无徵。《志》不言建置之始，《志》中如此甚多。”

仁寿初改曰安兴。又有定襄县，

【集释】《杨考》：“定襄，汉郡，在并州。东晋侨立于此。《南史·南平王伟子祗传》：天监中，封定襄县侯。《陈书·孙瑒传》：天嘉元年，封定襄县侯。”

大业初废入。

【集释】《杨考》：“按《宋志》新兴郡领定襄、广牧、新丰三县。定襄、广牧既并入安兴，而新丰未之及。《纪要》谓梁改新丰为安兴，理当然也。又新兴郡亦当废于隋。”

【编者按】安兴，治今湖北荆州市东北。

紫陵　西魏置华陵县，后周改名焉。其城南面，梁置郡州，

【集释】《杨考》：“按此郡州当是萧詧时侨置。至萧岿十年，周以基、平、

鄀三州归之，则旧鄀州也。”《北周志》：“按：后梁疆境至蹙，北周天和六年，以基、平、鄀三州畀后梁，不容后梁所统五州之中，有两鄀州，以迄于亡。据《隋志》，似隋开皇七年并后梁，而两鄀州仍并存，迄大业始废，窃用为疑。疑周以基、平、鄀三州畀从后梁，此鄀州即已并废，而云泽县则至大业初始废入紫陵也。或《隋志》有误。”

又置云泽县。大业初州县俱废入焉。有硖石山。

【编者按】紫陵，治今湖北潜江市西。

夷陵郡

夷陵郡

【集释】《杨考》：“《纪胜》引《元和志》：大业三年，改硖州为夷陵郡。”

梁置宜州，西魏改曰拓州，

【集释】《杨考》：“《寰宇记》：梁武帝天监中，于此置宜州，以旧宜都为州之名。西魏改为拓州，盖取开拓之义。《通鉴》梁简文帝大宝元年，湘东王绎改宜都为宜州，以王琳为刺史，与《寰宇记》异。《北史·裴侠传》：出为郢州刺史，寻转拓州刺史。”

后周改曰硖州。

【集释】《杨考》：“《隋书·李雄传》：周武帝时，拜硖州刺史。‘硖’从‘石’，与《志》合。《纪胜》引《元和志》：周武帝以州居三峡之口，因改为峡州，则字当从‘山’。而又云：《夷陵志》，唐武德三年改‘峡’，从‘山’。《方舆胜览》亦云：唐改峡州，始从‘山’。然《旧唐志》仍作‘硖’。《括地志》‘硖’、‘峡’并见。《新唐志》、《寰宇记》作‘硖’。《舆地广记》于周、唐之州作‘硖’，于宋改‘峡’。考《广韵》、《集韵》，‘硖’、‘峡’音并同。《集韵》：‘峡’本作‘陕’，或作‘陿’。但诸地志无作‘陕’者。陆游《入蜀记》：峡州，在唐为硖州，后改‘峡’，而印文则作陕州。元丰中，郎官何洵直建言，‘硖’与‘陕’相乱，请改铸印文从‘山’，下少府监。而监丞欧阳发言湖北之陕州从阜从夾，夾从两人；陕西之陕州从阜从夾，夾从两入，偏旁不同，本不相乱，恐四方谓少府监官皆不识字。当时朝士之议皆是发，而卒从洵直言改铸云。《通鉴地理通释》引《元和志》：下牢镇，在夷陵县西二十八里，隋于此置峡州。则隋初州有迁徙。据通例，此下当有‘大业初废’四字。”《求是》：“《地理志考证》九云：‘据通例，此下当有大业初废四字。’按：硖州改夷陵县，于志例不书废，杨说之误，与前洮州改临洮郡条同。”《北周志》：“按：志传陕、硖、峡互见，其实一字。”

统县三，户五千一百七十九。

夷陵

【集释】《杨考》："汉县。《梁书·裴邃传》：以功封夷陵县子。《旧唐志》：隋县，治石皋城。《方舆胜览》引《夷陵志》：后周移峡州治石鼻城。"

带郡。有马穴。

【集释】《杨考》："《寰宇记》引《宜都记》云：西陵北崖有石穴，远望常有白马出入其间，寻之莫睹。《水经·江水注》：夷陵北三十里有石穴，名马穿，常有白马出穴，人逐之，入穴潜行出汉中，汉中人失马亦出此穴相去数千里。《北堂书钞》引此作盛弘之《荆州记》，云：在佷山县北三十里。则非夷陵北也。"

【编者按】夷陵，治今湖北宜昌市西。

夷道　旧置宜都郡，

【集释】《杨考》："《宋志》引习凿齿云：魏武平荆州，分南郡、枝江以西为临江郡。建安十五年，刘备改为宜都。则宜都郡为先主立无疑。惟郡治则无定所。《寰宇记》引《吴录》云：蜀昭烈皇帝立宜都郡于西陵，即夷陵也，在吴、蜀之界。吴得之，颇为重镇。此以为治夷陵。《水经·江水注》：刘备改临江郡为宜都郡，治在夷道县东四百步。故城，吴丞相陆逊所筑也。此以为治夷道。夫西陵为吴重镇，不应郡守反在夷道；且陆逊为宜都守镇西陵，见于本传。又《水经·江水注》：陆抗城，即山为墉，四面天险，江南岸有山孤秀。袁山松为郡守，尝登瞩望焉。亦以郡守为治夷陵。《晋志》宜都郡仍夷陵居首，则知蜀至晋当治夷陵。至《宋志》、《齐志》宜都郡皆以夷道居首，必其时已徙治夷道。郦道元所说乃以当时之郡治为据，未遑深考，遂以刘先主事牵合于此。余得宋文帝妃吴氏墓砖于宜都城南，知宋时郡治在夷道。又巴山下云梁置宜都郡、宜昌县，此当是梁徙宜昌于巴山之时。自夷道徙宜都郡治之不久，仍复夷道故治欤？按《梁书》，湘东王改宜都为宜州，《志》载宜州于夷陵，又似梁时郡治仍在夷陵，未能明也。梁、陈为王国。《南史·梁汝南王大封传》：太清三年，简文即位，封宜都郡王。《陈书·二十九王传》：宣帝子叔明，太建中封宜都王。"

开皇七年废。

【集释】《杨考》："此当云'又省宜都县入焉'。"

有女观山。

【集释】《杨考》："《水经·江水注》：县北有女观山，厥处高显，回眺极目。古老传昔有思妇，夫官于蜀，屡愆秋期，登此山绝望，忧感而死。山木枯悴，鞠为童岵。乡人哀之，因名此山为女观焉。"

【编者按】夷道，治今湖北宜都市陆城镇。

远安　旧曰高安，

【集释】《杨考》："《宋志》：新立。《纪胜》引《元和志》：东晋义熙中置。《寰宇记》亦云：晋安帝立。"

置汶阳郡。

【集释】《杨考》："《宋志》荆州有汶阳郡，齐因之。《周书·李贤传》：

荆州群蛮反，贤与贺若敦大破之，遂于平州北筑汶阳城以镇之。似汶阳在梁时有荒废也。”

又周改县曰安远。

【集释】《杨考》：“‘又’字当作‘后’，‘安远’当互倒。《元和志》：周明帝武成元年改为远安。”施和金《湖北订误》：“‘又’当作‘后’，‘安远’当作，远安’。据《太平寰宇记》：‘后周明帝武成元年改高安为远安县。’（卷一四七）《旧唐志》（卷三九）、《舆地广记》（卷二七）、《元丰九域志》（卷六）均作远安，今县名仍为远安。是《隋志》之安远，乃远安之倒误。元孛兰肹等著、赵万里校辑《元一统志》引《隋志》云：‘远安，旧曰高安，置汶阳郡，后周改县曰远安。’（卷三）其所见《隋书》不误，故此远安县下当云：‘后周改县曰远安。’”

开皇七年郡废。

【编者按】远安，治湖北今县北。

竟陵郡

竟陵郡

【集释】《杨考》：“《水经注》：晋惠帝元康九年，分江夏西部置竟陵郡。”

旧置郢州。

【集释】《杨考》：“《元和志》：西魏文帝大统十七年置。《通典》、《寰宇记》：后周置。按《隋书·崔仲方传》，开皇六年上取陈之策，有郢州，即此州也。按《三国志·魏文帝纪》，黄初三年，以江北诸郡立郢州，寻复以郢州为荆州。后周之置郢州，盖因魏文之旧名。”《北周志》：“《舆地纪胜》引《元和郡县志》云：魏文帝大统十七年，于长寿县置郢州。按《通典·州郡典》、《御览》一六七引《十道志》、《寰宇记》皆作后周置郢州，今从《元和志》。”

统县八，户五万三千三百八十五。

长寿

【集释】《杨考》：“《宋志》：明帝泰始六年立苌寿。《齐志》亦作‘苌寿’。《寰宇记》：晋武帝置。盖误。《纪胜》引《图经》：西魏改苌寿曰长寿。”

后周置石城郡，

【集释】《杨考》：“《寰宇记》：周武帝置。《通鉴》梁大宝元年二月，魏杨忠乘胜至石城，即此。”《杨考补遗》：“《水经注》：冯水又南迳石城西，城因山为固。晋太傅羊祜镇荆州，立竟陵郡治此。”

开皇初郡废，大业初置竟陵郡。

又梁置北新州

【集释】《杨考》：“按梁之北新州实置于此，以元树曾以新阳置新州，故此加‘北’也。《志》于江夏郡云梁分置北新州，误。互见后江夏郡下。”

及梁宁等八郡，后周保定中，州及八郡总管废入焉。有敖山。

【编者按】长寿，治今湖北钟祥市。

蓝水　宋侨立冯翊郡、莲勺县。

【集释】《杨考》："按《宋志》元嘉六年，以三辅流民出襄阳，侨立冯翊郡。然只领鄀、高陆二县，无莲勺县。而《齐志》冯翊郡有之。或《宋志》失载欤?"

西魏改郡为汉东，

【集释】《杨考》："《通鉴》梁简文帝大宝元年，魏将杨忠执柳仲礼降安陆，即汉东，乘胜至石城郡，盖改于此时。周属郢州。《隋书·文帝纪》：大象二年，以二十郡为隋国，中有郢州之汉东。"

县为蓝水。又宋置高陆县，

【集释】《杨考》："《宋志》：大明元年侨置。"

西魏改曰滶水。

【集释】《杨考》："《寰宇记》：滶水在长寿县北二十里。"

开皇初郡废，大业初省滶水入焉。有唐水。

【集释】《杨考》："按《纪胜》郢州有唐山。《水经注》无唐水，而有敖水。"

【编者按】蓝水，治今湖北钟祥市西北潞市。

汸川　后周置，及置滶川郡。

又置清县，

【集释】《杨考》："清县，当是梁置。《志》脱'梁'字，文遂不顾。"

西魏改曰滶陂。开皇初郡废，大业初省滶陂入焉。

【编者按】汸川，治今湖北钟祥市东北。

汉东　齐置，曰上蔡，及置齐兴郡。

【集释】《杨考》："《南齐志》郢州齐兴郡领绥怀、齐康、葺波、绥平、齐宁、上蔡六县。"

后周郡废。开皇十八年县改名焉。有东温山。

【编者按】汉东，治今湖北钟祥市北。

清腾　梁置，曰梁安，又立崇义郡。后周废郡。后周又有遂安郡，开皇初废，七年改名焉。有清腾山。

【编者按】清腾，治今湖北随州市西南。

乐乡

【集释】《杨考》："《宋志》：晋安帝立。"

旧置武宁郡，

【集释】《杨考》："《宋志》：晋安帝隆安五年，桓玄以沮、漳降蛮立，《寰宇记》：立于故编县城。按梁为王国。《梁书》武宁王大威是也。《通鉴》梁元帝承圣元年，荆州界北尽武宁，西拒硖口。又《通鉴》梁元帝以王琳为广州刺史，琳谓人曰：缓急恐不得琳力，陛下何不以琳为武宁太守，作田训兵以固江陵。谓此郡也。西魏于谨伐江陵，克武宁，获太守宗均。"

西魏置鄀州。

【集释】《杨考》："《周书·高宾传》：天和二年，除鄀州诸军事、鄀州刺史。按《周书·萧岿传》，岿之十年，周以基、平、鄀三州归之于岿。"

又梁置旌阳县，

【集释】《杨考》："按《宋志》南.郡有旌阳县，文帝十八年省并枝江。二汉无旌阳，见《晋太康地志》。疑是吴所立。然则梁因晋旧名。"

后改名惠怀，西魏又改曰武山。开皇七年郡废，大业初州废，

【集释】《杨考》："《周书》萧琮之二年，隋遣崔弘度戍江陵，军至鄀州，即此。"《求是》："按前文南郡紫陵县云梁置鄀州，大业初州废。隋既统一，似不容于相邻甚近之地置两鄀，余以为紫陵县之鄀州，并梁国后即废，《志》谓大业废者必误。"

又废武山入焉。有武陵山。

【集释】《杨考》："《寰宇记》引《郡国志》：《左传》谓楚武王卒于樠木之下，即此山也。《纪胜》：在长林县利阳西三十里，今曰武陵大谷。"

【编者按】乐乡，治今湖北钟祥市西北。

丰乡　西魏置，

【集释】《杨考》："《新唐书·宰相世系表》：杜徽，隋时封丰乡县侯。"

又置基州

【集释】《杨考》："《纪胜》引《图经》云：西魏平汉东，立基州，统章山郡，在汉水之东，《周书·薛端传》：基州地接梁、陈。《周书·萧詧传》：周以基、平、鄀三州归梁。"

及章山郡。开皇七年郡废，大业初州废。

【编者按】丰乡，治今湖北荆门市东南马良镇。

章山　西魏置，曰禄麻，及立上黄郡。

【集释】《杨考》："《周书·柳洋传》：洋为上黄郡守，梁国废，以郡归隋。"

开皇七年郡废，大业初县改名焉。

【编者按】章山，治今湖北荆门市北。

沔阳郡

沔阳郡　后周置复州，

【集释】《杨考》："《元和志》：周武帝置，取州界复湖池为名。《周书·裴宽传》：天和二年行复州事。按《志》下文'开皇初州移，仁寿三年复置州'十二字当在此下。"

大业初改曰沔州。

【集释】《求是》："《元和志》二一云：'大业三年，改复州为沔州。'按三年已罢州为郡，三殆二之讹。"

统县五，户四万一千七百一十四。

沔阳　梁置沔阳、

　　【集释】《杨考》：“《通鉴》梁大通五年，魏贺拔胜攻沔阳等郡，拔之。”

营阳、州城三郡。西魏省州陵、

　　【集释】《杨考》：“汉县。《梁书·柳惔传》：天监元年，封柳忱为州陵县伯。”

惠怀

　　【集释】《杨考》：“《宋志》：惠怀相，江左立，属江夏。”

二县，置县曰建兴。

　　【集释】《杨考》：“《元和志》：今沔阳县即后魏所置建兴县；《周书·萧詧传》：李广追封建兴县公。”

后周置复州，

　　【集释】《杨考》：“已见郡下，则此不当复。”

后又省营阳、州城二郡入建兴。

　　【集释】《杨考》：“《陈宣帝纪》：寻改复州为沔州。按此《志》云大业初始改沔州，与《陈书》不合。”

开皇初州移

　　【集释】《杨考》：“移于竟陵。”

郡废，

　　【集释】《杨考》：“废沔阳郡也。”

仁寿三年复置州。大业初改建兴曰沔阳，

　　【集释】《杨考》：“按《元和志》：梁天监二年于汉云杜县地置沔阳县，即今县东三十里沔阳故城是也。据此，则梁初即有沔阳县。《寰宇记》引刘澄之《永初山川记》：沔阳县东有鲁山。据此，则宋初亦有沔阳县。又《太平御览》一百七十一引《宋书·州郡志》：晋初立沔阳县为江夏郡治，又于临嶂置沌阳县，为郡治，寻移治安陆。按此所引者，何承天之《宋书志》，据此则晋初沔阳、沌阳二县并立，故《宋志》云：陶侃前治沔阳，后治武昌。必晋时有沔阳之名，故沈氏称之；至宋时又废，故沈氏不著。至梁时又复立，故《水经注》江水、沔水二篇沔阳、沌阳互见。或谓沔阳不见《晋志》，指沌阳为沔阳者，非也。《水经注》江水、沔水两见沔阳，皆先叙沔阳，而后及沌阳，明沔阳与沌阳为二县；沔阳在沌阳之西，非复临嶂山下之沌阳也。至《寰宇记》称沔阳本汉沔阳县地。宋白曰：复州沔阳，汉县也。按两《汉志》汉中郡有沔阳县，在今陕西汉中府，与此境地悬绝，乐史、宋白竟瞶瞶至此。郦道元死于萧宝寅之乱，当北魏之孝昌三年，正梁武帝之大通元年，于梁初之事得闻其详，故叙述明晰如此。《元和志》县东之说适与之合。惟西魏建兴县城在今州北二里，隋虽更名，而迁徙无闻。梁县在唐沔阳县东三十里，而《元和志》亦以故城目之。其废于魏、周时无疑也。”

州废，复置沔阳郡焉。

　　【编者按】沔阳，治今湖北仙桃市西南旧沔阳城。

　　【补阙】《杨考》：“按有云杜县，在今沔阳州西北。《一统志》：齐后废。《梁书·柳庆远传》：天监二年改封云杜侯。盖是时尚未废也。”

　　《杨考补遗》：“按有沔东郡。《通鉴》梁天监四年，雍州蛮、沔东太守田喜青叛，降魏，注：郡盖在襄阳府东、竟棱郡西。”

监利

【集释】《杨考》：“《寰宇记》引《荆州图副》：晋太康五年立，属南郡，《元和志》：太康五年分华容立。《宋志》引《晋起居注》：太康四年复立南郡之监利县，寻复省。《南史·齐武帝子子良传》：子昭胄，梁受禅，降封昭胄子同为监利侯。”

【编者按】监利，治湖北今县东北。

【补阙】《杨考》：“按后梁置监利郡。《周书·萧詧传》：大定五年，王琳遣将雷又柔袭监利郡，太守蔡大有死之。又《蔡大业传》：詧称帝，历监利郡守。《通鉴》陈永定三年注：后梁置监利郡。

又按汉华容县，在今监利县西北。宋、齐《志》并有之。《梁书·武帝纪》天监十年二月戊申，驺虞一见荆州华容县。又中大通三年六月癸丑，立昭明太子于南荆州刺史、华容公懽为豫章郡王。又《杜幼安传》：封华容县侯。当是梁时尚有华容县，但未详此《志》巴陵郡之华容是梁徙否也？互详后巴陵郡华容下。”

竟陵　旧曰霄城，

【集释】《杨考》：“《宋志》作‘宵城’，《齐志》作‘霄城’。《梁书·范云传》：天监元年封霄城县侯。《水经注》：沔水又东南流，注宵城县南大湖。‘霄’亦作‘宵’。”

置竟陵郡。

【集释】《杨考》：“《水经注》谓晋之竟陵郡治石城，在钟祥，此宋、齐移徙。”

后周改县

【集释】《杨考》：“各本脱此字，今据宋本增。”

曰竟陵。

【集释】《杨考》：“汉本有竟陵县，在今天门县西北。《一统志》：梁末废入霄城。《纪要》云：西魏废竟陵入霄城。”

开皇初置复州，仁寿三年州复徙建兴。又有京山县，

【集释】《杨考》：“《纪要》：齐、梁置。按后安陆郡有京山县，其壤地与此亦相接，疑彼大业所改角陵之京山即沿此旧名。或地略有迁徙，故《志》分著之。”

齐置建安郡，

【集释】《杨考》：“《纪要》云：后齐置。按《齐志》郢州有建安左郡，领霄城县，即此。《纪要》失检，遂意为之说。”

西魏改曰光川，后周郡废。大业初京山县又废入焉。

【编者按】竟陵，治今湖北天门市。

甑山

【集释】《杨考》：“《陈书》太建十二年，周司马消难以鲁山、甑山二镇来降。十四年，隋将元景山出汉口，遣别将邓孝儒攻甑山镇。是陈、隋之间，甑山县尝废为镇，当是开皇初复置。”

梁置梁安郡。西魏改曰魏安郡，置江州，

【集释】《杨考》："《通鉴》注辩正《周书》魏废帝三年改江州曰沔州即隋沔阳郡之甑山县，又陈太建十二年八月，周司马消难以郧、随等九州降陈，中尚有沔州，是周改沔州已二十八年。此《志》不言周改沔州，漏误无疑。《周书·裴宽传》：天和中，为沔州刺史。即此。又《陈书·程灵洗传》：为郢州刺史，进攻周沔州，克之，擒其刺史裴宽。"《杨考补遗》："又《隋书·韦世康传》：仕周，为沔、硖二州刺史。"

寻改郡曰汶川。

【集释】《杨考》本作"汉川"，并云："《名胜志》：以县南一里汉水为名，即《左传》之澨水也。"施和金《湖北订误》："汶川乃汉川之讹。《通典》汉汉县下云：'汉安陆县地，后魏为汉川郡，后废郡为县也。'（卷一八三）《寰宇记》（卷一三二）、《旧唐志》（卷四〇）皆云'后魏置汉川郡'。《舆地广记》云：'梁置梁安郡，西魏改曰魏安郡，寻改曰汉川郡。'（卷二八）《元和郡县志》汉川县下云：'因汉川为名也。'（卷二七）以上诸书，众口一辞，汉川郡、县盖因汉川为名，安得有汶川之说？汉、汶形类，故误。"

后周置甑山县，

【集释】《杨考》："《周书·李贤传》：乃迁江夏民二千余户以实安州，并筑甑山城。《寰宇记》：梁天监中置，周大象三年废。恐误。《隋书·宇文恺传》：文帝受禅，封甑山县公。"

建德二年州废。开皇初郡废。

【集释】《杨考》："《纪要》：大业末县废。"

有阳台山。

【集释】《杨考》："《纪胜》：阳台山，在汉川县，《纪要》：在县治南一里，俗讹曰羊蹄山。陈光大初，周沔州刺史裴宽请迁城于羊蹄山，以避水，即此。下有阳台渡。《寰宇记》：阳台庙在汉川县南二十五里，有阳台山，山在汉水之阳，山形如台。宋玉《高唐赋》云楚襄王游云梦之泽，梦神女曰'妾在巫山之阳，高丘之阻，朝朝暮暮，阳台之下'，遂有庙焉。今误传在巫峡中。县令裴敬为碑以正之。"

【编者按】甑山，治今湖北武汉市汉阳区西北。

汉阳　开皇十七年置，曰汉津，

【集释】《杨考》："《通典》：隋初置汉津县。《元和志》：晋置沌阳县，入陈废。隋开皇九年置戍，十七年废戍改置汉津县，属沔阳郡。"

大业初改焉。

【集释】《杨考》："《寰宇记》：大业二年改，以在汉水之南、居嶂山之阳为名。"

有沌水。

【集释】《杨考》："《水经·江水注》：沌水上承沔阳县之太白湖，东南流为沌水，迳沌阳县南，注于江，谓之沌口。"

【编者按】汉阳，治今湖北武汉市汉阳之西。

【补阙】《杨考》："按有沌阳县。《宋志》：江左立。在今汉阳县西。《一统志》：梁废。考《梁书·元法僧传》：

子景隆，封沌阳县公。《南史·周铁武传》：梁元帝承制，封沌阳县子。又《周书·李迁哲传》：降周，封沌阳县伯。则周初尚有此县。《元和志》所云隋入陈废者，当得其实。或谓梁改沌阳为沔阳，亦误。”

沅陵郡

沅陵郡　开皇九年置辰州。

【集释】《杨考》：“《元和志》：取辰溪为名。辰溪，蛮戎所居也。其人皆盘瓠子孙，或曰巴子兄弟八人，为五溪之豪。按州当废于大业三年。又此上当云‘旧置沅州，开皇九年改辰州’。详见武陵郡下。”

统县五，户四千一百四十。

沅陵

【集释】《杨考》：“汉置。《旧唐志》：沅陵，汉辰阳县地，隋改辰阳为辰溪，仍分置沅陵县。然则县治非汉县之旧。”

旧置沅陵郡。

【集释】《杨考》：“《元和志》：陈文帝置。按《陈书》在天嘉元年，详见下武陵郡下。陈为王国。《陈书·高宗二十九王传》：宣帝子叔兴，后主至德元年封沅陵王。”

平陈，郡废，大业初复。

【编者按】沅陵，治湖南今县。

大乡　梁置。

【集释】《杨考》：“《元和志》：梁置大乡县。《旧唐志》同。”

【编者按】大乡，治今湖南永顺县东老司城。

盐泉

【集释】《杨考》：“按《元和志》彭水县下有左、右盐泉，今本道官收其利。《寰宇记》：有盐井一，在彭水县东九十里，今煎。据此二说，则县当在今彭水县界也。”

梁置。

【编者按】盐泉，今地无考。

龙檦

【集释】《杨考》：“《纪胜》：今镇江寨南三十五里。……《舆地志》，县本在舞水之阴，后汉省入辰阳，隋初于此置辰州。”

梁置。

【集释】《杨考》：“《名胜志》：龙标山，在黔阳东。其山崒嵂，危耸如标。梁置龙标县以此。”

有武山。

【集释】《杨考》：“《水经·沅水注》：武溪源出武山。《元和志》引《武陵记》云：溪山高可十万仞，山中有盘瓠石，窟中有石似狗形。蛮俗相传即盘瓠也。……按宋本《寰宇记》，武山在卢溪县西一百八十里，当是与龙檦接界处。”

【编者按】龙檦，治今湖南洪江市西南旧黔阳。

【补阙】《杨考》:“按有潕阳县。本汉无阳,宋为舞阳,齐改‘潕’。《纪要》云:隋废。”

辰溪 旧曰辰阳。

【集释】《杨考》:“汉县。《水经·沅水注》:旧治在辰水之阳,故即名焉。《楚辞)所谓‘夕宿辰阳’者也。”

平陈,改名;

【集释】《杨考》:“《旧唐志》:汉辰阳县地,隋分置辰溪县。”

并废故夜郎郡,

【集释】《杨考》:“《宋志》:宁州夜郎太守,晋怀帝永嘉五年立。盖本汉夜郎县也。《寰宇记》牂州建安县有古夜郎城,在今石阡府西葛彰司西六十里,去辰阳甚远。盖辰阳之西土宇辽廓,与古夜郎相接,隋废夜郎,故附丽于此。又按《安顺府志》引《贵州纪事》曰:梁太清二年,宁州刺史徐文盛勤王,宁州空虚,诸郡多为爨氏所据,惟牂柯、平夷、南阳三郡为梁守,夜郎荒废,东徙于辰阳。然则梁、陈之夜郎,非古夜郎之地,或因此《志》为之说欤?”

置静人县,寻废。又梁置南阳郡、建昌县,陈废县。开皇初

【集释】《求是》:“此‘开皇初’应作平陈后解。”

废郡,置寿州,十八年改为充州,

【集释】《杨考》:“宋本《寰宇记》:充州废城在县西北。按《唐志》充州,武德三年以牂柯蛮别部置,不云因隋之旧。《通典》:充州在龙标西南四百里。今贵州松桃厅之西南。然则与《寰宇记》云在县西北不相应,或先置于此,至唐始移而南欤?”

大业初州废。有郎溪。

【集释】《杨考》:“按图志无郎溪名。《元和志》:朗溪县,汉镡城县之地。晋安帝省。贞观八年析龙标县置,在朗溪之侧。又按今铜仁府西北界曰顺溪,其山北有朗溪土司。此水东入麻阳县界,谓之麻阳河,又北至辰溪县入沅。盖即《汉志》、《水经注》之辰水,又即《元和志》之朗溪也。‘郎’、‘朗’字通。”

【编者按】辰溪,治湖南今县。

【补阙】《杨考》:“按有卢州,在今辰州府卢溪县西南。《元和志》:梁天监十年置卢州,隋末萧铣于此置卢溪县,以南溪为名。”

武陵郡

武陵郡 梁置武州,

【集释】《杨考》:“宋本《寰宇记》:梁太清四年,湘东王承制,割武陵郡置武州。《通鉴》梁大宝元年,湘东王绎、南平王恪为武州刺史,镇武陵。《梁书·王僧辩传》:世祖命武州刺史杜崱会僧辩。”

后改曰沅州。

【集释】《杨考》："《陈书·宣帝纪》：太建七年三月，改梁武州为沅州。与《志》合。然考《陈书·世祖纪》，天嘉元年三月，分荆州之天门、义阳、南平，郢州之武陵四郡置武州，其刺史督沅州，领武陵太守，治武陵郡。其都尉所部六县为沅州，别置通宁郡，以刺史领太守，治都尉城。据此，则陈之沅州不始于太建。沅州之置当在沅陵，与武州非一地。通宁郡之名，《志》亦未见。《水经注》：沅水又东迳沅陵县故治北都尉府。盖即陈通宁郡也。且《陈书·侯瑱传》：天嘉元年，授使持节，都督湘、桂、郢、巴、武、沅六州诸军事。《徐度传》：太尉侯瑱薨，以度代瑱为都督湘、沅、武、巴、郢、桂六州诸军事。又《吴明彻传》：世祖即位，授都督武、沅二州诸军事。《章昭达传》：天嘉二年，除使持节，都督郢巴武沅四州诸军事、郢州刺史。则武、沅二州不得混而为一明矣。又考《陈书》纪传，自太建以后，不见沅州之名。而《岳阳王叔慎传》：祯明元年．出为使持节，都督湘衡桂武四州诸军事、湘州刺史。则陈末尚有武州。《叔慎传》并云：祯明三年，隋师略地至湘州，武州刺史邬居业来赴难。是武州至隋灭陈始废。然则《陈书》太建七年当是并沅州入武州，而误为改武州为沅州。《隋志》承其误也。"

平陈，为朗州。

【集释】《杨考》："《纪胜》引《元和志》：开皇九年，改武州为辰州。又云：其年改嵩州。宋本《寰宇记》：开皇十六年．改嵩州为朗州。《旧唐志》：梁分武陵郡置武州，陈改武州为沅陵郡。隋平陈，改为嵩州，寻又改为朗州。按此足证平陈先置嵩州、后改朗州。然云陈改武州为沅陵郡亦误。"《求是》："辰、朗相近，由此知（樊）子盖自辰转嵩，乃朗州之嵩州，非豫州阳城之嵩州，与《地理志》十六年置嵩州，并非冲突，十六年既有新嵩州之置，故同年改旧嵩州为朗州，宋本《寰宇记》系改嵩为朗于十六年，尤属可信。《地理志考证》三补遗又云：'据本纪子盖为循州刺史在开皇十四年，则嵩州之置，当在其前。'于朗本称嵩之自说，殊嫌不相照应矣。"

统县二，户三千四百一十六。

武陵　旧置武陵郡。

【集释】《杨考》："汉置。梁、陈为王国。《梁书》武陵王纪、《陈书》武陵王伯礼是也。"

平陈，郡废，并临沅、沅南、汉寿

【集释】《杨考》："前汉索县，后汉改。《梁书·蔡道恭传》：天监中，封汉寿县公。"

三县置武陵县。大业初复置武陵郡。有望夷山、

【集释】《杨考》："《水经·沅水注》：沅南县西有夷望山，孤竦东流，浮险四绝。昔有蛮民避寇居之，故谓之夷望。此作'望夷'，未知孰是。"

龙山。

【编者按】武陵，治今湖南常德市。

龙阳

【集释】《杨考》："《元和志》：本汉索县地。吴分立龙阳县。隋平陈，属辰州。开皇十六年改属朗州。《旧唐志》：隋县，取洲名也。"有白查湖。

【集释】《杨考》："按县境有赤沙湖、太白湖，皆通洞庭。'白查'当即太白湖。"

【编者按】龙阳，治今湖南汉寿县。

清江郡

清江郡　后周置亭州。

【集释】《杨考》："《方舆胜览》：取都亭山为名。《纪要》：山在施州卫东北二百里。"

大业初改为庸州。

【集释】《杨考》："《名胜志》：隋并亭州入庸州，徙治盐水。"

统县五，户二千六百五十八。

盐水　后周置县，并置资田郡。

【集释】《杨考》："今长阳县西八十里有资丘，当即此。"

开皇初郡废，大业初置清江郡。

【集释】《杨考》："《舆地广记》：后郡徙而县省。"

【编者按】盐水，治今湖北长阳土家族苗族自治县西。

巴山

【集释】《杨考》："《寰宇记》：隋开皇五年，分佷山置巴山县。今长阳县北有山曲折似'巴'字，因以为名。"

梁置宜都郡、

【集释】《杨考》："见上夷道县注。"

宜昌县，

【集释】《杨考》："见上宜昌县注。《隋书·艺术传》：梁元帝时，封庾季才宜昌县伯。"

后周置江州。开皇初置清江县，十八年改江州为津州，大业初废州，省清江入焉。

【编者按】巴山，治今湖北长阳土家族苗族自治县西。

清江　后周置施州

【集释】《杨考》："《元和志》：周建德三年置。《方舆胜览》：东晋末，桓元诞窜太阳蛮中，筑城临施水，号施王城，子孙袭王。至后周保定初平之，以其地置施州。"《北周志》："《御览》一七一引《十道志》：施州清江郡，周武帝建德二年，酋长向邹兄弟四人相率内附，置施州。"

及清江郡。

【集释】《杨考》："《名胜志》：以清江水为名。"

开皇初郡废，五年置清江县，

【集释】《杨考》："盖移巴山之清江于此。按《元和志》：吴分巫县立沙渠县，至梁、陈不改。又《水经·江水注》：乌飞水北流迳建平郡沙渠县南。是梁尚未改之证。《纪要》谓隋改沙渠县为清江，是也。《志》不言沙渠始末，而今本《齐志》缺此一叶，《一统志》遂谓周置州不立县，误矣。”

大业初州废。

【集释】《杨考》：“《元和志》：义宁二年复置施州。”

有阳翟水。

【编者按】清江，治今湖北恩施市。

开夷　后周置，曰乌飞，开皇初改焉。

【集释】《杨考》：“《新唐志》谓义宁元年置开夷县。与《志》不合。”

【编者按】开夷，治今湖北恩施市北。

建始　后周置业州

【集释】《杨考》：“《元和志》：周建德三年置。”

及军屯郡。开皇初郡废，五年置县，

【集释】《杨考》：“《元和志》：周建德三年置建始县，后周以前无县邑。按《宋志》建始县，晋初立。《永初郡国》尚有建始县，则建始乃省于宋永初之后。谓周以前无县邑，误也。《旧唐志》云：周分巫县置建始县。与《元和志》合，当是复置县为州郡治。《志》并不及周置县，亦误。”

大业初州废。

【集释】《杨考》：“《旧唐志》：义宁二年复置业州。《方舆胜览》：州基山在建始县东三十五里，隋建业州于此。”《求是》：“《新唐书》四一误‘业’为‘叶’。”

【编者按】建始，治湖北今县东。

襄阳郡

襄阳郡

【集释】《杨考》：“《太平御览》引《荆州图副》：建安十三年，魏武平荆州，始置襄阳郡，以地在襄山之阳为名。然应劭以为在襄水之阳。互详后义清县下。”

江左并侨置雍州。

【集释】《杨考》：“《宋志》：晋孝武帝置。《御览》引《雍州记》曰：永嘉之乱，三辅豪族流于樊、沔，侨于汉侧、立雍州，因人所思以安百姓也。宋文帝因之，置南雍州焉。”

西魏改曰襄州，

【集释】《杨考》：“《元和志》：西魏恭帝改雍州为襄州。按恭帝二年平江陵。襄阳始归西魏。”

置总管府。

【集释】《杨考》：“按当曰后周置总管府。考《周纪》，武成元年始改都督诸州军事为总管，西魏无置总管事也。襄州总管置于保定二年，亦见《周纪》。”施和金《湖北订误》：“‘置总管府’前当补‘后周’二字，西魏无置总管府事。据《周书·明帝纪》：‘武成元年春正月己酉……初改都督诸州军事为总管。’（卷四）《通典》亦云：

‘后周改都督诸军事为总管，则总管为都督之任矣。’（卷三二）《文献通考》同（卷五九）。由此可见，总管一职，明帝武成元年始设。西魏只能有都督之设置。虽然，‘周改都督为总管，义则一也。’（《十七史商榷》卷六八）但见诸史书，则应分明。西魏为都督，即书都督；后周为总管，即书总管。《元和志》襄州下云：‘周置总管，隋置行台；’（卷二一）《周书·武帝纪》亦云：‘（保定二年）六月己亥……分山南荆州、安州、襄州、江陵为四州总管。’（卷五）据此，后周置襄州总管府至确。此‘后周’二字当补无疑。”

大业初府废。

【集释】《杨考》：“按《隋纪》，开皇六年十月，置山南道行台尚书省于襄州，以秦王俊为尚书令。”

统县十一，户九万九千五百七十七。

襄阳　带襄阳郡。

【集释】《杨考》：“《纪胜》：梁武起兵于此。《通典》：后梁萧詧附庸于西魏，而都于此。《元和志》：梁太清二年，岳阳王詧为雍州刺史。兄河东王誉为元帝所杀，詧怒，以州北附西魏。西魏克江陵，以詧为梁王，都江陵，为西魏藩国。”

开皇初郡废，大业初复置。有钟山、岘山、凤林山。

【编者按】襄阳，治今湖北襄阳市。

【补阙】《杨考》：“按汉中卢县，在今襄阳县西南。《南史·杜龛传》：元帝世封中卢县侯。则梁末尚未废。”

安养

【集释】《杨考》：“《元和志》：西魏置。”

西魏置河南郡，

【集释】《杨考》：“《元和志》谓西魏县属邓城郡，周天和五年改属襄州。《宋志》河南郡始治襄阳，大明中分沔北为境，非西魏始置也。齐末入魏。《通鉴》：梁天监五年，江州刺史王茂遣所署宛州刺史雷豹狼等取魏河南城，后魏遣平南将军杨大眼进攻河南城，茂逃还，城没于魏。”

后周废樊城、

【集释】《杨考》：“未知何时置县。按《周书·贺拔胜传》，子仲华，西魏大统三年，赐爵樊城公，疑县为西魏置。”

山都二县入，开皇初郡废焉。

【编者按】安养，治今湖北襄阳市樊口。

谷城　旧曰义城，

【集释】《杨考》：“《宋志》：晋孝武立。《元和志》、《寰宇记》并云：谷城，汉为筑阳县。按汉至宋筑阳今谷城县东四里，齐筑阳今谷城县东。宋义成今光化县西北，齐义城今谷城县东四里。盖齐徙义城于筑阳，而筑阳又他徙矣。《元和志》、《寰宇记》据在前之筑阳为说，此据在后之义城为说。至隋立谷城县，先废筑阳，后废义城，故《元和志》、《寰宇记》谓开皇七年改筑阳为谷城，此又云开皇十八年改义城为谷城也。”

置义城郡。

【集释】《杨考》：“《宋志》：晋孝武立。按《宋志》、《齐志》郡、县俱作‘义成’。《周书·李弼传》：子辉，西魏大统中进爵义城郡公。”

后周废郡，

【集释】《杨考》：“《周书·李和传》：保定二年进爵义城郡公。盖是时尚未废也。”

开皇十八年改县名焉。又梁有筑阳，开皇初废。

【集释】《杨考》：“见上。”

又梁有兴国、义城二郡，

【集释】《杨考》：“据此，则今谷城地梁有两义城郡，恐误。”《杨考补遗》：“《隋书·吐万绪传》：高祖受禅，拜襄州总管，进封谷城郡公。是隋初有谷城郡，此义城疑谷城之误。然云西魏废，亦不合。”

并西魏废。有谷城山、

【集释】《杨考》：“《水经·沔水注》：城在山上。春秋谷伯绥之邑也。《寰宇记》：在县西十里，上有石城，号曰谷城山。”

阙林山。

【编者按】谷城，治湖北今县。

上洪　宋侨立略阳县，

【集释】《杨考》：“《宋志》南天水郡有略阳县。”

梁又立德广郡。

【集释】《杨考》：“《周书·李和传》：保定二年，进爵义城郡公，寻又改封德广郡公。”

西魏改县曰上洪。开皇初郡废。

【集释】《杨考》：“《隋书·李彻传》：开皇十年后封德广郡公。按开皇三年罢郡，见于此《志》总序，而彻之封在十年后，可疑。”

【编者按】李彻开皇十年后封德广郡公，并不可疑。开皇三年至大业三年间，天下无郡，但在开皇九年至开皇末年期间，皇帝仍封赏了十个郡公、一个郡君；仁寿年间，封周罗睺为义宁郡公、杨玄感为淮南郡公、韩僧寿为新蔡郡公，史亦有明文。要之，封爵虽取郡名，然而并不代表郡之沿革，更不能证明该郡之存在与否，说详华林甫《〈隋书〉郡县封爵研究》（载《北朝研究》1991下半年刊）。

又梁置新野郡，

【集释】《杨考》：“按新野，晋郡，在今新野县南，宋、齐《志》皆有之。而《梁书·武纪》云：齐永元二年，高祖于沔南立新野郡，以集新附。与《志》合。盖齐末废，而梁移置于此。”

西魏改曰威宁，后周废。有亚山。

【编者按】上洪，治今湖北宜城市东。

率道　梁置。

【集释】《杨考》：“《元和志》：宋置华山郡，后魏改为宜城郡，周改宜城郡为率道县，属武泉郡。开皇三年罢郡，属襄州。似以率道为周置。然《寰宇记》：后魏分新野郡之池阳县地立率道县，属威宁郡。《舆地广记》：后魏分华山置率道县。按《地形志》无威宁郡、率道县，亦无华山郡县，当是西魏所改。《隋书·循吏传》：文帝受禅，封柳俭为率道县男。”

【编者按】率道，治今湖北宜城市西北。

【补阙】《杨考》：“按汉邔县，在今宜城县东北。《梁书·刘遵传》：晋安为雍州，引为安北谘议参军，带邔县令。则梁尚有是县。”

汉南　宋曰华山，置华山郡。

【集释】《杨考》：“《宋志》：胡人流寓，孝武大明元年立，治大隄村。《寰宇记》：即今宜城县也。”

西魏改县为汉南，属宜城郡。

【集释】《杨考》：“按《元和志》、《寰宇记》，后魏改华山郡为宜城郡。然《地形志》无宜城郡，后魏之地亦不至此。《元和志》每称西魏为后魏，此当亦西魏所改。盖魏之华山郡在大荔，西魏得汉南地，嫌复，故改之，于情事亦合。”

后周废武建郡及惠怀、石梁、归仁、鄀等四县入，

【集释】《杨考》：“按宋、齐《志》及《魏志》并无武建郡及此四县，盖梁置也。”

后省宜城郡入武泉。

【集释】《杨考》：“《寰宇记》：周保定四年，省宜城郡入率道县。”

又梁置秦南郡，

【集释】施和金《订补》：“元本、百纳本、四部备要本等作秦南郡，南监本、汲本、仿汲本、殿本等作：‘奉南郡’。《嘉庆重修一统志》（卷三四七）、《南北史补志》（卷六）、《补梁疆域志》（卷三）、《东晋南北朝郡县表》（卷九）均作秦南郡。光绪《湖北通志》云：秦南废郡在（宜城）县北，梁置。其地在黎邱城下秦州之南，故名。’（卷一八）则当以秦南郡为是。奉乃秦之讹。”

后周并武泉县俱废。有石梁山。

【集释】《杨考》：“《纪胜》引《南雍州记》云：石梁山，形似桥梁，白云起即崇朝而雨。”

【编者按】汉南，治今湖北宜城市。

【补阙】《杨考》：“按梁有华州。《梁书·庐陵王续传》：又出为使持节，都督荆、郢、司、雍、西、北秦、梁、巴、华九州诸军事。钱氏《考异》：巴、华二州建立年月，梁本纪失书。据《杜崱传》：父怀宝，官至梁州刺史。大同初，魏梁州刺史元罗举州内附，怀宝复进督华州。则华州盖置于大同初矣。”

阴城

【集释】《杨考》：“汉置阴县。《一统志》：西魏改。《纪胜》：隋改阴曰阴城。”

西魏置酂城郡，后周废。

【集释】《杨考》：“按《通鉴》梁中大通五年，魏荆州刺史贺拔胜遣军攻冯翊、安定、沔阳、酂城，皆拔之，则梁已置酂城郡矣。”《北周志》：“按《北史·裴侠传》：‘迁郢州刺史。梁竟

陵守孙暠、鄾城守张建并以郡来附。'是亦梁已置鄾城郡之证。《舆地纪胜》：'梁立鄾城郡，领阴、鄾二县。西魏因之。后周废为县，属襄城郡。'"

又梁置南阳郡，西魏改为山都郡，后周省。

【编者按】阴城，治今湖北老河口市西北。

义清　梁置，曰穰县。

【集释】《杨考》："按汉穰县在今邓州东南。此梁侨置。"

西魏改为义清，属归义郡。

【集释】《杨考》："按《齐志》宁蛮府义安郡有义清县，在南漳县境，当是梁改为穰县，西魏改义清，仍北齐之旧。"

后周废郡及左安、开南、归仁三县入焉。

【集释】《杨考》："宋、齐、魏《志》无此三县，当亦梁置。"

又有武泉郡，

【集释】《杨考》："《元和志》云：周率道县属武泉郡。则郡当是周置。"

开皇初废。有柤山、

【中华校】"柤"原作"祖"，据《寰宇记》一四五改。

【集释】《杨考》："《寰宇记》引习凿齿《襄阳记》：吴时朱然、诸葛瑾、万彧从沮中寻山险，道出柤中。'柤'，音如樝柤之柤。其地在上黄西界，去襄阳城一百五十里。按此是地名，非山称也。盖以地去山密迩，因名。旧传云司马宣王凿八叠山开路，于此停阻。"

灵山。

【集释】《杨考》："《纪胜》：又名奇峰，在洪山。"

有檀溪水、

【集释】《杨考》："《水经·沔水注》：又东合檀溪水。水出县西南柳子山东，为鸭湖溪水，自湖两分。北渠即溪水所导也。北迳汉阴台西，又北迳檀溪，谓之檀溪水。溪水傍城北注。昔刘备为景升所谋，乘的颅马西走，坠于斯溪。"

襄水。

【集释】《杨考》："《水经·沔水注》：一水东南出。应劭曰：城在襄水之阳，故曰襄阳。是水当即襄水也。《寰宇记》：荆楚之地，水驾山而上者皆呼为襄，其名元定。故陆澄之《地记》曰：襄阳无襄水也。按此说得之。今人呼汉水下流曰襄河，是其证也。"

【编者按】义清，治今湖北南漳县东北旧县铺。

南漳　西魏并新安、武昌、武平、安武、建平五县置，

【中华校】"武平"原作"平武"，"建平"原脱"平"字，据《南齐书·州郡志》下补改。

【集释】《杨考》："按《齐志》南襄郡领新安、武昌、建平、武平四县。《纪要》：周主邕封李穆为安武公，即此城。则本有安武。疑此《志》'平武'当作：'武平'，'建'下又脱'武'字。"

初曰重阳，

【集释】《杨考》："《元和志》云后

魏置，误也。”

又立南襄阳郡。

【集释】《杨考》：“按即改南襄郡为南襄阳郡。”

后周置沮州，寻废，

【集释】《杨考》：“《周书·武帝纪》：天和二年四月，省睢州入襄州。‘沮’与‘睢’古字通用。”

复改重阳县曰思安。开皇初郡废，十八年改县曰南漳。

【集释】《杨考》：“《寰宇记》：隋文帝三年改。”

有荆山。

【集释】《杨考》：“《元和志》：在县西北八十里，三面险绝，惟东南一隅才通入径。《纪胜》云：《禹贡》‘荆及衡阳惟荆州’注，北据荆山，即此，其旁有石室，云是卞和宅。”

【编者按】南漳，治湖北今县。

【补阙】《杨考》：“按有永宁郡。《梁书·张稷传》：普通四年，迁新兴、永宁二郡太守。《冯道根传》：天监十三年，出为新兴、永宁二郡太守。又《梁书·王僧辩传》：改封永宁郡公。《通鉴》简文帝大宝元年，湘东王绎以裴之高为新兴、永宁二郡太守，注：新兴郡置于江陵县界，永宁郡置于襄阳南漳县界。按有上黄县，在南漳县东南五十里。晋、宋、齐《志》并有之。《南史·梁宗室传》：萧晔，封上黄侯。西魏置上黄郡，县当属之。

按《齐志》宁蛮府所领郡有安定郡，在南漳县西北。《通鉴》梁中大通五年十二月，魏荆州刺史贺拔胜遣军攻安定，拔之。则梁尚有此郡也。”

常平　西魏置，曰义安，

【集释】《杨考》：“按齐宁蛮府有义安郡、义安县，在今襄阳县西，则非始置于西魏。”《北周志》：“按改常平，恐非西魏事。……《隋书·杨素传》：‘从王轨破陈将吴明彻于吕梁，封弟慎为义安侯。’按据此，义安迄周末未改名。”

置长湖郡，

【集释】《杨考》：“《周书·元定传》：周初封长湖郡公。”

后改县曰常平。开皇初郡废。又后魏置旱停县，

【集释】《杨考》：“《地形志》无此县。”

大业初废。

【编者按】常平，治今湖北襄阳市西。

【补阙】《北周志》：“按又有义安郡。《周书·李弼传》：‘次子晖，尚太祖女义安长公主。’”

都

【集释】《杨考》：“《元和志》：春秋都国之城，汉为若县。按宋、齐《志》并有都县。《梁书·武纪》：都令杜永兼别驾。则梁亦有都县。《水经注》：沔水又迳都县故城南。是县有移徙。余谓西魏置都州，当系于此，而《志》乃系于乐乡，乐乡虽亦汉若县地，未必即为都州治。况西魏至隋时代不远，都县、乐乡皆非新置，亦不得大有割

隶。凡《志》中如此者甚多，是在读者审之。”《杨考补遗》：“《纪要》宜城县鄀城云：后汉为鄀县，宋侨置冯翊郡，齐因之，后周郡、县并废。”

【编者按】鄀县，治今湖北宜城市东南。

【补阙】《杨考》：“按有广平郡。《通鉴》梁太清三年，杜岸奔广平，依其兄南阳太守巘。又云岳阳王詧使将军薛晖攻广平，拔之，获杜岸，送襄阳，注：晋渡江南，侨立广平郡于襄阳，宋以汉南阳郡之湖阳县为实土。”

《杨考补遗》：“按又有鄼县。《梁书·冯道根传》：广平鄼人。”

舂陵郡

舂陵郡　后魏置南荆州，

【集释】《杨考》：“《北史·蛮传》云：延昌元年，拜桓叔兴南荆州刺史，治安昌。据此则魏之南荆州当系之舂陵县。按《高湛墓志》：除使持节，都督南荆州诸军事、镇军将军、南荆州刺史。《墓志》镌于元象二年，是东魏仍有南荆州，《魏志》漏也。《隋书·周摇传》：父恕延，周时历南荆州总管。则周时仍有南荆州。”

西魏改曰昌州。

【集释】《杨考》：“《周书》：魏废帝三年，改南荆为昌州。与《志》合。按《梁书·周弘直传》：历云麾将军、昌州刺史。《周书·杨忠传》：攻梁齐兴郡及昌州，皆克之。是昌州不始西魏，非以南荆州改。盖梁、魏间南荆州治安昌，昌州治广昌，二州双立，非一地，《志》误。又按《周书》，武帝天和二年，以宪州入昌州。《席固传》：西魏末拜昌归宪三州诸军事、昌州刺史。宪州即南司州也，互详安陆郡吉阳县下。又《陈书·袁宪传》：京城陷，入于隋，隋授昌州刺史。”《北周志》：“按安昌、广昌两县皆今枣阳一县地，岂有一县之地，两州并立？今从《周纪》、《隋志》，不取杨说。”

统县六，户四万二千八百四十七。

枣阳　旧曰广昌，

【集释】《杨考》：“《元和志》：后汉分蔡阳立襄乡县，周改为广昌。按《寰宇记》，汉县城在枣阳县东北。”

并置广昌郡。

【集释】《杨考》：“《齐志》雍州有广昌郡。《周书·王士良传》：降周，赐爵广昌郡公。《隋书·文帝纪》：周大象二年，以二十郡为隋国，中有昌州之广昌。”

开皇初郡废，仁寿元年县改名焉。

【集释】《杨考》：“《元和志》：因枣阳村为名。《纪胜》：避太子讳也。”

大业初置舂陵郡。又西魏置东荆州，寻废。有霸山。

【集释】《杨考》：“《纪胜》：霸山，

旧属随州，新拨隶枣阳。据此《志》则本属枣阳。”

有溲水。

【集释】《杨考》：“《纪胜》：南搜河，以枣阳东北一百里，北流入唐州界。疑‘溲’即‘搜’之误。”

【编者按】枣阳，治湖北今市。

春陵

【集释】《杨考》：“汉置春陵县，晋废。《水经注》谓光武改春陵为章陵，魏黄初改为安昌，误也。详赵一清《水经注释》。《一统志》：周复置春陵县。”

旧置安昌郡，

【集释】《考异》卷三三：“《北史·蛮传》云：延昌元年，拜桓叔兴南荆州，居安昌。是南荆州治安昌也。《魏志》无此州。”《杨考》：“《一统志》：周置。《周书·李昶传》：武成二年，以昶及安昌公元则为纳言。《隋书·文帝纪》：周大象二年，以二十郡为隋国，中有昌州之安昌。”

开皇初郡废。又后魏置丰良县，

【集释】《杨考》：“《地形志》无此县。”

大业初废。有石鼓山。有四望水。

【集释】《杨考》：“《纪胜》：四望山，在枣阳县东北一百里，四望远近皆见。按水当与山近。”

【编者按】春陵，治湖北枣阳市南。

【补阙】《杨考》：“按汉安昌县，在今枣阳县东，宋初废，故《水经·白水注》：白本出安昌县故城东北。然考《梁书·张齐传》，高祖受禅，封齐安昌县侯，盖梁复置也。”

清潭

【集释】《杨考》：“《纪要》：西魏置。”

有大洪山。有淯水，

【集释】《杨考》：“《志》已载淯水于豫州淯阳郡武川县下。其经流亦不近清潭，必字误。”

【编者按】清潭，治今湖北枣阳市南清潭镇。

湖阳 后魏置西淮安郡及南襄州，

【集释】《杨考》：“按《地形志》襄州西淮郡无‘安’字，而后魏有西淮州，则此‘安’字衍无疑。”《杨考补遗》：“《通鉴》梁中大同元年，魏淮阴太守晋鸿以湖阳来降。胡身之引此《志》谓：‘淮阴’当‘淮安’之误。而未考《魏志》只有西淮也。”

后郡废，州改为南平州。

【集释】《杨考》：“按下‘州’字衍。《地形志》不言改南平州事。”

西魏改曰昇州，后又改曰湖州。

【集释】《考异》卷三三：“案《周本纪》，魏废帝三年，改南襄为湖州，南平为昇州。是南襄与南平明是两州，《隋志》似混而为一。”《杨考》：“《周书·文帝纪》：魏废帝三年正月，改南襄，为湖州；改南平为昇州。钱氏云：据此纪，则南襄、南平实是两州，《志》混而为一，非也。今按《周书·

杨忠传》，西魏时，授忠都督三荆等十五州诸军事，中有南襄州及平州，益见南襄、南平为二州。又《贺兰祥传》，西魏大统十四年，除都督三荆等十二州诸军事，中亦有南襄州及平州。又《泉企传》，子仲遵，西魏时复为三荆等十三州诸军事，中亦有南襄州及平州。《元和志》：后魏孝庄帝于湖阳县立湖州。”《北周志》：“按杨氏之说极是。庾信《周柱国大将军拓拔俭神道碑》：俭大统六年都督三荆等十二州诸军事，有南襄州及平州，是两州并立之说可信，此昇州疑不久即废入湖州。”

【编者按】《隋书》卷四十二《李穗林传》：开皇十年，出为湖州刺史。即此。

后周改置昇平郡。开皇初郡废。仁寿初改曰昇州，大业初州废。又后魏置顺阳郡，

【集释】《杨考》：“《地形志》：广州顺阳郡，太和中置县，后改。”

西魏改为柘林郡。后周省郡，改县曰柘林。大业初县废入焉。

【集释】《杨考》：“《纪要》：柘林废县，在湖阳城东北。”

有蓼山。

【集释】《杨考》：“《左传》桓十一年杜注：蓼国，今棘阳县东南湖阳城。按晋时县废，故云‘城’也。《寰宇记》：蓼山在县东北二里。”

【编者按】湖阳，治今河南唐河县南湖阳镇。

上马　后魏置，曰石马，

【集释】《杨考》：“《寰宇记》引《周地图记》：以县南石马为名。

后讹为上马，因改焉。

【集释】《杨考》：“《地形志》南襄州襄城郡有上马县。《寰宇记》：隋废。盖废于隋末。”

有钟离县，

【集释】《杨考》：“按《地形志》西淮郡领钟离、襄城二县。”

置洞州、洞川郡。

【集释】《杨考》：“《地形志》无此州、郡，当是西魏置。”

后周州废，

【集释】《杨考》：“《周纪》：天和二年四月，省洞州入湖州。”

开皇初郡废。十八年改钟离曰洞川县，大业初废入焉。

【编者按】上马，治今河南唐河县。

蔡阳

【集释】《杨考》：“汉置，宋省，齐复置东蔡阳、西蔡阳二县。或是齐后并为一，梁及东魏当并有此县，属蔡阳郡，《地形志》失载也。《隋书·李彻传》：周武帝时封蔡阳县公。”

梁置蔡阳郡，

【集释】《杨考》：“按《齐志》宁蛮府有蔡阳郡，此当云‘齐置’。又魏武定八年修《太公吕望表碑阴》有故板受蔡阳太守尚兰椿。《周书·萧㧑传》：建德元年，封蔡阳郡公。《隋纪》：周大象二年，以二十郡为隋国，中有蔡州之蔡阳。”施和金《湖北订误》：“据《南齐书·州郡志》，其宁蛮府有蔡阳郡，领东蔡阳、西蔡阳等六县（卷一

五），则此蔡阳郡非梁置，当作：'齐置蔡阳郡'。"

后魏置南雍州。

【集释】《考异》卷三三："案魏之南雍州治蔡阳，魏收《志》无之。"《杨考》："《地形志》无此州。"

西魏改曰蔡州，

【集释】《杨考》："《周纪》：西魏废帝三年正月，改南雍为蔡州。《周书·薛端传》：孝闵帝践阼，出为蔡州刺史。"

分置南阳县，

【集释】《杨考》："《纪要》：南阳城，在枣阳县东南三十二里。"

后改曰双泉；

【集释】《杨考》："《隋书·宇文恺传》：周初赐爵双泉伯。"

又置千金郡、

【集释】《杨考》："《周书·权景宣传》：天和初，进爵千金郡公。"

漻源县。

【集释】《杨考》："《纪胜》：漻源山，在枣阳县南七十里，亦名石虎山。"

开皇初郡并废，大业初州废，双泉、漻源二县并废入焉。有唐子山、

【集释】《杨考》："《纪胜》：今唐城镇之南地名唐里。按春秋之唐国在今随州西北，与蔡阳相接。"

大鼓山。有漻水。

【集释】《杨考》："《纪胜》引《襄沔记》：浸水源出枣阳县石鼓山，经襄阳县界一百五十里西流入汉，不通船运。"

【编者按】蔡阳，治今湖北枣阳市西南蔡阳镇。

汉东郡

汉东郡　西魏置并州，后改曰隋州。

【集释】《杨考》："《通典》同。《寰宇记》：西魏置并州，寻废。大统十六年，改隋郡为隋州。今考《周文帝纪》，西魏废帝三年正月，改并州为隋州，则置并州后未废，改隋州亦不在大统十六年，《寰宇记》之说误。又《周书·权景宣传》：与杨忠取梁将柳仲礼，拔安陆随郡。久之，随州城民吴士英等杀刺史黄道玉，景宣以计执而戮之。朝议以景宣威行南服，乃授并安等六州诸军事、并州刺史。则并州之先已有随州之名。"《求是》："'随'字去'走'为隋，故州名亦改。"

统县八，户四万七千一百九十三。

隋　旧置随郡，

【集释】《杨考》："《水经·涢水注》：晋武帝太康中立为郡。《元和志》：晋太康九年，分义阳置随郡。又《晋书·随穆王整传》：太康九年，以

义阳之平林益王子迈为随郡王。是随郡置于晋太康中至确。《纪胜》因《晋志》不书，遂以《元和志》之说为非，亦未知《晋志》之疏漏也。宋改随阳，齐复。《隋书·高祖纪》：周时袭爵隋公，进封隋王，受禅为帝。”

西魏又析置溳西郡及溳西县。

【集释】《杨考》：“盖因杨忠克义阳，地入西魏，改溳西为下搓，故于此置溳西郡、县。详见后唐城县下。”

梁又置曲陵郡。

【集释】《杨考》：“《通典》作：‘曲阳’。”《北周志》：“按《通典·州郡典》、《寰宇记》均谓梁置立曲阳郡，不曰曲陵郡。”

开皇初郡并废。大业初废溳西县，寻置汉东郡。

【集释】《杨考》：“《通典》：炀帝分随州地置汉东、春陵二郡。”

【编者按】隋县，治今湖北随州市。

【补阙】《杨考》：“按周隋州所领有崇业郡。《周书·晋荡公护传》：明帝二年，封子至为崇业郡公。《儒林传》：乐逊，大象初，进爵崇业郡公。《隋书·文帝纪》：周大象二年，以二十郡为隋国，中尚有隋州之崇业。则郡盖隋初始废。”《北周志》：“随州有此郡至确，当在今湖北随州市境内。建置不详，领县无考。”

土山

【集释】《杨考补遗》：“《水经·溳水注》：均水出大洪山，东北流迳土山。”

梁曰龙巢，置土州、

【集释】《杨考》：“《梁书·羊鸦仁传》：诏鸦仁督土州，刺史桓和之等趣悬瓠。又《周书》，司马消难以所管九州八镇降陈，中有土州。”《杨考补遗》：“《隋书·杜彦传》：击陈吴明彻于土州，破之。”

东西二永宁、真阳三郡，及置石武县。

【集释】《杨考》：“《纪要》：在土山东。”

后周废三郡为齐郡，改龙巢曰左阳；又有阜陵县，

【集释】《杨考》：“《纪要》：在土山东南，梁置。”

改为漳川县。

【集释】《杨考》：“‘改’上当有脱字。”

开皇初郡废。十八年改左阳为真阳，石武为宜人。大业初又改

【集释】《杨考》本作“置”，并云：“当作‘改’。”

真阳为土山，州及宜人、漳川并废入焉。

【编者按】土山，治今湖北随州市东北。

【补阙】《杨考》：“按周土（《隋纪》作‘士’）州所领有永川郡。《隋书·文帝纪》：周大象二年，以二十郡为隋国，中有土州之永川。则郡盖隋初废，《志》失书。又二十郡中有温州之宜人，《志》亦不载。隋开皇中改石武县为宜人，盖因旧郡得名。”《北周志》卷五亦著录永川、宜民二郡，并云：

"按宋有宜民戍，梁未有宜民蛮王，北齐并有遥封宜民郡公。宜人即宜民郡，唐臣为唐太宗文皇帝讳改也。"

唐城　后魏曰㶏西，置义阳郡。西魏改㶏西为下溠，

【集释】《考异》卷四〇："《北史·序传》：'（李行之，开皇初）除唐州下㶏郡太守'。按《隋志》，西魏改㶏西县为下溠，不言隋置下㶏郡。"《杨考》："《晋志》荆州义阳郡有厥西县，宋属司州随阳郡，齐属司州随郡，字又作'阙'，即此㶏西县也。'厥'、'㶏'、'阙'，音通。《水经·涢水注》：溠水出随县西北黄山，南迳㶏西县西，又东南，㶏水入焉。㶏水出桐柏山之阳。吕忱曰，水在义阳。溠水东南迳溠西县西，又东南注于溠。《寰宇记》：下溠戍，梁天监中置，在枣阳县东北一百里。后魏正光初南伐，破之，置为镇。后梁又收复之，却为郡。《周书·杨忠传》：侯景渡江，梁武丧败，其西义阳太守马伯符以下溠城降，自是其地始入西魏。其后又改下溠戍为郡，属唐州。《北史·序传》：李行之，开皇初除唐州下溠太守，是其证也。若元魏时改戍为镇，旋即失之，并无置郡县事。《志》文'后魏'为'旧置'之误无疑。"《北周志》："按隋初已称下溠郡，盖北周世所改。"

又立肆州，

【集释】《杨考》："《周书·权景宣传》：授并、安、肆、郢、新、应六州诸军事。"

寻曰唐州。

【集释】《杨考》："《周纪》：西魏废帝三年正月，改肆州为塘州。按'唐'作'塘'，非。"

后周省均、

【集释】《杨考》："《周书·文帝纪》：魏废帝三年正月，改恒州为均州。《志》不言先为恒州，略也。按此均州即隋于武当复立之均州也。"

款、

【集释】《杨考》："《周书》作'颍'，见下。"

涢、

【集释】《杨考》："《梁书·杜龛传》：世祖以为持节、忠武将军、郧州刺史。按郧州置于后周，至隋不改，详见安陆郡下。杜龛之郧州，疑即此涢州。'涢'、'郧'字误耳。"《求是》："按《考证》所举郧州总管司马消难，为周大象二年事，郧州总管宇文亮，为周宣帝时事，并无隋代尚设郧州之左证。"

归

【集释】《杨考》："《通鉴》梁大同九年，魏南郢州刺史耿令贵，《〈通鉴〉注辨正》：考《周书·本纪》，魏废帝三年改南郢为归州，其地在今随州西北。则归州之先为南郢州，《志》不言，略也。按《地形志》有南郢州，所领皆侨县，不言治所，当即此郢州也。"

四州入，

【集释】《杨考》："《周书·武帝纪》：天和五年，省东南诸州，以颍州、归州、涢州、均州入唐州。"

改曰唐州。又有东魏南豫州，

【集释】《杨考》："（《地形志》）无。"

至是改为溉川郡，又置清嘉县。开皇初郡并废。十六年改下溠曰唐城，

【集释】《杨考》："按《元和志》：梁置下溠戍，魏改为下溠镇，开皇三年改镇为唐城县。与此不同。又云：大业三年废。"

大业初州及诸县并废入焉。有清台山。有溉水。

【集释】《杨考》："《水经注》：溉水出桐柏之阳，东南迳溉西县，又东南流入于溠。"

【编者按】唐城，治今湖北随州市西北唐县镇。

安贵　梁置，曰定阳，又置北郢州。西魏改定阳曰安贵，改北郢州为欵州，

【集释】《杨考》底本作'款'，并云："此亦作'款'，疑《周书》作'颖'误。"

又寻废为涢水郡，别置戟城郡及戟城县。后废戟城郡，改戟城县曰横山。

【集释】《杨考》："《名胜志》：横山在应山县南二里，山横县治前，故名。"

开皇初涢水郡废，大业初又废横山县入焉。

【编者按】安贵，治今湖北随州市西安居镇。

顺义　梁置北随郡。

【集释】《杨考》："按齐有北随安左郡，当是梁改。"

西魏改为南阳，析置淮南郡；

【集释】《杨考》："《隋书·文帝纪》：周大象二年，以二十郡为隋国，中有顺州之淮南。"

以厉城、

【集释】《杨考》："各本脱'以'字，今据宋本订。《元和志》：厉山，在随县北百里，厉山氏起于厉山。按县当以山得名。"

顺义二县立冀州，寻改为顺州；

【集释】《杨考》："《周纪》：魏废帝三年正月，改冀州为顺州。《陈纪》：太建十一年，周法尚奔周，周以为顺州刺史。"

又置安化县。

【集释】《杨考》："《纪要》：在顺义县西北。"《杨考补遗》：'隋《龙藏寺碑阴》有安化县开国侯，有邑县令任谊。沈涛《常山贞石志》谓隋五原郡之安化县置于开皇十一年，此碑立于开皇六年，已有开国公之封，史志之误显然。盖未考开皇六年之安化在顺义也。"

开皇初郡并废，十八年改安化曰宁化。大业初州废，改厉城为顺义，其旧顺义及宁化，并废入焉。有浮山。

【集释】《杨考》："《纪胜》：浮山在枣阳县北九十里。"

【编者按】顺义，治今湖北随州市北。

平林

【集释】《杨考》:“《元和志》:在随州东北八十八里。王莽末,关东起兵,陈牧、廖堪起兵,号平林兵。按晋置县,属义阳郡,宋属随阳郡,齐属东新安左郡。”

梁置上明郡,

【集释】《杨考》:“《梁书·陈庆之传》:表置上明郡。周属应州。《隋书·文帝纪》:周大象二年,以二十郡为隋国,中有应州之上明。《隋书·杨素传》:杨文纪封上明郡公。”

开皇初废。有漂水。

【编者按】平林,治今湖北随州市东北,

上明

【集释】《杨考》:“按《周书》,司马消难以九州八镇降陈,上明为八镇之一,隋盖因镇置县也。”

西魏置,曰洛平县,开皇十八年改名焉。有鹦鹉山。

【集释】《杨考》:“《寰宇记》:山在随县东北百十五里。石状如鹦鹉。”

【编者按】上明,治今湖北随州市东北。

光化　旧曰安化,

【集释】《杨考》:“《齐志》随郡安化县。”

西魏改为新化,后周又改焉。

【集释】《杨考》:“《元和志》:西魏文帝改安化为新化,废帝又改为光化。与《志》异。又《寰宇记》:南齐立安化县,西魏文帝改为光化县。”

【编者按】光化,治今湖北随州市东南光化铺。

安陆郡

安陆郡　梁置南司州,

【集释】《杨考》:“《寰宇记》:梁天监七年,置南司州。按《梁书》,夏侯亶、张惠绍、康绚、夏侯夔并为司州刺史,领安陆太守。”

寻罢。

【集释】《杨考》:“《梁书·陈庆之传》:表省南司州,复安陆郡。钱氏《考异》云:按庆之卒于大同五年,而《羊鸦仁传》大同七年除都督南、北司豫楚四州诸军事、北司州刺史,则其时尚有南司州。至太清元年,鸦仁始为司、豫二州刺史,镇悬瓠,南司之省盖在太清初。今按柳仲礼为司州刺史亦在此,盖自西魏取安陆始罢。”

西魏置安州

【集释】《杨考》:“《元和志》在大统十六年。”

总管府,

【集释】《杨考》:“《通典》同。按《周书·武帝纪》,保定二年置安州总管府,此云西魏,误也。《寰宇记》:后周改郧州及安陆郡。《通典》亦云:后周置涢州(‘涢’当作‘郧’)。而

《志》不书。按《隋纪》，周静帝时，以隋、郧诸州之郡为隋国。又《周书》：大象二年，郧州总管司马消难举兵。又《隋书·元景山传》：周宣帝时有郧州总管宇文亮。则周有郧州至确。然按开皇元年又以元景山为安州总管，是安、郧二州并置。《〈通鉴〉注辩正》疑郧州即置于安陆，是也。至《梁书·杜龛传》之郧州刺史，则当是唐城下之溳州，互详上。"施和金《湖北订误》："西魏无置总管府事，当作'后周置安州总管府。'《周书·武帝纪》：'（保定二年）六月己亥……分山南荆州、安州、襄州、江陵为四州总管。'（卷五）是为后周置安州总管府之证。"

开皇十四年府废。

【集释】《杨考》："《寰宇记》：炀帝初废州。按《陈纪》，太建十一年九月，改安陆郡为南司州。盖因司马消难以其地降陈也。《志》亦失书。"

统县八，户六万八千四十二。

安陆

【集释】《杨考》："《南史·梁始兴王憺子晔传》：初封安陆侯。"

旧置安陆郡。

【集释】《杨考》："《宋志》：宋孝武孝建元年分江夏立。《梁书·韦叡传》：叡至安陆，增筑城二丈余，更开大堑，起高楼。按梁为王国。《梁书》有安陆王大春。"

开皇初郡废，大业初复置郡。有旧永阳县，

【集释】《杨考》："宋置，属随阳郡。"

西魏改曰吉阳，

【集释】《杨考》："《名胜志》：有南吉、北吉二山，县在山之南，故名。宋谢述封吉阳侯于此。"

至是废入。

【编者按】安陆，治湖北今市。

孝昌

【集释】《杨考》："《宋志》：孝昌侯相，《永初郡国》、何志并无，徐志有，疑是孝武世所立。《旧唐志》：宋分安陆县置。"

西魏置岳州及岳山郡，后周州郡并废。

【集释】《杨考》："《寰宇记》：后魏置楚州，后周武帝三年改为岳州，及为岳山郡。隋废之。与此异。《隋书》有岳山王叔韶，至德元年立。按《周书·司马消难传》，隋文帝辅政，消难以所管九州八镇降陈，中有岳州，则周末尚未废也，岂废于是年平消难之后欤？疑《寰宇记》所云隋废者是。"《北周志》："按《周书·司马消难传》：消难以所管郧、随等九州八镇降陈，中有岳州，是《寰宇记》所谓州废于隋，其说至确。"

又有澴岳郡，

【集释】《杨考》："《纪要》：在孝感县东。西魏置。"

开皇初废。有凤皇冈。

【集释】《杨考》："《寰宇记》引任誉《荆州记》：安陆县东南四十里有凤皇冈。晋时有凤产乳其上。又晋永和四年，凤凰将九子栖集其上。"

【编者按】孝昌，治湖北今县。

吉阳　梁置，曰平阳，

【集释】《杨考》："盖因置义阳郡于此，故亦侨置平阳县。"

及立汝南郡。

【集释】《杨考》："《南史·邵陵王纶传》：复归齐，昌行收兵至汝南。即此。又《南史·梁汝南王大封传》：湘东王承制，封汝南王。"

西魏改郡为董城，

【中华校】"董"原作"重"，据《梁书·简文帝纪》、《舆地纪胜》七七改。

【集释】《杨考》："按当作'董城'。《纪胜》：吉阳县城，本名董城，因孝子董黯得名。《寰宇记》：魏大统十六年改郡。《梁书·简文帝纪》：大宝二年二月，邵陵王纶至安陆董城，为西魏所攻，军败死。"

改县曰京池。后周置澴州，

【集释】《杨考》："《寰宇记》在保定元年。《周书》作'环'，宋、齐《志》澴水亦作'环'。"

寻州郡并废。

【集释】《杨考》："按《周书·司马消难传》，以所管九州八镇降陈，中有环州，则周末尚未废也。"《北周志》："州盖废于隋开皇初元。"

大业初改县曰吉阳。

【集释】《杨考》："《元和志》在大业二年，因县北吉阳山为名。《寰宇记》在大业三年。"《杨考补遗》："盖徙西魏之吉阳于此。"

又梁置义阳郡，

【集释】《杨考》："《纪胜》：在孝感县北百里。按《齐志》有南义阳郡，治孝昌，则非梁始置也。"

西魏改为南司州，寻废。

【集释】《杨考》："《梁书·武纪》：天监三年八月，魏陷司州，诏以南义阳置司州。《郑绍叔传》亦云：司州移镇关南。则亦非西魏所改。《周纪》：魏废帝三年正月，改司州为宪州。周武帝天和二年，以宪州入昌州。盖并入春陵之昌州也。《志》亦失书。"

【编者按】吉阳，治今湖北孝昌县西北。

应阳　西魏置，曰应城，

【集释】《杨考》："按《宋书·恩倖传》，明帝封寿寂之为城侯。《元和志》、《旧唐志》、《寰宇记》亦谓宋置应城县，则应城置于宋无疑，而《宋志》无之，或偶漏欤？此言西魏置，误。"施和金《湖北订误》："《元和志》云：'应阳县，本汉安陆县地，宋于此置应城县。'（卷二七）《寰宇记》（卷一三二）、《旧唐志》（卷四〇）同。则应城县显非西魏置。查《南齐书·州郡志》安陆郡下有应城县；《宋书·州郡志》安陆郡下云领二县，然今本《宋书》只存安陆一县，脱一县。今新标点本《宋书》校勘记云：'按此云领县二而下实领安陆一县，疑脱去应城县。《南齐书·州郡志》有应城县。《元和志》、《寰宇记》并云分安陆立。本书孔季恭传言大明中安陆应城县民张江陵云云，则宋世安陆郡有应城县至确。'（卷三六）据上所述，按《隋志》例，此应阳县下当作：'旧置，曰应城。'"

又置城阳郡。

【集释】《杨考》："按周末属郧州。《隋书，文帝纪》：周大象二年，以二十郡为隋国，中有郧州之城阳。《名胜志》云：西魏以县置城阳郡，在今县北三里有古城寺，号妙高台，即蒲骚城。"

开皇初郡废，大业初县改名焉。

【集释】《杨考》："《寰宇记》在大业二年。按《周书·司马消难传》，以九州八镇降陈，应城为八镇之一，是隋时改镇为县也。"

有潼水、

【集释】《杨考》："《纪胜》：漳水在安陆县西五十里。《隋志》应阳有漳水，即此也。《胜览》：漳水在安陆县西五十里。沈括《笔谈》：清浊相揉者为漳水也。别有云梦之漳，与涢合流，色理如蝃蝀，数十里方混。是以'潼'为'漳'之误。按《水经·涢水注》：潼水出江夏郡之曲陵县西北潼山东南，流迳其县南县治石潼故城东，入安陆，注于涢水。则'潼'字非误。"

温水。

【集释】《杨考》："《元和志》：温汤水在京山县南十五里，壅以溉稻田，其收数倍。《寰宇记》：温泉在应城县西南三百二十里。人静则泉清，人闹则泉沸。《水经·涢水注》：温水出竟陵之新阳县东泽中，口径二丈五尺，垠岸重沙，端净可爱。靖以察之，则渊泉如镜，闻人声则扬汤奋发，无所复见。其热可以炟鸡。洪浏百余步，冷若寒泉。东南流注于涢水。"

【编者按】应阳，治今湖北应城市。

【补阙】《杨考》："按晋曲陵县在今应城县东南，宋省，齐复置。《通典》：汉随县地，梁置曲阳郡。《纪要》作梁置曲陵郡。"

云梦　西魏置。

【集释】《杨考》："《元和志》：大统末，于云梦古城置云梦县。《寰宇记》：西魏大统十六年，于云梦古城置云梦县，因以为名，属城阳郡。"

【编者按】云梦，治湖北今县。

京山　旧曰新阳，

【集释】《杨考》："《宋志》：竟陵郡新阳，《永初郡国》有，何、徐不注置立。疑宋置。《通典》：京山，晋、宋以下皆云新阳。《寰宇记》同。《水经·沔水注》：溾水出竟陵郡新阳县西南池河山东，流迳新阳县南。县治云杜故城，分云杜立。则晋、宋皆有新阳。"

梁置新州、梁宁郡。

【集释】《杨考》："《元和志》引《周地图记》曰：蛮人酋渠田金生代居此地，常为边患。梁普通末，遣郢州刺史元树讨平之，因置新州。《梁书·寻阳王大心传》：出为使持节，都督郢、南、北司、定、新五州诸军事。"

西魏改州为温州，

【集释】《杨考》："《元和志》在废帝二年，因温水为名。按《周纪》，魏废帝三年正月，改新州为温州。又按《陈书·周文育传》，高祖以侯瑱拥据温州，命文育讨之。又《陈书·南康愍王昙朗传》：郑万顷，周武帝时出为温州刺史。"

改县为角陵，又置盘陂县。

【集释】《杨考》："《名胜志》作'盘陀'，下同。《纪要》：在京山县西，或云置于钟祥县盘石岭下。"

开皇初郡废，大业初州废；改角陵曰京山，

【集释】《杨考》："《寰宇记》：因界内京山为名。"

废盘陂入焉。有角陵山、

【集释】《杨考》："《名胜志》：角陵者，以皂角镇有数丘陵多生皂角树故名，在县东七十里，入竟陵界。"

京山。

【集释】《杨考》："《纪胜》：京源山，在京山县东十里。"

【编者按】京山，治湖北今县。

富水　旧曰南新市。

【集释】《杨考》："后汉置县。《水经注》：中山有新市，故此加'南'。分安陆县立。宋改为新市。《梁书·胡僧祐传》：封新市县侯。则梁亦曰新市。"

西魏改为富水，

【集释】《杨考》："《元和志》：后魏改新市为富水，取县界富水为名。按后魏地不至此，当以《志》为正。《寰宇记》：隋置富水县。亦误。"

又置富水郡。

【集释】《杨考》："南、北监本、毛本误作'富人'，今据宋本订。《纪胜》引《志》亦作'水'。按《寰宇记》，梁太清四年，邵陵王纶为富水郡太守，是梁已有富水郡。"

开皇初郡废。

【编者按】富水，治今湖北京山县东北。

应山

【集释】《杨考》："《元和志》：开皇十八年，改永阳为应山。《舆地广记》：大业初改。《名胜志》：应山在县西南三十里，县以此名。"

梁置，曰永阳，

【集释】《杨考》："《元和志》：梁大同分随县置。《寰宇记》：梁大同二年置。按宋、齐《志》之永阳在应山北，此盖梁所徙置。"

仍置应州，

【集释】《杨考》："《元和志》：梁大同以随州北界应浓山戍置应州。《寰宇记》：梁大同二年立。《纪胜》：古应州城，在应山县东一百步。《周书·司马消难传》：以所管九州八镇降陈，中有应州。"《杨考补遗》："《周书·武帝纪》：建德六年七月，应州献芝草。"

又有平靖郡。

【集释】《杨考》："《隋书·文帝纪》：周大象二年，以二十郡为隋国，中有应州之平靖。"

西魏又置平靖县。

【集释】《杨考》："《元和志》：平靖关，在县北六十五里，因古平靖县为名。魏大统十七年置。《纪胜》：县城在应山县北麻阳市，今为平靖村。"

开皇初郡废，大业初州废，又省平靖县入焉。有大龟山、

【集释】《杨考》："《寰宇记》：大龟山，在县北六十里。《荆州记》云，有石自然若龟形。"

安居山。

【集释】《杨考》："《纪胜》：在随州东北一百十五里。"

【编者按】应山，治今湖北广水市。

永安郡

永安郡　后齐置衡州，

【集释】《杨考》："《寰宇记》：邾城去齐安郡东南百三十里，临江，与武昌相对。晋为西阳国，宋为西阳郡，齐分置齐安郡。北齐天保六年，于邾城西南面别筑小城，置衡州，领齐安郡。是以衡州在今黄冈县治。《齐纪》：天保十年正月，诏于麻城置衡州。则衡州又当在麻城县界。"

陈废，

【集释】《杨考》："《寰宇记》：陈武帝废。《陈书·周炅传》：太建五年，授安州刺史，都督安、蕲、江、衡、司、定六州诸军事。则陈宣帝时尚有衡州。又按《周书·静帝纪》，大象二年，诏南定、北光、衡、巴四州民为宇文亮抑为奴婢者并复其本业。盖因元年宇文亮拔黄城，此四州复入于周也。然则陈实未废衡州也。"

后周又置，开皇五年改曰黄州。

【集释】《杨考》："《舆地广记》：开皇初，移州治黄冈县。《元和志》：开皇三年置黄州，因古黄国为名。按黄国故城在光州定城县西二十里，则黄州非黄国之地甚明，而后来地志皆沿此说。《舆地纪胜》以非黄国之都，特黄国之地为解，不知黄国为楚附庸，其国境安能南至于江？据《元和志》于黄陂县下云：黄祖于此筑城，因名黄城镇，周大象元年改镇为南司州。《志》于黄陂县下'齐置南司州，后周改曰黄州'，然则后周之黄州因黄祖黄城镇为名，隋之黄州特移周之黄州治于黄冈耳，与春秋之黄国全不相涉。"《求是》："《元和志》二七云：'隋开皇三年罢郡，置黄州。'三、五字形相近，未详孰是。"'

统县四，户二万八千三百九十八。

黄冈　齐曰南安，

【集释】《杨考》："按《寰宇记》：黄冈，齐南安县地。《舆地广记》亦以黄冈为齐南安县所改。而《元和志》则谓隋改齐安为黄冈。考《齐志》，齐安、南安俱属齐安郡，大抵本相近之县，至隋置黄冈，二县并废，故或以为改齐安，或以为改南安也。《梁书·愍怀太子传》：初封南安县侯。《康绚传》：天监元年封南安县侯。"

又置齐安郡。

【集释】《杨考》："《水经注》：举水又西南迳齐安郡西。《陈纪》：太建五年九月甲戌，齐安城降。"

开皇初郡废，十八年改县曰黄冈。

【集释】《杨考》："《元和志》：因县东黄冈为名。"

又后齐置巴州，

【集释】《杨考》："《名胜志》：巴州者，以县东巴水为名。《水经注》：江水左则巴水注之。水出雩娄县之下灵山，即大别山，南历蛮中。又南迳巴水戍，南流注于江，谓之巴口。"

陈废。

【集释】《杨考》："《陈纪》：太建五年七月，西阳太守周炅克齐巴州城。按陈实未废巴州，详见上。"《杨考补遗》："《隋书·周法尚传》：高祖受禅，拜巴州刺史。是隋初尚有巴州。"

后周置，曰弋州，统西阳、

【集释】《杨考》："《宋志》：晋惠帝分弋阳为西阳国，属豫州。按宋改郡，属郢州，齐因之，梁、陈为王国。《梁书》有西阳王大钧，《陈书》有西阳王叔穆是也。又《陈书·宣帝纪》：太建七年八月，移西阳郡治保城。《水经注》：江水又左迳赤鼻山南，山临侧江川，又东迳西阳郡南，郡治即西阳县也。《晋书地道记》以为弦子国也。今黄冈东弦乡有西阳河。"

弋阳、边城三郡。

【集释】《杨考》："按此《志》误也。弋州之置，自因弋阳得名。考汉、魏弋阳郡、县皆在今光州西，汉之西阳县亦在光山县。晋、宋之西阳始在黄冈县东。边城郡本始于《宋志》之边城左郡，以豫部蛮民立。《齐志》有边城郡，《地形志》扬州、南朔州、南郢州俱有边城郡，皆在今光山左右。《通鉴》普通二年，义州刺史文僧明、边城太守田守德拥所部降魏，裴邃破魏义州刺史于檀公岘。《梁书·裴邃传》：邃深入魏境，从边城道，出其不意，破魏义州刺史于檀公岘。是因边城在光山，故云深入魏境。若在黄冈，安得云深入乎？《通鉴》胡注既据此《志》谓边城在黄冈，而又疑义州与边城皆置于安丰县界者，以考之史传皆不合也。窃谓周之弋州即改梁之义州。此《志》弋阳郡定城有废义州，即梁之义州也。其载入后魏有弋阳郡者，即此弋阳郡也。期思县下有陈置边城郡，即此边城郡也。乃《志》因弋州所统西阳郡在黄冈，遂并弋州亦牵连载入。又载弋阳、边城二郡于此，殊为大谬。此处直当书曰'又有西阳郡'，则合。互详扬州弋阳郡定城下、蕲春郡罗田县下。"

开皇初州郡并废，大业初置永安郡。

【集释】《杨考》："《寰宇记》：永安城，即楚相黄歇所都，隋郡取此为名。今有永安乡，在县北约十里。"

【编者按】黄冈，治今湖北武汉市新洲区。

【补阙】《杨考》："按有西阳县，在县东。宋、齐《志》并有，属西阳郡。当是开皇废郡时并废。"

黄陂

【集释】《杨考》："《寰宇记》：周大象元年开拓江淮，于古黄州西四十里独家村置黄陂县，属齐安郡。"

后齐置南司州。

【集释】《考异》卷三三："案《陈

书》，太建五年以黄城为司州，治下为安昌郡。盖因后齐南司州之名，即此黄陂也。黄州本因黄城得名，隋开皇初乃移于齐安。”《诸史考异》卷一三：“案《元和郡县志》：黄陂县，本黄城镇，周大象元年改镇为南司州。”《杨考》：“《寰宇记》：北齐武帝置。《元和志》：三国时，刘表为荆州刺史，以其地当江汉之口，惧吴侵轶，使黄祖筑城镇遏，因名黄城镇。周大象元年改镇为南司州。按《周书》，大象元年伐陈，杞国公亮拔黄城，江北尽平。此《元和志》所以云周改镇为南司州也。然陈已先置司州。《陈纪》：太建五年九月丁亥，鲁天念克黄城。十月，以黄城为司州，治下为安昌郡，浐湍为汉阳郡。三城依梁为义阳郡，并属司州。”《求是》：“《元和志》二七黄陂县下云：‘周大象元年，改镇为南司州。’《诸史考异》一三引之以疑《地理志》后齐置之说。按《魏书》一〇六中，南司州，武定七年复改置，领齐安等三郡，是南司州确置于后齐，《元和志》之言，未足专据也。”

后周改曰黄州，置总管府，

【集释】《杨考》：“《隋书·源雄传》：平尉迟迥之后，有黄州总管元景山。又《字文弢传》：除黄州刺史，在司马消难奔陈之时。是周改黄州置总管之证。”

又有安昌郡。

【集释】《杨考》：“《元和志》：安昌故城在县西南七十里，高齐筑捍陈寇。然则郡即为齐所置。”

开皇初府废。

【集释】《杨考》：“《隋书·文帝纪》：开皇六年十月，以叠州刺史、衡州总管周法尚为黄州总管。《周法尚传》：从柱国王谊击走陈寇，迁衡州总管。岁余，转黄州总管。至伐陈时，为行军总管，仍给黄州兵为帐内。是开皇初未废府也。”《求是》：“《地理志》不详州废。试以他郡之例例之，知开皇初将原为南司州之黄州，并入北齐原置之衡州，同时又改此衡州为黄州也。《地理志》于废并改名之处，往往简略其文，故初读之者辄难了了。”施和金《湖北订误》：“此云‘开皇初府废’不确。据《隋书·源雄传》：‘陈人……侵江北，西自江陵，东距寿阳，民多应之，攻陷城镇。雄与吴州总管于顗、扬州总管贺若弼、黄州总管元景山等击走之，悉复故地。’（卷三九）是平陈前黄州总管府未废。《隋书·高祖纪》记有开皇六年十月‘衡州总管周法尚为黄州总管’。又云：‘（开皇）九年……以黄州总管周法尚为永州总管。’（卷一）此亦可证隋初未废黄州总管府。此府废于何时，虽史无明文，但依理推之，当在平陈之后。开皇初既未废黄州总管府，则细阅黄陂县下志文，所废者当是安昌郡。府为郡之误，据《隋书·文帝纪》：开皇三年，‘罢天下诸郡’（卷一）。此安昌郡未见废于何时，如作‘开皇初郡废’，则正与开皇三年‘罢天下诸郡’合。且通检《隋志》，诸郡皆有开皇初废之记载，独此安昌郡无，岂不怪哉？故：开皇初府废’既与史实不符，则应作：开皇初郡废’。”

又后齐置浐州，陈废之。

【集释】《杨考》本作“产州”，并云："按'产'当作'浐'。《陈书·宣帝纪》：太建五年十月，以浐湍为汉阳郡，属司州。据此，则陈废浐州，改置为汉阳郡。按晋滠阳县在今黄陂县南。《梁书·王珍国传》：天监初，封滠阳县侯。"

【编者按】黄陂，治今湖北武汉市黄陂区北。

木兰 梁曰梁安，

【集释】《杨考》："按《齐志》安蛮左郡有木兰县，是原有木兰县，梁改之耳。《地形志》作'梁兴'。"

置梁安郡，

【集释】《杨考》："《地形志》梁安郡治建昌城，属北江州。"

又有永安、义阳二郡。

【集释】《杨考》："《通鉴》梁天监三年，诏于南义阳置司州，移镇关南，以郑绍叔为刺史。胡注：南义阳治鹿城关，隋为木兰县。盖因司州为魏所陷，故复于此立司州。后又改为北江州也。"

后齐置湘州，后改为北江州。

【集释】《杨考》："按《地形志》湘州，萧衍置，治大活关，领安蛮、梁宁、永安三郡。北江州，萧衍置，魏因之，治鹿城关，领义阳、齐昌、新昌、梁安、齐兴、光城六郡。《元和志》：大活关，在黄陂县北二百里。《纪要》：鹿城关，在黄州西北近木兰故城。然则湘州、北江州明系两地，此《志》既误梁为后齐，又合二州为一。又仅载湘州之永安、江州之义阳，其余并略之，皆其疏漏。钱氏《考异》谓后齐并省州郡，以北江入湘，又移北江之名于湘耳，理或然欤？互详扬州蕲春郡浠水下。"

开皇初别置廉城县，

【中华校】《魏书·地形志》中，北江州治鹿城关。《杨考》疑"廉城"是"鹿城"之误。

寻及州、二郡相次并废。

【集释】《杨考》本作"寻州及二郡相次并废"。

十八年改县曰木兰。

【集释】《杨考》："《寰宇记》：木兰山，在黄冈县西一百二十里，旧废县取此名为名。"

【编者按】木兰，治今湖北武汉市黄陂区北。

【补阙】《杨考》："按梁有齐昌郡。《邵陵王纶传》：纶收散卒屯于齐昌郡。《通鉴》注：齐昌在木兰县界。

又有齐州。《通鉴》大宝元年初，邵陵王纶以衡阳王献为齐州刺史，镇齐昌。又《陈书·侯瑱传》：都督江、晋、吴、齐四州诸军事。

麻城 梁置信安，又有北西阳县。

【集释】《杨考》："黄冈有西阳县，故此加'北'。《纪要》：在县西北。"

陈废北西阳，置定州。

【集释】《杨考》："按'陈'字误，当是'寻'字。《地形志》：南定州，萧衍置，魏因之，治蒙笼城。《梁书·安成王秀传》：天监十三年，司州变，田鲁生及弟鲁贤、超秀据蒙笼来降，高祖以鲁生为北司州刺史，鲁贤北豫州刺史，超秀定州刺史。又《夏侯亶传》：都督豫州缘淮南豫、霍、义、定五州诸军事。《通鉴》：梁大宝元年，定州刺史田龙祖迎邵陵王纶。二年，侯景将任约分兵袭破定州刺史田龙祖于齐安。又，是年湘东王绎讨侯景，有定州刺史杜合。《水经注》：举水西北流迳蒙笼戍，南梁定州治。《周书·权景宣传》：西魏时转安州刺史。梁定州刺史李洪远初款，后叛，景宜密袭破之。《陈书·周炅传》：初，梁定州刺史田龙升以城降，诏以为定州刺史。太建中，龙升以江北六州七镇叛入于齐，令炅率众讨平之。进号平北将军、定州刺史。据此诸证，则定州为梁所置无疑。”施和金《湖北订误》：“定州，诸书皆云梁置，此‘陈废北西阳，置定州，有误。’《魏书·地形志》云：‘南定州，萧衍置，魏因之。’（卷一〇六中）《梁书·安成王秀传》云：‘时司州叛蛮田鲁生、弟鲁贤、超秀，据蒙笼来降，高祖以鲁生为北司州刺史，鲁贤北豫州刺史，超秀定州刺史，为北境捍蔽。’（卷二二）《南史》同（卷五二）。《梁书·夏侯亶传》所记其都督五州中亦有定州（卷二八）。《周书·权景宣传》：‘梁定州刺史李洪远初款后叛。’（卷二八）《水经·举水注》：‘举水出龟头山西北，流经蒙笼戍南，梁定州治。’（卷三五）凡此，皆可证定州确为梁置。杨守敬《隋书地理志考证》云：‘陈字误，当是寻字。’（卷九）则此麻城县下当云：‘梁置信安，又有北西阳县。寻废北西阳，置定州。’”

后周改州曰亭州，

【集释】《杨考》：“《寰宇记》：岐亭河，在县西南八十里。《周炅传》，田龙升使弋阳太守田龙琰阵于亭川，即此。唐武德三年于县置亭州，盖因周之旧。”《杨考补遗》：“当是大象二年定州为周杞国公亮所拔，故改。然《隋书·字文弼传》：司马消难之奔陈也，除弼黄州刺史，寻转南定州刺史。是周初未改亭州。”

又有建宁、

【集释】《杨考》：“《纪要》：在麻城西。《地形志》建兴郡领建宁县，属沙州。《魏书·田益宗传》：梁建宁太守黄天赐筑城赤亭。”

阴平、

【集释】《杨考》：“《纪要》：梁时尝侨置阴平县于阴山下，在今麻城县东北六十三里。”

定城三郡。开皇初州郡并废，十八年县改名焉。

【集释】《杨考》：“《寰宇记》：周大象元年置麻城县。与此异。”

有阴山。

【集释】《杨考》：“《元和志》：阴山关，在县东北一百一里。《周炅传》：高景安于木陵阴山为其声援。”

【编者按】麻城，治湖北今市东。

【补阙】《杨考》：“按梁尝于此置沙州。《地形志》：萧衍置沙州，治白沙关。《寰宇记》：白沙关，在黄冈县西北二十里。《通鉴》大宝二年，有沙州刺史丁道贵，注：其地当在黄州黄冈县界。今考黄冈县界实无白沙关。《黄州志》：白沙关，在麻城县北九十里。钱氏《考异》云：此州未审所在。今英山县西南有白沙关，与麻城县接界，疑即梁所置沙州也。《隋志》麻城县有建宁郡，盖即沙州所领之建宁郡。”《杨考补遗》：“《水经注》：倒水出黄武关，南流迳白沙戍西。当即梁沙州治也。”

义阳郡

义阳郡

【集释】《杨考》：“《宋志》：魏文帝立。后省。晋武帝又立。《地形志》同。《水经·淮水注》称阚驷言：晋太始中，置义阳郡于安昌城。《通典》、《寰宇记》：晋于石城山上置义阳郡。《旧唐志》：晋自石城徙居仁顺。按《水经注》又云：城在山上，因倚陵岭。不云名石城。又载：石城山，即春秋之冥阨。不言是义阳城。今考安昌城在枣阳县东，石城山在信阳州东北，本非一地。《水经注》但言城在山上，要非石城山也。《通典》以下说皆误。”

齐置司州。

【集释】《杨考》：“按当云‘旧置’。《宋志》云：元嘉末侨立司州于汝南，寻废。明帝复立于义阳郡。《齐志》云：宋泰始中立司州于义阳。《地形志》亦云：刘彧置。而《通鉴》云：元嘉二十八年，以鲁爽为司州刺史，镇义阳。据《鲁爽传》，爽为司州刺史本镇汝南，加督义阳，领义阳内史。其时并未移司州于义阳，《通鉴》误耳。当以宋、齐《志》为是。”施和金《释例》：“‘旧置司州’误为‘齐置司州’。”

梁曰北司州，后复曰司州。后魏改曰郢州，

【集释】《杨考》：“《梁武纪》：天监三年八月，魏陷司州，诏以南义阳置司州。大通二年夏四月辛丑，魏郢州刺史元愿达以义阳内附，置北司州，后复改为司州。《通鉴》天监三年，魏人攻义阳，蔡灵恩势穷，降于魏，魏置郢州于义阳。又太清三年，司州刺史夏侯强降于东魏。然则梁天监三年初失义阳之司州，梁始以南义阳置司州。魏得义阳，改为郢州。大通二年，梁复得义阳，始置北司州，后废南义阳之司州，此遂去‘北’字，复称司州。至太清三年，夏侯强降东魏，魏复改为南司州。《地形志》：南司州，刘彧置。正始元年改为郢州。孝昌三年陷，萧衍又改为司州。武定七年复，改置南司州。其说与史传皆合。《志》谓齐置司州，又以魏改郢州在梁改司州之后，皆误。”

后周改曰申州，

【集释】《杨考》：“《元和志》：周武帝平齐改。《御览》引《十道志》：春秋申国之地。《周书·静帝纪》：大象二年七月，申州刺史李慧起兵。又《杜杲传》大象二年除申州刺史。又按《隋书·宇文弢传》：周武帝时，拜司州总管。则周时有司州，并置总管府，当是初平齐时所授也。”

大业二年为义州。

统县五，户四万五千九百三十。

义阳　旧曰平阳，

【集释】(杨考)："《魏志》：文帝黄初中，分平氏立义阳县。《元和志》：江左省入平春，孝武又改平春曰平阳。"

置宋安郡。

【集释】《杨考》："宋置。《宋志》义阳郡治平阳。又环水县下云：明帝泰始三年度属宋安郡，后省宋安，还此宋安本县名。孝武大明八年省义阳郡，所统东二左郡立为宋安县，属义阳。明帝立为郡。是宋之宋安领环水县，非置于平阳也。魏之宋安领乐宁、宋安二县，在今光山县西。乃知宋安郡置于近平阳之地，非置于平阳也。《纪要》谓周改义阳郡曰宋安。"

开皇初郡废，县改名焉。

【集释】《杨考》："《元和志》：开皇三年改平阳为义阳，属申州。大业二年属义州。"

大业初置义阳郡。有大龟山、

【集释】《杨考》："按《水经·淮水注》云：浉水源南出大潰山，又北迳贤首山西，又北出东南屈迳仁顺城南。疑大龟山即此。"

金山。

【集释】《杨考》："《纪胜》：在信阳军南一十里。《水经·淮水注》：浉水东南流，历金山北，山无树木，峻峭层峙。"

【编者按】义阳，治河南信阳市。

钟山　旧曰鄳。

【集释】《杨考》："汉置。按汉、晋、宋、齐《志》俱作'鄳'，惟《地形志》作'鄳'。《纪要》：'鄳'与'鄳'通。"

后齐改曰齐安，仍置郡。

【集释】《考异》卷三三："案《魏志》，南司州齐安郡、齐安县俱正始元年置，是齐安之名不始于后齐也。"

开皇初郡废，县改曰钟山。

【集释】《杨考》："《元和志》：高齐于鄳县置齐安郡，后改为万岁郡。隋开皇三年罢郡为齐安县，四年以近钟山，改曰钟山县；《寰宇记》亦云：高齐后改为万岁郡。按《北史·薛辨传》，薛迈，初封齐安县子，隋文帝受禅，改封钟山县子。与《志》合。"

有钟山。

【编者按】钟山，治河南信阳县东。

罗山　后齐置，曰高安。

【集释】《杨考》："《纪要》：在县西南二十里。"

开皇初废，十六年置，曰罗山。

【集释】《杨考》："《元和志》：十六年析钟山置罗山县。《纪胜》罗山县下引《元和志》：梁武帝置汝南郡于此，隋开皇三年析入钟山。今《元和志》无此文。"

【编者按】罗山，治河南今县西南。

礼山　旧曰东随，

【集释】《杨考》："《地形志》南司州永安郡有东随县。"

开皇九年改焉。有关官。

【集释】《杨考》："《地形志》东随

有黄岘关。”

有礼山。

【集释】《杨考》：“《元和志》：礼山关，在应山县东北一百三十里，因古礼山县为关。即《齐志》所谓武阳关也。按义阳有三关，曰平靖，曰黄岘，曰武阳。”

【编者按】礼山，治今湖北大悟县北。

淮源　后齐置，曰慕化，置淮安郡。

【集释】《杨考》：“按周属申州。《隋书·文帝纪》：周大象二年，以二十郡为隋国，中有申州之淮安。”

开皇初郡废，大业初县改名焉。

有油水。

【集释】《杨考》：“《水经·淮水注》：油水出平春县西南油溪，东北流迳平春故城南，又东曲岸北有一土穴，径尺，泉流下注，沿波三丈，入于油水，乱流南屈，又东北注于淮。”

【编者按】淮源，治今河南信阳县西北。

九江郡

九江郡　旧置江州。

【集释】《考异》卷四〇：“《北史·韦洸传》：‘及陈平，拜江州总管’。隋时，江州尝置总管府，而《隋志》失书。”《杨考》：“《宋志》：晋惠帝元康元年置。《水经注》：惠帝永平时置。《元和志》：晋武帝太康十年置，因江水为名。三说互异，未详也。初理豫章。《宋志》：成帝咸康六年移治寻阳。梁末改西江州。《梁书·敬帝纪》：太平二年正月，分寻阳、太原、齐昌、高塘、新蔡五郡置西江州，即于浔阳仍充州镇。《元和志》谓陈武帝于浔阳郡置西江州，江州复理豫章。文帝天嘉元年省西江州，江州还理浔阳。隋文帝平陈，置江州总管，移理湓城。大业三年，罢州为九江郡。又按《北史·韦洸传》：及陈平，拜江州总管。则《志》江州下当有‘平陈，置总管府’六字。又按《隋书·杨处纲传》：迁寻州总管。则隋初改寻州，并置总管府。”

【编者按】今中华书局标点本《隋书》卷四三《杨处纲传》作“迁秦州总管”，非“寻州”。参见天水郡“后周置总管府”句集释。

统县二，户七千六百一十七。

【补阙】《杨考》：“《陈书·华皎传》：天嘉三年，除仁武将军、新州刺史，资监江州。寻诏督寻阳、太原、高唐、南、北新蔡五郡诸军事、寻阳太守，假节将军，州资监如故。是陈尝于江州侨置新州。按梁置新州于京山，周废帝已改为温州，故知此新州无实土。”

湓城　旧曰柴桑，置寻阳郡。

【集释】《杨考》："《宋志》：晋惠帝永兴元年置，《纪胜》引《庐山记》：晋咸和九年，温峤自江北移于湓城之南。梁太清二年．萧大心因侯景之乱，欲依险固，乃移于湓口城，即今城也。梁、陈为王国。《梁书》有浔阳王大心，《陈书》有寻阳王叔俨。"

梁又立汝南县。平陈，郡废，又废汝南、柴桑二县，立寻阳县，

【集释】《杨考》："按寻阳本汉县，在江北浔水之阳，因名。晋温峤移于江南。《晋志》：安帝义熙八年省入柴桑。"

十八年改曰彭蠡。大业初置郡，县改名焉。

【集释】《杨考》："《元和志》：大业二年，改彭蠡为湓城。"

有巢湖、

【集释】《杨考》："《元和志》：巢湖故城，在浔阳县东四十二里。楚有二巢：一在庐江六县；其南巢，桀所奔处盖此地也。"

彭蠡湖。

【集释】《杨考》："《元和志》：在都昌县西六十里，与浔阳县分湖为界。《寰宇记》：湖周回四百五十里，内有石高数十丈，大禹刻其石以纪功焉。"

有庐山、

【集释】《杨考》："《元和志》：庐山在浔阳县东三十二里。本名嶂山。昔匡俗字子孝，隐沦潜景，庐于此山。汉武帝拜为大明公，俗号庐君，故山取号，周环五百余里，《寰宇记》：周武王时，匡俗有道术，结庐于此山，仙去，空庐尚在，故曰庐山。其山九叠，川亦九派。《水经注》：山四方，周四百余里，叠鄣之岩万仞，怀灵抱异，苞诸仙迹；其山川明净，风泽清旷，气爽节和，土沃民逸。嘉遯之士，继响窟岩；龙潜凤采之贤，往者忘归矣。秦始皇、汉武帝及太史公司马迁咸升其岩，望九江而眺钟、彭焉。"

望夫山。

【集释】《杨考》："《纪胜》：在德化县西北一百五里。又引《方舆记》：夫行役未回，其妻登山而望。每登山，辄以藤箱盛土，积日累功，渐益高峻，故名。"

【编者按】湓城，治今江西九江市。

彭泽　梁置太原郡，

【集释】《杨考》："《寰宇记》：在彭泽县东北五十里。顾野王《舆地志》云，梁武帝置。按《舆地广记》：梁置太康郡。'康'即原之误。陈为王国。《陈书》有太原王叔匡。"

领彭泽、

【集释】《杨考》："汉置。《陈书·鲁悉达传》：永定中封彭泽县侯。"

晋阳、

【集释】《杨考》："《寰宇记》：在彭泽县东北一百九十四里。顾野王《舆地志》云，梁武帝立，属太原郡。"

和城、

【集释】《杨考》："《寰宇记》：在彭泽东北二百二十里。顾野王《舆地志》云，江左立，属汝南郡。《齐志》庐江汝南有和城，属太原郡。"

天水。

【集释】《杨考》："《寰宇记》：在彭泽县东五十里。顾野王《舆地志》云，梁武帝置，以拟西水县。又《纪要》：一云彭泽县东又有西水废县，亦梁置，隋废。"

平陈，郡县并废，置龙城县。

【集释】《杨考》："《寰宇记》：在县西二里。《名胜志》：今县北龙城驿沿其名。"

开皇十八年改名焉。有钓矶。

【集释】《杨考》："《元和志》：在都昌县南一百二十里。昔陶侃尝钓于此，钓得一梭，化为龙而去。"

【编者按】彭泽，治江西今县。

【补阙】《杨考》："按《晋志》：元帝置上甲县，安帝时省上甲入彭城（'城'字误，当作'彭泽'）。今考梁长沙王萧昭，武帝时封上甲侯，盖梁复置。

又有乐城县。《寰宇记》：废乐城县，在彭泽县南三十九里。县城傍山为之，南北高险，东西平下。隋大业十三年，贼帅张善安据险，唐武德五年县平，至八年并入彭泽。则隋有此县矣。"

江夏郡

江夏郡　旧置郢州。

【集释】《杨考》："《宋志》：孝武孝建元年置。《宋书·何尚之传》云：时欲立郢州，尚之议宜治夏口，上从之。《通典》：梁武自襄阳东下，攻围二百余日方降。《通鉴》梁敬帝承圣元年，郢州刺史陆法和以郢州降齐，侯瑱攻郢州，齐以纂容俨戍之，瑱不能拔。齐人以城在江外难守，因割以还梁。《梁书·贞惠世子方诸传》：为郢州刺史，镇江夏。"

梁分置北新州，

【集释】《杨考》："《寰宇记》：梁武帝起兵襄阳，东下攻围二百余日方降，因分置北新州。按此误也。梁之北新州在竟陵，此《志》长寿县下有梁置北新州是也。盖梁之新州在京山，则江夏郡在南，安得有北新之名？考之史传、地志，并不在此。唯《寰宇记》有之，盖因此《志》误也。互见长寿县下。"

寻又分北新立土、

【集释】《考异》卷三三："案汉东郡土山县，梁置土州，而此地又立土州，一在江北，一在江南，岂同时有两土州乎？"《杨考》："见土山下。"

富、

【集释】《杨考》："当在富水县。"

涸、泉、豪五州。

【集释】《杨考》："今无考。"

平陈，改置鄂州。

【集释】《杨考》："《元和志》：州城本夏口城。吴黄武二年，城江夏，以安屯戍地也，西临大江。《寰宇记》：取鄂渚为名。《隋书·周法尚传》：伐陈之后，转鄂州刺史。"

统县四，户一万三千七百七十一。

江夏

【集释】《杨考》：“《寰宇记》云：隋平陈后，以江夏郡为县，居旧汝南县界。开皇十年，使人韦焜就州东南焦度楼下置。大业十三年，州贼董道冲陷没其县，遂废。《纪胜》：焦度楼，在州治东南子城上，即今县也。则县为隋置审矣。《志》当云‘开皇十年置’，乃不置一辞，竟似旧有江夏县者，此为疏也。”

旧置江夏郡。

【集释】《杨考》：“汉置。……《宋志》云：江夏郡，《永初郡国》及何志并治安陆，此后治夏口。余按《汉志》应劭曰：夏水过郡入江，故曰江夏。若在安陆，则去江甚远，不得取二水为名。前汉之江夏固应治沙羡，至后汉不改。及周瑜破黄祖，程普为郡守，后陆涣移治鲁山（见《水经注》），而魏王基亦表于上昶城立江夏郡（见《王基传》）。至晋始并鲁山之郡，而移于安陆，当即上昶城也。至《元和志》所云：涢水之北有江夏古城，周所理。盖谓北周也。其时夏口属陈，故周又于涢北立郡，而李吉甫以为近夏水，疑是汉郡所理，不悟其不近江水也。互详武昌县下。梁、陈为王国。《南史·梁临川王大款传》：太清三年，简文即位，封江夏郡王。《陈书》有江夏王伯义，天嘉六年封。”

平陈，郡废，大业初复置。有烽火山、

【集释】《杨考》：“《纪胜》：在江夏东北四十里，高十五丈。梁典云，武帝征齐，顿军于此，举烽火相应，故名。”

涂水。

【集释】《杨考》：“《水经·江水注》：涂水出江州武昌县金山西北，流迳汝南侨郡故城南。”

【编者按】江夏，治今湖北武汉市武昌。

【补阙】《杨考》：“按有汝南县。《元和志》：东晋以汝南流人侨立汝南郡，后改为汝南县。开皇九年改为江夏县。《寰宇记》引《荆湘记》：金水北岸有旧汝南城。《水经注》：咸和中，寇难南逼，户口南渡，因置斯郡，治于涂口。”

武昌

【集释】《杨考》：“汉置鄂县。《宋志》：魏黄初二年，孙权改为武昌。晋太康元年复立鄂县，而武昌如故。”

旧置武昌郡。

【集释】《杨考》：“《宋志》：魏黄初二年，权自公安都鄂，改名武昌，立武昌郡，以武昌、下雉、寻阳、柴桑、阳新、沙羡六县为武昌郡。而《宋志》引《晋起居注》：太康元年改江夏为武昌郡。按晋平吴后，江夏、武昌二郡并立，不得云改江夏为武昌。《吴志》：建安十三年，孙权擒江夏太守黄祖于沙羡，以程普为江夏太守，治沙羡。是时，孙权已得江夏郡。及二十五年，分置武昌郡，而江夏郡如故。此后陆涣、孙兴、孙承、蔡遗、刁嘉并为江夏太守。据陆涣治鲁山，则当皆因之，盖吴时已省沙羡《见〈宋志〉》，故知不复还故治。魏既失江南，故于上昶立江夏郡，晋因之。及晋平吴，乃并吴之江夏于武昌，此于情事为合。《晋起居注》记之不审耳。而《舆地纪胜》遂多设疑难，仍不能明也。按梁、陈为王国。《梁书·武纪》：大同三年三月戊戌，立昭明太子子謦为武昌郡王。《陈书·高宗二十九王传》：宣帝子叔虞，后主即位，封武昌王。又《陈书·世祖纪》：天嘉二年十一月，以武昌、国川为竟陵郡，以安流民。则陈尝侨置竟陵郡，又有国川县，《志》不书。”

平陈，郡废，又废西陵、鄂二县入焉。

【集释】《杨考》：“按西陵，汉至南齐诸《志》并有之。《括地志》：西陵故城在黄州黄山西二里。《元和志》：西陵故城在黄冈县西二里，因县东黄冈为名。是俱谓西陵在江北黄山之西也。《吴志·甘宁传》：拜西陵太守，领下雉、阳新二县。考二县在今兴国州地。宁为西陵守，而所领无西陵县。此暂置西陵郡于江南，而西陵县仍在江北之明证也。惟《水经注》：江水迳西陵县故城南。叙于邾城之后，似在今黄冈县东南，稍有差异。然其城仍在江北。其云故城，则已废可知。《齐志》西阳郡无西陵县，是已废于齐时，何以至隋复有西陵县？且在江北，何以云废入武昌？《水经注》又云：江水东历孟嘉逆江之右岸，有黄石山，即黄石矶。有西陵县治。此则在江南，当是齐、梁之间移置于此，故《水经注》两载之。乃悟在江北者，汉以后之西陵也；在江南者，梁、陈之西陵也。此《志》所省之西陵，在江南，故入武昌也。《舆地广记》：故西陵县，陈省入武昌。《南史·周炅传》：梁元帝承制，封西陵县伯。鄂县见上。”

有樊山、

【集释】《杨考》：“《水经注》：袁山即樊山也，北背大江。《元和志》：在县西南三里。谢玄晖诗‘樊山开广宴’是也。《寰宇记》：山东十步有冈，冈下有寒溪，溪中有蟠龙石。干宝《搜神记》云若天大旱，以火烧山，即致大雨。今往往有验。《胜览》：一名西山。”

白纻山。

【编者按】武昌，治今湖北鄂州市鄂城区。

【补阙】《杨考》：“按有城塘县，《寰宇记》武昌县下云；废城塘县，在鄂州西北一百十三里。隋末县令羲士暄置。西有小城塘，以为名。大业九年废。”《杨考补遗》：“按《隋书·周法尚传》：伐陈，法尚率舟师出樊口，陈城州刺史熊门超出师拒战，法尚擒之。城州，未详所在，疑即以城塘为州治也。”

永兴　陈曰阳新。

【集释】《杨考》：“《元和志》云：吴大帝分鄂县置阳新县。《吴书·吕蒙传》云：以寻阳、阳新为奉邑。《水经注》：阳新属豫章。按《晋志》阳新属武昌郡，宋、齐《志》并有之，何以云陈置耶？《名胜志》引《舆地记》：阳新故城在州西南，今阳新里沿其名。”

平陈，改曰富川。

【集释】《杨考》：“宋本《寰宇记》：故富川县在永兴县西南五十里平川。隋开皇九年，户部侍郎韦焜立，十一年并入永兴县。”

开皇十一年废永兴县入，

【集释】《杨考》：“《元和志》：陈永兴故城在永兴县东五十里，东临江水，俗云子胥所筑。宋本《寰宇记》：故永兴县，在今永兴县北八十里。《武昌记》云，隋开皇元年，黄普授桂州刺史，不得到任，领五百户住阖闾城，使人韦焜取东界江州废永兴县别置永兴县。十一年，使人牛弘并永兴县入富川县。又《寰宇记》：故安昌县，在今永兴县西北九十里平川，虽有县名，今无基址。梁普通七年置，隋开皇九年废并入富川县。又宋本《寰宇记》：故奉新县，在今永兴县西南一百八十三里。吴立，隋开皇九年废入富川县。”

十八年改名焉。

【集释】《杨考》：“《寰宇记》：居高陵故城。”

有五龙山。

【集释】《杨考》：“《寰宇记》：山有五岭，状如龙。”

【编者按】永兴，治今湖北阳新县。

蒲圻

【集释】《杨考》：“《水经·江水注》：晋太康元年置。《宋志》同。而《元和志》云：吴大帝置，因蒲圻湖为名。《寰宇记》亦云：吴黄武二年于沙羡地置。按《吴志·吕岱传》，赤乌九年，分武昌为两部，自武昌以上至蒲圻，为右部，则吴置审矣。《寰宇记》：开皇十二年，洪水泛溢，县遂漂流，乃移于鲍口。”

梁置上隽郡，

【集释】《杨考》：“《寰宇记》：大同五年，于上隽县置上隽郡，陈改为隽州，天嘉元年复故。《寰宇记》崇阳县下又云：梁承圣三年置隽州，陈天嘉四年废州。按《陈书·始兴王叔陵传》：后主以诛叔陵之功，以陈仲华为下隽太守。则陈改上隽为下隽，抑别置下隽郡欤?”

又有沙阳县，

【集释】《杨考》：“《宋志》：晋太康元年改沙羡曰沙阳，又立沙羡，而沙阳徙今所。《水经注》：江中有沙阳洲，沙阳县治也。”

置沙州，州寻废。

【集释】《考异》卷三三：“案《魏志》，沙州领建宁、齐安二郡，萧衍置，魏因之，治白沙关城。其地在今光山、麻城二县界。而江夏之沙阳又置沙州，然则梁时江北、江南各有沙州矣。”《杨考》：“《寰宇记》：梁承圣三年改沙阳为沙州，陈初复还县。今考《陈书·陈宝应传》，天嘉时有沙州刺史俞文冏，则沙州至陈文帝时未废。按《地形志》，萧衍置沙州，治白沙关城，则在今黄安地。是梁时江北、江南各有沙州。互详前麻城县最后。”

平陈，郡废。

【集释】《杨考》：“《寰宇记》：隋开皇九年，使人韦焜省上隽郡，废沙阳入蒲圻。《舆地广记》：隋省沙阳入蒲圻。”

有石头山、

【集释】《杨考》：“《纪要》：蒲圻县之北有白石山，居众山中独崒嵂。《寰宇记》：白头山，在江夏县东七十里。山巅有四石白色。”

鱼岳山、

【集释】《杨考》：“《水经·江水注》：山在大江中杨子洲南，孤峙中洲。按《纪要》：山在嘉鱼县西北二里，一名江岛山。”

鲍山。

【集释】《杨考》：“无考。据《寰宇记》言，县治鲍口，则当与县治近。”

【编者按】蒲圻，治今湖北赤壁市。

【补阙】《杨考》：“按有乐化县。《寰宇记》云：梁大同五年，于巴陵郡下隽县立乐化县，还属上隽郡。又云：开皇元年，使人韦焜又立乐化县，开皇十二年，使人牛弘省乐化入蒲圻。则梁置旋废，隋初复置，后废入蒲圻也。

按有下隽县。汉、晋属长沙郡，宋、齐属巴陵郡，梁属上隽郡，在今通城县西。《寰宇记》：隋开皇九年省入蒲圻。”

澧阳郡

澧阳郡　平陈，置松州，

【集释】《杨考》：“《纪胜》：古松州城在澧阳县东南大和南村。”

寻改为澧州。

【集释】《杨考》：“《纪胜》：以州在澧水之北，故以为名。《水经》：澧水出武陵充县西历山。”

统县六，户八千九百六。

澧阳

【集释】《杨考》：“按澧阳本晋置，在今石门县。隋徙置于此。详下石门。”

平陈，置县，大业初置郡。有药山。

【集释】《杨考》：“《纪胜》：山在县南八十里。昔多芍药，故名。”

有油水。

【集释】《杨考》：“《水经注》：油水出武陵孱陵县西，东过其县北，又东北入于江。”

【编者按】澧阳，治今湖南澧县东南。

石门

【集释】《杨考》：“《宋志》：澧阳，晋太康四年立。《水经·澧水注》：澧阳，天门郡治也。考《元和志》石门县即吴之天门郡，则晋之澧阳当治今之石门县，与隋置之澧阳相隔九十里。而《舆地广记》、《纪胜》俱叙于澧阳下，云：晋置县，宋因之，后省。误矣。《旧唐志》、《寰宇记》：隋废天门郡为石门县。是也。”

旧置天门郡。

【中华校】“天”原作“石”，据《宋书·州郡志》三、《水经》三七《澧水注》改。

【集释】《杨考》：“各本作‘石门’，误，今订。《宋志》：吴永安六年，以其地有松梁山，其上名天门，因置天门郡。《水经注》、《旧唐志》、《寰宇记》并作‘天门’。晋陈頵、王裕之、檀道济、梁胡僧祐并为天门太守。《纪要》：陈改石门郡，按《陈书·世祖纪》，天嘉二年七月，周将贺若敦自拔遁归，天门等郡悉平，则陈亦为天门。《纪要》因此误本为说耳。”

平陈，郡废。

【编者按】石门，治湖南今县。

孱陵　旧曰作唐，

【中华校】“唐”原作“塘”，据《宋书·州郡志》三改。

【集释】《考异》卷三三：“‘塘’当作‘唐’。”《杨考》：“‘塘’当作‘唐’。后汉置。”

置南平郡。

【集释】《杨考》：“《宋志》：晋太康元年分南郡江南置，治作唐，后治江安。按《齐志》南平郡以孱陵居首，当是齐自江安移于孱陵，后又自孱陵移于作唐也。梁、陈为王国。《梁书》有南平王伟，《陈书》有南平王嶷是也。”

平陈，郡废，县改名焉。

【集释】《杨考》：“按《志》南郡有孱陵，隋废入公安，故移于此。”

【编者按】孱陵，治今湖南安乡县北。

安乡

【集释】《杨考》：“《元和志》：隋置。《纪要》云：梁置。《名胜志》：陈析作唐置安乡县，为义阳郡治。当是也。”

旧置义阳郡。

【集释】《考异》卷三三：“案《宋志》，荆州有南义阳郡，晋末以义阳流民侨立，领厥西、平氏二县。其地在汉东郡。《唐城县志》称：唐城，后魏曰㵐西，置义阳郡者是也。此安乡之义阳郡，宋、齐二《志》俱无之，未详何代所置。”《杨考》：“《宋志》：南义阳，晋末以义阳流民侨立。《齐志》亦作‘南义阳’。钱氏《考异》云（略，参前揭——编者注）。按《陈书·世祖纪》：天嘉二年七月，周将贺若敦自拔遁归，武陵、天门、南平、义阳、河东、宜都诸郡悉平。《通鉴》载此事，注引宋白曰：澧阳郡安乡县，晋曾立义阳郡。今考《宋志》隋阳郡阙西县云：宋末新立。而于南义阳郡厥西县则云：《晋太康地志》属义阳。是以属南义阳之厥西在前，而以属隋阳者在后。然厥西以㵐水得名，㵐水在唐城。《水经注》引吕忱曰：水在义阳。则晋之义阳当在唐城，而此南义阳则又晋末所侨立者。《宋志》说南义阳不误，而说阙西则两文错互。”

平陈，郡废。有皇山。

【集释】《杨考》：“已见南郡公安县下，此不当复。”

【编者按】安乡，治湖南今县西。

崇义 后周置衡州。

【集释】《杨考》：“或疑周地不至此。按《通鉴》陈天嘉二年，周人许归安成王顼，陈遣使报之，并赂以黔中地。隋之崇义本汉充县地，充县于汉属武陵郡，即秦之黔中郡也。陈人既赂于周，故周于其地置衡、黔等州，于情事为合。详见黔安郡下。”

开皇中置县，名焉。

【集释】《杨考》：“《寰宇记》：开皇中分临澧立。”

十八年改州曰崇州，大业初州废。有澧水。

【集释】《杨考》：“《水经》：澧水出武陵充县西历山，东过其县南。又东过零阳县之北，又东过作唐县北，又东过白沙下隽县，至长西北，东入于江。”

【编者按】“白沙”、“长”两处，均疑为“长沙”之误。崇义，治今湖南桑植县。

【补阙】《杨考》：“按有溇中县。晋、宋、齐《志》并属天门郡。《水经·江水注》：乌飞水出天门郡溇中县界。则梁时尚存。”

慈利

【集释】《杨考》：“《名胜志》：本汉零阳、充二县地。孙吴析置溇中县，晋又析置临澧县。隋改今名。”

开皇中置，曰零陵，

【集释】《杨考》：“按汉零阳县，在今慈利县东，宋、齐《志》犹有之。此《志》不言，当是梁、陈已废。”

十八年改名焉。有始零山。

【编者按】慈利，治湖南今县。

巴陵郡

巴陵郡 梁置巴州。

【集释】《杨考》：“《元和志》：梁元帝改巴陵郡为巴州。宋本《寰宇记》：元帝都荆，别立巴州，领巴陵郡。”

平陈，改曰岳州，

【集释】《杨考》：“《元和志》：开皇九年。”

大业初改曰罗州。

【集释】《杨考》：“《元和志》：大业三年为罗州。宋本《寰宇记》在元年。按废州置郡俱在大业三年，则此改罗州当在元年。《志》于湘阴县下梁置罗州，陈废，则隋盖因梁旧名。”

统县五，户六千九百三十四。

巴陵

【集释】《杨考》：“《元和志》：吴初于巴丘置大屯戍，复改为巴陵县。《旧唐志》同。《宋志》、《水经注》俱谓晋太康元年置。《名胜志》引《城冢记》：巴陵，吴鲁肃所立。”

旧置巴陵郡。

【集释】《杨考》：“《宋志》：元嘉十六年置。宋本《寰宇记》：《梁书·武帝》，天监元年，封齐明帝子宝义为巴陵郡王，奉齐后。”

平陈，郡废，大业初复置郡。

【编者按】巴陵，治今湖南岳阳市。

华容

【集释】《杨考》："按汉华容县在南郡监利县界，宋、齐《志》并有之，梁时亦有华容，但未知徙此否也。互详前南郡监利县下。"

旧曰安南，

【集释】《杨考》："《宋志》：晋武帝分江安立。《旧唐志》：汉孱陵县地，刘表改为南安。《水经注》：太康元年分孱陵立。而《元和志》云：吴置。诸说不同，未知孰是。按《水经注》、《晋志》、《元和志》并作'南安'，唯《宋志》作'安南'，与此《志》同，恐误。"施和金《释例》："'旧曰南安'误倒为'旧曰安南'。"

梁置南安湘郡，

【集释】《杨考》："《纪要》引刘昫曰：梁置南安郡。按《旧唐志》无此说。然'湘'字恐是衍文。"

寻废，开皇十八年县改名焉。

【集释】《杨考》："宋本《寰宇记》：吴于今县东北二里置安南县，隋平陈，改为华容。大业十年以县移于今理。"

【补释】《元和志》卷二七华容县："吴分置南安县，开皇十八年改为华容县。"

【编者按】华容，治湖南今县。

沅江　梁置，曰药山

【集释】《杨考》："《元和志》：梁元帝分益阳县置重华县，隋改为安乐，开皇末又改为沅江。与此异。按《通典》：沅江，梁置重华县，隋废之。当是梁时并置药山、重华两县，至隋并作一县，改名安乐也。"

仍为郡。

【集释】《杨考》："《陈书·刘仲威传》：历乐山、豫章二郡太守。'药'作'乐'。《舆地广记》郡、县俱作'乐山'。"

平陈，郡废，县改曰安乐，十八年改曰沅江。

【集释】《杨考》："宋本《寰宇记》沅江县下云：梁元帝于今县北十里分置重华县。隋平陈，并所领县入重华，仍改为安乐。其年，又南移于今县西南十五里故城。十三年，复移于今理。十八年，改安乐县为沅江县，盖取沅水为名。大业三年，以县属罗州，即今岳州是也。自来所隶不改。"

【编者按】沅江，治湖南今市。

湘阴

【集释】《诸史考异》卷一三："案《元和郡县志》，宋元徽二年，分益阳、罗、湘西三县立湘阴。《志》失载。"《杨考》："《元和志》：宋元徽二年，分益阳、罗、湘西三县置。《南齐书·王僧虔传》：大明八年，巴峡流民多在湘土，僧虔表割益阳、罗、湘西三县缘江民立湘阴县，从之。《宋志》误作'湘陵'。《梁书·萧景弟昂传》：中大通二年封湘阴县侯。"

梁置岳阳郡

【集释】《杨考》："按梁、陈为王国。《梁纪》：中大通三年六月，立昭明太子子曲阿公詧为岳阳郡王。《陈书·高宗二十九王传》：宣帝子叔慎，后主即位，封岳阳王。”

及罗州，

【集释】《杨考》：“《舆地纪胜》：梁元帝置。《通鉴》梁大宝二年，湘东王绎命罗州刺史徐嗣徽自岳阳会王僧辨。”

陈废州。平陈，废郡及湘阴入岳阳县，

【集释】《杨考》：“《纪要》：岳阳县，梁置。”

置玉州。寻改岳阳为湘阴，废玉山县入焉。十二年废玉州。

【集释】《杨考》：“《舆地广记》及《纪胜》俱云在开皇十一年。”

【编者按】湘阴，治湖南今县西。

罗

【集释】《杨考》：“《隋纪》：大业十三年十月，罗令萧铣以县反。《通鉴》作‘罗州令’，似误。”

开皇九年废吴昌、湘滨二县入。

【集释】《杨考》：“吴昌，今平江县东。《宋志》：后汉置，曰汉昌，吴改。《水经·湘水注》：汨水西南迳吴昌县北。《梁书·萧颖达传》：封吴昌县侯。《江淹传》：封子芳吴昌伯。《陈（书）周弘直传》：梁元帝承制，封湘滨县侯。则湘滨县当为梁置，又《陈世祖九王传》：陈蕃，封湘滨侯。”

有潤水、

【中华校】“潤”原作“渭”，据《水经》三八《湘水注》改。

【集释】《杨考》：“各本作‘渭水’，误，今订。《水经》：潤水出豫章艾县西，过长沙罗县西，又西至累石山入于湘水。”

汨水。

【集释】《杨考》：“《水经·湘水注》：汨水东出豫章艾县桓山，又西迳罗县北，亦谓之罗水。又西迳玉笥山，又西为屈潭，即汨罗渊也，屈原怀沙自沈于此。又西迳汨罗戍，南流注于湘。”

【编者按】罗县，治今湖南汨罗市。

长沙郡

长沙郡　旧置湘州，

【集释】《杨考》：“《宋志》：晋永嘉元年，分荆州长沙等八郡置（《晋志》云九郡），治临湘。咸和三年省，义熙八年复置，十二年又省。宋永初三年复置，元嘉八年省，十七年复置，二十九年又省，孝建元年复置。《陈书·世祖纪》：天嘉四年，以平南将军华皎为南湘州刺史。是陈尝加‘南’字。皎本传无‘南’字。”

平陈置潭州总管府，

【集释】《杨考》：“《元和志》：开皇九年，改湘州为潭州，取昭潭为名。按《隋纪》：开皇十二年十一月，以豫州刺史权武为潭州总管。”

大业初府废。

【集释】《杨考》："《元和志》：大业中罢牧置都尉府，三年罢州置长沙郡。"

统县四，户一万四千二百七十五。

长沙　旧曰临湘，置长沙郡。

【集释】《杨考》："按梁、陈为王国。《梁书》有长沙王懿，《陈书》有长沙王叔坚。"

平陈，郡废，县改名焉。有铜山、

【集释】《杨考》："《元和志》：在县北百里，楚铸铜处。《水经·湘水注》作'铜官山'，云：西临湘水，山土紫色，内含云母，亦谓之云母山。"

锡山。

【编者按】长沙，治湖南今市。

【补阙】《杨考》："按有醴陵县。后汉置，即今醴陵县治。《梁书·江淹传》：改封醴陵侯。《元和志》：隋平陈，省入长沙。

又有吴浏阳县，即今浏阳县治。《梁书·浏阳公大雅传》：大同九年，封浏阳县公。《元和志》：隋平陈，废。"

衡山

【集释】《杨考》："《宋志》：吴立，曰衡阳，晋惠帝改衡山。宋、齐因之。而此《志》有并入衡山之衡山，又有衡山郡之衡山。今考《元和志》潭州湘潭县下云：天宝八年，改衡山为湘潭。衡州衡山下云：天宝八年，改湘潭为衡山。是二县名互易；然则唐天宝后之衡山始属衡州，前之衡山自属潭州，故《新唐志》衡山本隶潭州，唯云神龙三年来属衡州，稍异耳。可知隋惟长沙郡有衡山县，衡山郡不得有衡山县。其并入之衡山，即晋以来之衡山县也。此《志》之衡山则本晋、宋之湘西县也。《梁书·南平王伟传》：子恭，天监八年，封衡山县侯。"

旧置衡阳郡。

【集释】《杨考》："《吴志》：太平二年，分长沙西部立。《水经注》：衡阳郡治湘南。晋湘南太守何承天徙治湘西，隋改湘西为衡山，故直云衡山，旧置衡阳郡也。梁、陈为王国。《梁书》有衡阳王畅，《陈书》有衡阳王伯信。"

平陈，郡废，并衡山、

【集释】《杨考》："见上。"

湘乡、湘西

【集释】《杨考》："明监本、毛本皆误作'湘东'，今据宋本订正。宋本《寰宇记》：废湘西县，在今潭州西。宋、齐并为衡阳郡治。《梁书·曹景宗传》：初封湘西县侯。又《席阐文传》：又改封湘西伯。"

三县入焉。

【编者按】衡山，治今湖南株洲市西南。

益阳　平陈，并新康县入焉。

【集释】《杨考》："《宋志》：新康，吴曰新阳，晋太康元年改。《周书·萧詧传》：后梁宣帝时，封康节公王操新康公。"

有浮梁山。

【集释】《杨考》："《新唐志》益阳下云：永泰元年，都督翟灌自望浮驿开新道，经浮丘至湘乡。则浮梁当即浮丘。《名胜志》：浮丘山，在县西一百里，峰峦亚于南岳，巅有石亭，刘宋时浮丘子居此。"

【编者按】益阳，治湖南今市。

邵阳

【集释】《杨考》："汉置昭陵县，属长沙国。《元和志》：后汉改为昭阳。按此说误也。《续汉志》零陵郡有昭阳。据《汉志》，盖元始五年分昭陵置长沙郡，仍有昭陵，则昭陵、昭阳本二县并立。《宋志》邵陵郡邵陵县云：二汉无，《吴录》属邵陵。又有邵阳县，云：吴立，曰昭阳，晋武改邵阳。是吴、晋并有邵陵、邵阳二县。《齐志》邵陵郡亦并有之。唯《宋志》云：邵陵，二汉无。则不以昭陵为邵陵（《三国志》皆书'邵陵'者，史官追改）。又云：昭阳，吴立。则与《续汉志》不照皆误也。邵陵、邵阳是皆因晋避讳改。《旧唐志》：隋平陈，移邵阳于今理。《纪要》：隋废邵阳入邵陵，因改邵陵曰邵阳，盖至隋始并为一。"

旧置邵陵郡。

【集释】《杨考》："《宋志》：吴宝鼎元年立。按梁、陈为王国。《梁书》有邵陵王纶，《陈书》有邵陵王兢。"

平陈，郡废，并扶夷、

【集释】《杨考》："《宋志》：扶县，汉至晋曰夫夷。今云'扶'者，疑是避桓温父讳。去'夷'，'夫'，不可为县，故为'扶'云。《齐志》亦作'扶'。此云扶夷，或齐后复改。宋本《寰宇记》：隋平陈，以地入邵阳。又按《水经·资水注》：夫水东北流迳扶阳县南。戴、赵删'阳'以合于《宋志》。按今新宁县东十五里有扶阳山，新宁又旧号扶阳乡，则扶阳或为梁置。"

都梁

【集释】《杨考》："《元和志》：汉都梁，属零陵郡，吴宝鼎元年改为武冈县，因武冈为名。一云晋武帝分都梁置。按《晋志》有都梁，而无武冈，宋、齐《志》则都梁、武冈二县并属邵陵。《宋志》云：晋武帝分都梁立。则《元和志》前说非也。《元和志》又云：梁天监元年以太子讳纲，改为武强。《补梁志》云：天监元年，昭明太子尚在简文时为晋安王，不应避讳，当是大通三年立晋安王为太子时改。《旧唐志》：隋废。宋本《寰宇记》：隋平陈，省武冈入邵阳县，大业末改为武强。《梁书·韦叡传》：封梁都子。当是都梁之误。然则《志》当云'并扶夷、都梁、武强三县入焉'。"

二县入焉。

【编者按】邵阳，治湖南今市。

【补阙】《杨考》："按宋本《寰宇记》：隋开皇十年尝于邵阳县立建州，十一年废。后又云：开皇九年改邵州为建州。《明一统志》：建州城，在宝庆府城北二里，晋邵陵郡治此。按隋有高平县。《寰宇记》：古高平县城在邵阳县北七十里，隋开皇九年以其地并入邵阳县，其城废。按《宋志》，吴分昭陵置高平。《齐志》亦有之。

又有建兴县。《宋志》：分邵陵立。

《齐志》亦有之。《水经注》：资水又东迳建兴城。则梁时亦有之，或隋废也。《旧唐志》：武德七年分建兴入武冈。当是萧铣复置。”

衡山郡

衡山郡

【集释】《杨考》：“大业初废衡州改。”

平陈，置衡州。

【集释】《杨考》：“《通典》：隋省湘东、衡阳二郡置衡州。《元和志》：以衡山为名。《寰宇记》：大业三年废。《通鉴》梁承圣元年，陆纳袭击衡州，刺史丁道贵于渌口破之，注：衡州治衡阳县。案梁之衡州在含洭，置于天监六年，至元帝又于始兴置东衡州。陈亦分置东、西衡州。隋平陈，废东、西衡州，始移置于衡阳。丁道贵盖为西衡州刺史，与陆纳战于渌口。其时衡州治含洭，非治衡阳也。《通鉴》注误。”

统县四，户五千六十八。

衡阳

【集释】《杨考》：“各本皆误作‘衡山’，今订正。按《志》长沙郡既有衡山县，此不得复有衡山，盖其地境相接也。《旧唐志》、《舆地广记》并云：隋改临蒸为衡阳。盖并临蒸、新城、重安三县立，而县治则本临蒸也。互详上长沙郡衡山下。”

旧置湘东郡。

【集释】《杨考》：“《水经注》：郡旧治在湘水东，故以名郡。魏正元二年，吴王孙亮分长沙东部立。《吴书·孙亮传》：太平二年立。《宋志》同。则当在魏甘露二年。梁、陈为王国，梁湘东王绎、陈湘王叔平是也。”

平陈，郡废，并省临烝、

【集释】《杨考》：“《宋志》：吴立。《水经注》：临承，即故酃县，县即湘东郡治。《陈书·周铁虎传》：梁时为临蒸令。《隋书·周罗睺传》：梁时封周法暠临烝县侯。”

新城、

【集释】《杨考》：“《纪要》：在衡州府东百二十里。陈析临烝县置。”

重安

【集释】《杨考》：“汉置钟武县。《续汉志》：永建三年改。《梁书·柳庆远传》：封重安侯。《陈书·华皎传》：废帝即位，封重安县侯。又《程灵洗传》：封重安县公。子文季、文季子响并封重安县侯。宋本《寰宇记》：隋平陈，省重安入临烝，则先省重安，后省临烝也。”

三县入焉。

【集释】《杨考》：“《旧唐志》湘潭县下：吴分湘南立衡阳县，属衡阳郡。《宋志》：晋惠帝更名衡山。然则此虽非其地，其名则仍吴旧也。”

有衡山、

【集释】《杨考》：“《郡国志》注：

郭璞曰，山名岣嵝。《湘中记》曰，衡山有玉牒，禹按其文以治水。遥望衡山如阵云，沿湘千里，九向九背，乃不复见。《元和志》：《南岳记》曰，以其宿当轸翼，度应机衡，故为名。又曰：上如车盖及衡呃之形，山高四千一十丈。”

武水、

【集释】《杨考》本上有“有”字，并云：“各本脱‘有’字，今据宋本增。《水经·湘水注》：武水出钟武县西南表山，东流至钟武县故城南，而东北流至重安县，注于承水。”

连水。

【集释】《杨考》：“‘连’当作‘涟’。《水经》：涟水出连道县西，过湘南县南，又东北至临湘县西南，东入于湘。”

【编者按】衡阳，治湖南今市。

洡阴　旧曰洡阳。

【集释】《杨考》：“《元和志》：秦县，因耒水为名。各地志俱作‘耒阳’。《纪胜》：旧在耒水之阳。梁、陈间移县治，在鹜山口。”

平陈，改名焉。有肥水、

【集释】《杨考》：“《水经·耒水注》：耒阳县有溪水，东出侯计山。其水清澈，冬温夏冷，西流谓之肥川。”

酃水。

【集释】《杨考》：“《寰宇记》引郭仲产《湘州记》：衡阳县东有酃湖，周二十里，深八尺。湛然绿色，取水酿酒，其味醇美，所谓酃酒：晋武帝平吴。荐酃酒于太庙是也。”

【编者按】洡阴，治今湖南耒阳市北。

湘潭

【集释】《杨考》：“《元和志》：梁武天监中分阴山县立，《南史·梁鄱阳王恢子范传》：范弟，湘潭侯退。《陈书·世祖九王传》：江夏王伯义子元基，封湘潭侯。”

平陈，废茶陵、

【集释】《杨考》：“汉县。《汉志》作‘荼陵’。”

攸水、

【集释】《杨考》：“本汉攸县。《水经注》：攸水北流迳攸县北。《隋书·儒林传》：梁时封萧该攸县侯。则梁时尚作‘攸’。《纪要》：陈改攸水。”

阴山、

【集释】《杨考》：“按后汉之阴山即前汉之阳山，在桂阳。《元和志》东汉省入含洭是也。此湘东阴山自是吴立，《水经注》亦误。”

建宁

【集释】《杨考》：“《宋志》：吴置。《水经注》：湘水又北，迳建宁县北，又北迳建宁县故城下。晋太始中立。”然则建宁吴置，晋徙，宋仍吴旧也。”

四县入焉。有武阳山。

【集释】《杨考》：“《水经·洣水注》：阴山县东山有武阳龙尾山，并仙者羽化之处，上有仙人及龙马迹。”

有历水。

【集释】《杨考》：“《水经·洣水注》：阴山县有历水，下注洣水，谓之历口。《舆地纪胜》引《郡国志》云：

耒阳有历水，一名池水。中有大历，可容百斛。其字应作‘铴’，鼎镬类也。”

【编者按】湘潭，治今湖南衡山县东北石湾镇。

新宁

【集释】《杨考》：“《元和志》：吴分耒阳置新平县。宋元徽中，三洞蛮抄掠州县，遽移就江东，因蛮寇止息，遂号新宁。按《晋志》有新平，又有新宁。《宋志》：新宁，吴立。又云：孝武太元二十年省新平。然则省入新宁也。《元和志》所云宋置新宁者未审。”

有宜溪水、

【集释】《杨考》：“《水经·湘水注》：宜溪水，出新宁县西南新平故县东，众川泻浪，共成一津，西北流。东岸山下有龙穴，宜水迳其下，天旱则壅水注之，便有雨降。宜水又西北注于湘。《纪要》：宜水在常宁县东，源出塔山，亦曰宜溪。经县东三十里，亦曰宜江。”

舂江。

【中华校】“舂”原作“春”，据《水经》三八《湘水注》改。

【集释】《杨考》：“按‘舂’当作‘舂’。《汉志》耒阳下作‘舂水’，《郡国志》零陵下引罗含《湘中记》亦作‘舂水’，皆误也。《水经·湘水注》：舂水上承营阳舂陵县西北潭山，又北迳新宁县东，又西北流注于湘。《纪要》：舂陵水在常宁县东，源出道州之舂陵山，东流经蓝山县界，又东北经桂阳州北，又北至县界，流注于湘。”

【编者按】新宁，治今湖南常宁市西南。

桂阳郡

桂阳郡 平陈，置郴州。

【集释】《杨考》：“宋本《寰宇记》：隋平陈，废桂阳、庐州二郡立郴州，因汉县名。《元和志》：大业中为桂阳郡。《一统志》谓梁尝置郴州：寻废。”

统县三，户四千六百六十六。

郴 旧置桂阳郡。

【集释】《杨考》：“汉高帝置。《纪胜》：宋、齐、梁皆封子弟为桂阳王。按《梁书》有桂阳王大成，《陈书》有桂阳王伯谋。”

平陈，郡废，大业初复置。有万岁山。

【集释】《杨考》：“《纪胜》：山在郴县，有灵寿杖，汉平帝赐孔光灵寿杖出此山。《水经·耒水注》：万岁山有石室，室中有钟乳，山上悉生。灵寿水溪下即千秋水也，水侧民居号万岁村。”

有溱水。

【集释】《杨考》：“《水经》：溱水出桂阳临武县南，绕城西北屈东流，东至曲江县安聂邑。东屈西南流，过浈阳县，出洭浦关，与桂水合。”

【编者按】郴县，治今湖南郴州市。

【补阙】《杨考》：“按有平阳郡、平阳县，即今桂阳州治。宋本《寰宇记》：汉郴县地，东晋于今县理南九里置平阳郡及县，陈太建十二年郡、县俱废。隋末萧铣析郴县于平阳故郡北置平阳县。

又按有晋兴县，在今郴州兴宁县西南。《元和志》：后汉置汉宁县，吴改阳安，晋改晋宁，隋省。开皇十一年又置，改为晋兴。

又按有义章县，今郴州宜章县治。宋本《寰宇记》：隋末，萧铣分郴县于今义章县北三十里立此县。

又按有便县，今郴州永兴县治。《元和志》：汉县，晋省，陈复置，至隋省入郴县。”

临武

【集释】《杨考》：“《元和志》：本汉旧县，以南临武溪水因以为名。历代属桂阳郡。《九域志》云：故城在县东五十里。”

有华阴山。

【编者按】临武，治湖南今县东。

【补阙】《杨考》：“按有南平县。《寰宇记》蓝山县下云：本汉南平县，今县东七里有南平故城存。隋平陈，废此县，移临武县焉。”

卢阳

【集释】《杨考》：“《宋志》：汝城，江左立。《元和志》：本汉郴县地，东晋分置汝城县，隋改为卢阳县。《旧唐志》：晋分郴县置汝城、晋宁二县，陈废二县立卢阳郡，领卢阳县。《寰宇记》引《舆地志》：陈卢阳郡领卢阳一县。与《旧唐志》合。《舆地广记》亦作‘卢阳’。按称为卢阳者，当在卢水之阳。据《水经·洭水注》引卢溪水，则正与《志》合。《元和志》作‘扈阳’，误。”

陈置卢阳郡。

【集释】《杨考》：“宋本《寰宇记》引《舆地志》：太建五年置。其郴州总叙作梁元帝置。今按《陈世祖纪》，天嘉元年五月，改桂阳之汝成县为卢阳郡，隶东衡州。”

平陈，郡废。有渌水。

【集释】《杨考》：“明南、北监本、毛本并作‘涤’，今从宋本。《水经·耒水注》：桂阳郴县有渌水，出县东侠公山，西北流而南屈，注于耒，谓之程乡溪。郡置酒官醖于山下，名程酒，献同酃也。《元和志》：郴县渌水自郴侯山注来。《舆地广记》：渌水出郴县东，西北流，而南注于耒，曰程乡溪。”

【编者按】卢阳，治今湖南汝城县西南，

零陵郡

零陵郡　平陈初，置永州总管府，

【集释】《杨考》："《元和志》：因永水为名，大业三年复为零陵郡。宋本《寰宇记》：隋平陈，大将军周法尚巡抚江南，改零陵郡为永州。《隋纪》：开皇九年十二月，以黄州总管周法尚为永州总管。则总管即置于九年。"

寻废府。

统县五，户六千八百四十五。

零陵　旧曰泉陵，

【集释】《杨考》："明南、北监本、毛本并误作'泉阳'，今从宋本。汉县。《纪胜》云：历晋、宋、齐、梁、陈并无所改。"

置零陵郡。

【集释】《杨考》："汉置，历代无改。《陈书·侯瑱传》：文帝天嘉元年，封零陵郡公。"

平陈，郡废，

【集释】《杨考》："《元和志》：改县为零陵。宋本《寰宇记》：隋平陈，废泉陵县为零陵县，仍移于州城南三里，即今县城是也。"

又废应阳、

【集释】《杨考》："《宋志》：晋惠帝分观阳立。《水经·湘水注》：应水东南流迳应阳县南。盖即应水为名也。《南史·王淮之传》：陈宣帝太建中，封王猛应阳县子。"

永昌、

【集释】《杨考》："《宋志》：吴立。《水经·湘水注》：沲口水出永昌县北。《梁书·韦叡传》：天监二年，改封永昌子。"

祁阳

【集释】《杨考》："明南、北监本、毛本并误'初阳'，今从宋本。《宋志》：吴立。《舆地广记》：历晋、宋、齐、梁、陈并无改。《梁书·萧子恪传》：萧子范，梁受禅，例降祁阳县侯。"

三县入焉。大业初复置郡。

【编者按】零陵，治今湖南永州市。

湘源　平陈，废洮阳、

【集释】《杨考》："汉县。《梁书·张弘策传》：天监初，封洮阳县侯。"

灌阳、

【集释】《杨考》："《宋志》：吴立。按晋、宋、齐《志》、《水经注》俱作'观'，唐以后《志》俱作'灌'，按《元和志》：大业末，萧铣复析湘源置灌阳县。"

零陵

【集释】《杨考》："监本、毛本并作'小零陵'，今从宋本。……秦置，汉至晋、宋、齐并不改。"

三县置县。

【集释】《杨考》："《寰宇记》：晋太康末立湘源县。按晋、宋、齐《志》俱无湘源县，《寰宇记》误。"

有黄华山。有观水、

【集释】《杨考》："《水经·湘水注》：观水出临贺郡之谢沐县界，西北迳观阳县西，又西北流注于湘川，谓之观口。"

湘水、

【集释】《杨考》："《水经》：湘水出零陵始安县阳海山，东北过零陵县东，又东过洮阳县东。"

洮水。

【集释】《杨考》："《水经注》：洮水出洮阳县西南大山，东北迳其县南，东流注于湘水。《纪胜》：水在清湘县北五十里，出文山南流入湘江。"

【编者按】湘源，治今广西全州县西。

永阳　旧曰营阳，梁置永阳郡。平陈，郡废，

【集释】《杨考》本作"梁改名焉，置永阳郡"，并云："《元和志》：吴分零陵置营阳郡。《水经注》：魏咸熙二年，吴孙皓分零陵置，在营水之阳。《宋志》：江左分零陵置。《晋志》云：穆帝分零陵立营阳郡。然《宋志》又载：晋怀帝永嘉元年，分荆州之长沙、零阳、营阳等八郡置湘州。则非东晋始有营阳郡，《水经注》：营水又东北迳营浦县南，营阳郡治也。宋本《寰宇记》：吴宝鼎元年，分零陵北部为营阳郡，理营浦。梁天监十四年，改郡为永阳。是郡改而县未改也。又《元和志》、《寰宇记》：汉营浦县，隋改为永阳。是梁、陈尚为营浦县，隋始为永阳也。然则《志》当作'旧曰营浦，置营阳郡，梁改郡曰永阳。平陈郡废，县改名焉'，始合。而《舆地广记》曰：晋置营阳郡，宋、齐因之，而析置营阳县为郡治。梁改郡、县皆曰永阳。按宋、齐《志》营阳郡有营浦，无营阳县，当因此《志》臆断也。梁为王国。《梁书》有永阳嗣王敷，《陈书》有永阳王伯智是也。"

并营浦、谢沐二县入焉。

【集释】《杨考》："营浦，见上。此当云'并谢沐入焉'方合。《旧唐志》、《寰宇记》并云隋平陈，改营浦为永阳是也。谢沐，今永明县西南四十里，汉县。又《纪要》：谢沐废县，在今广东肇庆府开建县北。《梁书·武纪》：天监元年四月，以新除谢沐县公萧宝义为巴陵王。《南史·淳于量传》：侯景平，封谢沐县侯。"

【编者按】永阳，治今湖南道县西北。

【补阙】《杨考》："按梁尝于郡置营州。《通鉴》元帝承圣元年，零陵人李洪雅据其郡，上即以为营州刺史，注：营阳郡，汉零陵郡地，故因置营州。"

《杨考》又云："又按隋尝于永阳置道州。《旧唐志》：隋改汉营浦县为永阳，置道州，后州郭内置营，道县，乃移永阳之南一百一十里置。"《求是》："按此之道州，《旧唐志》外无他证，开皇十六年既于郾城置道州，则永阳即尝立道州，亦必已废，兹从阙疑。"

营道

【集释】《杨考》："汉县本在今宁远

县西，隋徙。《梁书·郑绍叔传》：封营道县侯。又《昌义之传》：天监十五年，改封营道县侯。《新唐志》：萧铣析营道县置梁兴县。”

平陈，并泠道、

【集释】《杨考》：“汉县。《旧唐志》：隋废泠道县，于故城内置营道县。宋本《寰宇记》：梁、陈泠道属永阳郡。隋平陈，废入营道，自弃、巢二水口移汉营道县于此。”

春陵

【集释】《杨考》：“《寰宇记》谓不详建置。今考《晋志》零陵郡有春阳县，盖‘舂陵’之误。《宋志》营阳郡舂陵县云：前汉旧县，舂陵侯徙国南阳，省。吴复立，属零陵。《齐志》营阳郡亦有舂陵。又《南史·鲍泉传》：父几，王亮举为舂陵令。皆即此。《寰宇记》偶失检也。惟宋、齐《志》‘舂’误‘春’。又按《汉志》南阳郡舂陵县下，颜师古注曰：《汉纪》云，元朔五年，以零陵泠道之舂陵村长沙王子买为舂陵侯，至戴侯仁，以舂陵地形下湿，上书徙南阳，元帝许之。”

二县入。有九疑山、

【集释】《杨考》：“《郡国志》注：舜之所葬。郭璞《山海经注》：其山九溪皆相似，改曰九疑。《湘州营阳郡记》曰：山下有舜祠，故老相传舜登九疑。《湘中记》曰：有峰参差，互相隐映，九山相似，行者疑惑，故云九疑。《水经·湘水注》：山盘基苍梧之野，峰秀数郡之间。罗岩九举，各导一溪，岫壑负蛆，异岭同势，游者疑焉，改曰九疑山。大舜窆其阳，商均葬其阴。”

营山。

【集释】《杨考》：“《水经注》：营水出营阳泠道县营山。”

【编者按】营道，治今湖南宁远县东。

冯乘

【集释】《杨考》：“按二汉属苍梧，吴置临贺郡，县隶焉。晋、宋、齐因之。大业三年改属零陵郡。”

有冯水。

【集释】《杨考》：“《水经·湘水注》：冯水出冯乘县东北冯冈，其水导源冯溪西北流，溪以托名焉。带约众流，浑成一川，谓之北渚，历县北至关下，又迳营道县，而右会营水。”

【编者按】冯乘，治今湖南江华瑶族自治县南。

熙平郡

熙平郡　平陈，置连州。

【集释】《杨考》：“《元和志》：开皇十年置，因黄连岭为名。大业初改为熙平郡。黄连山，此《志》载入连山县下。而《名胜志》谓《隋志》阳山县下有黄连岭，当误记。”

统县九，户一万二百六十五。

桂阳

【集释】《杨考》:"《通典》云:在桂水之阳。《元和志》:本汉旧县,属桂阳郡。晋、宋、齐并属始兴郡,陈属阳山郡,隋属连州。"

梁置阳山郡。

【集释】《杨考》:"《元和志》:梁天监六年置。《寰宇记》:梁天监六年,于今含洭县西二里置阳山郡。"

平陈,郡废。大业初置熙平郡。

有贞女山、

【集释】《杨考》:"《寰宇记》:贞女峡,在县南十五里。引《郡国志》云:贞女峡,有石临水,状若妇人。云秦时女子采螺于此,遇暴风雨,忽化为石。"

方山。

【集释】《杨考》:"《寰宇记》引《郡国志》:方山对九疑山,高下相类。"

有卢水、

【集释】《杨考》:"《纪要》:卢溪水在连州西北二十里,源出蓝山县,卢龙水流合焉,亦名上下卢水。经州西二十五里汇为龙潭,东流历楞枷峡注于湟水。"

洭水。

【中华校】"洭"原作"淮",据《水经》三九《洭水注》改。

【集释】《杨考》:"《舆地广记》:湟水一名洭水,一名汇水。《汉志》汇水南至四会入郁,过郡一行九百里。按《说文》作'洭水',《水经注》:洭水出桂阳县西北上驿山,为卢溪水,东南流迳桂阳县故城,为洭水。东南过含洭县,南出洭浦关为桂水。据此,则卢水即洭水。不知《志》何以分为二?按南、北监本、毛本,'洭'皆误作'淮'。"

【编者按】桂阳,治今广东连州市。

阳山

【集释】《杨考》:"此阳山,据《水经·洭水注》:吴立。《元和志》:阳山,在洭水南;梁天监六年置阳山郡,以县属焉;隋开皇十年属连州。"

有斟水。

【集释】《杨考》:"《水经·洭水注》:斟水导源近出东岩下,穴口若井,一日之中,十溢十竭,信若潮流,而注洭水。《纪要》:今县东二里,其地有东岩,水源出焉。南流四里为潮泉,泉涌消长,与潮汐同候也。俗亦谓之桃江。"

【编者按】阳山,治广东今县南附城镇。

连山 梁置,曰广德,

【集释】《杨考》本作"广惠",并云:"按各本皆误作'广德',今订正。《元和志》:梁武帝分桂阳置广惠县。宋本《寰宇记》:梁武帝分桂阳县西北置广惠县。《旧唐志》'梁武'作'晋武',误也。又《舆地广记》:晋武帝立广惠县,梁改曰广德。考晋、宋、齐《志》俱无广惠县,盖即因此《志》及《旧唐志》误文巧为之说,未足据也。"施和金《释例》:"'广惠'误作'广德'。"

隋改曰广泽,

【集释】《杨考》："《元和志》：开皇十年改广惠为广泽，属连州。"

仁寿元年改名焉。

【集释】《杨考》："《寰宇记》：避太子广之讳也。"

有黄连山。

【集释】《杨考》："《纪要》：山在县西四百五十里。峰峦连结，多草木。"

【编者按】连山，治广东今连山壮族瑶族自治县北。

宣乐　梁置，曰梁乐，并置梁乐郡，平陈，郡废，十八年改为宣乐。

【编者按】宣乐，治今广东阳山县南。

游安

【集释】《杨考》："《元和志》作'滧安'，云：萧齐置。《寰宇记》同。然《齐志》无之。按《纪要》：游安，梁、陈间置。"

【编者按】游安，治今广东怀集县西北。

熙平

【集释】《杨考》："《宋志》：吴立为尚安，晋武帝改。在今阳朔县东北四十里。《一统志》：齐后移此。"

旧置齐乐郡，

【集释】《杨考》："《齐志》齐乐郡领西平、观宁、臻安、宋平、绥南、封陵六县。"

平陈，郡废。

【编者按】熙平，治今广东连南瑶族自治县北。

武化　梁置。

【集释】《杨考》："按《宋志》开建县下云：文帝分封用立武化等七县，孝武大明元年省。然则梁盖因旧县复置。《梁书·临川王宏传》：子正信，先封武化侯。"

【编者按】武化，治今广东怀集县西。

【补阙】《杨考》："按有观宁县，今广西境。齐置。《南史·梁鄱阳王恢子范传》：遣弟观宁侯永将兵通南川。"

桂岭　旧曰兴安，

【集释】《杨考》："《宋志》：吴立，曰建兴，晋太康元年改。《元和志》谓晋改为晋安，误。"

开皇十八年改名焉。

【集释】《杨考》："按《通典》：开皇九年，东莱公王景分兴安为二县，西为桂岭。与此异。岂九年分兴安置桂岭，十八年并兴安入桂岭欤？《元和志》：因界内桂岭为名。"

【编者按】桂岭，治今广西贺州市东北桂岭镇。

开建

【集释】《杨考》："《宋志》：文帝分封阳置，属临贺。《寰宇记》云：晋永嘉三年立。《通鉴》梁元帝承圣二年，有吴州刺史、开建侯蕃。《寰宇记》：隋大业十一年，因贼废。"

梁置南静郡，平陈，郡废。

【编者按】开建，治今广东怀集县

西南。

《尚书》："荆及衡阳惟荆州。"上当天文，自张十七度至轸十一度，为鹑首，于辰在巳，楚之分野。其风俗物产，颇同扬州。其人率多劲悍决烈，盖亦天性然也。南郡、

【集释】《杨考》："按南郡有南蛮府屯，东晋时毛宝镇永安，陷于蛮。"

夷陵、竟陵、沔阳、沅陵、清江、襄阳、舂陵、汉东、安陆、永安、义阳、九江、江夏诸郡，多杂蛮左，

【集释】《杨考》："按《地形志》，齐有安蛮左郡，宋有希水左县、蕲水左县，齐有建宁左郡，宋有建宁左县，齐有北随安左郡。"

其与夏人杂居者，则与诸华不别。其僻处山谷者，则言语不通，嗜好居处全异，颇与巴、渝同俗。诸蛮本其所出，承盘瓠之后，故服章多以班布为饰。其相呼以蛮，则为深忌。自晋氏南迁之后，南郡、

【集释】《杨考》："《通鉴》宋孝武孝建元年：初，晋氏南迁，为京畿谷帛所资者皆出焉，以荆江为重镇、甲兵之所聚者在焉，故常使大将居之。"

襄阳，皆为重镇，四方凑会，故益多衣冠之绪，稍尚礼义经籍焉。九江襟带所在，江夏、竟陵、安陆，各置名州，为藩镇重寄，人物乃与诸郡不同。大抵荆州率敬鬼，尤重祠祀之事，昔屈原为制《九歌》，盖由此也。屈原以五月望日赴汨罗，土人追至洞庭不见，湖大船小，莫得济者，乃歌曰："何由得渡湖!"因尔鼓棹争归，竞会亭上，习以相传，为竞渡之戏。其迅楫齐驰，棹歌乱响，喧振水陆，观者如云，诸郡率然，而南郡、襄阳尤甚。

【集释】《杨考》："《御览》引《荆楚岁时记》：五月五日竞渡，俗谓屈原没汨罗日，伤其死邪，并命舟楫以拯之。舸舟取其轻利，谓之飞凫，一自以为水车，一自以为水马。州将及士人悉临水而观之。"

二郡又有牵钩之戏，云从讲武所出，楚将伐吴，以为教战，流迁不改，习以相传。钩初发动，皆有鼓节，群噪歌谣，振惊远近，俗云以此厌胜，用致丰穰。其事亦传于他郡。梁简文之临雍部，发教禁之，由是颇息。其死丧之纪，虽无被发袒踊，亦知号叫哭泣。始死，即出尸于中庭，不留室内。敛毕，送至山中，以十三年为限。先择吉日，改入小棺，谓之拾骨。拾骨必须女婿，蛮重女婿，故以委之。拾骨者，除肉取骨，弃小取大。当葬之夕，女婿或三数十人，集会于宗长之宅，著芒心接篱，名曰茅绥。各执竹竿，长一丈许，上三四尺

许，犹带枝叶。其行伍前却，皆有节奏，歌吟叫呼，亦有章曲。传云盘瓠初死，置之于树，乃以竹木刺而下之，故相承至今，以为风俗，隐讳其事，谓之刺北斗，既葬设祭，则亲疏咸哭，哭毕，家人既至，但欢饮而归，无复祭哭也。其左人则又不同，无衰服，不复魄，始死，置尸馆舍，邻里少年，各持弓箭，绕尸而歌，以箭扣弓为节。其歌词说平生乐事，以至终卒，大抵亦犹今之挽歌。歌数十阕，乃衣衾棺敛，送往山林，别为庐舍，安置棺柩。亦有于村侧瘗之，待二三十丧，总葬石窟。长沙郡又杂有夷蜒，名曰莫徭，自云其先祖有功，常免徭役，故以为名。其男子但著白布裈衫，更无巾袴；其女子青布衫、班布裙，通无鞋屩。婚嫁用铁钴䥥为聘财。武陵、巴陵、零陵、桂阳、澧阳、衡山、熙平皆同焉。其丧葬之节，颇同于诸左云。

【集释】《杨考》："蛮荆之称，唯三代为然。秦汉而下，已渐开置郡县，同于诸夏。至晋室南迁，衣冠文物移于江左，侨置郡县，楚中为多。虽有蛮左，渐就习化。至隋时，已浸浸与江、杨同风。而此《志》连篇唯纪蛮俗，江汉大郡纪载寥寥，亦其失也。"

主要参考文献

一、典籍

1. 班固撰《汉书·地理志》，中华书局，1962 年。简称《汉志》。
2. 司马彪撰《续汉书·郡国志》（杨守敬征引简作《郡国志》），中华书局，1965 年。简称《续汉志》。
3. 房玄龄等撰《晋书·地理志》，中华书局，1974 年。简称《晋志》。
4. 沈约撰《宋书·州郡志》，中华书局，1974 年。简称《宋志》。
5. 萧子显撰《南齐书·州郡志》，中华书局，1974 年，简称《南齐志》。
6. 郦道元撰《水经注》。
7. 魏收撰《魏书·地形志》（钱大昕征引或简作《魏收志》、《魏志》，杨守敬征引或简作《地形志》），中华书局，1974 年。
8. 刘昫等撰《旧唐书·地理志》，中华书局，1975 年。简称《旧唐志》。
9. 欧阳修等撰《新唐书·地理志》，中华书局，1975 年，简称《新唐志》。
10. 杜佑撰《通典》，商务印书馆“万有文库”本，1935 年。
11. 李吉甫撰《元和郡县图志》，中华书局，1983 年。简称《元和志》。
12. 乐史撰《太平寰宇记》，光绪八年（1882 年）金陵书局刊行。简称《寰宇记》。
13. 司马光编著《资治通鉴》，中华书局，1956 年。简称《通鉴》。其中胡三省的注，简称“胡注”。
14. 欧阳忞撰《舆地广记》，士礼居丛书本。
15. 王象之撰《舆地纪胜》，中华书局影印惧盈斋刻本，1992 年。简称《纪胜》。
16. 曹学佺撰《天下名胜志》（杨守敬征引简作《名胜志》），明崇祯三年（1630 年）刊本。
17. 顾祖禹撰《读史方舆纪要》，中华书局，1957 年。简称《纪要》。
18. 李贤等撰《大明一统志》，三秦出版社影印明天顺五年（1461 年）司礼监刻本，1990 年。简称《明一统志》。
19. 《嘉庆重修一统志》（即清代第三次修成的《大清一统志》，杨守敬征引或简作《一统志》），中华书局影印四部丛刊续编本，1986 年。

二、考据著作

1. 王鸣盛著《十七史商榷》，丛书集成初编本。
2. 钱大昕著《廿二史考异》（前人或简作《考异》），丛书集成初编本。

3. 洪颐煊著《诸史考异》，广雅丛书本。
4. 李慈铭著《隋书札记》（收入王重民整理《越缦堂读史札记》），民国年间铅印线装本。
5. 洪齮孙著《补梁疆域志》（前人或简作《补梁志》），《二十五史补编》本。
6. 汪士铎著《南北史补志》，《二十五史补编》本。
7. 杨守敬著《隋书地理志考证》（岑仲勉引简作《地理志考证》）、《〈隋书地理志考证〉补遗》，《二十五史补编》本。分别简称《杨考》、《杨考补遗》。
8. 臧励龢著《补陈疆域志》，《二十五史补编》本。
9. 岑仲勉著《隋书求是》，商务印书馆，1958年。简称《求是》。
10. 王仲荦《北周地理志》，中华书局，1980年。简称《北周志》。

三、论文

1. 施和金：《〈隋书地理志〉考辨释例》，载《华中师院学报（哲学社会科学版）》1982年第1期。简称“施和金《释例》”。
2. 施和金：《隋唐地理志陕西地理误述考订》，载《人文杂志》1982年第4期。简称“施和金《陕西订误》”。
3. 施和金：《隋唐地理志广西地理误述考订》，载《学术论坛》1982年第4期。简称“施和金《广西订误》”。
4. 施和金：《隋唐地理志湖北地理误述考订》，载《江汉论坛》1982年第11期。简称“施和金《湖北订误》”。
5. 施和金：《杨守敬〈隋书地理志考证〉订补》，载《南京师大学报（社会科学版）》1985年第3期。简称“施和金《订补》”。
6. 华林甫：《〈隋书〉郡县封爵研究》，载《北朝研究》1991年下半年刊。
7. 郭黎安：《〈隋书地理志〉所载旧置郡县考》，秦雍部分载《学海》1992年第4期，梁益部分载《历史地理》第十五辑。简称“郭黎安曰”。

地名笔画索引

二画

三画

四画

五画

六画

七画

八画

九画

十画

十一画

十二画

十三画

十四画

十五画

十六画

十七画

十八画及以上

论杨守敬考证《隋书·地理志》的成就与不足

华林甫

（中国人民大学清史研究所）

杨守敬（1839 年 5 月 27 日—1915 年 1 月 19 日）是晚清地理学泰斗，字鹏云，号惺吾，晚年自号邻苏老人，湖北宜都（今宜都市）人。出身店商家庭，自幼丧父，喜读文史，年青时代便打下了很好的学术基础。

生活在那个时代，知识分子走科场是免不了的，理想当然是中举、甚至高中进士。杨守敬于同治元年（1862 年）考中举人（全省第八十名），但先后六次进京会试，均名落孙山。光绪六年（1880 年），曾作为清政府驻日公使随员赴日本，意外地获得了许多在国内业已亡佚的珍本古籍。光绪十年（1884 年）回国，任黄冈教谕。光绪二十五年（1899 年）为两湖书院地理教习。光绪二十八年（1902 年）为勤成学堂（1907 年改存古学堂）总教长。1910 年为湖北通志局纂修。辛亥革命后避居上海，1914 年受聘为袁世凯顾问，任参政院参政，次年年初在北京逝世。传见陈衍《杨守敬传》[①]、陈三立《宜都杨先生墓志铭》[②]，杨守敬曾自编《邻苏老人年谱》，香港吴天任先生著有《杨惺吾先生年谱》（台北艺文印书馆，1974 年）。

杨守敬学问通博，于沿革地理、版本目录、金石、书法均有精深造诣；著作宏富，有 83 种之多[③]。友人潘存谓其“妙悟若百诗，笃实若竹汀，博辨若大可，尤精舆地之学”[④]，称其学问为“旷世绝学，独有千古”[⑤]。罗振玉则视杨守敬的地理学、王念孙段玉裁的小学与李善兰的算学“为本朝三绝学”[⑥]。今人朱士嘉也说：“清代史家均兼精舆地之学……迄乎清末，杨惺吾先生崛起楚北，竭数十年精力于此，遂及诸家之大成，盖近百年来治历史地理者无能出其右焉。”[⑦] 其《隋书地理志考证》，历来受到赞誉。

本文分三部分，第一部分为成就，第二部分为不足，第三部分为结语。

---

① 见《碑传集三编》卷四一。

② 见《碑传集三编》卷四一。

③ 谢承仁《杨守敬集·总序》，见第一册卷首。湖北人民出版社，1988 年 4 月。

④ 百诗、竹汀、大可分别是阎若璩、钱大昕、毛奇龄。

⑤ 《历代舆地沿革险要图》潘存序。

⑥ 《邻苏老人年谱》六十七岁下。

⑦ 《杨守敬地理著述考》，载《禹贡》（半月刊）第 4 卷第 1 期。

上、成就

《隋书地理志考证》是杨守敬研究历代正史《地理志》诸多著作中成就最高的一种。早在年青时，杨守敬研读《隋书·地理志》（以下简称《隋志》）就发现该书错漏甚多，加之后世传抄之讹、误、脱、衍、倒时有发生，于是下决心详加考证。他广集史料，多方考核，在熊会贞的协助下，经过30多年的辛勤努力，终于完成了九卷本《隋书地理志考证》（以下简称《杨考》），光绪甲午（1894年）刻成，刊刻时每卷均附有《补遗》（以下简称《杨考补遗》）。书末跋云："溯自草创之功，迄今缮写之日，考凡五易，时阅卅年。"可见其倾注的心血。

该书体例上是依《隋志》州、郡、县逐条书写的。在考订各条之前，他先用宋版《隋书》对当时流行的各种版本做了校勘，然后广泛征引杜佑《通典》、李吉甫《元和郡县志》、李昉《太平御览》、乐史《太平寰宇记》、欧阳忞《舆地广记》、王象之《舆地纪胜》、祝穆《方舆胜览》、曹学佺《天下名胜志》、顾祖禹《读史方舆纪要》及正史纪传和金石文字等各种史料，对《隋志》一一加以考证。其记载无误的，举诸书为证较简；其记载有误有漏的，则一一详为订误、补阙；有可疑而不可决者，则姑且存疑。

《隋志》原文才六万来字，《隋志考证》发展到三十多万字，是原文的五倍多，加上《补遗》则更加可观。因为，《隋志》原文非常简略，《杨考》旁征博引，大大丰富了它的内容。可举数例。京兆郡万年县下，《隋志》只是列目，什么说明文字也没有。《杨考》："《元和志》：汉分栎阳置万年县，后汉省栎阳入万年，后魏宣武帝又分置广阳县，周明帝省万年入广阳，更于长安城中别置万年县，广阳仍属冯翊郡。《舆地广记》：隋开皇三年，改万年为大兴，而复改广阳为万年。按隋《宋文彪造沣水石桥碑》后言，以开皇十六年立，附列姓名有'冯翊将军司马田威，冯翊广阳人'。然则开皇中尚未改广阳为万年。盖仁寿初改，避炀帝讳也。"①《杨考补遗》："又按《龙藏寺碑》阴有广阳令，邑正卢延，碑亦开皇六年立也。"② 冯翊郡郃阳县，只是列目而已，《杨考》："《元和志》：周武帝时属澄城郡。《寰宇记》：开皇十六年，自故城移县于今理。又引《郡国县道志》云：郃阳城，魏丈侯筑，今夏阳县南三里故城是也。"③ 杨守敬增添了隋朝县治迁徙，是非常重要的地理沿革信息。冯翊郡朝邑县，《隋志》原文"有关官"三字，《杨考》补充道："《元和志》：县西南有蒲津关。《寰宇记》：蒲津关因蒲坂、又以河津之凑为名。《纪要》：临晋关在朝邑县东北黄河岸，亦曰蒲津城，渡河即蒲州也。春秋时谓之蒲关。隋末李渊自河东渡河，朝邑法曹靳孝谟以蒲津、中潬

---

① 杨守敬《隋书地理志考证》卷一京兆郡万年，见《杨守敬集》第二册、第97页（十三大册的《杨守敬集》系谢承仁主编，湖北人民出版社、湖北教育出版社于1997年6月联合出版。《隋书地理志考证》由施和金整理，收入《杨守敬集》第二册第81～552页。以下所据均为此版本）。

② 杨守敬《隋书地理志考证补遗》卷一万年县注后，见《杨守敬集》第二册，第142页。

③ 杨守敬《隋书地理志考证》卷一冯翊郡郃阳，见《杨守敬集》第二册，第100页。

二城降。”[①] 江都郡盐城，《隋志》原文：“盐城，后齐置射阳郡”。《杨考》：“《旧唐志》：久无城邑，隋末于此置射州，立射阳、安乐、新安三县。《舆地广记》：隋末盗韦彻据其地，置州及三县。……《纪胜》引《隋志》云：‘后齐置射州及射阳、新城、安乐三县’。则今本有脱误。”[②] 襄城郡鲁县，《隋志》原文：“后魏置荆州，寻废，立鲁阳郡，后置鲁州。”[③]《杨考》：“此误也。鲁阳为魏齐重镇，史亦不见鲁州之名。按周尝于东平郡置鲁州，洪颐煊云：‘两地相近，不应同时同名’。钱氏《考异》以此为广州之误，是也。《地形志》：广州，永安中置，治鲁阳，武定中陷，徙治襄城。按《魏书》太和二十年，广州刺史薛法护南叛，时州治鲁阳，是广州已置于大和以前，至永安中复置也。今按：广州，魏、齐间为最著之州，《志》不应失之，然亦当分载于襄城县下，盖东魏州已徙也。余疑后周所置之汝州在此，《志》当云‘后置广州，周改汝州’，方合。”[④][⑤][⑥]

---

① 杨守敬《隋书地理志考证》卷一冯翊郡郃阳，见《杨守敬集》第二册，第100页。

② 杨守敬《隋书地理志考证》卷八江都郡盐城，见《杨守敬集》第二册，第408页。

③ 钱大昕《廿二史考异》卷三十三：“案鲁阳之置荆州，在太和十八年，至二十二年移荆州于襄城，而以鲁为郡。永安中，置广州于鲁阳，而齐、周因之。史未见鲁州之名，当为‘广州’之误也。”

④ 杨守敬《隋书地理志考证》卷三河郡鲁县，见《杨守敬集》第二册，第247页。

⑤ 岑仲勉《隋书求是》；“按：《地理志》所云‘后置鲁州，未详何时。东平郡后周所置之鲁州，既属‘寻废’，则襄城郡之鲁州，未必是同时并设。唯解者必‘后置’之‘后’，属诸后魏，故若周代同时有两鲁州矣，此义解之应行商榷者一也。《魏书》一〇六中：‘广州，……治鲁阳，武定中陷，徙治襄城。’谓鲁阳郡之地，原置广州，自是不易之论。复考五六《薛胄传》：‘高祖受禅，擢拜鲁州刺史，未之官，检校庐州总管事，寻除兖州刺史。’后周所置鲁州，既是寻废，则受禅后不久之鲁州，必非东平郡之鲁州，更非原名兖州大业二年始改之鲁州。故苟就钱说以推寻，《胄传》之鲁州，亦得为广州之异文。又《诸史考异》一四云：‘《皇甫诞传》：……高祖受禅，为兵部侍郎，出为鲁州长史。颐煊案：《皇甫诞碑》……授广州长史。’何以胄、诞两传与《地理志》均不约而同，讹广为鲁，且所讹之字，恰好曾设广州之县之名。既非相似而转讹，宁谓无因而致是，此疑窦之大堪玩味者二也。尝读《元和志》三云：‘后魏废帝元年，于丘头原置广安县，隋仁寿元年，以广字犯皇太子名，改为延安。’又云：‘后魏太武帝于此置广洛县。……后仁寿元年，以太子名广，改为金明县。’凡此避太子改名之例，志中不下十数，可无悉举……夫县名广者尚改之，而谓州名广者独邀免乎？同志三四云；‘仁寿元年，改广州为番州’，南之广州尚改之，而谓北之广州独不及乎？由是思之，襄城郡之广州当仁寿元年时，必尝易称，绝无疑义。然则所易者果何名乎？《元和志》六鲁山县云：‘武德四年，又于县置鲁州。’唐初建设，率沿《隋志》，今适于此鲁县置鲁州，宁为巧合，是可推襄城郡之广州，当仁寿元年时曾改曰鲁州也。此说既立，则鲁州沿革，应云：‘后魏永安中，置广州，隋仁寿元年，改曰鲁州，大业初州废。’今《地理志》只称后置鲁州，不言为广州所改，钱氏又只断鲁为广讹，不知其中间确曾改称鲁州，皆得失参半者也。大业初既废此鲁州，乃将兖州改为鲁州，亦两无相妨焉矣。若薛胄、皇甫诞两传之鲁州，盖史臣避讳而追改者。”

⑥ 王仲荦《北周地理志》：“西魏、北周之广州治鲁山，东魏、北齐之广州治襄城。”又云：“《魏书·高祖纪》：太和二十年夏四月甲辰，广州薛法护南叛。按据是，则广州已置于孝文帝太和之世，其后中省，永安中复置也。……按钱大昕《廿二史考异》以此鲁州为广州之误，极是。《隋书·皇甫诞传》：‘高祖受禅，为兵部侍郎，出为鲁州刺史。’《隋柱国左光禄大夫宏明公皇甫府君碑》：‘起家除周毕王府长史，既而苍精委驭，炎运启图，伯贰边服，实资令德，授广州刺史。’碑刻于仁寿初元，盖尚未为炀帝讳改也。是《隋志》广州之作鲁州，盖唐初臣僚尚为隋帝讳改也。”

综观杨守敬考证《隋志》之成绩，约有以下七个方面①：

一、校补脱漏的州、郡、县

由于《隋书·地理志》实际上是五代史志，记载南朝梁、陈和北朝北齐、北周以及隋朝的地理沿革，所以杨守敬补出了相当一部分《隋志》失载的梁、陈、北齐、北周政区；当然，杨守敬对于《隋志》失载的隋代政区之补充，应该说是他校补的重点。他的成就是巨大的，以下分为三个时期来分析。

（一）杨守敬所补北朝州、郡、县

补出北朝的州，有南汾州②、燕州③、虞州④等；补出北朝的郡有：湟河郡⑤、成安郡⑥等。

① 关于杨守敬的地理贡献，朱士嘉一一评价其著作，施和金归纳为六端，杨正泰总结为三个方面。详见：朱士嘉《杨守敬地理著述考》，载《禹贡》（半月刊）第4卷第1期；施和金《试论杨守敬历史地理学的成就与地位》，载《华中师院学报（哲学社会科学版）》1984年1期；杨正泰《晚清地学界的泰斗——兼论杨守敬的治学成就》，载1990年复旦史地所所刊《历史地理研究》[2]。另有容肇祖《史地学家杨守敬》，载《禹贡》半月刊第三卷第一期（1935年3月1日印行）。本文之总结，系受前贤启发，在从事《隋书地理志汇释》编著过程中逐渐总结出来的。

② 《杨考》卷一于京兆郡华阴县下，补出西魏南汾州："按西魏尝置南汾州于杨氏壁。《通鉴》梁中大通六年，东魏行台薛修义等渡河，据杨氏壁：西魏司空参军薛端纠帅村民，复取杨氏壁，宇文泰遣南汾州刺史苏景恕镇之。注：杨氏壁当在华阴、夏阳之间，盖华阴诸杨遇乱筑壁以自守，因名。魏汾州本治蒲子城，孝昌中陷，移治西河。时西河已属东魏，故西魏侨置南汾州于杨氏壁"[《杨守敬集，第二册、第99页]。

③ 《杨考》卷一于扶风郡下，补出后周燕州："按有燕州。《通典》扶风下；后周置燕州。注：周天和元年于美阳故城置燕州，隋开皇十六年置岐山县，以属燕州，隋末废"[《杨守敬集》第二册、第102页]。岑仲勉《隋书求是》："余按：'注'以下数语，今本《通典》（学海堂本）无之，不审杨氏所据，故附阙疑"。今按：《寰宇记》卷30亦云："美阳故城，后周天和元年于此置燕州，隋开皇十六年于今岐阳县置岐山县，以属岐州，隋末废"。《舆地广记》卷十五扶风县："汉美阳县地，后周置燕州"。是可证《通典》周天和元年于美阳故城置燕州之说至确。

④ 《杨考》卷五于河东郡河北县下，补出北周虞州。"据《周书·明帝纪》：二年正月，于河北置虞州。又《周书·韩雄传》：除使持节都督中徐虞洛四州诸军事。则周于此置虞州至确，《志》失书"[《杨守敬集》第二册、第317页]。

⑤ 《杨考补遗》卷一于西平郡下，补出前凉湟河郡；"按有湟河郡。《通典》：廓州，前凉以其地为湟河郡。《水经注》：河水又东北迳黄河城南。《张猛龙碑》有黄河太守，即湟河也。《寰宇记》引《周地图》称，西魏化隆县属湟河郡。则当废于周、隋间"[《杨守敬集》第二册、第143页]。

⑥ 《杨考》卷四于魏郡成安县下，补出北周成安郡："《元和志》：文宣帝分邺县置（成安县），属清都尹。周平齐，属魏郡、隋开皇三年属相州。《杨素传》：周武帝平齐，以功封成安县公。又《达奚长孺传》：从周武帝平齐，进爵成安郡公。又《元和志》：'周武帝置滏阳，属成安郡'。则周有成安郡，当是齐与县同置，《志》失书"[《杨守敬集》，第二册、第302页]。

补出北朝的县，至少有十五个[①]。北周创立的总管府，是十分重要的军政制度，《隋志》遗漏甚多，《杨考》补出了北周和隋朝的雍州、泾州、宁州、朔州、庆州、河州、洮州、岷州、潼州、隆州、西宁州、陕州、郑州、荆州、淮州、观州、冀州、河阳、蒲州、晋州、石州、燕州、扬州、庐州、崖州、司州、江州二十七处总管府，大约占了总数的一半[②]。因此，杨守敬补出了北朝 3 个州、2 个郡、15 个县和 27 个总管府。实际上，杨氏所补远远不止这个数。

（二）杨守敬所补南朝州、郡、县

补出南朝的州有东嘉州[③]、雍州、祐州、信州[④]等：补出南朝的郡有：

---

① 北地郡新平县下，《杨考》卷一补出北周永寿县："按有永寿县，在今永寿县南。《寰宇记》：西魏大统十四年，于今永寿县北广寿原置广寿县，周大象元年改永寿，隋开皇三年省入新平。"枹罕郡枹罕县下，《杨考》卷一补出西魏凤林县："按有凤林县，在今河州西南。《元和志》：本汉白石县地，西魏大统十二年，刺史杨宽于河南凤林川置凤林县，因以为名。"汉川郡城固县下，《杨考》卷二补出北朝龙亭县："按有龙亭县，在今洋县东十八里。《地形志》：晋昌郡治龙亭。……《寰宇记》：龙亭县，开皇三年省入洋州。"清化郡始宁县下，《杨考》卷二补出西魏、北周诸水县："按有诸水县。《寰宇记》：西魏大统中分始宁县置，属遂宁郡，隋开皇三年省入始宁县。"通川郡东乡县下，《杨考》卷二补出北朝下蒲、巴渠两县："按有下蒲县。《寰宇记》：开皇三年，废下蒲县入东乡县。又有巴渠县。《寰宇记》：梁大同中析宣汉县地置，以境在巴州、宕渠内，故为巴渠县焉，隋初废。按宋、齐《志》，巴渠郡皆领巴渠县，《寰宇记》谓梁置，误。"荥阳郡管城县下，《杨考》卷三补出西魏密县："按隋有密县，即今开封府密县治，本汉旧县，后魏属荥阳郡。《元和志》：隋大业二年废，十二年又置。《寰宇记》：高齐文宣帝自今县东南三十里移于今县东四十里，后周属荥州，隋属郑州，大业十二年又移于今理，即古法桥堡城。《志》例以大业三年为断，故此县不载。"《杨考补遗》卷三又曰："《周书·文帝纪》：魏大统三年，东魏颍川长史贺若统与密县张检执刺史田迅举城降。此西魏时有密县之证。"襄城郡阳翟县下，《杨考》卷三补出北朝康城县："按有康城县，在今禹州西北三十里。《地形志》：孝昌中置，为阳城郡治。《一统志》：仁寿中废入阳翟。"淮南郡安丰县下，《杨考》卷八补出北朝浚仪、小黄、雍丘三县："按有浚仪县，在今寿州西南。旧侨置。《寰宇记》：在安丰县东北二百五十步芍陂塘下，隋开皇三年废。又有小黄县，今颍州府亳州治。旧侨置。《寰宇记》在安丰县西北三十里，隋开皇三年废。又有雍丘县，今寿州南五十里。旧侨置。《寰宇记》：在安丰县南六十里，隋开皇三年废。"历阳郡乌江县下，《杨考》卷八补出东晋侨置、梁末或周废之雍丘、谷熟、龙亢、蒙县四县："按有雍丘县，在今和州南九十里，东晋侨置。《一统志》：梁废。有谷熟县，在今和州西北，东晋侨置。《一统志》：梁末废。有龙亢县，在今和州含山县东南，东晋侨置。《寰宇记》：周大象元年拓定江淮，并入历阳。有蒙县，《寰宇记》含山县下云：晋建元初立，周天和元年并入历阳。"

② 北周时期，大约有 46 个总管府。说见盖金伟等《北周总管府制度研究》，载《新疆师大学报》2003 年第 3 期。

③ 《杨考》卷八于永嘉郡永嘉县下，补出梁东嘉州和横阳、乐成二县："按《寰宇记》：瑞安，晋安固县，梁属东嘉州。《补梁志》谓梁置东嘉州，治永宁。《旧唐志》：安固，隋废。《一统志》：省入永嘉。按有横阳县，今温州府平阳县治。晋置。《元和志》：隋平陈，废入安固。按有乐成县，即今乐清县治。晋置。《元和志》：隋废"[《杨守敬集》第二册、第 441 页]。

④ 《杨考》卷九于南郡公安县下，补出陈朝雍、祐、信三州："按陈有雍州。《陈书·宗饶传》：宣帝时，诏加散骑常侍、荆雍湘巴武五州大中正。是陈有雍州，未知治所。又按陈有祐州。《沈恪传》：光大二年，都督荆武祐三州诸军事、荆州刺史。又《陆子隆传》：子隆以功迁都督荆祐信三州诸军事、荆州刺史。又《通鉴》陈太建十二年，淳于陵克祐州。又按陈有信州。《樊毅传》：弟猛，太建中迁使持节，都督荆信二州诸军事、荆州刺史。《宣帝纪》：太建十一年，前信州刺史杨宝安镇白下。又《孙玚传》：太建四年，授都督荆信二州诸军事，荆州刺史。《通鉴》隋开皇九年，陈信州刺史顾觉屯安蜀城，注谓巴东之信州。按《纪胜》：陈置宜都县，属南信州。据此，则陈之信州当置于夷陵、夷道之间江南岸。《通鉴》注谓巴东之信州，则在江北，是周地"[《杨守敬集》第二册、第 497 页]。

西沛与鲁郡①、南太原②、武原与海宁③、章安④、沔东⑤、监利⑥、平阳⑦等；

① 钟离郡定远县下，杨守敬补出梁两郡、三县。《杨考》卷八："……又梁有馆陶县、梁招县、高平县。《地形志》：襄邑，武定七年改萧衍馆陶、下邳、梁招、高平四县置。又梁有西沛郡，《寰宇记》定远县下云：梁普通三年于间城中置西沛郡，至大宝二年废。又梁有鲁郡。《地形志》：萧衍置。《一统志》：鲁城在凤阳县西、鲁山之东"［《杨守敬集》第二册、第413页］。

② 宣城郡秋浦县下，杨守敬补出梁南太原郡。《杨考》卷八："按有南太原郡。《纪胜》：在贵池县西九十里。《舆地志》云：梁大同年置，隋开皇九年废"［《杨守敬集》第二册、第431页］。

③ 余杭郡盐官县下，杨守敬补出南朝武原、海宁二郡和海盐、胥浦二县。《杨考》卷八："按有海盐县、武原郡，即今县治。汉县，晋移置于此。《梁书·侯景传》：太清三年六月，景分吴郡海盐县置武原郡。《一统志》：陈废，仍属吴郡，永定初属海宁郡。《元和志》：隋开皇九年废。《一统志》云：省入盐官。《纪胜》又引《武原志》作陈废。又有海宁郡。《陈书·高祖纪》：永定二年十二月，割吴郡盐官、海盐，前京三县置海宁郡，属扬州。考此《志》常熟县下云'梁置信义郡，平陈废，并所领海阳、前京、信义、海虞、兴国、南沙入焉'。似梁时前京属信义郡，不属吴郡。又梁有胥浦县。《一统志》引《松江府志》：大通六年（大通止二年，六，字误）析海盐东北境置，地接胥浦，因名。《梁书·侯景传》；太清三年六月，景分吴胥浦属武原郡"［《杨守敬集，第二册、第438页］。

④ 永嘉郡临海县下，杨守敬补出南朝陈章安郡和乐安、始丰二县。《杨考》卷八："按陈有章安郡。《纪胜》：陈以章安县置章安郡。《纪要》亦云：章安，陈为章安郡治。《志》失书。又按有乐安县，今仙居县西。东晋置县。《元和志》：隋开皇九年废。《一统志》：废入临海。又按有始丰县，即今天台县治。吴置，曰始平，晋改。《梁书·武纪》：天监五年夏四月，始丰县获八目龟一。《旧唐志》：隋末废。《纪胜》：隋并入临海"［《杨守敬集》第二册、第442页］。

⑤ 沔阳郡沔阳县下，杨守敬补出梁沔东郡。《杨考补遗》卷九："按有沔东郡。《通鉴》梁天监四年，雍州蛮，沔东太守田喜青叛，降魏，注：郡盖在襄阳府东，竟陵郡西"［《杨守敬集》第二册、第546页］。

⑥ 沔阳郡监利县下，杨守敬补出后梁监利郡。《杨考》卷九："按后梁置监利郡，《周书·萧督传》：大定五年，王琳遣将雷又柔袭监利郡，太守蔡大有死之。又《蔡大业传》：督称帝，历监利郡守。《通鉴》陈永定三年注：后梁置监利郡"［《杨守敬集》第二册，第502页］。

⑦ 桂阳郡郴县下，杨守敬补出南朝平阳一郡和平阳、晋兴、义章、便县四县。《杨考》卷九："按有平阳郡、平阳县，即今桂阳州治。宋本《寰宇记》汉郴县地，东晋于今县理南九里置平阳郡及县，陈太建十二年郡、县俱废。隋末萧铣析郴县于平阳故郡北置平阳县。又按有晋兴县，在今郴州兴宁县西南。《元和志》：后汉置汉宁县，吴改阳安，晋改晋宁，隋省。开皇十一年又置，改为晋兴。又按有义章县，今郴州宜章县治。宋本《寰宇记》：隋末，萧铣分郴县于今义章县北三十里立此县。又按有便县，今郴州永兴县治。《元和志》：汉县，晋省，陈复置，隋省入郴县"［《杨守敬集》第二册、第538～539页］。

补出的县，至少有十六个[1]。另外，淮安郡桐柏县下，杨守敬补出南朝梁3州、3

---

[1] 遂宁郡方义县下，补出南朝梁德阳县。《杨考》卷二："按梁有德阳县，在今遂宁县东南。《旧唐志》：后周废。《元和志》：闵帝元年废。"淮南郡霍丘县下，补出梁临水、松滋两县。《杨考》卷八，"按梁有临水县。《寰宇记》：普通七年，于阳泉古城内立决口县，大通三年改为临水县。《纪要》：决口戍，在霍丘县西。又有松滋县，在今霍丘县东十五里。晋置。《寰宇记》：开皇三年废。"弋阳郡乐安县下，补出南朝宋茹田县。《杨考》卷八："按有茹田县，在今光山县南六十里。《宋志》元嘉二十五年置。《寰宇记》：开皇三年省入乐安。"同安郡同安县下，补出南朝宋女阴县。《杨考》卷八："按有女阴县，在今桐城县东南一百八十里。宋侨置，属晋熙郡。《寰宇记》：梁改属枞阳郡，隋开皇三年罢郡，县遂废。"宣城郡南陵县下，补出梁石埭县。《杨考》卷八："按有石埭县，即今县治。《寰宇记》：本吴石城县地。引《舆地志》：梁大同二年置石埭县，因贵池有两小石埭堰溪水，遂以为名。陈灭，废。"新安郡休宁县下，补出梁黎阳县。《杨考》卷八："按梁有黎阳县，在今休宁县东南。《纪要》：吴置，宋省。梁承圣中复置，属新宁郡。"建安郡建安县下，补出吴兴、建阳二县。《杨考》卷八；"按有吴兴县，今浦城县治。《宋志》：汉末立，曰汉兴，吴改。《梁书·武纪》：天监九年闰六月，宣城盗转寇吴兴县。《太平御览》引《邑图》云：梁江淹为吴兴令。淹自序：吴兴地在东南峤外，闽越之旧境。《元和志》：隋平陈，省入建安。《舆地广记》：隋末复置。又有建阳县，今建阳县治。《元和志》：吴置建平县，晋太元四年改，开皇十年省入建安。《寰宇记》作九年省。"建安郡南安县下，补出沙村县。《杨考》卷八："按有沙村县，今沙县治。晋置。《元和志》隋开皇十年废。"临川郡崇仁县下，补出梁宜黄、巴陵、安浦三县。《杨考》卷八："按有宜黄县，在今宜黄县东。《宋志》：吴立。齐因之。《寰宇记》谓梁大同二年置巴山郡，因立宜黄县于宜黄水侧，以水为名，恐误。又云：隋开皇九年废县入崇仁。又有巴陵县。《寰宇记》：废巴陵县，在崇仁县西南十三里。隋大业九年置，十四年废。又有安浦县，在今乐安县西南六十里。《宋志》：吴置。《寰宇记》：隋开皇九年并入崇仁。"九江郡彭泽县下，补出南朝上甲、乐城二县。《杨考》卷九："按《晋志》：元帝置上甲县，安帝时省上甲入彭城（'城'字误，当作'彭泽'）。今考梁长沙王萧昭，武帝时封上甲侯，盖梁复置。又有乐城县。《寰宇记》：废乐城县，在彭泽县南三十九里。县城傍山为之，南北高险，东西平下。隋大业十三年，贼帅张善安据险，唐武德五年县平，至八年并入彭泽。则隋有此县矣。"江夏郡蒲圻县下，补出梁、隋乐化县。《杨考》卷九："按有乐化县。《寰宇记》云：梁大同五年，于巴陵郡下隽县立乐化县，还属上隽郡。又云：开皇元年，使人韦焜又立乐化县，开皇十二年，使人牛弘省乐化入蒲圻。则梁置旋废，隋初复置，后废入蒲圻也。"

郡、19县和7对双头郡[①]。因此，杨守敬补出了南朝7个州、12个郡、35个县，此外还有7对双头郡。实际上，杨氏所补恐怕还不止这个数。

（三）杨守敬所补隋朝州、郡、县

补出的州有南宁州和道州。《杨考》卷二犍为郡开边县，补出东安、西安、胡津三县和南宁州；“按有东安、西安、胡津三县。《元和志》：开皇四年同协州置，本汉南广县之地，大业三年废。按有宁州，亦称南宁州。在今云南曲靖，此即晋、宋以来之宁州建宁郡也。《水经·江水注》‘仆水又迳宁州建宁郡’是也。《通鉴》：武陵王纪在蜀十七年，南开宁州、越嶲。《南史·徐文盛传》：梁大同末为宁州刺史，州在僻远，群蛮劫窃相寻，前后刺史莫能制，文盛推心抚慰，夷人感之，风俗遂改。《隋书·梁睿传》：剑南平，威震西川，夷獠归附，唯南宁酋帅爨震恃远不宾，睿上书，略曰：‘伪梁南宁州刺史徐文盛被湘东王徵赴荆州，土民爨瓒遂窃据一方，国家遥授刺史，其子震相承至今，而震臣礼多亏，请略定南宁，其宁州、朱提、云南、西爨并置总管州镇’。《史万岁传》：先是，南宁夷爨翫来降，拜昆州刺史，既而复叛，遂以万岁为行军总管，率众击之。又《韦世康

---

① 《杨考》卷三：“按梁有劳州、东荆州。《通鉴》梁武帝中大通五年，劳州刺史曹凤，东荆州刺史雷胜能等举城降魏，注：皆蛮左也，因其地授以州刺史。《纪要》：劳州城，在今唐县东南，魏所置州，以授蛮酋，东荆州，即今唐县治，魏太和中置。按太和所置东荆州在比阳，非此东荆州也。又有南荆州。《通鉴》：梁武帝天监十一年，魏以桓叔兴为南荆州刺史，治安昌城，隶东荆州。普通二年五月辛巳，魏南荆州刺史桓叔兴据所部来降。《南史·徐嗣徽传》：从征巴丘，以功监南荆州。又按梁有堵阳郡。《元和志》：方城，本汉堵阳地，在堵水之阳故名。梁于此置郡。梁有汝阴、弋阳二郡，今颍州府境。《地形志》：萧衍置双头郡。梁有新息，今弋阳县，在颍州府境。《地形志》：萧衍置。梁有期思县，今固始县西北。《地形志》：萧衍置。梁有财丘、梁兴二郡，今颍州府境。《地形志》萧衍置。梁有梁兴县，今阜阳县西一百十里。《地形志》：萧衍置。《南史·梁敬帝纪》太清二年，封梁兴侯。梁有梁城县，在颍州府境。《地形志》：萧衍置。梁有汝阳县，今阜阳县地，《地形志》：萧衍置。梁有西恒农、陈南二郡。《地形志》：萧衍置。梁有胡城县，今阜阳县西。《地形志》：萧衍置。梁有南顿县，今颍州府境。《地形志》：萧衍置。梁有济阳县，今安徽境。《地形志》：萧衍置。梁有清河、南阳二郡，今安徽境。《地形志》：萧衍置。梁有清河县，今安徽境。《地形志》：萧衍置。梁有汝南县，今安徽境。《地形志》：萧衍置。梁有东恒农郡，今安徽境。《地形志》：萧衍置。此颍州之东恒农，其荆州之东恒农已见菊潭县下。梁有阳武县，今安徽境。《地形志》：萧衍置。梁有新蔡、南陈留二郡，今新蔡县东北。《地形志》：萧衍置。梁有荥阳、北通二郡，今安徽境。《地形志》：萧衍置。梁有临淮县，今安徽境。《地形志》：萧衍置。梁有汝阴县，今安徽境。《地形志》：萧衍置。梁有汝南、太原二郡，今颍州府境。《地形志》萧衍置。梁有安城县，属汝南太原二郡，今阜阳县地。《地形志》：萧衍置。梁有新息县，今颍州府境。《地形志》：萧衍置。梁有新兴郡，今安徽境。《地形志》：萧衍置。梁有安城县，属新兴郡，今安徽境。《地形志》：西汝南郡治，萧衍置。《梁书·武帝纪》：普通五年十一月壬戌，裴邃攻寿阳之安城，克之；丙寅，魏马头、安城并来降。梁有都立县，今安徽境。《地形志》：萧衍置。梁有新兴县，今安徽境。《地形志》：萧衍置。梁有义兴县，今安徽境。《地形志》：萧衍置”[《杨守敬集》第二册、第271～273页]。

传》：‘弟冲，开皇中为南宁州总管’。当是史万岁平定之后所授”①。《杨考》卷九零陵郡永阳县下，补出道州：“又按隋尝于永阳置道州。《旧唐志》：隋改汉营浦县为永阳，置道州，后州郭内置营道县，乃移永阳之南一百一十里置。”②

补出的郡有伊吾、明阳二郡。《杨考》卷一敦煌郡敦煌县下，补出伊吾郡：“按有伊吾郡。《元和志》：古戎地，至魏立伊吾县，晋立伊吾都尉，并寄理敦煌北界。后魏及周又有鄯善人来居之，大业六年得其地，以为伊吾郡。隋乱，又为群胡居焉。《旧唐志》：隋于汉伊吾屯城之东筑城，为伊吾郡。”③《杨考》卷二牂柯郡下，补出明阳郡和绥阳、都上、宁夷、高富、义泉五县：‘按隋有明阳郡。《元和志》：大业七年置绥县，属明阳郡。《一统志》谓郡即大业中置。”④《杨考》

---

① 见《杨守敬集，第二册、第217页。岑仲勉《隋书求是》：“南宁州，《地理志》不载，《旧唐书》四一云，‘武德元年开南中，置南宁州。’实则周隋时已有此称。《周书》五，保定元年，南宁州遣使献滇马及蜀铠，二年分南宁州置恭州。《隋书》四七《韦冲传》云：‘俄而起为南宁州总管持节抚慰，复遣柱国王长述以兵继进。’五四《王长述传》云：‘开皇初……后数岁以行军总管击南宁，未至道病卒。’盖同时事，依前引协州下引《元和志》，乃开皇三、四年并也。《新唐书》二二二下云：‘七世祖晋南宁太守，梁元帝时南宁州刺史徐文盛召诣荆州。’丁谦考证云：‘晋南宁太守当作晋建宁太守，近世出土有晋建宁太守爨宝子碑，可证。’（依《宋书》三八，建宁属宁州）。余按宋爨龙颜碑，祖为建宁太守宁州刺史，父建宁太守，龙颜以义熙十年举秀才，又除试守建宁太守，后迁宁州刺史（《金石萃编》补略一）。龙颜之祖若父，当皆晋官，丁氏之证，诚甚确凿。又《梁书》四六《徐文盛传》，只称‘大同末以为持节督宁州刺史’，不作南宁，意周隋时北方有宁州，始加‘南’为别，作史者因而引用后称也。……《地理志考证》二云：‘又《韦世康传》，弟冲，开皇中为南宁州总管，当是史万岁平定之后所授。’按万岁南征，在十七年二月（《本纪》二），冲任总管，乃三、四年事，杨说非也。”

② 见《杨守敬集》第二册、第541页。岑仲勉《隋书求是》：“按此之道州，《旧唐志》外无他证，开皇十六年既于郾城置道州，则永阳即尝立道州，亦必已废，兹从阙疑。”因此，施和金著《中国行政区划通史·隋代卷》不见道州。

③ 见《杨守敬集）第二册、第136页。岑仲勉《隋书求是》；“《元和志》四〇伊州云，‘隋大业六年，得其地，以为伊吾郡。’《新唐书》二二一下《骨咄传》，只称伊吾城隋末内属，不详其年。按六五《薛世雄传》：‘从帝征吐谷浑……岁余，以世雄为玉门道行军大将，与突厥启民可汗连兵击伊吾，师次玉门。启民可汗背约，兵不至，世雄孤军度碛。伊吾初谓隋军不能至，皆不设备，及闻世雄兵已度碛，大惧，请降，诣军门上牛酒。世雄遂于汉旧伊吾城东筑城，号新伊吾，留银青光禄大夫王威以甲卒千余戍之而还’（按大将下《北史》七六有‘军’字）。置伊吾郡，当即是时，《通鉴考异》八则系世雄击伊吾于四年十月，且云：‘世雄击伊吾，帝纪无之，本传前有从帝征吐谷浑，后云岁余，以世雄为玉门大将，与突厥启民可汗击伊吾，然则似在大业六七年也。按是时启民已卒，伐吐谷浑之岁，伊吾吐屯设献地数千里，恩宠甚厚，隋何故伐之，今移置献地之前。’（据《考异》引文，又知北宋本大将下原无‘军’字）考六七《裴矩传》叙此事于三年冬及从帝逛塞北幸启民帐之间，然巡塞北在三年秋，是矩传记事，非尽循年序：又亲征吐谷浑为大业五年，则两传年份，亦不相合。复考八四《突厥传》，启民以四年死，其事似更不应后于四年，司马氏注重启民之卒年及吐屯设之入觐，拟置献地之前，自具相当之理由，余初亦颇主其说。惟是启民究以何年卒，传之启民何指，均有疑问。今检《元和志》此条，正与据传推计之六七年相合，是世雄击伊吾之岁，尚不能依《考异》为定论也。若启民卒月，史阙明文，更无必置于四年十月之理，此犹是枝节问题矣。……敦煌残本图经云：‘隋大业十二年，置伊吾郡。’年分亦不确。”

④ 见《杨守敬集》第二册，第219页。《杨考》原文“绥县”，《杨守敬集》改作“绥阳县”。岑仲勉《隋书求是》：“《元和志》……并未明言郡之置年。其绥阳县下又云：‘大业十二年，巴郡丞梁粲招慰所置。’一作七年，一作十二，未详孰是。惟《旧唐书》四〇、《新唐书》四一均著录隋明阳郡，似隋有此郡而《地理志》失记矣。”

又云；“又有绥阳县，在今贵州石阡府西北。《元和志》：本汉牂柯郡地，隋大业十二年巴郡丞梁粲招慰所置。《寰宇记》：大业四年置。又有都上县，在今贵州石阡府西南。《元和志》：本汉牂柯郡地，隋大业十二年招慰所置，其处是酋豪首领都集之所，因以为名。又有宁夷县，今石阡县治。《元和志》：隋大业八年置，属明阳郡。《旧唐志》：隋置。又有高富县。《寰宇记》在今贵州东北一百一十里，大业七年置，属明阳郡。又有义州义泉县，在今贵州遵义府绥阳县北。《元和志》：隋大业十一年招慰所定，以带山泉为名，属义州，武德中于此置牢州，贞观十七年废牢州，《新唐志》：本隶明阳郡。《旧唐志》谓隋尝于县置牢州，恐误。”因杨考缜密，言之成理，为谭其骧主编《中国历史地图集》采纳。详见下图。

图 1：隋伊吾与明阳郡

（来源：谭其骧主编《中国历史地图集》第五册）

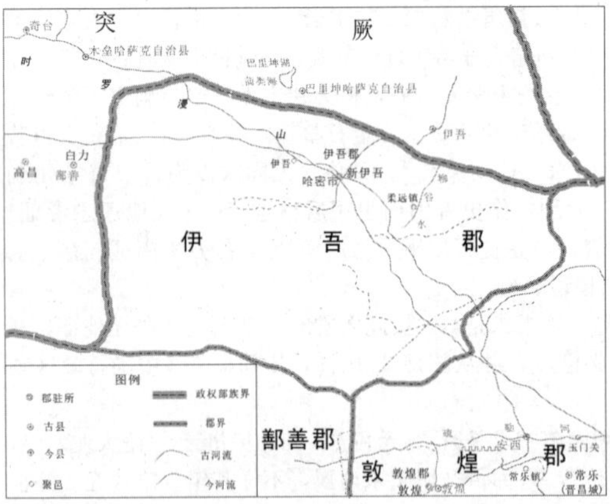

隋·伊吾郡

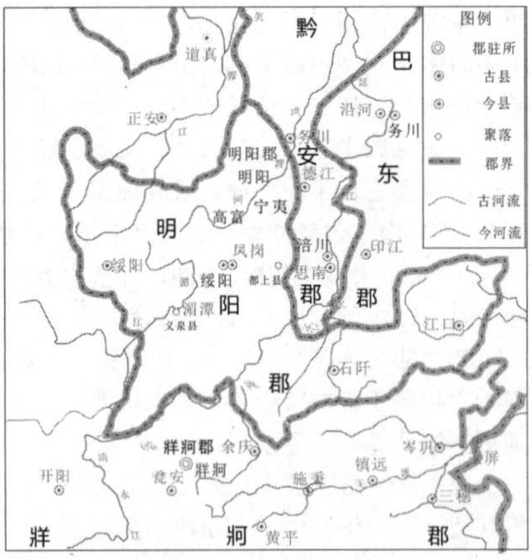

隋·明阳郡

补出的县有三十二个[①]，此处仅举三例：平凉郡平高县下，《杨考》卷一补出他楼县："按隋有他楼县，在今固原州北。《元和志》萧关县下云：本隋他楼县，大业元年置，神龙三年废。"[②]谯郡下，《杨考》补出永城县："按有永城县，即今永城县治。《元和志》：隋大业六年，于马甫城东北三里割彭城、睢阳置永城县，属谯郡。《寰宇记》：大业十二年为贼房宪伯所破，因废"[③]。始安郡始安县，

① 扶风郡普闰县下，《杨考》卷一补出麟游县："按隋有麟游县。……《旧唐志》义宁元年，于仁寿宫置凤栖郡及麟游县，其郡领麟游、上宜、普润三县，二年改曰麟游郡及云台县，仍割安定郡之鹑觚来属"。[洪颐煊《诸史考异》卷13："《元和郡县志》：麟游县，本汉杜阳县，隋于此置仁寿宫，义宁元年获麟于宫所，因废宫置立郡县。《地理志》不载。"岑仲勉《隋书求是》："《通典》一七三云；隋置凤栖郡，寻改为麟游郡。]同昌郡常芬县下，《杨考》卷一补出丹岭县："按有丹岭县。《元和志》：隋开皇十九年置丹岭县，属芳州，义宁二年属甘松郡。又云：所管百姓，皆是党项诸羌，界内虽立县名，无城郭居处。"临邛郡临邛县下，《杨考》卷二补出火井县："按有火井县。《寰宇记》：周于临邛县地置火井镇，隋大业十二年置火井县，仍带镇，属临邛郡。《元和志》：后魏置火井县。"眉山郡峨眉县下，《杨考》卷二补出绥山县："按有绥山县，在今峨眉县东南四十里。《元和志》：大业十一年，招慰生獠，立以为县，因山为名。《舆地广记》：隋于荣乐城置绥山县。"资阳郡盘石县下，《杨考》卷二补出月山、牛鞞、龙水三县："按有月山县，在今资州西五十里。《元和志》：本汉资中县地，隋义宁二年分置月山县。又有牛鞞县，在今内江县东北八十里。《元和志》：本汉资中县地，自晋迄梁，夷獠所居，大业十二年于此置牛鞞县，因牛鞞水为名也。又有龙水县，在今资州西南八十里。《元和志》：本汉资中县地，隋义宁二年招慰夷獠，于此分置龙水县，以县西北有溪水屈曲绕城如龙，因以为名。《寰宇记》：在龙龟溪之左，即资阳之西界，依龟山陇为城。"资阳郡威远县下，《杨考》卷二补出和义县："按有和义县，在今威远县东北。《元和志》：隋大业十二年分置和义县，以招和夷獠，故以和义为名。《寰宇记》作大业三年置。"资阳郡资阳县下，《杨考》卷二补出隋隆龛县："按有隆龛县。《元和志》：在普州东一百十里，隋开皇三年于此置隆龛镇，大业十二年于镇置县。又《旧唐志》：崇龛，后周隆龛城，隋隆龛县，旧治整濑川。"犍为郡犍为县下，《杨考》卷二补出玉津县："按有玉津县，在今犍为县北九十里。《元和志》：大业十一年置，以江有璧玉津，故以为名。《纪胜》引《元和志》作'十三年'。"黔安郡彭水县下，《杨考》卷二补出信安县："按有信安县，在今彭水县西北一百四十里。《元和志》：隋大业十年置。《寰宇记》：大业十二年置。"淮阳郡西华县下，《杨考》卷三补出柳城县："按隋有柳城县。《寰宇记》：柳城，在西华县西二十里，古老传云女娲氏之都，本名娲城，魏邓艾营稻陂时，柳舒为陂长，后人因为柳城。隋开皇元年于此置柳城县，隋末废。"淮阳郡溵水县下，《杨考》卷三补出扶苏县："按《寰宇记》：扶苏城在商水县西南三十五里。《史记》云：陈涉起兵，自称公子扶苏，从人望也。盖涉筑此城，隋越王侗皇泰元年于此城置扶苏县。《纪要》：在商水县东南十二里。"汲郡卫县下，《杨考》卷五补出永昌县："按有永昌县。《寰宇记》；隋初置永昌县，大业中废。故城在今淇县之西。"楼烦郡静乐县下，《杨考》卷五补出岚城县；"按有岚城县，在今岚县北。《元和志》：大业八年，分静乐县置岚城县，属楼烦郡。"涿郡安次县下，《杨考》卷五补出通泽县："按有通泽县。《寰宇记》永清县下云：隋大业七年，于今县西五里置通泽县，隋末废。"珠崖郡下，《杨考》卷八补出舍城、临机、陵水、琼山、平昌五县。《杨考》："按隋有舍城县，在今琼山县东南四十里。《纪胜》引《元和志》：大业六年置。《旧唐志》：舍城，隋旧县，为珠崖郡治。又有临机县，《寰宇记》：在崖州东南八十里，汉临振县地，隋置。《元和志》：武德五年分平昌县置。按《通典》：开皇十年，赐谯国夫人临振县为汤沐邑。疑改'振'为'机'是唐代事。又隋有陵水县，今陵水县东北。《纪胜》引《元和志》：大业六年置。又有琼山县，在今琼山县南六十里。《舆地广记》：隋末置，属崖州。《寰宇记》琼州下云：本隋珠崖郡之琼山县。则隋有琼山县审矣。又有平昌县，在今文昌县北。《寰宇记》：汉紫贝县地，隋改为平昌。按《新唐志》作唐武德五年置平昌县，后改文昌。"今按：此处21县，加上举例三县和上文南宁州三县、明阳郡五县，共32县。

② 见《杨守敬集》第二册，第119页。

③ 见《杨守敬集》第二册，第241页。

《杨考》卷八补出永福县："按有永福县，即今永福县治。《寰宇记》：永福县，本汉始安县地，隋开皇十一年割始安县永福乡于废龙口戍置。按新、旧《唐志》及《元和志》俱云武德四年析始安置永福县，此云开皇十一年置，未知何据。"[①] 因此，杨守敬补出了隋朝2个州、2个郡、32个县。

表1：杨守敬补出《隋志》脱漏政区

《隋志》脱漏政区	州	郡	县
北朝	3	2	15
南朝	7	12（未含7对双头郡）	35
隋朝	2	2	32
小计	12	16	82

以上杨守敬《杨考》和《杨考补遗》补出了12州、16郡、82县。这是一个非常可观的数字，何况实际数量要比这个数字为多。这项补遗的工作，实在是功德无量的学术贡献。

二、订正原文讹误。

《隋志》原文并非十全十美，杨守敬指陈其误不少，例如：平原郡有安乐县，《杨考》卷四："按当作'安德'。本汉县。《旧唐志》：安德，汉至隋不改。诸书并无隋改安德为安乐之说，知此'乐'字为'德'字之误无疑。按《北齐书·刘叔宗传》'乐陵安德人'，然则齐安德属乐陵。《元和志》：开皇三年属冀州，九年属德州。"[②]《杨考补遗》卷四："又按：开皇六年所立《龙藏寺碑》阴有'安德县开国公石元□'，此石刻之最足据者 。"[③] 河东郡芮城县，《隋志》原文："又置永乐郡，后省入焉。"《杨考》卷五："《寰宇记》：永乐县本汉河北县地，后周武成二年改为永乐县，保定二年省，以地属芮城。据此，则《志》'郡'字当作'县'。"[④] 马邑郡云内县，《隋志》载有"纯真山"。《杨考》卷五："'纥'，各本误作'纯'，今订。《元和志》：虏语'纥真'，汉言三十里。其山夏积雪霜。"[⑤] 弋阳郡定城县，《隋志》原文："后又省北弋阳入南弋阳，改为定远焉。"《杨考》卷八："《寰宇记》引《舆地志》云：后齐天保元年，改南弋阳县为定城。《舆地广记》亦作'定城'，则《志》'定远'实为定城之误。《纪要》谓后齐为定远，

① 见《杨守敬集》第二册，第468页。
② 见《杨守敬集》第二册，第291页。
③ 见《杨守敬集》第二册，第294页。今按：不可据封爵以校证政区，详下。
④ 见《杨守敬集》第二册，第316页。
⑤ 见《杨守敬集》第二册，第333页。

隋改定城，非其实也。”[①]《隋志》会稽郡之剡县，《杨考》卷八原作“郯”，云：“《汉志》作‘剡’，《续汉志》、《晋志》作‘郯’，宋、齐《志》作‘剡’。”[②]关于东阳郡沿革下的“平陈，置婺州”一句，《杨考》卷八表达了不同意见：“按《陈书·高祖纪》永定三年诏曰：吴州、缙州去岁蝗旱。《通鉴》梁元帝承圣二年，王僧辩至姑熟，遣婺州刺史侯瑱筑垒东关，以待齐师。注：东阳郡，梁置婺州。又《陈书·留异传》：梁绍泰二年，除缙州刺史。领东阳太守，至陈文帝时授都督缙州诸军事、安南将军、缙州刺史。据此则婺州之名不始于隋，缙州之名亦不始于陈也，盖梁置婺州，旋改缙州，隋仍还梁之初名耳。”[③]沔阳郡沔阳县，《隋志》原文：“梁置沔阳、营阳、州城三郡。西魏省州陵、惠怀二县，置县曰建兴……大业初改建兴曰沔阳。”《杨考》卷九：“按《元和志》：梁天监二年于汉云杜县地置沔阳县，即今县东三十里沔阳故城是也。据此，则梁初即有沔阳县。《寰宇记》引刘澄之《永初山川记》：沔阳县东有鲁山。据此，则宋初亦有沔阳县。又《太平御览》一百七十一引《宋书·州郡志》：晋初立沔阳县，为江夏郡治，又于临嶂山置沌阳县，为郡治，寻移治安陆。按：此所引者，何承天之《宋书·志》，据此则晋初沔阳、沌阳二县并立，故《宋志》云：陶侃前治沔阳，后治武昌，必晋时有沔阳之名，故沈氏称之；至宋时又废，故沈氏不著。至梁时又复立，故《水经注》江水、沔水二篇沔阳、沌阳互见。或谓沔阳不见《晋志》，指沌阳为沔阳者，非也。《水经注》江水、沔水两见沔阳，皆先叙沔阳，而后及沌阳，明沔阳与沌阳为二县；沔阳在沌阳之西，非复临嶂山下之沌阳也。至《寰宇记》称沔阳本汉沔阳县地。宋白曰：‘复州沔阳，汉县也’。按两《汉志》汉中郡有沔阳县，在今陕西汉中府，与此境地悬绝，乐史、宋白竟瞶瞶至此。郦道元死于萧宝夤之乱，当北魏之孝昌三年，正梁武帝之大通元年，于梁初之事得闻其详，故叙述明晰如此。《元和志》县东之说，适与之合。惟西魏建兴县城在今州北二里，隋虽更名，而迁徙无闻。梁县在唐沔阳县东三十里，而《元和志》亦以故城目之。其废于魏、周时无疑也。”[④]春陵郡清潭县，《隋志》原文：“有大洪山。有滍水。”《杨考》卷九：“《志》已载滍水于豫州淯阳郡武川县下，其流经亦不近清潭，必字误。”[⑤]

三、订正引用文献的讹误。

杨守敬的考证大量地引用文献，时时指正所引文献之误。京兆郡郑县，《隋志》原文：“后魏置东雍州，并华山郡。西魏改曰华州。”《杨考》卷一：“《周书》：魏废帝三年正月改东雍州为华州。按后魏《地形志》，太和十一年置华州，

① 见《杨守敬集》第二册，第418页。
② 见《杨守敬集》第二册，第436页。
③ 见《杨守敬集》第二册，第439页。
④ 见《杨守敬集》第二册，第502页。
⑤ 见《杨守敬集》第二册，第513页。

领华阴、郑、夏阳、敷西、郃阳五县，即此东雍州之地。《志》以太和之华州隶于冯翊郡下，盖因彼治李闰镇。此东雍州则在今华州西七里，故《周书》废帝三年既改东雍州为华州，又改华州为同州，明非一地，谢氏启昆《西魏书》合为一条，考之未审。”① 蜀郡，《隋志》原文：“旧置益州，开皇初废。后周置总管府。”《杨考》卷二：“《元和志》谓置于西魏，误。按《周纪》武成元年八月，以大将军安成公宪为益州总管。”② 弋阳郡固始县，《隋志》原文：“后周改置浍州。”《杨考》卷八：“《寰宇记》：以水名。《隋书·宇文弼传》：周时除浍州刺史。《通典》作‘澧’，误。”③ 会稽郡会稽县下，《隋志》提及永兴县沿革，《杨考》卷八：“《宋志》：汉余暨县，吴改永兴。《元和志》谓吴大帝改余暨为萧山，误。”④ 宁越郡海安县，《隋志》原文；“梁置，曰安平，置黄州及宁海郡。平陈，郡废。十八年改州曰玉州。”《杨考》卷八：“按《令狐熙传》奏改黄州为峰州，而此云改为玉州，后嘉宁县下云改兴州为峰州。据《元和志》、《寰宇记》，则《熙传》误也。又《元和志》：开皇十八年，改黄州曰陆州，以在海南有陆路通海北，因以为名。与《志》亦不同。《御览》引《方舆志》：陆州玉山郡，梁置黄州

① 见《杨守敬集》第二册，第96～97页。

② 见《杨守敬集》第二册，第199页。岑仲勉《隋书求是》：“此文有错简。‘开皇初废’四字，似应乙在总管府之下。”施和金《〈隋书地理志〉考辨释例》（载《华中师院学报》1982年第1期）：“‘后周置总管府’误倒于‘开皇初废’四字之后。”又曰：“此将‘旧置益州，开皇初废’点作一句，误。因开皇初无废益州之事。《隋书·文帝纪》云：‘（开皇）元年九月……’以越王秀为益州总管。”《隋书·庶人秀传》亦云；‘开皇元年，立为越王。未几，徙封于蜀，拜柱国、益州刺史、总管，二十四州诸军事。’是开皇元年益州及总管府皆未废。《隋书·文帝纪》又云：‘二年……置西南道行台尚书省于益州，以蜀王秀为尚书令。’则开皇二年益州仍有，而行台省却代替了总管府。所云‘开皇初废’者，非废益州，乃开皇二年废总管府而代之以行台省也。总管一职，后周明帝武成元年始设，主管军事。‘行台省，则有尚书令、仆射。兵部、度支。’（《隋书·百官志》）既有兵部，军事当然是其份内之事。故行台省立而总管府可废，情理中事也。这类事例，并非益州一地独有，此《隋书·地理志》于河南郡下即云：‘（开皇）二年废总管，置河南道行台省。’太原郡下亦云：‘开皇二年置河北道行台省，九年改为总管府。’此皆总管府、行台省互代之证。而蜀郡下所云‘三年，复置总管府者’，亦即总管府又代行台省之谓也。《隋书·庶人秀传》云：‘（开皇）二年，进位上柱国、西南道行台尚书令，本官如故。岁余而罢。’此‘岁余而罢’，即罢西南道行台省而代之以总管府也。与蜀郡下所云‘三年，复置总管府’正合。又，‘复置总管府’五字，正可证开皇初废（即开皇二年废）者为总管府，有废方有复，理之然也。且《隋书·杨异传》、《隋书·令狐熙传》皆有开皇初出任益州总管府长史之记载，《隋书·元岩传》更云：‘高祖初即位”……拜岩为益州总管府长史……十三年，卒官，上悼惜久之。益州父老莫不殒涕。’此皆可证开皇初乃至十三年都无废益州之事。明乎此，则蜀郡下志文当将‘旧置益州’四字点作一句，‘开皇初废后周置总管府’又作一句。或将‘开皇初废’四字乙于‘后周置总管府’之下，全文点作：‘旧置益州。后周置总管府，开皇初废。开皇二年，置西南道行台省，三年，复置总管府，大业元年府废。’如此按时间顺序叙述，更合《隋书·地理志》体例。”

③ 见《杨守敬集》第二册，第419页。

④ 见《杨守敬集》第二册，第435页。

及宁海郡，隋平陈，郡废，改黄州为玉州。炀帝初州废。则与《志》吻合。”① 沔阳郡竟陵县，《隋志》原文：“齐置建安郡。”《杨考》卷九：“《纪要》云：后齐置。按《齐志》郢州有建安左郡，领霄城县，即此。《纪要》失检，遂意为之说。”② 沔阳郡甑山县，《隋志》原文：“梁置梁安郡，西魏改曰魏安郡，置江州，寻改郡曰汶川”。《杨考》卷九本作“汉川”，并云：“《名胜志》：‘以县南一里汉水为名’，即《左传》之澨水也。”③ 襄城郡有鲁县，《杨考》卷三：“本汉鲁阳县。《元和志》：后魏太和二十二年改为北山县，周改为鲁山县。按《地形志》作‘山北’，云：太和十一年置，与《元和志》异。《水经·汝水注》：桓水出鲁阳北山。则作‘北山’是。”④

四、校补脱漏、删除衍文。

分别举三例、两例如下。

犍为郡有开边县，《杨考》卷二：“又案有冶官县。《元和志》：在荣州东南九十里，大业十一年置，属犍为郡。隋后误以‘冶’为‘咨’也。按《旧唐志》、《寰宇记》并云晋置资官县，宋、齐《志》作‘冶官’。”⑤宣城郡绥安，《隋志》原文：“旧曰石封，平陈，改名焉。”《杨考》卷八：“各本脱‘平陈’二字，今据宋本订。”⑥ 鄱阳郡有余干县，《杨考》卷八：“《元和志》：汉余汗县，隋开皇九年去‘水’、存‘干’，名曰余干。然考宋、齐《志》已均作‘干’，当是后人追改。”⑦ 弋阳郡固始县，《隋志》原文：“开皇初州郡并废入，又改县为固始。”《杨考》卷八：“此句衍文。上已云后齐改名，此何得复云‘改’?”⑧ 春陵郡湖阳县，《隋志》原文：“后魏置西淮安郡及南襄州。”《杨考》卷九：“按《地形志》

---

① 见《杨守敬集》第二册，第481页。岑仲勉《隋书求是》五六：“《令狐熙传》则云：‘于是奏改安州为钦州，黄州为峰州。’此峰与玉之异也。《元和志》三八云：‘陈于此置兴州，隋开皇十八年改为峰州。’又云：‘梁大同元年，于郡分置广州，隋开皇十八年改为陆州。’此兴为峰、黄为陆之异也。按《地理志》交趾郡嘉宁县下云：‘旧置兴州，……十八年，改曰峰州。’是《元和志》兴为峰之说，实本《隋志》。复考《旧唐书》四一峰州云：‘隋交趾郡之嘉宁县，武德四年置峰州。’唐初建设，多沿《隋志》，此改兴为峰之可信，而《熙传》改黄为峰之为误者也。”

② 见《杨守敬集》第二册，第503页。顾祖禹原文，见《读史方舆纪要》卷七十七沔阳州景陵县下云杜城条（中华书局点校本册七，页3605）。

③ 见《杨守敬集》第二册，第503页。

④ 见《杨守敬集》第二册，第247页。岑仲勉《隋书求是》：“《元和志》六云：‘后魏太和……二十二年，改鲁阳县为北山县，周改为鲁山县（《魏书》一〇六中误北山作山北）。’又《旧唐书》三八云：‘鲁山，隋旧。武德四年，于县置鲁州。’由此两说，是隋县名‘鲁山’，不名‘鲁’。岂今本《地理志》‘鲁’下夺去‘山’字欤?”王仲荦《北周地理志》：“北魏曰北山，北周改曰鲁山。”又云：“按《周书·阳雄传》：改封鲁阳县公，则似后魏北山县北周曾改名鲁阳县，后又改鲁山县。”

⑤ 见《杨守敬集》第二册，第217页。

⑥ 见《杨守敬集》第二册，第431页。

⑦ 见《杨守敬集》第二册，第446页。

⑧ 见《杨守敬集》第二册，第419页。

襄州西淮郡无‘安’字，而后魏有西淮州，则此‘安’字衍无疑。”①

五、乙正倒文。

扶风郡雍县，《隋志》原文：“后魏置秦平郡”。《杨考》卷一：“《地形志》作‘平秦’，云太延二年置。《魏书·萧宝夤传》，吕伯度封平秦郡公；《北齐书》有平秦王归彦、平秦公薛孤延，则当作‘平秦’。”②《杨考后叙》：“‘秦’、‘平’互易，归彦之封无着”，“此皆后世传抄之讹，不关当时笔削之陋”③、④。雁门郡繁峙县，《隋志》原文：“有长城、滹沱水、派水、唐山。”《杨考》卷五：“唐’上脱‘有’字。《志》例山在水前，此倒。”⑤ 夷陵郡远安县，《隋志》原文：“旧曰高安，置汶阳郡。又周改县曰安远”。《杨考》卷九：“‘又’字当作‘后’，‘安远’当互倒。《元和志》：周明帝武成元年改为远安。”⑥ 巴陵郡华容县，《隋志》原文：“旧曰安南”。《杨考》卷九：“《宋志》：晋武帝分江安立。《旧唐志》：汉孱陵县地，刘表改为南安。《水经注》：太康元年分孱陵立。而《元和志》云：吴置。诸说不同，未知孰是。按《水经注》、《晋志》、《元和志》并作‘南安’，唯《宋志》作‘安南’，与此《志》同，恐误。”⑦

六、纠正总管府为西魏所置之误。

“总管”始设于后周武成元年（559年），系改都督而来，见《周书·明帝纪》、《通典》卷三二、《资治通鉴》卷一六七、《文献通考》卷五九等。此前只有都督，没有总管，亦无总管府。可是，《隋志》发生了错误，杨守敬予以纠正。

延安郡，《隋志》原文：“后魏置东夏州。西魏改为延州，置总管府。”《杨

① 见《杨守敬集》第二册，第513页。

② 见《杨守敬集》第二册，第102页。

③ 见《杨守敬集》第二册，第550页。

④ 王仲荦《北周地理志》：“按西魏都关中，平秦之名，自是所讳，故改秦平，亦犹高平之改称平高矣。《隋书》作秦平，不误。杨君后叙，盖失之于偏也。”施和金《〈隋书地理志〉考辨释例》（载《华中师院学报》1982年第1期）：“秦平郡，《魏书·地形志》作‘平秦郡’，领雍、周城、横水三县，则秦平为平秦之倒误也。……《周书·王盟传》亦有王盟于孝昌初‘拜征西将军、平秦郡守’之记载。此皆为平秦而非秦平，足证《魏书·地形志》所记不误，后魏所立之郡确为秦平（编者注：应为平秦）。故《通典》于雍县下云：‘后魏置平秦郡，兼置岐州。’《资治通鉴》说及周伯度时亦云：‘魏以伯度为泾州刺史，封平秦郡公。’胡三省注：‘魏太延二年，置平秦郡于雍县，属岐州。’今查各本《隋书·地理志》皆作‘秦平郡’，可见此误已久。依上述诸书所证，当乙‘秦平’为‘平秦’，作‘后魏置平秦郡’。”

⑤ 见《杨守敬集》第二册，第331页。

⑥ 见《杨守敬集，第二册，第499页。施和金《隋唐〈地理志〉湖北地理误述考订》（载《江汉论坛》1982年第11期）：‘又’当作‘后’，‘安远’当作‘远安’。据《太平寰宇记》：‘后周明帝武成元年改高安为远安县。’（卷一四七）《旧唐志》（卷三九）、《舆地广记》（卷二七）、《元丰九域志》（卷六）均作远安，今县名仍为远安。是《隋志》之安远，乃远安之倒误。元孛兰肹等著、赵万里校辑《元一统志》引《隋志》云：‘远安，旧曰高安，置汶阳郡，后周改县曰远安。’（卷三）其所见《隋书》不误，故此远安县下当云：‘后周改县口远安’。”

⑦ 见《杨守敬集》第二册，第533页。施和金《〈隋书地理志〉考辨释例》（载《华中师院学报》1982年第1期）：“‘旧曰南安’误倒为‘旧曰安南’。”

考》卷一："《元和志》：管丹、延、绥三州。按当云'后周置总管府'。《周纪》：建德四年十月，有延州总管王庆。"①。

西城郡，《隋志》原文："梁置梁州，寻改曰南梁州。西魏改置东梁州，寻改为金州，置总管府"。《杨考》卷二："当作后周置总管府。《周书·贺若敦传》：保定三年出为金州总管。"②

南郡，《隋志》原文："旧置荆州。西魏以封梁为蕃国，又置江陵总管府。"《杨考》卷九："《周纪》在保定二年，当作后周置江陵总管府。《周书·萧詧传》：詧居东城，江陵总管居西城。又《周书·田弘传》天和二年为江陵总管。时陈将吴明彻来寇，弘与梁主萧岿退保纪南，令副总管高琳拒守。《北史·高琳传》：天和三年为江陵副总管。与《田弘传》合。而《周书》作保定三年迁江陵总管，无'副'字。"③

襄阳郡，《隋志》原文："江左并侨置雍州，西魏改曰襄州，置总管府"。《杨考》卷九："按当曰后周置总管府。考《周纪》，武成元年始改都督诸州军事为总管，西魏无置总管事也。襄州总管置于保定二年，亦见《周纪》。"④

安陆郡，《隋志》原文："梁置南司州，寻罢。西魏置安州总管府，开皇十四

① 见《杨守敬集》第二册，第113页。施和金《隋唐〈地理志〉陕西地理误述考订》，（载《人文杂志》1982年第3期）："西魏无置总管府事，后周明帝武成元年始改都督诸州军事为总管。西魏时只有都督之职，无总管，亦无总管府。此'置总管府'前当补'后周'二字。《周书·武帝纪》：'（建德四年）闰月，齐将尉相贵寇大宁，延州总管王庆击走之。'《周书·王庆传》：'又除延州总管，进位柱国。'均可证后周始有延州总管不谬。"

② 见《杨守敬集》第二册，第150页。施和金《〈隋书地理志〉考辨释例》（载《华中师院学报》1982年第1期）："此云西魏置总管府，不确。总管一职，后周明帝武成元年始设。《周书·明帝纪》：'武成元年春正月己酉……初改都督诸州军事为总管。'《通典》在叙述都督一职时说：'后周改都督诸军事为总管，则总管为都督之任矣。'《文献通考》亦云：'魏黄初始置都督诸州军事，后周改都督诸军事为总管。'由此可见，西魏时只有都督而无总管，当然也不会有总管府。虽然，'周改都督为总管，义则一也'（《十七史商榷》卷六八），但见诸史书，则应分明，不可含混。西魏时为都督，即书都督；后周时为总管，则书总管。此金州置总管为后周时事，故'置总管府'前当加'后周'二字。《周书·贺若敦传》云：'魏废帝二年，拜右卫将军……寻出为金州都督、七州诸军事、金州刺史。……保定二年，拜工部中大夫，寻出为金州总管、七州诸军事、金州刺史。'此《周书》笔法严谨，于西魏时书'金州都督'，于后周时书'金州总管'，则后周置金州总管府明矣！"

③ 见《杨守敬集》第二册，第493页。王仲荦《北周地理志》："《周书·武帝纪》：保定二年六月，分山南荆州安州襄州江陵为四州总管。按此江陵置总管府于北周保定二年之证。以周已于襄城置荆州，故于后梁荆州所置之府称江陵总管以别之。"

④ 见《杨守敬集》第二册，第508页。施和金《隋唐〈地理志〉湖北地理误述考订》（载《江汉论坛》1982年第11期）："'置总管府，前当补'后周'二字，西魏无置总管府事，据《周书·明帝纪》：'武成元年春正月己酉……初改都督诸州军事为总管。'（卷四）《通典》亦云：'后周改都督诸军事为总管，则总管为都督之任矣。'（卷三二）《文献通考》同（卷五九）。由此可见，总管一职，明帝武成元年始设。西魏只能有都督之设置。虽然，'周改都督为总管，义则一也。'（《十七史商榷》卷六八）但见诸史书，则应分明。西魏为都督，即书都督；后周为总管，即书总管。《元和志》襄州下云：'周置总管，隋置行台。'（卷二一）《周书·武帝纪》亦云：'（保定二年）六月己亥……分山南荆州、安州、襄州、江陵为四州总管。'（卷五）据此，后周置襄州总管府至确。此'后周'二字当补无疑。"

年府废。"《杨考》卷九："《通典》同。按《周书·武帝纪》'保定二年置安州总管府'，此云西魏，误也。《寰宇记》：后周改郧州及安陆郡。《通典》亦云：后周置涢州（'涢'当作'郧'），而《志》不书。按《隋纪》'周静帝时以隋、郧诸州之郡为隋国'。又《周书》：'大象二年郧州总管司马消难举兵'。又《隋书·元景山传》：'周宣帝时有郧州总管宇文亮'。则周有郧州致确。然按开皇元年又以元景山为安州总管，是安、郧二州并置。《〈通鉴〉注辩正》疑郧州即置于安陆，是也。至《梁书·杜龛传》之郧州刺史，则当是唐城下之涢州。"①

杨守敬纠正《隋志》总管府为西魏所置之说，是为一大贡献。

七、纠正政区置废时间之误。

上洛郡丰阳县，《隋志》载为"后周置"。杨守敬认为西魏置，《杨考》卷三："《寰宇记》：晋泰始三年置，寻废，后魏太安二年置。按《南齐志》梁州北上洛郡、《地形志》洛州上庸郡均有丰阳县，则《志》云'后周置'，误。《寰宇记》'后魏置'，亦误也。《一统志》：西魏废，后周复。按《周书·泉企传》：上洛丰阳人也，子仲遵年十四为本县令，及长，以功封丰阳县伯，后袭父爵上洛郡公，旧封听回授一子。以其武成初卒官，年四十五计之，则封丰阳县伯正西魏时事。又仲遵之子暅亦起家本县令，足见丰阳县西魏时未废。又《周书·梁椿传》：子明，西魏恭帝二年以椿功袭爵丰阳县公。亦西魏有此县之证。"②。

清末以来，像这样的考证，《补陈疆域志》和岑仲勉、王仲荦、施和金、郭黎安四位先生在这方面做了大量工作，或证杨氏之是，或补杨氏之漏，在杨守敬的基础上又向前推进了一步。岑仲勉著有《隋书求是》一书③。王仲荦著有《北周地理志》④。施和金著作有《北齐地理志》⑤、《中国行政区划通史·隋代卷》⑥，其论文可参见《〈隋书地理志〉考辨释例》⑦、《杨守敬〈隋书地理志考证〉订补》⑧ 等。郭黎安有长篇论文《（隋书·地理志）所载旧置郡县考》⑨ 可参见。恕不一一赘述。

经杨守敬上述七个方面的考证和订误，《隋志》不但较以前翔实可信，政区

---

① 见《杨守敬集》第二册，第518页。施和金《隋唐〈地理志〉湖北地理误述考订》（载《江汉论坛》1982年第11期）："西魏无置总管府事，当作'后周置安州总管府。'《周书·武帝纪》：'（保定二年）六月己亥……分山南荆州、安州、襄州，江陵为四州总管。'（卷五）是为后周置安州总管府之证。"

② 见《杨守敬集》第二册，第261页。

③ 商务印书馆，1958年版。中华书局2004年重印。

④ 中华书局，1980年版、2007年重印。

⑤ 中华书局，2008年版。

⑥ 上海人民出版社，2009年4月版。

⑦ 载《华中师院学报（哲学社会科学版）》1982年第1期。

⑧ 载《南京师大学报（社会科学版）》1985年第3期。

⑨ 秦雍部分载《学海》1992年第4期，梁益部分载《历史地理》第15辑，豫兖部分载《历史地理》第18辑。

大多有了着落，沿革也清理了，并且文义不通之处也大大减少了。

当然，杨守敬也有个别弄错的地方，试举三例以说明之：弘化郡，《隋志》："西魏置朔州。"《杨考》卷一："《寰宇记》：《后魏书》云，大统十一年置朔州。按《地形志》无此州，此所称《后魏书》，当是魏澹所撰。又云：废延庆县柳谷城，后魏于此置朔州。《晋志》：石勒平朔方，置朔州。则西魏前已有朔州。"① 《杨考补遗》卷一："魏澹所撰《魏书》，有纪、传，无志，见《隋书》本传。《寰宇记》之说，未必出于澹书"；又云："《隋书·源雄传》：迁朔州总管。是并置总管府。"② 岑仲勉《隋书求是》纠其缪，曰："按《源雄传》之朔州，即后改马邑郡之朔州也，若弘化郡之朔州，后周已废，隋不称朔州也。杨氏混而一之，大误"。

扶风郡虢县，《隋志》："后周置朔州，州寻废。"《杨考》卷一："各本'州'下衍'州'字，今删。"又云："《寰宇记》：周天和中于洛邑置翔州，寻废州，移州原郡理之。《舆地广记》亦作'翔'，当因凤鸣岐山，故后来有凤翔之号。然则'朔'字误。"③ 王仲荦《北周地理志》纠其缪，曰："按北周既废西魏侨置于柳谷城之朔州，而侨立朔州于此也。朔州，《舆地广记》讹作翔州，杨守敬谓'当因凤鸣岐山，故后来有凤翔之号，然朔字误'。盖杨氏不知北周曾于关中之渭水上游侨置恒、燕、云、朔、蔚、显六州，此与六州鲜卑军士有关至巨也。朔州为六州之一，《隋志》自不误。"

《隋志》有五原郡，杨守敬认为是九原郡之误，《杨考》卷一："案：'五原'为'九原'之误，各本皆然。《元和志》丰州下不言隋置五原郡。《新唐志》（灵州）怀远县下云：武德元年改为丰州，领九原县，六年废丰州，省九原，永丰二县入焉，隋九原郡也。乃知《隋志》本作九原郡，故天宝元年于丰州改为九原郡，于盐州改为五原郡。盖汉之五原本盐州，隋时尚有五原县隶盐州，何得于丰州九原县置五原郡？《水经注》：河水又东迳九原县故城南，西北接对一城，五原之故城也。然则汉之九原、五原，本两城对接，故后人易混。"④ 但是，岑仲勉、施和金均不认同。岑仲勉《隋书求是》认为："《地理志考证》一谓是九原郡之讹，但考唐代史志，未有称九原者。"施和金《杨守敬〈隋书地理志考证〉订补》⑤ 认为："九原郡，《隋志》不载。《杨考》云《元和志》丰州下不言隋置五原郡，然亦不言隋置九原郡。《新唐志》虽于怀远县下乃云：'隋县，界有隋五原郡。武德元年，改为丰州，领九原县。六年，州、县俱省入怀远县。则隋世此地是置五原郡、还是九原郡，仅据上述，似不能定。《通典》五原郡盐州下云：'春

① 见《杨守敬集》第二册，第 116 页。

② 见《杨守敬集》第二册，第 142 页。

③ 见《杨守敬集》第二册，第 103 页。

④ 见《杨守敬集》第二册，第 124 页。

⑤ 载《南京师大学报》1985 年第 3 期。

秋戎狄之地，秦汉属北地郡，后魏置大兴郡，西魏改为五原郡，兼置西安州，后改为盐州。隋初废，炀帝初置盐川郡。大唐为盐州，或为五原郡。’九原郡丰州下又云：‘春秋戎狄之地，战国时属赵，秦为九原郡，汉属五原郡，后汉因之。后汉末及魏晋为匈奴所没，遂为荒弃。隋文帝置丰州，炀帝初州废，置五原郡。大唐为丰州，或为九原郡。’《寰宇记》所载与《通典》略同。比合诸书所记，隋世未置九原郡也。唐代盐州或为五原郡，乃西魏此地曾置五原郡之故；唐代丰州或为九原郡，乃秦时此地曾九原郡之故。且两郡治显非一地，不得混而为一。然秦之九原郡，两汉即改为五原郡；隋世五原郡，实由此而来。此九原郡之改称五原，除见于《汉志》、《通典》、《寰宇记》外，《水经·河水注》亦云：‘（河水）又东。迳九原故城南，秦始皇置九原郡治此，汉武帝元朔二年更名五原。’《括地志》亦云：‘胜州连谷县，本秦九原郡，汉武帝更名五原（王谟《汉唐地理书钞》261页）。’故隋世称五原郡，唐代又称九原郡，各有所本。唐代既改盐州为五原郡，则改丰州为九原郡，情理俱合，不足怪也。《杨考》置诸书于不顾，乃云：‘何得于丰州九原县置五原郡?’此问有失于偏颇。据上所述，《隋志》作五原郡不误。《新唐志》云‘隋九原郡也’，盖扰九原县之名而臆改，不足为凭。”

总而言之，瑕不掩瑜，杨守敬考证《隋书·地理志》的成就是巨大的，后人受益无穷，岑仲勉、王仲荦、施和金等著作都是沿着杨氏学术轨迹进一步发展而结出的硕果。

中、不足

作为学术史研究，并不可、亦不能只是一味颂扬清代学者的考据成就。如果说上一节是表彰杨守敬考证《隋书·地理志》的成就，那么这一节就对他这方面的成就进行学术验证。

一、杨守敬以封爵补政区之例及其前承后续

杨守敬在考证《隋志》州、郡、县沿革过程中，大量地以封爵来证、校、补、纠政区。例如，《隋志》金山郡涪城县；“旧置始平郡，西魏改郡为涪城，后周又改曰安城”；《杨考》卷二：“《周书·齐炀王宪传》：魏恭帝元年，封安城郡公。则改涪城为安城乃西魏事。”[①] 又如，《隋志》清河郡经城县：“后齐废，开皇六年置。”《杨考》卷五：“《寰宇记》：后魏置经县，续于县理置广宗郡，高齐天保七年省郡及县，移武强县于此；后周建德七年复于此置广宗郡，隋开皇三年罢郡……《隋书·李崇传》：进爵广宗郡公。则隋初有广宗郡审矣。”[②] 再如，雕阴郡绥德县，《隋志》：“西魏置”；《杨考》卷一：“按《周书·陆通传》，西魏大统九年进爵绥德郡公，则西魏并置绥德郡”[③]。又再如，《隋志》信都郡武强县：

① 见《杨守敬集》第二册，第187页。
② 见《杨守敬集》第二册，第300页。
③ 见《杨守敬集》第二册，第113页。

"旧置武邑郡，后齐郡废，又废武遂县入焉"；《杨考》卷五："《寰宇记》：高齐天保七年省。《隋书·史祥传》：仕周，袭爵武遂县公。是周时尚有武遂县。"[①] 杨守敬仅以一条封爵史料，就把涪城郡改安城郡的时间从北周提前到了西魏，补出了《隋志》无载的广宗、绥德两郡，裁定武遂县之废不在北齐、而是北周时还存在。

如果顺着这个思路走下去，杨守敬无法圆满地解释同类现象，如平原郡有安德县，旧置安德郡，开皇初郡废，《隋书》卷四十三《观德王雄传》载："（杨）雄无职务，乃闭门不通宾客。寻改封清漳王。仁寿初，高祖曰：'清漳之名，未允声望'。命职方进地图，上指安德郡以示群臣曰：'此号足为名德相称。'于是改封安德王。"为此，《杨考补遗》卷四提出了疑问："《隋书·观德王雄传》：仁寿初改封安德王。是时郡已废，盖据旧图封之与（欤）?"[②] 又如《隋志》襄阳郡上洪县："梁又立德广郡，开皇初郡废"；《杨考》："《隋书·李彻传》：开皇十年后封德广郡公。按开皇三年罢郡见于此《志》总序，而彻之封在十年后，可疑。"[③] 并且，《隋志》有郁林郡，《杨考》卷八："又列女有尹州寡妇封密陵郡君。'密陵'不见于《志》，附记于此。"[④]

如果把封爵作为辅助材料，来佐证其它史料记载的郡太守、县令之任免事实，则无法否认该政区之存在；但封爵作为主要的、甚至是唯一材料来证明政区之存在与否，愚见以为应该重新验证。所以，笔者提出必须解决两个问题；第一，这种现象始于何时？第二，更重要的是，这样做是否正确？

先要了解一下杨守敬这样做考据的例证。以下表格是不完全举例。

表 2　杨守敬以封爵补政区之例

《隋志》正文	杨守敬考证及其封爵依据
延安郡魏平县；后魏置，并立朔方郡。后周废郡。	《杨考》卷一："按《隋书·源雄传》从周武帝伐齐，以功封朔方郡公，则是时尚未废也。"
延安郡义川县；西魏置汾州、义川郡，后改州为丹州。后周改县为丹阳。	《杨考》卷一作"后周改郡为丹阳"，并云："《隋书·豆卢勣传》：周闵帝受禅，封丹阳郡公。是周置丹阳郡之证。"[⑤]

① 见《杨守敬集》第二册，第 296 页。
② 见《杨守敬集》第二册，第 294 页。
③ 见《杨守敬集》第二册，第 509 页。
④ 见《杨守敬集》第二册，第 473 页。
⑤ 《北周志》："按西魏初有丹阳郡，疑即此义川郡。"

西城郡石泉县	《杨考》卷二："按西魏并置魏昌县。《周书·若干惠传》：魏孝武西迁，进爵魏昌县伯，大统初进爵为公。《王盟传》：魏孝武至长安，封魏昌县公。《赫连达传》：魏孝武入关，进爵魏昌县伯，寻进爵为公。但一县而数人同时封之，亦不可解。又按《旧唐书·丘和传》，隋时封魏昌公，则隋亦有魏昌县。"
汉阳郡长道县：开皇初郡废，十八年改曰长道。	《杨考》卷二："又《周书·赵昶传》，世祖初，进爵长道郡公，则西魏有长道郡至确。"
河池郡梁泉县：西魏改郡曰归真。	《杨考》卷二："《北史·魏宗室传》：元罗，周受禅，降封固道郡公。则周尚为固道郡。《志》谓西魏改郡，误。"①
资阳郡隆康县；后周置，曰永康	《杨考》卷二；"《元和志》：周建德四年置。《周书·诸王传》；赵僭王子有永康公贯。"
襄城郡郏城县	《杨考补遗》卷三："按有辅城郡。《周书·文帝纪》：魏恭帝元年，诏封太祖子邕为辅城公。《武帝纪》：魏大统九年生于同州，十二年封辅城郡公。"
济北郡肥城县：后齐废。后周置肥城郡，寻废，又复。	《杨考》卷四；"《周书·侯植传》：西魏文帝时封肥城县公，孝闵帝践阼，进爵肥城郡公。是郡置于周初。按周初疆域不至此，当亦遥封，然必先有肥城郡，或齐已置郡也。"《杨考补遗》："《隋书·樊子盖传》：齐时封富阳县侯。按汉富阳县属泰山郡，在肥城县南，后汉废，或齐时重置于故城与?"
马邑郡神武县：魏置神武郡，后齐改曰太平，后周罢郡。	《杨考》卷五；"《周书·窦炽传》：元子毅，孝闵帝践阼，进爵神武郡公。是周初仍曰神武，岂齐改太平、周仍改神武欤？不然，则《志》误也。又毅子贤，隋开皇中袭爵神武公，疑郡隋时始废。"
马邑郡云内县	《杨考补遗》卷五："按有永固县。《地形志》：太和中置。北齐薛孤延封永固县侯，后周王勇封永固县伯。隋《龙藏寺碑阴》有永固公刘达，是隋初尚有此县也。"
江都郡宁海县	《杨考》卷八："按《晋志》有临江县，在今如皋县南。《南史·刘之亨传》：封临江县子。《陈书·杜僧明传》：广陵临洋人，梁元帝承制，授临江县子。"
钟离郡定远县	《杨考》卷八："按有乐平县，在今凤阳府东少北二十里之东南六十里，宋县，《梁书·元愿达传》；封乐平县公。"

① 王仲荦《北周地理志》："按《元和志》、《寰宇记》并不言有西魏改郡为归真及北周废郡事。《隋志》修撰时，去周年世较近，当有所据，今从《隋志》。"

吴郡吴县	《杨考》卷八："按有嘉兴县，在嘉兴县南。《宋志》：秦由拳县，吴改为禾兴，又改嘉兴。《陈书·高祖纪》：梁太平二年正月，追封高祖祖母许吴郡嘉兴县君。《旧唐志》：隋废。《一统志》：废入吴县。"
吴郡长城县	《杨考》卷八："《陈书·武纪》：梁大宝元年封长城县侯。《寰宇记》：开皇九年陈后主为长城县公，以陈高祖即长城人也。"
建安郡闽县	《杨考》卷八："按有温麻县，在今霞浦县西。晋置。《一统志》：梁废为闽县地。考《陈书·始兴王伯茂传》，光大二年十一月降为温麻侯，是梁、陈有是县。
宁越郡钦江县：旧置宋寿郡。平陈，郡废。开皇十八年改曰钦江。	《杨考》卷八："《宋志》越州宋寿郡云：先属交州。《宁赞碑》父猛力，安州刺史宋寿县开国侯。则宋寿郡治宋寿县。《志》当云'旧置宋寿并置郡'。"《杨考》："《元和志》：开皇十九年，罢郡为钦江县。案此似以郡改县，不有《宁赞碑》，不知其误矣。"
沔阳郡沔阳县	《杨考》卷九："按有云杜县，在今沔阳州西北。《一统志》：齐后废。《梁书·柳庆远传》：天监二年改封云杜侯。盖是时尚未废也。"
沔阳郡监利县	《杨考》卷九："又按汉华容县，在今监利县西北。宋、齐《志》并有之。《梁书·武帝纪》：天监十年二月戊申，驺虞一见荆州华容县。又中大通三年六月癸丑，立昭明太子子南荆州刺史、华容公欢为豫章郡王。又《杜幼安传》：封华容县侯。当是梁时尚有华容县，但未详。此《志》巴陵郡之华容，是梁徙否也？"
襄阳郡襄阳县	《杨考》卷九："按汉中卢县，在今襄阳县西南。《南史·杜龛传》：元帝世封中卢县侯。则梁末尚未废。"
襄阳郡谷城县：又梁有兴国、义城二郡，并西魏废。	《杨考》卷九："据此，则今谷城地梁有两义城郡，恐误。"《杨考补遗》："《隋书·吐万绪传》：高祖受禅，拜襄州总管，进封谷城郡公。是隋初有谷城郡，此义城疑是谷城之误。然云西魏废，亦不合。"
舂陵郡舂陵县	《杨考》卷九："按汉安昌县，在今枣阳县东，宋初废，故《水经·白水注》：白水出安昌县故城东北。然考《梁书·张齐传》，高祖受禅，封齐安昌县侯，盖梁复置也。"

汉东郡随县	《杨考》卷九："按周隋州所领有崇业郡。《周书·晋荡公护传》：明帝二年，封子至为崇业郡公。《儒林传》：乐逊，大象初，进爵崇业郡公。《隋书·文帝纪》：周大象二年，以二十郡为隋国，中尚有隋州之崇业。则郡盖隋初始废。"①
长沙郡长沙县	《杨考》卷九；"按有醴陵县。后汉置，即今醴陵县治。《梁书·江淹传》：改封醴陵侯。《元和志》；隋平陈，省入长沙。又有吴浏阳县，即今浏阳县治。《梁书·浏阳公大雅传》：大同九年，封浏阳县公。《元和志》：隋平陈，废。"
熙平郡熙平县	《杨考》卷九："按有观宁县，今广西境。齐置。《南史·梁鄱阳王恢子范传》：遣弟观宁侯永将兵通南川。"

从表中二十四例可知，杨守敬以封爵来补政区沿革的做法驾轻就熟，在《隋书地理志考证附补遗》全书九卷中相当普遍。如果追溯这种做法，可能起源于清朝中叶。例如，《魏书》卷七十三《杨大眼传》载其为"安成县开国子"（《北史》卷三十七本传作"安成县子"），钱大昕据《杨大眼为孝文皇帝造像记》认为应改成"安戎"②。洪齮孙《补梁疆域志》卷一："巴丘，《沈志》吴立。《南史·程灵洗传》，梁元帝时封巴丘县侯"。卷二："广晋，《沈志》吴立曰广昌，晋太康元年更名。……《羊鸦仁传》普通中封广晋县侯。《南史·淳于量传》梁元帝为荆州刺史，父文成令量往事焉，以军功封广晋县男。则梁时尚有此县。旧志以为梁省者，非也。"同卷："临汝，汉旧县。《南史》梁汝南王大封传，初封临汝公。《陈书·周迪传》梁元帝封迪临汝县侯"。又，同卷："曲江，汉旧县。《梁书·柳惔传》封曲江县侯。"又，同卷："《梁书》新兴王大庄传，大同九年封高唐县公"。同书卷三："汉寿：汉旧县，《梁书·蔡道恭传》：天监初封汉寿县公。"此类做法，为数不少。这个问题，值得今后进一步往上溯源。

与《梁书》无《地理志》一样，《陈书》亦缺《地理志》。民国初学者臧励龢著有《补陈疆域志》一书，仍沿袭了杨守敬的做法。例如，该书卷四的西衡州阳山郡下，曰："《隋志》含洭：梁置阳山郡。《舆地纪胜》引《图经》云：梁天监七年，分湘州于此置衡州及阳山郡。《陈书·欧阳頠传》：世祖嗣位，改封阳山郡公。又，《阳山王叔宣传》：至德元年立为阳山王。《通典》：梁分桂阳县为阳山郡，陈郡废。然至德元年尚有阳山王，则陈有此郡也，《通典》误。"

洪齮孙（1773—1816）在杨守敬之前，臧励龢（1875—?）在杨守敬之后，而对于以封爵补政区的做法则是一脉相承的，这正是后来者岑仲勉、王仲荦同类

① 《北周地理志》："随州有此郡至确。当在今湖北随州市境内。建置不详。领县无考。"

② 《潜研堂金石文跋尾》卷二《杨大眼为孝文皇帝造像记》。《续修四库全书》册 891、页 412 上。

做法的源头。

岑仲勉、王仲荦都沿着杨守敬的思路，大量地以封爵来考证梁、陈、北齐、北周、隋代政区。例如，《隋志》巴西郡有仪陇县，岑仲勉《隋书求是》："《元寿传》改封仪陇县侯，见《续高僧传》一六《昙询传》，同书三《慧赜传》讹作'仪龙'。《金石录》二二跋寿碑云：'而碑作仪龙侯。今按《隋书·地理志》有仪陇县，属巴西郡，无仪龙，未知孰是。'按：作'龙'者，碑之省写，在六朝不足怪也。"① 京兆郡醴泉县，《隋志》原文："两魏置宁夷郡。后周改为秦郡。"王仲荦《北周地理志》："按《周书·文帝纪》魏恭帝三年秋七月，魏帝封太祖子直为秦郡公，则西魏末已改为秦郡矣。"朔方郡有岩绿县，《隋志》："西魏置弘化郡"；王仲荦《北周地理志》："《周书·宇文贵传》：魏孝武西迁，赐爵化政郡公。武成初，进封许国公，旧爵回封一子，子忻，赐爵化政郡公。按强独乐为周文王造象亦称宇文贵化政郡开国公。《北史·宇文贵传》：子忻，韦孝宽以忻骁勇，请与镇玉壁，以战功加开府，进爵化政郡公，隋文帝为丞相，进封英国公。按据是，则化政郡之名，迄大象初未改也。然《隋志》：'岩绿，西魏置弘化郡，开皇初郡废'。《寰宇记》亦云：西魏置宏化郡。苏颋《扬州大都督长史王公神道碑》：'高祖明远，雍州大中正宏化郡守司金上士银青光禄大夫。'其仕历似在西魏、北周之际。然弘为后魏献文帝讳，宏为后魏孝文帝讳，则《隋志》云西魏改化政郡为弘化郡似不可能。或缘周末、隋初始改，而《志》有讹记也。"《隋志》襄城郡有鲁县，《北周地理志》："北魏曰北山，北周改曰鲁山"；又云："按《周书·阳雄传》：改封鲁阳县公，则似后魏北山县北周曾改名鲁阳县，后又改鲁山县"。此类例证甚多，恕不一一举证。实在无法解释时，王仲荦先生只好勉强地如下打圆场："盖开皇三年郡虽废，而爵未除也。"②

二、《隋书》郡县封爵名实考

1990年前后，笔者接受《正史地理志汇释丛刊》中的《隋书地理志汇释》任务时，刚一入手即遇到大量的前贤以封爵补政区之现象。经过多年探索，一一查证了《隋书》中所有带地名的封爵名称，期间还撰有读史札记③，基本可以否定清代以来以封爵补政区的传统做法。

《隋书·百官志下》载："国王、郡王、国公、郡公、县公、侯、伯、子、

① 《北周地理志》：《寰宇记》：梁天监元年，置隆城郡及仪隆县，大历初，以庙讳，改为仪陇县。按据是，仪陇当作仪隆，以避唐玄宗讳追改。《通典·州郡典》：仪陇县城，在崇城山上，凭险为理，即梁崇城郡城是也。按隆城改为崇城，亦以唐玄宗讳追改。"

② 雕阴郡开疆县，《隋志》原文："西魏置，有后魏抚宁郡，开皇三年郡废。"王仲荦《北周地理志》："按隋开皇中，尚有封抚宁郡公者，盖开皇三年郡虽废，而爵未除也。《隋书·高祖纪》：开皇十二年二月戊子，抚宁郡公韩延等以贿伏诛。"

③ 二十一年前，笔者曾在内部刊物《北朝研究》（山西报刊准印证第0054号）1991年下半年刊刊登一篇札记《〈隋书〉郡县封爵研究》。此处论述，为该文观点的进一步发展。

男，凡九等。”《通典》所载略同。那么北周、隋所封的郡爵（包括郡王、郡公、郡君、郡夫人）、县爵（县公、县侯、县伯、县子、县男），是表示当时确有此郡此县呢，还是有名无实呢？是虚封，还是实封？笔者将《隋书》记载所有的一百一十六个郡爵分为北周、隋代两部分，县爵作为第三部分，分析如下：

（一）《隋书》所载北周之郡公

通检《隋书》，于北周郡爵，提到五十四个郡公、两个郡王。这些封郡，大部分是旧置的，少许是北齐、东魏、西魏、北周时始置的，而绝大部分又是隋开皇三年废掉的。北周封郡公之年代，多与本封郡建置沿革吻合，然亦有五个封郡无考，即：杨爽之封同安郡公、杨静之封兴城郡公，梁睿之封五龙郡公、韩雄之封新义郡公[①]、李宽之封蒲山郡公（俱见《隋书》本传）。又如，《隋书·源雄传》：“周太祖赐爵陇西郡公，后从武帝伐齐，以功授开府，改封朔方郡公。”案朔方郡，西魏置，北周已废。另外，《新唐书·宰相世系表一（上）》：“裴彦，骠骑大将军、吉阳郡公”。案北周地理，断无吉阳郡之置。由此可知，封郡公者，乃虚封耳，非谓当时必有此郡也，故周宣帝大象元年五月，荆州新野郡已为腾国（《周书·宣帝纪》），而大象末犹有封新野郡公者（《周书·于谨传》附《于凯传》、《隋书·于凯传》）。甚而有以县充郡而封者，如《隋书·高祖纪》开皇元年十二月有兴势郡公卫玄，然周、隋无兴势郡、唯有兴势县耳。

《资治通鉴》卷一七六陈长城公至德四年二月丙申：“立皇弟叔显为临江王。”胡注：“五代志，历阳郡乌江县，陈为临江郡。”清赵绍祖《通鉴注商》卷十一：“其实此时历阳郡，后齐立和州临江郡，后周改为同江郡。盖亦以旧郡名封之，陈非能有其地也。”

（二）《隋书》所载隋代之郡公

通检《隋书》，隋代共封郡公五十六、郡夫人一、郡王一、郡君二。这近六十个郡，隋初时绝大部分还存在。但存在的问题很多，可分三类：

1. 有些用于封爵的郡，历史上从来没有出现过。如高祖时封许善心母范氏为永乐郡君（《隋书·许善心传》）、封郭荣为蒲城郡公（《隋书》本传。案高祖受禅时有蒲城县，然无蒲城郡）、封吐万绪为谷城郡公（《隋书》本传）、封李彻为安道郡公（《隋书》本传）、封胡氏为密陵郡君（《隋书·钟士雄母传》）、封窦庆为永富郡公（《隋书》本传）。隋代历史上，从来没有设置过永乐郡、蒲城郡、谷城郡、安道郡、密陵郡、永富郡这六个郡。

2. 有些封爵的郡，始封时并无此郡。如李雄之封高都郡公（《隋书》本传）、

① 据岑仲勉《金石论丛》（上海古籍出版社，1981年）第202页《唐故左骁卫万岁府折冲都尉上柱国韩府□□铭并序》：“祖□，周骠骑大将军、开府仪同三司、青虞二州诸军事、二州刺史，新义郡开国公；祖淮，周开府仪同三司、左卫大将军、洛宜华□陕五州诸军事、五州刺史、新义郡开国公；父擒虎，随本郡太守、金紫光禄大夫、和永二州诸军事，二□刺史，卢云庆凉四州总管、上柱国、新义郡开国公；……以大唐咸亨三年十月□六日终于东都，春秋七十有一”。

薛回之封舞阳郡公（《隋书·薛世雄传》）。据《隋书·地理志》，后齐置长平、高都二郡，后周并为高平郡；至于舞阳郡，则史无明文。

3. 隋开皇三年至大业三年间，天下政区制度无郡，但此时期内仍有始封郡公者，共十二例、十三郡公：

(1)《隋书·李彻传》：“封安道郡公。开皇十年，进位柱国。及晋王广转牧淮海，以彻为扬州总管司马，改封德广郡公，寻徙封城阳郡公。”案《隋书·高祖纪》：“开皇八年十月己未，置淮南行台省于寿春，以晋王广为尚书令。”可见改封德广郡公、徙封城阳郡公俱为开皇八年后之事。

(2)《隋书·贺若弼传》：开皇九年平陈后，“弼时贵盛，位望隆重，其兄隆为武都郡公，弟东为万荣郡公。”

(3)《隋书·王撝传》“伐陈之役，及高智慧反，攻讨皆有殊绩，官至柱国、白水郡公。”案《隋书·高祖纪》，高智慧反在开皇十年十一月。

(4)《隋书·陈稜传》：“高智慧、汪文进等作乱江南，庐江豪杰亦举兵相应，以‘稜父，岘旧将，共推为王……岘使稜至（李）彻所，请为内应。彻上其事，拜上大将军、宣州刺史，封谯郡公。”案高、汪作乱，事在开皇十年十一月。

(5)《隋书·钟士雄母传》：“时尹州寡妇胡氏者，不知何人妻也，甚有志节，为邦族所重。当江南之乱，谕讽宗党，皆守险不从叛逆，封为密陵郡君。”案江南之乱，指的是开皇十年的高、汪之乱。

(6)《隋书·张威传》：“高祖受禅，历幽、洛二州总管，改封晋熙郡公……于是，复拜洛州刺史，后封皖城郡公。”案《隋书·高祖纪》作皖城郡公张威，卒于开皇十九年；又案《隋书·高祖纪》，上祠太山在开皇十五年。则知张威之封皖城郡公，在开皇十五年至十九年间。

(7)《隋书·令狐熙传》：高祖受禅，进爵河南郡公，“及上祠太山还，次汴州……上以岭南夷、越数为反叛，征拜桂州总管、十七州诸军事，许以便宜从事，刺史以下官得承制补授，给帐内五百人，赐帛五百匹，发传送其家累，改封武康郡公。”岑仲勉《隋代州郡牧守编年表》系令狐熙为桂林总管于开皇十六年。案令狐熙，仁寿二年卒，则封武康郡公在开皇末年。

(8)《隋书·元孝矩传》：次弟雅，“开皇中，历左领左右将军、集沁二州刺史，封顺阳郡公。”

(9)《隋书·周罗睺传》：“仁寿元年，为东宫右虞侯率，赐爵义宁郡公。”

(10)《隋书·杨素传》：仁寿初，杨素以平突厥功，“进子玄感位为柱国，玄纵为淮南郡公。”

(11)《隋书·韩僧寿传》：本封广陵郡公，从杨素击突厥有功，“进位上柱国，改封江都郡公，炀帝即位，又改封新蔡郡公。”此改封、又改封，以史事推之，则在仁寿、大业之交。

(12)《隋书·百济传》：金真平“开皇十四年，拜为乐浪郡公”。又，《周书·宣帝杨皇后传》:“隋文帝长女,及行禅代,开皇六年封,后为乐平公主。”案帝女、公主例封郡,旧置亦有乐平郡,然开皇六年天下无郡。

从以上1、2、3三类封郡可以看出,隋代所封郡爵是虚封,与郡的沿革不存在一一对应关系。

(三)《隋书》所载之县爵

郡爵如此,县爵同样也是如此。

西魏、北周之世,赵煚之封平定县男、窦荣定之袭封永富县公、樊叔略之封清乡县公、宇文忻之封兴固县公、元景山之封文昌县公、独孤陁之封武喜县公、厍狄士文之封湖陂县子(俱见《隋书》本传),此所谓之平定、永富、清乡、兴固、文昌、武喜、湖陂七县,西魏、北周时皆无建置,故赵煚等人所封之县爵,都是虚封。

隋朝也是这样,《隋书·高祖纪》:“开皇元年三月戊子,以和州刺史、新义县公韩擒虎为庐州总管。”然隋实无新义县。《隋书·高祖纪》:“开皇三年三月丁未,上柱国鲜虞县公谢庆恩卒。”据《隋书·田仁恭传》,谢庆恩封鲜虞县公当在高祖总百揆、大象二年平尉迟迥后,然北周无鲜虞县;据《隋书·地理志》博陵郡鲜虞县:“旧白卢奴,置鲜虞郡,后齐废卢奴入安喜,开皇初郡废,以置鲜虞县。”案郡废事在开皇三年十二月,鲜虞置县应在郡废后,则知谢庆恩以鲜虞县公之身份卒时,尚无鲜虞县之建置。

又,《隋书·地理志》:“吴郡长城县,平陈废”。《太平寰宇记》卷九四湖州长兴县;“隋开皇九年,封陈后主叔宝为长城县公,即此也。”长城县于开皇九年废,却封陈叔宝为长城县公,盖以陈霸先祖籍地故也。

隋代所封县爵也是虚封,与县的沿革不一定存在对应关系。

三、关于杨守敬以封爵补政区的初步结论

由上考辨可知,北周、杨隋封爵之郡、县,与本郡、本县建置沿革并无必然的联系,虽取郡、县名称,然而并不代表政区之沿革,也不能以此证明甚至补充当时行政区划的建置状况,更不能证明该政区之存在与否。对于这一点,前人已交代得很清楚,《汉书》卷六十八《霍光传》:“(武帝遗诏)封光为博陆侯”,文颖曰:“博,大;陆,平。取其嘉名,无此县也。”[①]《隋书·樊子盖传》:大业十年冬下诏“进爵为济公,言其公济天下,特为立名,无此郡国也。”杜佑同意这种说法(《通典》卷三十一自注)。胡三省也有这种观点,《通鉴》卷一百七十五“美阳公苏威”句,胡注,“美阳,古县名,汉晋属扶风,《五代志》不见,盖已省废,姑以古县名封爵之耳。”可见,封爵可以另立新名,或取古地名,并不一定与政区有关,故《隋书》中的郡县封爵,既有从不见于记载之郡、县名称,也

① 中华书局点校本《汉书》第9册、第2933页。又见《水经·鲍邱水注》。陈桥驿点校殿本,第282页。上海古籍出版社,1990年9月。

有以县充郡而封之郡名，还有以前代政区赐爵之郡、县名称，甚而开皇三年至大业三年天下无郡时还始封了十三个郡爵，县爵也属虚封。

因此，不能以《隋书》所载之封爵，来证明当时的政区建置沿革状况。杨守敬《隋书地理志考证》等书中凡以封爵证明、校正、补充、纠谬政区沿革的，皆不足信。

下、结语

除《隋书地理志考证》之外，杨守敬著作中涉及舆地研究之处尚多。总而言之，杨守敬考证地理沿革的成就是巨大的，影响是广泛而深远的，他在总结我国几千年来舆地沿革各方面成就的同时，又以图文并茂的形式启迪着新一代历史地理学家，并以金石、考古等多种方法为后人开辟了研治舆地之学的新途径。

杨守敬在沿革地理方面取得如此巨大成就的原因，笔者认为有三：

一是杨守敬身处清末，承乾嘉之余绪，有条件集考据之大成。清代的地理考据，经过顾炎武大力提倡、顾祖禹身体力行，阎若璩、胡渭、陈芳绩、江永、黄仪、姜宸英、洪亮吉、钱大昕辈继踵其后，“自乾隆中叶后，海内士大夫兴汉学，而大江南北尤盛”①；此后，李兆洛、徐松、张穆、何秋涛、沈垚、杨丕复、丁谦也取得了令人瞩目的地理考据成就。作为清代考据学派殿军的杨守敬，自然有条件继承这份舆地考据传统，并发扬光大。

二是关于隋代地理沿革研究基础上的进一步发展。在杨守敬之前，对《隋书·地理志》做过研究的有王鸣盛、钱大昕、洪颐煊、李慈铭等。王鸣盛（1722—1804）在《十七史商榷》中，有七条涉及《隋志》，其中六条是关于《隋志》总序的，只有淮南郡一条讨论具体内容②。钱大昕《廿二史考异》中有关《隋志》的考证多达九十五条、七千多字，考证精详、逻辑严密，向为学界所重③。洪颐煊（1764－1833年）《诸史考异》中有三十二条是关于《隋志》的，近三千来字，亦多创见④。李慈铭（1830－1895年）《越缦堂读史札记》中的《隋书札记》，涉及《隋志》内容二十六条、两千多字，见识颇高⑤，自谓“亦未能尽正

① 魏源《武进李申耆先生传》，收入缪荃孙纂录《续碑传集》卷七十三。

② 《十七史商榷》卷57“豫治无定寿春为主”条：“综而论之，江左之兴亡，系乎寿春之得失，故知豫治无定，必以寿春为主。”

③ 李慈铭《越缦堂读书记》第300页《隋书》：“钱竹汀氏《隋书考异》，于此志订正最多，然尚不及十之四”。上海书店出版社，2000年6月。

④ 例如，《隋志》河南郡有阌乡县：“旧曰湖城，开皇十六年改焉”。《诸史考异》卷十三：“《元和郡县志》：周明帝二年置阌乡郡。阌乡，本湖县乡名。阌，古文‘闻’字也。《说文》：从门，旻声。开皇三年废阌乡郡，移湖城县于今所，改名阌乡县”。

⑤ 例如，《隋志》荥阳郡有管城县：“（开皇）十八年改内牟曰圃田”。《隋书札记》：“案圃田下当有‘大业初废圃田’六字。盖开皇十六年于内牟一县地析置管城、郑城二县，而改内牟为圃田，共为三县。大业初改郑城为圃田，而以原分圃田地省入管城，共为二县，故管城终唐代犹为郑州郭下县，而圃田唐初即改复中牟之名。《元和郡县志》、《旧唐书·地理志》皆可互证。此由两圃田字相涉致脱落耳”。

也”[①]。杨守敬正是在这样的高起点上进行《隋志》考证的。当然，这与他绘制《历代舆地图》中的隋代图组也是分不开的。

三是个人天赋。杨守敬20岁时，见租住杨宅的余杭举人郑兰所藏江阴六严《舆地图》，加以影绘，深得郑兰激赏。杨守敬自己在《邻苏老人年谱》二十岁下记载道：“是年，有太平孙君玉堂（璧文）避乱宜都，在大平会馆授徒，其人勤学不倦，因与之交。适余杭郑谱香（兰）亦避乱至宜都，租余屋居之，因其晒书，得见六严《舆地图》，假之而与孙君各影绘，无间昕夕，余成二部，孙君亦成一部。谱香知之，乃大激赏。会谱香以吾屋差小不能容，移居于向家巷，而以吾屋转租元和顾子山（文彬）。顾本吴中文豪，见余好古，亦大加青眼。”吴天任先生认为，这是，杨守敬治地理学之始[②]。今按：六严字德只，江苏江阴人，李兆洛门生，绘有《历代地志沿革图》；郑兰字谱香，浙江余杭人，舆图专家[③]，道光庚子举人[④]；顾文彬号子山，苏州人，道光二十一年进士。因此，杨守敬年青时代便展露了舆地学方面的才华和禀赋，且其舆地之学与江浙地区具有渊源关系。

至于杨守敬发生个别的认识错误，也属正常。在学术发展的漫长道路上，先贤提出初步看法，后人视为靶子而提出改进意见，更后之人得出比较圆满的观点（或许永无绝对正确之结论），完全符合学术发展规律。我们今天关于隋代政区和《隋书·地理志》的认识，正是建立在先贤层层建造的知识塔上。

（原载《江汉论坛》2012年第7期，第92～108页）

---

① 参见李慈铭《越缦堂读书记》第300页《隋书》下。上海书店出版社，2000年6月。按：李慈铭自谓补订不下三十余条，然则今天只见到二十六条。

② 吴天任《杨惺吾先生年谱》第9页。台北艺文印书馆，1974年11月。

③ 北京图书馆舆图组编《舆图要录》第43页：“《计里简明图》，孙璧文编绘，汉阳：郑兰，同治九年（1870年）刻印本”。

④ 据严辰《墨花吟馆感旧人集》（不分卷，收入周骏富编《清代传记丛刊》第29册，台北明文书局印行）记载，郑兰字谱香，浙江余杭人，道光庚子（1840年）举人，官至山东盐运使。在京时，以时文得名。咸丰癸丑（1853年），拣发湖北，承办荆沙盐务，升江海关道，取富贵而登寿考。今按：查光绪《杭州府志》：卷一百十三选举七（成文版，册七、页2206上、下），道光年举人的六十三人名单中，并无郑姓；咸丰年举人的三十人名单中，也无郑姓；卷一百三十七仕迹六《国朝》（成文版，册八，页2609～2629），并无什么人官至山东盐运使，估计可能是捐纳。又按：查阅天津图书馆历史文献部编《三十三种清代人物传记资料汇编》、国家清史编委会文献从刊《清代地方人物传记从刊》（江庆柏主编，广陵书社）、钱仪吉纂《碑传集》及续集（中华书局点校本）、《清史列传》、丁申《武林藏书录》、《清代诗文集汇编》（目录4058种），均无郑兰；又查江庆柏编著《清代人物生卒年表》（人民文学版，2005年12月）、《清史稿纪表传人名索引》，亦无郑兰。再按：余杭县政协1988年12月编《余杭历代人士选录》，其中清代人物有高士奇、沈近思、孙士毅、俞曲园、夏同善、杨乃武，章太炎等，但不见郑兰（郑谱香）。其人生平事迹待考。

后　记

《隋书地理志汇释》终于要与读者见面了。这是我们十多年之前合作的结晶。因参与编著的合作者均频繁地调动工作、工种，没能集中时间、精力来校对清样，以至于直到现在才得以完成。

当第一作者华林甫接受汇释《隋书·地理志》任务时，还在中国社会科学院工作，宽松的科研环境、丰富的史学藏书，使得这项工作初期进展很快。后来，华林甫在职攻读博士学位，又赴沪上从事现代地理学博士后研究，出站之后来到中国人民大学工作。第二作者赖青寿在复旦大学攻读博士学位期间受邀参加这项汇释，毕业后去了海南岛工作，长期失去联系，所以没能参与清样校对与增补。第三作者薛亚玲尽管一直在中国社会科学院工作，但也经历院内调动、工作性质的多次变更。所以在阅看清样的过程中，由华林甫确定原则并校对了部分稿件，薛亚玲自始至终参与了全部工作。国家图书馆李慧女士对隋代地理、对杨守敬著作颇有造诣，及时向我们伸出援助之手，从头到尾仔细校读了全书清样，出力尤多，谨致谢忱！不过，书中若出现任何差错，则由编著者负责。

本书所收学界成果截止时间，经慎重考虑，仍以维持在 1997 年底为宜。原本拟吸收十五年来最新学术成果，如谢承仁主编《杨守敬集》（第 2 册）、施和金著《中国历史地理研究》及其续篇、孔祥军著《汉唐地理志考校》等，但篇幅不小，又须经历一番披沙沥金工夫，所引典籍版本也要更新，还须以新的论证来替换原先的陈述，甚至要推倒重来，我们目前都暂时无力顾及。这是要向读者致歉的，只能待以将来。

由华林甫主编的《清儒地理考据研究》丛书，内有隋唐五代卷，撰写过程中对本书书稿有所增补。本书是华林甫主持的教育部人文社科重点研究基地中国人民大学清史研究所重大项目《清代政区设置与地方治理研究》的阶段性科研成果。

华林甫所在的中国人民大学，本世纪之初创办了历史地理学专业，为谋求今后长远之发展，计划把本校学者的历史地理学专业著作纳入“中国人民大学历史地理学丛书”，统一编号，以期成规模效应，扩大在学术界的影响，并有利于后世之学业传承。按照这个计划，本书拟编号为“丁种 第贰号”。

欢迎切磋，欢迎交流，华林甫的 Email 为：hualinfu@hotmail. com。

华林甫

2012 年 10 月

补　　记

《隋书地理志汇释》书稿，因多种原因而拖延了不短的时间。幸而今年上半年有机会到浙江大学人文高等研究院做驻访学者，得以在杭州老家有时间“扫尾”，注改今地。徜徉于钱塘江畔、月轮山下，浓密的树荫遮挡风雨，樟木的芳香滋润心田，宽松的学术环境如鱼得水，而有时也与老伴漫步于西湖群山中讨论，于是顺利完成了校改工作。在此，对浙大高研院表示诚挚的感谢！

华林甫

2018 年 6 月 28 日

正史地理志汇释丛刊

SUISHU DILIZHI HUISHI